文献之道
与
图书馆之道

蒋永福　著

黑龍江大學出版社
HEILONGJIANG UNIVERSITY PRESS
哈尔滨

图书在版编目（CIP）数据

文献之道与图书馆之道 / 蒋永福著. -- 哈尔滨 :
黑龙江大学出版社, 2020.11
ISBN 978-7-5686-0536-6

Ⅰ. ①文… Ⅱ. ①蒋… Ⅲ. ①文献学一文集②图书馆
学一文集 Ⅳ. ① G256-53 ② G250.1-53

中国版本图书馆 CIP 数据核字（2020）第 213603 号

文献之道与图书馆之道
WENXIAN ZHI DAO YU TUSHUGUAN ZHI DAO
蒋永福　著

责任编辑　张永生
出版发行　黑龙江大学出版社
地　　址　哈尔滨市南岗区学府三道街 36 号
印　　刷　哈尔滨市石桥印务有限公司
开　　本　787 毫米 ×1092 毫米　1/16
印　　张　27.5
字　　数　539 千
版　　次　2020 年 11 月第 1 版
印　　次　2020 年 11 月第 1 次印刷
书　　号　ISBN 978-7-5686-0536-6
定　　价　88.00 元

弁　言

我从事学术研究已有30多年的时间了，研究方向主要在文献学和图书馆学两大领域。也就是说，我30多年的学术生涯一直在探索“文献之道”和“图书馆之道”。此故，作为我的论文之精选汇编，本书名曰：“文献之道与图书馆之道”。

选择“文献之道”和“图书馆之道”作为自己的研究领域，是我有意为之的结果。自步入图书馆职业和图书馆学领域以来，在初步了解了职业价值与学科范围以后，我就朦胧地意识到：图书馆学知识与文献学知识不可分离。就“图书馆学”一词来说，其中的“图书”就是文献的一种，更何况现代图书馆实践和理论早已突破“图书”之范围，而把“记录有知识的一切脑外载体”——各种形式的文献（包括纸质的和非纸质的）——作为自身的对象了。再者，从历史渊源上来看，如果没有包括图书在内的文献的产生和积累，图书馆便不会产生。这表明，文献学与图书馆学之间具有先天的内在联系。在我看来，把文献与图书馆的关系比作“里”与“外”的关系未尝不可——文献是“里”，图书馆是“外”，或者说图书馆是以文献为“里”的存在。当然，把文献当作“里”，这只是一个层次，如果进一步把知识和信息当作文献的“里”，则又是一个层次。中国古人所说的“文以载道”，就指出了知识和信息是“里”，文献是“外”的道理。这就是现代的图书馆实践和理论，一般在“知识和信息—文献—图书馆”序列层面上展开的原理所在。毋庸置疑，任何一个机体都要“里外合一”才能成为完整的机体。我就是基于上述认识，把文献学研究与图书馆学研究合为一体、同时并举的。

在我看来，一个学习或从事图书馆学专业的人，应该同时具有文献学知识和图书馆学知识，也就是说，要同时探索“文献之道”和“图书馆之道”。这就是我30多年来一直把“文献之道”和“图书馆之道”作为主攻方向的学术旨趣所在。

细心的读者可能会发现，我谈论文献学问题和图书馆学问题，总是带着“形上学”的口气，如“哲学思考”“人文进化学”“社会记忆”“客观知识”等。是的，这些言语方式确实都带有一定的“形上学”味道，但我实际所谈论的内容其实都是

"具体的形上学"问题，而不是"抽象的形上学"问题。也就是说，我的谈论方式要么是"以形上释形下"，要么是"以形下见形上"，这种不离"形下"且以"形下"为着眼点的形上学，就是"具体的形上学"。《周易·系辞上》说："形而上者谓之道，形而下者谓之器。"我作为以探索"文献之道"和"图书馆之道"为旨趣的人，自然要探索"形上之道"，其任务就是揭示文献现象和图书馆现象——"形下之器"——中所蕴含的形上根据。诚如王夫之所说的"道者器之道"，章学诚所说的中国"古人未尝离事而言理"，言道不离器、言理不离事，就是我坚持"具体的形上学"思想方法的基本表现。

大体而言，西方哲学之长在"抽象的形上学"，而中国哲学之长在"具体的形上学"。如上所述，我的学术思维主要遵循的是"具体的形上学"这一独具特色的中国哲学思想方法。所以，如果有人以西方式的"哲学本体论"，即"抽象的形上学"为依据来批评我的"形上之道"探索及观点的话，只能说是以"南橘"指代"北枳"——似是而非了。

现在，把我在探索"文献之道"和"图书馆之道"的过程中所形成的部分论文选编成集，集中呈献给学界同人，权当一次总结性汇报。

本书选录之文所涉及的内容范围，主要包括文献控制论、图书馆哲学、客观知识论、人文图书馆学、公共图书馆制度、中国古代图书馆学研究等。这些方面构成了我探索"文献之道"和"图书馆之道"的若干集中观察视角，同时也是我 30 多年学术生涯的重点"收割区"。现把这些"收割之果"——无论是成熟的还是不成熟的，均原原本本地呈现出来，进行一次"晾晒"。通过这一"晾晒"，倘若有一些路人偶遇、发现"收割之果"，并选购了些许，或者用来"充饥"，或者用来改良自家"作物"之品种的话，实乃我之荣幸！

现对本书的选编体例及有关事宜做如下说明：

1. 全书分文献之道、图书馆之道和附录三大部分。文献之道部分选录 9 篇论文，图书馆之道部分选录 28 篇论文，附录部分选录 1 篇访谈录和 1 部读书目录。

2. 选录之文的顺序，按"先内容，后时间"的原则排列，即同一类论题之文集中排列，其顺序按论文内容上的前后关联逻辑排列；无须考虑前后关联逻辑者，则按发表时间的先后排列。

3. 所有选录之文，以保持原文原貌为基本原则。考虑到图书出版之体例要求，删去原文中的中英文摘要、关键词、分类号、作者简介等。

4. 对原文中明显的字词错误、标点错误进行了更正，但以不改变前后文原意为前提。在结集出版过程中，对原文进行了润色或修改，并对不符合当今现状的内容进行了删减。

5. 对原文中个别观点有误或观点表述不当者进行了更正，但用“补按”交代了原文，同时说明了更正理由。“补按”置于脚注处；未加“补按”二字的脚注，为原文脚注。

6. 原文正文标题序号标识法不一致者，现按“阿拉伯数字加小数点制”标识法进行了统一标识。

7. 原文参考文献著录格式不一致者，现按《文后参考文献著录规则》做了统一；原文参考文献著录项目和著录符号有误或有缺漏者，现都予以更正或补齐。

8. 选录之文中有 2 篇未曾发表，附录中的访谈录和读书目录也未曾发表。

9. 为了帮助读者更加全面、准确地理解文意，在每篇论文的题目与正文之间加了一段导读性文字，并冠以“【导读】”标识。

目　　录

上　　篇

文献之道

下　　篇

图书馆之道

上　篇

文献之道

文化、文献与人

【导读】这是我早年步入学门时以“自负”心态写的一篇短文，现在看来，显得很青涩，但又觉得较清纯，故选在这里权当“回忆青春”。人类社会中的文献现象和图书馆现象，其实都是文化现象。因此，探索文献之道和图书馆之道，都不应缺失“文化”这一视角。能够创造文化世界，并在文化世界中生存和发展，这是人与其他动物最根本的区别之所在。文献的价值在于“文以载道”，图书馆的价值在于“以文化人”。从信息哲学的角度来说，文献的实质是文化信息的物化。人是能够创造并利用文献进行文化创造活动的动物，这是文献学对人的定义。

1. 文化与人——人是文化的存在

每个人一生下来就都拥有一个世界——自然世界，不管他（她）是否意识到了这一点。此后，他（她）将始终作为自然之子在自然世界中生存、成长和发展，直至死亡。这就是人的自然属性之永恒前提，这也是人与其他动物共有的属性。但是，人作为具有思维意识的高级动物，决不会满足于现成的自然世界的恩赐，而是会不断地认识和改造自然世界，并按照自己的理想模式，创造出另一种唯人所有的“人化自然世界”——文化世界。能够创造文化世界，并在文化世界中生存和发展，这就是人的社会属性之重要表现，也是人与其他动物最根本的区别之所在。

这样，每个人都同时拥有两种世界——自然世界和文化世界，而且同时拥有这两种世界的动物只有人。对每一个具体的人来说，文化世界对他（她）影响的程度远远超出自然世界对他（她）的影响，在科学文化高度发达的今天更是如此。“文化使人能直立行走，只有在文化包裹的气氛中人才能呼吸，文化如同人体内的血管系统是人的一部分。”[1]因此，现代德国哲学人类学家兰德曼提出了一个著名的论断：人是文化的存在。这个著名论断具有两方面的含义：一是指人是文化的创造者；二是指文化又塑造了人，文化使人更加具有人的特征。可见，人与文化之间形成了一个“伟大的因果循环关系”。由此我们可以说，人与文化之间是互为前提、互为因果的关系，即“没有人去实现文化，文化则不存在；没有文化，人也将是无”[2]。

2. 文化与文献——文献的实质是文化信息的物化

从信息哲学的角度来看，人类的一切文化成果都可以成为信息资源，所以可称为文化信息。人类不仅要不断地创造文化，而且要不断地进行文化的积累、传播和利用活动，即还要进行文化的再生产活动，唯其如此，才能满足自身社会实践的需要。但是，文化信息是一种动态的观念性信息，如果不被物化成固态的物质型信息，就会随着个体人（即文化创造者）生命的死亡而消亡，从而导致文化信息的积累、传播和利用活动只能局限在个体自然遗传的种系范畴之内，这样人类文化的传承与发展也就几乎是不可能发生的事情。这就使得人类面临着一个必须解决的矛盾：对文化信息的不间断性再生产的需要同个体人生命的有限性之间的矛盾。解决这一矛盾的唯一办法就是：将观念性的文化信息转化成物质型信息，即将文化信息通过文字、符号、图像等形式记录在便于积累、传播和利用的物质载体上。文献就是人类经过长期探索而选择、创造的最为理想的文化信息载体。①

文化信息从观念性信息转化成物质性信息，实际上就是文化信息从以个体人的大脑为载体转变成以文献为载体的过程。通过这一转变，文化信息就能够突破个体人大脑的狭小时空而被长期积累、广泛传播和多次重复利用，从而实现个体知识向社会知识的转化。可以说，文献的创造、利用是人类文明史上的一个划时代的里程碑。

文化信息被转录到文献的过程，我们称之为文化信息的文献化。文化信息的文献化是文化信息得以在时间和空间的双重意义上保存下来，并被传播、利用的最佳方法。“人类在认识世界、改造世界过程中形成的文化信息，只有当它被文献化以后，才能得以保存和传播，离开文献化，人类文明的发展是不可想象的。”[3]

没有文化，当然也就没有必要创造文献；没有文化信息的文献化（即文化信息的物化），文化信息的积累、传播和利用也是不可想象的。文献就是为了物化文化信息而被创造和利用的。物化文化信息是文献最基本的功能和最终的目的。所以我们说，文献的实质是文化信息的物化。

---

① 本文中的“文献”是指广义上的文献，即“记录有知识信息的一切脑外载体”。

3. 文献与人——人是能够创造并利用文献进行文化创造活动的动物

人是什么？这个古老而永恒的问题，就像斯芬克司之谜一样，千百年来一直吸引着无数思想家、哲学家和科学家的无穷探索和思考：

——普罗塔哥拉说：人是万物的尺度。

——亚里士多德说：人是理性的动物。

——巴斯噶说：人是高贵与卑贱的混合物。

——康德说：人是目的。

——黑格尔说：人是绝对精神的一个环节。

——现代实证主义哲学家们说：人是有语言的生物。

——卡西尔说：人是符号的动物。

——马克思站在辩证唯物主义和历史唯物主义的立场上提出了“人在现实性上是社会关系的总和”的正确论断。

……

如此众多的关于人的定义，正说明了人是一种非常复杂、多面的高级动物。因此，从不同的角度观察人，就可以得出不同的关于人的定义。

既然文献是由人创造和利用的，那么文献与人之间必然存在着某种特定的关系。揭示这种特定的关系是文献哲学的一个重要任务。其中，从文献学角度定义人是文献哲学必须回答的一个重要问题。

我们知道，人类的文化创造活动也是一种劳动，即文化劳动。它是一种以人脑思维机能作为前提的高级精神活动，即它是一种脑力劳动。作为一种劳动过程，文化劳动也必须具备劳动者、劳动对象和劳动资料这三个要素。在这三个要素中，最能体现劳动性质特征的是劳动资料。正如马克思所说：“各种经济时代的区别，不在于生产什么，而在于怎样生产，用什么劳动资料生产。”[4]因此，我们在考察人的文化创造活动时，不能不考虑人在进行文化创造活动时所采用的劳动资料。人类在文化劳动过程中会采用多种劳动资料，文献是其中极为重要的一种。

众所周知，人类的文化创造活动有一个特点，这就是它的继承性与交流性。继承与交流是人类文化得以延续、丰富和发展的内在机制。而文化信息作为一种观念性东西，它的继承与交流必须借助于一定的物质载体才能进行。文献就是人类经过长期探索而创造的最为理想的文化信息继承与交流的物质载体。有人说“文献是人类知识遗传的染色体”，“文献是知识交流的接力棒”，指的就是文献的这种载体作用。这种独特的功能和作用，使得文献成了人类进行文化劳动所采用的基本劳动资料。这是人类文化劳动的一大特点。世界上只有人才能利用文献来进行文化劳动。因此，我们可以说，人是能够创造并利用文献进行文化创造活动的动物。这就是文献学对人的定义。(原载《情报科学》1990 年第 1 期)

参考文献

[1] 欧阳光伟. 现代哲学人类学 [M]. 沈阳：辽宁人民出版社，1986：227.

[2] 欧阳光伟. 现代哲学人类学 [M]. 沈阳：辽宁人民出版社，1986：228.

[3] 张欣毅. 文化信息及其文献化：试论确立文献信息概念的基本前提 [J]. 图书馆理论与实践，1988 (3)：37 -42.

[4] 马克思，恩格斯. 马克思恩格斯选集：第 2 卷 [M]. 北京：人民出版社，1972：172.

文献之社会物理学思考

——文献物理学漫谈

【导读】也许是读高中时学理科的缘故，我对数理化尤其是物理学，特别感兴趣。我又知道搞学术研究，兴趣是第一推动力，所以步入学坛之后，一直坚持按兴趣选题的路子。此文就是我的物理学知识在文献学研究领域应用的产物。用热力学、动力学、分子物理学、磁场学等物理学原理解释文献学中的一些问题，能够产生“他山之石”的灵感和意想不到的神奇效果。我想，学术创新需要这样的“学科杂交”试验。这需要一定的联想意识及能力：善于联想，才能出新。

到目前为止的历史总是像一种自然过程一样地进行，而且实质上也是服从于同一运动规律的。

——题记（恩格斯语）

当前，自然科学的研究方法向社会科学渗透的趋势越来越显著，如罗根把热力学中“熵”的概念引入了经济学，坦纳把电子学中“阈”的概念引入了感觉、知觉范畴，塔尔科特·帕森斯把惯性原理引入了社会学，等等。他们的这些探索都获得了令人赞佩的成果。众多边缘学科、交叉学科的迅猛崛起和发展，展示了这一趋势的强大生命力和广阔前景。作为社会科学门类之一的文献学，如若也能通过吸收自然科学的一些先进理论和方法来丰富自身的内容，则必将有利于促进自身的更新与发展。本文就试图用物理学的有关理论和方法来揭示社会文献现象中的一些物理学属性，以期在文献学和物理学之间架起一座桥梁。将物理学的思想和方法引入社会科学领域，是社会物理学的研究任务，因此把物理学的思想和方法引用到文献学领域，当然也属于社会物理学的研究范畴。所以，本文就从介绍社会物理学的基本知识谈起。

1. 社会物理学简介

“社会物理学”这一名词由法国思想家圣西门提出并用来描述社会现象[1]，后来在法国社会学家孔德那里得到了引申和发展。孔德主张建立一门特殊的理论学科，即“用实证方法来研究社会现象所固有的基本规律”[2]，其意思是“要把在其他科学中行之有效的精神运用到社会改革上来，根据自然科学研究社会问题”[3]。

孔德所主张的社会物理学，是为他的实证哲学理论辩护的方法论支柱之一，是把社会现象简单归结为自然之表现的“还原论”。对于这一点，我们是决不能赞同的。但是，孔德认为社会现象中存在着特定的自然属性、社会规律与自然规律之间存在着特定的同构性，并由此试图对社会现象做物理学阐述的思想和方法，却又不无智者的洞察之见。

社会物理学是专门研究社会的自然属性的一门学科，或者说它是以社会的力学属性、热力学属性、系统属性等自然性质为研究对象的科学。从学科性质上来说，社会物理学是社会科学与物理学相互交叉、相互渗透的综合性的边缘学科。

自“社会物理学”这一名词提出以来，到目前为止，社会物理学已经形成了由众多分支学科构成的学科群，如社会力学（包括社会静力学、社会动力学、社会弹性力学、社会流体力学等）[4]、社会相变理论、社会熵理论（包括负熵经济学、负熵城市学等）、社会化学、社会群论、社会量子物理学等。较为著名的社会物理学著作有 A. 马凯的《社会物理学》、巴尔塞洛的《社会力学》、弗莱斯特的《世界动力学》和《城市动力学》等。[5]

2. 文献中的物理学属性

文献是社会历史发展到一定阶段的产物。按照社会物理学的观点，社会的文献现象中也一定存在着特定的自然属性。揭示这种自然属性，是物理学和文献学联合起来才能完成的任务。物理学和文献学的联合，或者说采用物理学的有关理论和方法揭示社会文献现象中特殊的物理（自然）属性的一门学问，可以称为“文献物理学”。它是社会物理学的一个分支学科，旨在揭示社会文献现象中的一些物理学属性，从而为文献学研究提供一个新的视角、一种新的方法。

2.1 文献中的热力学属性

这里所说的“文献中的热力学属性”，是针对文献在生产及流通过程中所呈现的随机现象而言的。我们知道，文献的生产和流通过程具有两个特征：一是它的连续性，即文献被连续不断地生产和流通，进而形成社会文献流；二是它的无序性，即文献的生产和流通从个体上看是自觉的、有目的的、有计划的，但从整体上看则是不自觉的、无目的的、无计划的。文献的流向是多头的、多向的，有时甚至是失控的，这种无秩序的、自然排列的流动状态叫作文献流的无序性。[6]文献流的无序性表征了文献流在宏观排列和流动过程中的随机性特征。

在热力学第二定律中，表征系统随机过程的概念叫作“熵”。根据熵公式：$S=k\lg P$，系统的熵 S 总是正比于系统中个体因子无序运动的概率 P 的对数。如果这个系统是一个与外界隔绝的孤立系统，那么系统的熵便会随时间不断地增加，直到全系统达到热平衡。这样熵公式还可以写成另一种形式：$\frac{\mathrm{d}S}{\mathrm{d}t}\geqslant 0$。这一公式表达的就是“熵增原理”。

信息论、控制论、耗散结构理论等现代科学方法论认为，在一个同外界保持物质、能量和信息交换的开放系统中，人们可以利用“负熵”来阻遏熵的增长，使系统保持有序化的自组织结构或耗散结构，并继续演化和发展。这就是我们所赖以生存的世界为什么不致陷入“热平衡”状态的根本原因。熵与负熵的关系用维纳的话来说，就是“这一个正好是那一个的负数”[7]。

我们认为，社会的文献信息系统就是存在着上述熵与负熵的抗衡运动的开放系统。借助于热力学的语言，我们把文献信息无序生产和无序流通的无组织状态称为“文献熵”[8]。它是社会文献信息系统无序程度的度量。

当代社会的文献信息所具有的几方面特性，包括文献的生产数量大、增长快，文献的类型复杂、形式多样，文献的时效性强，文献的传递速度加快，文献的内容交叉、重复，以及社会的文献信息管理体制不完善等[9]，造成了“文献熵”的产生及其增大。

然而，社会的文献信息系统是一种开放系统，因此具备一个开放系统应具备的基本特点，即通过输入、转换、输出和反馈过程，与外界环境交换物质、能量和信息，以阻遏“文献熵”的增长，实现文献信息系统正常的、有序的运转。

与“文献熵”相对的概念是“文献序”，它是文献信息系统有序程度的度量。“文献熵”与“文献序”之间类似“这一个正好是那一个的负数”的关系，即“文献熵”越大，系统的无序度就越高，而“文献序”也就越小，反之亦然。

“文献熵”的存在及其增大对文献信息的交流和利用造成了极大的障碍，从而严重地影响了文献信息内容价值的实现，并由此导致了社会文献信息系统的基本矛盾：文献信息生产和流动的无序性与文献信息利用的有序性要求之间的矛盾，即“文献熵”与“文献序”之间的矛盾。解决这一基本矛盾的根本方法就是：通过用“负文献熵”抵消或减少“文献熵”来提高“文献序”。这里的“负文献熵”指的就是对文献流进行整序和控制（分类、排列、标引、导读等）的过程或手段。社会上的图书情报机构实际上就是产生“负文献熵”的“负熵机构”。关于“文献熵”的测度问题，笔者曾在《熵与“文献熵”——关于文献信息系统的熵理论思考》[8]一文中做了初步探讨，请参阅。

2.2 文献中的动力学属性

这里所说的“文献中的动力学属性”，是针对文献对社会的科学发展所具有的巨大推动力而言的。今人对前人科学劳动成果的继承和学习是以文献的利用作为中介条件的。在这里，文献起到了“知识传动带”的作用，这种作用如果借用动力学的语言来说，就是“知识传动力”。正是文献所具有的这种“知识传动力”的功能，才使得今人在科学的道路上“站在巨人的肩膀上”，实现了跳跃式的快速发展。可想而知，如果没有文献的“知识传动力”功能，那么人类的知识将会与生产者一道“同生共死”，难以摆脱“原地踏步”式的重复不前状态。

从具体的科学创造过程来看，今人可以利用文献所提供的“知识传动力”功能，把前人的研究成果“古为今用”，并在此基础上实现智力的放大，而不必凡事都亲身实践、从零开始。在这里，文献起到了“知识放大器”的作用。这种作用如果借用气体动力学的语言来说，就是“智力放大力”。有了这种“智力放大力”，科学家便不必犯愁个人智力的不足，因为他可以在文献的逻辑平面上实现智力的“碰撞”，进而创造出被放大的智力成果。[9]

文献的“知识传动力”和“智力放大力”功能是人类进行科学劳动必不可少的推动力。我国著名的科学学专家赵红州先生把“图书情报系统提供的推动力量”看作社会的科学能力结构中三个力学范畴之一，并由此提出了科学发展的动力学方程[10]：

$$M\frac{\mathrm{d}W^2}{\mathrm{d}t^2}f_1+f_2+f_3$$

式中：M 为总的科学惯性，W 为科学成果数目（知识量），f_1 为科学家集团的创造力，f_2 为实验技术装备所提供的推动力，f_3 为文献系统所提供的推动力。（其中：$f_3=k\frac{\mathrm{d}W}{\mathrm{d}t}$，$k$ 为文献系统的有效系数。）此外，赵红州还定量证明了当代科学（1900—1990 年）文献系统的相对有效系数比近代科学（1550—1670 年）增加了 5 个数量级，即提高了 240 倍。[10]可见，文献系统对科学发展的推动作用表现得越来越明显。

2.3 文献中的分子物理学属性

这里所说的“文献中的分子物理学属性”，是针对文献在用户群中流通时呈现的随机现象同分子运动的随机现象之间所具有的极其惊人的相似性而言的。这种相似性主要表现在以下几个方面：①每一文献单元在什么时间、以什么样的流通方式被哪一用户利用，且能够利用多少次，这些都是事先无法确定的随机现象，与分子运动的无序碰撞现象具有相似性；②文献在流通系统中的平均周转率与分子运动的平均速度具有相似性；③文献在由用户群所组成的抽象空间中的分布密度与分子在介质中的分布密度具有相似性；④每一文献单元的内容对不同的用户来说具有不同的价值，而不同的用户对同一文献单元又会有不同的价值评价，且这些都会随时间的变化而发生变化，这与分子运动的涨落现象也具有相似性。何荣利先生曾对上述相似性做过分析研究，并列出了对应表（见表1）。[11]

表1　分子运动与文献流通的相似性

运动类型	相似性特征			
分子运动	无序碰撞	分子密度	速率	涨落
文献流通	无序流通	文献密度	周转率	价值波动

由于分子物理学是一门十分成熟的学科，具有比较完整的数学方法，因此只要把分子物理学中的数学方法稍加更改，就可以对表1中的对应关系做出定量的描述。

2.4　文献中的磁场学属性

本文在前面说过，社会上的文献部门（如图书情报机构）实际上是产生并提供"负文献熵"的"负熵机构"。文献部门的这种负熵作与同磁场学中磁场力的作用具有极其惊人的相似性。磁场学理论指出，当导体经过某一磁场时，在磁场力的作用下，导体内原来处于无序状态的分子会被迫转变为有序的（同向流动）分子流，从而使导体内产生感应电流。社会的文献部门就如同一个巨大的磁场，可以使原来处于无序状态的文献流经过文献部门（磁场）的整序功能（磁化）转变成有序的文献流。可见，社会的文献部门恰似一种社会化的大磁场，文献部门所从事的整序与加工工作如同这个磁场中的磁场力，原来处于无序状态的文献流如同导体内的无序分子流，经过整序后的有序文献流如同磁场力作用下所形成的有序分子流。同时，文献流的有序化程度又相当于感应电流的强度，当然这个强度取决于磁场力的强度。因为现代磁场学也是一门十分成熟的学科，有着完整的数学方法，所以根据上述对应原理，也可以对文献中的磁场学属性做出定量的描述。

3. 结语

社会文献现象中的物理学属性具有多种多样的表现形式，受篇幅所限，本文只谈论了其中的四种形式。对社会的文献现象进行社会物理学思考，或者说用物理学的某些理论和方法去探讨社会的文献现象及其规律，并不是把“文献”这一高级运动形式简单地还原为“物理”的低级运动形式，而是试图借助于物理学的某些理论和方法，去揭示内化在文献现象中的特定的、客观的自然属性（或者说相似于自然的属性），从而为更加科学地把握文献现象及其规律提供一种自然科学的理论与方法。

本文试图在文献学和物理学的交界夹缝处凿出一块新的探索领域，并期望在这一新探索领域中开出一朵名为“文献物理学”的鲜艳之花。（原载《情报业务研究》1990 年第 3 期）

参考文献

［1］赵红州，蒋国华. 社会物理学与马克思主义［J］. 潜科学，1987（3）：1－4.

［2］科恩. 十九世纪至二十世纪初资产阶级社会学史［M］. 梁逸，译. 上海：上海译文出版社，1982：18.

［3］汉默顿. 西方名著提要（哲学、社会科学部分）［M］. 何宁，译. 北京：商务印书馆，1963：322.

［4］赵红州，蒋国华. 巨大的汇流——社会物理学［J］. 中国科技论坛，1987（4）：55－56.

［5］赵红州，蒋国华. 社会物理学论纲［J］. 科学学研究，1986（4）：17－32.

［6］吴慰慈，邵巍. 图书馆学概论［M］. 北京：书目文献出版社，1985：66－68.

［7］维纳. 控制论［M］. 郝季仁，译. 北京：科学出版社，1963：11.

［8］蒋永福. 熵与“文献熵”——关于文献信息系统的熵理论思考［J］. 情报学刊，1989（5）：77－79.

［9］赵红州. 从“中介世界”看图书情报［J］. 情报学报，1982（1）：60－67.

［10］赵红州，蒋国华，李亚军. 科学发展的动力学模型［J］. 科学学研究，1987（2）：11－21.

［11］何荣利. 关于物理学思想在图书流通系统中应用的一点认识［J］. 图书馆学刊，1988（5）：26－27，40.

社会控制论视角的文献控制论述略

【导读】就概念或称谓而言，我国图书情报学界的人们大多熟悉“书目控制论”这一称谓，而不太熟悉“文献控制论”这一称谓。“书目控制论”是以控制手段为主语命名的理论称谓，而“文献控制论”则是以受控对象为主语命名的理论称谓。文献控制论是以整个社会文献信息系统为研究对象来研究文献控制系统的结构特征及其控制机理的科学理论。“文献控制系统”是由“施控主体—控制手段—受控客体”构成的完整系统，其中的控制手段不仅包含书目控制手段，还包括其他的社会控制手段，如政治的、经济的、法律的、技术的和伦理评价的控制手段等。对社会领域进行政治的、经济的、法律的、技术的和伦理评价的控制机理的研究，属于“社会控制论”的研究范畴。因此，社会控制论与文献控制论是整体与部分的关系，或者说，社会控制论是文献控制论的上位概念。

1. 引言

在我国的图书馆学、情报学领域，“书目控制”已成为人们耳熟能详的词语，但“文献控制”一词却尚未普遍流行起来。其实，文献控制是人类社会古今中外普遍存在的一种现象，如对文献的生产、传播和利用过程进行政策和法律控制，就是古今中外各国的普遍做法。文献控制的目的是形成文献秩序，以便充分实现文献的社会效用价值。书目控制的直接产物是文献载体的秩序信息，而文献控制的结果不仅包括文献载体的秩序信息，还产生了文献内容的思想秩序信息。也就是说，文献控制的结果产生了两方面的秩序信息：一是载体秩序信息，二是思想秩序信息。由此可以看出，文献控制是书目控制的上位概念。文献控制尤其是文献内容控制，是社会控制的组成部分，亦即社会控制是文献控制的上位概念。为此，书目控制的理论与实践需要放眼于整个文献控制的理论与实践，而文献控制的理论与实践又要放眼于社会控制的理论与实践，从而形成“社会控制→文献控制→书目控制”这样一个完整的理论与实践序列。图书馆学、情报学、档案学、文献学是面向文献的学科，所以，它们共同面临着研究“社会控制→文献控制→书目控制”这样一个完整的理论与实践序列的任务。

2. 书目控制与文献控制

2.1 关于书目控制

我国的图书馆学、情报学界一般把英文“bibliographic control”（简称 BC）翻译为“书目控制”或“目录控制”，如美国图书馆学家伊根和谢拉于 1949 年发表的 *Prolegomena to Bibliographic Control* 一文就被译为《书目控制引论》，而此文的发表也被认为是书目控制论诞生的标志。

伊根和谢拉在他们的论文中并没有给“书目控制”下定义，只是做了这样的解释：“……在力学中，控制是这样一种装置，通过它可以以最经济的方式对机器的能量加以引导，以达到某一既定的目标。同样，书目控制器亦即指那样一些装置，（在文献情报的获取过程中）这些装置被用来引导人的智能，使之能以最高的速度和经济效益从所有的记录信息中提取与某一特定任务相关的部分信息，……看来，书目控制器亦是我们现代文献交流系统中的诸种装置之一。”[1] 伊根和谢拉还认为，“bibliographic control”一词“等同于欧洲人所说的文献学或文献工作（documentation）”，而文献学是“对信息采集、处理、交流的研究”，其目的是为文献内容的检索和利用提供指引。[2] 1950 年，联合国教科文组织和美国国会图书馆率先对“书目控制”做了定义：“（书目控制）是指全部掌握书目提供的书写和出版记录，以达到书目的目的，书目控制与通过书目有效检索是同义的。所以医学书目控制也就是指医学情报资料通过书目有效的检索。”[3] 威尔逊则认为，书目控制这一概念有两方面的含义：一是描述控制（descriptive control），即对文献形式及其载体特征的著录；二是揭示控制（exploitative control），即对文献主题内容的揭示。[1] 同时，威尔逊还认为描述控制较易实现，而揭示控制几乎无法全面实现。

在国外学者的书目控制论研究中，美国学者韦尔施的研究成果最为引人注目。他在 1980 年发表的《书目控制论——文献检索系统的一种理论》（*The Cybernetics of Bibliogaphical Control*: *Toward a Theory of Document Retrieval System*）一文中，提出了书目控制的基本模型，即著名的“韦尔施模型”。韦尔施模型首先把文献系统设定为可控的开环结构系统，对这一系统的控制主要由控制装置和调节器的耦合作用来实现。韦尔施所说的控制装置是指控制规则，由编目条例、文献编排方法、语言正字法则、标引语言及其附属规则四部分构成；调节器则相当于实际输入的控制指令，由文献登录与分类、文献标引与著录、款目排序及文献排列、文献内容的揭示四部分构成。[4]

在我国，1981 年，就读于武汉大学图书情报学院的杨廷郊将韦尔施的 *The Cybernetics of Bibliogaphical Control*：*Toward a Theory of Document Retrieval System*（《书目控制论——文献检索系统的一种理论》）一文译介到国内，由此拉开了我国学者关注和研究书目控制理论的序幕。有人统计，1981—1990 年，我国学者公开发表的关于书目控制的专论性文献有 30 篇，另外，在图书馆学、目录学专著中专门安排章节对书目控制进行介绍和研究的还有 16 篇，总计 46 篇。[5]可以说，20 世纪 80 年代是我国学者集中关注和研究书目控制理论的高潮时期。然而，进入 20 世纪 90 年代以后，直接以书目控制为论题的理论研究成果数量剧减，只有零星的成果发表，书目控制理论研究似乎已渐入边缘状态。

就已有的书目控制研究成果来看，国内学者对于“书目控制”概念的理解，总体而言没有超出上述国外学者认识上的广度和深度。辜学武认为，书目控制就是“书目系统按一定的预期目标，对输入信息进行处理、约束和调节的方式与方法”[6]；刘正福（笔名石蔓）认为，书目控制“是指书目系统同其控制对象文献流间的信息作用，是指书目系统控制文献流分布状态的行为”[7]；王岩认为，“书目控制可理解为以文献作为控制对象，以书目作为控制手段，以存贮和检出所需的特定文献为目的的一种控制行为”[8]；黄俊贵认为，“所谓书目控制是指通过书目掌握各类型文献的存在及其被记录的特征，并有效地进行检索”[9]。王岩和黄俊贵的“书目控制”定义与国内其他学者的稍有不同，其表现就是他们在定义中直接点明了书目控制的目的为“检索”。黄俊贵对书目控制还做了初步申论，指出“书目控制论即属于研究文献特征、读者检索要求和书目编制方法三者之间矛盾运动的一种方法论，具体对象包括编目源控制、书目技术方法控制、书目职能控制、书目信息传播控制，它构成目录学的主要内容”[9]。书目控制的具体产物是款目，即文献的替代品。“款目将某一文献浓缩记录成为某一文献的替代品，将款目组织排列成书目作为文献群替代品，通过书目系统检索获得某一文献。”[10]

无论是国外学者还是国内学者，对书目控制的理解有如下三个方面的共同点：①书目系统的功能特征符合维纳提出的控制论特征，即可以把书目系统当作“控制论系统”；②书目控制的施控主体是书目系统，受控客体是文献（流）；③书目控制的目的是有效地检索和利用文献。

2.2 关于文献控制

前文已指出，我国的图书馆学、情报学界一般把英文“bibliographic control”中的“bibliographic（al）”一词译为“书目的”或“目录的”。然而，北京大学信息管理系的刘苏雅于1995年撰文指出，“bibliographic（al）”一词有时可译作“书目的”，但在相当多的情况下，既可译作“书目的”也可译作“文献的”，而在某些特定情况下只能译作“文献的”。[2]也许正因如此，在英语世界中，尚未发现有区别于“书目控制”的另外一个专门的“文献控制”一语。如果说刘苏雅的解读是正确的，那么“bibliographic control”既可对应于汉语的“书目控制”一语，也可对应于汉语的“文献控制”一语。然而，我国的文献控制研究学者们认为，“文献控制”这一概念可以也有必要被理解为有别于“书目控制”的另外一个概念。

1986年，我国的刘正福在其硕士学位论文中首次提出了有别于“书目控制”的“文献控制”概念。1987年，刘正福在其硕士学位论文的基础上进一步发挥而著的《文献控制论导论》（铅印本）中，较为详细地论述了文献控制的概念及其基本原理。刘正福认为，为揭示文献信息而构造的“机器”并不仅限于书目系统一种，亦即“文献揭示系统除了书目系统这一特例以外，还包括其他类型的系统”；“书目控制”概念只描述了书目系统，显然缩小了问题讨论的范围。由此，刘正福提出了拓宽“书目控制”概念的“文献控制”（bibliocontrol）概念，并模仿维纳的“cybernetics”（控制论）一语，把“文献控制论”的英文名称写为“bibliocybernetics”。刘正福对“文献控制”所下的定义是：“文献控制系统根据其内、外部的信息变化进行自身结构的调节，以具有确定功能的信息输出作用于文献流，从而改变文献流的分布状态，缩小其状态变化的可能性空间这样一种控制行为。”[1]仔细分析刘正福有关“文献控制”概念的论述，我们可以发现，刘正福的思路似乎仍然没有超越“书目控制”的范畴。比如，他所描述的一段话——“文献揭示系统除了书目系统这一特例以外，还包括其他类型的系统”——显然指出了书目系统只是文献揭示系统的一部分，言外之意为文献控制对应的应该是整个文献揭示系统而不只是其中的书目系统。刘正福这里所理解的“书目系统”是一个狭义的书目系统，即把书目系统仅限于标引、编目等文献揭示活动，而排除了其他类型的二次文献、三次文献活动（即他所说的“其他类型的系统”）。其实，在图书馆学、情报学领域，标引、编目活动以及文摘、索引、综述、述评、书评、类书、百科全书等二次文献、三次文献就是人们所说的书目系统，即文献揭示系统。这种认识在国内出版的一些目录学著作中已有印证，如彭斐章在其主编的《目录学教程》中列出的文献揭示方法，就有著录法、提要法、摘要法、索引法、评价法、注释法、综述法。[11]也就是说，“书目系统”这一概念的外延完全可以包含所有的文献揭示活动，正如黑克所说：“‘书目的’（bibliographic）应定义为包括处理各类文献资料的一切手段（着重号为引者所加）。”[1]此外，从刘正福所使用的文献控制论的英文名称“bibliocybernetics”来看，“文献”一词的英文对应词仍然使用了“bibliographic（al）”，并没有使用“document”或“literature”这种泛指词。这说明刘正福仍然是在控制手段意义上使用“bibliographic（al）”（即国内学者们习惯上所称的“书目的”）一词的，只不过他想把控制手段的范围拓宽到整个文献揭示系统而已。也就是说，他所理解的文献控制（论）中的“控制系统”指的是他所谓的“文献揭示系统”。如上所言，如果把“书目系统”广义化为“文献揭示系统”，那么，以文献揭示系统为控制手段的所谓“文献控制”其实仍未超出书目控制的范畴。

在汉语语境中，“书目控制（论）”与“文献控制（论）”在称谓上的区别在于：“书目控制（论）”中的“书目（的）”是指控制器（控制装置，即控制手段），而“文献控制（论）”中的“文献”则是指受控客体。在汉语逻辑上，“书目控制论”可以理解为“用书目控制文献的理论和方法”，而“文献控制论”则不能理解为“用文献控制文献的理论和方法”。也许有人反驳说，把“文献控制论”理解为“用文献控制文献的理论和方法”也能成立。因为在“用文献控制文献的理论和方法”一语中，前面的“文献”指二次文献、三次文献，后面的“文献”指一次文献，这样，“用文献控制文献”的意思是指用二次文献、三次文献控制一次文献，所以这种说法是成立的。诚然，“用二次文献、三次文献控制一次文献”这种说法是成立的，但是，在汉语语境中，二次文献、三次文献实际上就是书目系统的主要组成部分，因此，所谓“用二次文献、三次文献控制一次文献”，基本上就是“书目控制”的同义语。那么，在已有“书目控制（论）”称谓的情况下，还有必要把“用二次文献、三次文献控制一次文献”的理论和方法另称为“文献控制（论）”吗？显然没有这个必要。

我们认同“文献控制论”这一称谓的成立，但前提是“文献控制论”中的“文献”必须是受控客体，而且文献控制的方法或手段必须不局限于书目控制方法（当然包含书目控制方法），以区别于传统意义上的书目控制论。文献控制论是以整个社会文献信息系统为研究对象来研究文献控制系统的结构特征及其控制机理的科学理论。[12]在这一定义中，“社会文献信息系统”是文献控制论的控制客体（控制对象）。在传统的书目控制论中，“社会文献信息系统”也被作为控制客体来对待，如1992年出版的在美国颇为流行的编目教材《编目与分类导论》（*Introduction to Cataloging and Classification*）在其第8版中指出：“在全部知识（包括不一定能用词语表达的知识，如音乐、艺术等）领域中，有一定量的知识被以某种方式记录下来，如被写下来、被印刷、被数字化、被用磁带录制、被描绘等。这一部分知识通常称作文献领域（bibliographic universe），只有文献领域才能够被控制。”[2]这里的“文献领域”就可理解为国内所常称的“社会文献信息系统”。不过，此教材依然用“bibliographic universe”而不是“document universe”一词来指称“文献领域”，说明它所称的“文献领域”一词仍然是在传统的书目控制论视域下而使用的。若在文献控制论视域下使用“文献领域”一词，则“document universe”似乎更为合宜。

在我国，除了刘正福之外，还有一位学者为“文献信息的控制”下过定义，这位学者就是《文献信息学引论》一书的作者朱建亮。他在该书中指出：“文献信息的控制，是以系统论的原理对文献信息的生产、传递和转换、摄取全过程进行序化管理，使之达到最优化的状态。这种控制，是通过对信息内容和载体两个方面的序化管理实现的。”[13]而且，朱先生在该书的有关论述中还涉及了一些社会控制的论点，可惜未展开论述。

由上述可知，要想建立超出书目控制论范畴的文献控制论，必须强调两个前提：一是必须以社会文献信息系统为控制对象；二是必须把控制手段理解为“集成控制系统”，即既包含书目控制手段，也包括政治的、经济的、法律的和伦理的控制手段等。从学科分野上来看，书目控制手段的研究主要由图书馆学、情报学来进行（以往即如此），但对政治的、经济的、法律的和伦理的控制手段等的研究则超出了图书馆学、情报学的研究范畴。因此，这就需要用其他相关学科的理论和方法进行研究。这里所说的“其他相关学科的理论和方法”，既指独立的政治学、经济学、法学、伦理学等学科的理论和方法，又指将这些学科的理论和方法综合起来进行社会控制现象研究的一种综合性学科理论——社会控制论（social control theory）。

3. 社会控制论：文献控制论的上位理论

从历史的角度来看，人类社会有一个不证自明的事实：人类社会自进入阶级社会之日起，就始终伴随着社会对个体的控制，无论这里的“社会”是表现为家族的、团体的、社区的，还是表现为民族、政党或国家。研究社会对个体的控制及其手段，以探寻社会秩序形成机理的学问就是社会控制论。有人对“社会控制”做了这样的定义：“社会控制是指人们依靠社会力量，自觉地以一定方式协调个人与社会及社会各部分之间的关系，以使群体的社会活动或个人的社会行为符合某种社会规范和发展目标，从而保持社会相对稳定及和谐发展的方式系统。”[14]自从1948年维纳提出控制论以来，人们普遍认为人类社会也是符合控制论原理的“控制论系统”。

研究社会控制论的学者们认为，在人类的思想史上，对社会控制现象的关注源远流长。古希腊时期，柏拉图的“洞穴理论”和三等人区分及其“哲学王”思想中，就渗透有社会控制理念。亚里士多德的《政治学》一书及其政体分类理论中，也包含着社会控制的思想因素。至于近代思想家，如布丹、马基雅弗利、卢梭、霍布斯、洛克、孟德斯鸠、康德、黑格尔等人的著作中，关于社会控制的论述就更比比皆是了。此外，马克思、恩格斯的论著中也经常提及“自然形成的社会”（对应于自然秩序）、“凌驾于社会之上的力量”（对应于社会秩序）等概念。例如，马克思在《政治经济学批判（1857—1858 年手稿）》中指出："对活的个体来说，生产的自然条件之一，就是他们属于某一自然形成的社会、部落等等。"[15]恩格斯则把国家的产生归结为社会控制、社会秩序的需要，他说："为了使这些对立面，这些经济利益互相冲突的阶级，不致在无谓的斗争中把自己和社会消灭，就需要有一种表面上凌驾于社会之上的力量，这种力量应当缓和冲突，把冲突保持在秩序的范围以内；这种从社会中产生但又自居于社会之上并日益同社会相脱离的力量，就是国家。"[16]显然，恩格斯这里所说的"凌驾于社会之上的力量"，就是社会控制力量。

在中国古代，社会控制的思想更是其来有自。中国自夏、商、周三代始就形成了"德主刑辅"的社会控制传统，并一直延续了几千年。这一漫长的社会控制历程，可举其荦荦大端者有：商周之际的封建制；西周初周公的"制礼作乐"；春秋末期孔子的"礼乐刑政"合一思想；战国时期法家的"法""势""术"权谋系统，孟子的"德政"与荀子的"隆礼重法"；秦始皇的郡县制、焚书坑儒；汉高祖的"郡国并行制"，汉武帝的"独尊儒术"，汉宣帝的"霸王道杂之"；西晋法律中的"引礼入律"；唐代行政上的"三省制"，法律上的"一准乎礼"；宋代军事上的"杯酒释兵权"，思想上的理学道统；明代的废相内阁制；清代康、雍、乾时期的禁书与文字狱；等等。这些融政治、经济、伦理、法律、社会等控制手段为一体的社会控制实践与思想，构成了世界上独一无二的、延续时间最长的、道统与治统合一的社会控制系统工程。其实，儒家一以贯之的个体人格完善序列，即"修身、齐家、治国、平天下"理想，最能说明中国古代社会的控制理念，因为在"修、齐、治、平"这些字眼及其逐级上升的序列中，包含了从个体自我控制到家庭、社会控制的几乎全部内涵。

尽管中外的人们对社会控制现象早有关注并付诸实践，但从理论上加以抽象、概括则是近现代的事情。在理论上较早论述社会控制问题的著名人物有埃米尔·迪尔克姆（1858—1917）和马克斯·韦伯（1864—1920）。

在迪尔克姆（国内又译为涂尔干、杜尔克姆等）的社会学理论中，"集体意识"、"集体表象"和"社会现象"（或称"社会事实"）等概念与社会控制紧密相关。他所说的集体意识，是指"社会成员平均具有的信仰和感情的总和，……它并不会随着世代的更替而更替，而是代代相继，代代相传。……它是一种社会心理形式，既有自己的特性，又有自己的生存条件和发展模式"[17]。集体表象就是集体意识影响个体行为的表现系统。在迪尔克姆看来，法律、道德以及职业群体的价值取向，都是集体意识所要求的、作用于个体行为的控制规范。社会现象是"存在于人们身体以外的行为方式、思维方式和感觉方式，同时通过一种强制力，施以每个个人"；社会现象"无论固定与否，只要是由外界的强制力作用于个人而使个人感受的；或者说，一种强制力，普遍存在于团体中，不仅有它独立于个人固有的存在性，而且作用于个人，使个人感受的现象”[18]。显然，迪尔克姆认为“外界的强制力作用于个人”，即社会对个体的控制是一种社会事实。

马克斯·韦伯的社会控制思想主要表现在他的统治合法性理论和官僚制理论中。韦伯指出，“任何统治都企图唤起并维持对它的‘合法性’的信仰”[19]。由此，韦伯划分了三种统治类型：①合理的性质——建立在相信统治者的章程所规定的制度和指令权利的合法性之上，他们是合法授命进行统治的（合法型的统治）；②传统的性质——建立在一般的相信历来适用的传统的神圣性和由传统授命实施权威的统治者的合法性之上（传统型的统治）；③魅力的性质——建立在非凡的献身于一个人以及由他所默示和创立的制度的神圣性，或者英雄气概，或者楷模样板之上（魅力型的统治）[19]241。在这三种统治类型中，韦伯当然推崇“合法型的统治”，并在此基础上阐述了他的官僚制思想。韦伯所构筑的官僚制体系建基于形式合理性与实质合理性之上，其特点主要表现为：明确的责任分工，层级权力体系，非人格化管理，一切都照章办事，以规范化的文书传递决策信息，等等。可见，韦伯所提倡的官僚制的目的是“让领导阶级更好地实现统治，服从阶级完成领导交办的任务”[20]。韦伯所划分的三种统治类型，实际上就是三种政治控制模式；而他所描述的官僚制系统，实际上就是实现“合法型的统治”的行政控制模式。韦伯自己对官僚制的态度表现出了“矛盾的理性”，即在肯定官僚制所具有的形式化和理性化机制（工具理性）所带来的高效率的同时，又担心金字塔式的权力控制可能带来的“自由的缺失”和“价值理性的缺失”。

无论是迪尔克姆还是韦伯，虽然都在他们的著述中广泛地讨论了社会控制问题，但却没有正式使用“社会控制”一词。正式使用“社会控制”（social control）一词且把社会控制当作专门研究对象来研究的学者，首推美国社会学家罗斯（1866—1951）。1896年，罗斯在一篇论文中首提“社会控制”一词，五年后（1901年）他把自己的相关论文结集出版，书名为《社会控制：秩序的基石综览》。罗斯在自己的研究中始终贯穿着的一个基本理念是：社会控制是一种正面力量，而不是像有些人所理解的那样是限制个人自由的负面力量。正如他所说：“社会控制在其真实意义上说，它是历史传统和社会团体的保障；它不仅是现在的人所从事的工作的保护者，而且是过去的人为后代所从事的工作的保护者；它不仅是无数人最珍贵财产的保护者，而且是人类精神财富的保护者——即是人类自己自由从事和享受的各种发明和创造、艺术和科学、令人愉快的工作和探索医治疾病的奥秘等等的保护者。”[21]罗斯的这段话，用一句话概括就是：社会控制是人类（包括个体）的利益的保护者。社会控制之所以能够保护人们的利益，原因就在于它能够维护社会秩序——只有在良好的社会秩序中，人们才能实现自己的利益。在罗斯看来，社会秩序是人工秩序，它优于自然秩序，“如果社会戒除所有对其成员的控制，一种自然秩序便会出现。但是，这样的秩序同人工秩序比较，粗糙而不完善，而容忍这种自然秩序，其惩罚必定招致非常惨重、明显的普遍灾难”[21]44。因此罗斯主张，为了维护社会秩序，进而保护人们的利益，必须保证社会对个体的合理控制。为此，罗斯在《社会控制：秩序的基石综览》一书中列举并论述了诸多社会控制手段类型，包括舆论、法律、信仰、社会暗示、教育、习惯、宗教、个人理想、礼仪、艺术、人格、启蒙、幻象、社会价值观、伦理法则等。与此同时，罗斯认为，社会控制不可缺少的一种方式或途径是通过社会组织来承担控制任务，控制不是由人民大众进行，而是由一个在某种程度上具有民族特色要素的组织进行的。按照罗斯的观点，几乎所有合法的社会组织都要执行社会控制的职能。大体来说，这些社会组织应该包括家庭、学校、宗教组织、政党、警察、军队、国家以及各类职业团体。

罗斯开启的专门的“社会控制”研究领域及其思想方法，启发了许多其他学者的思维灵感和研究思路。德国社会学家曼海姆（1893—1947）提出了“为自由而计划”的著名论断。曼海姆不认同包括官僚制在内的社会控制体系必然带来“自由的缺失”和“价值理性的缺失”的结果，反而认为社会控制可以带来保护自由的社会秩序。据此，曼海姆提出了两种社会控制方式：直接控制和间接控制。前者指社会对其成员的个人行为施以直接影响的控制，包括通过教育、法律及武力手段实施的制裁、处罚、期望、说服、报酬等。后者指社会对其成员的个人行为借用别的媒介施以间接影响的控制，包括五个方面：①以无组织的大众影响行动；②以具体的群体（concrete group）影响行为；③通过场结构（field structure）影响行为；④通过变更情境影响行为；⑤通过社会机制影响行为。[22]美国法学家庞德（1870—1964）于1942年出版了《通过法律的社会控制》一书，直接用“社会控制”一词为该书命名，而且又将该书的第一章标题命名为“文明与社会控制”。庞德认为，社会控制是社会文明的表现，因为文明是“人类对外在的或物质自然界和对人类目前能加以控制的内在的或人类本性的最大限度的控制”，而“社会控制的主要手段是道德、宗教和法律”[23]。美国行为主义法学派代表人物唐纳德·布莱克（1941—）也是研究社会控制的著名学者，曾主编有《社会控制的一般理论》一书。布莱克认为，社会控制总是与异常行为紧密相关，“社会控制是社会生活的规范方面，它确定异常行为并对其做出反应，特别是对应该是什么：什么是正确或错误，什么是违反义务、不正常或破坏”等做出规范性界定，以此作为社会控制的标准。同其他学者一样，布莱克也认为社会控制是由正式制度和非正式制度构成的规范体系，并认为法律和官僚制是社会控制的规范体系，风俗、习惯、伦理、治疗精神病等也属于社会控制的范畴。[24]

我国正式引进和研究社会控制理论是从20世纪30年代开始的，最早专论社会控制的著作是吴泽霖（1898—1990）先生于1930年出版的《社会约制》一书。吴泽霖之所以用“约制”一词而不用“控制”，是因为“控制”一词容易给人以自上而下的单向行为的感觉，而“约制”一词则能给人以施控与受控双方的相互作用的感觉。不过，语言约定俗成的缘故，致使吴泽霖所提倡的“约制”一词未能流行起来。吴泽霖认为，为了形成良好的社会环境，保障生活秩序，“社会上不得不想出各种标准，定出各种限制，积极方面使一般的人都能团体化，社会化；消极方面限制他们的行为，使不至妨碍社会，陨越团体。这种积极消极二方面的总和，就是社会约制”[25]。关于社会约制的方法，吴泽霖将其分为两大类：一是武力的方法，二是会意的方法。所谓武力的方法，就是指用武力来达到约制目的的强制方法。会意的方法又分为两个方面：一是直接的方法，二是间接的方法。直接会意的方法是指明言直示的约制，即约制者或用言语，或用文字，明白地指示、鼓励或禁止他人的行为。直接会意的方法有惩罚、酬报、理喻（教化）和命令四种。间接会意的方法是指约制者用非直接的方法使被约制者不得不去做，被约制者做了以后自己也不知是受了别人的约制的隐性做法。间接会意的方法种类很多，如讥讽、谄谀等。此外，吴泽霖也注意到了社会组织是实施社会控制的主要载体和力量。他把社会组织分为具体组织和非具体组织两类。具体组织，如家庭、学校、政府、教会、职业组织等；非具体组织，如风俗、舆论、礼节、信仰等。[25]73-74用现代的话来说，吴泽霖所说的“具体组织”是指包括家庭在内的集体性、团体性组织机构，而“非具体组织”则指精神性的价值评价系统和社会人际关系网络。

与吴泽霖同时代的孙本文（1891—1979）先生也是我国社会控制研究领域卓有成就的著名学者，其社会控制思想集中表现在他于1935年出版的《社会学原理》一书中。孙本文认为，社会控制就是社会对个人行为的任何约束，“可供社会上各人行为标准的规则与制度，对于各人行为，即具有约束的力量。社会控制，就是此种种行为规则与制度对于个人行为约束的作用”[26]。孙本文区分了“社会控制的方法”和“社会控制的工具”。关于社会控制的方法，孙本文认为有自然的控制方法和人为的控制方法两类。前者是由暗示与模仿形成的自发性控制方法，后者为社会有意加给个人的一种人为控制方法。其中，人为的控制方法大体有教训、劝导、命令、奖励、惩罚、立信、明断、讥刺等。关于社会控制的工具，孙本文将其区分为无意的社会控制工具和有意的社会控制工具两类。凡是社会无意之间加给人的约束，都属于无意的社会控制工具，如时尚、风俗、舆论、谣言等；凡是社会有意识地加给个人的约束，都是有意的社会控制工具，如法律、道德、宗教、教育等。

新中国成立迄今，我国的社会控制研究成果主要集中在两个方面：一是在中国古代政治思想史、官制史、社会史、法制史等领域中涉及的社会控制研究，二是对国外有关研究成果的译介和评述。当然，在这两个方面的研究成果中，也有一些有见地、有价值的思想观点或综合归纳，如当代学者蒋传光（1963—）在其博士学位论文《中国古代社会控制模式的历史考察——一个法社会学的研究》中，根据前人的研究成果，对社会控制的方式做了较好的归纳。蒋传光把社会控制的方式归纳为三对范畴：积极控制和消极控制，正式控制和非正式控制，外在控制和内在控制。[27]

首先，积极控制和消极控制。积极控制是社会通过对个体行为的正面引导所实现的社会控制，其途径有价值观引导、奖赏、榜样示范、沟通、说服等。消极控制是指对各种偏离行为的限制过程，建立在惩罚或对某些惩罚的畏惧心之上，其途径有批评、谴责、处分等。

其次，正式控制和非正式控制。正式控制是社会通过一定的控制机构实施的有组织的社会控制，其规范主要有法律、纪律、宗教制度等。非正式控制的特点在于没有明确的社会控制机构，其控制作用主要是通过人们在日常生活中的社会互动过程完成的。道德控制是非正式控制的主要形式。

最后，外在控制和内在控制。外在控制是用社会规范直接约束个人行为而实现的社会控制，这些社会规范包括国家的法律体系、社会组织的规章制度，以及道德规范和风俗习惯等。内在控制是指社会介入人们的主观意识建构之中，使人们把社会规范加以内化并在行为中自觉遵守而实现的社会控制。内在控制最终表现为一种自我控制。

蒋传光认为，社会控制是上述三对范畴交织构成的综合控制过程。蒋传光的这一判断是值得肯定的。但是，蒋传光的上述社会控制方式划分存在一些缺陷，如没有从控制论的角度加以划分，亦即没有把社会控制方式划分为前馈控制和反馈控制、事前控制和事后控制等；没有从法理学的角度把社会控制方式划分为合法控制与非法控制、理性控制与非理性控制、民主控制与专制控制；没有从控制强度的角度把社会控制方式划分为软控制和硬控制；等等。

通过上述对国内外社会控制研究成果的粗略梳理，我们可以得出如下几个方面的结论：第一，从人类社会发展的历史角度来看，社会控制的思想和实践早已有之，甚至可以说，人类社会发展史就是社会控制发展史；自 1896 年罗斯提出“社会控制”一词以后，社会控制研究已成为独立的专门研究领域，所以社会控制论的诞生比维纳于 1948 年提出的控制论早了约半个世纪。第二，从人类社会历史上出现过的社会控制的后果来说，社会控制有良性控制（结果是“好的”）和非良性控制（结果是“坏的”）之分，但随着人类社会越来越走向民主化、理性化，良性控制的比例越来越大，亦即良性的社会控制是人类社会发展所需要的，甚至是必需的，这种良性的社会控制是个人自由的保障，而不是个人自由的障碍。第三，虽然现代社会中良性的社会控制所占比例越来越大，但非良性的社会控制现象总是难以消除殆尽，因此如何不断扩大良性的社会控制所占比例而缩小非良性的社会控制所占比例，仍然是值得长期关注和研究的问题。第四，社会控制的实际过程必然表现为分领域控制的过程。这里的“领域”从大的方面来说，有政治领域、经济领域、文化领域等；从小的方面来说，必然包括社会的文献领域。社会对文献领域实施的控制就是我们所说的文献控制。显然，社会控制与文献控制是整体与部分的关系。

社会的文献控制也可以分为良性控制和非良性控制，因此如何扩大文献良性控制所占比例而缩小非良性控制所占比例，也是值得长期关注和研究的问题。由于文献控制是社会控制的组成部分，所以对其进行研究必然要借助于社会控制论的研究成果，由此便形成了“社会控制→文献控制→书目控制”这样一个完整的理论与实践研究序列。

4. 文献控制论在我国的研究现状及评述

本文第一部分已经介绍了刘正福的“文献控制”概念及其研究成果。至于刘正福是不是我国第一个提出“文献控制”一词的人，我们暂且不去考证，但可以肯定的是，刘正福确实是我国第一个主张将书目控制拓展为文献控制，并对“文献控制”做出专门定义的人。令人遗憾的是，1987 年以后，刘正福出国谋职，未能继续他的文献控制论研究。

我们通过中国知网（CNKI）进行检索，并根据长年关注文献控制研究所了解到的情况发现，迄今为止，我国图书馆学、情报学领域的学者在完全有别于书目控制意义上的专门论述文献控制的研究成果少之又少，不足 20 篇（部）；若从作者数量来看，则仅涉及 7 人；若从成果的著述形式来看，则仅有 1 部正式出版的专著（见表 1）。

表 1　我国文献控制研究部分成果

序号	作者	题名	出处
1	刘正福	《论文献控制的控制论基础》	《图书情报知识》1986 年第 3 期
2	刘正福（以笔名“石蔓”发表）	《关于引用控制论进行目录学理论研究诸问题的思考》	《湖北高校图书馆》1987 年第 2 期
3	刘正福	《文献控制论导论》（铅印本）	华中师范大学 1987 年版
4	蒋永福	《文献熵及其控制浅论》	《图书馆理论与实践》1990 年第 1 期
5	蒋永福	《社会文献信息系统的结构、机制与控制——兼谈文献控制论》	《情报资料工作》1990 年第 3 期
6	蒋永福	《综述的文献控制功能》	《情报资料工作》1991 年第 2 期
7	蒋永福	《文献信息控制方法浅论》	《图书馆建设》1992 年第 3 期

续表

序号	作者	题名	出处
8	蒋永福	《从书目控制论走向文献控制论》	《图书馆》1993 年第 1 期
9	蒋永福	《尊经重教以成“为治之具”——中国古代文献分类活动的思想宗旨》	《中国图书馆学报》2012 年第 2 期
10	蒋永福	《文献秩序·思想秩序·统治秩序——中国古代文献整理活动中的秩序建构逻辑》	《求是学刊》2013 年第 2 期
11	蒋永福	《中国古代国家修书活动控制史论》	《图书情报知识》2015 年第 4 期
12	蒋永福	《以禁书求秩序：中国古代对民间文献活动的控制史论》	《图书馆理论与实践》2015 年第 11—12 期
13	黄素芬 克俊豪	《文献系统的一种经济控制模式》	《图书情报工作》1990 年第 2 期
14	唐建华	《文献信息控制学》	学苑出版社 1991 年版
15	董绍杰	《文献控制引论》	《图书馆学研究》1992 年第 5 期
16	卿家康	《论文献社会控制的正式形式》	《图书馆理论与实践》1993 年 1 期
17	傅红岩	《论我国文献传播的法律控制》	武汉大学 1993 年硕士学位论文
18	李明杰	《试论文献传播的法律控制》	《图书馆》1999 年第 1 期

注：所列成果仅限于图书馆学、情报学领域中的专门研究成果，不包括：①其他学科中的禁书、文字狱、报刊审查、版本鉴别与校雠等研究成果；②文书档案控制研究成果；③出版发行管理研究成果；④文献组织、知识组织研究成果；⑤专利、灰色文献等特殊文献控制研究成果；⑥数字文献版权控制或数字图书馆版权控制研究成果；⑦只是部分涉及文献控制问题的其他研究成果。

首先，从成果的著述形式来看，迄今为止，只有一部专著问世，其余均为论文。这部专著就是唐建华于 1991 年出版的《文献信息控制学》。此前刘正福虽然著有 10 多万字的《文献控制论导论》（学位论文扩展后的铅印本），但未正式出版。当时就职于四川师范学院的唐建华所著的《文献信息控制学》，单从书名来看，就给人一种耳目一新的感觉，同时也给人一种崭新学科理论问世的期待。如他所言，“总揽文献、信息、控制三者，以文献信息为标的，以控制为手段的总体结构就是文献信息控制结构；这样的系统就是文献信息控制系统；这样的研究学科就是文献信息控制学”[28]。然而，从全书的内容架构来看，似乎尚未建立起科学、完整的文献信息控制学的内容体系。该书论述的主要内容分为三大部分：文献信息的工具书控制，文献信息的计算机控制，文献信息的运筹学控制。其中，工具书控制属于书目控制范畴，而所谓计算机控制其实属于设备范畴，运筹学控制则属于思想方法范畴。由此可以看出，该书的内容及其视野仍没有超出书目控制的范畴。此外，不知何故，该书全篇只字未提“社会控制”一语，因此全书的论述未能达到社会控制的高度，而仍限于文献部门内部进行的单一的组织控制范畴。这一点从作者对“文献信息控制系统”的界定中可以显示出来，即作者把文献信息控制系统列举为：原始文献收藏部门、文献信息加工部门、文献信息控制工具书和工具书组织部门、文献检索服务部门。[28]279 当然，唐建华为我国的文献控制论研究做出了自己的贡献，如在国内第一个提出“文献信息控制学”一语，并在国内正式出版第一部专门性的文献控制论专著，其文献信息计算机控制和运筹学控制论述中也有较多有益的内容。但遗憾的是，唐建华出版了《文献信息控制学》一书以后，未能继续他的文献控制论研究。

其次，从作者情况来看，表 1 中所列作者只有 7 人，尽管这一数字不一定准确，但却能够说明国内专门关注文献控制论研究的学者少之又少。而且，除了刘正福和蒋永福之外，其他作者都只完成了一篇（部）研究成果。比如，傅红岩于 1993 年就完成了硕士学位论文《论我国文献传播的法律控制》，应该说具备了文献控制论研究的良好学术基础，但此后傅红岩再也没有有关文献控制论方面的研究成果问世。从研究成果的数量来看，蒋永福的成果数量最多，而蒋永福的研究明显地分为前后两个阶段，即 20 世纪 90 年代初和 2012 年以后。在前一个阶段，蒋永福发表有 5 篇文献控制论方面的论文，此后他将主要精力投入图书馆学基础理论研究之中，未能在文献控制论研究方面持续发力。不过，从 2012 年至今，蒋永福又强势回归，连续发表了关于深化文献控制论研究的 4 篇论文。然而，这种回归者迄今为止只有蒋永福一人，而且还未发现其他新人的加入。仅从这种单薄的学术力量来看，我国的文献控制论研究前景难测。

最后，从已有成果的研究内容来看，由于大多数学者都没有把文献控制研究作为自己的主攻研究方向，所以，其成果也大都局限于文献控制的某些方面，以至于缺乏广度和深度。同时，个别研究成果尚未做出“控制”与“管理”的区分，如黄素芬、克俊豪在《文献系统的一种经济控制模式》一文中，虽然提出了文献部门以文献利用率为衡量标准的经费管理模式，但却丝毫未涉及经济控制论原理。当然，有些研究成果在某一局部方面的论述有其深度与独特见解，如傅红岩和李明杰的论文，对文献传播的法律控制做了较好的历史梳理和观点阐述。李明杰的《试论文献传播的法律控制》一文，把文献传播的法律控制分为传播内容的法律控制、传播过程的法律控制、传播方向的法律控制、传播事业的法律控制；把文献传播的法律控制类型划分为正向控制和负向控制两个方面。而且，李明杰在文中还提出了一个重要观点：“文献传播作为一种社会行为，而对其进行的法律控制无一例外的都是为维护统治阶级的利益和巩固其统治服务的，是统治阶级意志的体现，具有阶级性、强制性、权威性、规范性等特点。其实质就是统治阶级把本阶级的意志上升为国家意志，通过国家强制手段对文献传播行为进行规范，以确定、保障和发展有利于统治阶级的社会关系和社会秩序。”[29]蒋永福在前期的研究成果中，曾经根据热力学第二定律中的“熵”概念，提出了“文献熵”与“文献序”这样一对概念：“文献熵”指文献系统无序程度的度量，“文献序”指文献系统有序程度的度量。由此蒋永福认为，文献控制过程可以看作文献控制系统为降低“文献熵”、提高“文献序”而进行的一系列控制行为。在《社会文献信息系统的结构、机制与控制——兼谈文献控制论》《文献信息控制方法浅论》二文中，蒋永福认为文献信息控制方法可分为政策控制、技术控制和用户控制三个方面。这是他对文献控制手段所做的不甚科学的初步分类。从蒋永福的后期研究成果，如《尊经重教以成“为治之具”——中国古代文献分类活动的思想宗旨》《文献秩序·思想秩序·统治秩序——中国古代文献整理活动中的秩序建构逻辑》《中国古代国家修书活动控制史论》《以禁书求秩序：中国古代对民间文献活动的控制史论》等论文中，明显可以看出他从社会控制论高度阐发文献控制的学术理路。比如，他在文中指出，中国古代的文献整理活动不仅产生了文献秩序，还“参与”推动了中国社会的思想秩序和统治秩序的建构，即通过“以经为首”的思想秩序来构建文献秩序，再通过这种文献秩序和思想秩序来为建构统治秩序服务，这就是中国古代文献整理活动中所蕴含的秩序建构逻辑。[30]从社会控制论角度阐发文献控制思想的学者还有董绍杰和卿家康。董绍杰根据文献控制主体的不同把文献控制分为私人控制、文献控制机构控制、国家控制和社会综合控制。[31]卿家康认为，文献的社会控制有正式的与非正式的两种形式，进而专文论述文献社会控制的正式形式，并将其划分为法律与行政指令的控制形式、制度的控制形式、经济的控制形式、图书评论的控制形式和阅读指导的控制形式五个方面。[32]此文后来成为卿家康所著的《文献社会学》（武汉大学出版社 1994 年版）一书的一个章节内容。但令人遗憾的是，1995 年后，卿家康离开了图书馆学界，未能继续他的文献控制论和文献社会学研究。

总之，当前我国图书馆学、情报学界的文献控制论研究状况，可以说不容乐观，其主要表现是：致力于文献控制论研究的学者数量较为有限，研究成果数量少，一些基本概念尚待进一步厘正，基本原理尚未形成，理论体系也未成型。尤其是一些有潜质的学者纷纷中断了研究，但又未见新人的加入，这种后继乏人的局面，使得我国当前的文献控制论研究几近陷于危机。我们在忧心如焚之余，不得不呐喊：快快拯救中国的文献控制论研究！

5. 关于文献控制研究的几个认识问题

5.1 关于文献控制的概念问题

关于“文献控制”的定义，上文已有交代，在此不再赘述。这里只谈对“文献控制”这一概念的其他方面的认识问题。

第一，所谓“文献控制”，指的是“对文献的控制”，即文献（或称“文献流”“文献活动”“文献领域”等）是文献控制的客体对象。这一点与“书目控制”称谓的逻辑不同，因为书目控制中的“书目”是指控制手段，而不是客体对象。不过，文献控制与书目控制有一点是相同的，即它们的客体对象都是文献。在控制论家族中，“经济控制论”“人口控制论”“教育控制论”等称谓中的经济、人口、教育领域，就是被控制的客体对象，可见，以文献为客体对象的“文献控制（论）”称谓是合乎控制论逻辑的。

第二，文献控制的控制手段（控制器）不能局限于文献揭示系统，即书目系统，因为以书目系统为控制手段的研究领域属于书目控制论范畴。也就是说，只有把书目控制（论）视为文献控制（论）的一个“子集”，才能有建立文献控制论的必要。

第三，对文献信息进行控制是人类社会发展所需要的。对文献信息进行控制的目的，就是使文献信息的生产、传播和利用活动有利于社会秩序的维护，进而有利于保障社会成员的利益。那些有利于增进社会秩序的文献信息，应通过正反馈手段加以进一步的生产、传播和利用；而那些有害于社会秩序的文献信息则需要通过负反馈途径加以限制。

以上三个方面是文献控制（论）得以成立的逻辑依据和社会需要依据所在。反过来说，这三个方面的依据缺了哪一个都会导致文献控制（论）的不成立。

5.2 关于文献控制研究的核心内容问题

文献控制研究的核心内容包括三个方面：一是对文献控制系统的结构（构成要素及其关系）的界定问题，二是对文献控制手段的划分问题，三是对文献控制机制的分析问题。

关于文献控制系统的结构问题，目前有一个大体一致的认识，即大都把文献控制系统的结构描述为“施控主体—控制手段—受控客体”这样一个由三要素及其信息反馈回路构成的控制系统。其中，施控主体包括个人和团体性组织，团体性组织又包括政府组织和非政府组织。文献控制论研究的施控主体主要指团体性组织，尤其是政府组织。受控客体指文献，这里的“文献”应该是载体和内容的合成体，而文献的思想内容则是文献控制的本质性对象。文献是文献控制活动的直接客体，而与文献有关的人或组织有时则成为间接客体（连带性客体）。从社会控制的角度而言，控制文献的目的是控制人们的思想意识。所以，文献控制中的受控客体还应包括延伸性或终极性对象——社会公众及其思想意识。

关于文献控制手段的问题，是已有研究成果中谈论得最多但又意见纷呈的问题。从研究者们常用的称谓来看，与“控制手段”这一称谓相近或相似的还有“控制方法”“控制方式”“控制形式”“控制途径”“控制工具”“控制装置”“控制规则”等。在社会控制研究中，有的人还对上述一些称谓加以区分使用，如吴泽霖和孙本文就在他们的社会控制研究中对“控制方法”和“控制工具”做了区别，其依据是：“工具”是静态概念，而“方法”是动态概念。笔者认为，之所以会出现如此多的相近或相似的称谓，是因为这些称谓之间确实存在着些微的区别，但更多情况下却是各人的词语使用习惯不同使然。在笔者看来，用“控制手段”这一称谓比用其他称谓更能体现控制论的旨趣，因为在汉语语境中，“手段”往往针对“目的”而言，“手段—目的”早已成为众所周知的一对范畴，而目的性又是控制行为的最一般特征，所以为了体现文献控制的目的性特征，统一使用“控制手段”一语是有必要的。

关于文献控制手段类型的划分，因不同的研究者采取不同的划分标准而出现了多种类型。蒋永福曾把文献信息控制手段分为政策控制、技术控制和用户控制三个方面。卿家康把文献社会控制的正式手段划分为法律与行政指令的控制、制度的控制、经济的控制、图书评论的控制和阅读指导的控制五个方面。朱建亮则把文献控制类型划分为宏观控制和微观控制两种。他所说的宏观控制包括政策控制、立法控制、制度控制、计划控制、事业控制；微观控制包括整件文献的控制、单篇文献的控制以及片段、语句和字词的控制。此外，朱先生还做出了文献控制的程度划分，即适度、过度和失控三种程度类型。[13]233-238这种程度划分不一定很科学，但其思路却值得玩味和称道。如何科学地划分文献控制手段类型是一个很难达成共识的问题，在此我们根据社会控制和文献控制的一般原理，列出11对范畴的控制手段类型，以供研究者们参考（见表2）。

表2　文献控制手段类型划分

划分标准	手段类型范畴	
按施控方式	积极控制	消极控制
按施控时间	事前控制或前馈控制	事后控制或反馈控制
按反馈类型	正反馈控制	负反馈控制
按组织形式	正式控制	非正式控制

续表

划分标准	手段类型范畴	
按控制性质	民主控制	专制控制
按合法与否	合法控制	非法控制
按理性与否	理性控制	非理性控制
按控制程度	适度控制	失度控制
按控制后果	良性控制	非良性控制
按控制强度	硬控制	软控制
按是否采用书目	书目控制	非书目控制

表2所列的文献控制手段类型范畴，其含义大都一目了然，但有两点需要说明：第一，表中有些范畴之间存在着交叉或包含关系，如合法控制、理性控制一般可以认定为良性控制，而非法控制、非理性控制、过度控制则往往表现为非良性控制。第二，表中所列每一对控制手段范畴大部分（不是全部）由正反两方面构成，但在实际的控制行动中，两方面之间不一定是非此即彼的、截然分开的关系，而有可能是交叉共用的关系，如硬控制与软控制之间往往就是“软硬兼施”（无贬义）的关系。其他控制手段范畴，如积极控制与消极控制、事前控制与事后控制、正式控制与非正式控制、书目控制与非书目控制之间，也都应该是互补和交叉共用的关系。此外，正反两方面的关系是指逻辑关系，因此不一定存在价值关系，即正反两方面中的“反”方面，不一定都具有反面的或不良的含义，如消极控制、事后控制、软控制、非正式控制等手段，就不具有价值上的反面或不良含义。

文献控制手段的划分和文献控制机制的分析是两个不同的问题，文献控制机制的分析是指对每一文献控制手段如何实施的问题所进行的分析。例如，蒋永福在《文献秩序·思想秩序·统治秩序——中国古代文献整理活动中的秩序建构逻辑》一文中，对中国古代官修史书、官修类书、官修目录等文献整理活动是如何为建构统治秩序服务的内在机制问题，做了三个方面的分析：①通过官修史书、官修类书、官修目录等文献整理活动总结统治经验，这属于学习机制；②通过官修史书、官修类书、官修目录等文献整理活动宣扬“文治”，这属于文化机制；③通过官修史书、官修类书、官修目录等文献整理活动排除异己，这属于排斥机制。[30]总结统治经验的学习机制中，包含着积极控制、正式控制、理性控制等多种控制手段；宣扬“文治”的文化机制中，交织着正式控制与非正式控制、事前控制与事后控制以及软控制等多种控制手段；排除异己的排斥机制中，渗透着专制控制、非法控制、过度控制、硬控制和软控制等多种控制手段。可以说，在文献控制论研究中，对文献控制机制的深入分析是重点和难点，也是其学术亮点所在。

5.3 关于文献控制论的理论基础问题

文献控制论应该建基于什么样的思想方法之上，或者说，文献控制论研究应该得到哪些学科理论、思想观念的指导，这就是文献控制论的理论基础问题。从广义上来说，能够为文献控制论研究提供思想启发和知识支撑的学科理论、思想观念都可以成为文献控制论的理论基础，尤其是马克思主义的唯物辩证法和历史唯物论应该成为文献控制论的思想方法基础。本文从狭义上探讨文献控制论的理论基础问题。从狭义上来说，控制论、社会控制论和文献学的理论与方法应该成为文献控制论的理论基础。

控制论可以为文献控制论研究提供诸多方法论启示。控制论中的控制系统结构原理、控制行为的目的性特征、控制过程对信息反馈的依赖性要求等，都适用于文献控制的理论与实践领域。控制论中的诸多概念和方法，如最优控制、自适应控制、多变量控制、非线性控制、随机性控制、信息识别与过滤、多阶反馈、状态评估与跟踪控制等，都可以为文献控制论研究提供某些启示或借鉴。总之，控制论方法应该成为文献控制论研究的基本方法论之一。需要指出的是，这里所说的控制论方法是一个广义的概念，包括系统论方法、信息论方法、耗散结构论方法、突变论方法和协同论方法等现代方法论。

社会控制论是文献控制论的上位理论，因而社会控制论成为文献控制论的理论基础是不言而喻的。正是社会控制论视角的引入和借鉴，才使得以往的书目控制论研究有必要也有可能扩展为文献控制论研究。从我国目前的文献控制论研究现状来看，社会控制论视角的缺失是研究的广度和深度都不尽如人意的重要原因之一。社会对文献的生产、传播和利用的控制是一个客观存在的历史事实，而且这种控制将一如既往地存在下去。这是因为文献所载的内容本身无不是社会的政治、经济、文化等现象的反映，对社会上的思想和观念的形成具有广泛的传导性影响力，所以，社会的统治阶级必然会对文献的生产、传播和利用活动加以控制（包括良性控制和非良性控制）。其中，关于政治与文献之间的关系问题，王余光先生曾有过论述："时代政治不仅影响旧文献的保存，而且也影响到新文献的增长。秦始皇焚书，使大批先秦文献失传，这就是政治的原因。隋代学者牛弘论历史上书有五厄，这五厄都是政治与战争的原因造成的。……在中国历史上，历代王朝，无不剪制与本朝统治思想违迕之书。明清两朝屡兴文字狱，不仅祸及其书，亦祸及其人。"[33]这说明文献控制是社会控制的一个组成部分，文献控制研究就是社会控制研究的一个重要方面，因此文献控制论研究必须以社会控制论作为理论基础之一。

从学科性质或研究领域性质上来说，文献控制论可以看作文献学和控制论合一的交叉学科或研究领域。因此从逻辑上来说，既然控制论可以成为文献控制论研究的基础理论，那么文献学的理论和方法自然也可以成为文献控制论研究的基础理论之一。不过，这里所说的文献学应该是包含古典文献学在内的普通文献学。历史的缘故导致在汉语语境中一提起“文献学”一词，长期以来许多人便习惯性地指向以目录、版本、校雠为三大支柱的古典文献学，无形中排除了其他有关文献的研究内容。其实，从名称上看，古典文献学应该只是文献学的一个分支学科，不应该越俎代庖地占用自己的上位学科名称——文献学。对此，有人曾无可奈何地说：“因历史的原因，‘文献学’以它的古意已形成专门学科，专有所指，如果将它改为‘典籍学’，而还‘文献学’概念最本质的含义，则整个文献学科群就更合理地完成了学科体系框架。”[34]由此，一些学者提出用“大文献学”来统合古典文献学和其他有关文献学的研究内容。当然，他们加一个“大”字是为了最终删除“大”字。[35]倪波、周文骏等学者则干脆直接扩展了文献学的研究范围，把“文献学”作为文献学学科群中最上位的学科名称。比如，倪波主编的《文献学概论》由11章内容组成，分别为文献概述、文献结构、文献信息研究、文献载体及其形态、文献族系、文献类型研究、文献生产、文献交流、文献规律的研究、文献工作标准化和文献工作现代化。[36]显然，这些内容不是古典文献学所能涵盖的。周文骏、杨晓骏在《文献学新论》一文中指出：“文献学是研究文献的特征、规律以及社会文献工作规律的一门科学；传统的‘文献学’实质上是古典文献学，是文献学的一个重要分支；文献学的研究内容十分广阔，可以说包括一切与文献有关的现象及其本质。……文献信息学和文献交流学是文献学学科群中的两大支柱子学科，……图书馆学、情报学、档案学都是文献学学科群中的成员。”[37]这里，周文骏、杨晓骏明确指出了古典文献学是文献学的一个分支。而且，他们还认为“文献信息学和文献交流学是文献学学科群中的两大支柱子学科”。如果这一判断成立的话，文献控制论为何不可以成为文献学学科群中的另一“支柱子学科”？对此，我们是持肯定态度的，即文献控制论完全可以成为文献学的一个分支学科。由此而论，文献学的理论和方法成为文献控制论研究的理论基础之一便毋庸置疑了。

5.4　关于文献控制研究的必要性问题

研究文献控制问题有何必要，尤其是对图书馆学、情报学、档案学、文献学而言？从学科分野及其关系来看，人们一向认为图书馆学、情报学、档案学、文献学之间存在着族系关系，亦即它们之间存在着紧密的相关性，在研究范围和内容上存在着相互交叉的关系。所以，我国有“图书馆、情报与文献学”这样的统合称谓和“图书情报与档案管理”这样的一级学科名称。在隶属关系上，我们赞同周文骏、杨晓骏所说的“图书馆学、情报学、档案学都是文献学学科群中的成员”和“文献信息学和文献交流学是文献学学科群中的两大支柱子学科”的观点。同时，我们认为文献控制论也是文献学学科群中的一个“子学科”。按照这种观点，既然文献控制论是文献学下属的研究领域，那么同样作为文献学下属学科的图书馆学、情报学、档案学与文献控制论之间必然也存在着某种族系关系（不一定是同一层次序列，这一点有待进一步梳理），它们之间在研究范围和内容上完全可以相互交叉或相互渗透。由此我们可以认为，文献控制问题是图书馆学、情报学、档案学共同面对的问题，也就是说，图书馆学、情报学、档案学都有必要研究文献控制问题，而作为它们上位学科的文献学则更有必要研究文献控制问题。其实，图书馆学、情报学、档案学之所以被“捆绑”为一个学科，很重要的一个原因就在于它们都以“文献”为研究对象。图书馆学、情报学、档案学既然以“文献”为共同的研究对象，那么“文献”下属的文献控制问题自然也应该成为它们共同的研究对象。此外，从目前国内学科的分类角度来看，对“文献”的研究主要分布于两个学科：一是图书情报与档案管理一级学科，二是隶属于文学学科的古典文献学。上文提到，古典文献学以目录、版本、校雠为主要研究内容，一般不直接涉及文献控制问题。在这种情况下，如果图书情报与档案管理学科不去研究文献控制问题，那么文献控制问题便可能成为无人问津的“空地”了。而作为以“文献”为研究对象的图书情报与档案管理学科，倘若出现这种“空地”，就只能说是图书情报与档案管理学科本身的缺陷了。所以，无论是从学科本身的性质而言，还是从目前国内学科分类形成的边界划分而言，图书情报与档案管理学科都有必要承担起文献控制研究的责任。

6. 结语

20 世纪 80 年代，我国的图书馆学、情报学界曾一度掀起了不大不小的书目控制论研究热潮，20 世纪 80 年代中期至 90 年代初，文献控制论研究又悄然兴起。然而，自 20 世纪 90 年代中期以来，无论是书目控制论研究还是文献控制论研究，都猛然“鸣金收兵”，似乎进入了“集体无语”的状态。在这 20 年左右的时间里，除极个别人的个别研究成果外，文献控制论研究成果可谓乏善可陈，以“文献控制（论）”命名的研究成果更几近为零。随着计算机技术和网络技术的普及，以及大中型文献数据库的大量涌现，许多主要以信息检索为目标的书目控制问题得到了较好的解决，并使原来的书目控制研究论题转向了信息描述、数据仓库、数据挖掘、信息可视化等技术实现话语，进而导致以往那种书目控制话语不再怎么需要“叙述”。这或许就是以往那种书目控制论研究“华丽转身”并不再成为理论话题的个中原因所在。这一过程可称为“理论转向技术”的过程。的确，书目控制问题的解决有赖于技术（指自然科学技术而非“社会技术”）的进步，这是毋庸置疑的。那么，如今文献控制论研究也到了“华丽转身”的时候了吗？显然不是，因为文献控制问题绝不是仅靠技术进步就能全部解决的。上文已提到，社会控制是人类社会发展所需要的，社会控制现象必然会长期存在下去，而作为社会控制的组成部分，文献控制必然也会跟随社会控制长期存在下去。这就意味着书目控制研究可以“华丽转身”，但文献控制研究却无法“华丽转身”。文献控制研究没有终结，也不可能终结，需要我们继续去研究。（本文缩写稿曾以同名发表于《大学图书馆学报》2016 年第 3 期）

参考文献

[1] 石蔓. 关于引用控制论进行目录学理论研究诸问题的思考 [J]. 湖北高校图书馆，1987 (2)：57 - 62.

[2] 刘苏雅. 试论 bibliographic (al) 和 bibliographic (al) control 的中译 [J]. 图书情报工作，1995 (5)：17 - 19，74.

[3] 柯平. 书目控制发展概述 [J]. 图书馆学刊，1984 (3)：41 - 44.

[4] 韦尔施. 书目控制论——文献检索系统的一种理论 [J]. 杨廷郊，译. 吉林省图书馆学会会刊，1981 (6)：12 - 18.

[5] 秦宜敏. 我国书目控制研究述评 [J]. 图书馆，1992 (3)：17 - 23.

[6] 辜学武. 书目控制论略 [J]. 图书情报知识，1982 (1)：18 - 22.

[7] 刘正福. 论文献控制的控制论基础 [J]. 图书情报知识，1986 (3)：31 - 32.

[8] 王岩. 书目控制的含义及实用性研究 [J]. 中国图书馆学报，1992 (4)：68 - 71.

[9] 黄俊贵. 书目控制简说 [J]. 图书馆学通讯，1989 (3)：35 - 37，6.

[10] 黄俊贵. 书目控制论的思辨：从世界到中国 [J]. 中国图书馆学报，1995 (5)：56 - 63.

[11] 彭斐章. 目录学教程 [M]. 北京：高等教育出版社，2004：124 - 125.

[12] 蒋永福，陈丽君，吴昆. 从书目控制论走向文献控制论 [J]. 图书馆，1993 (1)：7 - 11.

[13] 朱建亮. 文献信息学引论 [M]. 北京：书目文献出版社，1992：220.

[14] 田佑中，陈国红. 罗斯的社会控制理论述评 [J]. 南京政治学院学报，1999 (6)：40 - 42.

[15] 马克思，恩格斯. 德意志意识形态 [M]. 北京：人民出版社，1961：25.

[16] 马克思，恩格斯. 马克思恩格斯选集：第 4 卷 [M]. 北京：人民出版社，1972：166.

[17] 埃米尔·涂尔干. 社会分工论 [M]. 渠东, 译. 北京: 生活·读书·新知三联书店, 2000: 42-43.
[18] 迪尔凯姆. 社会学研究方法论 [M]. 胡伟, 译. 北京: 华夏出版社, 1988: 5-12.
[19] 马克斯·韦伯. 经济与社会: 上卷 [M]. 林荣远, 译. 北京: 商务印书馆, 1997: 239.
[20] 王美龄. 马克斯·韦伯的官僚制理论研究 [D]. 沈阳: 辽宁大学, 2012.
[21] 罗斯. 社会控制 [M]. 秦志勇, 毛永政, 译. 北京: 华夏出版社, 1989: 335.
[22] 曼海姆. 重建时代的人与社会: 现代社会结构的研究 [M]. 张旅平, 译. 南京: 译林出版社, 2011: 229.
[23] 庞德. 通过法律的社会控制 [M]. 沈宗灵, 译. 北京: 商务印书馆, 2010: 10-11.
[24] 朱景文. 现代西方法社会学 [M]. 北京: 法律出版社, 1994: 171.
[25] 吴泽霖. 社会约制 [M]. 2 版. 上海: 世界书局, 1934: 6-7.
[26] 孙本文. 社会学原理: 下册 [M]. 上海: 商务印书馆, 1935 (民国二十四年): 511.
[27] 蒋传光. 中国古代社会控制模式的历史考察——一个法社会学的研究 [D]. 北京: 中国政法大学, 2003.
[28] 唐建华. 文献信息控制学 [M]. 北京: 学苑出版社, 1991: 1.
[29] 李明杰. 试论文献传播的法律控制 [J]. 图书馆, 1999 (1): 32-35.
[30] 蒋永福. 文献秩序·思想秩序·统治秩序——中国古代文献整理活动中的秩序建构逻辑 [J]. 求是学刊, 2013 (2): 147-156.
[31] 董绍杰. 文献控制引论 [J]. 图书馆学研究, 1992 (5): 50-53.
[32] 卿家康. 论文献社会控制的正式形式 [J]. 图书馆理论与实践, 1993 (1): 28-32.
[33] 王余光. 论文献学 [J]. 武汉大学学报 (人文科学版), 1988, 41 (6): 124-130.
[34] 康军.《文献工程学》论纲 [J]. 图书馆工作与研究, 1998 (6): 1-5.
[35] 潘树广. 大文献学散论 [J]. 图书馆工作与研究, 2000 (3): 14-16.
[36] 倪波. 文献学概论 [M]. 南京: 江苏教育出版社, 1990.
[37] 周文骏, 杨晓骏. 文献学新论 [J]. 中国图书馆学报, 1994 (1): 61-65, 77.

以禁书求秩序：中国古代对民间文献活动的控制史论

【导读】研究人类社会的禁书现象，这属于文献政治学研究的范畴。禁书是对民间文献活动的一种控制，几乎所有的国家都有禁书史。中国古代的禁书始于先秦的战国时期。先秦至五代的禁书，其重点是禁谶纬、天文之书。宋代除了禁谶纬、天文之书之外，南宋还出现了禁朱子道学图书的事件，这显然是权力干预学术的控制行为。元代的禁书重点在禁天文、图谶、阴阳之书，同时又禁道教之书和戏曲之书。明清两代的禁书，其共同的重点在三个方面，即禁违碍书籍、科举时文和剧本小说。中国古代对民间文献活动的控制，既有“良性控制”表现，也有“恶性控制”表现。这就对社会的文献控制活动提出了警示性要求：“存良避恶”，即理性地使用“良性控制”手段，避免使用“恶性控制”手段。

中国古代官方用行政手段对民间的文献活动（文献的生产、传播和利用等活动）进行控制，就是人们常说的“禁书”。“禁书”一词，最早见于宋人苏辙的《栾城集》，他针对当时国人在与高丽国人的交往中买进一些违禁物品的情况，写了一份题为《乞裁损待高丽事件札子》的奏折。在此奏折中，他建议皇帝说：“不许买禁物、禁书及诸毒药。”[1]苏辙这里所说的“禁书”显然是指“应禁之书”，但却没有说明何谓“禁书”。关于“禁书”的定义，本文采用王彬先生的说法：“禁书就是国家通过行政手段而禁止刊印、流布、阅读的书籍。”[2]中国古代禁书在总体上的发展趋势是：在禁止范围上，表现为前窄后宽；在禁止程度上，表现为前松后严。据此，本文把中国古代的禁书划分为先秦至五代和宋元明清两大阶段。国内关于古代禁书的研究成果已汗牛充栋，本文当然不想进行重复性研究。本文的研究旨在通过梳理中国古代各时期禁书的重点领域，用控制论原理概括禁书与政治权力之间的关系，进而揭示禁书所追求的文化秩序（有时涉及国家安全秩序）的建构用意。

1. 先秦至五代的禁书

从传世的史籍记载来看，中国古代的禁书是从先秦的秦国开始的。时人商鞅云：“今上论材能知慧而任之，则知慧之人希主好恶，使官制物，以适主心。是以官无常，国乱而不壹，辩说人之而无法也。……《诗》、《书》、《礼》、《乐》，善、修、仁、廉、辩、慧，国有十者，上无使守战。国以十者治，敌至必削，不至必贫。……虽有《诗》、《书》，乡一束，家一员，犹无益于治也。”[3]既然《诗》《书》“无益于治”，为了统一思想，避免“国乱而不壹”，禁《诗》《书》就不可避免了。对于这一点，后来的韩非做了记述：“商君教秦孝公以连什伍，设告坐之过，燔诗书而明法令，……孝公行之。”[4]显然，这里的“燔诗书”，应该包括对《诗》《书》的刊印、藏阅、传播等活动的禁止。此次“燔诗书”拉开了中国古代漫长的禁书之序幕。继续执行法家治国方略的秦始皇，对《诗》《书》等文献实行了更加全面而又残酷的禁绝政策。这一政策直接出于李斯的焚书建议：“臣请史官非秦记皆烧之。非博士官所职，天下敢有藏《诗》、《书》、百家语者，悉诣守、尉杂烧之。有敢偶语《诗》、《书》者弃市。以古非今者族。吏见知不举者与其同罪。令下三十日不烧，黥为城旦。所不去者，医药卜筮种树之书。若欲有学法令，以吏为师。”[5]私“藏《诗》、《书》、百家语者”，甚至“偶语《诗》、《书》者”，都要受到“弃市”“族”“城旦”等酷刑，足见惩罚之重。

从秦国到秦朝，在法家一统的局面下，焚书政策严重禁锢了思想进步。不过，这种禁锢在秦朝“二世而亡”的命运下得到了一时的休止。公元前202年正式建立的汉朝，汲取了秦朝一味实行严刑峻法而短命夭折的教训，施用休养生息、无为而治的黄老思想，至汉惠帝时废除了《挟书律》，使文献生产得到了前所未有的恢复和发展。然而，至东汉末期，曹操又率先开启了新一轮禁书历史。汉献帝建安二十二年（217年），曹操下令禁谶纬之学和兵学书籍的流传。[6]晋武帝司马炎“禁星气谶纬之学”[7]。后赵君主石季龙下令“禁郡国不得私学星谶，敢有犯者诛”[7]1848。北魏孝文帝拓跋宏下令：“自今图谶、秘纬，及名为《孔子闲房记》者，一皆焚之。留者以大辟论。”[8]北魏宣武帝永平四年（511年），“诏禁天文之学”[8]142。前秦国君苻坚下令“禁老、庄、图谶之学，犯者弃市”[9]。这一系列君主令中的禁“谶纬之学”“天文之学”“老庄之学”，自然包括禁谶纬、天文、老庄之书。

隋朝开国皇帝文帝杨坚在发迹过程中，曾经利用谶纬之说证明自己“君临海内”的合法性，但他登位后却立即下令私人不得收藏图谶之书。[10]杨坚死后，隋炀帝杨广“发使四出搜天下书籍，与谶纬相涉者皆焚之，为吏所纠者至死，自是无复其学，秘府之内亦多散亡”[11]。此外，隋文帝杨坚在中国禁书史上还开启了一个先例，即禁私史，其令曰："人间有撰集国史、臧否人物者，皆令禁绝。"[10]27 唐五代时期，禁书范围基本保持在前代的规模，主要是一如既往地禁图谶之学、天文之学等书籍。例如，唐代宗大历二年（767 年）下诏："天文著象，职在于畴人；谶纬不经，蠹深于疑众。盖有国之禁，非私家所藏。……其玄象器局、天文图书、七曜历、太一雷公式等，私家不合辄有。今后天下诸州府，切宜禁断，本处分明榜示，严加捉搦。先藏蓄此等书者，敕到十日内送官，本处长吏集众焚毁。限外隐藏为人所告者，先决一百，留禁奏闻。"[12] 需要指出的是，南北朝和唐朝时期多次打击佛道，由此佛道典籍也遭受了大量禁毁。

纵观先秦至五代的禁书情况，先秦至秦的禁书对象主要为诸子百家之书，而汉末经魏晋南北朝至隋唐五代的禁书对象则主要为谶纬、天文、私史、佛道之书。有人曾依据正史粗略统计过先秦至五代时期的禁书次数：先秦禁书 1 次；秦禁书 1 次；两汉禁书 2 次；魏晋南北朝时期禁老庄书 1 次，禁谶纬、天文之书 9 次。[13] 可见，禁谶纬、天文之书是这一时期禁书的重点领域。谶纬之书遭禁，原因有二：一是自身原因，即谶纬内容本身具有虚妄性。"谶"是预言吉凶的宗教隐语，"纬"是假托孔子而对经书所做的神秘化解释。这种宗教隐语和神秘化解释，在特定时期能起到混淆视听的作用，但其穿凿附会的性质使其不可能长期得到人们的认可，反而会显得"此地无银三百两"，因而难免"敝帚"的命运。二是政治原因，即禁谶纬是统治者意识形态控制的需要。一个统治者登上皇位之后，必然要进行意识形态控制，垄断意识形态的解释权，而谶纬之说具有"成也萧何，败也萧何"的两重性，即在得位之路上它能起到证明统治者得位具有合法性的作用，但统治者得位之后，它又可能被他者所利用，从而起到"以其人之道还治其人之身"的证明反叛者具有合法性的作用。因此，得位的统治者必然要禁谶纬之说、禁毁谶纬之书。至于禁天文之书，原因在于它能够借"天人合一"思想发出"以察时变"的言论。在中国古代，把天文之象和现实政治联系起来，用天文变化预测政治变化的言论俯拾皆是。这里仅举《史记》中的两句话为例。《史记 · 天官书第五》云："木星与土合，为内乱，饥，主勿用战，败；……火与水合为焠，与金合为铄，为丧，皆不可举事，用兵，大败。"[5]1230 又云："荧惑也乱，填星也下犯上，太白也强国以战败。"[5]1240 班固在《汉书 · 艺文志》中说："天文者，序二十八宿，步五星日月，以纪吉凶之象，圣王所以参政也。易曰：'观乎天文，以察时变。'"[14] 这种"以察时变"的言论，有的属于有利于统治者的"吉言"，而有的则属于不利于统治者的"凶言"，这种凶言一旦被反叛者所利用，就可能成为反叛有理的"天命"依据。这当然不符合统治者"永坐江山"的意愿，因而必须把解释天文之象的权力掌握在官府手中，禁止私人著述和传播天文之书。

2. 宋代至清代的禁书

如果说先秦至五代对个人著书的控制尚处于不全面、不系统的状态，在控制手段上主要依赖于“事后控制”（事后追惩）而非“事前控制”的话，宋代以后对个人著书则开始转向全面、系统的控制，控制手段也逐步形成了“事后控制”和“事前控制”相结合的局面，且控制力度在总体上呈现出了逐代加强的趋势。

2.1 宋代的禁书

宋代的禁书，除了承续前代禁谶纬之书、天文之书的传统之外，还形成了独特的禁书对象和策略，主要包括：禁私印书籍（文集等），以防流外；创立书籍审查制度，从源头禁书；创立呈缴本制度，以征示禁；禁道学图书，以资夺权。

2.1.1 禁私印书籍，以防流外

公元960年，赵匡胤建立大宋政权，开启了近320年的赵宋王朝基业。然而，有宋一代，一直面临外患：初期受契丹侵侮，中期受西夏侵侮，后期受金国侵侮。宋人邵雍曾指出，宋朝“内无大臣跋扈，外无藩镇强横，亦无大盗贼，独夷狄为可虑”[15]。可见，夷狄之患是有宋一代始终挥之不去的一种“国患”，北宋终被金人所灭，南宋终被元人所灭，就是宋代夷狄之患的最终结局。面对夷狄之患，宋代统治者一直防范一个问题，即防止境内的涉密文献、涉边文献流入境外。于是，宋代实行了长达三个世纪之久的文献流外控制政策。文献流外控制，若单从字面上来看，属于“传播控制”环节，但实际情况却是以“传播控制”为目的连带实行了“生产控制”。因此，所谓文献流外控制，实际上是“传播控制”和“生产控制”结合在一起的综合控制。

宋仁宗天圣五年（1027年）二月，中书门下就反映说：“雄州榷场商旅往来，因兹将带皇朝臣僚著撰文集印本传布往彼，其中多有论说朝廷防遏边鄙机宜事件，深不便稳。”[16]宋哲宗元祐五年（1090年）七月，“礼部言：‘凡议时政得失、边事军机文字，不得写录传布，本朝会要、国史、实录不得雕印。违者徒二年，告者赏缗钱十万。内国史、实录仍不得传写。即其他书籍欲雕印者，选官详定，有益于学者方许镂板。’”[16]8304哲宗下诏批准了礼部的这一报告。宋孝宗淳熙二年（1175年）二月下诏：“自今将举人程文并江程地里图籍兴贩过外界货卖或博易者，依与化外人私相交易条法施行。”[16]8346宋宁宗嘉泰年间编修的《庆元条法事类》，正式颁布了针对流外文献的两条惩罚规定：“诸雕印御书、本朝会要，及言时政、边机文书者，杖八十，并许人告。即传写国史、实录者，罪亦如之。诸举人程文辄雕印者，杖八

十；事及敌情者，流三千里（内试策事干边防及时务者准此），并许人告。”[17]从以上诸诏令和法规中可以看出，禁止流外的文献包括文集、国史、会要、御书、实录、地图、举人程文等，亦即凡涉及国家安全的文献均属于禁止流外的范围。应该说，宋代统治者为了捍卫国家安全秩序而对民间文献活动加以严格的行政控制和法律控制，是值得称道的。

2.1.2 创立书籍审查制度，从源头禁书

如上文所述，宋廷为防止文献流外采取了禁止私印书籍的种种措施，但效果却不尽如人意，原因是“人情嗜利，虽重为赏罚，亦不能禁”[1]938。于是，开始采用源头治理的办法——实行书籍审查制度。这一制度正式采用的标志是宋仁宗于天圣五年（1027 年）二月所下的诏书：“今后如合有雕印文集，仰于逐处投纳，附递闻奏。候差官看详，别无防碍，许令开板，方得雕印。如敢违犯，必行朝典。仍候断遣讫，收索印板，随处当官毁弃。”[16]8291这种“逐处投纳……候差官看详……许令开板”的审查制度，实乃开启了中国古代书籍审查制度的滥觞。然而，仁宗的这一诏令仍然没有得到彻底贯彻，此故，至和二年（1055 年）五月，翰林学士欧阳修上《论雕印文字札子》，提醒仁宗说：“臣窃见京城近有雕印文集二十卷，名为《宋文》者，多是当今论议时政之言。其首篇是富弼往年让官表，其间陈北虏事宜甚多，详其语言，不可流布。而雕印之人不知事体。窃恐流布渐广，传入虏中，大于朝廷不便。”接着建议道：“明降指挥下开封府，访求板本焚毁，及止绝书铺，今后如有不经官司详定，妄行雕印文集，并不得货卖。”[18]欧阳修这一建议中的“今后如有不经官司详定……”一句，实际上就是建议采用书籍审查制度的意思。但是，后来的事实表明，涉边文献流外的情况仍时有发生。宋哲宗元祐四年（1089 年）八月，苏辙作为国信使出使辽国，发现其兄苏轼的《眉山集》一书早已传入辽国燕京，同时还发现了其他一些宋人文集，以及有关宋朝边防和军事机密的书籍。所以，他回宋后在《北使还论北边事札子五道》中说：“本朝民间开板印行文字，臣等窃料北界无所不有。……其间臣僚章疏及士子策论，言朝廷得失，军国利害，盖不为少。兼小民愚陋，惟利是视，印行戏亵之语，无所不至。若使尽得流传北界，上则泄露机密，下则取笑夷狄，皆极不便。”据此，他建议道：“禁民不得擅开板印行文字，令民间每欲开板，先具本申所属，州为选有文学官二员，据文字多少，立限看详定夺。不犯上件事节，方得开行。仍重立擅开及看详不实之禁，其今日前已开本，仍委官定夺，有涉上件事节，并令破板毁弃。”[1]937－938苏辙的这一建议中包括了书籍审查步骤（先具本申所属）、审查人员资格（州选文学官二员）、审查时限（据文字多少，立限看详定夺）等内容，可谓是中国早期书籍审查制度的全面论述。从控制论的角度来说，书籍审查制度实际上是“事前控制”手段的表现。

2.1.3 创立呈缴本制度，以征示禁

元祐年间，宋朝还创立了一项新制度——呈缴本制度。当时的规定是：即使是允许印行的书籍也要“候印讫送秘书省，如详定不当，取勘施行。诸戏亵之文，不得雕印，违者杖一百。委州县、监司、国子监觉察”[16]8304。这里的“候印讫送秘书省”一句，实则开启了中国出版物呈缴本制度的滥觞。清人朱彝尊评此事时说，宋孝宗淳熙十三年（1186 年）九月，“秘书郎莫叔光上言：‘……乞诏诸路监司郡守各以本路、本部书目解发至秘书省，听本省以《中兴馆阁书目》（南宋淳熙年间陈骙等人奉旨所编的国家图书馆馆藏书目——笔者注）点对，如见得有未收之书，即移文本处取索印本，庶广秘府之储，以增文治之盛。’有旨令秘书省将未收书籍径自关取”[11]5310。所谓“广秘府之储”和“增文治之盛”，只是名义，关键是秘书省拥有“径自关取”的权力。送审样本，可以验证出版者是否按照审查过的书稿出版，这样既能防止出版者偷梁换柱，又能有效地追查审查人员的工作认真与否，从而杜绝了书籍审查走过场的弊端。这种呈缴本制度，对呈缴者来说是“送审”，而对官方来说则是以“禁”为目的的“征”，即“以征示禁”。由此看来，清代在组织《四库全书》工程时“寓禁于征”的手法，并非乾隆帝的首创，而应追溯到宋代。对于禁书而言，呈缴本制度既可以起到“事前预警”的作用，也可以起到“事后追惩”的作用。所以，呈缴本制度是文献生产的“事前控制”和“事后控制”结合在一起的一种控制手段。

2.1.4 禁道学图书，以资夺权

现代人常称的“宋明理学”，在宋元明清四代一般被称为“道学”。在宋代，狭义的道学，是指以张载、“二程”（程颢和程颐）、朱熹为主要代表的、以“天理”为本体概念的思想学说，被后人称为“新儒学”。两宋时期曾多次禁道学图书，其根源不在于道学本身有多大“违碍”之处，而在于皇帝对道学（家）的喜恶态度，以及朝中两派势力争权斗争的需要。宋代实行的是“士大夫政治”，如果朝中由推崇道学的士大夫派别掌权，那么另一派势力就会以反道学的名义挤压道学派势力。在此过程中，反道学派的所谓“反道学”，其实只是借口，而真正的目的在于夺权。然而，反道学派一旦掌权，便会鼓动皇帝禁道学图书，由此，道学图书就成了朝廷权贵们争权夺利的牺牲品。有宋一代，曾经发生过三次禁道学图书事件。

第一次发生在崇宁二年（1103 年）至靖康元年（1126 年）之间。崇宁二年，宋徽宗下诏，将“三苏（苏洵、苏轼、苏辙）集及苏门学士黄庭坚、张耒、晁补之、秦观及马涓文集，范祖禹《唐鉴》，范镇《东斋记事》，刘攽《诗话》，僧文莹《湘山野录》等，印板悉行焚毁。……追毁程颐出身以来文字，除名，其入山所著

书，令本路监司常切觉察”[19]。宣和五年（1123年），徽宗又下诏：“今后举人传习元祐学术，以违制论，印造及出卖者与同罪，著为令。见印卖文集，在京令开封府，四川路、福建路令诸州军毁板。”[16]8330这两道诏令中的“印板悉行焚毁”“毁板”之语，意即不许再生产这些道学图书。徽宗不喜欢程颐（世称伊川先生）等人的“元祐学术”，因而严禁道学图书的生产和传播，这是学术专制、文化专制的典型表现。

第二次发生在绍兴十四年（1144年）至二十五年（1155年）之间。当时宋高宗以极力推崇程颐道学的赵鼎为左相，而以得宠于高宗的秦桧为右相。赵鼎和秦桧之间，无论是学术旨趣还是政治主张，都是格格不入的。赵鼎素以倡导程颐道学而著称，因此通过罢黜道学来达到扳倒赵鼎的目的，自然成为秦桧的首选策略。当时秦桧的党羽之一何若言：“自赵鼎倡为伊川之学，高闶之徒从而和之，乃有横渠（世称张载为横渠先生）《正蒙书》、《圣传十论》，大率务为好奇立异，而流入于乖僻之域。……于是曲学遂行。……伏望申戒内外师儒之官，有为乖僻之论者，悉显黜之。”高宗接受了何若的建议，旋即下诏“黜程颐、张载之学，禁绝遗书”[20]。当然，赵鼎也因此而被罢相。

第三次发生在南宋宁宗朝“庆元党禁”时期。当时以推崇道学并极力推荐朱熹的赵汝愚和权臣韩侂胄为党争对立双方的代表。韩侂胄指使其党羽把道学斥为“伪学”，并把持有道学主张的人士斥为“逆党”，进而建议宁宗禁止道学“语录”类著作的生产和传播。比如：“（庆元二年）六月十五日，国子监言：‘已降指挥，风谕士子专以《语》、《孟》为师，以六经子史为习，毋得复传语录，以滋盗名欺世之伪。所有《进卷》、《待遇集》并近时妄传语录之类，并行毁版。’”[16]8355宁宗同意了这一建议。

宋代禁道学图书，是以学术取向作为某类图书禁与不禁标准的，是继秦代焚书事件以后又一学术整肃事件。这说明禁书的原因在于学术整肃的需要，而学术整肃又是维护政治秩序（统治秩序）的需要。也就是说，通过禁书来控制文献秩序，是保证治统能够驾驭或控制学统和道统的需要。

以上从四个方面叙述了宋代禁书的概况。除此之外，宋代还有禁私史、禁小报等禁书史实，限于篇幅，不做详述。据有人统计，有宋一代，共发生了禁书事件114次。[13]32-33

2.2 元代的禁书

范文澜的《中国通史简编》对元代的文化政策有一段简要概述：“凡妄撰词曲，意图犯上恶言，处死刑。凡乱制词曲，讥议他人处流刑。凡妄谈禁书处徒刑。凡写匿名文书，如所言重处死刑，所言轻处流刑。”[21]从这段文字可以看出，词曲等戏曲作品成为禁书对象是元代禁书的一个特点。综观有元一代，其禁书重点在三个方面：

禁天文、图谶、阴阳之书；禁道教之书；禁戏曲之书。

2.2.1 禁天文、图谶、阴阳之书

中国古代的统治者都知道，一些反抗人士经常利用天文、图谶、阴阳之书蛊惑人心，进行反抗宣传。所以，天文、图谶、阴阳之书的印制和流传历来都是统治者严格加以禁止的对象。作为少数民族统治者的元人，对天文、图谶、阴阳之书的控制远比前代严厉。元世祖忽必烈就很重视禁天文、图谶、阴阳之书，如至元三年（1266 年）十一月，其下诏禁图谶、天文之书。[22]对于收藏天文、图谶、阴阳之书者，也要一并治罪，如《元史·刑法四》云："诸阴阳家天文图谶应禁之书，敢私藏者，罪之。"[22]1782

2.2.2 禁道教之书

在铁木真（成吉思汗）时期，道教全真教派首领丘处机受铁木真之邀入蒙主持道教事务，从此道教流行于蒙古地区。然而，至元宪宗蒙哥时期，风云突变，道教在与佛教的辩论中一败涂地，由此从"宠儿"变成了"弃儿"，道教书籍亦遭禁毁。1258 年，宪宗颁旨禁毁四十五部道教经文印板。至元十七年（1280 年），世祖诏谕祁志诚等"焚毁《道藏》伪妄经文及板"[22]150；次年又颁诏，除老子《道德经》外，将各地收藏和流传的《道藏》经文及其印板全部焚毁。[23]这表明从世祖忽必烈起，元朝禁毁道教之书的范围已经推向全国了。可以说，元代是中国历史上道教之书遭禁最严的时期。禁道教之书，说明元代统治者在佛教和道教之间做出了主动的选择。[24]。一方面，元人所信奉的萨满教与佛教具有许多相通之处，所以元人对佛教具有天然的亲近感，而道教作为汉族的宗教，对元人来说不具有这种天然的亲近感；另一方面，统治者的意识形态选择遵循的是"一山不容二虎"的排他性逻辑，即使允许存在"异教"，也不会让其成为主流的意识形态。因此，元代统治者拥抱佛教而排斥道教，进而禁毁道教之书，是牢牢掌握意识形态控制权的表现。

2.2.3 禁戏曲之书

元人入主中原后，采取了狭隘的民族歧视和压迫政策，如把国民分为蒙古人、色目人、汉人、南人四等，又把汉人和南人分为一官、二吏、三僧、四道、五医、六工、七匠、八倡、九儒、十丐十等。在这种形势下，多数汉族知识分子处于仕宦无路、报国无门的境地。于是，他们把愤懑之情抒发于各类戏曲之中，由此带来了元代戏曲的发达。"元曲如《中原音韵》、《阳春白雪》、《太平乐府》等传奇，率音调悠圆，气魄宏壮，……盖当时台省元臣，郡邑正官，及雄要之职，尽其国人为之。中州人每每沉抑下僚，志不获展，……于是以其有用之才，而一寓之乎声歌之末，

以舒其怫郁感慨之怀，盖所谓不得其平而鸣焉者也。”[25]元代统治者对民间的反抗举动十分敏感，以至于对老百姓日常生活所用的器具，以及民间流传的各类戏曲等都要严格防范和控制。“后至元丙子（一三三六），丞相伯颜当国，禁江南农家用铁禾叉（即叉枪），犯者杖一百七十，以防南人造反之意。民间止用木叉挑取禾稻。古人所谓食肉者，其智如此。又禁戏文、杂剧、评话等。”[26]有元一代，始终严禁各类戏曲的生产和流传，对违犯者更是施以严刑峻法，如“诸妄撰词曲，诬人以犯上恶言者，处死”[22]1760；“诸民间子弟，不务生业，辄于城市坊镇，演唱词话，教习杂戏，聚众淫谑，并禁治之。……诸乱制词曲为讥议者，流”[22]1783。元时戏曲作品借助于文艺形式来排遣愤懑情绪，影射时政，煽动反元思潮，这对元代统治者来说是极为不利的。正如有人所言，元杂剧“再现了政治斗争的残酷，以及最高统治者的残忍伪善；某些作品在嬉笑怒骂中，表现了对君主的大不敬”[27]。这是戏曲之书遭禁的主要原因。

2.3 明清的禁书

之所以把明清两代合在一起论述，是因为明清两代的禁书在范围和手段上具有较为明显的相似性。当然，明清两代的禁书也有明显的区别，如：明代禁私习天文之学，故而禁天文之书，然清代不禁天文之书，因为康熙二十三年（1684 年）解除了私习天文的禁令；明代禁诋毁程朱理学的异端之学，故而禁王阳明、李贽等人的著作，而清代学人普遍转向了“朴学”，王阳明的“空疏之学”已不成气候，故不必禁异端之书；明代诸帝对基督教持包容态度，故不禁基督教之书，而清代诸帝则坚决抵制基督教，故严禁基督教之书；等等。明清两代的禁书，除了一如既往地禁图谶等“妖书”之外，共同的重点在三个方面，即禁违碍书籍、科举时文和剧本小说。

2.3.1 禁违碍书籍

所谓违碍书籍，指的是内容或观点为诋毁皇帝、朝廷以及程朱理学等的书籍。“违碍”一词，清代常用，而明代一般用“言语干犯”一词。明朝开国皇帝太祖朱元璋统治时期，发生了多起文字狱案，其典型表现就是朱元璋以谐音读解文字，并依据所读解的字义（违碍字词）直接定罪杀人。不过，朱元璋只“杀其人”而未“禁其书”。至永乐朝，成祖朱棣不仅对违碍书籍的著者“定其罪”，且“禁其书”。据严有禧《漱华随笔》载：“明永乐中，饶州儒士朱友季，诣阙献书，专诋周程张朱之学。成祖大怒，遣行人押还，令有司声罪杖遣，悉焚其所著书曰：‘无误后人。’”[28]所谓“周程张朱之学”，即指宋明理学。宋明理学在元明两代被统治者确立为正统之学（清代亦如此），而诋毁这一正统之学的著述，自然就被视为违碍书籍。在明代诸多的禁违碍书籍案中，禁李贽的著述最具典型性。据顾炎武的《日知录》记载，万历三十年（1602 年），礼科给事中张问达上疏状告李贽："李贽壮岁为官，晚年削发；近又刻《藏书》、《焚书》、《卓吾大德》等书，流行海内，惑乱人心。……以孔子之是非为'不足据'，狂诞悖戾，不可不毁。"神宗立刻降旨："李贽敢倡乱道，惑世诬民，便令厂卫、五城严拿治罪。其书已刻、未刻，令所在官司尽搜烧毁，不许存留。如有徒党曲庇私藏，该科道及各有司访奏治罪。"[29]无论是张问达的上疏还是神宗的降旨，都显露了"以思想治罪"的意图。李贽的"不以孔子之是非为是非"的"是非无定论"，显然违碍于皇帝独尊的权威性，因为"不以孔子之是非为是非"与"不以皇帝之是非为是非"在逻辑上是相通的。

清代禁违碍书籍达到了登峰造极的地步。清代的禁书是与文字狱紧密联系在一起的。清代文字狱案件发生之频繁世人皆知，仅在乾隆朝就发生了 130 余起。陈垣先生在《旧五代史辑本发覆》中总结出了清朝的十类忌字，分别是：忌虏、忌戎、忌胡、忌夷狄、忌犬戎、忌蕃忌酋、忌伪忌贼、忌犯阙、忌汉和杂忌。[30]这十类忌字充分体现了清代统治者作为少数民族统治者，对于讥刺满族统治地位的话语的忌讳心态。在纂修《四库全书》时，馆臣们一旦遇到这十类忌字便一律删改，当然，如果整部书属于违碍书籍，就会被销毁（轻者存目）。有清一代，因忌字而引起的文字狱案例数量很多，如乾隆二十年（1755 年）三月，有人举报胡中藻在《坚磨生集》中称蒙古为"胡儿"，又有诗句"一把心肠论浊清"，将"浊"字妄加于"清"字之前，于是胡中藻便被处斩、抄家。这种无孔不入的繁密文网，迫使清代文人在作诗习文时，为了避忌，往往把忌字做空格处理或改易形声，如"夷"改为"彝"，"虏"改为"卤"等。然而，清代统治者认为，这种空格或改易形声实质上仍然属于违碍，不得避罪。比如，雍正十一年（1733 年）四月，世宗降旨："朕览本朝人刊写书籍，凡遇胡虏夷狄等字，每作空白，又或改易形声，如从夷为彝以虏为卤之类，殊不可解。揣其意盖为本朝忌讳避之，以明其敬慎。不知此固背理犯义，不敬之甚者也。……嗣后临文作字，及刊刻书籍，如仍蹈前辙，将此等字样空白，及更换者，照大不敬律治罪。"[31]可见，清代统治者集文字控制、话语控制、文献控制为一体的思想控制手段，已经达到了无以复加的地步。

清代禁违碍书籍的高潮期出现在纂修《四库全书》时期。众所周知，纂修《四库全书》是从全国范围内搜访、征集图书为第一步骤的。为此，乾隆帝发出了《谕内阁著直省督抚学政购访遗书》的谕旨，声明"缮录副本，原书给还"，鼓励民间著述者和藏书者踊跃应征。然而，由于人们对当时繁密的文网心存余悸，所以普遍抵制征访。于是，乾隆帝继续降旨曰："揆之事理人情，并无阻碍，何观望不前，一至于此！必系督抚等因遗编著述，非出一人，疑其中或有违背忌讳字面，恐涉手干碍，预存宁略毋滥之见，藏书家因而窥其意指，一切秘而不宣。甚无谓也！文人著书立说，各抒所长，或传闻异辞，或纪载失实，固所不免。果其略有可观，原不妨兼收并蓄。即或字义触碍，如南北史之互相诋毁，此乃前人偏见，与近时无涉，又何必过于畏首畏尾耶！朕办事光明正大，可以共信于天下，岂有下诏访求遗籍，顾于书中寻摘瑕疵，罪及收藏之人乎？若此番明切宣谕后，仍似从前疑畏，不肯将所藏书名开报，听地方官购借，将来或别有破露违碍之书，则是其人有意隐匿收存，其取戾转不小矣！”[32]这段话听起来如此“光明正大”，如此“娓娓动听”，孰料这就是乾隆帝“寓禁于征”的高超手段！据统计，在纂修《四库全书》期间，清廷共禁毁书籍 3 100 多种、15 万 1 千多部，销毁书板 8 万块以上。[33]又有人统计，有清一代，共禁毁书籍 5 360 种，其中违碍书籍 2 890 种。[34]

2.3.2 禁科举时文

中国古代的科举制度演进至明清时期，弊端丛生。仅就文风而言，程式化的八股文之风愈演愈烈。于是，在学风上，许多应试学子不研读经文本身，而热衷于诵念时文，不靠“明经”而第，却靠“抄经”而第。这种形势促使民间书市上时文书籍开始泛滥起来。一些正义人士认识到了时文泛滥所造成的弊端，便建议皇帝禁毁时文书籍，如许天锡建议明孝宗将民间书坊中的“晚宋文字及《京华日钞》、《论范》、《论草》、《策略》、《策海》、《文衡》、《主意》、《讲章》（这些均为当时流行的时文书籍名称——笔者注）之类，……悉皆断绝根本，不许似前混杂刊行。仍令两京国子监及天下提学等官，……遇有前项不正书板，悉用烧除”[24]152。

至清代，时文泛滥的情况非但没有改观，反而出现了一些新花样，如供考生便于记诵四书五经的删本经书泛滥于市。于是，乾隆五十七年（1792 年），乾隆帝又颁谕令：“五经为圣贤垂教之书，士子有志进取，竟有未读全经者，可见士习之荒疏卑靡。……著通谕各督抚及学政等，务须实心查察，严行禁止。……将坊间所存删节经书板片，限三月内押令尽数呈缴销毁。……如有前曾购买此等删节经书者，亦令其作速自行销毁，毋得稍有存留。”[34]22有清一代，禁毁时文的皇帝谕旨共下达了 17 次，共禁毁时文书籍 245 种。[34]37-38

2.3.3 禁剧本小说

在禁文学书籍方面，明清两代统治者除了步元代后尘继续禁戏曲书籍之外，还把小说也纳入到了禁毁的范畴。明清两代是中国古代历史上戏剧和小说发达的时代，许多文学名著就产生于明清时期。社会经济的发展和社会生活方式的渐趋多样化，必然带来戏剧、小说等文学形式的丰富和多样化发展。这是人类社会发展的普遍规律。那么，明清两代统治者为什么要禁毁剧本小说书籍呢？对这一问题的解释，可从两个方面去考虑：一方面，这是明清两代统治者对民情向背所做出的必然反映。

明朝统治的越来越专制和皇帝的越来越昏庸，清朝少数民族政权本身的不得人心，加之其长期实行的专制压迫和民族压迫政策，使得民情向着背离统治者的方向发展。这种背离的民情必然会反映到文学作品中，并起到扩散背离的民情的作用，而统治者为了延续和巩固自身的统治地位，也必然会对这类文学作品采取打压的政策。另一方面，这是明清两代统治者统治手段局限性的反映，即明清两代统治者面对民情的背离，非但未能从自身统治的合法性上去寻找原因，反而一味地采取高压专制政策，因此必然会导致“弹簧效应”（越压越反弹）的命运。这也是明清两代剧本小说书籍“禁而不止”的根本原因所在。

明永乐年间，成祖降旨：“但有亵渎帝王圣贤之词曲、驾头、杂剧，非律所该载者，敢有收藏传诵、印卖，一时拿送法司究治。”同时严格规定了处置方法：“但这等词曲，出榜后，限他五日，都要干净将赴官烧毁了，敢有收藏的，全家杀了。”[35]成祖的这一谕旨，导引了明代禁毁剧本书籍的政策取向，一直延续到有明一代的终结。明英宗时期，还发生了点名禁止小说的事件，顾炎武的《日知录》记载了此事：“正统七年，二月辛未，国子监祭酒李时勉言：‘近有俗儒，假托怪异之事，饰以无根之言，如《剪灯新话》之类，不惟市井轻浮之徒争相诵习，至于经生儒士多舍正学不讲，日夜记忆，以资谈论。若不严禁，恐邪说异端日新月盛，惑乱人心。乞敕礼部行文内外衙门，及调提学校佥事、御史，并按察司官，巡历去处，凡遇此等书籍，即令焚毁。有印卖及藏习者，问罪如律。庶俾人知正道，不为邪妄所惑。’从之。”[29]1411－1412由此，《剪灯新话》成了中国历史上第一部被朝廷点名禁毁的小说。

清代统治者往往把违碍戏剧和小说统称为“淫词小说”。与前代相比，清代禁淫词小说有两个特点：一是把禁淫词小说明确写入刑律之中，其禁严程度超乎历代。《大清律例》规定：“凡坊肆市卖一应淫词小说，在内交与八旗都统、都察院、顺天府，在外交督抚等转行所属官弁严禁，务搜板、书尽行销毁。有仍行造作刻印者，系官，革职；军民，杖一百，流三千里。”[36]二是把淫词小说明确定性为“伤风败俗”之物，并以“正人心，厚风俗”的名义予以禁止，因此更具“合法性”和欺骗性。早在顺治九年（1652年），世祖就对书坊刻书做出了严格限令：“坊间书贾，止许刊行理学政治有益文业诸书；其他琐语淫词，及一切滥刻窗艺社稿，通行严禁。违者从重究治。”[26]23自康熙十年（1671年）禁唱秧歌、禁内城开设戏馆以来，清廷对违碍剧本进行了严厉的禁黜，包括徐文长的《四声猿》、王实甫的《西厢记》等著名剧作，屡遭禁黜。淫词唱片更是遭到地毯式查禁，仅据丁日昌同治七年（1868年）奏请禁毁的“小本淫词唱片目”，就有《杨柳青》《男哭沉香》《龙舟闹五更》《五更尼姑》《十送郎》《情女哭沉香》《十二杯酒》等112种当时流行的剧本唱片。康熙帝和乾隆帝对查禁淫词小说最为严苛。康熙五十三年（1714年），康熙帝降旨：

“朕惟治天下，以人心风俗为本，欲正人心，厚风俗，必崇尚经学，而严绝非圣之书，此不易之理也。近见坊间多卖小说淫词，荒唐俚鄙，殊非正理；不但诱惑愚民，即缙绅士子，未免游目而蛊心焉。所关于风俗者非细，应即通行严禁。”[26]27 乾隆帝所下的谕令是：“凡民间一应淫词小说，除造作刻印，定例已严，均应照旧遵行外。……其有收存旧本，限文到三月，悉令销毁，如过期不行销毁者，照买看例治罪。其有开铺租赁与人者，照市卖例治罪。……如该管官任其收存租赁，明知故纵者，照禁止邪教不能察缉例。降二级调用。”[26]42

在明清禁书史上，《水浒传》遭禁是值得单独提及的一件事情。早在明崇祯年间，朝廷就曾谕令查禁《水浒传》，但因恰值亡朝之际而未能落实，《水浒传》便躲过了一劫。到了百年之后的清乾隆年间，以“煽动暴力反抗”而著称的《水浒传》就无法再躲过一劫了。乾隆十九年（1754 年），福建道监察御史胡定奏称：“阅坊刻《水浒传》，以凶猛为好汉，以悖逆为奇能，……梨园子弟，更演为戏剧。市井无赖见之，辄慕好汉之名，启效尤之志，爰以聚党逞凶为美事，则《水浒》实为教诱犯法之书也。……臣请申严禁止。”[37] 乾隆帝批准了胡定的奏议，令直省督抚学政及各地方官对《水浒传》及其书板严行查禁并销毁。不仅如此，乾隆帝还禁止把《水浒传》《西厢记》等小说翻译成满文传阅给满族子弟，其谕曰：“近有不肖之徒，并不翻译正传，反将《水浒》、《西厢记》等小说翻译，使人阅看，诱以为恶。甚至以满洲单字还音抄写古词者俱有。似此秽恶之书，非惟无益，而满洲等习俗之偷，皆由于此。如愚民之惑于邪教，亲近匪人者，概由看此恶书所致，于满洲旧习，所关甚重，不可不严行禁止，将此交八旗大臣、东三省将军、各驻防将军大臣等，除官行刊刻旧有翻译正书外，其私行翻写并清字古词，俱著查核严禁，将现有者查出烧毁，再交提督从严查禁，将原板尽行烧毁。如有私自存留者，一经查出，朕惟该管大臣是问。”[26]43－44 于是，《水浒传》《西厢记》的满文译本全部被禁毁。

3. 简短的结论

首先，对民间文献活动进行控制（禁书），是人类社会的普遍现象，绝非中国古代社会所独有，只不过不同的国家在不同历史阶段所选择的控制目的、控制范围、控制手段有所不同而已。禁书的直接目的是实现文化一统，而文化一统又是为了国家一统，所以禁书是国家一统需要的产物。

其次，中国古代的禁书始于先秦战国时期。先秦至五代的禁书，其重点是禁谶纬、天文、佛道之书，而禁谶纬、天文之书，一直延续至清代；宋元明清的禁书，其范围各有侧重：宋代禁书的重点是禁涉边书籍和道学著作；元代禁书的重点是禁谶纬、天文、阴阳之书，以及道教典籍和戏曲之书；明清时期的禁书，各自根据本朝统治的需要，严禁有关书籍的生产和传播，其惩罚之重、手段之高明，都超过了前代。

最后，对民间文献活动进行控制，必然会对文献秩序的形成和社会秩序的维护产生重要影响。这种影响及其后果主要表现在两个方面：一是那些合法、理性且适度的控制，有利于形成良好的文献秩序和社会秩序，进而有利于社会和个人的发展，这属于正面的影响及其后果，可称为“良性控制”；二是那些非法、非理性且过度的控制，不利于形成良好的文献秩序和社会秩序，因此会阻碍社会和个人的发展，这属于负面的影响及其后果，可称为“恶性控制”。中国古代朝廷对民间文献活动的控制，既有“良性控制”表现，也有“恶性控制”表现。“良性控制”当然可取，而“恶性控制”则不可取。（原载《图书馆理论与实践》2015 年第 11—12 期）

参考文献

[1] 苏辙. 栾城集［M］. 2 版. 聂枣庄，马德富，校点. 上海：上海古籍出版社，2009：1005.

[2] 王彬. 禁书·文字狱［M］. 北京：中国工人出版社，1992：7.

[3] 石磊，董昕. 商君书译注［M］. 哈尔滨：黑龙江人民出版社，2002：20.

[4] 刘乾先，韩建立，张国昉，等. 韩非子译注［M］. 哈尔滨：黑龙江人民出版社，2002：139.

[5] 司马迁. 史记［M］. 北京：中华书局，2011：218.

[6] 陈寿. 三国志［M］. 简体字本. 北京：中华书局，1999：491.

[7] 房玄龄，等. 晋书［M］. 简体字本. 北京：中华书局，1999：37.

[8] 魏收. 魏书［M］. 简体字本. 北京：中华书局，1999：104.

[9] 司马光. 资治通鉴［M］. 北京：中华书局，2011：3321.

[10] 魏征. 隋书［M］. 简体字本. 北京：中华书局，1999：27.

[11] 朱彝尊. 经义考新校［M］. 上海：上海古籍出版社，2010：5398.

[12] 刘昫，等. 旧唐书［M］. 简体字本. 北京：中华书局，1999：193.

[13] 林平. 宋代禁书研究［M］. 成都：四川大学出版社，2009：23.

[14] 班固. 汉书［M］. 北京：中华书局，2012：1559.

[15] 邵伯温. 邵氏闻见录［M］. 李剑雄，刘德权，点校. 北京：中华书局，1983：214.

[16] 徐松. 宋会要辑稿［M］. 刘琳，等校点. 上海：上海古籍出版社，2014：8290－8291.

[17] 杨一凡. 田涛. 中国珍稀法律典籍续编：第1册　庆元条法事类 [M]. 哈尔滨：黑龙江人民出版社，2002：364－365.
[18] 李之亮. 欧阳修集编年笺注：六 [M]. 成都：巴蜀书社，2007：328.
[19] 李焘. 续资治通鉴长编：附拾补 [M]. 黄以周，等辑补. 上海：上海古籍出版社，1986：485.
[20] 李心传. 建炎以来系年要录 [M]. 胡坤，点校. 北京：中华书局，2013：2877.
[21] 范文澜. 中国通史简编 [M]. 上海：华东师范大学出版社，2014：383.
[22] 宋濂，等. 元史 [M]. 简体字本. 北京：中华书局，1999：76.
[23] 释念常. 佛祖历代通载 [M]. 北京：北京图书馆出版社，2005：26.
[24] 陈正宏，谈蓓芳. 中国禁书简史 [M]. 上海：学林出版社，2004：121.
[25] 胡侍. 真珠船 [M]. 北京：中华书局，1985：35.
[26] 王利器. 元明清三代禁毁小说戏曲史料 [M]. 增订本. 上海：上海古籍出版社，1981：10.
[27] 刘丽文. 轴心时代史官文化与中国古典悲剧 [M]. 北京：中国传媒大学出版社，2014：107.
[28] 严有禧. 漱华随笔 [M]. 北京：中华书局，1985：3－4.
[29] 张京华. 日知录校释 [M]. 长沙：岳麓书社，2011：764.
[30] 黄裳. 笔祸史谈丛 [M]. 2版. 北京：北京出版社，2011：62.
[31] 铁玉钦. 清实录教育科学文化史料辑要 [M]. 辽沈书社，1991：798.
[32] 中国第一历史档案馆. 纂修四库全书档案：上 [M]. 上海：上海古籍出版社，1997：68.
[33] 黄爱平. 四库全书纂修研究 [M]. 北京：中国人民大学出版社，1989：74.
[34] 李璇. 明清两朝的禁书与思想专制 [D]. 长春：吉林大学，2009.
[35] 顾起元. 客座赘语 [M]. 北京：中华书局，1987：347－348.
[36] 大清律例 [M]. 天津：天津古籍出版社，1993：362.
[37] 程华平. 明清传奇编年史稿 [M]. 济南：齐鲁书社，2008：418.

以训诂求秩序：中国古近代训诂活动的思想旨趣

【导读】从我国现在的学科分类来说，训诂学研究属于古典文献学的研究领域。我作为图书馆学学者，当然无意涉足古典文献学“地盘”。本文所谈的中国古近代训诂活动，乃是从文献政治学、文献控制论视角立论的，由此该论题就进入了我的研究视野。众所周知，对儒家经典文献进行反复训诂的学术活动，一直贯穿于中国古代和近代。各类训诂体例繁杂多样，训诂著作层出不穷，是中国古近代训诂活动盛行的典型表现。训诂活动的盛行，与释词达意、引经据典、科考取士的需要紧密相关。崇尚古训，是中国古人的信仰取向，对古训的义理进行阐释和宣传，以保持信仰的稳固性，是训诂活动的形而上旨趣；通过训诂活动，把人们的思想意识统一于儒家伦理学说，为现存统治秩序提供合法性证明，是训诂活动的实用理性旨趣。

有国内学者认为，“秦汉以后，中国已由‘血缘国家’转变到‘地缘国家’。伴随着这一变化，旧的以祖训为旨归的政治宗教观也就逐渐转变为以经学和经义为旨归的政治宗教形式上来”[1]。不过，我们不应该认为，“祖训”（更广义地说，即为“古训”）转变为“经学和经义”就意味着“祖训”的终结。事实上，就中国古近代历史而言，“祖训”一直处于“复活”的状态。当“六经皆史”成为普遍接受的观念时，“经”也就成为“经训”，亦即成为代代相传的“祖训”。因此可以说，“祖训”一直没有被“转变”，一直没有退出历史舞台，始终贯穿于整个中国古近代历史。1915 年，学者任鸿隽说过这样一段话：“秦汉以后，人心梏于时学，其察物也，取其当然而不知其所以然，其择术也，骛于空虚而引避实际。……知识分子多钻研故纸，高谈性理，或者如王阳明之格物，独坐七月；颜习斋之讲学，专尚三物，即有所得，也和科学知识风马牛不相及。……或搞些训诂，为古人作奴隶，书本外的新知识，永远不会发现。”[2]可见，任鸿隽也认为秦汉以后“搞些训诂，为古人作奴隶”的现象一直存在。至于“搞些训诂，为古人作奴隶”这种论断是否正确，暂且不论，但可以肯定的是，秦汉以来解释和研究祖训的训诂活动确实蔚然成风，并一直盛行至清朝灭亡。对此，本文便从文献学、训诂学、政治学相结合的视角，较为全面地梳理和论述中国古近代训诂活动盛行的表现、原因及其思想旨趣。

1. 中国古近代训诂活动盛行的表现

1.1 训诂体例的繁杂多样

在中国古近代，借助于训诂著作来阅读和理解儒家经文，是人们治学升迁的必由之路。于是，注解儒家经典的“注家蜂起”，训诂学也成为“注经学”或“解经学”。[3] 名目繁多的训诂体例也随之出现。对此，清人朱彝尊在《经义考》中引魏晋间人张华语曰：“圣人制作曰经，贤者著述曰传、曰记、曰章句、曰解、曰论、曰读”，同时引唐人刘知几言曰：“圣贤述作是曰经典，句皆韶夏，言尽琳琅。……昔《诗》《书》既成，而毛、孔立传。传之时义，以训诂为主，亦犹《春秋》之传，配经而行也。降及中古，始名传曰注。盖传者，转也，转授于无穷；注者，流也，流通而靡绝。”《隋书·经籍志》所列训诂体例更为繁杂多样，包括：传、故、笺、注、说、章句、微、通、条例、音、集注、集解、集释、集义、解、解说、解谊、通解、疏、讲疏、义疏、训、释、撰等。《新唐书·艺文志》亦云：“自六经焚于秦而复出于汉，其师传之道中绝。而简编脱乱讹阙，学者莫得其本真，于是诸儒章句之学兴焉。其后传注、笺解、义疏之流，转相讲述，而圣道粗明。”这也就是清人皮锡瑞所总结的：“孔子所定谓之经。弟子所释谓之传，或谓之记；弟子展转相授谓之说。”[4] 训诂体例名目的繁多，直接说明了中国古近代训诂活动繁盛的历史事实。

1.2 训诂著作的层出不穷

训诂之风盛行，必然带来训诂著作的层出不穷。相传的“易林三千”，即围绕《易经》而形成的各类训解文献多达3 000种。其实，根据多种目录的统计，“历代易学著作多达6 000—7 000种，其中现存于世界的亦近3 000种”[5]。例如：仅一部《诗经》，初有齐、鲁、韩三家诗说；其后，西汉有毛亨的《毛诗诂训传》，东汉有郑玄的《毛诗传笺》，唐代有孔颖达的《毛诗正义》，宋代有朱熹的《诗集传》，清代有马瑞辰的《毛诗传笺通释》、陈奂的《诗毛氏传疏》、方玉润的《诗经原始》；等等。不仅如此，几乎每一部儒家经典都形成有“本经→注释→再注释（义疏）”这样的训诂著作链。再如：《春秋左氏传》本为《春秋》的传著，而《春秋左氏传》又有传注著，如东汉服虔的《春秋左氏传解谊》，晋代杜预的《春秋左氏经传集解》，唐代孔颖达的《春秋左传正义》，清代洪亮吉的《春秋左传诂》、刘文淇的

《春秋左氏传旧注疏证》，等等。据《汉书·艺文志》载，仅在训诂之风刚刚兴起的汉代，注经著作的数量就达到了55部（见表1）。

表1 汉代经注数量统计（据《汉书·艺文志》整理）

经书名	《易》	《尚书》	《诗》	《礼》	《春秋》	《论语》	《孝经》
经注数量	3	4	11	10	15	6	6

至清乾隆时期，仅《四库全书总目》经部所著录的经学著作就有1 700多种，这还不包括未曾著录的和已经亡佚的，以及《四库全书》成书之后新出现的。据《清史稿·艺文志》及其《补编》的著录统计，仅清人的各类训诂著作就有2 830余部。况且，这两部书目有一个世所公认的缺点，即脱漏严重，许多重要的著作没有著录，如果把这两部书目漏录的著作补充进来的话，其数量就更加可观了。

训诂著作的层出不穷，不仅表现为著作数量的不断增加，还表现为训诂著作的篇幅（字数）对本经篇幅的严重超越。比如，《尚书》本经的字数为28 073字，而《欧阳尚书》的字数为45万字，东汉时桓荣以帝师的身份将其缩减为23万字，后桓荣之子桓郁又进一步压缩为12万字，但即便如此，其字数仍是本经的4倍还有余。这只是就一部训诂著作的篇幅而言，如果把一部经书的所有训诂著作都加起来，则其篇幅不知会超过本经多少倍。仍以《尚书》的训诂为例，根据经学家刘师培的记录，仅清代学者的训诂著作就有：阎若璩的《古文尚书疏证》、宋鉴的《尚书考辨》、惠栋的《古文尚书考》、王鸣盛的《尚书后案》、孙星衍的《尚书今古文注疏》和蒋廷锡的《尚书地理今释》等24部。[6]我们可以想象，如果把这24部训诂著作的篇幅加起来的话，将超过本经多少倍？何况这还只是清朝一代的情况！对此，班固在《汉书·艺文志》中慨叹道："古之学者耕且养，三年而通一艺，存其大体，玩经文而已，故用日少而畜德多，三十而五经立也。后世经传既以乖离，博学者又不思多闻阙疑之义，而务碎义逃难，便辞巧说，破坏形体；说五字之文，至于二三万言。后进弥以驰逐，故幼童而守一艺，白首而后能言；安其所习，毁所不见，终以自蔽。此学者之大患也。"

2. 中国古近代训诂活动盛行的原因

2.1 释词达意的需要

所谓训诂，《说文解字·言部》云："诂，训故言也。"清人段玉裁注："训故言者，说释故言以教人，是之谓诂。"唐人孔颖达《毛诗正义》云："诂者，古也。古今异言，通之使人知也。"可见，"训诂"的本义是解释前人著述之文的字词句义，以准确地理解经典的原义。追求原义的心理必然驱使人们追溯至最原始的古文。然而，越是古代的文字越是难懂，加上时过境迁，字义演变严重，因此理解经典的原义确实不易。正如清人戴震在《尔雅文字考序》中所说："盖士生三古后，时之相去千百年之久，……昔之妇孺闻而辄晓者，更经学大师转相讲授，而仍留疑义，则时为之也。"可见，这是需要用释字解句的训诂手段来解决的难题，即如清人钱大昕在《左氏传古注辑存序》中所说的："夫穷经者必通训诂，训诂明而后知义理之趣。"总而言之，训诂是理解经典原义的必要手段和途径。

2.2　引经据典的需要

对中国古人来说，"引经据典"是人们考辩论理、作文赋诗必要的表现手法，甚至还是一些人明理善断、聪颖好学的表征。引经据典与训诂之间是相互需要的关系。一方面，训诂需要引经据典这种论证方法；另一方面，引经据典中的"经"或"典"的意义，需要在引用之前借助于训诂著作的训解才能明了，才能保证"引"或"据"的准确性。

据《汉书·武帝纪》载，元朔元年（公元前128年），汉武帝颁《立皇后卫氏诏》，首开汉代皇帝在诏书中引用儒家经典的风气。诏书的内容是："朕闻天地不变，不成施化；阴阳不变，物不畅茂。《易》曰：'通其变，使民不倦。'《诗》云：'九变复贯，知言之选。'朕嘉唐虞而乐殷周，据旧以鉴新。其赦天下，与民更始。诸逋贷及辞讼在孝景后三年以前，皆勿听治。"从此以后，皇帝诏书引用儒家经典蔚然成风。据有人对《汉书》帝王本纪的统计，在西汉一代，除汉初"文景之治"以前的皇帝诏书没有引用儒家经典外，在涉及登基、立皇后、立太子、建陵寝、祭太庙、郊祀、行幸、和亲、大赦等方面的诏书中，自武帝起至平帝止，引用过经典的诏书数为26部，占所颁诏书总数的21%。这还只是针对直接引用《诗》《书》《论语》《易》等经典及其相关传注的统计，间接引用或活用经典原文的都不在统计之列，如果统计在内的话，这个比例会更高。[7]这种引经风气经过最高统治者的不断强调，就变成了连强调者自身也很难摆脱的一种规范。对于这种现象，清人皮锡瑞总结道："以《禹贡》治河，以《洪范》察变，以《春秋》决狱，以《三百五篇》当谏书。"[4]56毋庸置疑，无论是汉武帝所引用的《易》《诗》，还是皮锡瑞所举的《禹贡》《洪范》《春秋》等，如果没有这些经典的训诂著作，人们的引经据典行为都会受到极大的限制。

2.3　科考取士的需要

自秦汉以来，学术官守，独尊儒术，因此通经登科成为人们入仕升迁的必由之路。尤其是在汉武帝设五经博士，宋代朱熹的《四书章句集注》成为考试范本以来，以四书五经科考取士成为定制。《文献通考》卷四十载："（太）学生满二岁试，通二经者，补文学掌故。其不能通二经者，须后试，复随辈试之，通二经者亦得为文学掌故。其已为文学掌故者，满二岁试，能通三经者，擢其高第为太子舍人。其不得第者后试，复随辈试，第复高者亦得为太子舍人。已为太子舍人，满二岁试，能通四经者，擢其高第为郎中。其不得第者后试，复随辈试，第复高者亦得为郎中。满二岁试，能通五经者，擢其高第补吏，随才而用。其不得第者后试，复随辈试，第复高者亦得补吏。”所以，《旧唐书·儒林传》说：“汉家宰相，无不精通一经，朝廷若有疑事，皆引经决定，由是人识礼教，理致升平。”汉代如此，汉代以下各朝各代无不如此。无论其间的考试形式、考试科目如何变化，由通经而仕的制度一直延续到1905年科举制被取消为止。那么，如何才能做到“通经”呢？懂训诂、读训诂著作，以此掌握训解经义的要领是必备条件。试看唐贞元十六年（800年）进士科考中的一道策问：“《书》曰：‘眚灾肆赦。’又曰：‘宥过无大。’而《礼》云：‘执禁以齐众，不赦过。’若然，岂为政以德，不足耻格，峻文必罚，斯为礼乎？《诗》称：‘既明且哲，以保其身。’《易》称：‘利用安身，以崇德也。’而《语》云：‘无求生以害仁，有杀身以成仁。’若然，则明哲者不成仁欤？杀身者非崇德欤？”这里涉及了《尚书》《礼》《诗》《易》和《论语》等多部儒家经典，如果不具备一定的训诂知识和方法的话，是很难应答好这种策问的。

3. 中国古近代训诂活动的政治功用

3.1 崇古训以定信仰

《诗经·大雅·假乐》中所说的“不愆不忘，率由旧章”，可以说是对中国古代传统政治特征的极好概括。《诗经·大雅·烝民》中又说“古训是式”，意为先王之遗典是必须恪守的法典。《国语·周语上》云：“赋事行刑，必问于遗训，而咨于故实。”恪守古训，是中国古人思想与言行的基本准则之一。恪守古训的另一表述就是“祖宗之法不可违”，违者乃谓“叛逆”。在古代中国，引用古训往往是标榜自己为先王成法的忠实继承者的重要手段。对此，余英时先生在《士与中国文化》一书中，曾引用过日本学者泷川资言《史记会注考证》中的一段话：“公见夫谈士辩人乎？虑事定计，必是人也。然不能以一言说人主意，故言必称先王，语必道上古。”[8]

在崇拜古训的传统中，崇信孔孟之言尤为突出。自汉武帝“独尊儒术”以后，作为儒家学说的主要创始人，孔子更是被奉为圣人，其言被尊为圭臬。清初思想家李塨在《论宋人分体用之讹》一文中认为：“伏羲以至孔孟，言道已尽，后学宜世世守之。”清末民初学者叶德辉在《明教》一文中也说：“《论语》一书，综百王之大法。凡吾人所欲言，无不于数千百年前言之。”在这种思想传统的引导下，“托古”自然成为人们为自身言行寻找合法性的主要手段，如为人们所熟知的周公定制、董仲舒对“策”、王安石变法、张居正改革，乃至后来康有为的维新（康有为为此而著有《孟子微》《中庸注》《孔子改制考》《新学伪经考》等著作），无不以“托古”为立论依据。正如《淮南子·修务训》所云：“世俗之人，多尊古而贱今，故为道者，必托之于神农、黄帝，而后能入说。乱世暗主，高远其所从来，因而贵之。”可见，“托古改制”成为中国古近代先人实现政治理想的普遍选择。就本质来说，“托古改制”的合法性源于人们崇古训的普遍价值观。崇古训在文献编纂活动中的集中表现，就是训诂和修史活动的长盛不衰。

上文已提到，在中国古近代，训诂著作层出不穷。那么，古人皓首穷经、前赴后继地大量著述训诂著作的意图究竟是什么呢？简单地说，就是为了“明古训”。清人戴震在《题惠定宇先生授经图》中说：“故训明则古经明，古经明则贤人圣人之理义明，……贤人圣人之理义非他，存乎典章制度者是也。”众所周知，对于中国古近代人来说，“明古训”是每个有志者安身立命、登科升迁，进而实现立德、立言、立功理想的必由之路。反复训解经义（即训诂活动），就是“明古训”的具体实践。然而，“明古训”只是古人长期坚持训诂活动的方法论目的，而非本体论目的，其本体论目的在于“定信仰”。我们知道，世界上任何一个民族都形成有自己独特的精神信仰系统，这种信仰系统的代代相传和维系，是一个民族生存与发展的精神支柱。那么，汉民族所信奉的精神信仰是什么呢？概括地说，就是以“三纲五常”为主旨的、经验性的、世俗性的儒家纲常伦理学说。马克斯·韦伯曾指出，儒家纯粹是俗世内部的俗人道德，与佛教形式更加鲜明对比的是，儒家所要求的是对世俗及其秩序与习俗的适应，归根结底，它只不过是为受过教育的世人确立政治准则与社会礼仪的一部大法典。[9]儒家纲常伦理学说，以“贤人圣人之理义”的形式存于“典章制度”之中，所以需要人们去挖掘它、整理它、阐释它。训诂，就是人们阐释“贤人圣人之理义”（古训）的文本阐释活动。延绵不断、不厌其烦地训解古训，就等于是持续不断地阐释古训、传播古训、灌输古训，以确立古训的正统不二地位。在这种规训劝诱和潜移默化的过程中，崇信古训理义的民族信仰系统就被确立起来了。

3.2 尊儒经以定秩序

在学术界，一般认为中国古近代的训诂传统可分为注重考辨与“述而不作”的古文经学传统和注重阐发义理的今文经学传统。然而，无论是古文经学传统还是今文经学传统，都有一个共同的目的指向：尊奉儒家经义，以此规范国人的思想秩序——“以训求序”。这是因为，“尽管儒家经典的总体思想符合封建社会的总需求，但并不是每句话、每个言论都能与封建统治阶级的利益保持一致，甚至其中某些进步的言论会使统治者一看就觉得如芒在背浑身不舒服。因此，必须对经书加以改造性的阐发，按照统治阶级的现时利益和不同需求做出新的解释，才能使‘法定的经典’充分发挥为现实统治服务的作用。另外，经书毕竟是历史的产物，它的语言文字，它所记录的典章名物和史实，已经与后世的读者有了距离。不理解的东西人们是无法奉行的，因此，必须加以解释和疏通，才能让人们理解它，接受它。于是，随着经书地位的确立，经注也就应运而生了”[10]。

博登海默认为，秩序是指在“自然进程和社会进程中都存在着某种程度的一致性、连续性和确定性”[11]。在中国古近代，保持儒家纲常伦理秩序，就是保证思想意识的“一致性、连续性和确定性”的根本表现。利用训诂等文献整理活动不断地阐释儒家经典的义理，宣扬儒家纲常伦理的正统性与正确性，是规范和整饬人们的思想意识不可或缺的手段。在中国古近代，无数的训诂学者及其著述，无不以维护儒家纲常伦理秩序为目的，而历朝历代的帝王们又无不以是否有利于封建统治秩序为标准，来规制和评判各种文献整理活动。在历朝历代帝王们的心目中，儒家经典及其训诂著述是教化民众，使得民众在别无选择的“接受”过程中默认现存统治秩序的合法性的有力工具。因此，作为政治教化工具的训诂活动，其旨趣必须置于维护儒家纲常伦理上面。许慎在《说文解字·序》中说道：“盖文字者，经艺之本，王政之始，前人所以垂后，后人所以识古，故曰：‘本立而道生，知天下之至啧而不可乱也。’”在许慎看来，文字训诂也要从“经艺之本，王政之始”的高度来对待。此外，即使是对文学作品的训解，也要突出儒家道义教化的旨趣。例如，《诗经·召南·摽有梅》云：“摽有梅，其实七兮。求我庶士，迨其吉兮。”诗歌描写的是女主人公望见梅子落地，引起青春将逝的伤感，希望有男子来求婚。但是，《毛传》却做了如下解：“男女及时也。召南之国，被文王之化，男女得以及时也。”这首呼唤爱情的恋歌之所以被附会成“男女及时”的颂歌，原因就在于它符合一条儒家礼仪：“三十之男，二十之女，礼未备，则不待礼，会而行之者，所以蕃育人民也。”可以说，《诗经》中大量描写爱情的诗作大都被后来的训诂学者做了以政治教化为旨趣的解释，如：盼望丈夫回家的思妇之咏《诗经·召南·草虫》，变成了表彰“大夫妻能以礼自防”的伦理篇章；描写夫妻恩爱、如鼓琴瑟的《诗经·郑风·女曰鸡鸣》，变成了对“不说德而好色”的警钟长鸣；对秋水佳人可望而不可求的长歌浩叹《诗经·秦风·蒹葭》，点化为对“不用周礼，无以固国”的政治讽喻；青年男女在门闼之内忘情亲昵的《诗经·齐风·东方之日》，升华为对“君臣失道，男女淫奔”世风的讥刺，等等。原诗中所表达的男女之间的任何情感、情欲都被否定、遮盖了，取而代之的是“定亲疏，决嫌疑，别同异，明是非”的纲常伦理之教诲。

4. 结语

在绵延两千多年的中国古近代，能够对先贤的经典文献做如此长期不断、全面深入的训诂阐释，这在其他民族的文化历史中是极为罕见的。这说明，中国的文化历史具有极其浓厚的“恋古”情结。葛兆光先生认为，中国古人“对于秩序的理性依据及价值本原的追问，常常追溯到历史，这使人们形成了一种回首历史，向传统寻求意义的习惯。先王之道和前朝之事是确认意义的一种标帜和依据”[12]。是的，这种“回首历史，向传统寻求意义的习惯”，必然造成了训诂活动的长盛不衰。由于中国古近代的主流文化传统——儒家伦理学说——具有入世性和经验性以及明显的政治教化取向特征，所以，中国古近代的训诂活动是一种价值赋义活动，即以儒家纲常伦理为标准去“说文解字”，注疏考证，最终以论证现存统治秩序的合法性为目的。尽管在清乾、嘉时期曾出现过以实事求是、严谨考证为特征的考据学派，但考据学派并没有改变中国古近代训诂活动的政治教化取向。所以，我们仍然可以把中国古近代训诂活动的思想旨趣概括为“以训诂求秩序”。当然，本文的这一结论主要是就中国古近代训诂活动的政治效用而言的“非全称判断”，并不是“全称判断”。客观地说，中国古近代的训诂活动为民族文化传统的延绵不断做出了不可替代的贡献。对于这种优秀的训诂传统，我们不应因其同时具有负面的政治效用而予以以偏概全或因噎废食的否定，以免掉入历史虚无主义的陷阱。（原载《图书馆理论与实践》2014 年第 3 期）

参考文献

[1] 张荣明. 权力的谎言——中国传统的政治宗教［M］. 杭州：浙江人民出版社，2000：80.

[2] 刘志一. 科学技术史新论［M］. 沈阳：辽宁教育出版社，1988：5.

[3] 潘德荣. 文字 · 诠释 · 传统——中国诠释传统的现代转化［M］. 上海：上海译文出版社，2003：16，43.

[4] 皮锡瑞. 经学历史［M］. 周予同，注释. 北京：中华书局，2004：39.

[5] 周玉山. 易学文献原论（一）［J］. 周易研究，1993（4）：33 -44.

[6] 刘师培. 经学教科书［M］. 陈居渊，注. 上海：上海古籍出版社，2006：123 -124.

[7] 黄亚平. 典籍符号与权力话语［M］. 北京：中国社会科学出版社，

2004：310.

［8］余英时. 士与中国文化［M］. 上海：上海人民出版社，1987：48－49.

［9］马克斯·韦伯. 儒教与道教［M］. 洪天富，译. 南京：江苏人民出版社，2003：161.

［10］董洪利. 古籍的阐释［M］. 沈阳：辽宁教育出版社，1995：2.

［11］博登海默. 法理学：法律哲学与法律方法［M］. 邓正来，译. 北京：中国政法大学出版社，1998：219.

［12］葛兆光. 中国思想史：第1卷　七世纪前中国的知识、思想与信仰世界［M］. 上海：复旦大学出版社，2001：86.

文献秩序·思想秩序·统治秩序

——中国古代文献整理活动中的秩序建构逻辑

【导读】中国古代的文献整理活动，不仅产生了文献秩序，还参与推动了中国社会的思想秩序和统治秩序的建构。在中国古代社会，文献整理活动对于建立儒家思想秩序具有重要意义，所以历代统治者大都非常重视文献整理活动，并不惜为此花费巨大的人力物力。这就是中国古代官修史书、官修类书、官修政书、官修书目传统长盛不衰的根本原因所在。通过“以经为首”的思想秩序来建构文献秩序，再通过这种文献秩序和思想秩序为建构统治秩序服务，就是中国古代文献整理活动中所蕴含的秩序建构逻辑。

人类对自己生产的文献加以整理，是为了求得文献秩序。中国古代的文献整理活动不仅产生了文献秩序，还“参与”推动了中国社会的思想秩序和统治秩序的建构。这就产生了中国古代文献整理活动中的文献秩序、思想秩序、统治秩序之间是什么关系的问题。本文意在探讨这一问题。需要说明的是，本文所称的“中国古代文献整理活动”是广义上的统称，包括了对文献加以分类（分类学）、编目（目录学）、编纂与汇编（类书学、百科全书学等）、版本鉴定（版本学和校勘学）、训诂与注解（训诂学、考据学、注释学和诠释学）等多种形式的文献整理活动。限于篇幅，本文以中国古代的文献分类、目录与类书编纂活动为主要的讨论对象。

1. 文献秩序：秩序建构的表象

求得文献秩序，固然是文献整理活动的直接目的。那么，中国古代文献整理活动的目的是否仅仅是求得文献秩序呢？从文献分类和编目的技术性任务来看，文献整理的目的似乎就是求得文献秩序。一些学者也是如此言说的，如著名目录学家姚名达在评论《七略》时认为：“书籍既多，部别不分则寻求不易；学科既多，门类不明则研究为难。故汇集各书之叙录，依学术之歧异而分别部类，既可准其论次而安排书籍，以便寻检，又可综合研究而辨章学术。”[1]有的学者在总结宋代帝王热衷于编纂类书的原因时也认为，历史发展到宋代，各类书籍已经汗牛充栋，帝王要在生活和听政之余将它们全部阅读，实在是既无此可能，亦无此必要，因而有选择地编修百科全书式的类书，以供随时查找阅读，就被提到了议事日程。比如，北宋前期的四部著名类书，亦即被人们称为“宋代四大类书”的《太平御览》、《太平广记》、《文苑英华》和《册府元龟》，就是在这种情况下编修而成的。[2]唐玄宗时，之所以纂修《初学记》这一类书，《大唐新语》记载的唐玄宗对张说所说的一段话道出了原因：“儿子等欲学缀文，须检事及看文体。《御览》之辈，部帙既大，寻讨稍难。卿与诸学士撰集要事并要文，以类相从，务取省便。令儿子等易见成就也。”[3]也就是说，《初学记》是唐玄宗为了使其儿子学习时的“省便”，而“集要事并要文”所成的。这里的“集要事并要文”，就是文献秩序的形成过程。唐人欧阳询在《艺文类聚·序》中谈到《艺文类聚》的编纂目的时说：“《流别》、《文选》专取其文，《皇览》、《遍略》直书其事。文义既殊，寻检难一。爰诏撰其事且文，弃其浮杂，删其冗长，金箱玉印，比类相从，号曰《艺文类聚》。”[4]

从以上学者们的论述来看，中国古代文献整理活动的目的在于求得“集要事并要文”以便寻检的文献秩序。然而，求得文献秩序只是中国古代文献整理活动表面性的、外在的目的，其中蕴含着更为本质性的、内在的目的。在此以中国古代文献分类目录编制中的“经→史→子→集”次序结构和类书编纂中的“天→地→人→事→物”次序结构来加以说明。

1.1 分类目录中的“经→史→子→集”次序结构

众所周知，中国古代的文献分类法大体经历了从“六分法”到“七分法”，再到“四分法”的过程。汉代刘歆所编的《七略》首创了文献分类的“六分法”，即把所有文献分别归入六个大类，这六个大类依次为六艺略、诸子略、诗赋略、兵书略、术数略、方技略。其中，列于首位的六艺略就是专门用来类分儒家经典著作的，当时把《易》《书》《诗》《礼》《乐》《春秋》《论语》《孝经》《小学》等九类儒家经典全部归入此类。① 此后，南朝齐王俭纂修《七志》，南朝梁阮孝绪纂修《七

① 《七略·六艺略》名为“六艺”，但却列出了九类，即多出了论语、孝经、小学三类。之所以如此，清人王鸣盛（1722—1797）在《蛾术篇》卷一中解释道：“《论语》、《孝经》皆记夫子之言，宜附于经，而其文简易，可启童蒙，故虽别为两门，其实与文字同为小学。小学者，经之始基，故附经也。”王国维（1877—1927）在《观堂集林·汉魏博士考》中也做了大体相同的解释，认为刘向、刘歆父子于六经之后，“附以《论语》、《孝经》（《尔雅》附）、《小学》三目。六艺与此三者，皆汉时学校诵习之书”。

录》，创建了文献分类的“七分法”。魏晋郑默作《中经》，西晋荀勖编制《中经新簿》，东晋李充受命编制《晋元帝四部书目》，一直到唐魏征领衔编修《隋书·经籍志》，终于形成了文献分类的“四分法”体制。所谓“四分法”（全称为“四部分类法”），就是把文献分门别类为经部、史部、子部、集部这四大部类，且其次序固定不变。“四分法”的集大成者就是清乾隆朝所修的《四库全书》及《四库全书总目》。纵观中国古代文献分类法的演变过程，我们可以明显地发现一个不变的事实，那就是：无论是“六分法”、“七分法”还是“四分法”，都把“经部”——儒家经典——列于首位。那么，中国古代的文献分类活动为什么始终坚持以“经”为首的分类次序呢？这就需要我们弄清中国古人对“经”的理解。

《白虎通义·五经》在解释“五经”时指出：“经，常也。有五常之道，故曰五经。《乐》仁，《书》义，《礼》礼，《易》智，《诗》信也。人情有五性，怀五常，不能自成，是以圣人象天，五常之道而明之，以教人成其德也。”明人王阳明对“经”也做了“常道”解释，他说：“经，常道也。其在于天谓之命，其赋于人谓之性，其主于身谓之心。心也，性也，命也，一也。通人物，达四海，塞天地，亘古今，无有乎弗具，无有乎弗同，无有乎或变者也。是常道也！”[5]《汉书·艺文志》则把“经”解释为“圣人之心”“不易之道”，即“六经者，圣人所以统天地之心，著善恶之归，明吉凶之分，通人道之正，使不悖于其本性者也。故审六艺之指，则天人之理，可得而和，草木昆虫，可得而育，此永永不易之道也”。正因为“经”是“永永不易之道”，所以在文献分类中，必然要把记载经义的书籍（经典）列于首位，以示“经”的至高无上地位。所谓经典（这里指儒家经典），就是中国古代封建专制统治阶级“法定”的儒家书籍，随着儒家思想的演变和统治阶级需要的变化，“经”的范围也在不断扩大，故有五经、六经、七经、九经、十三经之称。[6]

经典的地位之所以如此重要，是因为经典乃载道、论道、传道的基本载体，只有通过学习经典来体道、悟道，才能实现“内圣外王”的崇高志向。在这种志向的导引下，中国古代社会自然形成了两种风气：以经取人和“文出于经”。以经取人：自东汉光武帝颁布《四科取士诏》以来，“明经”便成为选官用人的必考科目。虽然魏晋时期的“九品中正制”未采用“明经”科目而是以“品第”取人，但随即就被隋唐的科举制所取代。自此至1905年废科举，“明经”一直是选官用人的必备条件。“文出于经”：其典型表现就是“引经据典”。对于古代中国人来说，引经据典是人们考辩论理、作文赋诗必要的表现手法，甚至还是一些人明理善断、聪颖好学的表征。南宋李耆卿在《文章精义》中认为，六经“皆圣贤明道经世之书，虽非为作文设，而千万世文章从是出焉”。南北朝时期的颜之推在《颜氏家训·文章篇》中说：“夫文章者，原出五经：诏命策檄，生于《书》者也；序述论议，生于《易》者也；歌咏赋颂，生于《诗》者也；祭祀哀诔，生于《礼》者也；书奏箴铭，生于

《春秋》者也。”清人章学诚在《文史通义·诗教上》中对此概括地说：“战国之文，其源皆出于六艺。何谓也？曰：‘道体无所不该，六艺足以尽之。’”这些认识，其实都在提出一个无形的问题：什么知识最有价值？答案就是：经学知识最有价值。① 这说明，中国古代文献分类活动的宗旨不在于文献秩序，而在于“明道”，即通过文献分类活动把统治阶级所认可的“经义”（王道）凸显出来，使其法定化。对此，《四库全书总目》凡例十九则说得非常明确：“圣朝编录遗文，以阐圣学、明王道者为主。”

那么，为什么必须遵循“经→史→子→集”这种次第关系呢？对此，清乾隆帝有过一段精彩比喻：“以水喻之，则经者文之源也，史者文之流也，子者文之支也，集者文之派也。派也、支也、流也，皆自源而分。集也、子也、史也，皆自经而出。故吾于贮四库之书，首重者经，而以水喻文，原溯其源。”[7]乾隆帝的这段话，明确了“经→史→子→集”这种次第结构的内在逻辑。这种“经→史→子→集”次第结构，其实就是中国古人对“什么知识最有价值”这个问题的明确回答。这说明“斯宾塞问题”在中国古人那里早有定论，只不过中国古人认为“首重者经”，而非科学知识。

1.2 类书中的“天→地→人→事→物”次序结构

类书是通过“辑录”或“撮述”的编纂方法，将多种相关文献中的内容分门别类地加以组织而形成的一种文献类型。要想“分门别类”，就需要设类目，且按照一定的次序形成类目体系。中国古代类书编纂的传统源远流长②，并形成了与西方百科全书体例不大相同的类目设置体例，所以有人认为，中国的类书是具有中国特色的百科全书。自唐初纂修《艺文类聚》以来，中国古代类书的类目体例基本定型为“天→地→人→事→物”次第格局。③ 这种次第格局的形成，与中国古代儒家、道家对“天、地、人”（所谓“三才”）三者之间的关系赋予的特定秩序意义紧密相关。

汉儒董仲舒在《春秋繁露·立元神》中说：“何谓本？曰：天、地、人，万物之本也。天生之，地养之，人成之。天生之以孝悌，地养之以衣食，人成之以礼乐，

---

① 英国社会学家斯宾塞在《教育论》一书中提出了“什么知识最有价值”的问题。他给出的答案是：科学知识最有价值。后来，学者们把这一问题称为“斯宾塞问题”。参见斯宾塞. 教育论：智育、德育和体育［M］. 胡毅，译. 北京：人民教育出版社，1962：43。

② 据张涤华先生统计，自魏晋至清，历代史志书目和官私书目的类书达1 035种。参见张涤华：《类书流别》（修订本），商务印书馆1985年版，第1—5页。

③ 我国古代的类书大部分以“天→地→人→事→物”为类目次第，但个别的除外，如我国最大的类书《永乐大典》的编纂体例即为“用韵以统字，用字以系事”。

三者相为手足，合以成体，不可一无也。”从“天、地、人”三者之间的关系中推出万事万物之本，就形成了“天→地→人→事→物”序列，而这正是《艺文类聚》辑录资料的编排顺序。陈鼓应认为，“三才说”源于《老子》二十五章所谓的“人法地，地法天，天法道，道法自然”，这是“先秦道家天地人一体观的一种特有的思维方式”[8]。

那么，《艺文类聚》为什么把“物”这个大类排在最后呢？葛兆光认为，《艺文类聚》中的“物”对应于“自然世界中的各种具体知识”，而这些知识在中国古代传统中往往被认为是“多识草木虫鱼鸟兽之名”的枝梢末节或“奇技淫巧”类的东西。所以，《艺文类聚》把“物”放在最后，以示其“不雅”地位。[9]其实，中国古人在心目中把物理原理及其应用技术视为“奇技淫巧”的观念极为普遍。《礼记·王制》就说：“作淫声、异服、奇技、奇器以疑众，杀。”在中国古代文献分类目录中，记载物理的书籍被归入“方技”类，而“方技”类在整个类目体系中一般被列于最后，如刘歆的《七略》、班固的《汉书·艺文志》就都把“方技”略列于末尾。在古汉语中，“技”“伎”“妓”三词同源。可见，在中国古人那里，研究物理的科学技术往往被认为是“奇技淫巧”，始终处于被鄙视之列。所以，在《艺文类聚》中，尽管“物”这个大类有40卷，占了全书卷数的五分之二，但却只能居于末尾之列。

在中国现存的类书中，清代的《古今图书集成》是规模最大的类书。该类书共分六大部类，分别是历象汇编、方舆汇编、明伦汇编、博物汇编、理学汇编和经济汇编，可以看作是按照“天→地→人→物→知→事”序列来安排的。这种类目设置及其次第安排，看似与传统的“天→地→人→事→物”体例有所区别，但仔细分析后就会发现，两种体例安排之间并无实质性的区别。首先，“天、地、人”三类及其次第安排完全相同。其次，虽然多了一个“知”（理学汇编）类，但这只是对传统的“物”类的扩充而已，即传统的“物”类主要指代“自然科学”知识，而“知”类则主要指代“人文科学”知识。这可从博物汇编和理学汇编所包含的子目中得到印证：博物汇编的子目包括“艺术典”“神异典”“禽虫典”“草木典”，理学汇编的子目包括“经籍典”“学行典”“文学典”“字学典”。最后，虽然把“物”类置于“事”（经济汇编）类①之前，但“物”类和“事”类在总体上处于末尾的地位并没有改变。《古今图书集成》的这种“天→地→人→物→知→事”序列安排，其依据在“凡例”中做了明确交代：“法象莫大乎天地，故汇编首历象而继方舆。乾坤定而成位其间者人也，故明伦次之。三才既立，庶类繁生，故次博物。……次

① “经济汇编”中的“经济”一词与现代意义上的“经济”（economic）有较大区别，包含“经国”和“济世”两个方面的含义。所以，“经济汇编”的子目包括：“选举典”“铨衡典”“食货典”“礼仪典”“乐律典”“戎政典”“祥刑典”“考工典”。

理学、经济，而是书备焉。”

由此可知，中国古代文献整理活动从表面上看是在追求文献秩序，但在这表象背后还有一种更为深层的秩序追求。也就是说，文献整理活动所产生的文献秩序必须体现出更为深层的一种秩序，这种更为深层的秩序就是思想秩序。

2. 思想秩序：文献秩序的深层指向

中国古代文献整理活动的首要任务，并不是确定每一文献在知识分科体系中的某一固定位置，而是赋予每一文献以特定的价值意义（此即为“赋义”）。所以，中国古代的文献分类，实际上并不是学科分类或知识分类，而是价值意义分类。类书编纂活动中的立类及其次第安排，也不是按照知识分科体系来立类，而是按照类目名称所蕴含的意义之别来分门别类，并安排其次第。这就说明中国古代文献整理活动并不是一种客观分类过程，而是一种主观赋义过程。那么，这种主观赋义过程是不是一种纯粹“随意”的过程呢？当然不是，而是始终遵循着一种标准，即依据儒家坚守不渝的伦理教化标准来为每一文献赋予伦理价值意义。对此，傅荣贤指出，中国古代文献分类，在类目次序的安排上普遍遵循这样一个原则，即意义和功能大的类名（或文献）排在意义和功能小的类名（或文献）之前，意义和功能相同或相近的类名（或文献）靠得较近。这种安排体现了一种规律性：文献按照其内涵的意义和功能递减的序列排序。[10]当然，傅荣贤所说的“意义和功能”，指的是伦理教化的意义和功能。人们都知道，儒家强调伦理教化，其目的在于整饬人们的思想秩序，使人们的思想观念都趋附于儒家所宣扬的尊经重道的秩序，即所谓的“道统”。那么，中国古代文献整理活动是如何给每一文献赋予伦理价值意义，从而服务于思想秩序建构的呢？以下从三个方面予以论述。

2.1 通过判断文献所表达的立场来分别处理文献

在中国古代文献整理活动中，所有的文献并不是都予以翔实整理，而是根据文献作者所表达的政治或伦理立场来分别予以处理。在这方面，《四库全书总目》表现得尤为突出。关于《四库全书总目》的收录原则，乾隆帝做出了一项严厉的规定：“今所采录，惟离经畔道，颠倒是非者，掊击必严；怀诈狭私，荧惑视听者，屏斥必力。”对于这一原则，乾隆帝数次降诏明确指出，“令总裁等悉心校勘，分别应刊、应抄及存目三项，以广流传”，“谬于是非大义，在所必删”，“词意抵触本朝者，自当在销毁之列”，“有俚浅讹谬者，止存书名”，“悖于义理者，自当从改”。由此可以看出，《四库全书总目》对所收录的文献进行了“录”“存”“删”“改”“毁”等有区别的处理。所以，每篇提要的后面，都附有总纂官提出的“应刊刻”

“应钞录”“酌存目”“毋庸存目”等意见。总体而言，《四库全书总目》所处理的文献主要分为著录、存目、销毁三类。

《四库全书总目》所著录并刊刻的文献，自然属于那些被编纂者认为符合当朝政治人伦价值取向的“应刊”文献，共著录了3 461部。对于那些被认为是“言非立训”或有所“违碍”的文献，则只为其“存目”，共存目了6 793部，比著录文献的数量还多。比如，李贽的《藏书》和《续藏书》就被《四库全书总目》的编纂者批评为“排击孔子，别立褒贬，凡千古相传之善恶，无不颠倒易位”，故两书被打入了存目类。至于那些被认为是“离经畔道”“颠倒是非”，或者“怀诈狭私”“荧惑视听”的文献，则坚决予以销毁。据统计，在《四库全书总目》的编纂过程中，用于禁书和毁书的时间竟达19年之长，共禁毁书籍3 100多种、15万1千多部，销毁书板8万块以上。对此，顾颉刚曾说：“以故网罗虽富，而珍闻秘笈之横遭屏斥者乃难悉数。惟其寓禁于征，故锢蔽摧残靡所不至，其沦为灰烬者又不知几千万卷也。”[11]王重民也曾指出，《四库全书总目》提要的“思想内容集中在宣传封建思想和消灭民族思想的两个主要方面”[12]。也就是说，有悖于宣传“封建思想”和“狭隘民族思想”的书籍，必然遭禁、遭毁。

2.2　通过类目次序安排界定文献意义的大小

通过类目次序安排来显示文献意义的大小，是中国古代文献整理活动中“意义分类”的常用手段，如在《七略》中，六艺之学和诸子之学被认为是“大道”之所存，故排列于前；而术数、方技之学则被认为是形而下之“艺学”，故排列于后。对此，杜定友曾说：“夫古之学术有道器之分，形而上者谓之道，形而下者谓之器。诸子之学，所谓道者也，为无形之学；术数方技，所谓器者也，虚理实事，义不同科。”[13]比如，术数略在子目顺序的安排上，从天文到历谱，从五行、卜筮到形法，其次序是从天上到地下，先天文后地理，从而构成了前后有序的知识价值序列。中国古代文献分类思想体系在演变过程中，始终贯穿着“经学为上、技艺为下”的传统，由此也可以看出，自然科学知识在中国古代不受重视的思想根源。

在类书的部类设置及其次序的安排上，以儒家的伦理秩序观念来划定文献（资料）价值大小的意图得到了明显的反映。例如，《艺文类聚》共设四十六部，前二十一部依次为：天部、岁时部、地部、州部、郡部、山部、水部、符命部、帝王部、后妃部、储宫部、人部、礼部、乐部、职官部、封爵部、治政部、刑法部、杂文部、武部、军器部（剩下二十五部均属“物”部类），严格按照“天→地→人→事”的序列编排。其中，从符命部到军器部（共十四部）属于“人”部类，其次序安排的逻辑是：符命，用于证明帝王是上天的安排，故置于帝王之前；帝王、后妃、储宫，是人间的主子，故置于人部之前；礼和乐，是维系人伦秩序的基本规范，故紧接于人部之后；职官、封爵、治政、刑法，是“治人”的基本手段，而杂文、武是支撑帝王统治的理论依据和实力基础，故置于“殿后”的位置。再如，《古今图书集成》的“明伦汇编”下有若干子目，依次为：“皇极典”“宫闱典”“官常典”“家范典”“交谊典”……对于这种次序安排的逻辑，《古今图书集成》“凡例”曰：“伦莫大于君父，化必始于宫闱，故首皇极而次宫闱；百职惟贞，臣道之常也，故次曰官常；修身齐家，父子兄弟足法，故次曰家范；师教友规，推之宾客，里党皆有交谊，统之曰交谊。”清雍正帝在为《古今图书集成》所作的序中，说明了全书六大部类次序的逻辑：“始之以历象，观天文也；次之以方舆，察地理也；次之以明伦，立人极也；又次之以博物、理学、经济，则格物致知、诚意正心、治国平天下之道，咸具于是矣。”这说明某一文献（资料）意义的大小，取决于该文献（资料）所属的类目在整个类目体系中的位置，而某一类目的位置又取决于统治者对该类目思想意义的主观界定（这里只针对官修类书而言）。

2.3 通过作“序”的方法来表达编纂者的价值取向

中国古代的一些书目著作有为类目作“序”的体例安排：置于部类者，谓之“总序”；置于小类者，谓之“小序”。比如，《四库全书总目》的“四部之首，各冠以总序，撮述其源流正变，以挈纲领。四十三类之首，亦各冠以小序，详述其分并改隶，以析条目”。余嘉锡说：“小序之体，所以辨章学术之得失也。”[14]这种“序”文为编纂者极尽“赋义”（即表达自己的价值取向）之能事提供了有效的空间，如《隋书·经籍志》总序云：“夫经籍也者，机神之妙旨，圣哲之能事。所以经天地，纬阴阳，正纪纲，弘道德。显仁足以利物，藏用足以独善。学之者，将殖焉；不学者，将落焉。……夫仁义礼智，所以治国也；方技数术，所以治身也；诸子为经籍之鼓吹，文章乃政化之黼黻，皆为治之具也。”前一段话表达了一般意义上的经籍的功用，后一段话则表达了编纂者的一个重要价值判断，即把儒家经典、方技数术、诸子之言的功用归结为“为治之具”。再如，《汉书·艺文志》总序云：“古之学者耕且养，三年而通一艺，……后世经传既已乖离，博学者又不思多闻阙疑之义，而务碎义逃难，便辞巧说，破坏形体；说五字之文，至于二三万言。后进弥以驰逐，故幼童而守一艺，白首而后能言；……此学者之大患也。”在这段话中，班固委婉地批评了两汉时期的今文经学者们，“说五字之文，至于二三万言”这样乱发义理、牵强附会、主观臆断的“学者之大患”。这是通过作“序”来表达编纂者价值取向的极好例证。

在《四库全书总目》的子部总序中，总纂官纪昀通过说明子部各类的排序逻辑，表达了《四库全书总目》编纂者的价值取向：“儒家尚矣。有文事者有武备，故次之以兵家。……唐、虞无皋陶，则寇贼奸宄无所禁，必不能风动时雍，故次以法家。民，国之本也。谷，民之天也，故次以农家。本草经方，技术之事也，而生死系焉，……故次以医家。重民事者先授时，……故次以天文算法。以上六家，皆治世者所有事也。百家方技，或有益，或无益，……故次以术数。游艺亦学问之余事，……故次以艺术。……博闻有取，利用攸资，故次以谱录。群言歧出，不名一类，总为荟粹，皆可采摭菁英，故次以杂家。隶事分类，亦难言也，旧附于子部，今从其例，故次以类书。稗官所述，其事末矣，……故次以小说家。……二氏，外学也，故次以释家，道家终焉。"这里，纪昀共使用了12个"次以"来说明子部各家文献的意义递减次序，足见其用心之良苦。在以上所引的子部"序"言中，从"儒家尚矣"到最后的"道家终焉"，实际上就是对各家文献之伦理教化价值的递减次序的界定，同时也是编纂者所代表的统治阶级价值取向的逻辑阐明。

通过上述分析可知，中国古代文献整理活动中始终贯穿着一根"红线"，这就是儒家伦理教化观念。文献整理活动中的立类及其次序安排，皆以文献伦理教化价值的大小或轻重来选择和布局。需要指出的是，儒家士人一以贯之地坚持的伦理教化的意义，实际上就是为了实现其"三纲五常"之思想秩序。如果说文献秩序只是一种"物"的秩序，那么思想秩序就是一种"心"的秩序。然而，儒家士人"经世致用"的治学态度和"内圣外王"的人生追求，致使他们极力宣扬的思想秩序观念很容易被统治者所"收容"，并最终为统治秩序服务。

3. 统治秩序：秩序建构的最终目标

任何统治行为都需要被统治者思想的统一性或同质性，因为被统治者思想的统一性或同质性是统治合法性的根本来源。基于此，任何统治者都需要建构一种思想秩序，以保证其统治秩序的长治久安。中国古代文献整理活动对于建立儒家思想秩序具有重要意义，所以中国古代的统治者大都非常重视文献整理活动，并不惜为此花费巨大的人力物力，这也是中国古代官修史书、官修类书、官修目录传统长盛不衰的根本原因。那么，中国古代官修史书、官修类书、官修目录等文献整理活动又是如何体现出为统治秩序服务这一使命的呢？或者说，通过文献整理活动来建构统治秩序的内在机制又是什么呢？以下从三个方面加以论述。

3.1 总结经验——学习机制

纵观中国的古代历史，不难发现几乎每一个朝代都会在建立之初总结前朝覆灭的经验教训，以求巩固本朝的统治。然而，总结历史经验无法靠"亲身经历"去体会，只能通过听取相关言传或阅读文献来思考和体悟。这种阅读和思考的过程就是学习的过程。当然，这种学习不仅仅是为了总结历史经验，还要满足学习者增长知识、拓宽视野、陶冶情操的需要。这时，为了提高学习的效率和质量，专门编纂相关书籍供帝王和其他人阅读是极为重要和必要的。古代史书和类书的编纂活动就是应这种需要而产生的。

唐朝开国之初，帝王及其周围的臣僚们非常重视总结前朝（隋朝）短命而亡的教训。据《旧唐书》载，当时的秘书丞令狐德棻就向高祖李渊建议修史："窃见近代已来，多无正史，梁、陈及齐，犹有文籍。至周、隋遭大业离乱，多有遗阙。当今耳目犹接，尚有可凭，如更十数年后，恐事迹湮没。陛下既受禅于隋，复承周氏历数，国家二祖功业，并在周时。如文史不存，何以贻鉴今古？如臣愚见，并请修之。"李渊回应说："司典序言，史官记事，考论得失，究尽变通，所以裁成义类，惩恶劝善，多识前古，贻鉴将来。"这说明李渊肯定了史书鉴往知来的社会作用。于是，仅唐代就修有《梁书》《陈书》《北齐书》《周书》《隋书》《晋书》《南史》《北史》八部正史。武德五年（622 年），欧阳询、令狐德棻、陈叔达等受诏编纂《艺文类聚》，成书一百卷，于武德七年（624 年）奏上。《艺文类聚》《北堂书钞》《初学记》《白氏六帖》合称"唐代四大类书"。

宋朝开国皇帝太祖赵匡胤虽是武人出身，但却十分喜欢读书，"虽在军中，手不释卷。闻人间有奇书，不吝千金购之"。周世宗为此曾不解地问赵匡胤："卿方为朕作将帅，辟封疆，当务坚甲利兵，何用书为？"赵匡胤的回答是："……所以聚书，欲广闻见，增智虑也。"[15] 当然，赵匡胤读书的目的决不仅仅局限于"增智虑"，而是要从中吸取历代统治者成败得失的经验和教训。赵匡胤之弟赵光义（宋太宗）继位后，对近臣说："朕每退朝，不废观书，意欲酌前代成败而行之，以尽损益也。"[15]528 又说："夫教化之本，治乱之源，苟无书籍，何以取法？"[15]571 可见，这两位兄弟皇帝读书的目的主要在于学习"为治之道"。为此，宋太宗下诏命李昉、扈蒙、徐铉、张洎等儒臣，编纂宋代四大类书中的前三种：史类类书一千卷，书名《太平总类》；文章类类书一千卷，书名《文苑英华》；小说类类书一千卷，书名《太平广记》。在这三部类书中，宋太宗最喜欢《太平总类》，"日览三卷"，仅用一年的时间就读完了全书，故改书名为《太平御览》。

到了明代，成祖朱棣篡夺皇位，被方孝孺等士大夫们视为"大逆不道"。在这关键时刻，朱棣想到了太祖要编修一部大型类书的未竟之业，于是在即位当年（1403 年）的七月，下令编纂《永乐大典》（中国历史上规模最大的类书）。这样一方面可以把士人集中起来，消弭朝野间的抗拒力量，达到笼络士人的目的；另一方面，还可以炫耀文治，确立自己的正统地位。对此，有学者评论说："明成祖朱棣在 1402 年篡夺了他的侄儿对明王朝的统治权，恐怕全国人民，尤其是知识分子不服，为了笼络他们，便在 1403 年（永乐元年）开始了《永乐大典》的纂修工作。由于他想广泛地进行笼络知识分子并夸耀文治，所以他对于这一纂修的内容，企图越丰富越好，卷帙的数目越能超越前人越好。”[16] 在中国历史上，“每逢改朝换代或政治动荡之后，官方例有编撰类书之举，……类书往往成为历代统治者粉饰太平的工具，有其明显的政治目的”[17]。

通过以上分析可知，中国历代的统治者热衷于史书、类书的编纂，其目的之一就是学习“为治之道”。反过来说，统治者学习“为治之道”的需要，导致了编纂史书、类书事业的兴盛。

3.2　宣扬“文治”——文化机制

北宋史学家宋敏求在《唐大诏令集》中引唐高祖李渊言曰：“自古为政，莫不以学为先。学则仁、义、礼、智、信五者具备，故能为利深博。朕今欲敦本息末，崇尚儒宗，开后生之耳目，行先王之典训。”唐太宗李世民在给大臣萧德言的信中说：“自隋季版荡，庠序无闻，儒道坠泥途，《诗》《书》填坑阱。眷言坟典，每用伤怀。顷年已来，天下无事，方欲建礼作乐，偃武修文。卿年齿已衰，教将何恃！所冀才德犹茂，卧振高风，使济南伏生，重在于兹日；关西孔子，故显于当今。令问令望，何其美也！”[18] 这说明，唐高祖、唐太宗开始重视“敦本息末”“偃武修文”“行先王之典训”之“文治”的重要意义。

熟谙“马上得天下，马下治天下”道理的历代帝王及其臣僚们，在武力征讨取得胜利后，必然会认识到文治的重要性，故欧阳修等人认为，“武为救世砭剂，文其膏粱欤！乱已定，必以文治之。否者，是病损而进砭剂，其伤多矣！然则武得之，武治之，不免霸且盗，圣人反是而王。故曰武创业，文守成，百世不易之道也。若乃举天下一之于仁义，莫若儒”[19]。明成祖朱棣为修《永乐大典》，命人“四出购求遗书”，并吩咐“书籍不可较价值，惟其所欲与之，庶奇书可得”。朱棣为编纂《永乐大典》，在全国不计价格地搜购图书，俨然一位爱文、崇文且欲大兴文治的君主，与那个以武力夺取皇位的朱棣相比简直判若两人。

此外，历朝历代大兴编纂类书活动以彰显文治，在客观上也起到了笼络或收编知识分子，进而削弱其反思和反抗意志的作用。南宋学者王明清在《挥麈后录》卷一中说：“太平兴国中，诸降王死，其旧臣或宣怨言。太宗尽收用之，置之馆阁，使修群书。如《册府元龟》、《文苑英华》、《太平广记》之类。广其卷帙，厚其廪禄赡给，以役其心，多卒老于文字之间。”宋末元初学者刘埙在《隐居通议》一书中指出：“宋初编《文苑英华》之类，尤不足采。……其降臣聚朝，多怀旧者；虑其或有异志，故皆位之馆阁，厚其爵禄，使编纂群书，如《太平御览》、《广记》、《英华》诸书。迟其岁月，困其心志，于是诸国之臣，俱老死文字间，世以为深得老英雄法，推为长策。”现代学者张涤华亦赞同刘埙的观点，他写道：“宋初削平诸僭，降臣聚朝，虑其才无所施，或怀怨望，于是丰其廪饩，使撰不急之书，困老英雄，允推长策。然则当时类书之盛，非特缘于学术风气，抑且有政治作用推移其间矣。……历代君主牢笼人才之法，大率如是，又不仅有宋为然矣。”[20]明代学者李日华在《紫桃轩杂缀》中说：“《永乐大典》计二万二千八百七十卷，一万一千九十五本……号召四方文墨之士，累十余年而就，亦所以耗磨逊国诸儒不平之气。”中国历史上修类书最多的皇帝是清康熙帝，先修了450卷的大类书《渊鉴类函》。修这部书设了4个总裁官，46个分纂官，15个校勘官，67个校录官，4个收掌官，达130多人。此书未修完，接着又修《佩文韵府》《佩文韵府拾遗》《骈字类编》《子史精华》《分类字锦》等。在此过程中，一批又一批的知识分子参与到修书队伍中来，同时包括王士祯、徐乾学、王鸿绪、高士奇、何焯、王兰生等，一大批具有显赫身份的知识分子也都参与过编纂类书。让大批知识分子参与到繁重的类书编纂活动中来，“迟其岁月，困其心志，于是诸国之臣，俱老死文字间”，这种文治方法确实比大兴文字狱“高明”得多了。

用历史的眼光来看，“文治”当然要比“武治”文明得多。但是，如果文治成为“文化专政”的代名词，那么文治的历史进步意义就会一落千丈，即文治非但不会推动历史进步，反而会成为历史进步的阻碍力量。所以，中国古代所谓“文治”背景下的文献整理活动，始终未能摆脱为统治阶级建构文化秩序而服务的命运。

3.3 排除异己——排斥机制

纵观中国古代文献整理活动的历史，不难看出几乎所有的文献分类、文献目录和类书编纂活动，在方法论上都始终贯穿着一种选择机制——选择符合统治阶级伦理教化标准的类目名称、类目次序、收录原则、评价原则等，而那种真正贯彻“述而不作”原则的分类、目录、类书则少之又少。有所选择必然会产生“不被选择”的被排除者，所以选择和排除是共生共存的“孪生体”。那么，在中国古代文献整理活动中，选择和排除的对象都是什么呢？毋庸置疑，选择的对象是“同己”，排除的对象是“异己”。判断是“同己”还是“异己”的标准即为统治阶级的伦理教化旨趣，或者说，是统治阶级的统治秩序需要。

首先，在类目体例安排上，给“经”以首要地位，选择“经”为纲，而其他为目。在中国古代的文献分类活动中，“以经为首”的原则成为自汉代《七略》至清代《四库全书》及《四库全书总目》延绵两千多年不易的“永制”。

其次，在类目次序安排上，以有利于维护统治秩序的伦理纲常为标准来选择性地安排类目次第。此点在前文中已有论述，这里再引述一段葛兆光的话作为补叙。葛兆光在谈到《艺文类聚》的类目安排以及内容的取舍时，说：“‘圣、贤、忠、孝、德、让、智’的排列次第暗示了基本道德的构成和伦理等秩的先后，对各种行为的褒贬与评骘，则表达了社会集体意识和政治意识形态的权力，那种社会秩序优先于个人自由、社会价值高于个人成就、他人评价优先于自我感觉的观念，不仅在古代中国由来已久，而且在这部类书的分类里也表现得相当清楚。”[9]457

最后，在收录原则和评价原则上，以统治阶级的善恶标准来决定去取并给予价值评价。宋真宗针对编纂《册府元龟》下诏曰：“今所修君臣事迹尤宜区别善恶，有前代褒贬不当者，宜析理论之，以资世教。”[15]1452后又强调：“朕于此书，匪独听政之暇，资于披览，亦乃区别善恶，垂之后世。俾君臣父子，有所鉴诫。”《四库全书总目》凡例第十七所说的“今所采录，惟离经畔道，颠倒是非者，掊击必严；怀诈狭私，荧惑视听者，屏斥必力”，就极为典型地说明了“纳同己，斥异己”的选择标准。更为明显的是，清廷在编纂《四库全书》及《四库全书总目》时，还专门制定了《四库馆办违碍书籍条款》。其中，第八款规定：“凡宋人之于辽金元，明人之于元，其书内记载事迹，有用敌国之词，语句乖戾者，俱应酌量改正。”对此，鲁迅先生讽刺道：“‘贼’‘虏’‘犬羊’是讳的；说金人的淫掠是讳的；‘夷狄’当然要讳，但也不许看见‘中国’两个字，因为这是和‘夷狄’对立的字眼，很容易引起种族思想来的。”[21]鲁迅先生的这段话虽非学术评断语，但却也揭示了清代统治者敏感于“种族思想”的心态。可见，那些宣传民族思想的“违碍书籍”，是不可能不加“改正”而入选《四库全书》及《四库全书总目》之收录范围的。

上述分析表明，中国古代文献整理活动并不是一种自主性活动，而是一种如法国思想家福柯所说的“话语事件”（discursive events）。这种话语事件必须在一定的规限之下展开，“排斥”（exclusion）就是话语规限的方式之一。也就是说，在任何一个社会中，人们不可能在任何时间、任何地点谈论任何东西，亦即在特定的场域（field）中，人们能谈论什么，不能谈论什么都是被给定了的。话语（discourse）是一种展现秩序的符号系统，因而作为话语事件的中国古代文献整理活动，必须用“纳同己，斥异己”的排斥机制来保证话语秩序（即权力秩序）。

4. 结论

清人章学诚把中国古代编纂文献分类目录的要旨概括为“辨章学术，考镜源流”。中国古代的无数学人为这种考辨事业倾注了无穷的心血，由此形成了贯穿于中国古代文献整理活动始终的一种独特的“学统”——求得文献秩序所必须遵循的学术准则。然而，这种“学统”并不是自主和自足的，因为它还要遵循伦理教化的“道统”准则，即以儒家的伦理纲常为准绳来整理文献。所以，中国古代文献整理活动所产生的文献秩序实际上是一种伦理价值秩序——思想秩序。那么，这种思想秩序是自主和自足的吗？当然也不是。因为这种思想秩序还要接受“治统”的规限，即以维护统治阶级的权力秩序为目标来整理文献。在这一连环序列中，“学统”

受限于“道统”，而“道统”又被“治统”所规限。关于“道统”和“治统”，清人王夫之在《读通鉴论》卷二中有言：“天下所极重而不可窃者二：天子之位也，是谓治统；圣人之教也，是谓道统。”显然，在古代中国，无论“学统”和“道统”有多么重要，都不允许从根本上颠覆“治统”的权威地位。当然，一些仁人志士以自己的“学统”和“道统”意志不屈不挠地反抗“治统”的权威地位，谱写出了一曲曲可歌可泣的悲壮曲目，但每一次抗争都必然会遭到统治者的严酷镇压，其中既有公开的血腥镇压，也有隐蔽的“文治”性销蚀或消磨。中国古代的统治阶级利用文献整理活动来建构统治秩序，其隐蔽性和“文明性”可谓巧妙之极。正如福柯所说：“愚蠢的暴君用铁链束缚他的奴隶，而真正的政治家则用奴隶自己的思想锁链更有力地约束他们。正是在这种稳健的理智基点上，他紧紧地把握着锁链的终端。这种联系是更牢固的，因为我们不知道它是用什么做成的，而且我们相信它是我们自愿的结果。绝望和时间能够销蚀钢铁的镣铐，但却无力破坏思想的习惯性结合，而只能使之变得更紧密。最坚固的帝国的不可动摇的基础就建立在大脑的软纤维组织上。”[22]《隋书·经籍志》在解释“经籍”时认为：“夫经籍也者，机神之妙旨，圣哲之能事，所以经天地，纬阴阳，正纪纲，弘道德。……夫仁义礼智，所以治国也；方技数术，所以治身也；诸子为经籍之鼓吹，文章乃政化之黼黻，皆为治之具也。”如果说经籍的功用在于“所以治国”“为治之具”，那么，始终坚持“以经为首”原则的中国古代文献整理活动自然也摆脱不掉“为治之具”的宿命。

总而言之，通过“以经为首”的思想秩序来建构文献秩序，再通过这种文献秩序和思想秩序来为建构统治秩序服务，就是中国古代文献整理活动中所蕴含的秩序建构逻辑。（原载《求是学刊》2013年第2期）

参考文献

［1］姚名达．中国目录学史［M］．上海：上海古籍出版社，2005：33.
［2］何忠礼，郑瑾．略论宋代类书大盛的原因［J］．浙江大学学报（人文社会科学版），2003（1）：31－37.
［3］刘肃．大唐新语［M］．许德楠，李鼎霞，点校．北京：中华书局，1984：137.
［4］欧阳询．艺文类聚［M］．汪绍楹，校．上海：上海古籍出版社，1982：27.
［5］王守仁．王阳明全集［M］．吴光，等编校．上海：上海古籍出版社，1992：254－255.
［6］朱维铮．周予同经学史论著选集［M］．上海：上海人民出版社，1983：653.

[7] 弘历. 文渊阁记 [M] //李希泌，张椒华. 中国古代藏书与近代图书馆史料：春秋至五四前后. 北京：中华书局，1982：17.
[8] 陈鼓应. 易传与道家思想 [M]. 北京：生活·读书·新知三联书店，1996：180.
[9] 葛兆光. 中国思想史：第1卷 七世纪前中国的知识、思想与信仰世界 [M]. 上海：复旦大学出版社，2001：457.
[10] 傅荣贤. 中国古代图书分类学研究 [M]. 台北：台湾学生书局，1999：110.
[11] 郭伯恭. 四库全书纂修考 [M]. 上海：上海书店，1992：原序.
[12] 王重民. 论《四库全书总目》 [J]. 北京大学学报：哲学社会科学版，1964 (2)：61－76.
[13] 杜定友. 校雠新义：上册 [M]. 北京：中华书局，1930：44.
[14] 余嘉锡. 目录学发微 [M]. 成都：巴蜀书社，1991：55.
[15] 李焘. 续资治通鉴长编 [M]. 北京：中华书局，1979：171.
[16] 王重民. 《永乐大典》的编纂及其价值 [J]. 社会科学战线，1980 (2)：336－342.
[17] 曹之. 中国古籍编撰史 [M]. 武汉：武汉大学出版社，1999：469.
[18] 刘昫，等. 旧唐书 [M]. 北京：中华书局，1975：4952－4953.
[19] 欧阳修，宋祁. 新唐书 [M]. 北京：中华书局，1975：5637.
[20] 张涤华. 类书流别：修订本 [M]. 北京：商务印书馆，1985：29－30.
[21] 鲁迅. 且介亭杂文 [M] //鲁迅全集：第6卷. 北京：人民文学出版社，1981：146.
[22] 福柯. 规训与惩罚：监狱的诞生 [M]. 刘北成，杨远婴，译. 北京：生活·读书·新知三联书店，2003：113.

中国古代国家修书活动控制史论

【导读】众所周知，中国古代有着悠久的国家修书传统。许多流传至今的史书、政书、类书等，就是国家修书传统的产物。研究中国古代对国家修书活动的控制问题，是文献政治学和文献控制论研究的重要内容。中国古代的帝王们对国家修书活动的控制，包括组织控制和内容控制两大方面。其中，组织控制的表现大体有：设史馆进行有组织的修书，此为机构保障的表现；严明修书程序，此为过程保障的表现；宰相监修以及奖掖编修人员，此为人员保障的表现；严惩违逆等失职行为，此为行政监察保障的表现。内容控制的表现主要有：严格把控修书的政治方向，此为方向控制的表现；以“经史子集”的顺序安排内容次序，此为体例控制的表现；以“天人合一”观安排内容架构，此为结构控制的表现；以褒善贬恶的手法“书写历史”，此为义理控制的表现。

“国可灭，史不可没”[1]，这句话是国人重视历史、重视纂修史书的生动写照。中国古代的国家/朝廷修书活动，包括修国史、修类书、修政书、修丛书等。其中，国史的范围不仅指“正史”（现代人常称的“二十四史”或“二十五史”），广义上既包括当朝史也包括前朝史，正如宋人李焘所言：“盖日历即国史也，祖宗实录、正史亦国史也，起居注、时政记、圣政录及会要亦国史也。”[2]中国古代自汉魏以来一直非常重视国家修书活动，同时绵延不断的修史活动也产生了极为丰富的史籍文献。历朝历代对国家修书活动的控制，包括组织控制（即对修书活动进行组织上的控制）和内容控制两大方面。其中，组织控制的表现大体有：设史馆进行有计划、有组织的修书，此为机构保障的表现；严明修书程序，此为过程保障的表现；宰相监修以及奖掖编修人员，此为人员保障的表现；严惩违逆等失职行为，此为行政监察保障的表现。内容控制的表现主要有：严格控制修书的政治方向，此为方向控制的表现；以“经史子集”的顺序安排内容次序，此为体例控制的表现；以“天人合一”观安排内容架构（天、地、人、事、物结构），此为结构控制的表现；以褒善贬恶的手法“书写历史”，此为义理控制的表现。

1. 组织控制

1.1 设史馆修书

中国古代设史馆修史制度的起源可追溯到东汉的兰台和东观。明帝时，命班固等人在兰台修撰《世祖本纪》（又称《光武本纪》）；安帝时，命刘珍等在《世祖本纪》的基础上继续修撰，即成《汉记》，因其修撰地点在东观，所以又得名《东观汉记》，它是中国第一部官修纪传体史书。东汉的兰台和东观是朝廷藏书之所，而非专门用于修史的史馆。真正的史馆建制开始出现于魏晋南北朝时期。对此《唐六典》记载道："至魏明帝太和中，始置著作郎及佐郎，隶中书省，专掌国史。至晋惠帝元康二年，改隶秘书省。历宋、齐、梁、陈、后魏并置著作，隶秘书省，北齐因之，代亦谓之史阁，亦谓之史馆。"[3]北齐、北周和隋朝不仅设史馆，还令重臣（往往是宰相）总领修史事务，谓之监修国史。到了唐贞观三年（629 年），唐太宗改组史馆，移史馆于皇帝直接控制的门下省，由宰相监修。至此，史馆制度完整成型，一直延续至清朝。由以上可知，中国古代的史馆修史制度起源于东汉，成为专门机构并定名于魏晋南北朝和隋朝时期，成型于唐代，延续发展于宋元明清各代。

中国古代史馆修史的成就是有目共睹的。在二十四史中，十之七八为官修，尤其是自唐以后，除了欧阳修所撰的《新五代史》之外，其余正史皆出于史馆所修。据统计，两宋期间，史馆修日历约 5 375 卷、472 册，修实录约 2 244 卷、689 册，修国史约 620 卷，修会要约 1 250 卷[4]；有清一代，史馆修书成就斐然，包括：正史类 16 部、592 卷，编年类 17 部、4 690 卷，纪事本末类 27 部、2 760 卷，别史类 1 部、100 卷，诏令奏议类 17 部、1 540 卷，传记类 11 部、620 卷，时令类 2 部、103 卷，地理类 17 部、1 960 卷，职官类 4 部、206 卷，政书类 87 部、9 833 卷，目录类 4 部、250 卷，金石类 3 部、70 卷，史评类 3 部、109 卷，合计达 209 部、22 833 卷。[5]中国古代的历朝历代之所以如此重视史馆修书且成就如此斐然，其原因荦荦大端如下：

首先，鉴古资治的需要。中国古代历朝历代的统治者都非常重视借鉴以往的治道，以从中汲取统治经验并期待本朝统治的长久不坠。尤其是对于夏商周三代盛世"法先王"意识的仰慕，始终贯穿于历朝历代统治者的深层心理结构之中。在这种思想意识的指导下，历朝历代的统治者以设史馆为组织手段，动用国家的力量来编纂史书，有两重目的：一是以资当朝之治的目的，二是以示后世者的目的。所以，通过编纂史书来鉴古资治就成为帝王的一种美德，"君子多识前言往行，以畜其德"[6]，此之谓也。宋真宗领导编纂《册府元龟》时，在赐王钦若的手札中说："朕于此书，匪独听政之暇，资于披览，亦乃区别善恶，垂之后世。俾君臣父子，有所鉴诫。"[7]司马迁言："居今之世，志古之道，所以自镜也。"[8]西汉贾谊说得更加清楚："君子为国，观之上古，验之当世，参之人事，察盛衰之理，审权势之宜，去就有序，变化有时，故旷日长久而社稷安矣。"[9]唐代史学家刘知几在论及"史官建置"时指出："史之为用，其利甚博，乃生人之急务，为国家之要道。有国有家者，其可缺之哉?"[10]因此，"有国有家者"为了达到"旷日长久而社稷安"的目的，设史馆修书就是关乎社稷存亡的大事了。

其次，统一思想和言论的需要。统一思想和言论，是历朝历代的统治者都竭力为之的基本治国方略。在中国古代，统一思想和言论属于"大一统"目标实现的重要组成部分。所谓"大一统"，不仅指国土疆界的"大一统"，还有一个重要的内容，即思想和言论的"大一统"（文化一统）。如果说国土疆界的"大一统"是"硬件"意义上的"大一统"的话，思想和言论的"大一统"就是"软件"意义上的"大一统"。秦朝的"焚书坑儒"和西汉的"罢黜百家，独尊儒术"，就是追求思想和言论"大一统"的产物。而设史馆修书，则是实现思想和言论"大一统"局面的极佳组织策略。设史馆修书之所以能起到这样的作用，原因为其根本目的不在于"出版书籍"，而在于表达统治者的思想意志。这种思想意志的表达，实质上就是把全体臣民的思想和言论统一到统治者意志上来的一种昭示或"通告"。这种昭示或"通告"的意图在清朝的史馆修书活动中表现得尤为突出，如乾隆帝在设馆修纂《通鉴辑览》等书时就系统地表达了清廷的"正统"意图，所谓："《春秋》大义，《纲目》大法，实万世不易之准。我朝为明复仇讨贼，定鼎中原，合一海宇，为自古得天下最正。"[11]清代统治者对于自已的"夷狄"身份，也要通过修史予以纠正，所谓："夷狄而中华则中华之，中华而夷狄则夷狄之，此亦《春秋》之法。"[12]同样，清廷为了巩固"大一统"政局，在官修《钦定外藩蒙古回部王公表传》《钦定皇舆西域图志》等史书时，向人们宣扬大清帝国一统无外的思想，所谓："我国家开基定鼎，统一寰区，……中外一家，远迈前古。"[12]此外，中国古代的历朝历代都有禁私史、野史的政策，之所以要禁私史、野史，就是因为私史或野史往往"非议政治"，"讥谤朝廷"，在思想和言论上都不与朝廷保持一致，破坏了思想和言论"大一统"的朝廷意志。为了禁私史、野史，朝廷就要设史馆修史，以"正统"或权威的地位垄断历史的解释权，挤压私史或野史的"非议"，从而保持思想和言论的"大一统"局面。

最后，约束君臣行为的需要。凡是中国人都熟悉孟子说过的一句话："孔子成《春秋》而乱臣贼子惧。"[13]《春秋》只不过是鲁国的编年史而已，为何能让"乱臣贼子惧"呢？司马迁说出了个中缘由："为人君父而不通于《春秋》之义者，必蒙首恶之名。为人臣子而不通于《春秋》之义者，必陷篡弑之诛，死罪之名。"[8]2856原来，君臣们所惧的是在史书中留下“首恶之名”或“死罪之名”。史臣修书原则上要求“直书不隐”，且要寓褒贬于记事之中，因此君或臣一旦有“劣迹”被记录于书中便成为“千古罪人”。所以，史馆修书制度不仅具有鉴古资治的作用，还有警醒君臣约束自己的言行以免被书的“事前预警”作用。尤其是对于君主来说，具有纪实性质的起居注、实录等修史备录制度，致使作为“一朝天子”的君主也不得不适当收敛自己的言行，以免被书而获“首恶之名”。中国古代的起居注制度发源于先秦，唐以后成为史官记事记言的主要制度形式之一，并一直延续至清代。其间，明朝有个别皇帝出于“隐恶”的目的曾多次废止起居注制度，但却遭到了臣僚们的强烈反对，如成化年间，进士出身的卢玑上奏道：“自古帝王皆设左右起居注之官，所以记人君之言动、朝廷之政事、百官之贤否。我朝法古图治，岂容独缺？宜命执政大臣斟酌以立之，遴选以充之，置诸左右，敕许其直书无所忌讳，则非徒备我朝之史事，实可维持上下之良心。殆见百官庶职皆欲以忠而见书，以贤而见录，稔恶之人亦将有所畏而不敢肆矣。”[14]即使是在被普遍认为“专制最烈”的明神宗朝，起居注制度仍然能够起到约束皇权的作用，如：“一日，神宗顾见史官还宫，偶有戏言，虑外闻自失，曰：‘莫使起居闻知，闻则书矣。’”[15]由此看来，以往一些学者所认为的中国古代的皇权丝毫不受限制的“专制”观点，似乎不完全确然。

1.2 严明修书程序

中国古代朝廷的修书活动有严明的组织程序，以保证整个修书过程的顺利进行。

首先，严明组织程序，主要包括在资料备录的责任分工、上交途径及时限等方面具有明确的规定。比如，北宋淳化年间，对于起居注资料的备录事宜做了如下规定：“凡宣徽、客省、四方馆、阁门、御前忠佐引见司制置，进贡、辞谢、游幸、宴会、赐赉、恩泽之事，五日一报；翰林麻制、德音、诏书……并十日一报；吏部文官除拜选调沿革，兵部武臣除援……并月终而报；盐铁金穀增耗、度支经费出纳……咸岁终而报。”[16]

其次，制定“责任编辑”、绩效考核和专人审稿等制度，以保证修书过程的效率和质量。例如，宋真宗在组织编纂《册府元龟》时，说：“自初修官至杨亿，各依新式，递相检视，内有脱误，门目不类，年代、帝号失次者，并署历，仍书逐人名下，随卷奏知。异时比较功程，等第酬奖，庶分勤惰。委刘承珪专差人署历。”[7]1509这就是编纂者责任分担和按劳计酬的绩效考核制度。而且，宋真宗还实施了“编”与“审”分离的专人审稿制度，当时命陈彭年负责审稿工作。“彭年博洽，不可欺毫发，故谬误处皆签贴，有小差误必见，至有数十签。”[17]显然，这种编审分离、专人审稿的措施对于编修质量的提升大有益处。

最后，“进呈御览”逐渐成为修书程序中的一个重要环节。中国古代的朝廷进行修书原本有一个不成文的惯例，即当朝皇帝不亲览记录自己言动的起居注、时政记等文稿，这是保证这些记录不受皇帝的干预而保持其真实性的好惯例。然而，随着皇权专制的愈加强化，这一好的惯例非但逐渐被打破，“进呈御览”反而逐渐成为修书过程中必须履行的一道程序。从史籍的记载来看，“进呈御览”在宋代就已成为规矩。宋太宗在命人编纂《太平御览》时，令修纂官“日进三卷”之要求开启了有宋一代“进呈御览”的先例。继嗣太宗的真宗皇帝在命人编纂《册府元龟》时，也要求“日进草三卷，帝亲览之”[18]。到了清代，“进呈御览”几乎成了一种刚性要求。康熙二十三年（1684 年），清圣祖对《明史》馆总裁明珠说：“今闻《明史》将次告成，若将已成者，以次进呈，亦可徐徐翻阅，考镜得失，不致遗漏。”[19]乾隆十二年（1747 年），会典馆修纂《大清会典》，清高宗要求：“将稿本缮成一二卷，即行陆续呈奏。朕敕几多暇，将亲为讨论，冀免传疑而袭谬，且毋玩日以旷时。”[20]这里的“毋玩日以旷时”一句，使得“进呈御览”俨然成为一种“必须”履行的程序和刚性命令，否则可治罪。其实，清代的皇帝们均知“自古人君皆不自阅史”的历史遗训，诚若康熙帝所言：“记注册，朕不欲亲阅。朕所行政事，即不记注，其善与否，自有天下人记之。”[20]949－950然而，在缺乏制度约束的权力面前，历史遗训如若“敝帚”一般可以弃置不顾。所以，康熙帝又言：“大学士明珠等奏：‘……凡九卿官员所奏之事，从无私自缮写，送进史馆记注之例。如有缮写送进者，起居注衙门，必进呈御览，方敢入册。’向来定例如此。”[19]。何谓“进呈御览”？其实就是审查，除了审查一般性的编修过程和质量是否有差错之外，更为重要的是，审查所记之言动是否有不利于本朝统治或帝王威望之处。

1.3 宰相监修和奖掖编修人员

唐代之前历代的朝廷修书，其领衔者一般称为秘书监或著作郎等。至唐初，太宗改组史馆建制，实行宰相监修制，由此成为后世延续之惯例。自唐至清，几乎所有的宰相或宰辅人员都充任过监修之职（清代的监修之职一般称为“总裁”），仅唐代就有 30 名宰相担任过监修。[21]由“一人之下，万人之上”的宰相监修国史，足见朝廷对修书事务的高度重视。除了宰相监修之外，对参与编修的人员要求也比较高，即挑选那些德高望重或学有所长的优秀人员参加编修。关于编修人员的素质要求，刘知几有言：“史才须有三长，谓才也，学也，识也。夫有学而无才，犹有良田百顷，黄金满籯，而使愚者营生，终不能致货殖矣；如有才而无学，犹思兼匠石，巧若公输，而家无楩楠斧斤，终不能成其宫室矣。犹须好是正直，善恶必书，使骄主贼臣，所以知惧。此则为虎傅翼，善无可加，所向无敌矣。”[22]刘知几这段话所说的意思是，只有那些德才兼备的优秀者，才有资格担任史馆编修一职。此故，汉代以来，史职往往成为令许多人崇敬的极为荣耀的职务。据宋人王谠《唐语林》卷四记载，唐高宗时期的宰相薛元超以“不得修国史”为人生的一大憾事，曰：“吾不才，富贵过人。平生有三恨：始不以进士擢第，不娶五性女，不得修国史。”史职之所以备受青睐，一是因为能担任史职意味着自身的学识水平得到了朝廷的认肯，有机会实现“内圣外王”的夙愿；二是因为担任史职也能得到仕途擢拔和物质奖掖的实惠。在史籍中，关于编修官被擢拔和给予物质奖掖的记载俯拾皆是。限于篇幅，这里仅举两例。一是北宋政和二年（1112年），史院修进《哲宗帝纪》，修史官蔡嶷、郑久中等五人各升任两级（“转两官”），连已经转任他官的邓洵仁、张阁、霍端友三人也升任一级；至宣和四年（1122），《哲宗皇帝正史》修成，“诏提举官王黼、修史官吏部尚书王孝迪等并转两官”[23]。二是在明代，宋濂、王祎因修《元史》，各赏白银六十四两，文绮帛各八匹；杨士奇、黄淮等因修《太宗实录》，各赐白银一百两，彩币六表，里织金罗衣一袭，鞍马一副。[21]277 给监修及编修人员以可观的精神和物质奖掖，诱使受奖者和渴望受奖者对修书事业趋之若鹜，是典型的“正反馈”控制的表现。

1.4 严惩违逆等失职行为

中国古代朝廷的修书活动虽然由宰相或宰辅作为监修总领其事，但最高的指挥者无疑是皇帝。皇帝对修书活动的安排具有最终的裁定权，而且对修撰人员的奖惩也具有最终的裁定权。若修撰人员有违逆等失职行为，则必然招致严惩。众所周知，宋太宗赵光义的继位是否“正统”是一个历史谜案，他与太祖赵匡胤之间的“烛光斧影”之夜亦为当世之人都讳莫如深的敏感话题。时人王禹偁作为重修《太祖实录》的史臣之一，自然应当对“烛光斧影”之事保持沉默，但他却在自著的《箧中记》中透露了个中隐情：“太祖神圣文武，旷世无伦，自受命之后，功德日新，皆禹偁耳目所闻见，今为史臣多有讳忌而不书。”此事传于太宗之耳，王禹偁立被罢官。不仅如此，帝王对史臣一时疏忽或不够严谨所导致的错误，也会予以无情惩处。清乾隆时期，高宗披览国史馆所呈国史，对其中的错误之处非常不满，指出：“各馆进呈之书，皆经总裁阅定。况国史传信万世，更非纂辑词章之比，乃一经披览，开卷即有大谬之处。……该总裁等，稍一留心，何至于此？著将总裁官傅恒等交部察议具奏。”[24] 嘉庆时期，会典馆史臣将世宗庙号写错，仁宗大为恼火，严厉批评馆臣“诸事漫不经心”，将总裁庆桂、董诰、保宁、朱珪、刘权之、德瑛、戴衢亨、长麟八人革职留任，总纂汪德钺、协修杨树基、校对边延英均被革职。[25] 严惩史臣的违逆或失职行为，是对修书活动施以“负反馈”控制或“事后控制”的典型表现。

2. 内容控制

2.1 方向控制：严格把控修书的政治方向

大凡朝廷修书，都须有明确的政治目的或宗旨。朝廷所修的每一部书，一般都由帝王来确认其宗旨，而每一部书的体例和素材选择以及褒贬评断都须严格遵循并服务于这一宗旨。也就是说，每一部书的整个修纂过程始终不能偏离既定的政治方向，一旦有偏离之处，帝王必然要降旨改正，这就是修书之方向控制的表现。

宋真宗时期所修的《册府元龟》，可谓是寓政治目的于修书之中的典型例子之一。在《册府元龟》修纂之初，真宗就为其确定了宗旨："朕遹遵先志，肇振斯文，载命群儒，共司缀辑。粤自正统，至于闰位，君臣善迹，邦家美政，礼乐沿革，法令宽猛，官师论议，多士名行，靡不具载，用存典刑。"[18]1032也就是说，通过整理、选录历代君臣的美德佳行来达到宣扬"文治"（"君臣善迹，邦家美政"等）并垂之后世（"用存典刑"）的目的。根据这一宗旨，史臣们向真宗提出了如下素材选择的标准："近代臣僚自述扬历之事，如李德裕《文武两朝献替记》、李石《开成承诏录》、韩偓《金銮密记》之类；又有子孙追述先德叙家世，如李繁《邺侯传》、《柳氏序训》、《魏公家传》之类，或隐己之恶，或攘人之善，并多溢美，故匪信书。并僭伪诸国，各有著撰，如伪《吴录》、《孟知祥实录》之类，自矜本国，事或近诬。其上件书，并欲不取。余有《三十国春秋》、《河洛记》、《壶关录》之类，多是正史已有；《秦记》、《燕书》之类，出自伪邦；《殷芸小说》、《谈薮》之类，俱是诙谐小事；《河南志》、《邠志》、《平剡录》之类，多是故吏宾从述本府戎帅征伐之功，伤于烦碎；《西京杂记》、《明皇杂录》，事多语怪；《奉天录》尤是虚词。尽议采收，恐成芜秽。"[16]1828真宗采纳了这一标准。也就是说，诸如野史、传记、小说、家谱等素材因难免有"悖逆非礼"或"褒贬不当"的内容，而不予采录。记述"君臣善迹"是编纂《册府元龟》必须遵循的一个基本原则。为此，真宗在披览《册府元龟》草稿时，发现其中有唐中宗宴饮时与臣僚"口摘含桃"的记述，便立刻下令删掉此段文字，理由就是"非礼也"[16]1828。之所以把唐中宗"口摘含桃"判断为"非礼也"，就是因为这种行为不符合《册府元龟》只选记"君臣善迹"的政治方向（立意宗旨）。综观《册府元龟》所记的君臣事迹，确实均为"善迹"而无"劣迹"，这说明真宗对修书过程的方向控制是成功的。

清乾隆帝不仅组织了《四库全书》这一浩大丛书的编纂工程，还组织编纂了多部史书。乾隆帝可以说是通过修书达到其特定政治目的的"高手"。限于篇幅，本文只以编纂《钦定胜朝殉节诸臣录》一书为例。清初顺、康、雍时期，凡忠于明朝而抗拒清朝的臣民皆被视为“罪在必诛”，所以在清代所修的唯一正史《明史》中，这些臣民皆被排除于“忠臣”系列之外。然而，乾隆帝要改变这一历史定案，为这些臣民“翻案”，其手段之一就是编纂《钦定胜朝殉节诸臣录》（其后编纂的《贰臣录》也属于这种手段的表现）。为此，乾隆帝谕定了修书的政治方向，即所谓的“崇奖忠贞，所以风励臣节”，或者“褒阐忠良，风示来世”[26]。那么，为什么要崇奖这些原来被定性为“罪在必诛”的臣民呢？对此，乾隆帝做了多方面、多角度的解释：明末抗清义士虽为抗清势力，但他们“各为其主，义烈可嘉”[26]，其忠君节义行为必须予以肯定；对于清初抗清而死的史可法等人，乾隆帝做了重新评价，指出“史可法之支撑残局，力矢孤忠，终蹈一死以殉”，刘宗周、黄道周等人“临危受命，均足称一代完人”，“其他或死守城池，或身殒行阵，与夫俘擒骈僇、视死如归者……皆无愧于疾风劲草”[26]。据统计，在《钦定胜朝殉节诸臣录》中被列入受表彰行列的死难者共计 3 778 人，另附入 245 人。[27]乾隆帝如此大规模地为冤屈灵魂昭雪，确实能够达到“风励臣节”或“风示来世”的效果，这也许就是清代统治者能够消解汉人的抵抗心理，同时又被汉人所“同化”的历史谜底。由此可见，乾隆帝所制定的“崇奖忠贞，所以风励臣节”及“褒阐忠良，风示来世”的修书宗旨，实际上是清代统治者消解汉人的排满情绪，巩固大清政权的高超治术。乾隆帝调整《明史》，对所入明末臣僚进行臧否，目的是以更加隐蔽、更能打动人心的“文治”手段控制社会上的排满情绪。如果说《明史》对于明末抗清人物的臧否，体现出的是一种强权性的“外在控制”意图的话，《钦定胜朝殉节诸臣录》对抗清人物的重新评价，则体现了“深入人心”的“内在控制”（心灵控制）意图。

2.2 体例控制：以“经史子集”顺序安排内容次序

这里所说的“体例”，指的是书籍内容的组织方式。书籍内容的先后次序，并不是作者随意安排出来的，而是作者根据某种特定标准有意安排出来的，这种“有意安排”就是体例控制的表现。众所周知，西汉刘歆所编的《七略》首创了文献分类的“六分法”，且以“六艺略”（儒家“六经”著作）为首略。这是中国古代文献整理活动“以经为首”传统的肇始。唐初魏征等人修《隋书·经籍志》，形成经部、史部、子部、集部之命名及其顺序，由此开启了以“经→史→子→集”为次序的文献整理传统。“以经为首”以及“经→史→子→集”之次序，是中国古代官方修书所采用的基本体例标准。

之所以“以经为首”，是因为经书是载道、论道、传道的基本载体；后世者只能通过阅读经书才能体道、悟道，进而才能做到修身、齐家、治国、平天下。由此，中国古代文人所秉持的“文出于经”的观念得以形成。南北朝时期的颜之推在《颜氏家训·文章篇》中云：“夫文章者，原出五经：诏命策檄，生于《书》者也；序述论议，生于《易》者也；歌咏赋颂，生于《诗》者也；祭祀哀诔，生于《礼》者也；书奏箴铭，生于《春秋》者也。”[28]关于“经→史→子→集”的次第关系，清乾隆帝有过一段精彩比喻：“以水喻之，则经者文之源也，史者文之流也，子者文之支也，集者文之派也。派也、支也、流也，皆自源而分。集也、子也、史也，皆自经而出。故吾于贮四库之书，首重者经，而以水喻文，原溯其源。”[29]乾隆帝的这段话，实际上是在明确回答一个无形的问题：经学知识最重要、最有价值。英国社会学家斯宾塞在《教育论》一书中提出了“什么知识最有价值”的问题，他自己给出的答案是：科学知识最有价值。后来，学者们把这一问题称为“斯宾塞问题”[30]。然而，中国古代无法得出“科学知识最有价值”的结论，只能得出“经学知识最有价值”的结论。正因如此，中国古代官修的目录学著作大都按照“经→史→子→集”的顺序安排目次。其中，清乾隆时期编纂的《四库全书》是贯彻“经→史→子→集”内容次序的典型。中国古代社会自汉武帝“罢黜百家，独尊儒术”以来，儒家思想一直处于正统地位。所以自汉以来，历代朝廷修书在内容的安排上大都遵循“经→史→子→集”次序，这显然是为了显示以儒家思想治国的正统观念，亦即在修书体例上遵循“经→史→子→集”次序，是表征统治合法性的需要。可以说，以“经→史→子→集”内容次序控制修书体例，等于是控制和防止在统治合法性问题上出现“歧义”的需要。

2.3 结构控制：以“天人合一”观安排内容架构

以“天人合一”观安排内容架构，主要表现在古代官修类书上。类书由于本身追求“靡所不载”和“便检易览”的目标，因而在内容的组织方式上需要做到“既博又简”，正如胡道静引《三国典略》中的一段话所言：“究兰台之籍，穷策府之文，以为观书贵博，博而贵要，省日兼功，期于易简。”[31]那么，用什么方法才能做到“既博又简”呢？类书编纂者们在“天人合一”观的指导下，选择了以“天地人事物”为架构的内容组织方式。所谓“天地人事物”架构，实际上就是“天地人”（“三才”或“三材”）架构，因为后面的“事”和“物”都是由“天地人”衍生出来的，即事和物乃天地人之事和物。所谓“天人合一”，实际上就是“天地人合一”的简称。“天人合一”思想在先秦时期就已形成，《周易》曰：“夫大人者，与天地合其德，与日月合其明，与四时合其序，与鬼神合其吉凶。”[6]23又曰：“《易》之为书也，广大悉备，有天道焉，有人道焉，有地道焉。兼三才而两之，故六。六者非它也，三才之道也。”[6]318当然，中国古代也有“天人相分”观念，如荀子、柳宗元、刘禹锡、欧阳修、王夫之、颜元等人，就持有“天人相分”观。这种“天人相分”观是对“天人合一”思想中天人相感的神秘主义成分的剥离，具有一定的唯物主义色彩。“天人合一”与“天人相分”是中国古人把握空间范围概念的两种思维方式。中国古代的类书编纂者们把“天人合一”与“天人相分”观结合起来（但在思想观念上更多地遵循“天人合一”思想），构思出了“天→地→人→事→物”这样一种内容分类组织方式。

唐初编修的大型类书《艺文类聚》，是官修类书按照“天→地→人→事→物”序列编排内容的楷模。其后，历代的大型官修类书大都延续这种内容结构模式。《艺文类聚》共分四十六部，依次为（限于篇幅，不全列）：天部、岁时部、地部……帝王部、后妃部、储宫部……礼部、乐部、职官部……百谷部、布帛部、果部、木部、鸟部、兽部……灾异部。可见，《艺文类聚》完全是按照“天→地→人→事→物”序列编排内容的。宋太宗时期编修的大型类书《太平御览》共分五十五部，依次为：天部、时序部、地部……皇王部、偏霸部、皇亲部……职官部、兵部、人事部……器物部、杂物部、舟部……百卉部。可见，《太平御览》也是完全按照“天→地→人→事→物”序列编排内容的。

为何要按照“天→地→人→事→物”序列安排类书的内容结构呢？对此，清初编修的、我国现存最大的类书——《古今图书集成》——在“凡例”中做了回答。该凡例首先点明了《古今图书集成》的一级类目设置情况：“是书为编有六：一曰历象汇编；二曰方舆汇编；三曰明伦汇编；四曰博物汇编；五曰理学汇编；六曰经济汇编。”紧接着，说明了如此编排的理由：“法象莫大乎天地，故汇编首历象而继方舆。乾坤定而成位，其间者人也。故明伦次之。三才既立，庶类繁生，故次博物。裁成参赞，则圣功王道以出。次理学、经济，而是书备焉。”[32] 对照“天地人事物”来看，《古今图书集成》的一级类目（“汇编”）多出了一个“理学汇编”，这是编纂者们把“理学”看作关于“经济”（经邦济世）的学问，从而把“理学”和“经济”合为“事”类的缘故。此为清初文人普遍采取“经世致用”学术取向的表现。可见，《古今图书集成》其实仍然采用了“天地人事物”结构模式。

“天人合一”是中国古代源远流长的、一直处于正统地位的哲学思想。在科学技术落后的古代社会，用“天意”“天命”来解释人间的一些现象，很容易博得人们的信任，尤其是“天人合一”观所支持的“君权神授”“王命天予”理论，更是为统治者所津津乐道的统治合法性的神学证明。故此，用“天→地→人→事→物”序列来组织类书的内容结构及其次序，能够符合民众普遍认同的“天意”“天命”信仰，更能够满足统治者证明其统治合法性的需要。官修类书的这种内容结构安排，实际上是以“控制结构”来达到“控制功能”目标的表现，如果用现代系统论的原理来说的话，这就是“结构决定功能”原理的应用表现。

2.4　义理控制：以褒善贬恶的手法“书写历史”

意大利史学家克罗齐说过：“历史是活的编年史，编年史是死的历史；历史是当前的历史，编年史是过去的历史。”[33]这就是著名的“所有的历史都是当代史”命题。克罗齐区分了“编年史”和“历史”：编年史是客观记录的史实，而历史则是编写者根据当前需要“书写出来的历史”，难免会渗入编写者的主观意图，因而不一定是史实，甚至根本就不是史实。

自孔子整理“六经”图书，中国古人的修书活动就确立了“褒贬义理”的书写传统。对此，朱熹评论道：“孔子生于其时，既不得位，无以行帝王劝惩黜陟之政，于是特举其籍而讨论之，去其重复，正其纷乱，而其善之不足以为法、恶之不足以为戒者，则亦刊而去之，以从简约，示久远，使夫学者即是而有以考其得失，善者师之，而恶者改焉。”[34]朱熹认为，孔子在整理图书时对原书中“其善之不足以为法、恶之不足以为戒者”等内容，进行了“刊而去之”的选择性处理。这种以褒善贬恶的手法书写历史的传统，在中国古代官修史书活动中延绵不断。

北宋欧阳修在评论史馆修书之事时，说：“史者，国家之典法也。自君臣善恶功过，与其百事之废置，可以垂劝戒、示后世者，皆得直书而不隐。”[35]欧阳修主张史馆修书应该“直书而不隐”，但直书的内容只能是那些“可以垂劝戒、示后世者”，而其他内容尤其是属于“恶”的内容，就不见得被直书了。那么，什么样的言行或事件属于“可以垂劝戒、示后世者”呢？这就需要编纂者自己对历史人物和事件做出褒贬义理的判断，同时对所记述的内容做出去取或详略方面的选择。欧阳修在修纂《新五代史》列传部分时，对历史人物做了按忠义程度分类的处理，如《梁唐晋汉周臣传》十一卷，贤奸不分，以专仕一朝为入传标准（七十六人入此传）；《杂传》十九卷，以历仕数朝、为臣不忠为入传标准（一百四十七人入此传）；《死节传》《死事传》各一卷，以示嘉奖。其中，入《死节传》的标准为“食人之禄者必死人之事”（仅三人入此传），入《死事传》的标准为“其初无卓然之节，而终以死人之事”（十五人入此传）。此外，还有《一行传》一卷，以表彰洁身自好、嫉世远去者（五人入此传）。将历史人物按忠义程度分类立传，可使其忠奸自显，褒贬自明，充分体现了欧阳修著史按照善恶标准进行褒贬裁断的高超手法。

不仅如此，欧阳修编纂《新五代史》，在内容的选择上还大胆删去了其他正史大都设有的《礼乐志》和《五行志》（薛居正所修《旧五代史》设有此两“志”）。之所以不设《礼乐志》，是因为在欧阳修看来，五代是一个“君君臣臣父父子子之道乖，而宗庙、朝廷，人鬼皆失其序”的“乱世”[36]，几乎没有“可以垂劝戒、示后世者”。至于不设《五行志》，则缘于欧阳修反对迷信的唯物史观，其曰：“圣人不绝天于人，亦不以天参人。绝天于人则天道废，以天参人则人事惑，故常存而不究也。春秋虽书日食、星变之类，孔子未尝道其所以然者，故其弟子之徒，莫得有所述于后世也。……自秦、汉以来，学者惑于灾异矣，天文五行之说，不胜其繁也。”[36]461-462可见，欧阳修之所以拒绝书写失礼和迷信内容的历史，是因为这些内容无益于“垂劝戒、示后世”。也就是说，为了达到“垂劝戒、示后世”的目的，史官在修书的过程中必须采取褒善贬恶的手法。

以褒善贬恶的手法书写历史，在帝王事迹的记述中表现得尤为突出。为了巩固和美化皇权制度，需要对帝王歌功颂德，所以在修史过程中对帝王事迹的记述必须做到“隐恶扬善”。明末清初的万斯同在谈及自己阅读《洪武实录》的感受时，说：“高皇帝以神圣开基，其功烈固卓绝千古矣。乃天下既定之后，其杀戮之惨一何甚也！当时功臣百职，鲜得保其首领者。……此非人之所敢谤，亦非人之所能掩也。乃我观《洪武实录》，则此事一无所见焉。……而其它琐屑之事，如千百丈之祭文，番僧土酋方物，反累累不绝焉。是何暗于大而明于小，详于细而略于巨也?”[21]235可见，《洪武实录》虽名为“实录”，但却对明太祖的“杀戮之惨”之事“一无所见”。这也说明了所谓“直书而不隐”的修史原则，并不适用于本朝皇帝事迹的记述。反之，记述本朝皇帝的事迹只能采用隐恶扬善的手法。

当然，对前朝君臣事迹的记述是可以“直书而不隐”的，如司马光所修的《资治通鉴》在评价汉武帝时，就在肯定汉武帝功绩的同时，直言不讳地指出了其缺点：“孝武穷奢极欲，繁刑重敛，内侈宫室，外事四夷，信惑神怪，巡游无度，使百姓疲敝，起为盗贼，其所以异于秦始皇者无几矣。”[37]然而，对于什么样的人物事迹可以“直书而不隐”、什么样的人物事迹必须“隐恶扬善”，还是需要控制的。其手段就是：对本朝皇帝必须“隐恶扬善”，对前朝皇帝则可根据需要有选择地记述其善或恶；对非帝王人物（一般不包括皇室成员）要采取“褒善贬恶”的手法记述。因为在信仰儒家“性善论”教化的前提下，直书“恶”是为了显“善”，即为了教化人们“弃恶从善”，这是中国古代“以史为教”策略的典型反映。在史书的编修过程中，以儒家纲常名教为标准，对历史人物进行“褒善贬恶”的记述，是中国古代统治者对臣民进行思想控制的必然选择。

3. 结语

对国家的修书活动进行控制，是人类社会的普遍现象，绝非中国古代社会所独有，只不过不同国家在不同历史阶段所选择的控制目的、控制范围、控制手段有所不同而已。对国家的修书活动进行控制，对于文献秩序的形成和社会秩序的维护产生了重要影响。这种影响及其后果主要表现在两个方面：一是合法、理性且适度的控制，有利于形成良好的文献秩序和社会秩序，进而有利于社会和个人的发展，这属于正面影响及其后果，可称为“良性控制”；二是非法、非理性且过度的控制，不利于形成良好的文献秩序和社会秩序，并会阻碍社会和个人的发展，这属于负面影响及其后果，可称为“恶性控制”。从本文所考察的史实来看，中国古代朝廷对修书活动的控制，既有“良性控制”表现，也有“恶性控制”表现。然而，无论是“良性控制”表现，还是是“恶性控制”表现，都对现今社会的文献控制活动具有不可忽视的“以史为镜”的借鉴意义。这就是本文选题的意义之所在。（原载《图书情报知识》2015 年第 4 期）

参考文献

［1］宋濂，等. 元史［M］. 简体字本. 北京：中华书局，1999：2446.
［2］傅增湘. 宋代蜀文辑存校补：四［M］. 重庆：重庆大学出版社，2014：1741.
［3］李林甫，等. 唐六典［M］. 陈仲夫，点校. 北京：中华书局，1992：281.
［4］蔡崇榜. 宋代修史制度研究［M］. 台北：文津出版社，1991：190，129.
［5］王记录. 清代史馆与清代政治［M］. 北京：人民出版社，2009：121.
［6］《十三经注疏》整理委员会. 十三经注疏：周易正义［M］. 标点本. 北京：北京大学出版社，1999：120.
［7］李焘. 续资治通鉴长编［M］. 北京：中华书局，2004：1509.
［8］司马迁. 史记［M］. 北京：中华书局，2011：810.
［9］于智荣. 贾谊新书译注［M］. 哈尔滨：黑龙江人民出版社，2003：19.
［10］蒲起龙. 史通通释［M］. 王煦华，整理. 上海：上海古籍出版社，2009：281.
［11］清实录：高宗纯皇帝实录［M］. 北京：中华书局，1986.
［12］庆桂，等. 国朝宫史续编：下册［M］. 北京：北京古籍出版社，1994.
［13］杨伯峻. 孟子译注［M］. 简体字本. 北京：中华书局，2008：116.
［14］谢贵安. 明实录研究［M］. 台北：文津出版社，1995：220－221.
［15］孙承泽. 春明梦余录：上［M］. 王剑英，点校. 北京：北京古籍出版社，1992：162.
［16］马端临. 文献通考［M］. 北京：中华书局，1986：1828.
［17］永瑢，等. 四库全书总目［M］. 北京：中华书局，1965：1145.
［18］王应麟. 玉海［M］. 南京：江苏古籍出版社，1987：1031－1032.
［19］清实录：圣祖仁皇帝实录［M］. 北京：中华书局，1986.
［20］中国第一历史档案馆. 乾隆帝起居注：六［M］. 桂林：广西师范大学出版社，2002：949－950.
［21］曹之. 中国古籍编撰史［M］. 武汉：武汉大学出版社，2006：106－107.
［22］王溥. 唐会要：下［M］. 上海：上海古籍出版社，2006：1299.

[23] 徐松. 宋会要辑稿 [M]. 刘琳, 等校点. 上海: 上海古籍出版社, 2014: 3526.
[24] 中国第一历史档案馆. 乾隆帝起居注: 十 [M]. 桂林: 广西师范大学出版社, 2002: 276-277.
[25] 清实录: 仁宗睿皇帝实录 [M]. 北京: 中华书局, 1986.
[26] 台湾文献史料丛刊: 第6辑 钦定胜朝殉节诸臣录 蕲黄四十八砦纪事 [M]. 台北: 台湾大通书局, 1987: 卷首谕旨.
[27] 王记录. 史馆修史与清代帝王文治——以乾隆朝为中心 [J]. 山西师大学报(社会科学版), 2006 (3): 98-102.
[28] 张霭堂. 颜氏家训译注 [M]. 济南: 齐鲁书社, 2009: 106.
[29] 弘历. 文渊阁记 [M] //李希泌, 张椒华. 中国古代藏书与近代图书馆史料: 春秋至五四前后. 北京: 中华书局, 1982: 17.
[30] 斯宾塞. 教育论: 智育、德育和体育 [M]. 胡毅, 译. 北京: 人民教育出版社, 1962: 43.
[31] 胡道静. 中国古代的类书 [M]. 北京: 中华书局, 1982: 47.
[32] 裴芹.《古今图书集成》研究 [M]. 北京: 北京图书馆出版社, 2001: 169.
[33] 克罗齐. 历史学的理论和实际 [M]. 傅任敢, 译. 北京: 商务印书馆, 1982: 8.
[34] 朱熹. 朱熹集 [M]. 郭齐, 尹波, 点校. 成都: 四川教育出版社, 1996: 3965-3966.
[35] 李之亮. 欧阳修集编年笺注: 六 [M]. 成都: 巴蜀书社, 2007: 309.
[36] 欧阳修. 新五代史 [M]. 简体字本. 北京: 中华书局, 1999: 461-462.
[37] 司马光. 资治通鉴 [M]. 北京: 中华书局, 2011: 758.

唐律惩治文书犯罪的规定及其立法思想分析

【导读】唐代刑律（简称“唐律”）在体例和内容上曾经达到了“世界先进水平”，唐代之后的历朝历代制定刑律的立法原则及内容规定均为唐律的继承和变通。唐律中的“文书”指行政公文，故其立法大体相当于今世的行政法范畴。文书或公文属于文书学研究范畴，而文书学亦可纳入文献学范畴，所以研究唐律中的文书立法，亦属于文献学研究范畴。本文通过梳理唐律惩治文书犯罪的条款内容，揭示出唐朝统治者通过惩治文书犯罪来保证文书工作效率、文书工作纪律和文书工作安全，从而服务于皇权秩序的思想宗旨。从内容上来看，唐律惩治文书犯罪的范围主要包括四个方面：一是惩治文书活动中的违礼行为，目的是体现“以法护礼”的思想宗旨；二是惩治文书制作、传递、承办工作中的延误行为，目的是保证官僚行政效率；三是惩治办理文书工作的官吏的各种失职行为，目的是通过整饬文书工作纪律来保证文书工作服务于皇权统治；四是惩治伪造、窃盗文书的行为，目的是通过保证文书安全来体现皇权绝对不容侵犯的统治意志。唐律对文书犯罪的惩治，其立法原则、立法目的和立法技术都达到了相当完备的水平。

中国古代官僚政治体系的运行，离不开各类文书“穿针引线”的作用。对此，北京大学的祝总斌先生指出：“整个封建统治机器的运行，就形成由君主诏敕下达，各级官府遵照执行或据以颁发种种官文书，到各地各部门上奏或上申等等上下级、平级间的纵向横向频繁交叉的文书网，体现着保证决策执行之效率、质量，以及遇到特殊情况能够灵活变通贯彻的机制。”[1]也就是说，“文书网”是否健全，其运行是否畅通，是皇权政体能否高效运行的保障条件之一。因此，自秦汉以来，历朝历代都非常重视文书法制建设，打击文书犯罪行为。从现存的史籍来看，唐律对文书犯罪的法律界定（包括罪状和刑罚）最具示范意义，唐以后的历朝历代均承袭唐制，区别只在有所损益而已。现存唐律文本为《唐律疏议》[2]，唐律研究专家钱大群先生于2007年出版的《唐律疏义新注》，是迄今为止最全面的《唐律疏议》注释成果。[3]本文拟对唐律中的涉文书罪条款进行梳理，并对其行政立法思想宗旨做初步分析。需要说明的是，本文所称的“文书”，既包括制、敕、册、令、教、符等下行文书，也包括表、状、笺、启、辞、牒等上行文书，还包括关、移、刺等平行文书。

1. 惩治文书活动中的失礼行为：体现“一准乎礼”

众所周知，“以法护礼”是中国传统法律的主导精神，而唐律则被后人普遍评价为“以法护礼”的典范。《四库全书总目》的编纂者就指出：“论者谓唐律一准乎礼。”[4]只要“一准乎礼”，就必然形成“礼之所去，刑之所禁；失礼则入刑，相为表里者也”[5]的局面。礼的内容按照《礼记》的说法，就是“亲亲也，尊尊也，长长也，男女有别”[6]。其中，“亲亲”属于“私”的范畴；“长长”即尊敬长辈，既涉及“私”的领域，也涉及“公”的领域；“尊尊”则属于“公”的领域，即下级服从和尊重上级，尤其是臣民要绝对服从和尊重君主（尊君）。古代文书活动中的失礼行为，指的主要就是有违尊君要求的行为。唐律中有关文书失礼行为的处罚规定主要有两条。

（1）《唐律疏议·大祀在散斋吊丧问疾》：“诸大祀在散斋而吊丧、问疾、判署刑杀文书及决罚者，笞五十。”大祀散斋期间“判署刑杀文书”，违反了祭祀礼，侵犯了帝王的尊严，属于处理文书失礼行为，要受“笞五十”的刑罚。

（2）《唐律疏议·上书奏事犯讳》：“诸上书若奏事误犯宗庙讳者，杖八十；口误及余文书误犯者，笞五十。”意谓凡上书或奏事，犯宗庙神主之名讳的，处杖刑八十；口说及其他文书中误犯的，处笞刑五十。此条旨在惩处奏事文书中所出现的犯帝王父祖名讳的犯罪行为。“避讳”是中国古代文书制度中极为重要的一种礼制，“犯讳”就是一种失礼行为。惩治文书犯讳，其实质是维护皇权的绝对尊严。

唐代文书活动“一准乎礼”的法律规定绝非仅限于上述两条。在唐代其他的法律形式（律、令、格、式）中，也有不少关于“文书礼仪”方面的规定。这些规定主要涉及文书中的称谓、用语、写作格式等。

从文书行文的称谓来看，上行文对天子的称谓主要有“皇上”“圣上”“陛下”“万岁”等。显然，这些称谓昭示了对于皇帝的极尊之礼。关于“陛下”之称谓，东汉蔡邕《独断》云：“陛下者，陛，阶也，所由升堂也。天子必有近臣，执兵陈于陛侧，以戒不虞。谓之陛下者，群臣与天子言，不敢指斥天子，故呼在陛下者而告之，因卑达尊之意也。”[7]

在文书用语上，凡上呈皇帝的表疏文书，所用词语必须体现出对皇帝的感恩与敬畏，如“诚惶诚恐”“顿首顿首”等词语几乎成为必用语，同时在字里行间也必须表现出对皇帝的绝对尊敬之意。刘勰认为，文书所用文辞须做到“肃恭节文”[8]，以合于礼仪。唐代诗人杜牧曾被任命为黄州刺史，他在给皇帝的谢表中说道：“臣某言。……诚惶诚恐，顿首顿首。臣某自出身已来，任职使府，虽有官业，不亲治人。及登朝二任，皆参台阁，优游无事，止奉朝谒。今者蒙恩擢授刺史，专断刑罚，施行诏条，政之善恶，唯臣所系。素不更练，兼之昧愚，一自到任，忧惕不胜，动作举止，唯恐罪悔。”[9]这段文字充分显示出了杜牧对皇帝的无限感恩、谦卑、恭谨之礼。同时，从这段文字中我们也完全能够感受到皇帝的威严与高高在上，以及臣下的卑微与恭敬。在不涉及皇帝的官文书中，士大夫之间的相互称谓也要遵循当时规定的或约定俗成的礼制规范，如“内外文官三品云阁下，左右丞相节度使云节下，五品云记室，……内外武官三品云麾下，太守管军亦云麾下……”[10]。

在文书写作格式上，中国古代有平阙制度（也叫抬头制度）。所谓“平”，是指行文过程中遇到尊称字词时必须平出，即回行顶格书写，亦叫平抬。不过，这种平抬制度发展到清代时出现了双抬、三抬、四抬的情况，即回行时要高出平行二字、三字、四字。所谓“阙”，指的是行文过程中遇到尊称字词时必须空格（空一格乃至数格不等）书写，亦叫空抬。一般情况下，当遇到与皇权礼制有关的字词时必须抬写，如遇到“皇上”“天子”“先帝”“高祖”“帝德”“皇太后”“皇太子”等字样时，必须抬写。《唐六典·尚书礼部》记载有唐朝前期的文书抬写规定：“凡上表、疏、笺、启及判、策、文章，如平阙之式。谓昊天、后土，天神、地祇，上帝、天帝，庙号，祧皇祖、妣，皇考、皇妣，先帝、先后，皇帝、天子，陛下、至尊，太皇太后、皇太后、皇后、皇太子皆平出。”[11]

唐代的法律体系主要由律、令、格、式四大部分组成。上述唐代文书中的称谓、用语、写作格式等规范，大都在令或式中予以规定。虽然这些规定没有直接写入唐律的条文之中，但若违犯这些规定照样会受到唐律的制裁，因为唐律中有惩处违令、违式的条款：“诸违令者，笞五十（谓令有禁制而律无罪名者）。别式，减一等。”唐格中自然也有关于文书罪的规定，如《神龙散颁刑部格》规定，犯有“伪造官文书印，若转将用行”、“盗用官文书印及亡印而行用”和“伪造前代官文书印若将行用，因得成官，假与人官，情受假”三种行为的，都“先决杖一百”，然后流配，并“不在会赦之限”[12]。唐律《诈伪律》中也有对于这三种行为的惩罚规定，但与刑部格的规定并不一致。由于格的法律地位比律高，所以断狱时要按格的规定量刑，此谓“以格断狱”。这种“以格断狱”是唐律所允许的，因为唐律《名例律》“诸彼此俱罪之赃”条解释得很清楚：“其铸钱见有别格，从格断。余条有别格见行破律者，并准此。”这就说明如果违犯唐令、唐格、唐式中所规定的文书规范，则都将按照唐律或唐格的规定定罪量刑。

由上述可知，唐代的文书活动均须严格遵循特定的“文书礼仪”。“失礼则入刑”，体现了唐律惩治文书犯罪行为“一准乎礼”“以法护礼”的原则精神。关于这一点，唐律《名例律》开宗明义地指出：“德礼为政教之本，刑罚为政教之用。”“以法护礼”，“失礼则入刑”，是儒家处理礼与法之间关系的基本准则，正如荀子所言：“礼者，法之大分，类之纲纪也。”[13]

2. 惩治文书延误行为：保障官僚行政效率

文书的制作效率和传递效率是国家行政效率得以维持的根本保障之一。因此，国家的统治者必然高度重视文书的制作效率和传递效率，并依法惩处文书延误（包括“稽缓”和“稽程”）行为。唐律中有关惩治文书延误行为的规定主要有七条。

（1）《唐律疏议·稽缓制书官文书》：“诸稽缓制书者，一日笞五十（誊制、敕、符、移之类皆是），一日加一等，十日徒一年。其官文书稽程者，一日笞十，三日加一等，罪止杖八十。”所谓制书，指的是“帝者制度之命”，亦即皇帝的命令文书。制书主要用于“行大赏罚，授大官爵，厘革旧政，赦宥降虏”[11]274。显然，此条所惩罚的是文书处理中的“稽缓”行为，其特点是按稽缓的程度（日数）把握刑罚的轻重。

（2）《唐律疏议·驿使稽程》：“诸驿使稽程者，一日杖八十，二日加一等，罪止徒二年。若军务要速，加三等；有所废阙者，违一日，加役流；以故陷败户口、军人、城戍者，绞。”这是惩治驿传信使延误文书传递期限行为的条款，旨在保证重要文书传递的时效。从罚则来看，驿使稽程要受到较为严厉的制裁，尤其是延误军务的要处役流刑，致使居民、军人以及城戍等边防设施陷落的，则处绞刑。

（3）《唐律疏议·驿使不依题署》：“诸驿使受书，不依题署，误诣他所者，随所稽留以行书稽程论减二等。若由题署者误，坐其题署者。”意谓凡驿使接受文书，不依书写说明而误投别处的，依其所延迟的时日以驿使投书稽程罪减二等论处；若是因封签书写错误而导致稽缓的，则处罚书写错误之人。题署，指公文封套上书写投送地址及官府名称的文字。此条所谓“驿使受书，不依题署，误诣他所”的行为，从其后果来看就是指文书稽程行为，所以要“以行书稽程论减二等”进行处罚，即“违一日杖六十，二日加一等，罪止徒一年。若有军务要速者，加三等”。

（4）《唐律疏议·公事应行稽留》：“诸公事应行而稽留，及事有期会而违者，一日笞三十，三日加一等；过杖一百，十日加一等，罪止徒一年半。即公事有限，主司符下乖期者，罪亦如之。若误不依题署及题署误，以致稽程者，各减二等。”此条前一部分所惩罚的为一般性的延误公事罪，针对的是下级执行有误的行为而言的，而后一部分，即与题署有关的行为则属于惩罚上级主管在传递文书方面的稽程行为。

(5)《唐律疏议·乘驿马枉道》："诸乘驿马辄枉道者，一里杖一百，五里加一等，罪止徒二年。越至他所者，各加一等。经驿不换马者，杖八十（无马者不坐）。"意谓凡乘驿马擅自走枉路的，行一里处杖一百，每五里加重一等，最高处徒刑二年；走过头到别处的，都加重一等处罚；经过驿站不换马的，处杖八十（驿站无马可换的，无罪）。此条旨在保障驿使能够及时、准确地投送公文。驿使在传信过程中出现"辄枉道""越至他所""经驿不换马"等行为，都必将造成稽程，故应受处罚。

(6)《唐律疏议·驿使以书寄人》："诸驿使无故，以书寄人行之及受寄者，徒一年。若致稽程，以行者为首，驿使为从；即为军事警急而稽留者，以驿使为首，行者为从（有所废阙者，从前条）。其非专使之书而便寄者，勿论。"此条系惩罚驿使非法托人代投文书之犯罪行为，旨在禁止驿使擅自托人代送文书，其目的就是避免文书传递行程的延误。

(7)《唐律疏议·公事失错自觉举》："……官文书稽程，应连坐者，一人自觉举，余人亦原之，主典不免。若主典自举，并减二等。"这是有关连坐的规定，意谓官文书滞留超过期限的，应连坐之人中如果有一人自己觉察交代，则其他人都免罪，而主典不免；如果主典自我觉察交代，则所有的人都减二等处罚。所谓主典，指的是负责登记、核对、检查、请示执行等事务的官吏。此条旨在处罚主典作为负责稽查文书违失的官吏因失职而造成文书稽程的犯罪行为。

以上七条，前四条主要按所误日数处罚，第五条按所误里程处罚，第六、七条则按具体情节处罚。唐王朝为了保证行政效率，针对文书的制作、传递和承办过程制定了较为详细的时效性规定，如制书只要形成，就须"即日行下"。再如，符、移、关、牒等文书的制作时限为：二百页纸以下的，给二日期限；超过二百页纸的，每超过二百页及二百页以下的，加一日期限，所加期限总计不得超过五日。又如，敕书的制作时限为：页数再多也不得超过三日；涉及紧急军情的文书，都须当日抄写完毕。[2]196关于官文书的承办时限，唐令中也有明确的规定：小事五日期限，中事十日期限，大事二十日期限；需经副长官及检勾官三人以下处置的，增给一日期限；需经四人以上处置的，增给二日期限。[11]11唐代统治者对于文书的制作、传递及承办之事给予如此高度的重视，并做出如此细密的律令规定，充分说明唐王朝已经建立起了相当完备的官僚行政体系，而且依法保障了行政效率的维持。

3. 惩治办理文书官吏的失职行为：严肃文书工作纪律

官僚政治制度的高效运行，需要有高素质的官僚队伍，更需要有对官僚进行诠选、考核、监督、问责、奖惩等一整套的制度规范。唐朝就建立有相当全面而又严格的官僚管理体系，实行的是“依法治吏”。唐律的惩处对象主要有两类人：一为民，二为官吏（本文所称“官吏”，乃“官员”和“胥吏”的统称）。唐律对办理文书的官吏的失职行为制定有详细的惩罚措施，主要有十一条。

（1）《唐律疏议·被制书施行有违》：“诸被制书，有所施行而违者，徒二年。失错者，杖一百。”意谓凡受命奉行制书，施行有违的，处徒刑二年；执行时有违本意的，处杖刑一百。

（2）《唐律疏议·制书官文书有误辄改定》：“诸制书有误，不即奏闻，辄改定者，杖八十；官文书误，不请官司而改定者，笞四十。知误，不奏请而行者，亦如之。辄饰文者，各加二等。”此条旨在惩处发现制书、官文书有误后擅自修改（辄改）的犯罪行为。仔细分析此条内容及其逻辑就会明白，发现制书、官文书有误后，无论是改对还是改错（包括擅自修饰文字的），只要不履行奏请程序就属于“辄改定”。《资治通鉴》卷二四九“大中九年五月”条，记载有唐宣宗时期枢密使辄改奏状之事：“度支奏渍污帛，误书‘渍’为‘清’。枢密承旨孙隐中谓上不之见，辄足成之。及中书复入，上怒，推按擅改章奏者罚谪之。”[14]

（3）《唐律疏议·事直代判署》：“诸公文有本案，事直而代官司署者，杖八十；代判者，徒一年。亡失案而代者，各加一等。”意谓凡公文有原案文本，事情直接明了，只需依照执行（不必签署意见）但却代官府签署的，处杖刑八十；代做判决的，处徒刑一年。已丢失原案而代署、代判的，都加重一等。疏议解释说，“公文，谓在官文书”，即官方运作的文书。此条所惩处的是越权判署公文的犯罪行为。

（4）《唐律疏议·文书应遣驿不遣》：“诸文书应遣驿而不遣驿，及不应遣驿而遣驿者，杖一百。若依式应须遣使诣阙而不遣者，罪亦如之。”意谓凡文书应派驿传送而不派，以及不应派驿却派出的，处杖刑一百；如果依法式应当派使觐见而不派的，也依此罪处罚。此条系惩治派遣驿使中的犯罪行为，目的是维护驿使的依法派遣以及对皇家的礼仪制度。依照唐代的《仪制令》，皇帝登基及行加冕礼，皇太后加号，立皇后、皇太子以及元日大赦等，各州刺史或公干在外的五品以上的京官，都要上表致贺，并由各州派出专使递送，其他官员也要附表庆贺。所以，“依式应须遣使诣阙而不遣者”，属于文书事务中的“违令”行为，应受处罚。

（5）《唐律疏议·同职犯公坐》：“……若同职有私，连坐之官不知情者，以失论。……检、勾之官，同下从之罪。应奏之事有失，勘读及省审之官不驳正者，减下从一等。若辞状隐伏，无以验知者，勿论。”关于连坐之官不知情“以失论”，疏议设问曰：“有主典增减文案，诈欺取赃五匹，判官不觉，依增减状判讫。未知判官于诈欺赃失减，唯复于增减官文书失减？”答曰：“……止从增减科之，不可从赃而科。”意思是应从增减官文书内容罪上减等处罚，而不能从诈财取赃罪上减等处罚。后面的“检、勾之官……勿论”，意谓做检、勾的官吏，与从罪中的最下一等同罚。应奏请之事有失误，做勘、读及省、审的官吏不进行纠正，比呈文奏请官署之第四从罪者减一等处罚。如果奏状文辞表达隐晦，无从验知其中错误，审查者不予论处。这里涉及了掌管文书之官吏，在处理文书出现失误的情况时如何判罚的原则。

(6)《唐律疏议 · 受制忘误》："诸受制忘误及写制书误者，事若未失，笞五十；已失，杖七十。转受者，减一等。"此条的惩处对象包括文书处理过程中的两种错误，即"忘误"和"写误"。

(7)《唐律疏议 · 私发制书官文书印封》："诸私发官文书印封视书者，杖六十；制书，杖八十。若密事，各依漏泄坐减二等。即误发，视者各减二等；不视者，不坐。"意谓私自开拆官文书的封签观看文书的，处杖刑六十；拆看制书的，处杖刑八十。如果内容属于机密的，都依泄露机密罪减二等处罚。如果属于因失误而开拆的，看内容的分别减上罪（泄露机密罪）二等处罚；未看的，不处罚。此条所惩处的是私自拆看制书、官文书的犯罪行为，旨在维护国家机密，属于处罚文书处理中"漏泄"行为的专门规定。所以，要想理解此条内容，应结合处罚泄露机密罪之专条，即《唐律疏义 · 漏泄大事》来进行。《唐律疏义 · 漏泄大事》规定："诸漏泄大事应密者，绞。（大事，谓潜谋讨袭及收捕谋叛之类）非大事应密者，徒一年半；漏泄于番国使者，加一等。仍以初传者为首，传至者为从。即转传大事者，杖八十；非大事，勿论。"

(8)《唐律疏议 · 上书奏事误》："诸上书若奏事而误，杖六十；口误，减二等。上尚书省而误，笞四十。余文书误，笞三十。即误有害者，各加三等。若误可行，非上书、奏事者，勿论。""上书"指书面奏请，"奏事"指当面陈述。此条表明上书或奏事文书中不能出现任何错误，包括字误、礼误、违误等，若出现错误，则必遭惩罚。由此可以窥见，中国古代的臣僚们侍奉皇帝时的那种"战战兢兢""如履薄冰"的心态。

(9)《唐律疏议 · 事应奏不奏》："诸事应奏而不奏，不应奏而奏者，杖八十。应言上而不言上（虽言上，不待报而行，亦同），不应言上而言上及不由所管而越言上，应行下而不行下及不应行下而行下者，各杖六十。"此条旨在维护皇帝对权力的绝对控制以及国家的行政秩序。规范文书秩序，即对于何事应奏、何事不应奏，何事言上、何事不言上等事项做出明确的规定，是维护行政秩序（权力秩序）的必然要求。

(10)《唐律疏议 · 律令式不便辄奏改行》："诸称律、令、式不便于事者，皆须申尚书省议定奏闻。若不申议，辄奏改行者，徒二年。即诣阙上表者，不坐。"这是关于惩治官吏不遵守法律修改程序的行为的条款。按此条规定，某官吏认为某种法律规定不合理而需要修改时，必须首先申报尚书省，不能直接奏请皇帝。

（11）《唐律疏议·弃毁亡失制书官文书》："诸弃毁制书及官文书者，准盗论；亡失及误毁者，各减二等（毁，须失文字。若欲动事者，从诈增减法）。其误毁失符、移、解、牒者，杖六十（谓未入所司而有本案者）。"意谓凡抛弃、毁坏皇命制书及官府文书的，依盗窃罪论处；丢失以及因失误而造成毁坏的，分别减二等处罚（毁坏，必须是丢失文字。如果属于想要改变其内容的行为，就依欺诈及增减内容罪处罚）。如果是因失误而造成毁坏或丢失符、移、解、牒等文书的，处杖刑六十（所谓因失误而造成的毁坏或丢失，指的是文书尚未送达受理机关且有其底案的情况）。

从以上可知，唐律对于官吏在办理文书过程中可能出现的各种失职行为做出了详细的规定。这种依法严肃文书纪律的做法，体现了唐朝统治者对文书秩序的高度重视。可以说，保证文书秩序是维护国家行政秩序（权力秩序）的重要内容。唐律如此严格规范文书纪律，严惩官吏在办理文书过程中的各种失职行为，充分显示了唐朝统治者掌控官僚行政秩序的高超技能。

4. 惩治伪造和窃盗文书行为：保障文书安全

上文所论述的官吏在办理文书过程中的失职行为，主要指的是处理文书过程中所出现的失职行为，即官吏在履职过程中所出现的失职行为，且大部分属于失误性过错行为。而本部分所说的伪造和窃盗文书的行为，则指的是完全故意性的伪造和窃盗文书的行为。唐律中有关惩治伪造和窃盗文书行为的规定主要有七条。

（1）《唐律疏议·诈为制书及增减》："诸诈为制书及增减者，绞（口诈传及口增减，亦是）。未施行者，减一等（施行，谓中书覆奏及已入所司者。虽不关由所司，而诈传增减，前人已承受者，亦为施行。余条施行准此）。其收捕谋叛以上，不容先闻而矫制，有功者，奏裁；无功者，流二千里。"意谓凡假做制书以及对制书内容做增减的，处绞刑（口头假传及口头增减，也是如此）。未被执行的，减一等处罚（执行，指中书省已向皇帝覆奏或已送达有关官署的。虽未经过有关官署，但却假传或改变制书的内容，且利害关系人已经承接的，也属于执行。其余有关条文内的执行照此认定）。如果捕捉以上谋叛的罪犯，但条件不容许先奏闻并获得批准而假传制书，有功的，上奏皇帝听御裁；无功的，处流刑二千里。此条所惩治的是诈为制书及增减制书内容的犯罪行为，旨在维护皇权运行中的诏敕制度。

（2）《唐律疏议·诈为官文书及增减》："诸诈为官文书及增减者，杖一百；准所规避，徒罪以上，各加本罪二等；未施行，各减一等。即主司自有所避，违式造立及增减文案，杖罪以下，杖一百；徒罪以上，各加所避罪一等（造立即坐）。若增减以避稽者，杖八十。"意谓凡伪造官文书以及对官文书内容做加减的，处杖刑一百（诈伪的目的为避开此前所犯的罪行，如诈取得官罪等）；如果所要避开的罪行是徒刑以上的，则都比本罪（即诈为官文书及增减罪）加二等处罚；犯罪未继续进行的，都比本罪减一等处罚；如果有关的主管官吏自己有要避开的事，违犯法式伪造文书并立案或增减文案内容，本罪是杖刑以下的，则处杖刑一百；徒刑以上的，则都比所避之罪加重一等处罚。如果属于增减文书内容以避开稽缓之罪责的，处杖刑八十。此条所惩治的是以伪造官文书及增减官文书内容为手段，而想达到另一种目的的犯罪行为，旨在使文书制度“疏而不漏”。

(3)《唐律疏议·诈为官私文书及增减》：“诸诈为官私文书及增减，欺妄以求财赏及避没入、备偿者，准盗论；赃轻者，从诈为官文书法（若私文书，止从所欺妄为坐）。”意思是说假造官方或私人间的文书以及增减文书内容行骗，妄图求取财物、奖赏或逃避没收入官、做赔偿的，依盗窃罪论处；计赃刑罚轻的，依假造官文书罪处置（如果是私人间的文书，则只据其所欺骗的情状处罚）。此条与上一条的区别为：一是在文书种类上增加了“私”文书；二是犯罪的目的不同，即此条所指犯罪的目的是“以求财赏及避没入、备偿”，而上一条的犯罪目的是避开此前所犯之罪。

(4)《唐律疏议·对制上书不以实》：“诸对制及奏事、上书，诈不以实者，徒二年；非密而妄言有密者，加一等。……若别制下问、案、推（无罪名谓之问，未有告言谓之案，已有告言谓之推），报上不以实者，徒一年；其事关由所司，承以奏闻而不实者，罪亦如之。未奏者，各减一等。”意思是说凡对答圣上问话及奏事、上书，欺诈不实的，处二年徒刑；不属机密而谎称机密的，加重一等处罚。如果有专门制令下达进行询问、按问、推问，答复不实的，处徒刑一年；如果事情经由有关官员接受并承诺上奏而不实的，则也如此处罚。尚未上奏的，都减一等处罚。此条所惩治的是那些奏事、上书“诈不以实者”。此条罚则的特点为：对于“诈不以实”的行为不依“误事”的结果来处罚，而是只要有“诈言”即可惩罚。

(5)《唐律疏议·伪写官文书印》：“诸伪写官文书印者，流二千里。余印，徒一年（写，谓仿效而作，亦不录所用）。即伪写前代官文书印，有所规求，封用者，徒二年（因之得成官者，从诈假法）。”所谓“伪写前代官文书印，有所规求……”，指的是伪造前代官文书印以达到某种目的，并在文书或文书封套上使用的，处徒刑二年（因此而获得官阶或官职的，依诈假得官罪处罚）。

(6)《唐律疏议·盗制书及官文书》：“诸盗制书者，徒二年；官文书，杖一百；重害文书，加一等；纸券，又加一等。……即盗应除文案者，依凡盗法。”疏议解释云：“盗制书徒二年，敕及奏抄亦同。”对于盗窃官文书的处罚，从一般文书到“重害”文书，再到纸券，逐级加重，而盗窃应该清除的文书，则按一般盗窃罪处罚。此条所说的“盗”，是指贪图制书及官文书本身而不是为了使用的情况，也就是说，只要盗即获罪。

(7)《唐律疏议·盗官文书印》：“诸盗官文书印者，徒二年；余印，杖一百(谓贪利之而非行用者。余印，谓印物及畜产者)。”所谓“贪利之而非行用者”，指的是贪图印章本身而非为了使用的情况；所谓“印物及畜产者”，是指将印章印在物品上或牲畜身上。此条所惩治的是窃盗官署用于政务文书的公章的行为，旨在依法保护官僚制度中官府的印信安全。

此外，笔者认为，伪造御宝的行为也可以纳入伪造文书行为的范畴，因为御宝(玺印)主要用于印鉴高规格的文书。针对这方面，《唐律疏议·伪造御宝》做出了具体规定：“诸伪造皇帝八宝者，斩；太皇太后、皇太后、皇后、皇太子宝者，绞；皇太子妃宝，流三千里(伪造不录所用，但造即坐)。”疏议解释云：“皇帝有传国神宝，有受命宝、皇帝三宝、天子三宝，是名‘八宝’。依《公式令》：‘神宝，宝而不用；受命宝，封禅则用之；皇帝行宝，报王公以下书则用之；皇帝之宝，慰劳王公以下书则用之；皇帝信宝，征召王公以下书则用之；天子行宝，报番国书则用之；天子之宝，慰劳番国书则用之；天子信宝，征召番国兵马则用之。’”由此可见，皇帝八宝大都盖用于各类诏书之上。按照此条规定，伪造“八宝”将受到最严厉的惩处——斩或绞或流，而且即使“不录所用”，也照样同罪。与此条罚则有关的另一条《唐律疏议·盗御宝及乘舆服御物》规定的则是：“诸盗御宝者，绞。”相较而言，伪造御宝要比盗御宝惩罚得更重。但是，两者都属于重罪，因为皇帝八宝(玺印)是皇权的象征，绝对不容侵犯。

综上所述，唐律对伪造或窃盗文书罪的惩罚普遍比其他文书罪更为严厉，这是因为唐朝统治者充分意识到了保证文书安全对于维护国家政治安全(统治安全)所具有的重要意义。用现代的话来说，政府文书安全是国家信息安全的重要组成部分，因此必须制定“文书安全法”来维护国家的信息安全(当然，唐朝统治者不可能制定出现代意义上的国家信息安全专门法)。这也证明唐朝统治者掌控政治安全(统治安全)的意识和能力达到了相当高的水平。

5. 结语：唐律惩治文书犯罪的特点

以上从四个方面梳理了唐律中惩治文书犯罪行为的相关规定，并初步分析了这些法律规定所蕴含的政治意义。概言之，唐律惩治文书犯罪至少具有三个方面的特点。

(1) 在立法原则上，“以法护礼”是其主导原则。在此原则的指导下，对违犯“文书礼仪”的行为设立法定罪名并予以惩罚。维护君臣等级秩序是唐律必须遵循的宗旨之一。为此，唐律坚决惩处那些违犯“无人臣之礼”的行为，而违犯“文书礼仪”的行为即为“无人臣之礼”的行为。

（2）在立法目的上，保证文书工作效率和文书安全是其直接目的。为了达此目的，唐律规定了一系列保证文书工作效率和文书安全的条款，如惩治文书制作、传递、承办过程中的稽缓、稽程行为，文书办理过程中的官吏失职行为，以及伪造、窃盗文书的行为。

（3）在立法技术上，条款与疏议相结合，刑罚设置轻重适度，以《名例律》（相当于“总则”）为纲、罪行类型为目等，体现了高超的立法技艺。就涉文书罪而言，律、令、格、式互补（主要是通过疏议解释的方式互相照应），既有“以格断狱”，又有违令、违式“一断于律”；在刑罚上，笞、杖、徒、流、死五个刑种俱全，轻重有别，同时既有主犯、从犯的区分，又有连坐、比附等判罚依据；在犯罪主体的划分上，既涉及专司文书工作的胥吏，又涉及办理文书的官员（除皇帝外的各级臣僚）；在法律客体的设置上，既惩治文书制作工作中的错误行为，又惩治文书奏呈、判署、传递、保管工作中的各种失职行为，更惩治伪造、窃盗文书的行为，考量之全面可谓“密而不漏”。[15]对于唐律立法技术之高超，一些学者给予了高度评价，如日本学者仁井田陞就指出：“像唐律那样的刑法发达程度，可以说在当时世界上无有望其项背的。……甚至和欧洲19世纪的刑法典相比，唐律也毫不逊色。”[16]我们从唐律惩治文书犯罪“密而不漏”的情况中，也能感受到仁井田陞对于唐律的高度评价实不为过。（此文未曾发表）

参考文献

[1] 祝总斌. 略论中国封建政权的运行机制［M］//马克垚. 中西封建社会比较研究. 上海：学林出版社，1997：305.

[2] 长孙无忌，等. 唐律疏议［M］. 新1版. 北京：中华书局，1985.

[3] 钱大群. 唐律疏义新注［M］. 南京：南京师范大学出版社，2007.

[4] 永瑢，等. 四库全书总目［M］. 北京：中华书局，1965：712.

[5] 范晔. 后汉书［M］. 李贤，等注. 北京：中华书局，2012：1238.

[6] 杨天宇. 礼记译注［M］. 上海：上海古籍出版社，2004：428.

[7] 应劭，蔡邕，刘邵. 风俗通义　独断　人物志［M］. 上海：上海古籍出版社，1990.

[8] 王运熙，周锋. 文心雕龙译注［M］. 上海：上海古籍出版社，2010：112.

[9] 杜牧. 樊川文集［M］. 陈允吉，校点. 上海：上海古籍出版社，2007：217.

[10] 周一良，赵和平. 唐五代书仪研究［M］. 北京：中国社会科学出版社，

1995：9.
［11］李林甫，等. 唐六典［M］. 陈仲夫，点校. 北京：中华书局，1992：113.
［12］刘俊文. 敦煌吐鲁番唐代法制文书考释［M］. 北京：中华书局，1989：247.
［13］荀子. 荀子［M］. 北京：中华书局，2011：7.
［14］司马光. 资治通鉴［M］. 北京：中华书局，2011：8179.
［15］王立民. 唐律新探［M］. 4 版. 北京：北京大学出版社，2010：252.
［16］刘俊文. 日本学者研究中国史论著选译：第 8 卷　法律制度［M］. 姚荣涛，徐世虹，译. 北京：中华书局，1992：102.

先秦治学论文献述要

【导读】中华民族具有热爱读书、热爱学习的优秀文化传统，这一传统在先秦时期就已形成，因而留下了丰富的治学论文献。这些文献中的治学思想，是中华民族优秀文化传统的重要组成部分。挖掘和梳理这些文献中的治学思想，以鉴古资今，是当代人传承中华民族优秀文化传统的重要任务。本文对《尚书》《管子》《论语》《墨子》《孟子》《尸子》《荀子》《吕氏春秋》《礼记》九部文献中的治学思想，进行了较为全面的梳理和归纳，旨在了解与把握先秦人的治学思想及其历史价值和当代价值。最后归纳出先秦人治学思想的三方面特征：时间上的早熟性；价值目标上的伦理性；实践目标上的经世致用。

世人皆知，中华民族是一个热爱学习的民族。孟子引孔子语所说的“学不厌而教不倦”（《孟子·公孙丑上》），道出了古代中国人热爱学习、重视教育的优秀品质。《礼记·学记》所言的“玉不琢，不成器；人不学，不知道”一语，则从“由器而道”“道器合一”的本体论高度指出了治学的重要性。所谓“治学”，从狭义上来说，就是指学习；从广义上来说，则是学习、教学、学术研究活动的总称。

就史实而言，在中国古代，学校、文献、图书馆（藏书楼、馆阁）的起源都很早，而且绵延兴盛不已。学校、文献、图书馆就其实质而言，都是治学之器。以图书馆而言，古代图书馆的实质就是“藏书以供治学”的文化设施。可以说，古代图书馆是为了满足人们治学需要的产物。因此，在图书馆实践与理论视野中，不能没有“满足人们的治学需要”这一本体因素。也就是说，从治学论的角度考察图书馆的本质与功能，是图书馆学研究的题中应有之义。

作为热爱学习的民族，古代中国人论有极为丰富的治学思想，并由此留下了极为丰富的治学论文献。从时间上来看，中国古人的治学思想在先秦时期就已初步形成，并成为后世代代相传的“人传统”。按照德国学者雅斯贝斯的史学观，先秦时期可称为中国治学思想史上的“轴心时代”，因为后世之人一直靠这一时代“所产生、思考和创造的一切而生存。每一次新的飞跃都回顾这一时期，并被它重燃火焰”[1]。的确如此。先秦之后的中国人的治学实践和理论，尽管每一时代各有其特点，但先秦时期所形成的“遗传因子”始终贯穿于其中。那么，先秦时期的中国人都留下了什么样的治学思想呢？这就需要通过传世的先秦治学论文献加以了解和把握了。传世的先秦治学论文献，其主要者如表1所示。

表1　先秦时期治学论文献名称

序号	作者	文献	论学或有论学内容的篇章名称
1	—	《尚书》	《舜典》《仲虺之诰》《说命》《泰誓》《周官》等
2	管仲	《管子》	《牧民》《权修》《侈靡》《弟子职》
3	孔丘	《论语》	《论语》二十篇几乎每篇都有论学内容
4	墨翟	《墨子》	《修身》《所染》《公孟》
5	孟轲	《孟子》	《滕文公》《离娄》《万章》《告子》《尽心》等
6	尸佼	《尸子》	《劝学》
7	荀况	《荀子》	《劝学》《儒效》《解蔽》等
8	吕不韦	《吕氏春秋》	《劝学》《尊师》《诬徒》《用众》
9	曾子等	《礼记》	《学记》《大学》《中庸》《儒行》等

注：①《管子》一书主要为齐稷下学者假托管仲而作；②《论语》《孟子》分别为孔丘、孟轲的弟子辑录其师言论之作；③《墨子》中的大部分篇章为墨翟弟子辑录其师言论或增益而作；④《吕氏春秋》为吕不韦的门客集体所编撰；⑤《礼记》是关于古代礼制、礼义的文章汇编，非一人一时之作，其中的《大学》传为曾子所作，《中庸》传为子思所作，故将《礼记》的作者标为“曾子等”。⑥表中未列《诗经》《周易》《周礼》《国语》《战国策》《老子》《庄子》《韩非子》等文献，这些文献中虽亦有与治学有关的内容，但或因其论学内容过少，或因其表述过于散疏，或因其成书年代难定为“先秦”等，本文暂不予收录。

1.《尚书》中的治学思想

《尚书》一向被认为是中国现存最古老的文献之一。《尚书》中没有专论治学的篇章，但在多个篇章中涉及了治学的内容，如《舜典》篇云：“汝作司徒，敬敷五教。”由此可知，尧舜时代就已有父子、君臣、夫妇、长幼、朋友之五伦教育。《舜典》篇中有一段文字可谓是当时的人们关于“乐教”之重要性的认识：

> 帝曰：“夔！命汝典乐，教胄子，直而温，宽而栗，刚而无虐，简而无傲。诗言志，歌永言，声依永，律和声。八音克谐，无相夺伦，神人以和。”

南宋朱熹评价这段话说：“古者教法，礼、乐、射、御、书、数，不可缺一。就中乐之教尤亲切，夔教胄子只用乐。大司乐之职，亦是用乐。是教人朝夕从事于此物，得心长在这上面。盖为乐有节奏，学之急亦不得，慢亦不得，久之都换了他当性情。”[2]朱熹的这种解读是正确的，因为音乐确实能够陶冶人的性情。我们知道人之天性大凡爱好歌乐，所以重视乐教体现了循人性而教人的思想理路。对此，明末清初陆世仪云：“人少小时，未有不好歌舞者，盖天籁之发，天机之动，歌舞即礼乐之渐也。圣人因其歌舞而教之以礼乐，所谓因其势而利导之。”[3]这种循人性而教的教育思想，可谓是古今通理，后世乃至现代人们所倡导的“寓教于乐”“因势利导”的教学之法盖源于此。

《仲虺之诰》篇云：“能自得师者王，……好问则裕，自用则小。”这可视为中国古代尊师、尊贤以及以问为学传统的最早记录。《说命下》篇云：“学于古训，乃有获。事不师古，以克永世，匪说攸闻。……监于先王成宪，其永无愆。”这是中国古人好古、师古、鉴古思想的滥觞。《泰誓上》篇云：“天佑下民，作之君，作之师。”这是君师合一思想的肇端。《周官》篇云：“不学墙面，莅事惟烦。戒尔卿士，功崇惟志，业广惟勤。”这是教人只有立志勤学才能避免“不学墙面”的殷殷告诫。《周官》篇亦云：“司徒掌邦教，敷五典，扰兆民。”由此可知，三代时期已有掌教之官，并施行五伦教育。可以说，《尚书》中虽无专篇论治学，但其零星所记的治学观念和实践方法，在后世的治学论文献中都得到了反映、贯彻和发扬，足见其影响之深远。

2.《管子》中的治学思想

《管子》一书现存76篇，大多为战国时齐稷下学者的假托之作，但多能反映出管仲本人的基本思想。其中，《牧民》《权修》《侈靡》《弟子职》等篇谈及了治学思想，尤其是《弟子职》篇，为我国现存最早的学生守则。

《牧民》篇云：“仓廪实，则知礼节；衣食足，则知荣辱。”由此可知，管子主张首先要解决民众的温饱问题，然后才可以对民众提出知礼节、知荣辱等精神生活要求，这表明管子具有物质决定精神的朴素唯物主义思想萌芽。我们知道，管子有一个称为“四维”的基本价值观，所谓“四维”，就是礼、义、廉、耻。作为基本价值观，“四维”必然贯穿于管子的治学观之中，即以礼、义、廉、耻作为治学的基本内容和目标。对此，《牧民》篇强调云：“四维张，则君令行。故省刑之要，在禁文巧；守国之度，在饰四维。……不恭祖旧，则孝悌不备；四维不张，国乃灭亡。”可见，彰显“四维”是管子治国的根本指导思想，同时也是治学活动必须予以贯彻的指导思想。

《权修》篇强调了“树人”的重要性：“一年之计，莫如树谷；十年之计，莫如树木；终身之计，莫如树人。一树一获者，谷也；一树十获者，木也；一树百获者，人也。”这就是“十年树木，百年树人”成语的来源。管子如此重视培养人才的重要意义，必然也会重视教育事业的发展，并指出了具体的方法：“凡牧民者，使士无邪行，女无淫事。士无邪行，教也。女无淫事，训也。教训成俗，而刑罚省。”意谓凡是治理人民的，应当使男人没有邪僻行为，使女人没有淫乱事情。要男人不做邪事，必须靠教育；要女人不行淫乱，必须靠训诫。“教训成俗”，刑罚就会减少。这段话明白无误地指出了古代中国人所追求的教育的基本形式和风格——教以明伦，训以明戒。也就是说，通过教育让人们明白人际之间应该保持的伦理关系，以及何事应行、何行应止，可以达到减少刑罚的效果。

那么，教育应该是什么样的？对此，《侈靡》篇云：“若夫教者，标然若秋云之远，动人心之悲；蔼然若夏之静云，乃及人之体，绀然若謞之静，动人意以怨。荡荡若流水，使人思之。人所生往，教之始也，身必备之。”意谓教育像秋云的高远，能引发人的悲情；又像夏云的宁静，能浸润人的身体；深邃得如皓月当空的静寂，引人深思；浩荡得如川水流淌，令人思念和神往；教育者首先要以身作则，无论是贤者还是不肖者，都要感化。由此，我们可以认为，古代中国人所理解的教育是一种“润物细无声”式的感化事业，这种感化事业以“规劝”或“劝导”的方式进行。这就是中国古人往往把有关治学的文章名之“劝学”的用意之所在。由此，我们也可以看出，中国古代的“规劝”或“劝导”式教育，与福柯所言的以惩罚为手段的“规训”（discipline）活动有所不同。[4]

《弟子职》篇所论的内容相当于现在的“学生守则”或“学生礼则”。《弟子职》是中国最早的学生守则，详细规定了学生在从师受业过程中需要遵守的行为准则，如：“夙兴夜寐，衣带必饰；朝益暮习，小心翼翼”；“沃盥彻盥，泛拚正席，先生乃坐”；“出入恭敬，如见宾客”；“若有所疑，奉手问之，师出皆起”；“先生将食，弟子馔馈”；“先生将息，弟子皆起”；“凡拚之道：实水于盘，攘臂袂及肘。堂上则播洒，室中握手”；等等。可谓事无巨细，应有尽有。从这些内容来看，《弟子职》直接谈及关于学习内容和方法的问题并不多，所谈大多为学生生活中的礼节问题。可见，《弟子职》充分贯彻了“不学礼，无以立”的儒家礼仪思想。其实，这种“重礼”“践礼”的思想和做法，贯穿于先秦至清末整个中国古代社会教育活动的始终。在古代中国人看来，“为学”首先要“立德”，而立德的外在表现就是“有礼”，诚如郭沫若所言：“礼是由德的客观方面的节文蜕化下来的，古代有德者的一切正当行为的方式汇集下来，便成为后代的礼。”[5]也就是说，立德不正，为学便“有才无德”。此故，学贯中西的辜鸿铭称中国古代教育是教人们“做一个识礼的好人”[6]，是符合历史事实的。

《弟子职》开辟了中国古人尚论“学则”的传统，自《弟子职》问世以后，历代文人所撰写的各种名称的“学则”多之又多。在此仅录朱熹门人程端蒙、董铢撰写的《学则》和真德秀所定的《教子斋规》，以窥一斑。程、董二人所撰《学则》

共十八条：严朔望之仪；谨晨昏之令；居处必恭；步立必正；视听必端；言语必谨；容貌必庄；衣冠必整；饮食必节；出入必省；读书必专一；写字必楷敬；几案必整齐；堂室必洁净；相呼必以齿；接见必有定；修业有余功，游艺有适性；使人庄以恕，而必专所听。真德秀所定的《教子斋规》共八条：一曰学礼；二曰学坐；三曰学行；四曰学立；五曰学言；六曰学揖；七曰学诵；八曰学书。[7]由此可见，中国古代的学则对学生的衣食住行、视听言动等日常生活，都做了详细的规范，从而体现出了中国古人“无礼不教”“无德不化”的教化观念。

3.《论语》中的治学思想

《论语》以“学而时习之，不亦说乎”开篇，预示着“论学”是《论语》的重要内容。的确，翻阅《论语》二十篇，有关“学”的言论如同“撒珠”一般散落于各篇之中，俯拾皆是。此外，《论语》作为孔子教授弟子时的言论集，其中必然有很多论学方面的内容，所以称其为《论学》，亦不为过。

3.1 关于治学的宗旨

孔子作为儒家学说的创始人，其论治学的宗旨不外乎“内圣”与“外王”两大方面，尽管《论语》中没有使用“内圣”和“外王”这两个词汇。在《论语》中，“内圣”与“外王”有时分而论之，有时则合而论之。之所以先追求“内圣”而后“外王”，是因为其合于“道”。因此，孔子所言的治学宗旨可以概括为“志于道”或“学以明道”。《述而》篇云：

> 志于道，据于德，依于仁，游于艺。

这句话中的“道”“德”“仁”明显具有“内圣”之义，但孔子最后却加缀了“游于艺”一句，而“游于艺”具有“行”之义。可见，整个这句话是在“知行合一”的意义上而言的。对于“游于艺”，朱熹释“游”为“玩物适情”[8]，杨伯峻释“游”为“游憩”[9]，而钱穆的解释则有所不同：

游，游泳。艺，人生所需。孔子时，礼、乐、射、御、书、数谓之六艺。人之习于艺，如鱼在水，忘其为水，斯有游泳自如之乐。故游于艺，不仅可以成才，亦所以进德。[10]

“艺”作为“人生所需”，是人的生活本领，其六项内容既是人们学习的内容，亦是落实志道、据德、依仁的行动基础。所以，从实践论的意义上来说，“游于艺”与“志于道”“据于德”“依于仁”之间既无轻重之别，亦无先后之序。由此而论，把“游”释为“玩物适情”“游憩”均不确切，若将其理解为“熟练”或“游刃有余”，则可能更贴近原义。据此，我们可以认为，所谓“学以明道”，是“知之道”

与“行之道”的结合，即知晓志道、据德、依仁的伦理之道与落实此道的践行本领（践行之道）的结合。

在先秦人看来，一个人首先要接受人伦教育，践行人伦之道，再在此基础上进一步学习其他文化知识。因此，《学而》篇云：

> 弟子入则孝，出则弟，谨而信，泛爱众，而亲仁。行有余力，则以学文。

此段话的前五句言“内圣”的践行之道，即言践行人伦之道。孔子认为，践行人伦之道是人之为人的基本要求，在此基础上若再“学以文”，则是人格修养上的锦上添花，这就是“行有余力，则以学文”的本义所在。此外，《学而》篇中还有一句同样逻辑的话：“事父母，能竭其力；事君，能致其身；与朋友交，言而有信。虽曰未学，吾必谓之学矣。”可见，这里所言的事父母、事君、交友之道，仍在强调践行人伦之道的必要性。所以，清代“颜李学派”的代表人物之一李塨说：“学者，即学事父、事兄、致君、交友之行。”[11]

在《论语》中，有关“学以明道”的言说还有很多，如“君子谋道不谋食。……君子忧道不忧贫”（《卫灵公》），“朝闻道，夕死可矣”（《里仁》），“君子学以致其道”（《子张》），“笃信好学，守死善道”（《泰伯》），“君子学道则爱人，小人学道则易使也”（《阳货》），等等。

在儒家语境中，“内圣外王”与“修己治人”基本上是同义语。关于“修己治人”，《宪问》篇云：“修己以安人”，“修己以安百姓”。这是把“修己”与“治人”合而言之之论。在儒家的人生观中，能否学以修己取决于自己，而能否学以治人则不完全取决于自己，因为这需要“致君行道”的客观条件。然而，无论是修己还是治人，都需要学习。也就是说，无论是否能够得到“外王”或治人的客观条件，都不应该影响学习。一个人要想做到“外王”或治人，就需要出仕。在这一方面，儒家怀抱“学而优则仕”（《子张》）的理想，但如果不能仕，则怀揣“无可无不可”（《微子》）的坦然态度。所以，《卫灵公》篇云：“邦有道，则仕；邦无道，则可卷而怀之。”《泰伯》篇亦云：“天下有道则见，无道则隐。邦有道，贫且贱焉，耻也；邦无道，富且贵焉，耻也。”这说明学者是否“优则仕”，要视“邦有道”还是“邦无道”而定。当然，儒家积极入世的人生观，往往会促使一些人抱持“明知不可为而为之”的执着情怀，甚至把仕视为君子应行的义举，这就是《微子》篇所云：“不仕无义。……君子之仕也，行其义也。”

3.2 关于治学的作用和意义

在先秦时期，诗、歌、乐相连又相通，诗“以声为用”便是歌，诗与歌合体并达到心“和”之境便是乐。以此而言，“乐教”包含“诗教”。众所周知，中国的先秦时期是一个礼乐文化早熟的时代，所以，在当时诗教、礼教是基本的教育内容；学诗、学礼成为一个人适应社会规范的基本生存本领之一，更是一个人形成和具备“君子”人格素养的基本途径。因此，在先秦时期，治学的作用和意义首先表现在学诗、学礼的作用和意义上。

我们知道，在先秦时期，引诗为言、赋诗言志、以诗证理是君子“立言”的重要形式，故《季氏》篇云：“不学诗，无以言。”引诗或赋诗，是中国古代文人显示文化修养的基本符号之一，是君子之间的交际得以顺利进行的言语媒介，因此不学诗、不懂诗、不用诗便无以成为君子。诗的作用为何如此重要？对此，《阳货》篇云：

> 诗，可以兴，可以观，可以群，可以怨。迩之事父，远之事君。多识于鸟兽草木之名。

正因如此，《毛诗序》把诗教的作用拔高到了无以复加的程度：“正得失，动天地，感鬼神，莫近于诗。先王以是经夫妇，成孝敬，厚人伦，美教化，移风俗。”由此，我们就不难理解中国古代文人几乎无一不学诗、不写诗的缘故了。

世人皆知，中国古代社会是“礼治”社会，因此学礼的重要意义是不言而喻的，正如《季氏》篇所云：“不学礼，无以立。”在中国古人的思想意识中，如果一个人不学礼、不懂礼，便无以立身。所以，在《颜渊》篇中孔子要求弟子们：“非礼勿视，非礼勿听，非礼勿言，非礼勿动。”“博学于文，约之以礼。”在孔子看来，礼是判断一个人的行为是否合道的根本标准，合礼即合道，非礼即非人。我们知道，“以仁释礼”是《论语》的基本主旨之一，所以孔子曰：“人而不仁，如礼何？人而不仁，如乐何？”（《八佾》）也就是说，仁是礼乐的内在根据和基础，礼乐是仁的外在表现；仁与礼是相互建构的，仁为礼提供根据，礼为仁提供表现，无礼之表现，便无以观仁。仁是德之目之一，因而德与礼之间也是相互建构的关系，即德为礼之基础，礼为德之表现，是故扬雄《法言·问道》云：“人而无礼，焉以为德。”那么，一个人为何必须学礼？对此，《礼记·曲礼上》说得很清楚：

> 道德仁义，非礼不成；教训正俗，非礼不备；分争辨讼，非礼不定决；君臣、上下、父子、兄弟，非礼不定。……人有礼则安，无礼则危。故曰：礼者不可不学也。

以上说的是学诗、学礼的必要性及其意义。此外，在《论语》中，还有不少从一般意义上言说治学的作用和意义的内容。比如，《宪问》篇云：“君子上达，小人下达。”意思是说君子通过学习而“日进乎高明”，小人则“日究乎污下”，由此造成了君子与小人之间“一念之歧，日分日远”的结果。[10]337这是对学与不学之别的最简洁概括。再如，《季氏》篇云：“生而知之者，上也；学而知之者，次也；困而学之，又其次也；困而不学，民斯为下矣。”这是在说每个人的天生资质各不相同，生后的社会境遇亦各不相同，因而有生知、学知的区别，进而以“困而不学，民斯为下”诫勉弟子。就本质上来说，无论是生知、学知，还是“困而学之”，都能达到“明道”的结果，只是过程不同而已，唯有“困而不学”才达不到“明道”的结果。因此，这段话仍然是在强调学与不学的作用之别。

关于治学的作用和意义，孔子所概括的“六言六蔽”最具全面性和启发性：

> 好仁不好学，其蔽也愚；好知不好学，其蔽也荡；好信不好学，其蔽也贼；好直不好学，其蔽也绞；好勇不好学，其蔽也乱；好刚不好学，其蔽也狂。(《阳货》)

所谓“六言六蔽”，其实是分六种情况来说明“不好学”的弊端，即一个人若不好学，则有可能带来愚、荡、贼、绞、乱、狂等弊端中的一项或多项。这可以说是用反证法证明了学的重要意义。孔子所概括的“六言六蔽”，对于今人来说亦有重要的启发价值。

3.3 关于治学的态度

孔子关于治学态度的要求，可归纳为谦、问、达三个字。

《为政》篇云：“知之为知之，不知为不知，是知也。”《述而》篇云：“三人行，必有我师焉。”当樊迟向孔子请教如何务农时，孔子回答道：“吾不如老农。”(《子路》)这些话都在要求学者保持实事求是的谦虚态度。“谦虚”往往与“谨慎”联系在一起，尤其是对待疑问更要谨慎，不应仅凭胸臆己见就匆忙下结论。对此，《为政》篇云：“多闻阙疑，慎言其余，则寡尤；多见阙殆，慎行其余，则寡悔。”此外，学有所成便夸耀于人，也是一个人缺乏谦虚品德的表现，故《宪问》篇肯定“古之学者为己”的态度而批评“今之学者为人”的态度。

真诚的问其实是谦的表现，但问不等于谦，因为谦而不问便不能知。所以，对于学者来说，既要谦也要问，才是真诚学习的可取态度。孔子本人就是善于“发问”和“答问”的人。《八佾》篇云：“子入大庙，每事问。”《礼记·曾子问》中亦有孔子多次问礼于老聃的记载。这些都说明孔子是一个善于发问的人。关于孔子善于答问，虽然古籍中没有专门的记载，但从孔子自言“学而不厌，诲人不倦”(《述而》)一语中，可以想象出其善于答问的为教风格。此外，《论语》中随处可见的“子曰”也大都为孔子回答学生提问之言。《礼记·曾子问》全篇都以“曾子问……孔子曰”句式写成，说明孔子是一个善于答问的人。关于问的方法，孔子主张“敏而好学，不耻下问”(《公冶长》)，“以能问于不能，以多问于寡；有若无，实若虚”(《泰伯》)。这种虚怀若谷的治学态度，可谓是高风亮节，今人亦需铭记之。

关于“达”的治学态度，孔子云：“人不知而不愠。……不患人之不己知，患不知人也。”（《学而》）这说明一个人的学与不学以及学之如何，是自己的事情，至于能否为别人所知，我们应该保持“无可无不可”的达观态度。孔子又云：“不怨天，不尤人，下学而上达。知我者，其天乎！”（《宪问》）在此，孔子认为“下学而上达”是学者应该关注和努力的方向，至于天是否知道、别人是否知道都不重要，即为学由己，不能怨天尤人。这何尝不是大度和达观的治学精神！

除上述谦、问、达的治学态度外，孔子还倡导其他方面的治学态度，如孔子指出：“三年学，不至于谷，不易得也”（《泰伯》），这是孔子“君子谋道不谋食”（《卫灵公》）的思想在治学论上的延伸；“学如不及，犹恐失之”（《泰伯》），“日知其所亡，月无忘其所能，可谓好学也已矣”（《子张》），这是在倡导勤奋无忘的治学精神。

以上从治学的宗旨、治学的作用和意义、治学的态度三个方面简略归纳出了《论语》中的治学思想。当然，《论语》中的治学思想绝非仅限于此。《论语》中还提出了诸多重要的治学思想，如在学与思的关系问题上，孔子有一个著名论断，即“学而不思则罔，思而不学则殆”（《为政》）；关于教师的品德，孔子要求教师应该做到“学而不厌，诲人不倦”（《述而》）；关于教学的内容，孔子提出了“四教”思想，即“文、行、忠、信”（《述而》）；关于教学的方法，孔子提出了著名的“因材施教”（《先进》）思想，同时还有“不愤不启，不悱不发，举一隅不以三隅反，则不复也”（《述而》）的具体教学策略；孔子还提出了“有教无类”（《卫灵公》）的教育平等思想；等等。

4.《墨子》中的治学思想

现在传世的《墨子》一书，标目71篇，然其中有目无文者8篇。统观《墨子》有文的篇章，并无直接或专门谈论治学的，但在义理上与治学相关者则较多，其中尤以《修身》《所染》《公孟》为最。

《修身》篇指出：“士虽有学，而行为本焉。”意谓品行是君子立志“修己治人”所需要的最根本的东西，这体现了“学以立品”“学行合一”的治学观。墨子把君子的品行概括为四个方面：贫穷的时候要显示出清廉，富贵的时候要显示出恩义，对活着的人要表示出仁爱，对死去的人要表示出哀伤。《修身》篇的特点之一就是强调君子应该具有正确的名誉观，指出：人的名声不会突然产生，荣誉也不会自己降临；有智慧的人心里明白但不多说，且出力多而不夸耀自己的功劳，这样反而会名扬天下。这种名誉观若引申至治学领域，则不啻在宣扬“学不求名名自扬”的道理。此观点与孔子所言的“古之学者为己，今之学者为人”的观点，在义理上是完全相通的。综观《修身》篇的思想立场，其所主张的品行为本，倡导的清廉、仁爱以及正确的名誉观等，与儒家思想的立场并无二致，而这与墨家反对儒家思想的立场很不相谐，故后人多认为《修身》篇为“伪作”或假托增益之作。对此，本文予以认同。

《所染》篇从染丝“染于苍则苍，染于黄则黄”的现象出发，指出“非独染丝然也，国亦有染”，即治理国家的人受影响于善之人则治，此为“所染当”；治理国家的人受影响于恶之人则乱，此为“所染不当”。为了说明此理，《所染》篇举例说：舜被许由、伯阳所感染，禹被皋陶、伯益所感染，商汤被伊尹、仲虺所感染，周武王被姜太公、周公所感染，这四位帝王因“所染当”而“王天下”；而夏桀被干辛、推哆所感染，商纣王被崇侯虎、恶来所感染，周厉王被历公长父、荣夷终所感染，周幽王被傅公夷、蔡公谷所感染，这四位帝王因“所染不当”而“国残身死”。这是帝王因“所染当”与“所染不当”而导致的成败之别。继而，《所染》篇又以同样的逻辑举例证明诸侯、士大夫亦因“所染当”与“所染不当”而导致的成败之别。《所染》篇所讲事例及其道理若引申至治学领域，则可以得到这样的启示：治学须择“良师益友”而学，即择师须“择其善者而从之”（《论语·述而》），交友则须择“友直，友谅，友多闻”（《论语·季氏》）的“益友”。

《公孟》篇本为墨子辩护其“非命”“明鬼”“节葬”“非儒”学说的篇章，但其中所举二例对于人们端正治学态度有很好的启发。其中的一例说：有一个身体强壮、思维敏捷的人来到墨子门前，墨子劝他跟随自己学，并答应举荐他做官；一年之后，此人向墨子要官做，墨子却以“我让你跟我学是为了端正你的求学态度，而不是为了让你做官”为由拒绝了他。此例对治学者的启发是：学以明道、学以做人才是治学的目的，而做官不应该直接成为治学的目的。另一例说：有一个人来到墨子门前，墨子问他为何不学习，此人回答：“我族人中没有求学的人。”于是，墨子对他说：“爱美的人、爱富贵的人都不会因族人中没有爱美、爱富贵的人，而自己也不爱美、不爱富贵。”此例对治学者的启发是：学与不学，应该取决于自己的兴趣和志向，而不应该取决于他人的所言所行。

5.《孟子》中的治学思想

现在传世的《孟子》一书中并没有专篇谈论治学的，但全书有许多地方论及治学，且涉及了治学的多方面问题。

关于治学的目的，孟子概括云：“学问之道无他，求其放心而已矣。”（《告子上》）。对此，朱熹评论道：“能求放心，则不违于仁而义在其中矣。”[8]334可见，孟子所言的“放心”指的是放逐出去的仁义之心，“求其放心”，就是把放逐出去的仁义之心找回来。显然，孟子把“求其放心”界定为治学的目的，实际上是把提升人的伦理境界作为治学的宗旨。这符合儒家一贯倡导的学以明道、学以做人的伦理取向。所以，关于治学的目的，孟子还有一句话："学则三代共之，皆所以明人伦也。"（《滕文公上》）我们知道，孟子把仁、义、礼、智视为"我固有之"（《告子上》）的人之本性。所以，把找回仁义之心作为治学的目的，使人保持人性之本然状态，体现了孟子"性本善"的本体论价值取向。

关于教育和学习的重要性，孟子云："善政，民畏之；善教，民爱之。"（《尽心上》）这说明通过教育使人保持仁义之心是一种"得民心工程"，是治理国家的根本大计。所以，君子都乐意通过教育培养英才，诚如孟子所言："君子有三乐，……得天下英才而教育之，三乐也。"（《尽心上》）关于学习的重要性，孟子所论不多，但却说过这样一句话："汤之于伊尹，学焉而后臣之，故不劳而王；桓公之于管仲，学焉而后臣之，故不劳而霸。"（《公孙丑下》）孟子此话似乎在说明这样一个道理：世上的称王称霸者，都是通过选择良师学习而达到的。

关于教育的方法，首先，孟子肯定"先知觉后知""先觉觉后觉"（《万章上》）是人类社会教育现象产生的必然表现和要求。其次，孟子认为教育的方式方法有多种，如其所言："君子之所以教者五：有如时雨化之者，有成德者，有达财者，有答问者，有私淑艾者。"（《尽心上》）在孟子看来，教育应该根据受教育者的不同情况采取不拘一格的、不同的方式方法，这可以说是孟子版的"因材施教"说。孟子甚至还说："教亦多术矣，予不屑之教诲也者，是亦教诲之而已矣。"（《告子下》）这也可以说是"不教而教"之论。孟子并没有把教育的作用无限放大，而是认为："梓匠轮舆，能与人规矩，不能使人巧。"（《尽心下》）意思是说教育者可以教授基本的方法，但却不能使学生达到熟能生巧的程度，熟能生巧只有靠学生自己的悟性和实践才能达到。孟子的这些教育方法论，对如今的教育者亦有不可忽视的启发意义。

关于治学的方法和态度，孟子提出了"思""疑""专""谦"四个方面的观点。关于"思"，孟子曰："心之官则思，思则得之，不思则不得也。"（《告子上》）学离不开思，学的过程就是思的过程，但学又不等于思，因为学是吸收、输入的过程，而思则是理解、加工的过程；即使面对同样的学习内容，不同的学习者往往也会有不同的思解。孟子这段话的治学论意义在于：学的深浅程度取决于思的深浅程度。思是一个主体性、个体性概念，思都是"我思"，他人不可替代。所以，孟子又说："君子深造之以道，欲其自得之也。"（《离娄下》）这里所说的"自得"，就是他人不可替代的"我思"或"自我理解"。这种"自得"论，在后世学者中产生了极大的共鸣，如张载就认为"学贵心悟"[12]，这里的"悟"实际上就是"自得"；"二程"亦言学习"苟不自得，则尽治五经，亦是空言"[13]。

关于"疑"，孟子有一句流传千古的话，就是"尽信《书》，则不如无《书》"

（《尽心下》）。这种“不唯书”的怀疑精神，开启了后世王充、刘知几、李贽、王阳明等人敢于怀疑圣贤权威的“理性解放”之路。

关于“专”，孟子曾设喻说：假设让弈秋这样的“通国之善弈者”（《告子上》）教两人弈法，如果其中的一个人能够“专心致志”，而另一个人却“心不在焉”，那么两人的学习效果必然相差悬殊。这就是学习上专与不专的区别之所在。一个人在学习上能否做到专，主要取决于其“志于学”的意志是否坚定，即专源于志。所以，孟子又说：“羿之教人射，必志于彀；学者亦必志于彀。”（《告子上》）在这里，孟子实际上说出了“学必先立志”的重要道理。志与专是治学者应具备的基本素养，若不具备这种素养，则如同“五谷者，种之美者也；苟为不熟，不如荑稗”（《告子上》）。

关于“谦”，孟子所论不多，但却留下了一句千古名言：“人之患在好为人师。”（《离娄上》）“好为人师”就是“不谦”的表现。“好为人师”有两个方面的弊端：一是不具备为师之学行而强为之，则将“误人子弟”；二是自视为人师，则将“故步自封”，故朱熹引王勉语曰：“若好为人师，则自足而不复有进矣。”[8]286

关于博与约的关系问题，孟子有两句话：一是“博学而详说之，将以反说约也”（《离娄下》），二是“守约而施博者，善道也”（《尽心下》）。第一句话言治学之道；第二句话言施恩之道，但亦可引申于治学。程颐解释“博”与“约”的含义：“博”指博学多闻，“约”指“知要”。[13]209 按理说，博是约的基础，约是博的简约。博而无约，称为“博杂”或“博而寡要”；约而无博，则难免“臆约”或“约而不当”。如果说孔子所言的“博学于文，约之以礼”（《论语·雍也》）是把博学引向礼的归宿，亦即以礼之约统领学之博，那么孟子所言的“博学而详说之，将以反说约也”则在治学论意义上指出了由博到约，即化繁为简的进学路径。后世的人们论治学中的博约关系，大多未出孟子此言之右。

此外，在文本（text）意义的理解方法上，孟子提出了著名的“以意逆志”（《万章上》）和知人论世（《万章下》）两种诠释学方法。如果“以意逆志”凸显的是“读者中心论”的话，知人论世凸显的则是“作者中心论”，而孔子的“述而不作”（《论语·述而》）则可视为“作品中心论”与“作者中心论”的合体。“述而不作”、“以意逆志”、知人论世三者共同构成了中国古代诠释学的主要方法论。可以说，中国古代两千多年的经学发展过程，其所遵循的方法论大体不出这三者的范畴。从治学论的角度而言，文本意义的理解过程其实也是学习的过程。所以，孟子的“以意逆志”和知人论世思想，也是中国古代治学论宝库中的重要思想资源。

6. 尸佼《劝学》中的治学思想

尸佼，战国时期著名的政治家，生活于公元前 390 年—公元前 330 年。尸佼与商鞅同代，且与商鞅共事多年，《史记集解》云：“刘向别录，楚有尸子，……鞅谋事划计，立法理民，未尝不与佼规也。”可见，尸佼是商鞅变法的重要策划者和推动者之一。商鞅变法失败后，尸佼为了避祸入蜀地，著书立说，成二十篇，六万余言。其书完本至宋已佚，但唐代时仍存其完本，故魏征修《群书治要》时，择要选录其中十三篇，总名曰《尸子》，传至今日。本文所据尸佼《劝学》即为《群书治要》所录《尸子·劝学》。

《群书治要》所录《尸子》十三篇，首篇即为《劝学》。余嘉锡曾在《目录学发微：古书通例》一书中指出，先秦古书除六经官书外，大多不题书名，“书名之最早而可据者，莫如《论语》”，而自撰之书有名，则始于《吕氏春秋》（实为吕氏门客所撰）；又引叶梦得语曰“古书名篇，多出后人”。[14]由此可知，《尸子》之书名以及《劝学》之篇名，盖为魏征所题，而非尸佼原题。同时，现存《劝学》篇之内容是否居于尸佼原书之首，亦不可考定。据此而论，尸佼之《劝学》篇尚不能定为中国古代以“劝学”命名的首部文献，但其内容早于荀子的《劝学》篇则无疑问。

《群书治要》所录《尸子·劝学》篇幅不长，仅为725字，其内容分为三段：第一段论学之重要性；第二段讲学以行善之理；第三段辨学者贵德不贵爵之理。

《尸子·劝学》以“学不倦，所以治己也；教不厌，所以治人也”开篇，此与孔子和孟子所言的“学不厌而教不倦”在用意上并无差别。仅从开篇一句之义而言，尸佼具有儒家情怀，也许正因如此，《宋史·艺文志》把《尸子》列入儒家之类。但是，就尸佼与商鞅曾为同党而言，尸佼又当具有法家立场，此故一些后人将其视为法家，而班固在《汉书·艺文志》中又将其书列入杂家之类。仅从现存《尸子·劝学》的内容来看，全篇观点多与儒家相合。也就是说，尸佼《劝学》篇在思想观点上具有较为明显的儒家基调。

尸佼在论述学之重要性时，举了三个例证：其一，蚕茧已成，若不加治理，就会变质、蠹蚀而被抛弃；若使女工缫丝，就可将其制成漂亮的衣服。其二，子路、子贡、颜涿聚、颛孙师都曾是粗鄙之人，但经孔子教导之后都成了名士。其三，铜剑若不加磨砺便不能刺穿硬物，而经过磨砺之后便锋利无比，无物不穿。通过这三例，尸佼最后得出结论：“夫学，身之砺砥也。”尸佼利用例证法论证了学习是砥砺自身、提升自我的必要途径之理。《太平御览》六〇七卷引尸佼佚文说：“未有不因学而鉴道，不假学而光身者也。”这也在说明学习是一个人明道、光身的必要途径之理。这就是尸佼的学之重要性之论。

关于学以行善之理，尸佼首先认为“有其器，则以人之难为易”，即有才德的人，能把别人认为的“事难”变成“事易”。这里所言的“才德”，指的是“才之德”，即把才华用于德业之上。然后，尸佼引用了四个人的话予以说明。其一，曾子说，无论父母对自己是喜爱还是讨厌，自己都要对父母尽孝道义务，此即行孝由己。其二，史鳍说，无论君上对自己是亲近还是疏远，自己都要对君上尽忠，此即尽忠由己。其三，孔子说，当自己不被举用时，也不忘记履行自己应尽的道德规范，此即行德由己。其四，屈侯附说，无论自己是处于穷、达之境还是贫、富之境，都不忘见贤思齐的志向，此即成贤由己。最后，尸佼得出了结论："是故爱恶、亲疏、废兴、穷达皆可以成义，有其器也。""有其器"也就是有才德，而才德由学而来，这样就形成了"学习→才德→事易"之序。尸佼所言的行孝、尽忠、行德、成贤，均可谓之行善；只要有了真正的才德，行善就会从容不迫，故曰学以行善。

关于学者贵德不贵爵之理，尸佼通过多方面的事例和义理进行了说明，如：齐桓公举用管仲，秦穆公举用百里奚，都是因为看中了他们的德行；监门小吏、逆旅商贾、陶人百工都各有其技、各有其德；茂盛的甘棠树，因为召伯曾在树下休息，故人们不忍伤害它；天子、诸侯之位是人们所向往的，但夏桀、商纣之位却是人们所鄙视的；人君的尊贵，只限于他所统治的一国之内，而不能在天下通贵；天子的尊贵，只限于他所统治的一世，而不能延续于后世；爵位是少部分人所崇尚的，德行却是所有人共同崇尚的。尤其是所举的"司城子罕遇乘封人而下"一例，最具说服力。此例说的是司城子罕遇到乘封人便下车致敬，子罕的仆人问："此人只是一个封人，为什么要下车致敬？"子罕回答道："古人所说的好人，是说他的行为好；所说的贵人，是说他的品性尊贵。此封人虽然没有爵位，但行为良好、品性尊贵，我岂敢不尊敬他？"最后，尸佼得出了结论："夫德义也者，视之弗见，听之弗闻，天地以正，万物以遍，无爵而贵，无禄而尊也。"尸佼在此不厌其烦地说明德义比爵位尊贵的道理，其用意就在于告诫学者们：应该以修德为志向，而不要以爵位为志向。自古至今，人们都知道学以立志为先之理，但对于立什么样的志却众口不一，如现在有的人往往以求知、求职、求薪为志，甚至还有人以"升官发财"为志，尽管在口头上并不直接这么说。这种为学志向比之尸佼的修德志向，可谓是差之千里。可见，尸佼的贵德不贵爵思想，对于今人端正学习态度仍具有重要的启发意义。

7.《荀子·劝学》中的治学思想

荀子，亦称荀卿或孙卿，战国末期著名的思想家、文学家、政治家，生活于公元前313年—公元前238年。当西汉刘向奉诏校书时，荀书共有三百二十二篇，去其重，定为三十二篇，取名《孙卿新书》；《新唐书·艺文志》称荀书为《荀卿子》，但又著录有"杨倞注《荀子》二十卷"，篇数仍为三十二篇。可见，现在传世的《荀子》书名为唐人杨倞所改定。

《荀子》首篇为《劝学》，尾篇为《尧问》，这与《论语》首篇为《学而》、尾篇为《尧曰》的体例逻辑完全相同。《论语·学而》篇邢疏云："以'学'为章首，遂以名篇，言人必须学也。"《论语·尧曰》篇邢疏云："此篇记二帝三王及孔子之语，明天命政化之美，皆是圣人之道，可以垂训将来，故殿诸篇，非所次也。"这说明无论是《论语》还是《荀子》，都贯穿着学为君子、以先王为师的儒家治学理念。在《荀子》三十二篇中，除了《劝学》篇之外的其他篇章，如《修身》《儒效》《解蔽》等篇章中亦有不少治学之论。在现存的中国古籍中，荀子的《劝学》篇是第一个在原著中以"劝学"为名的治学论专篇文献，成为后世一系列劝学文献的渊薮，其影响力之大不言而喻。荀子善于取譬设喻、引物连类、排比成对，因此其文章极具可读性和说服力。这种优秀的文章风格，也是荀子《劝学》篇能够流芳百世、广为传诵的重要原因之一。

荀子《劝学》篇以"学不可以已"开篇，然后用"青，取之于蓝而青于蓝"等一系列譬喻，阐明了后天治学对于一个人成才的重要作用。其中，"君子博学而日参省乎己，则知明而行无过矣"，"不闻先王之遗言，不知学问之大也"，"神莫大于化道，福莫长于无祸"等结论，对于儒家学者来说可谓是至理名言。

在讲述学习的重要性时，荀子提出了一个著名观点，即"君子生非异也，善假于物也"。为了证明这一观点，荀子列举了几个例证，如：登上高处招手，手臂并没有加长，但却能使远方的人看得清楚；顺着风呼唤，声音也没有增强，但却能使人听得更加清楚；利用车马远行的人，不一定是善于行走的人，但却能达到千里之外；利用舟船渡河的人，也不一定是善于游泳的人，但却能横渡江河。这几个例证，充分说明了"善假于物"所能带来的效果。那么，"善假于物"与治学有什么关系呢？荀子这里所言的"假于物"的重要性实际上是为了引出"假于学"的重要性，因为在儒家看来，"假于学"是一个人成为君子的基本途径和方法。可见，荀子讲述"善假于物"的道理，其立意仍然是在强调学习的重要性。

荀子《劝学》篇中有一段内容是专门讲述学习环境的重要性的。为此，他列举了若干事例予以说明，并最终得出结论："故君子居必择乡，游必就士，所以防邪僻而近中正也。"具有良好的生活环境，且有良友做伴，自然有助于学习。所谓"孟母三迁"，讲述的就是孟母为了给孟子改善学习环境而三次迁居的故事。关于良友，孔子提出了"友直，友谅，友多闻"（《论语·季氏》）的"益友"标准；荀子在《修身》篇中指出："非我而当者，吾师也；是我而当者，吾友也；谄谀我者，吾贼也。故君子隆师而亲友，以致恶其贼。"荀子的意思是说："非我""是我"者都可成为师友，而"谄谀我者"非但不是师友，反而是"贼"人。晋人傅玄在《太子少傅箴》中所言的"近朱者赤，近墨者黑"一语，道出了环境对人的影响之大。关于良友的作用，清人颜元概括为"以友之高明开我之蒙蔽，以友人之宽厚化我之私狭"[15]，可谓精当、确切。

关于学习的态度，荀子要求学者应重视积善、隆礼、德全，并为此在《劝学》篇中讲述了谨言慎行、积善必显、学为德全的道理。

荀子认为，“荣辱之来，必象其德”，即一个人的荣誉或耻辱的到来，必定与其能否积善为德成正相关。为此，他列举了诸多事例，最后证明了这样一个道理：说话有时会招来祸患，行为有时会招来耻辱。这就是荀子所强调的君子应该谨言慎行的道理。因此，学者必须懂得谨言慎行的道理，以保证自己的言行能够中道合德。

此外，荀子还在《劝学》篇中举了这样两个事例：从前瓠巴鼓瑟，鱼儿浮出水面而倾听；伯牙弹琴，马儿仰头忘食而倾听。由此，荀子得出结论：“声无小而不闻，行无隐而不形。”这就是积善必显的道理，亦即一个人只要为善日久，其善德就必然会彰显出来。这里荀子继承和发扬了孔子“人不知而不愠”“不患人之不己知”（《论语·学而》）的思想。因此，荀子在《劝学》篇中引用了孔子所言的“古之学者为己，今之学者为人”一语，把“为己”之学和“为人”之学视为君子之学与小人之学的区别。荀子认为，小人之学是将学问当成礼物来取悦于别人，因此提出了这样一个观点：别人还没有问就告诉人家，叫作急躁；别人只问一个问题而告诉人家两个，叫作唠叨。这表明荀子并非一概排斥对小人的教育，但告诫人们对小人的教育要把握好“度”，即不必让小人一下子知道得太多，以免小人取悦于别人得逞。

荀子指出：“伦类不通，仁义不一，不足谓善学。学也者，固学一之也。”在荀子看来，专心致志于仁义道德，才可谓善学。所以，荀子又指出，全面地掌握所学的仁义道德知识并尽力地去实行，才是一个善学的人；有了仁义道德知识，然后才能内心自定，内心自定然后才能应付自如，这就叫作完美的人。因此，“君子贵其全也”。这就是荀子所讲的学为德全的道理。

关于学习的次序和内容，荀子《劝学》篇提出了一个著名的观点：

> 学恶乎始？恶乎终？曰：其数则始乎诵经，终乎读礼；其义则始乎为士，终乎为圣人。

荀子的意思是说，就学习的次序而言，应从诵读《诗》《书》等经书开始，到读《礼》而懂礼为止；就学习的境界来说，应从“为士”开始，达到“为圣人”为止。其实，荀子是在这里点明了学习的宗旨——学为圣人。学为圣人，是中国古人孜孜以求的思想境界或信念，信念的意义不在于能否实现，而在于为人们提供努力的方向和内在动力。由此而言，圣人的境界并非遥不可及，反而是人人均可为的，即荀子所说的“涂之人可以为禹”（《性恶》）。中国古人认为“道在六经”，因此学习《诗》《书》《礼》《乐》《易》《春秋》六经之书，其实就是学以明道的过程。这里已经把学习的内容一并说出来了，即学则学六经。六经乃先王之遗言，因此荀子强调学六经似乎与其所主张的“法后王”观点相矛盾，其实不然。荀子所说的

“法后王”，本意是指“法后期先王”，这是无可厚非的。因为时代在进步，所以法后期先王比法先期先王更具有与时俱进的合理性。

关于学习的方法，荀子特别强调“积累”和“专心”的重要性，故曰：

积土成山，风雨兴焉；积水成渊，蛟龙生焉；积善成德，而神明自得，圣心备焉。故不积跬步，无以至千里；不积小流，无以成江海。

荀子在此连提五个“积”字，以充分说明“学以积成”之理。关于专心的重要性，荀子设譬说，“锲而舍之，朽木不折；锲而不舍，金石可镂。蚓无爪牙之利，筋骨之强，上食埃土，下饮黄泉，用心一也。……目不能两视而明，耳不能两听而聪。……故君子结于一也”，从而充分说明了“学成于专”之理。荀子这种重积重专的治学思想，开启了中国古人勤奋学习、潜心钻研的优良传统。我们知道，南宋朱熹总结有著名的读书六法，即居敬持志、循序渐进、熟读精思、虚心涵泳、切己体察、著紧用力。此读书六法，可谓影响深远，南宋之后的学者们无不以此为圭臬。然而，仔细分析可知，朱熹的读书六法其实无不与荀子所言的“积”和“专”有关。由此我们认为，朱熹的读书六法是荀子“积”“专”治学方法的系统性展开和发挥，尽管朱熹本人未曾公开承认这一点。

关于学习的途径，荀子提出了著名的观点，即“学莫便乎近其人”。这里的“近其人”，意思就是“接近良师或选择良师而学”。为何要选择良师？因为良师能够“隆礼”。强调“隆礼”，是荀子一以贯之的“隆礼重法”观念的必然要求。所以，选择良师以学礼，是荀子所倡导的治学的基本途径。荀子认为，不择师学礼而诵读《诗》《书》，充其量只是个“陋儒”。对此，荀子进一步发挥说：如果不遵从礼义而依《诗》《书》行事，就如同用手指去测河，用戈舂捣黍米，用锥子代替筷子吃饭一样，是不能达到目的的；若遵从礼义，即使不明晰其意义，则亦不失为一个礼义之士；若不遵从礼义，即使明察善辩，则也只能算是“散儒”。值得注意的是，荀子还提出了为师者选择学生而教的原则：

礼恭而后可与言道之方，辞顺而后可与言道之理，色从而后可与言道之致。故未可与言而言谓之傲，可与言而不言谓之隐，不观气色而言谓之瞽。

由此，荀子要求为师者应“不傲、不隐、不瞽”，即为师者应该做到不急躁、不隐瞒、不盲目，选择懂礼的学生而教之。这说明荀子具有“无礼不教”的教学论思想。

8.《吕氏春秋》中的治学思想

《吕氏春秋》为战国时秦相吕不韦纠集门客所撰，目的是为秦国理政安邦提供理论指导。吕不韦（？—前235年），本为赵国商人，家累千金，后入秦。秦庄襄王时任丞相，秦王嬴政立，继任丞相，被嬴政尊为“仲父”。后迅即被贬，入蜀途中饮鸩自尽。《吕氏春秋》亦称《吕览》或《吕氏》，全书分为十二纪、八览、六论，总计160篇，约11万言。《吕氏春秋》是一部内容庞杂之作，政治、经济、伦理、科技、军事、文化、教育等无所不包，其中的《劝学》《尊师》《诬徒》《用众》四篇，集中论述了治学思想。或许《吕氏春秋》是吕不韦的门客们集撰而非出自一人之手的缘故，这四篇文章虽然没有文字上的重复之处，但在立意和内容上却有相互重复或文异义同之处。总而言之，这四篇文章论述了为学之道、尊师之道和为师之道。

8.1 关于为学之道

为学之道，首先需要阐明学习的重要性。对此，《劝学》篇指出：“忠孝”是人君所追求的东西，“显荣”是人臣人子所追求的东西，这是人所皆知的基本“理义”，“不知理义，生于不学”。也就是说，不学便不知理义。

学之重要性与教之重要性，是紧密相连的，故《尊师》篇把教与学之重要性合而论之：

> 教也者，义之大者也；学也者，知之盛者也。义之大者，莫大于利人，利人莫大于教；知之盛者，莫大于成身，成身莫大于学。身成则为人子弗使而孝矣，为人臣弗令而忠矣，为人君弗强而平矣，有大势可以为天下正矣。

这段话所言的教与学的重要性，也就是教育的重要性。通过教育培养人才，是治平天下的根本大计，这说明吕不韦及其门客们已经自觉地意识到了人才强国、教育立国的重要性。

《劝学》篇提出了学以成圣、圣人出于学的观点：

> 学者师达而有材，吾未知其不为圣人。……圣人生于疾学，不疾学而能为魁士名人者，未之尝有也。

“圣人生于疾学”，这就否定了圣人生而知之的传统观念。圣人由学而成，学以成圣，说明学是“内圣”的必由之路。为了证明圣人由学而成的道理，《尊师》篇列举了六个人因学而圣的实例：子张、颜涿聚学于孔子，段干木学于子夏，高何、县子石学于墨子，索卢参学于禽滑黎。这六个人原为“刑戮死辱之人”，但却因师从圣人而成为“天下名士”。这种实例论证，极具说服力。

关于学习的宗旨，《劝学》篇提出了著名的“学以尽性”的观点。为此，该篇论证：耳能听、目能视、口能言、心能知是人之天性，但若不学，则不如耳聋、目盲、口哑、心不知为好。由此，得出结论：

故凡学，非能益也，达天性也。能全天之所生而勿败之，是谓善学。

这一说法与《周易·说卦》所言的“穷理尽性，以至于命”、《中庸》所言的“能尽人之性，则能尽物之性”之语，在义理上是一脉相通的。把“达天性”视为善学的表现，其积极意义就在于指出了“学以尽性”的道理，即学习要充分尊重和发挥每个人所特有的个性，但这种个性应该是儒家“性本善”意义上的个性。这就要求治学必须充分挖掘和实现每个人的善性，而所谓的“学以尽性”，也就是“学以尽善性”。

《用众》篇集中阐明了一条重要的为学之道：“善学者，假人之长以补其短。”为此，该篇指出了“假人之长”的思想方法：不要把不能看作羞耻，不要把不知看作耻辱，即使是桀、纣那样的暴君，亦有令人敬畏、可取之处，因此贤人身上可取的东西就更多了。显然，《用众》篇所言的“假人之长”为学之道，与荀子《劝学》篇所云的“君子生非异也，善假于物也”的思想不谋而合，但《用众》篇把所假之物局限于“众人”，在视野上似乎就不如荀子《劝学》篇宽广了。

什么叫“善学”，什么叫“不善学”，这是学者一定要弄清的为学之道。对于善学的表现，《尊师》篇进行了列举：要努力诵习，小心等候机会聆听老师的教诲；看到老师欢悦的时候，请教书中的意旨，要顺应老师的耳目，不违背老师的心意；回来认真思考，探求老师所讲的道理，要时时研讨分析，以求阐明老师所讲的道理；不苟且巧辩，言行要合乎礼法；有所得不要自夸，有所失不要惭愧，一定要回到自己趋善的本性上来。关于不善学的表现，《诬徒》篇进行了列举：对待老师不忠诚，用心不专一，爱好不深入，求学不努力，辩论不明是非，效法别人不精心；怨恨老师，安于凡庸，精神被时务所束缚；自恃权势，好犯过失，沉溺于巧诈，迷恋于小利，惑乱于嗜欲；言行相悖，言不由衷，言不达意；分散的事不会综合，复杂的事不会分析，即使再费力气也不能有所成就。指明了善学和不善学的各自表现，也就等于指明了为学的具体方法和路径。

8.2 关于尊师之道

从思想立场来看，吕不韦及其门客们具有一定的朴素唯物主义思想，因而反对“圣人生于异”的神秘论观点。在他们看来，现实中的为师者就具有圣人品格，正因如此，为师者才应受到所有天下人的极度尊重。在中国古代，“天、地、君、亲、师”的排列顺序，在义理上显示了“师”的至尊地位。在吕不韦及其门客们看来，阐明师的至尊地位——尊师之道，是阐明治学之道的必要前提。因此，《劝学》篇云：“古之圣工未有不尊师者也，尊师则不论其贵贱贫富矣。”而《尊师》篇则列举了历史上“十圣人、六贤者未有不尊师”的实例，并指出：天子进入明堂祭祀先圣时，与曾经做过自己老师的人并排站立，不把他们当作臣子来看待。这是天子尊师的具体表现之一，天子尚且如此，他人更不必待言。

那么，作为学生，具体应该如何尊师呢？对此，《尊师》篇从三个方面做了详细的叙述：其一，老师活着的时候，要小心奉养，其方法是以老师欢娱为贵；老师去世要恭敬祭祀，其原则是以合于四时之节为要。其二，要为老师修整园地，及时灌溉，勤奋种植；织麻鞋，结兽网，编蒲苇；到田野上，努力耕耘，种植五谷；走进山林，进入川泽，猎取鸟兽，捕捉鱼鳖。其三，要为老师察看车马，小心驾驭；使老师的衣服，凉暖适宜；为老师备办饮食（一定要清洁），调好五味（务求甘甜肥美）；对待老师一定要恭恭敬敬，和颜悦色，言辞审慎，行步快慢有节，恭敬庄重。从这三个方面的内容来看，尊师的要求绝不亚于尊亲。由此，我们也就不难理解"一日之师，终身为父"一语的不虚。我们知道，曾参是孝亲的楷模，颜渊是尊师的楷模，为此，《劝学》篇以曾参不敢先于父亲曾点而死、颜渊不敢先于老师孔子而死为例，说明了尊师如父的道理。遵从老师的教诲并传承、发扬老师的教诲，自然也是尊师的基本表现，反之则被视为背叛。因此，《尊师》篇指出：谈论道理，一定要称引老师的话来阐明道义；听从教诲，一定要尽心竭力去发扬光大。对老师的话听而不传扬，称为"背"；论理不称引老师的话，称为"叛"。这就是中国古人在师生关系上所严格遵循的"师法"。

由以上可知，尊师是一个人治学所应具备的首要品德素养。那么，不尊师又会怎么样呢？对此，《劝学》篇指出：致力于学习的关键在于尊师。老师受到尊重，言语就会被人所信从，道义就会被人称述而彰明；应召去教人的老师不可能教化他人，呼唤老师来教的人不可能受到教化；自卑的老师不会被人所信从，轻视老师的人不会听从教诲。不听从老师的教诲，自己随意行事，却又想使自己名声显赫，就如同怀揣腐臭的东西却希望芳香、进入水中却厌恶沾湿一样，怎么可能办得到呢？这就从反面证明了尊师的重要性。不尊师的危害性，用一句话概括便是：不尊师者不被教化，未被教化者为非君子。

8.3 关于为师之道

毋庸置疑，尊师是中华民族优秀的文化传统，然而，尊师并非盲目的、无原则的。为师者受到尊重的前提是：懂得教人之法，尽到为师之责。

正是因为吕不韦及其门客们在为学之法上主张"学以尽性"，所以在教人之法上，他们主张"教以适情"或"寓教于乐"。对此，《诬徒》篇云：

> 达师之教也，使弟子安焉、乐焉、休焉、游焉、肃焉、严焉。此六者得于学，则邪辟之道塞矣，理义之术胜矣；此六者不得于学，则君不能令于臣，父不能令于子，师不能令于徒。

这里所言的"六者"，其实就是人之常情，顺着人之常情而教，自然能收到理想的教育效果。所以，《诬徒》篇接着指出：人之常情，不喜欢自己所不安心的事物，不能从自己所不喜欢的事物中有所得；一件事如果做起来感到快乐，不要说贤人，即使是不肖的人，也会努力去做；一件事如果做起来感到苦恼，不要说不肖的人，即使是贤人，也不能持久地去做。这就是“教以适情”或“寓教于乐”的道理之所在。当然，人们所安、所乐的性情或爱好，不一定都是健康的、有益的。所以，《诬徒》篇又指出：成就王业的人专喜好理义，国破家亡的人专喜好暴慢，他们的喜好不同，所得到的福祸也就不同。关于“教以适情”或“寓教于乐”，《劝学》篇亦指出：凡施教，应该使对方心情舒畅，而不是硬性说教。硬性说教，就如同拯救溺水的人却把石头坠在那人身上、医治病人却给病人喝下毒药一样，只会适得其反。这种“寓教于乐”、反对硬性说教的教育理念，对于当今的教育实践亦有无可厚非的启发意义。孔子所言的“好之者不如乐之者”（《论语·雍也》）一语，其实就已经指出了“寓教于乐”的意涵。古罗马诗人贺拉斯在《诗艺》中说：“诗人的愿望应该是给人益处和乐趣，他写的东西应该给人以快感，同时对生活有帮助。……寓教于乐，既劝谕读者，又使他喜爱，才能符合众望。”[16]贺拉斯这里虽然是针对诗教而言的，但其“寓教于乐”的思想应该适用于所有的教育活动。

为师者受到人们的尊重，其前提之一是：尽到为师之责。吕不韦及其门客们认为，为师者的首要之责在于“循理明道”。对此，《劝学》篇指出：做老师的要务在于依循事理，阐明道义；只要事理被依循，道义被阐明，老师的地位就尊贵了，而王公大人们对老师就不敢轻视，即使天子朝拜自己的老师，也不会感到羞愧。这里所说的循理明道，其实与唐人韩愈在《师说》中所言的“传道、授业、解惑”的为师之责，可谓一脉相通。不过，为师者循理明道，不能高高在上、硬性说教，而是应该亲近学生，循循善诱，做到师生之间的志趣相投。因此，《诬徒》篇指出：老师看待学生如同自己一样，要设身处地地施行教诲；凡施加给别人的，自己首先要做到，这样才能达到师生一体；人之常情，喜爱跟自己心志相同的人，称颂跟自己心志相投的人，帮助跟自己心志相同的人，因此师生之间应该志趣相投，这样才能有助于彰明学术，弘扬道义。在指明为师之责的同时，《诬徒》篇还指出了为师失责的表现：与学生心志不和谐，取舍标准不一，缺乏恒心，喜怒无常；言谈一天一变，放纵自己的行为；过失在于自己，却不肯自我批评，自以为是；亲近达官贵人，非但不考察他们的品行，反而迎合、奉承他们；压制品学兼优的学生，妒忌、厌恶他们；人之常情，不能爱自己所怨恨的人，不能称颂自己所憎恶的人，如果老师不能正确对待学生的学业和品行，那么学生学业的败坏、道术的废弃，便不可避免了。《诬徒》篇通过指出为师之责和为师失责的具体表现，也就是通过一正一反的对照逻辑，向世人阐明了为师之道。

9.《礼记》中的治学思想

《礼记》是关于古代礼制、礼义、礼教的文章汇编，其中有些篇章可能出于汉代人之手，但肯定有不少篇章出于先秦人之手，如《大学》《中庸》等。故本文把《礼记》置于“先秦”文献范畴之中，且重点撮述《学记》中的治学思想。

《礼记》中有不少篇章涉及了治学方面的内容。例如，《大学》篇作为专论“大人之学”的文章，必然要谈论“大学之道”，故其开篇云：“大学之道，在明明德，在亲民，在止于至善。”这被称为《大学》篇全文的“三纲领”。继而，《大学》篇又详细论述了实现“三纲领”的八个方面的途径与方法，即“格物”“致知”“诚意”“正心”“修身”“齐家”“治国”“平天下”，这被称为“八条目”。可以说，“三纲领”指出了儒家人生观的本体论目标，而“八条目”则指明了实现儒家人生观的方法论途径。《大学》篇所论的“三纲八目”，几乎囊括了儒家“内圣外王”或“修己治人”的全部思想方法。显然，无论是“三纲”还是“八目”，都离不开教与学的功夫，即都离不开治学而达致的前提条件，此即名之“大学”的用意所在。清人李塨认为，《大学》所言的“三纲八目”实际上是在教人“成己成物之道”，“物者，大学教人之成法，如礼乐等是也。古人事此物以成己成物，先后有定序，而必由于学中学习其物，而后由知以行，成己成物之道，可一一全也”[11]19。《中庸》篇开篇云：“天命之谓性，率性之谓道，修道之谓教。”这里把性、道、教联系在一起，其中蕴含着治学以尽性、明道的儒家本体论思想。《中庸》篇所云的“博学之，审问之，慎思之，明辨之，笃行之”一语，可谓道出了儒家治学观的总要，即指明了治学的目标、次序、态度、方法和途径等治学方法论。《中庸》篇又云：“诚者，非自成己而已也，所以成物也。成己，仁也；成物，知也。性之德也，合外内之道也。”这里蕴含了儒家“成己成物”的治学宗旨。可以说，“成己成物”是儒家版的“内圣外王”之说。《儒行》篇列举了诸多儒者应行的行为规范，其中当然包含了为学、为教方面的治学论思想观点，因其文繁，故在此不一一引述。

《礼记》中的《学记》篇，被誉为世界上第一部系统论述教育问题的理论专著，因此其在中国教育思想史和中国治学思想史上的奠基性地位，是不言而喻的。后世的一些学者通过有关考证认为，《学记》篇是思孟学派的著作，其作者为孟子的弟子乐正克，但这一考证结论尚未得到学界的普遍认同，故暂不宜视为定论。《学记》篇共 20 章（段），1 229 字，较为全面地论述了“教”之理义与“学”之理义。清人孙希旦所撰的《礼记集解》援引程子之语云：“《礼记》除《中庸》《大学》，唯《学记》《乐记》最近道。”[17]这里所言的“最近道”，表明了《学记》是从“修道之谓教”意义上阐发教育思想的。

关于教育的宗旨，《学记》的作者将其概括为“化民成俗”。《学记》的作者认为，对于治国者而言，制法、求贤、怀柔等策略可以产生“动众”的效果，但不能产生“化民”的效果，于是指出：“君子如欲化民成俗，其必由学乎！”也就是说，教化民众，形成良好的风俗习惯，是立国安邦的根本之策，而化民成俗，则必须通过办学兴教来实现。因此，“古之王者，建国君民，教学为先”。而且，《学记》的作者还把通过办学兴教来化民成俗之举，称为“大学之道”，于是化民成俗被视为教育的宗旨。由此我们可以知道，中国古人所界定、施行的教育，基本上属于“人文教育”，而以探索自然规律和技术创新为指向的科学技术教育，则基本被排除在外了。对此，今人不可不察。

《学记》的作者提出了一条著名的教育规律，即“教学相长”。其原理是：“学然后知不足，教然后知困。知不足，然后能自反也；知困，然后能自强也。故曰：教学相长也。”这是从《尚书·说命下》所言的“斅学半”的义理中得出的结论。“教学相长”，不仅指出了“教”与“学”应该处于互补互勉的平等地位，其中还蕴含着“教育者先受教育”、教师亦要不断更新知识的教育理念。这种教育理念，至今仍有重要的启发价值。

关于教学活动的组织方法，《学记》的作者列出了七项内容：开学时，师生均穿皮弁行祭菜礼，祭拜先圣、先祖，以表示尊祖敬宗之道；开学初，学官击鼓召集学生，发放书籍，以使学生感受到正式学业的开始；教学生《小雅》之诗，引导学生树立入仕以治国的远大志向；用教鞭笞罚不听教的学生，以整肃教风和学风；天子或诸侯没有举行禘祭之前，不视察学校，以不影响学生学业；老师注意观察学生学业而不轻易开口讲解，以使学生养成独立思考的习惯；年幼的学生应先听年长的学生向老师提出的请教，而不是自己冒昧发问老师，这是因为学习要循序渐进而不能逾越等级。对于这七个方面的内容，《学记》的作者称其为“教之大伦”，亦即“教学之礼”（教学活动的秩序）之谓。综观这七个方面的内容，其目的就是培养学生的敬畏之心——尊祖敬宗，一心修业；有所畏谨，不得放纵。

为了更好地实现教育的宗旨并组织教学活动，《学记》的作者指出了“教之所由兴”和“教之所由废”的表现。“教之所由兴”的表现有四个方面：在学生的邪念尚未萌发时就加以防禁，叫作“预防”；当学生可以教育的时候及时进行教育，叫作“适时”；不超越阶段而循序渐进地施行教育，叫作“顺序”；在相互观察、学习中提升自我，叫作“观摩”。“教之所由废”的表现有六个方面：坏事发生之后才加以禁止，就难以奏效；过了最佳学习年龄之后才学习，即使勤苦也难有成效；教学不循序渐进，就会搞乱教学秩序；“独学而无友，则孤陋而寡闻”；交友不择，违背师教；闲暇时间做邪事，就会荒废学业。《学记》的作者指出这些“教之所由兴”与“教之所由废”的表现，用意在于教导人们向着“所由兴”的方向努力施教，而尽力避免“所由废”现象的出现。

教学活动的组织及其理想效果的取得，离不开“师”和“生”两个方面的各尽其力。从“师”的方面来看，《学记》的作者强调了择师和尊师的重要性：

> 君子知至学之难易，而知其美恶，然后能博喻；能博喻然后能为师；能为师然后能为长；能为长然后能为君。故师也者，所以学为君也。是故择师不可不慎也。……师严然后道尊，道尊然后民知敬学。是故君之所不臣于其臣者二：当其为尸则弗臣也，当其为师则弗臣也。大学之礼，虽诏于天子，无北面，所以尊师也。

这里把“为师”与“为长”、“为君”联系起来，以说明择师的重要性，显然是在宣扬“学而优则仕”的儒家人生观和价值观。与此同时，又把“尊师”与“道尊”联系起来，以说明“尊师”的重要性。这是因为师是道的阐释者和传播者，离开师，道便无以彰显。就“生”的方面而言，《学记》的作者指出了“善学”与“不善学”的区别：善于学习的学生，老师省力而事半功倍；不善于学习的学生，老师费力而事倍功半。与此同时，《学记》的作者还指出了“学者有四失”的表现：有的失于贪多，有的失于过狭，有的失于见异思迁，有的失于浅尝辄止。指导学生避免此“四失”，就是老师的责任。

在“教”与“问”的关系问题上，《学记》的作者主张待问而后答，反对未问而先答的做法，故云：“记问之学，不足以为人师，必也其听语乎。”

《学记》的作者不仅重视课堂教学的有言之教，而且十分重视课堂之外的无言之教，故云：

> 大学之教也，时教必有正业，退息必有居学。……故君子之于学也，藏焉，修焉，息焉，游焉。夫然，故安其学而亲其师，乐其友而信其道。是以虽离师辅而不反也。

所谓“居学”，就是私居、私处之学。学生在“息焉，游焉”时也不忘师教和友道，这对老师来说就是在施行“无言之教”。后世人们所熟知的“言教不如身教”之语，道出了无言之教的意义所在，诚如老子所言：“是以圣人处无为之事，行不言之教。”[18]此外，所谓的“退息必有居学”，还有另一内涵，即“退息”之后在生活实践中学习。这对老师来说仍然是一种“无言之教”。这种无言之教，与现代教育家陶行知先生所倡导的“生活即教育”的理念何其相似！关于“生活即教育”的理念，美国教育学家杜威曾言：“学校必须呈现现在的生活——即对于儿童说来是真实而生气勃勃的生活。像他在家庭里、在邻里间、在运动场上所经历的生活那样”，不然的话，我们的教育便会形式“呆板，死气沉沉”[19]。显然，有言之教与无言之教的结合，才能真正实现“知行合一”的教育局面。由此观之，《学记》所言的“退息必有居学”之理，可谓是古今皆宜。

在对学生的要求上，《学记》的作者重点强调了学生的素养基础以及立志为学的思想境界。在基本素养上，《学记》的作者设譬指出：优秀陶冶工的子弟一定能学会补缀皮袍；优秀弓匠的子弟一定能学会编制簸箕；开始学习驾车，要让马驹跟在车的后面。这些譬喻在于强调学生入学前就应具备的家教基础和初始条件。在思想境界上，《学记》的作者认为学生应该具有从容中道的思想境界，故云：

> 大德不官，大道不器，大信不约，大时不齐。察于此四者，可以有志于学矣。

这里所言的“大德”“大道”“大信”“大时”之思想境界，显然是在要求学生具备“大处着眼，小处着手”的、从容中道的志气与精神。这种志气与精神，不仅要在学的过程中保持，而且在学成之后也应该继续保持。

《学记》所概括的为师之道或教学之道，可谓对于当今教学方法的改进尤具启发性：

> 君子之教喻也，道而弗牵，强而弗抑，开而弗达。道而弗牵则和，强而弗抑则易，开而弗达则思。和、易以思，可谓善喻矣。

意思是说君子教育学生，要引导学生而不牵制学生，严格要求学生但不抑制学生的个性，开导、启发学生而不把答案或结论直接告诉学生，这样才能达到师生和谐、学生容易接受，以及提高学生独立思考能力的教育效果。对照这一为师之道或教学之道，我们顿会感到现代的教育教学活动尚有诸多不尽如人意之处，如同一化、规范化、程式化要求有余，而多样化、个性化要求不足等。可见，《学记》所概括的为师之道或教学之道，对于改进如今的教学方法仍具有积极的借鉴意义。

10. 结语

中国在先秦时期就已形成了内容极为丰富的治学思想，这一思想资源是博大精深的中华文化的重要组成部分。挖掘和梳理先秦治学思想，以鉴古资今，是我们当代人传承中华优秀文化传统的重要任务，这就是本文的立意所在。总括而言，先秦治学思想至少有三个方面的显著特征：一是时间上的早熟性。中国古人在先秦时期就已经充分认识到了学习的重要性和教育的重要性，并对治学的诸多范畴都有超乎寻常的认识，如对教与学、学与问、博与约、师与友、善教与不善教、善学与不善学等，都有较为全面的认识。同时，对于教学方法、学习方法也有较为全面的认识。这些早期认识，往往会给后世人以“今人欲言，先人已言”之感，这就是由先秦治学思想的早熟性所致。二是价值目标上的伦理性。就价值论意义来说，先秦人一般把治学的宗旨或目标认定为“学以明道”，而治学的境界则为“学以致君子”“学以成圣”。君子和圣人之所以至尊，就是因为他们“明道”，而“道”的内涵主要指仁、义、礼、智之德性伦理（人道）。孟子所言的学者须“求其放心”“明人伦”，指明了治学的伦理指向及其内容。这就是后世人们所概括的古代之教为“人伦之教”、古代之学为“人伦之学”的根据所在。三是实践目标上的经世致用。如果说前述价值目标上的伦理性指的是“内圣”意义上的治学目标，那么，经世致用可谓是“外王”意义上的治学目标。不过，先秦人往往把“内圣”目标和“外王”目标合而论之，如孔子所认同的“学而优则仕”“修己治人”，《中庸》所言的“尊德性而道问学”“成己成物”等，都是把“内圣”与“外王”合而言之的表现。我们知道，儒家秉持积极入世的人生观，所以凡是具有儒家情怀的先秦人大都把经世致用确认为治学的实践论目标，尽管当时的人们尚未使用“经世致用”这一词汇。当然，先秦人思想意识中的经世致用，主要指“致君行道”“劝君行仁政”意义上的言行实践。比如，《荀子·儒效》所云的“我欲贱而贵，愚而智，贫而富，可乎？曰：其唯学乎。……故君子无爵而贵，无禄而富，不言而信，不怒而威，穷处而荣，独居而乐”一语，就是儒家所主张的学以行道、学以致用思想的典型概括。或许这就是李泽厚先生所认为的中国古人具有“实用理性”精神传统的根据所在。[20]（此文为新著，未曾发表）

参考文献

[1] 雅斯贝斯．历史的起源与目标［M］．魏楚雄，俞新天，译．北京：华夏出版社，1989：14.

[2] 黎靖德．朱子语类［M］．王星贤，点校．北京：中华书局，1986：2222.

[3] 陆世仪．陆桴亭思辨录辑要：一［M］．上海：商务印书馆，1936：5.

[4] 福柯．规训与惩罚：监狱的诞生［M］．刘北成，杨远婴，译．北京：生活·读书·新知三联书店，2003.

[5] 郭沫若著作编辑出版委员会．郭沫若全集·历史编：第1卷［M］．北京：人民出版社，1982：336.

[6] 辜鸿铭．中国人的精神［M］．黄兴涛，宋小庆，译．桂林：广西师范大学出版社，2001：13.

[7] 程瑞礼．程氏家塾读书分年日程［M］．合肥：黄山书社，1992：2-9.

[8] 朱熹．四书章句集注［M］．北京：中华书局，1983：94.

[9] 杨伯峻．论语译注［M］．简体字本．北京：中华书局，2006：76.

[10] 钱穆．论语新解［M］．3版．北京：生活·读书·新知三联书店，2012：155.

[11] 李塨. 李塨文集：上 [M]. 邓子平，陈山榜，点校. 石家庄：河北人民出版社，2011：48.
[12] 张载. 张载集 [M]. 章锡琛，点校. 北京：中华书局，1978：274.
[13] 程颢，程颐. 二程集 [M]. 王孝鱼，点校. 北京：中华书局，1981：2.
[14] 余嘉锡. 目录学发微：外一种 古书通例 [M]. 长沙：岳麓书社，2009：187－191.
[15] 颜元. 颜元集 [M]. 王星贤，张芥尘，郭征，点校. 北京：中华书局，1987：627.
[16] 亚里士多德，贺拉斯. 诗学·诗艺 [M]. 罗念生，杨周翰，译. 北京：人民文学出版社，1962：155.
[17] 孙希旦. 礼记集解 [M]. 北京：中华书局，1989：956.
[18] 王弼. 老子道德经注校释 [M]. 北京：中华书局，2008：6.
[19] 杜威. 道德教育原理 [M]. 王承绪，等译. 杭州：浙江教育出版社，2003：357.
[20] 李泽厚. 中国古代思想史论 [M]. 北京：生活·读书·新知三联书店，2008：320－323.

下　篇

图书馆之道

“中国的图书馆学”是否可能？

【导读】此文为应《公共图书馆》编辑部之约而写的“卷首语”，后改为一般论文，不过选题是我自己有感而选的。所谓“有感”，指的是：虽然梁启超早在1925年就提出了建设“中国的图书馆学”的倡议，但迄今我国图书馆学界对“中国的图书馆学”的研究，理论建树不多、不深、不系统，我对这种现状深感遗憾。在我看来，致力于梁启超所言的“中国的图书馆学”研究，并推出一系列有理论建树的研究成果（不只是史实描述性成果，目前史实描述性成果倒是多之又多），是中国的图书馆学者“不忘初心”，坚定中华民族的图书馆文化自信的表现。我们应该提倡的是“中西合璧”的图书馆学，而不是“西强中弱”的图书馆学；我们应该坚持的是“古今贯通”的图书馆学，而不是“以今非古”的图书馆学。梁启超所言的“中国的图书馆学”研究仍然任重而道远！

1925年，梁启超在中华图书馆协会成立仪式上的讲话中，提出了建立“中国的图书馆学”的设想。他说：“学问无国界，图书馆学怎么会有‘中国的’呢？不错，图书馆学的原则是世界共通的，中国诚不能有所立异；但中国书籍的历史甚长，书籍的性质极复杂，和近世欧美书籍有许多不相同之点。我们应用现代图书馆学的原则去整理它，……研究的结果，一定能在图书馆学里头成为一独立学科无疑，所以我们可以叫它做‘中国的图书馆学’。”

显然，梁启超是基于“中国书籍”与“欧美书籍”的不同而想出“中国的图书馆学”这一命题的。中国书籍与欧美书籍的不同，既有文献整理方法的不同，也有文献整理方法背后所蕴含的思想意识的不同。前者属于“术”的不同，后者属于“学”的不同；前者属于“器”的不同，后者属于“道”的不同。

就文献整理方法而言，中国古代先贤们总结出来的文献分类方法、编目方法、提要方法、搜求方法、校雠方法、训诂方法、注疏与章句方法、类书编纂方法、版本考辨方法等，形成了一系列独具中国特色的文献整理方法体系。在这些方法体系的背后，又蕴藏着一系列“东方思维”（思想意识）义理，如阴阳五行、纲常名教、仁义礼智信、天地君亲师、礼乐与中庸、德主刑辅、天理人欲、君臣民关系、夷夏之辨、洪范九畴……这些俨然有别于西方思维传统的“东方思维”，为文献整理活动提供了系统而又缜密的“道器合一”的思想基础。由此形成的中国文献文化，如同中医、书法、京戏一样为中国所独有，这种独有文化所孕育出来的“图书馆学”，就是“中国的图书馆学”。

对于“中国的图书馆学”，可以做狭义的和广义的两种理解。狭义的“中国的图书馆学”，其主要内容就是中国历史上形成的文献整理方法体系。这方面的学问可以称为“中国文献学”或“中国古典文献学”①。广义的“中国的图书馆学”，就是包括狭义的“中国的图书馆学”在内的、以中国传统文化（主要是儒家文化）构筑和理解的、有关文献活动方面的“道”与“器”知识体系。也就是说，所谓“中国的图书馆学”，是由有关文献活动的“道”和“器”两方面知识构成的。“器”方面的知识，构成了上述狭义的“中国的图书馆学”的主要内容，而“道”和“器”两方面的知识，共同构成了广义的“中国的图书馆学”的内容。

就像同一首歌既可以按照美声唱法唱，也可以按照民族唱法唱，还可以按照流行唱法唱一样，“中国的图书馆学”就是按照中华民族唱法“唱”的图书馆学。可见，“中国的图书馆学”这一命题是成立的。只是新中国成立后我国的图书馆学研究长期受西方话语的冲击，无形中导致了“民族唱法”的弱化，乃至专门立志研究“中国的图书馆学”的人少之又少。所以，笔者在此呼吁：为了丰富图书馆学的“唱法”，为了嘹亮我们自己的“民族唱法”，让我们多多研究“中国的图书馆学”吧！（原载《公共图书馆》2014 年第 1 期）

① 补按：所谓的“中国文献学”或“中国古典文献学”，是现代学科分类意义上的称谓。在中国古代，这方面的学问一般称为“校雠”。

中国古代图书馆学三题

【导读】梁启超所言的“中国的图书馆学”，从时间范围上来说，主要指先秦至清末的中国古代图书馆学。这一时间范围穿越了社会发展史意义上的“古代”和“近代”。所以，研究梁启超所言的“中国的图书馆学”，其核心任务在于梳理和归纳古代中国人的图书馆实践方法与思想智慧。毋庸置疑，中国古代有着悠久的图书馆文化。中国古代是否存在图书馆，中国古代图书馆的使命是什么，中国古代图书馆学的理论形态是什么，这三个问题是中国古代图书馆学研究必须明确的重要问题。中国古代的图书馆以藏书楼或馆阁形态存在。藏书以传道，是中国古代图书馆的基本使命。校雠学是中国古代图书馆学的主要理论形态。

中华民族有着源远流长的文化传统，而且中华文化有着不同于西方文化的“东方思维”特质，这是世人皆知的历史事实。由此，我们可以做出如下判断：在中华文化大家族中不可能没有具有中华文化特质的图书馆文化。然而，这种判断并非不证自明，其中还有诸多问题需要进一步厘清。中国古代是否存在图书馆，若存在又是以什么形态存在的？古代中国人对图书馆的宗旨或使命是如何定位的？中国古代是否有图书馆学理论，若有又表现为何种形态？这三个方面的问题就是本文所讨论的主要问题。需要说明的是，本文所称的“中国古代”，其时间下限止于清末，这是因为“鸦片战争之后，按历史学家的看法，中国进入近代社会，但图书馆学研究并未发生质的变化，其研究内容与形式仍然延续着固有的模式”[1]。

1. 名与实：中国古代是否存在图书馆

众所周知，对于中国来说，“图书馆”和“图书馆学”都是外来语，而且中国近代图书馆事业是在西方图书馆理念及其实践成就的启发下建立起来的。也许此故，至今仍有一些人发出中国古代是否有图书馆和图书馆学的质问。中国古代只有藏书和藏书楼，而无图书馆，这种观点至今仍深植于不少中国图书馆学人的思想意识之中。那么，中国古代的藏书楼是否就是图书馆？为了回答这一问题，我们不得不再来讨论“什么是图书馆”这一老生常谈的问题。

图书馆因何而被称为“图书馆”呢？图书馆之所以被称为“图书馆”，必然有其特定的、有别于其他事物的本体规定性原因，而且这一本体规定性需要得到普遍的认同。那么，图书馆的本体规定性又是什么呢？我们认为，收集、整理文献以供利用的专门设施，就是图书馆的本体规定性。首先，从发生学的角度来看，古今中外的图书馆都是以收集、整理文献以供利用为根本职能而产生于人类社会之中的，亦即古今中外的图书馆都是为了满足收集、整理文献以供利用的社会需要而产生的；其次，从图书馆产生之后的发展历程来看，古今中外的图书馆无不是以收集、整理文献以供利用为自身的功能价值所在，并以此获得“社会身份”认同的。

我们知道，藏书楼是中国人对古代藏书之所的泛称。古代的藏书之所，并非都以“楼房”的形式存在，但只要是收集、整理文献以供利用的场所设施，都可称为藏书楼。在中国古代，把藏书之所直称为“藏书楼”的并不多，藏书之所一直没有固定的称谓，诸如“阁”（如西汉的石渠阁、天禄阁、麒麟阁，“北宋六阁”与“南宋五阁”，明代范钦的天一阁及清代的四库七阁等）、“观”（如东汉的东观、刘宋的总明观等）、“殿”（如隋代的嘉则殿、观文殿等）、“馆”（如唐代的史馆、弘文馆等）、“院”（如唐代的集贤院、宋代的崇文院等）、“楼”（古代私家藏书大多冠以“某某楼”之名，如绛云楼、传是楼等）等。从唐代开始，对于藏书之所逐渐形成了一些泛称性称谓，如“麟台”“馆阁”“藏书之府”“图书之府”等。尤其是“馆阁”之称，逐渐流行为官府藏书之所的泛称。南宋陈骙撰有《中兴馆阁录》，佚名氏撰有《中兴馆阁续录》，可见南宋时已流行“馆阁”一语。总之，在中国古代，一直未形成藏书之所的统一名称，但通过这些异称，人们都能领会其意：藏书之所。这也符合中国古人的思想逻辑，即不热衷于给某一事物冠以统一名称，也不给某一事物以统一的定义（就像孔子从不给“仁”下一固定的定义一样），而是在融会贯通中把握其意义。“道可道，非常道；名可名，非常名”，就是对这种思想逻辑的概括。

无论中国古代的藏书之所有多少种名称，人们对藏书之所的性质和意义的把握，都有比较一致的认识，即收集、整理文献以供利用。这是一种实践论意义上的把握，而非主客二分的认识论意义上的把握，即古代中国人从来都是以收集、整理文献以供利用为价值取向来把握藏书之所的存在价值。也就是说，古代中国人是从实践论、价值论意义上来定位藏书之所的性质与意义，而不是从认识论意义上来定位藏书之所的存在意义。

古代中国人之所以用收集、整理文献以供利用来定位藏书之所的性质与功用，是因为其思想根源在于“文以载道”这一信念。“文以载道”中的“文”，即文字记录，其载体就是“图籍”、“经籍”或“书籍”（现代人称其为“文献”）；“道”即圣人之言。可见，“文以载道”信念是中国古人崇圣文化的产物。道在文献之中，文献因载道而贵。对此，南宋学者包恢有言：“圣贤之书所以明道，书即道，道即书，非道外有书，书外有道，而为二物也。”[2]包恢的这段话可谓是中国古代图书馆学或文献学的至理名言。在经、史、子、集文献类型中，中国古人尤重经书，诚如清人崔述在《考信录提要·释例》中所言：“圣人之道，在六经而已矣。……文在是，即道在是。故孔子曰：‘文王既没，文不在兹乎？’六经以外，别无所谓道也。”[3]道在六经之中，这种定位与“文以载道”是一脉相承的，所不同的是其更加凸显了六经之书的赫然地位。这就是中国古代书目分类为什么总是“以经为首”的思想根源所在。从“文以载道”信念出发来定位藏书之所的价值意义，与现代以“知识的海洋”角度来定位图书馆的意义有着思维理路上的根本差别。

之所以要有藏书之所，是因为道在书中，藏书即藏道，藏道为明道，而明道乃古代中国人的最高人生志向，所谓“君子之志于道”，“朝闻道，夕死可矣”是也。可见，中国古人是把文献、藏书之所的意义从道的本体论和人生价值论的高度去把握的。这与西方近现代图书馆学从知识获取或检索方便的角度定位图书馆价值的思路是迥然异趣的。这也是中国古代图书馆学与西方近现代图书馆学的根本区别所在。

综上，中国古代的藏书楼或馆阁，就是中国古代的图书馆，或者可以说，中国古代的图书馆是以藏书楼或馆阁形态存在的图书馆。所以，我们现代人在指称古代藏书之所时，“藏书楼”“馆阁”“图书馆”这几个称谓可以根据语境的不同而交替使用。需要指出的是：首先，中国古代的图书馆都未冠以“图书馆”之名，而是由建立者自由冠名；其次，中国古代的图书馆以各异之名行相同之实——收集、整理文献以供利用，也就是说，在中国古代，虽无“图书馆”之名，却有图书馆之实。

至此，有一种“说法”需要厘清，这个“说法”就是吴晞先生所提出的“中国图书馆西来说”。吴晞先生曾于 1992 年指出：“近代之前的中国图书馆，尽管历史悠久，灿烂辉煌，但它们都不是图书馆，至少不是我们今天所说的图书馆。古人把它们称为藏书，后来又称藏书楼，……我们今天在研究中国图书馆的历史时，把古代的藏书和藏书楼当作中国图书馆的源头或前身，是极不妥当的。……中国的藏书楼中缺乏演变成为近代图书馆的基本机制，不可能成为新式图书馆产生的母体。中西图书馆走的是两条完全不同的发展途径。……中国的图书馆是西方思想文化传入中国的产物，中国图书馆的历史是从接受西方的图书馆思想和管理方法之后才开始的。我们姑且将之称为‘中国图书馆西来说’。”[4]吴晞先生将自己对中国图书馆产生的认识命名为“中国图书馆西来说”，这一命名容易让人产生误识：在中国历史上，近代之前无图书馆，近代之后才有图书馆，即中国古代无图书馆。其实，吴晞先生这段话的本意中并无此意。吴晞先生并未否定中国古代有图书馆，他所要强调的是这样一个历史事实，即“中国的藏书楼中缺乏演变成为近代图书馆的基本机制，不可能成为新式图书馆产生的母体”。上文所引吴晞先生的话中有“中国的图书馆是西方思想文化传入中国的产物”一句，在我们看来，吴晞先生的本意是想说“中国的近代图书馆是西方思想文化传入中国的产物”，而漏掉了“近代”二字。另外，吴晞先生有一个十分正确的论断，即“中西图书馆走的是两条完全不同的发展途径”。由此我们可以认为，吴晞先生所说的“中国图书馆西来说”，准确地说应该是“中国近代图书馆西来说”。中国古代图书馆是无法“西来”的，中国古代图书馆是完全“土生土长”的产物。

2. 藏书以传道：中国古代图书馆的使命

众所周知，中国古代有着绵延不断的、悠久的藏书传统。中国古人之所以重视藏书，原因在于早已有之的“文以载道”信念。“文以载道”信念实际上是两种崇拜的合而为一，即圣人崇拜和文献崇拜的合一。圣人崇拜是本源性崇拜，文献崇拜是派生性崇拜；文献因载有圣人之言（道）而被崇拜，圣人之言因文献而得以保存和传播。古人一般用“崇文”“弘文”“昭文”“修文”等词语来表达文献崇拜，如唐代、五代时期、北宋就把藏书之所命名为崇文馆、弘文馆、昭文馆、修文馆、崇文院等。

“道”，是一个本体性概念，故不能进行逻辑论证，甚至不能言说，诚如庄子所言：“道不可闻，闻而非也；道不可见，见而非也；道不可言，言而非也。知形形之不形乎？道不当名。”[5]当然，儒家不完全遵从庄子的论说，如儒家认为道可闻，而“闻道”是儒家明道、传道的前提。所谓道不可言说，主要是就“知道”的体悟性特征而言的。“圣人已往，道在六经”，即道在书中，故藏书、读书就是闻道、明道、传道之举。所以，从“文以载道”命题中可以延伸出“藏书以传道”这样一个亚命题。

“藏书以传道”，是准确把握中国古代图书馆的实质及其价值的关键命题。在“藏书以传道”命题中，“藏”是手段，“传”是藏的归宿，但这里所说的手段和归宿是互为条件的：无藏便无以传，无传亦无以藏。在中国古人的思想意识中，图书馆的存在价值在于“以藏为传”或“以藏为用”；或者说，藏即传，传即用。由此而言，现今大多数人所认为的古代藏书楼“重藏轻用”的认识，其实是一个误识，至少是以今论古的误识。我们一定要知道，近现代图书馆的功用价值在于所谓的“藏以致用”，或者说，近现代图书馆的使命在于向社会公众传播知识和信息，而在中国古人看来，图书馆的使命在于“以藏为传”或“以藏为用”。这就是中国古代图书馆与近现代图书馆的最大区别所在。也就是说，在中国古人的思想意识中，藏本身就是传，就是用，不存在现代人所说的“重藏轻用”的问题。此故，现代人鄙视中国古代藏书楼为“重藏轻用”，其实是一个无历史事实依据的、根本不能成立的伪命题。其实，这个道理不必论证也能得到说明，试问：古代中国人如此执着地嗜书如命，如此前赴后继地藏书不辍，难道就是为了“轻用”？中国古代历朝历代的帝王们，举全国之力大兴修书工程、藏书工程（如《四库全书》七阁工程等），难道就是为了“轻用”？中国古代的私藏家们为了藏书不惜耗尽家财（这样的事例举不胜举），难道就是为了“轻用”？世上岂有此理？再试问：如果没有中国古人的这种珍藏秘惜的“藏书精神”的话，中国古代文化典籍何以流传至今，中华文化传统何以博大精深？难道这不是最大之功、最大之用吗？

现代有一些中国人总是不知不觉地、习以为常地以西方近现代图书馆的理念和功能为标准，来评判中国古代的图书馆，并有意无意地以中国古代的藏书楼未向社会公众开放利用为由，而鄙视其历史价值，这是以今论古的不当思想方法的表现，同时也是以今非古、以西框中的历史虚无主义、民族虚无主义的表现——主观上不一定如此，但在客观上却是如此。真正了解中国古代历史，以及藏书史、图书馆史的人们大都知道，中国古代的图书馆有其封闭的一面，但也有其开放的一面，这也是不必论证而能得到说明的。试想：如果中国古代所有的图书馆都只有封闭的一面，那么，何以有晋人范平不仅借书与人还“办衣食”之举，何以有“借书一瓻，还书一瓻”的谚语流传，何以有颜之推的“借人典籍，皆须爱护”的家训，何以有“有假不返遭神诛”的警诫之语（这从反面证明了借书现象的普遍存在），何以有姚士粦的“以传布为藏，真能藏书者矣”的观念直抒，何以有曹溶的《流通古书约》之作，何以有宋咸熙的《借书诗》流传，何以有曹学佺、陆世仪、周永年的“建儒藏以共之”的开放藏书思想，等等。难道这些开放的观念与举措，不比西方古代“以铁链锁住图书”的做法还先进吗？

我们知道，中国古代一直处于小农经济时代，尽管早有造纸术、印刷术的发明，但图书的出版和流通事业却长期处于手工操作以及舟车、步行的交通运输阶段，且全社会的识字率、阅读率都不高，因此在这种时代环境下，图书馆以藏为主是一种不可避免的客观必然（古代的国外也是如此）。如果不顾这种客观历史背景，而一味地以“未向社会开放利用”为由鄙视甚至否定中国古代图书馆的历史功绩及其存在价值，则是不符合唯物史观的。

同时，我们还要知道，中国古代社会是一个等级社会，每一个体在社会尊卑贵贱等级结构中的角色、权利和义务是不同的，尊贵者有尊贵者的权利与义务，卑贱者有卑贱者的权利与义务（尽管权利很少）。在这种等级森严的社会结构中，所谓闻道、明道、行道之事，主要是“君子”的分内之事（“君子之志于道”），而大部分“小人”或“庶人”只有按君权、父权、夫权之令行事的义务。所以，中国古代图书馆的实际利用者不可能遍及社会公众。这是中国古代社会始终不能形成全面的公共图书馆制度的社会体制原因所在。然而，就是在这种极为有限的体制机制所允许的范围之内，中国古代图书馆承担了藏书以传道的历史使命，使得中华文化之河能够源远流长，这是极其难能可贵的。在中华文化的悠久传统与博大精神的形成历程中，图书馆"藏书以传道"的使命担当发挥了巨大作用。这与"藏书以普惠公众"的现代图书馆的使命迥然异趣。

3. 校雠学：中国古代图书馆学的主要理论形态

如上所述，中国古代虽无"图书馆"之名，却有图书馆之实。按照"理论来源于实践"的一般原理，既然有图书馆之实，就必然会有图书馆之理，这种"图书馆之理"，就是中国古代图书馆学理论。然而，由于"中西图书馆走的是两条完全不同的发展途径"，所以，中国古代图书馆学的理论形态迥异于西方图书馆学。也就是说，我们不能按照西方图书馆学的理论模式来审视中国古代图书馆学的理论形态，这是我们现代人在审视中国古代图书馆学的理论形态时首先需要明确的思想方法。

纵观中国古代图书馆的发展历程，我们就会发现古代中国人对于图书馆之事的理解和阐释，主要包括"文献观"和"馆阁观"两个方面的内容。文献观又主要包括对文献本体价值的理解与阐释，以及有关文献整理方面的思想与方法；馆阁观则主要包括对馆阁实体价值的理解与阐释，以及关于馆阁职任（图书馆员）方面的思想认识。相较而言，在文献观与馆阁观两者当中，中国古人是以文献观统摄馆阁观的，而不像现代图书馆学理论以图书馆（馆阁）统摄文献。按现代的学科分界，以文献为主体的理论叫文献学，以图书馆为主体的理论叫图书馆学。然而，中国古人并无这样的学科分界意识。对此，傅斯年曾有言："中国学术，以学为单位者至少，以人为单位者较多，前者谓之科学，后者谓之家学。家学者，所以学人，非所以学学也。……绝少以学科之分别。"[6]了解中国古代学术史的人大都知道，中国古代并无学科意义上的"学"，只有学问或学派意义上的"学"；古人所谓的"某某之学"（如孔门之学、校雠之学、目录之学等）亦非学科意义之学。此故，中国古代的图书分类，无论是六分法、七分法还是四分法，其实都不是学科分类；在学术上，只有学派分别（所谓诸子百家），而无学科分野。这种"非学科化"的思想方法符合中国古人的思维传统，即中国古人从来都是以"天人合一""理一分殊""天地万物，其道一也"的综合思维方式（这叫"会通"）理解和阐释事物，而不像西方人用分析思维方式（这叫"分析哲学"）来认识事物的。正因如此，中国古代并无文献学和图书馆学的明确分野，两者（甚至包括目录学）从来都是混融为一体的。我们现代人所称的文献学、目录学、校勘学、文献辨伪学、文献辑佚学、版本学、图书馆学等学科名称，其实都是民国初期人们仿西方学科之义而起的“学科化”称谓，而这些所谓的“学科”在中国古代都不称为“学”。在中国古代，有文献整理之事，但无“文献学”“图书学”之名；有藏书之事，但无“藏书学”之名；有馆阁（图书馆）之事，但无“馆阁学”之名。因此，我们现在所称的“中国古代图书馆学”，亦非学科之名，而是指对于中国古代图书馆进行学理思考的学问，它属于“图书馆学研究”范畴，但却不属于图书馆学理论体系中的某一分支学科。当然，在学科语境中，如果按地域标准将图书馆学分为“国外图书馆学”和“中国图书馆学”，那么将“中国古代图书馆学”视为“中国图书馆学”的古代部分，亦未尝不可。或者说，将“中国古代图书馆学”理解为“中国古代的图书馆学理论与方法”，亦未尝不可。不过，仍有必要强调的是，我们将中国古代的图书馆学理论与方法称为“中国古代图书馆学”，并不表明中国古代存在“图书馆学”或“馆阁学”这样一门学科。也就是说，所谓的“中国古代图书馆学”，是现代人所起的、有关中国古代图书馆学理论与方法的学问的名称。

上文已指出，中国古代虽无“图书馆学”之名，却有图书馆学之实。所以，中国古代图书馆学是客观存在的，就像中国古代虽无“哲学”之名却有“中国哲学”之实一样。那么，中国古代图书馆学是以什么形态存在的？我们知道，在中国古代有一个指称文献整理活动的名称，叫“校雠”。宋人郑樵的《通志·校雠略》和清人章学诚的《校雠通义》，就都是专论校雠之事的著作。至于“校雠学”这一名称，则是民国时期人们在“学科”语境中所起的名称，且不久就被“文献学”之名所代替。关于校雠学的范围，胡朴安、胡道静在《校雠学》（1931 年初版）一书中说：“校雠学者，治书之学也。自其狭义言之，则比勘篇籍文字同异而求其正，谓之雠校。……自其广义言之，则搜集图书，辨别真伪，考订误谬，厘次部类，暨于装潢保存，举凡一切治书事业，均在校雠学范围之内。”又说：“守藏图书，亦校雠家职务之一也。”[7]胡朴安、胡道静叔侄二人所说的狭义校雠学，实际上指的就是校勘学，而广义校雠学则包括求书、藏书、校勘、版本、目录、辨伪等“一切治书事业”的学问。如果我们认同胡朴安、胡道静关于校雠学范围的界定，就可以认为校雠学是与中国古代图书馆学最为接近的一门学问，或者说，中国古代图书馆学主要以校雠学为理论形态，但不等同于校雠学。为什么不能把校雠学直接等同于中国古代图书馆学呢？这是因为校雠学毕竟限于文献整理范畴，而缺乏馆阁（图书馆）管理之维度。也就是说，校雠学范围无法涵盖中国古代图书馆活动的全部。但即便如此，大体上把校雠学视为中国古代图书馆学的主要理论形态还是可以的。

龚蛟腾先生在中国古代图书馆学研究领域建树颇多，他认为，“校雠学说，究其实质乃是我国近现代图书馆学的先祖”；“就其本质而言，我国古代的校雠学实际上就是我国古代的图书馆学”[8]。在我们看来，校雠学只能视为与中国古代图书馆学具有最紧密联系的学问类型，而不宜把校雠学直接等同于中国古代图书馆学。当然，这属于学术观点不完全一致的问题，可以进一步讨论。

4. 结语

众所周知，1925 年，梁启超提出了建立“中国的图书馆学”的设想。他说：“学问无国界，图书馆学怎么会有‘中国的’呢？不错：图书馆学的原则是世界共通的，中国诚不能有所立异；但中国书籍的历史甚长，书籍的性质极复杂，和近世欧美书籍有许多不相同之点。我们应用现代图书馆学的原则去整理它，……研究的结果，一定能在图书馆学里头成为一独立学科无疑，所以我们可以叫它做‘中国的图书馆学’。”1926 年，刘国钧在论及新图书馆运动时指出：“本新图书馆运动之原则，一方参酌欧美之成规，一方稽考我先民对于斯学之贡献，以期形成一种合于中国国情之图书馆学。”[9]建立“中国的图书馆学”抑或建立“合于中国国情之图书馆学”，都离不开中国古代图书馆学研究。或者说，建立“中国的图书馆学”，首先要建立中国古代图书馆学理论体系。这就是中国古代图书馆学研究的价值意义所在。我们以图书馆学人的身份，在此设问：我们作为中国人，对中国古代图书馆学知之甚多还是知之甚少？对此，如果人们真心回答的话，其结果恐怕不容乐观。本文仅就中国古代图书馆学的三方面问题进行了初步讨论，也可以说为中国古代图书馆学的深入研究做了“正本清源”或“澄清疑难”的探讨。（原载《图书馆建设》2018 年第 4 期）

参考文献

[1] 王余光. 试论中国图书馆学史研究中的几个问题［J］. 图书馆论坛，2015（4）：9－12.

[2] 陈谷嘉，邓洪波. 中国书院史资料：上册［M］. 杭州：浙江教育出版社，1998：182.

[3] 张舜徽. 文献学论著辑要［M］. 北京：中国人民大学出版社，2011：185.

[4] 吴晞. 论中国图书馆的产生［J］. 图书馆工作与研究，1992（2）：22－24.

[5] 郭庆藩. 庄子集释［M］. 3 版. 北京：中华书局，2012：667.

[6] 傅斯年. 中国学术思想界之基本误谬［J］. 新青年，1918（4）：16－20.

[7] 胡朴安，胡道静. 校雠学［M］. 长沙：岳麓书社，2013：1，43.

[8] 龚蛟腾. 中国图书馆学的起源与转型——从校雠学说到近现代图书馆学的演变

[M]. 北京：国家图书馆出版社，2013：27，75.
[9] 王子舟. 杜定友和中国图书馆学 [M]. 北京：北京图书馆出版社，2002：43.

治书以供治学：中国古代图书馆的基本功能

【导读】中国古代图书馆与近现代图书馆在功能上显然具有较大区别。概括出中国古代图书馆的基本功能，是中国古代图书馆学研究的重要内容。按照“体用一源”的思维方式，可以把中国古代图书馆的功能概括为“治书以供传道”和“治书以供治学”两种形式。前者是从“图书馆之体”角度概括的功能形式，后者是从“图书馆之用”角度概括的功能形式；前者为古代图书馆功能的“形而上”显示，后者为“形而下”显示。两种功能形式的划分是逻辑意义上的划分，而非功能本身的划分。

1. 引言

1925年，梁启超倡议“建设中国的图书馆学”。梁启超在解释这一倡议时指出：“中国书籍的历史甚长，书籍的性质极复杂，和近世欧美书籍有许多不相同之点。我们应用现代图书馆学的原则去整理它，……研究的结果，一定能在图书馆学里头成为一独立学科无疑，所以我们可以叫它做‘中国的图书馆学’。”接着又说：“中国从前虽没有‘图书馆学’这个名辞，但这种学问却是渊源发达得很早。”[1] 从梁启超的这两段话中，我们可以得到如下几点启发：其一，中国的书籍及图书馆事业与欧美的书籍及图书馆事业有很大不同，中国的书籍及图书馆事业有着自身的独有特点和发展规律，这是“中国的图书馆学”命题得以成立的历史基础；其二，从“我们应用现代图书馆学的原则去整理它”一语来看，梁启超所言的“中国的图书馆学”，主要指中国古代图书馆学（这里的“古代”指先秦至清末之历史时段）；其三，中国古代无“图书馆”和“图书馆学”之名，但有图书馆和图书馆学之实，这是“中国古代图书馆”和“中国古代图书馆学”称谓得以成立的历史基础。

那么，中国古代图书馆的主要功能是什么？或者说，我们应该如何概括中国古代图书馆的基本功能？这是中国古代图书馆学研究必须予以回答的重要问题。本文的结论是："治书以供传道"或"治书以供治学"，是中国古代图书馆的基本功能。中国古代图书馆的基本功能自然有别于现代图书馆的基本功能，这是毋庸置疑的历史事实。对于已成为过去的历史事物，我们对它的认识和分析，一定要坚持历史唯物主义的思想方法，即一定要坚持"因古论古"的思想方法，而不能采取"以今论古"的思想方法。对此，马克思曾言："我们的叙述方法自然要取决于对象本身的性质。"[2]本文把中国古代图书馆的基本功能概括为"治书以供传道"或"治书以供治学"，就是根据中国古代图书馆这一"对象本身的性质"所做出的、合乎中国古代图书馆实际发挥功能事实的一种概括。同时，本文的这一概括，也是按照古代中国人一以贯之的"体用一源"思维方式所做出的概括。

2. 治书以供传道：图书馆之体

所谓治书，指的就是治理或管理书籍之业，近似于现代的"文献整理""文献资源建设"等概念。在中国古代，有关治书之业的学问一般叫作校雠学。校雠学发展至清代后期，其核心内容已逐渐演变为目录之学，以至于一些学者干脆把校雠学与目录之学等同视之，如张尔田在为孙德谦《刘向校雠学纂微》一书所写的序言中就称："校雠者，目录之学也。"[3]当代的一些学者亦持这种观点，如刘咸炘认为："所谓目录学者，古称校雠学。"[4]程千帆先生认为："治书之学，旧号校雠。比及今世，多称目录。"[5]按照程先生所言，校雠学或目录学实为治书之学。在对校雠学的内容范围的认识中，张舜徽先生所主张的"三分法"观点最具代表性。他曾指出："目录、板（版）本、校勘，皆校雠家事也。"[6]此外，张先生还认为，校雠学是文献学的别名，如其所言："我国古代无所谓文献学，而有从事于研究、整理历史文献的学者，在过去称之为校雠学家。所以校雠学无异成了文献学的别名。"[7]综合上述诸家观点，我们可以认为，治书之学在古代一般称为校雠学，在民国之后一般称为文献学。当然，随着时间的推移，校雠学或文献学的内容范围也在逐渐扩大，除了传统的目录、版本、校勘这三大内容之外，辨伪、辑佚、考证、训诂、避讳、保护以及注释与翻译、典藏与编纂、阅读与检索等，均被纳入到了文献学的范围之中。[8]

关于校雠学或文献学范围的扩大及其与图书馆的关系问题，胡朴安、胡道静叔侄二人早在 1934 年初版的《校雠学》一书中就指出："校雠学者，治书之学也。……自其广义言之，则搜集图书，辨别真伪，考订误谬，厘次部类，暨于装潢保存，举凡一切治书事业，均在校雠学范围之内。掌此职者，在古为柱下史，在后世为秘书监。其一时特设者，如汉之天禄、东观，宋之崇文、中兴，清之四库馆，特延校雠家治群书也。”[9]从胡氏二人所言的这段话中，我们可以读出若干重要信息：其一，校雠学就是治书之学；其二，广义的校雠学内容范围广泛，“凡一切治书事业”均可纳入其范围之内；其三，古代的柱下史、秘书监等史官和馆职人员是治书之业的职掌者，而这些职掌者其实就是后世“图书馆员”的前身，其核心或骨干人员在古代统称为校雠家；其四，“汉之天禄、东观，宋之崇文、中兴，清之四库馆”等馆阁（图书馆），是延聘校雠家治群书的场所，即古代图书馆是治书之所。

如果从发生论的角度而言，我们可以认为：中国古代图书馆是治书需要的产物——先有治书的需要，后有图书馆的产生。那么，为何要治书，或者说图书馆为何要承担治书之任？要回答这一问题，可从实践论和本体论两个角度予以考察。

从实践论的角度而言，之所以要治书，是因为：书不治，不可读。众所周知，由于材质的简陋，刻印、装订技术的相对落后以及传抄过程中“鱼成鲁，虚成虎”现象的难以避免，在古代的书籍中，讹、脱、衍、错现象普遍存在，加之文字古奥、文义难识，因此许多书籍若不经校勘、训诂、注释等治书工作，便难以认读其“原文本义”。同时，中国古代书籍中大量存在的“伪书”现象和“散佚”现象，也需要借助于辨伪、鉴版、辑佚等治书工作，使书籍“还真复原”。现仅以校勘工作——其对象为讹、脱、衍、错现象——为例，来说明古代治书工作的必要性。

讹文（误文）例。《吕氏春秋·似顺论·别类》言：“小方大方之类也，小马大马之类也。”这里的“小方大方”义不通，“方”字当为“犬”字之误，“犬”字与后一句中的“马”字正相匹。这是因篆文“方”字与“犬”字相近而误。又《淮南子·俶真训》言：“吟德怀和。”这里的“吟德”与“怀和”不相配，“吟”字当为“含”字，“含德”与“怀和”相配不仅工整且义通。这是因“口”“今”错位而误。

脱文（脱文有脱字、脱简、脱行、脱页等表现形式）例。《逸周书·周月解》言：“凡四时成岁，有春夏秋冬。”而《太平御览·时序部二》引此文为：“凡四时成岁，岁有春夏秋冬。”显然，《逸周书·周月解》脱一“岁”字。张舜徽先生在《中国古代史籍校读法》中谈到了古籍中诸多脱行、脱页现象，如他用商务印书馆《百衲本二十四史》校清代武英殿本《二十四史》时，就发现殿本《宋史·田况传》脱十八行，百衲本《魏书·刑罚志》脱第十五页内容。

衍文（从致衍之因看，衍文有无意抄刻而衍和有意臆改而衍两类）例。《史记·天官书》言：“其食（日食），食所不利；复生，生所利；而食益尽，为主位。”其中的“食益尽”应为“食尽”，衍出一个“益”字。这是因古文“益”字与“尽”字形近而误。又：《荀子·儒效》言：“不恤是非然不然之情。”其中的“然不然”本作“然不”，后人不知，为了“然”与“不然”相对而衍出“然”字。这是因不知假借妄加而衍。

错文（错文指文字位置的颠倒错乱，包括错简、倒文、串文等）例。《吕氏春秋·仲秋纪·仲秋》云："制有小大，度有短长。"而《礼记·月令》则云："制有小大，度有长短。"这是"长短"与"短长"之间的倒文例。又《逸周书·周祝解》言："故恶姑幽，恶姑明，恶姑阴阳，恶姑短长，恶姑柔刚。"全句最后的"柔刚"应为"刚柔"，之所以把"刚柔"倒成"柔刚"，是为了押前面的"阳""长"之韵。这是妄改原文所致的倒文例。又《吕氏春秋·季秋纪·精通》言："今夫攻者，砥砺五兵，侈衣美食，发且有日矣。所被攻者不乐，非或闻之也，神者先告也。"其中的"侈衣美食"原在"不乐"之前。这是句间串文例。

上文所举之例，只是古籍中普遍存在的讹、脱、衍、错现象之"沧海一粟"而已。正因如此，古人发出了"读书必先精校书"[10]，"书不校勘，不如不读"[11]的慨叹。以上还只是以"校勘"这一种治书形式而言的"书不治，不可读"之理，若再加上古籍的分编、鉴版、辨伪、辑佚、注释等其他治书形式，则更能说明"书不治，不可读"之理。治书这种专门的实践活动，需要有专门的组织形式，这种组织形式便是图书馆活动。图书馆作为治书之所，是人类治书实践需要的产物。

从本体论的角度而言，之所以要治书，原因是：为了完整无误、源源不断地传递书中所载之道，简单地说就是"治书以供传道"。众所周知，中华民族是一个尊古崇圣的民族，圣贤已往，其言在书中。读书即读圣贤之言，圣贤之言即为道。这就是中国古人一直尊奉的"文以载道"之理据所在。南宋学者包恢则把"文以载道"更直白地表述为"书即道，道即书"[12]。在中国古人的思想意识中，学道、明道、守道、行道，是一个人最重要的知识素养与道德素养所在，即最崇高的人生价值所在。正因如此，修道（学道、明道、守道、行道）为一个人读书学习以及国家实施教化政策的核心内容，故《礼记·中庸》曰："修道之谓教。"而道在书中，书在图书馆中，所以人们的学习活动和国家的教化事业需要图书馆的参与和支持。这就是近现代图书馆的社会教育功能的历史之源。圣贤以言传道，图书馆以书传道，因此可以说图书馆不仅是治书之所，而且是传道之所。

如果我们按照信息论原理把传道过程视为"信源→信道→信宿"三个环节的循环往复，那么，如何保证道之信息从信源发出而不失真地、完整地通过信道传达至信宿，就是一个关键问题。也就是说，如何保证信源、信道、信宿之间信息量的守恒，是一个关键问题。但是，在人类社会中，这种信息量的守恒不仅往往无法自动实现，还总会因各种障碍（"噪音"）的干扰而难免出现信息本义的减损、歪曲等现象。中国古代图书馆的治书活动所追求的"原文本义""还真复原"等目标，其实就是为了保持信息量的守恒而做出的努力。也就是说，通过图书馆的治书活动，人们能够得到不失真的、完整的圣贤之道，这就是图书馆"治书以供传道"的本体论目标所在。由此而言，"治书以供传道"是中国古代图书馆的本体论功能所在。

3. 治书以供治学：图书馆之用

上文论述了中国古代图书馆的“治书以供传道”的本体论功能的形成机理。我们知道，“体用一源”是中国古人常用的思维方式。“体”，指事物的内在属性；“用”，指事物的外显作用或功能。如果说上文所论的“治书以供传道”是从“图书馆之体”角度概括的中国古代图书馆的功能形式的话，下面所论的就是从“图书馆之用”角度概括的中国古代图书馆的基本功能形式——“治书以供治学”。

在中国古人中，有的人对图书馆功能的概括可谓精当，如《汉宫殿疏》的作者就认为，汉初萧何令建天禄阁、石渠阁、麒麟阁等藏书之所的目的在于“藏秘书，处贤才”[13]。“藏秘书，处贤才”，可谓是中国古人对官府图书馆（尤其是皇家图书馆）功能的最简洁概括。

我们知道，“盛世书聚，乱世书散”一语是中国古代图书聚散情况的生动写照。同时我们又发现，在中国古代，图书的聚散与人才的聚散总是相伴相生的。据《通典》卷二十六“秘书监”条记载，兰台、东观是东汉时期皇家的主要藏书之所，其中“多当时文学之士”，如班固、傅毅、贾逵、马融、许慎等著名学者，就“雠校于其中”[14]。这一做法开启了后世“学士”多集中于馆阁的先例，如唐太宗李世民任秦王时期的“十八学士”就集中于文学馆，后又大部分兼职于弘文馆；唐玄宗时期的“十八学士”大多兼职于集贤院；北宋的“苏门四学士”兼职于崇文院等藏书之所；明清时期的文渊阁由“大学士”领衔，手下聚集了一批学士；等等。再如，南宋时期的皇家馆阁系统，其入职人员见于《南宋馆阁录》及其《续录》的就有九百六十六人，且大部分为进士或同进士出身；清代四库馆臣有三百六十人，其中不乏纪昀、于敏中、孙希旦、周永年、王念孙、戴震等硕学大儒，如果再加上此前入职于史馆系统的朱彝尊、万斯同、陈梦雷等人，则更可谓是星光灿烂。可以说，自东汉以来，历代有名望的学者大部分都曾入职或兼职于皇家馆阁系统，这就是中国古代皇家图书馆发挥“藏秘书，处贤才”功能的历史事实。

中国古人关于皇家图书馆的“藏秘书，处贤才”功能的认识，亦散见于有关史籍中。《新唐书·百官志》所记载的唐代弘文馆的职责是“详正图籍，教授生徒。朝廷制度沿革、礼仪轻重，皆参议焉”。范仲淹在描述宋代馆阁系统的功能时指出，国家开设馆阁是为了“延天下英才，……以待顾问”[15]，又说“馆殿为育材之要府”[16]；宋英宗则干脆说“馆阁所以育隽材”[17]。由此可见，在古代中国人的心目中，皇家图书馆是一个集治书、育人、资政功能为一体的综合性设施。可以说，喻古代皇家图书馆为藏龙卧虎之地都不为过，诚如欧阳修所言：“名臣贤相，出于馆阁者，十常八九。”[18]所以，古代有“宁登瀛，不为卿；宁抱椠，不为监”[17]2524

（“登瀛”“抱椠”即指入职馆阁）之说。朝廷如此重视藏书，皇家图书馆职业如此受宠，充分体现了中国古代“学而优则仕”的人才选拔机制，以及重视“文治”的优良传统。

中国古代的图书馆系统可分为四大类型，即官府图书馆（以皇家图书馆为主体）、私家图书馆、寺观图书馆和书院图书馆。如果说“藏秘书，处贤才”是皇家图书馆的主要功能表现的话，其他三类图书馆的功能则不宜概括为“藏秘书，处贤才”，其主要原因之一就是：这三类图书馆无法直接承担“以待顾问”的政治咨询职能。我们知道，皇家图书馆主要面对的是精英或准精英人才，其入职者亦为已成名或成家者，而普通大众几乎是无缘步入其中的。但即便如此，四大类型图书馆在功能表现上却仍具有一个共同点：治书以供治学。

以皇家图书馆为主体的官府图书馆，其主要职能虽为“藏秘书，处贤才”，但其日常业务工作仍然是治书，且治书的目的仍然首先表现为供学者治学之用。因此在中国古代，在每次改朝换代之际，新兴王朝几乎无一例外地都会做同一件事情：广征书籍，以建成完整的国家藏书体系。而且，几乎每个朝代也都非常重视对所征书籍进行收藏、保护、编目、编纂以及流通、利用等工作。即使是不重典籍事业的明代，在太祖和成祖期间也形成了号称“百万卷”的文渊阁藏书，并在成祖时期修有《永乐大典》、《五经大全》、《四书大全》和《性理大全》；成祖之后的馆阁工作虽然每况愈下，但仍编有《文渊阁书目》《行人司书目》等颇具特色的书目，且建有皇史宬这样图书馆、档案馆合一之大型建筑。需要指出的是，皇家图书馆的藏书是提供给臣僚借阅，并为有关学者著书立说提供文献保障的，而不是壁垒森严、“秘不示人”的。比如，孔子为了著《春秋》就曾“西观周室”。汉代以后，随着皇家图书馆制度的进一步健全，其支持学者治学和著书立说的功能愈益凸显，如司马迁著《史记》，扬雄著《方言》，班固著《汉书》，应劭著《风俗通义》，荀悦著《汉纪》，陈寿著《三国志》，华峤著《汉后书》，刘义庆著《世说新语》，萧统编《文选》，魏徵等修《隋书》，刘知几著《史通》，杜佑著《通典》，欧阳修著《新五代史》，李焘著《续资治通鉴长编》，等等，均不同程度地得到了皇家图书馆所提供的文献保障支持。至清乾隆时期，翰林院所藏的《四库全书》底本允许士人借阅，就连《四库全书》南三阁之藏，也都允许士人借抄，乾隆帝甚至为此专门批示曰：“嘉惠士林。”这已成为中国藏书史、图书馆史上的一段佳话。

在中国古代，许多私家图书馆藏书之富、校勘之精、保护之良、编目之优不亚于官府图书馆，即私家图书馆的治书水平很高。与官府图书馆不同，私家图书馆是满足社会底层读书人治学需要的文献保障力量之一。私家图书馆为学者治学而开放藏书之事，史不绝书。晋人范平藏书七千余卷，“远近来读者恒有百余人”；南朝齐崔慰祖藏书至万卷，邻里之人向其借书常达“日数十帙”；北宋宋敏求藏书既多且校勘精良，许多人为借其书而“多居其侧”；元代藏书家冯梦周对于有人借其书，“损坏者不责偿”；明代藏书家李如一对于别人“有所求借，则朝发而夕至”；等等。此外，即使规定有“代不分书，书不出阁”，范钦“天一阁”的藏书亦非秘不示人。事实上，黄宗羲、朱彝尊、万斯同、袁枚、钱大昕、全祖望、汪炤、阮元等许多学者，都曾登天一阁阅抄图书。至于“古越藏书楼”，则更向所有治学者开放，且提供餐饮之便，堪为先于公共图书馆而开放的“先行者”。这些事实都说明，“治书以供治学”为私家图书馆的基本功能。

寺观亦有丰富的藏书，且校勘精详，写印优美，排架独特（如轮藏），保护有方，而编目尤精。例如，道安所编的《综理众经目录》，曾获梁启超从五个方面所给予的高度评价[19]，说明寺观图书馆治书亦有相当高的水平。寺观所藏经书主要提供给僧人或道士修习之用，但寺观中亦有较多的非宗教书籍，尤以小学类及字书、辞书等基础读物较多，而且这些读物允许社会上的非宗教之人阅抄。这就说明寺观图书馆的功能亦可概括为“治书以供治学”，只不过这里的治学主体既包括信徒，也包括一定数量的非信徒人员；治学的内容既包括宗教知识，也包括非宗教知识。

书院是集讲学、藏书、祭贤三者于一体的学术与教育设施。“书院”之名，因书而得。“书院所以教士者，而书籍为教士之具。使有书院而无书，则士欲读不能，是书院徒有教士之名已失教士之实。”[20]由此足见，藏书在书院建设中的重要地位和作用。大多数书院订立有或详或略的藏书管理制度，包括受赠、购书、编目、阅抄、借书（包括借还书时间、借期、借书量、借书手续、遗失损坏处理办法等）等方面的规则或规程。藏书管理制度较为全面者，如梁鼎芬为惠州丰湖书院所制定的《丰湖书藏四约》，包括捐书约、藏书约、借书约和守书约，共五十六条。毋庸置疑，书院图书馆治书有方，一些业务规程和管理规则甚至对今日之图书馆来说亦有借鉴价值。相较而言，在中国古代四大类型图书馆中，书院图书馆的开放程度是最高的。《丰湖书藏四约》之“借书约”中的一段话，典型地反映了书院图书馆的开放思想：“有书而不借，谓之鄙吝；……今之书藏，乃一府之公物，非一人之私有，不借不如不藏。”无须赘言，“治书以供治学”是书院图书馆的基本宗旨与功能所在。

“治书以供治学”是中国古代四大类型图书馆的共同功能，只不过各类型图书馆实现这一功能的具体形式和手段不同而已。阮冈纳赞“图书馆学五定律”之第一定律即为“书是为了用的”，这里所言的“用”，其基本含义就是“用于治学”。可见，中国古代图书馆在实践上早已体现了“书是为了用的”这一功能价值。因此可以说，“治书以供治学”与“书是为了用的”具有等价意义。总之，中国古代“图书馆之用”就是“治书以供治学”。

4. 结语

北宋理学家程颐在《易传·序》中说："至微者，理也；至著者，象也。体用一源，显微无间。"[21]众所周知，"体用一源"是中国古人一以贯之的思维方式和言理方式。"体用一源"与"道器合一"言异义同。在中国古人的思想意识中，任何事物都有体有用；事物的体（属性）通过用（功能）显现出来；体与用之间无所谓孰重孰轻。本文把中国古代图书馆的基本功能概括为"治书以供传道"和"治书以供治学"两种形式，两者的区别最终体现在"传道"与"治学"的区别上。相较而言，"传道"比"治学"更具本体意义，因为按照中国古人的思想逻辑，"治学"是为了"明道"，明道之后还要"传道""行道"，所以，"治学"始终处于手段范畴而非本体范畴。在此意义上，本文把"治书以供传道"视为显示"图书馆之体"的功能形式，而把"治书以供治学"视为显示"图书馆之用"的功能形式。"治书以供传道"和"治书以供治学"并非指图书馆的两种功能，而是指图书馆功能的不同表现形式；前者为"形而上"表现形式，后者为"形而下"表现形式。在图书馆活动中，"治书以供传道"的过程与"治书以供治学"的过程是无法截然分开的，事实上，两者是混融一体（"体用一源"）的。这就说明，把中国古代图书馆的功能形式区分为"治书以供传道"和"治书以供治学"，是为了适应体用二元认知模式而进行的逻辑意义上的区分，而非图书馆功能本身的区分。若从中国古代图书馆的功能本身而言，则既可以把它概括为"治书以供传道"，也可以把它概括为"治书以供治学"，两者具有等价意义。因此，本文题目虽选用了"治书以供治学"一语，但其实选用"治书以供传道"亦无妨。（原载《图书馆建设》2019年第6期）

参考文献

[1] 梁启超．中华图书馆协会成立会演说辞［M］//中国图书馆学会．百年文萃——空谷余音．北京：中国城市出版社，2005：43－47.

[2] 马克思，恩格斯．马克思恩格斯全集：第2卷［M］．北京：人民出版社，1957：7.

[3] 蒋元卿．校雠学史［M］．上海：商务印书馆，1935（民国二十四年）：178.

[4] 刘咸炘．刘咸炘学术论集·校雠学编［M］．桂林：广西师范大学出版社，2010：263.

[5] 程千帆，徐有富．校雠广义［M］．2版．济南：齐鲁书社，1998：叙录.

[6] 张舜徽．广校雠略：汉书艺文志通释［M］．武汉：华中师范大学出版社，2004：8.

[7] 张舜徽．中国文献学［M］．武汉：华中师范大学出版社，2004：3.

[8] 黄爱平．中国历史文献学［M］．北京：中国人民大学出版社，2010：前言1.

[9] 胡朴安，胡道静．校雠学［M］．长沙：岳麓书社，2013：1－2.

[10] 王鸣盛．十七史商榷［M］．黄曙辉，点校．上海：上海书店出版社，2005：序2.

[11] 叶德辉．书林清话［M］．李庆西，标校．上海：复旦大学出版社，2008：308.

[12] 陈谷嘉，邓洪波．中国书院史资料：上册［M］．杭州：浙江教育出版社，1998：182.

[13] 何清谷．三辅黄图校释［M］．北京：中华书局，2005：339－340.

[14] 杜佑．通典［M］．北京：中华书局，1988：735.

[15] 李焘．续资治通鉴长编［M］．北京：中华书局，2004：3434－3435.

[16] 范仲淹．范仲淹全集：上［M］．薛正兴，校点．南京：凤凰出版社，2004：565.

[17] 脱脱，等．宋史［M］．简体字本．北京：中华书局，2000：2596.

[18] 欧阳修．欧阳修文集［M］．沈阳：辽海出版社，2010：809.

[19] 梁启超．佛家经录在中国目录学之位置［M］//彭斐章，谢灼华，乔好勤．目录学资料汇编．武汉：武汉大学出版社，1986：197.

[20] 班书阁：书院藏书考［M］//国立北平图书馆馆刊：第5卷·第3号．北京：书目文献出版社，1992.

[21] 程颢，程颐．二程集［M］．王孝鱼，点校．北京：中华书局，1981：689.

古代中国人的图书馆学智慧

【导读】中国作为文明古国，有着悠久的图书馆发展史。在漫长的历史过程中，中国古人积累了极为丰富的图书馆实践智慧和思想智慧。分析和归纳古代中国人的图书馆学智慧，是梁启超所言的“中国的图书馆学”研究的重要任务。本文利用价值分析法和功能分析法，分析古代中国人图书馆学思想的构成，归纳出了古代中国人图书馆学智慧的五个方面构成，分别是：文以载道，集中反映了古代中国人的文献价值观；藏书以传道，集中反映了古代中国人的图书馆价值观；治书以供治学，集中反映了古代中国人的图书馆功用观；爱书须传布，集中反映了古代中国人的藏书流通观；馆职为美职，集中反映了古代中国人的图书馆职业价值观。本文首次对古代中国人的图书馆学智慧进行了思想史意义上的概括，这对拓宽和深化“中国的图书馆学”研究具有重要意义。

1. 引言：解题

毋庸置疑，中国作为文明古国，有着悠久的图书馆发展史。在长期的发展过程中，古代中国人积累了极为丰富的图书馆实践智慧和思想智慧。梁启超曾说：“中国书籍的历史甚长，书籍的性质极复杂，和近世欧美书籍有许多不相同之点。我们应用现代图书馆学的原则去整理它……一定能在图书馆学里头成为一独立学科无疑，所以我们可以叫它做‘中国的图书馆学’。……中国从前虽没有‘图书馆学’这个名辞，但这种学问却是渊源发达得很早。”[1]从梁启超的这段话中，我们至少可以读出三个方面的信息：中国的书籍史与欧美国家的书籍史迥然有异，从中国书籍史的特征出发去研究中国古代图书馆的发展历程及其成就，就能产生出“中国的图书馆学”；从“应用现代图书馆学的原则去整理它”一语来看，梁启超所称的“中国的图书馆学”，指的是中国古代图书馆学，且从时间界限上来说，应该是指先秦至清末时期的图书馆学；中国古代虽无“图书馆学”之名，但却有着悠久的关于图书馆的学问。古代中国人的这种关于图书馆的学问，就是本文所称的“古代中国人的图书馆学智慧”。

中国古代无疑有着极为丰富的图书馆学思想，但中国古代却从未有人对图书馆学思想做出条理化的、形式化的、体系化的综合与归纳。这是由中国古人重个体直觉而不重系统论证的思维方式所决定的，诚如哲学家张岱年先生所指出的那样：“中国哲学不注重形式上的细密论证，亦无形式上的条理系统。中国思想家认为经验上的贯通与实践上的契合，就是真的证明。……中国思想家的习惯，即直截将此所悟所得写出，而不更仔细证明之。……中国思想家并不认为细密论证是必要的；反之，乃以为是赘疣。”[2]张先生这段话是针对中国古代哲学思想的思维特征而言的，但同样适用于描述中国古代图书馆学思想的思维特征。如果按照现代人的习惯性理解，那么能够称得上“思想”的东西应该具有一定的、形式化的、逻辑范畴的有序组合特征，但中国古人不追求这种形式化的逻辑思维，而是习惯于将自己的“所悟所得”直接写出来，以至于“思想”处于各说各的散论状态。然而，正是在这种散论话语中才蕴藏着直觉思维所特有的灵感与智慧。如果说现代图书馆学具有明显的“理论理性”特征的话，中国古代图书馆学则具有明显的“实践理性”特征。作为理论理性的“思想”，以抽象性、逻辑性、体系性为特征，而作为实践理性的“智慧”，则以具体性、直觉性、灵动性为特征。所以，中国古人关于图书馆的学问，与其称之为“图书馆学思想”，不如称之为“图书馆学智慧”。本文将从文献价值观、馆阁价值观、馆阁功用观、藏书流通观、馆阁职任观等方面，一窥古代中国人的图书馆学智慧。

2. 文献价值观：文以载道

简单且直观地说，收藏文献的地方就是图书馆，即图书馆是因藏有“文献”才成为“馆”。所以，要想确认图书馆的价值，首先要确认文献的价值；文献的价值决定了图书馆的价值。综观中国古代学术史，可以肯定地说，中国古人是在“文以载道”视域中确认文献之价值的。众所周知，中国古人有着悠久的“文以载道”思想传统。①“文以载道”中的“文”，狭义上可理解为“文字”“文辞”或“图文”；广义上则可理解为图文作品（包括文章、图画、书籍等），即今人所称的“文献”。

---

① “文以载道”一语，来源于北宋周敦颐所言：“文，所以载道也。”但是，“文以载道”的观念早已有之，如南北朝时期刘勰所言的“圣因文而明道”，唐代柳宗元、韩愈所言的“文以明道”，南宋朱熹所言的“文以讲道”，明人王艮所言的“经（六经）所以载道”，明人薛瑄所言的“经乃道之精华”，明末清初冯班所言的“不读书，何以知圣人之道”，等等。这说明“文以载道”是中国古人一以贯之的思想传统。

当然，从更加广义的层面上来说，文字、文献等概念都属于“文化”范畴，所以“文以载道”中的“文”又可理解为“文化”。“文以载道”中的“道”，指的是中国古代诸子百家所通用的、万事万物之所以如此存在和运行的根本原因及其法则。[①]文献与道的关系是：道记录在文献之中，文献是记录道的形式和工具；文献以记录和显现道为目的，道借助于文献而得以保存、显现和传播。

《周易·系辞下》云：“上古结绳而治，后世圣人易之以书契，百官以治，万民以察，盖取诸夬。”可以说，这段话道出了书契（文书或书籍）产生的历史缘由——记录治官治民之道。这也证明了“文以载道”一语的历史真确性。

中国古代的儒家认为，道是由圣人发现和传播开来的，同时认为圣人之道记载于六经文献之中，这就是中国古代崇圣文化和经学文化长盛不衰的思想根源所在。正是因为道已由圣人发现并记载于六经文献之中，所以，“崇圣”“崇道”“崇经”几乎可视为同义语，诚如明成祖朱棣在《御制性理大全书序》中对“圣”“道”“经”三者之间的关系所做的解释：“厥初圣人未生，道在天地；圣人既生，道在圣人；圣人已往，道在六经。”可见，道从天地转至圣人，再转至六经的过程，就是“道载于文”的过程，也就是上古时期“文以载道”的实现过程。

“道载于文”的过程，用波普尔的语言来说，就是“客观知识”（objective knowledge）的形成过程。德国哲学家卡西尔指出：“一切文化成果都来源于一种凝固化与稳定化的活动。人如果不具有使他的思想客观化并使之具有坚固而持久的形态的特殊能力的话，那他就不可能交流他的思想和感情，从而也就不可能生活在社会的世界中。”[3]。知识的客观化或思想的客观化，使得知识和思想获得了客观的形态，也就是使知识和思想突破了随着个体生命的消亡而消亡的局限，从而获得了跨时空无限存贮和传播的可能。这就是“文以载道”或“道载于文”对人类文明发展所做出的独特贡献及其价值所在。

由于“道载于文”，所以，读文就可以明道，此即“读文明道”的过程。所谓“读文明道”，实际上就是客观知识主观化的过程，亦即学习的过程。“读文明道”也就是“学以明道”，所以《论语·子张》云“君子学以致其道”，朱熹说“古人读书，将以求道”[4]，顾炎武说“君子之为学，以明道也”[5]。学习的首要目的是明道，而读书是“学以明道”的重要途径，诚如苏辙所云：“古之知道者必由学，学者必由读书。”[6]而读书明道之所以成为可能，就是因为“道载于文”，用东汉王符的话来说就是：“夫道成于学而藏于书。”[7]王符这里所言的“道藏于书”，可以视为后世人们所言的“文以载道”的先声。在卡西尔看来，“文”或“书”是符号的世

① “道”是中国古代思想的核心概念。哲学家金岳霖指出：“万事万物之所不得不由，不得不依，不得不归的道才是中国思想中最崇高的概念。”（金岳霖. 论道［M］. 北京：商务印书馆，2015：18.）

界。人生活在符号世界（文化世界）中，人所面对的是“一个由各种符号组成的世界，……除了各种文献或遗迹以外，没有任何事物或事件能成为我们历史知识的第一手的直接对象”，“文献和记录并不是单纯物理的事物，而是必须作为符号来阅读的”[3]346-347。把文献“作为符号来阅读”的过程，实际上就是“读文明道”的过程，而“读文明道”的过程就是卡西尔所说的“符号化操作”的过程。人正是因为能够进行“符号化操作”，才成了“符号的动物”[3]45。

正是因为圣人之道在圣人之书中，所以，“文以载道”与王符所言的“夫道成于学而藏于书”是一回事。由此而言，道与书之间就具有了互指或互文的性质。也许此故，南宋学者包恢在《盱山书院记》一文中指出：“圣贤之书所以明道，书即道，道即书，非道外有书，书外有道，而为二物也。”[8]包恢的这一段话，可从以下两个方面来理解其意：

其一，圣贤之道在书中，而不在他物中。所以，读圣贤之书也就等于读圣贤之道、明圣贤之道；如果没有圣贤所作之书，圣贤之道便无以存、无以明、无以传。由此而言，圣贤之书与圣贤之道之间是一种“等价”关系，故曰：“书即道，道即书。”

其二，圣贤之道的传承如果撇开口口相传的共时性传播渠道，就只能借助于特定载体进行历时性传播，这种特定载体主要是书（广义上而言就是文献）。若仅就历时性传播渠道而言，则人们只有通过圣贤之书才能了解和把握圣贤之道，别无他径。由此而言，圣贤之书与圣贤之道是合二为一的“一体物”，不可分割，故曰：“非道外有书，书外有道，而为二物也。”

包恢“书即道，道即书”命题的思想来源之一，是中国古人的“道器合一”思想。在道器合一论视域中，书是载道之器。这里的“载道”一词，不仅有静态意义上的承载之意，还蕴含着动态意义上的明道、传道之意。也就是说，人们著书、读书、传书的过程，使得道不断地得以阐明和传播。反过来说，若无书，则道无以阐明、无以传播，在历时性传播路径下更是如此。正是因为道在书中，所以学者明道须读书，诚如南宋欧阳守道所言：“学也者，因圣贤之书，求圣贤之心。”[8]181如果用海德格尔的存在哲学语言来说的话，道记载于书中，离开书，道无以向人显现；道就是书中文字所显现出来的意义。存在主义哲学大师萨特曾指出：“存在先于本质。”[9]其实，这句话应该说成“存在与本质同体无间”，即存在与本质同生共存，无所谓孰先孰后。正因如此，“二程”才说：“器亦道，道亦器。”[10]也就是说，道与器之间也是同体无间的关系——道不能离开器而存在，道与器只能合一而存。对于圣人故去之后的人们而言，圣人之道存在于书中，书是载道之器，道与书同体无间，所以说“书即道，道即书”。

“道器合一”在理学家那里被称为“体用一源”。北宋理学家程颐在《易传·

序》中说：“至微者，理也；至著者，象也。体用一源，显微无间。”[11]“体用一源”与“道器合一”言异义同。在中国古人的思想意识中，任何事物都有体有用，事物的体（属性）通过用（功能）显现出来，体与用之间无所谓孰重孰轻。在“书即道，道即书”命题中，书处于“用”的地位，即书被用于藏道、传道。“以书藏道”和“以书传道”，其实是人类的一大发明，是人类继发明文字、纸笔和印刷术之后的延伸性发明。能够借助文献（书）来保存和传播知识信息，是人与动物的根本区别之一。在此意义上，我们可以做出这样关于人的定义：“人类是能够创造并利用文献来从事文化创造活动的动物。”[12]这一定义可以称为关于人的文献学定义。

《荀子·劝学》曰：“君子生非异也，善假于物也。”这里所说的“物”，即指“器”或“器物”。荀子把善于借助器物的能力视为人的根本特征之一。明末清初学者王夫之说：“圣人者，善治器而已矣。”[13]王夫之所言的“善治器”，与荀子所言的“善假于物”义同。由此我们可以说，人是善于假物治器的动物。人类能够借助文献来保存和传播知识信息，就是善于假物治器的表现。在此意义上，我们又可以说：人是懂得“文以载道”的动物，也是懂得“道藏于书”并“以书传道”的动物。

在道器关系视域中考察文献的功用价值，由此而得出的“文以载道”“道藏于书”“以书传道”“书即道，道即书”等本体论思想结论，完全可以视作古代中国人的“文献哲学”或“文献价值论”学说。在这一学说遗产中，不仅蕴藏着中国古人善于直觉思维的灵动与智慧，还体现了中华民族“志于道”“学于文”的优秀品质。

3. 馆阁价值观：藏书以传道

中国古代并无“图书馆”之名。中国古代的图书馆大多用殿、阁、馆、观、院、楼等建筑物的名称来命名。西汉的石渠阁、天禄阁，东汉的东观，隋代的观文殿，唐代和五代时期的“三馆”（昭文馆、弘文馆、史馆），宋代的“三馆秘阁”（合称“崇文院”），明代的文渊阁，清代的四库七阁，以及名目繁多的历代私家藏书楼、寺观藏经楼等，即为古代图书馆的名号。自宋代始，人们往往把藏书之所泛称为“馆阁”，如北宋程俱在《麟台故事》中，欧阳修及南宋洪迈在文章中就经常使用“馆阁”一词，而南宋陈骙所撰的《中兴馆阁录》（清代修《四库全书》时改名为《南宋馆阁录》），则直接用“馆阁”一词命名其书。由此可见，所谓的“中国古代图书馆”，是指以馆阁或藏书楼形态存在的藏书之所。

馆阁有何价值？对此问题，可从“形上”（道）和“形下”（器）两个角度或两个层面分别作答。① 这一部分先从形上层面论述，形下层面的论述则在下一部分“馆阁功用观”中进行。

由于“道”是中国古代思想的核心概念，所以，中国古人普遍秉持崇道观念。事实的确如此，如《论语·里仁》所云的“朝闻道，夕死可矣”，《荀子·子道》所云的“从道不从君”，以及《国语·楚语上》所云的“进退周旋，唯道是从”等语，就证明了中国古人对于“道”的无限崇拜及其不可置疑性。“道”是中国古人思考万事万物之规律时所使用的最具本体意义的概念，因而“以道观之”就是中国古人的形上思维表现。由此而言，“以道观之”的馆阁价值，就是馆阁的形上价值。就现象而言，馆阁因藏书而成为现实的存在，世上没有无藏书的馆阁。但是，藏书本身并非馆阁的本质性价值所在，其本质性价值在于传道。也就是说，对于馆阁而言，藏书是手段，传道是目的，合而言之，藏书以传道才是馆阁的本质性价值所在。

毋庸置疑，崇道而不信神是中国古人一以贯之的思想传统，所以《论语·述而》云孔子一生“志于道”，而从“不语怪、力、乱、神”。既然崇道，就要致力于存道、传道。反过来说，不存道、不传道，就算不上崇道。存道与传道之间是互为条件的关系，即无存道则无以传道，无传道亦无以存道。但我们要知道，无论是存道还是传道，都不能自动实现，诚如朱熹所言：“道之在天下，……其文则出于圣人之手，而存于《易》、《书》、《诗》、《礼》、《乐》、《春秋》、孔孟氏之籍，……然古之圣人欲明是道于天下而垂之万世，则其精微曲折之际，非托于文字，亦不能以自传也。”[14]也就是说，道不能自传，而只能靠共时性的言传身教和历时性的文献阅读来传播。就历时性的文献阅读而言，其过程就是代代相传的藏书及其利用（阅读）过程。所谓“代代相传的藏书及其利用过程”，实际上就是存道与传道的代际连续过程，用现代的话来说就是保存知识和传播知识的代际连续过程。

因为“道”是观念性的东西，所以，存道与传道需要有一定的物质基础，而文献和馆阁就是这种物质基础。这表明，馆阁是存道和传道的物质设施。也就是说，馆阁的存在价值就在于存道和传道。如果没有人类存道和传道的需要，则馆阁便不会产生和存在。世上没有不存道、不传道的馆阁，所以说藏书以传道是馆阁的本体论价值所在。

中国古代“文以载道”观念的早熟，导致了中国古人“以文传道”手段的早熟，文字、造纸术、印刷术的很早发明和应用，就是“以文传道”手段发达的标志。“以文传道”手段的发达，自然要求馆阁事业的发达，由此而言，馆阁是“以文传道”之器。“工欲善其事，必先利其器”，如果没有作为传道之器的馆阁，“以

---

① 这种“形上”和“形下”之分，显然来源于《易传》所言的“形而上者谓之道，形而下者谓之器”一语。形上之论，指抽象、本体意义上的论述；形下之论，指具体、功用意义上的论述。前者为“体”，后者为“用”。

文传道”之业就将受到极大的限制，反之，馆阁之业的发达，必将有利于保障“以文传道”之业的发达。正因如此，中国古代历朝历代的帝王大多极为重视馆阁事业的发展。淳化三年（992年），宋太宗视察新建成的秘阁，“观群书齐整，喜形于色，谓侍臣曰：‘丧乱以来，经籍散失，周孔之教，将坠于地。朕即位之后，多方收拾，抄写购募，今方及数万卷，千古治乱之道，并在其中矣。’”[15]宋太宗之所以喜形于色，是因为馆阁完成了对“千古治乱之道”的存道、传道任务，亦即完成了存道、传道之器的任务。

为了实现“以文传道”，就要防止“文之失传”，因为对于历时性传道而言，“文之失传”等于“道之失传”。为了防止“文之失传”，就要做到“藏而不失”，而欲“藏而不失”，最佳的办法之一就是藏之馆阁。这样就形成了馆阁的基本使命：藏书以传道。明人丘濬说：“书之在天下，乃自古圣帝明王精神心术之所寓，天地古今生人物类义理政治之所存，今世赖之以知古，后世赖之以知今者也。”[16]丘濬此言有两层含义：一是天下之道藏于书中；二是传书等于传道，即其所言“今世赖之以知古，后世赖之以知今”。所以，丘濬又说：“人君为治之道非一端，然皆一世一时之事。惟夫所谓经籍图书者，乃万年百世之事焉。盖以前人所以敷遗乎后者，凡历几千百年，而后至于我，而我今日不有以修辑而整比之，使其至我今日而废坠放失焉，后之人推厥所由，岂不归其咎于我之今日哉？是以圣帝明王，所以继天而子民者，任万世世道之则于己，莫不以是为先务焉。”[16]809丘濬这段话是在《图籍之储》一文中说的，该文的核心意旨是：历经千百年留传下来的文献，不应“至我今日而废坠放失”，所以“图籍之储”是圣帝明王应负的“先务”之责，这样才能避免“后之人”把图籍的“废坠放失”“归其咎于我之今日”的结局。丘濬在这里指出了发展馆阁事业（图籍之储之业）是国家之责的道理，这与IFLA/UNESCO《公共图书馆宣言》所言的“发展公共图书馆事业是国家和地方当局的责任”一语，何其相似？在丘濬看来，图籍之储之业是“万年百世之事”，不能中断，中断则会造成“文之失传”和“道之失传”，以致成为千古之罪。显然，在丘濬的图籍之储论中蕴含着“藏书以传道”的深刻识断。由此而言，现代的人们把丘濬列入“中国古代图书馆学家”[17]行列，似不为过。

“藏书以传道”中的“藏”“传”二字，其实都具有时间属性，即都具有时间上的绵延不断之义。知识和思想在时间上的绵延不断，其实是一种“记忆”的过程。人类的记忆按照载体的不同可分为个体记忆和社会记忆，个体记忆属于体内记忆，社会记忆属于体外记忆。个体记忆的载体为人脑，而社会记忆的载体，则为能够记录和存储知识或思想的特定的体外物质载体。“道载于文”或“道藏于书”，说明文献是第一级体外记忆载体，而文献又藏于馆阁之中，说明馆阁是第二级体外记忆载体。也就是说，文献和馆阁共同起到了人类文化的社会记忆之器的作用。未来学家托夫勒在《第三次浪潮》一书中指出："第二次浪潮文明冲破记忆的障碍。……建造了上千个图书馆和博物馆，发明了档案柜。一句话，它把社会记忆扩展到人们大脑之外，找到了新的储存方法，这样就冲破了原来的局限。"[18]有了文献、馆阁这种社会记忆之器，人类的知识和思想就获得了在时间上绵延不断地存储和传播的可能。卡西尔把文献、馆阁的这种社会记忆功能称为"敢于向时间的力量挑战"[3]316之举。钱穆先生认为，中华民族是一个"不求空间之扩张，惟望时间之绵延"[19]的民族。的确如此，正是这种"惟望时间之绵延"的民族精神，才造就了中华文化的博大精深且源远流长，这说明中华民族是最善于"向时间的力量挑战"的民族。毋庸置疑，在此历史过程中，馆阁的"藏书以传道"功能，做出了不可磨灭的贡献。由此可以证明，"藏书以传道"是馆阁的历史价值与本体价值所在。

4. 馆阁功用观：治书以供治学

上文从"形上"层面论述了中国古代馆阁"藏书以传道"的功用及其历史价值，这一部分将从"形下"层面论证中国古代馆阁"治书以供治学"的功能。

"藏书以传道"是对馆阁的功用及其价值的宏观性、本体性概括。然而，这种宏观性、本体性功能须通过馆阁内部具体而微的实践活动才能实现。馆阁内部的具体业务活动，用现代的话来说主要为文献整理或"知识组织"（knowledge organization）活动。[20]就馆阁实践而言，文献整理或知识组织活动可称为"治书"活动，而治书活动的目的是：给读书人提供治学的文献保障。由此，我们可以将馆阁的功用概括为"治书以供治学"。这里的"治学"是在狭义上而言的，即指读书学习。

众所周知，在中国古人中，朱熹是谈论读书治学最多的人。当年朱熹的弟子刘刚中问："人不学，不知道。学在读书上见，道在行事上见，必读书然后可行事与？"朱熹答曰："固也。然学即学其道，非作两截。……果于经史典籍，潜心玩索，日用云为，细意体察，自能穷天下之理。"[21]我们知道，"格物穷理"是程朱理学所倡导的为学要义，朱熹曾说："读书是格物一事。"[4]167又说："盖为学之道，莫先于穷理，穷理之要，必在于读书。"[14]546总之，读书是治学穷理的基本方式和途径，读书治学就是穷理明道的过程。在中国古代，"学而优则仕"是人们获得升迁机会的主要途径。所谓"学而优"者，主要指读书治学优异的人，而为读书治学的人们提供文献保障，就是馆阁的基本功用所在。

馆阁的文献保障职能主要表现为文献整理活动，包括文献的收集、抄写、分类、辨伪、校勘、编目、保护、排架、借阅等一系列工作。这一系列工作就是治书工作，中国古人称之为"校雠学"。胡朴安、胡道静叔侄二人在《校雠学》一书中指出："校雠学者，治书之学也。……自其广义言之，则搜集图书，辨别真伪，考订误谬，匣次部类，暨于装潢保存，举凡一切治书事业，均在校雠学范围之内。掌此职者，在古为柱下史，在后世为秘书监。其一时特设者，如汉之天禄、东观，宋之崇文、中兴，清之四库馆，特延校雠家治群书也。”[22]可见，古代的柱下史、秘书监等史官和馆职人员是治书之业的职掌者，而这些职掌者其实就是后世“图书馆员”的前身，其核心或骨干人员在古代统称为“校雠家”。① “汉之天禄、东观，宋之崇文、中兴，清之四库馆”等馆阁，是延聘馆职人员治群书的场所，即古代图书馆是治书之所。

下面仅以校勘和编目二事为例，说明馆阁“治书以供治学”的功用。

校勘文献（简称“校书”）作为治书的重要一环，是如何助力于治学的，北魏孙惠蔚的一则上疏为我们揭示了其中的许多缘由及原理。据《魏书·孙惠蔚传》记载：“惠蔚既入东观，见典籍未周，乃上疏曰：‘臣闻圣皇之御世也，必幽赞人经，参天二地，宪章典故，述遵鸿猷。……故大训炳于东序，艺文光于麟阁。斯实太平之枢宗，胜残之要道，有国之灵基，帝王之盛业。……而观、阁旧典，先无定目，新故杂糅，首尾不全。有者累帙数十，无者旷年不写。或篇第褫落，始末沦残；或文坏字误，谬烂相属。篇目虽多，全定者少。……今求令四门博士及在京儒生四十人，在秘书省专精校考，参定字义。如蒙听许，则典文允正，群书大集。’诏许之。”

孙惠蔚的这则上疏，首先阐明了典籍对安邦治国的重要性，然后列举了秘书省藏书的混乱情况，包括：没有目录；新旧图书交错杂放，排列无序；部分图书副本过多，部分图书则没有抄写副本，副本比例不合理；图书品相残破，卷轴头尾破损，缺少维护；图书内容残缺，篇章次序混乱；书中文字讹误多，难以阅读；图书虽然数量多，但可阅读的定本不多。最后，孙惠蔚请求皇帝让自己领四十人校勘这些图书，皇帝同意了他的请求。这一过程可概括为如下一个前后序列：臣僚发现藏书混乱问题→提出校书建议及方案→皇帝同意→开展校书活动。在中国古代，这种序列活动一直被当作“例则”来反复进行。正因为这是一种“例则”，所以，中国古代历朝历代总是依例进行校书活动，而校书活动则主要借助于馆阁场所及其工作人员进行。由此我们可以认为：中国古代图书馆事业发展史就是一部校书事业发展史。

---

① 胡氏二人把古代馆阁工作人员统称为“校雠家”，似有不妥之处。自汉代始，秘书监下设有校书郎之职（秘书监与校书郎之间往往还有秘书丞一职），因此称校书郎为校雠家似乎较为妥当。再者，自宋代始，人们把馆阁工作人员泛称为“馆职”，并未称为“校雠家”。后世人们一般把“校雠”与“目录”对应起来，如张尔田言：“校雠者，目录之学也。”（孙德谦《刘向校雠学纂微》序言）刘咸炘认为：“所谓目录学者，古称校雠学。”（《刘咸炘学术论集·校雠学编》）程千帆认为：“治书之学，旧号校雠，比及今世，多称目录。”（《校雠广义》叙录）。可见，称校雠家为“目录家”似乎更妥，称馆阁工作人员为“馆职”似乎更妥。

中国古代朝廷之所以前赴后继地进行校书活动，其原因可从校书所要达到的目的中得到。校书所要达到的目的，至少表现在三个方面：一是就被校的书籍而言，校勘能够使得该书复原还真；二是就馆阁藏书而言，校勘能够提高藏书的质量，以便为文化传承提供尽量真确的文献信息；三是就读者而言，校勘后的完好读物，可使读者免于误读或自我校正之苦。正是因为校书活动能够实现如此之多方面的美好目的，所以，历朝历代的明君贤臣们都乐此不疲地重视并前赴后继地进行校书活动。据姚名达的统计，从汉代至清代，各朝各代所组织的校书次数为：汉代七次，魏吴两晋六次，南北朝十余次，唐代四次，宋代五次，元明二代不校书，清代校写《四库全书》。[23]姚名达所统计的只是一个大略次数，实际次数要多得多，如据汝企和先生的统计，仅南宋一朝所组织的校书就有十二次之多。[24]

从版本学的角度而言，校书的目的为向世人提供“善本”①；从读者的角度来说，唯有求得善本而读，才能避免“劣版书误人”之虞。南宋陆游曾讲过一则“劣版书误人”的故事：“三舍法行时，有教官出《易》义题云：‘乾为金，坤又为金，何也？’诸生乃怀监本《易》至帘前请云：‘题有疑，请问。’教官作色曰：‘经义岂当上请？’诸生曰：‘若公试，固不敢。今乃私试，恐无害。’教官乃为请解大概。诸生徐出监本，复请曰：‘先生恐是看了麻沙本。若监本，则坤为釜也。’教授皇恐，乃谢曰：‘某当罚。’即输罚，改题而止。”[25]此故事中的教官因读麻沙本《易》，而把“坤为釜”误认作“坤为金”，闹出了笑话。这是“劣版书误人”的典型案例。其实，劣版书之弊不只表现为字词讹误，还有衍文、脱简、缺页等诸多弊端，这些弊端的存在必然会对读书治学者造成误读、误判等莫大隐患。由此而言，校书之“复原还真”之功，对读书治学者而言其功至伟。所以，王鸣盛说“读书必先精校书”[26]，叶德辉说“书不校勘，不如不读”[27]。

编目亦为治书的重要内容之一。中国古代的书目，无论是官修书目，还是私家书目、佛教书目、道教书目等，大多都是由馆阁人员借助于馆藏之书而编制的。中国古代到底有多少书目，这是一个难以精确统计的事情，但中国古人非常重视编制书目，且编有数量繁多的书目作品却是可以肯定的。仅就官修书目而言，汪辟疆《目录学研究》所附的《汉唐以来目录存佚统表》就列有60种书目（不包括《四库全书总目》），当然，实际数量应远超60种。此外，在二十四史中还有6部官修史志目录，分别为：《汉书·艺文志》《隋书·经籍志》《旧唐书·经籍志》《新唐

① 关于“善本”的标准，中国古人多有论述，其中张之洞所提出的“三标准”论得到了人们的普遍认可。其曰：“善本非纸白、板新之谓，谓其为前辈通人用古刻数本精校细勘付刊、不讹不缺之本也。……善本之义有三：一足本（无缺卷，无删削），二精本（一精校，一精注），三旧本（一旧刻，一旧钞）。”（司马朝军. 輶轩语详注［M］. 上海：华东师范大学出版社，2010：134－135.）

书·艺文志》《宋史·艺文志》《明史·艺文志》。

至于书目对读书治学有何作用，余嘉锡曾总结有书目的六大功用：其一，“述作者之意，论其指归，辨其讹谬”；其二，“览录而知旨，观目而悉词。不见古人之面，而见古人之心”；其三，“一书大义，为举其纲，书有亡失，览其目录，犹可想见本末”；其四，“品题得失，藉以求古书之崖略。辨今书之真伪，并核其异同”；其五，“择揅群艺，研核臧否，为校雠之总汇，考镜之渊椒”；其六，“阐明指要，资学者博识”。[28]余嘉锡所论的目录之六大功用，无不有助于读书治学。从读书治学的角度而言，目录的功用可概括为“读书之门径，博学之津逮”，诚如余嘉锡评价《四库全书总目》时所云：“（《总目》）足为读书之门径，学者舍此，莫由问津。”[29]我们知道，书目情报工作是图书馆的核心工作之一，而书目对于读书治学所具有的重要价值，就是馆阁价值的重要表现。

综上可知，中国古代图书馆的实践论功用是“治书以供治学”，因此可以说，中国古代图书馆是“治书以供治学”的文化设施。试想，如果人类没有读书治学需求的话，图书馆有何用？对于图书馆的存在而言，“有读书治学者，故我在”之说，是成立的。换言之，“我在，故有读书治学者的文献保障”之说，也是成立的。由此而论，“治书以供治学”是中国古代图书馆的存在论价值所在。如果说“藏书以传道”是中国古代图书馆的本体论价值所在的话，“治书以供治学”就是中国古代图书馆的实践论、存在论价值所在。“藏书以传道”的功用是建基于“治书以供治学”功用的基础之上的，因为如果没有“治书以供治学”的功用，那么“藏书以传道”的功用将无以实现。

5. 藏书流通观：“爱书须传布”

清乾、嘉时期的张金吾，其藏书楼“爱日精庐”的藏书曾达到了十万六千卷之多。张金吾曾购得明人包希鲁所撰《说文解字补义》十二卷元刊本，他在为此书解题时指出：“若不公诸同好，广为传布，则虽宝如球璧，什袭而藏，于是书何裨？于予又何裨？且予喜藏书，不能令子孙亦喜藏书，聚散无常，世守难必，即使能守，或童仆狼藉，或水火告灾，一有不慎，遂成断种，则予且为包氏之罪人。用倩善书者录副以赠，予之不敢自秘，正予之宝爱是书也。”[30]张金吾认为，对于《说文解字补义》之类“宝如球璧”之书而言，“用倩善书者录副以赠”之法，“公诸同好，广为传布”，才是“宝爱是书”的表现，这就是他“爱书须传布”的思想观点。那么，究竟什么样的做法才是真爱书之举呢？在张金吾看来，只是珍藏并非真爱书，诚如其所言：“虽宝如球璧，什袭而藏，于是书何裨？”况且如果“一有不慎，遂成断种”，自己反而成为“罪人”，何谈爱书？反过来，唯有“公诸同好，广为传布”，才是真爱书的表现。因为只有“广为传布”，才能延续书之生命，亦能传播书中思想，使其“永远活在人们心中”。

其实，“爱书须传布”思想并非张金吾首倡，更非张金吾独有。也就是说，在张金吾之前和之后，有许多的中国古人具有藏书开放流通的思想和行动。从史籍记载来看，一些人还专门记述有关于藏书流通的观点或做法。下面举其若干例。

——孔天监“便于众，传于后”的藏书开放思想。金人孔天监有一挚友承庆（按：疑为卫承庆），山西洪洞县人。承庆曾在家乡创办藏书楼，并向众人开放借阅。孔天监记其事云：“（洪洞县）虽家置书楼，人畜文库，尚虑夫草莱贫乏之士，有志而无书，或未免借观手录之勤，不足于采览，无以尽发后生之才分。吾友承庆先辈，奋为倡首，以赎书是任。……是举也，不但便于己，盖以便于众；不特用于今，亦将传于后也。……书林学海，览华实而操源流，给其无穷之取，而尽读其所未见之书。”在孔天监看来，承庆的藏书开放之举，不仅“便于己”，而且“便于众”，并能使“有志而无书”的人得以“尽读其所未见之书”，这是一种不仅“用于今，亦将传于后”的千秋功业。

——姚士粦的“以传为藏”思想。明万历时期的姚士粦，曾提出有独特的藏书传布思想——“以传为藏”思想。其曰：“吾郡未尝无藏书家，卒无有以藏书闻者。盖知以秘惜为藏，不知以传布同好为藏耳。何者？秘惜则箱橐中有不可知之秦劫，传布则毫楮间有递相传之神理。此传不传之分，不可不察者。……以传布为藏，真能藏书者矣。”[31]姚士粦认为，在“以传布为藏”的举动中蕴含着一种“神理”，即藏书只有在传布的过程中，其“生命”才能得以延续；藏书生命的延续在于传布，而不在于“秘惜”，因为“秘惜”总难免“秦劫”（如同秦始皇焚书之劫）的命运，只有“以传布为藏”，才能算是“真能藏书者”。

——曹溶“有无相易”的开放与共享观。明末清初的曹溶，对于藏书家珍藏图书而不轻借人之举深有感触，其曰：“不善藏者，护惜所有，以独得为可矜，以公诸世为失策也。故入常人手犹有传观之望，一归藏书家，无不绨锦为衣，旃檀作室，扃钥以为常，有问焉则答无，有举世曾不得寓目，……使单行之本，寄箧笥为命，稍不致慎，形踪永绝，只以空名挂目录中，……然其间有不当专罪吝惜者，时贤解借书，不解还书，改一瓻为一痴，见之往记，即不乏忠信自秉、然诺不欺之流。书既出门，舟车道路，摇摇莫定，或僮仆狼藉，或水火告灾，时出意料之外。不借未可尽非，特我不借人，人亦决不借我，封己守株，纵累岁月，无所增益，收藏者何取焉？”那么，如何打破这种藏书封闭无闻、不轻借人的局面呢？对此，曹溶提出了一个称为“流通古书约”的办法：“予今酌一简便法，彼此藏书家，各就观目录，标出所缺者，……约定有无相易，则主人自命门下之役，精工缮写，较对无误，一两月间，各赍所钞互换。此法有数善：好书不出户庭也，有功于古人也，已所藏日以富也，楚南燕北皆可行也。”[32]无独有偶，当时的丁雄飞与黄虞稷之间就签署了“有无相易”的正式协议，称为《古欢社约》，规定：“每月十三日丁至黄，二十六日黄至丁。……不入他友，……借书不得逾半月。还书不得托人转致。”[33]无论是曹溶的《流通古书约》，还是丁雄飞与黄虞稷之间的《古欢社约》，都是为了打破藏书家之间相互“秘不示人”的壁垒而推出的一种民间约定，目的是实现藏书的“有无相易”。这倒是互利双赢的开放与共享举措。不过，这种开放与共享，仅限于参与约定的人群（如《古欢社约》仅限于丁、黄二人），故其作用范围极为有限。然而，这种“有无相易”的办法毕竟体现了藏书的开放与共享精神，其办法虽有局限性，但其精神无可厚非。

——宋大樽、宋咸熙父子的“借钞不吝，愿借于人”思想。清代的宋大樽、宋咸熙父子都是藏书家，二人都主张藏书开放观。宋咸熙曾作有《借书诗》一首：“金石之物亦易泐，况兹柔翰历多年。能钞副本亟流播，劫火来时庶不湮。翳予老病子犹痴，过眼云烟看几时。浊酒一瓻何用报，先公泉下亦怡怡。”这首诗所表达的意蕴是：金石以及柔翰之书，年久不免裂隙或陈旧；抄传流通，才能做到“劫火来时”不致湮灭；子孙不必把守书当作“翳予老病”，不然一旦失守便成“过眼云烟”；受用我藏书者不必酬谢，因为我的这种做法会得到先祖的怡然赞许。为何作此诗？宋咸熙在诗序中记其动机曰：“藏书家每得秘册，不轻示人，传之子孙，未尽能守，或守而鼠伤虫蚀，往往残缺，无怪古本之日就湮没也。先君子藏书甚富，生时借钞不吝。熙遵先志，愿借于人，有博雅好古者，竟持赠之，作此以示同志。”[34]宋大樽、宋咸熙父子“借钞不吝，愿借于人”的藏书开放观，确实体现了“爱物有道”“仁者爱人”的高尚精神。“借钞不吝，愿借于人”的藏书开放观，实际上是一种“与人共之”的藏书伦理观（围绕藏书而形成的人际关系规范）。其实，这种藏书伦理观在中国历史上渊源有自。据《十国春秋·鲁崇范传》载，南唐鲁崇范就认为：“坟典，天下公器，世乱藏于家，世治藏于国，其实一也。”据清《嘉庆资州直隶州志》卷二九《博雅堂记》载，南宋宇文绍奕建有藏书楼“博雅堂”，他在谈及建藏书楼的动机时，说：“吾家故所贮，吾幸得之，不欲擅而有也；盍传之是邦，以为学士大夫共之。”明人李如一曾说：“天下好书当与天下读书人共之。古人以匹夫怀璧为罪，况书之为宝尤重于尺璧，敢怀之以贾罪乎？”[35]明末清初的陆世仪认为：“凡有功业，皆与人共之者也，著述者无论矣。”[36]可见，鲁崇范、宇文绍奕、李如一、陆世仪等人，都有“与人共之”的藏书伦理观。这说明中国古人早已有“资源共享”的观念，尽管这种共享观是朴素的、粗略的，与现代的资源共享观不可同日而语。

说到“与人共之”的藏书开放与共享观，我们自然会想起明末曹学佺的“仿释藏建儒藏”，以及清乾隆时期周永年所提出的“建儒藏以共读之”的“儒藏说”。对于“儒藏说”，因国内图书馆学界已有很多论著做了介绍和评说，故在此不再赘述。

中国古代的图书馆藏书是否开放利用呢？对此问题，现代人的普遍看法是“秘不示人”“深藏不睹”“重藏轻用”等。那么，历史事实果真如此吗？《春秋公羊传·隐公元年》疏引闵因叙云：“昔孔子受端门之命，制《春秋》之义，使子夏等十四人求周史记，得百二十国宝书。”这说明早在春秋战国之际，周室藏书亦可借抄。据史籍记载，宋代三馆秘阁藏书经常有人借阅，甚至出现了久借不还而亡失的现象。仁宗嘉祐四年（1059 年），右正言秘阁校理吴及上奏：“近年用内臣监馆阁书库，借出书籍，亡失已多。”[15]269 徽宗政和四年（1114 年），措置点检秘书省官上奏：“三馆、秘阁自崇宁四年借出书籍，未还者四千三百二十八册、卷，久不拘收。”[15]275-276 这种久借不还的现象一直延续到南宋。宁宗嘉泰四年（1204 年）十月，著作佐郎曾从龙奏曰：“绍兴初，尝因儒臣奏请严借书之禁。绍兴间又尝申训之，今具存也。然循习既久，士大夫视为文具，宛转而求借者甚众，久假不归。”[37] 这说明，南宋的朝廷馆阁虽有“严借书之禁”的规则，但却并不是只藏不借，而是按规则借阅，只是因管理不善而造成了“久假不归”的现象。至清代，乾隆帝指示翰林院所藏《四库全书》底本允许士人“就近检录”，《四库全书》南三阁藏本允许士人“就近观摩誊录”。这说明清代的皇家藏书亦可借抄。中国古代私家藏书楼也是普遍开放利用的。晋代范平的藏书楼“远近来读者，恒有百余人”；南北朝颜之推有“借人典籍，皆须爱护”一语，这说明当时“借人典籍”之事已较普遍；北宋宋敏求家富藏书，当时许多士人为借其书方便而“多居其侧”；元代藏书家冯梦周，有人借其书“损者不责偿，不归者遂与之”；明代藏书家李如一，别人“有所求借，则朝发而夕至”；等等。这都说明私家藏书楼之藏书是流通传布的，而非一概“秘不示人”，最为典型者如明人范钦所建的宁波“天一阁”，虽定有“代不分书，书不出阁”的禁规，但也并非铁板一块的毫无开放利用。事实上，黄宗羲、万斯同、李杲堂、朱彝尊、袁枚、全祖望、钱大昕、汪炤、张燕昌、阮元等许多学者，都曾登过天一阁阅抄图书。大思想家黄宗羲更是遍访当时江浙的许多著名藏书楼，进行搜集和阅抄，并因此而将自己的藏书之所定名为“钞书堂”。黄宗羲曾经利用过的藏书楼包括：范钦天一阁、钮石溪世学楼、祁承　澹生堂、郑侠如丛桂堂、黄虞稷千顷堂、钱谦益绛云楼、徐乾学传是楼等。可见，明清私家藏书楼大多是供他人借抄之用的。至于寺观图书馆向信众和来访者开放，书院图书馆向学员和周围人开放，亦为人所皆知之事。这些事实都表明，中国古代图书馆的所有者和经营者大多具有“爱书须传布”的思想和行动。当然，中国古代图书馆藏书“秘不示人”的现象也是普遍存在的，这是由当时购书的不易、文献的复制和流通技术落后、私家藏书的私有财产性、一些人的借书之德缺失（将书污损或不还）等原因，共同作用所导致的，这种“时代的局限性”和“人之常情”也是不言而喻的。

由上述可知，中国古人大多懂得“爱书须传布”的藏书流通观和“与人共之”的藏书伦理观。纵观中国古代的藏书史、图书馆史，传布利用是主流，而秘不示人并非主流。由此而言，称中国古代图书馆为“重藏轻用”，是一种“以今论古”的、未做史实考证而得出的、想当然的误判。历史的事实是“重藏重用”和“重藏重传”，只不过是因古代社会的生产力水平低下，民众的文化水平亦普遍很低，以及朝廷在治民政策上又实行严明的身份等级制度等，而使藏书不可能向天下所有人开放流通而已。如果中国古代的图书馆真的“重藏轻用”或“藏而不传”，那么中华典籍之如此浩瀚，中华文化之如此博大精深且源远流长就是不可想象的！先秦时期（或许是汉代早期）的中国古人就已提出了“知而弗传，不仁也”（《礼记·祭统》）的思想，这种知识传播理念就是中国古人所具有的“爱书须传布”的藏书流通观和“与人共之”的藏书伦理观的思想渊源。

6. 馆阁职任观：馆职为美职

馆阁职务有多重要？馆阁职任是否“物有所值”？馆阁职务应该由什么样的人来担任？关于诸如此类问题的认识，就是馆阁职任观。

6.1 王充、王肃、张说对馆职重要性的认识

东汉王充在《论衡·别通》中提出了“馆阁职任，通人之官”一说：“通人胸中怀百家之言。……富人不如儒生，儒生不如通人。……通人之官，兰台令史，职校书定字，……是以兰台之史，班固、贾逵、杨终、傅毅之徒，名香文美，委积不继，大用于世。”通人之所以比儒生更高明，是因为“通人积文，十箧以上，圣人之言，贤者之语，上自黄帝，下至秦、汉，治国肥家之术，刺世讥俗之言，备矣”。在王充看来，兰台令史等馆职人员“怀百家之言”，治国之术无所不通（通人），因而能够“大用于世”。

曹魏时期曾任秘书监的王肃，深知馆职的重要性。曹魏时期的文官系统中，掌管图书事业的秘书监隶属于掌管朝廷内务的少府。对此，王肃表示了不满，认为秘书监应独立于少府，且应与执掌机要的中书台平起平坐。据《太平御览·秘书监》记载，王肃当时认为，秘书“司先王之载籍，掌制书之典谟，与中书相亚，宜与中书为官联”，而秘书监隶属于少府这种体制安排简直是“隳朝章而辱国典”。与此同时，王肃又作《论秘书丞郎表》，要求提高秘书丞、秘书郎的待遇，其曰：“秘书丞、郎俱四百石，迁宜比尚书郎，出亦宜为郡，此陛下崇儒术之盛旨也。尚书郎、侍御史皆乘犊车，而秘书丞、郎独乘鹿车，不得朝服，又恐非陛下转台郎以为秘书丞、郎之本意也。”在王肃看来，秘书“司先王之载籍，掌制书之典谟”，其职神圣

而重要，若隶属于少府，便有“隳朝章而辱国典”之嫌。因为秘书“掌制书之典谟”，其职与掌机要的中书相仿，所以秘书与中书可平等对待。秘书丞、秘书郎官秩皆四百石，职务亦与郡守相仿，这体现了皇帝“崇儒术之盛旨”，但秘书丞、秘书郎只允许乘坐鹿车，还不如尚书郎、侍御史可以乘坐犊车，且“不得朝服”，这又与“崇儒术之盛旨”不相符，因此应该提高秘书丞、秘书郎的待遇。

在唐代，馆职人员的物质待遇普遍较高，如弘文馆学士，“给以五品珍膳”[38]。但是，有些人对此持有异议，如玄宗时期，陆坚质疑给丽正学士以优厚待遇：“此亦何益国家，空致如此费损。”对此，张说反驳道：“圣上崇儒重德，亲自讲论，刊校图书，详延学者。今之丽正，即是圣主礼乐之司，永代规模不易之道。所费者细，所益者大。”[39]可见，在张说的思想观念中，馆阁作为“刊校图书，详延学者”之所，表现着国家“崇儒重德”的崇高意志，所以给馆职人员以优厚待遇，不能说是“空致如此费损”，而是“所费者细，所益者大”。用现代的话来说，张说是从“成本”与“收益”的比较角度，论证了馆阁及馆职“物有所值”的重要价值。

6.2 馆职为“清官”“第一官”“美职”之说

自汉代始，馆阁及馆职受到了人们的青睐，如东汉时，学者们把东观视为“老氏藏室，道家蓬莱山”[40]。南北朝时，则有把馆职视为“清官”“第一官”之说。《梁书》卷三十三《张率传》和《刘孝绰传》分别记有如下两段话：“张率，字士简，……迁秘书丞，引见玉衡殿。高祖曰：‘秘书丞天下清官，东南胄望未有为之者，今以相处，足为卿誉。’”“孝绰幼聪敏，七岁能属文。……除秘书丞。高祖谓舍人周舍曰：‘第一官当用第一人。’故以孝绰居此职。”

唐开元年间，有一次源乾曜问张说：“学士与侍郎，何者为美?”张说答道：“侍郎，自皇朝已来，为衣冠之华选，自非望实具美，无以居之。虽然，终是具员之英，又非往贤所慕。学士者，怀先王之道，为缙绅轨仪，蕴扬、班之词彩，兼游、夏之文学，始可处之无愧。二美之中，此为最矣。”[39]165在张说看来，集贤学士和侍郎都是“美职”，但相较而言，学士职任“最美”。这就是张说的“馆阁职任最美”之说。无独有偶，杜佑更直称馆职为“美职”：“宋、齐秘书郎皆四员，尤为美职。……（校书郎）掌雠校典籍，为文士起家之良选。其弘文、崇文馆，著作、司经局，并有校书之官，皆为美职。”[41]

6.3 馆阁职任高标准观

馆职之所以被认为“清官”“第一官”“美职”等，是因为在中国古人看来，馆职是“因书究学”或“读书穷理”的职业，是士人实现“学而优则仕”志向的最佳途径。因此可以说，中国古代的皇家图书馆是一种“以书养人，养人以资政”

的文治机构。据《汉宫殿疏》记载，萧何令建石渠阁、天禄阁、麒麟阁等藏书之所的用意，就在于“藏秘书，处贤才”[42]。据《新唐书·百官志》载，弘文馆的职责为：“掌详正图籍，教授生徒。朝廷制度沿革、礼仪轻重，皆参议焉。”宋人范仲淹也说：“国家开文馆，延天下英才，……以待顾问。”[43]可见，馆阁是一个集文献整理、储养人才和咨询顾问为一体的综合性职能机构。能够胜任这种综合性职能机构的工作任务者，非饱读诗书之文人贤士莫属。

那么，如何选任馆职呢？北宋选任馆职的规定是：“直馆至校勘，通谓之馆职，必试而后命。不试而命者，皆异恩与功伐，或省府监司之久次者。”[15]7这里指出了选任馆职的两种形式或途径：一为“试而后命”，可称为“试除”；二为“不试而命”，可称为“特除”（包括“恩除”和“功除”）。也就是说，“试而后命”为常例，“不试而命”为特例。需要指出的是，特除并非滥除，通过特除而入职者亦须具备“异恩与功伐，或省府监司之久次”的身份或业绩条件。洪迈在记述宋代馆职选任制度时，说：“国朝馆阁之选，皆天下英俊，然必试而后命。一经此职，遂为名流。”[44]可见，宋代的馆职选任基本上采用的是“必试而后命”的政策。用今天的话来说，宋代已形成了较为严格的皇家图书馆职业准入制度。

当然，在古代那样的人治时代，这种“必试而后命”的规则在执行过程中必然会遇到各种干扰，以至于有时会出现“滥除”或“衰微”的局面。因此，范仲淹在《奏杜杞等充馆职》一折中说：“天下治乱，系之于人，得人则治，失人则乱，……馆殿为育材之要府，岂宜贤俊不充，至于衰索？”之所以推荐杜杞等人，范仲淹道出了原因：“（他们）或文词雅达，可润皇猷；或经术精通，能发圣蕴。”所以，建议圣上“不限资任，先次召试，各补馆职”，让他们“日玩典籍，不亲米盐之务，专修经纬之业，长育人材”。[45]范仲淹在这里首先指出了“馆殿为育材之要府”的重要性，因而馆职应具备“文词雅达”“经术精通”的素养条件；然后指出了选任馆职应不拘一格且坚持标准，即“不限资任，先次召试”；最后建议让馆职人员“不亲米盐之务，专修经纬之业”，以“长育人材”。在范仲淹看来，馆职选任是为国家养育人才的大事，因而必须按高标准选任。

欧阳修对于馆职选任的高标准观，比起范仲淹有过之而无不及。欧阳修曾在批评当时馆职的“恩除”“滥除”现象时指出：“不择人材，不由文学，但依例以为恩典。……然而授者既多，不免冒滥，本欲取重，人反轻之。”为此，他建议：“今后膏粱子弟既不滥居清职，则前已在馆阁者，虽未能沙汰，尚须裁损。”[46]在欧阳修看来，馆职应该是博学之士“优则仕”的职场，诚如其所言：“自匪识穷元本，学渐渊源，究百世之放纷，总群言而博达，则何以效官天禄？”[46]676这里的“官天禄”即指入职于馆阁。欧阳修所提出的馆职选任高标准观可谓“高之又高”，非博学硕儒者均难望其项背。然而，欧阳修作为一代文豪，尚且如此看重馆职人选的素养条件，可以说表明了他对图书馆职业准入制度的高度重视。

7. 结语

以上，我们从文献价值观、馆阁价值观、馆阁功用观、藏书流通观、馆阁职任观等五个面向，论述了中国古人的图书馆学智慧。其中，文献价值观是后面四个面向的思想基础。也可以说，文献价值观和馆阁价值观共同构成了后面三个面向的思想基础。如果用中国古人常用的“体用一源”思想方法来说的话，文献价值观和馆阁价值观为“体”（本质或目的），后面三个面向为“用”（表现或手段）。由此而言，这五个面向是由价值论和实践论构成的统一整体。我们知道，杜定友先生曾提出了图书馆“三位一体”说：“一为‘书’，包括图与书等一切文化记载；次为‘人’，即阅览者；三为‘法’，图书馆之一切设备及管理方法管理人才是也。三者相合，乃成整个之图书馆。”[47]对照杜先生的“三位一体”说，我们可以认为，本文所论的五个面向中，文献价值观（文以载道）和馆阁价值观（藏书以传道）大体对应于杜先生所言的“书”的范畴，藏书流通观大体对应于杜先生所言的“人”的范畴，而馆阁功用观（治书以供治学）和馆阁职任观（馆职为美职）大体对应于杜先生所言的“法”（管理方法与管理人才）的范畴。需要指出的是，馆阁价值观（藏书以传道）既与“书”的范畴相关联，也与“人”的范畴相关联；馆阁功用观（治书以供治学）既与“法”的范畴相关联，也与“人”的范畴相关联。也就是说，在所论的五个面向中，关联“人”的范畴者最多。总括而言，本文所论的五个面向是以“文”和“人”为核心的范畴体系，从而表明了中国古人的图书馆学智慧是一种“人文智慧”，中国古代图书馆事业是一种“人文主义的事业”[48]（谢拉语）。可以说，中国古代图书馆事业为中华人文文化的高度发达做出了不可磨灭的贡献，中国古人的图书馆学智慧是高度发达的中华民族“人文智慧”的重要组成部分。

需要说明的是，本文所论中国古人的图书馆学智慧的五个面向只是宏观意义上的简略概括，绝非中国古人图书馆学智慧的全部。我们知道，在中国古人的文献收集、文献校勘、文献揭示（编目）、文献保护、版本鉴别、馆舍建筑等实践活动中，蕴含着极为丰富而又细微的方法智慧和思想智慧。对于这种方法智慧和思想智慧的全面挖掘、总结及择优传承，就是梁启超所言的建设“中国的图书馆学”的主要任务。（原载《图书情报工作》2020 年第 18 期，发表时题目为《中国古典文献中的图书馆学智慧》，且脚注移入文内）

参考文献

[1] 梁启超．中华图书馆协会成立会演说辞 [M] //中国图书馆学会．百年文萃——空谷余音．北京：中国城市出版社，2005：44－45.

[2] 张岱年．中国哲学大纲——中国哲学问题史 [M]．北京：商务印书馆，2017：29.

[3] 卡西尔．人论：人类文化哲学导引 [M]．甘阳，译．上海：上海译文出版社，2013：317.

[4] 黎靖德．朱子语类：第1册 [M]．王星贤，点校．北京：中华书局，1986：181.

[5] 张京华．日知录校释：下 [M]．长沙：岳麓书社，2011：1429.

[6] 苏辙．栾城集：下 [M]．2版．曾枣庄，马德富，校点．上海：上海古籍出版社，2009：1566.

[7] 张觉．潜夫论校注 [M]．长沙：岳麓书社，2008：11.

[8] 陈谷嘉，邓洪波．中国书院史资料：上 [M]．杭州：浙江教育出版社，1998：182.

[9] 中国科学院哲学研究所西方哲学史组．存在主义哲学 [M]．北京：商务印书馆，1963：337.

[10] 朱熹，吕祖谦．朱子近思录 [M]．严佐之，导读．上海：上海古籍出版社，2000.

[11] 程颢，程颐．二程集 [M]．王孝鱼，点校．北京：中华书局，1981：689.

[12] 蒋永福．文化、文献与人 [J]．情报科学，1990，11 (1)：48－50.

[13] 王夫之．船山全书：第1册 [M]．船山全书编辑委员会，编校．长沙：岳麓书社，1988：1028.

[14] 朱熹．朱熹集 [M]．郭齐，尹波，点校．成都：四川教育出版社，1996：4066.

[15] 张富祥．麟台故事校证 [M]．北京：中华书局，2000：38.

[16] 邱浚．大学衍义补 [M]．林冠群，周济夫，校点．北京：京华出版社，1999：803.

[17] 况能富．中国丨五至丨八世纪图书馆学思想论要 [J]．武汉大学学报（社会科学版)，1984，37 (4)：90－96.

[18] 阿尔温·托夫勒．第三次浪潮 [M]．朱志焱，潘琪，张焱，译．北京：生

活·读书·新知三联书店，1984：254.
[19] 钱穆. 中国文化史导论［M］. 修订本. 北京：商务印书馆，1994：弁言.
[20] 刘洪波. 知识组织论——关于图书馆内部活动的一种说明［J］. 图书馆，1991（2）：13-18.
[21] 朱杰人，严佐之，刘永翔. 朱子全书：第26册［M］. 上海：上海古籍出版社，2002：457.
[22] 胡朴安，胡道静. 校雠学［M］. 长沙：岳麓书社，2013：1-2.
[23] 姚名达. 中国目录学史［M］. 上海：上海古籍出版社，2005：127-145.
[24] 汝企和. 南宋官府校勘述论［J］. 河北大学学报（哲学社会科学版），2003，28（3）：18-22.
[25] 陆游. 老学庵笔记［M］. 李剑雄，刘德权，点校. 北京：中华书局，1979：94.
[26] 王鸣盛. 十七史商榷［M］. 黄曙辉，点校. 上海：上海书店出版社，2005：序言2.
[27] 叶德辉. 书林清话［M］. 李庆西，标校. 上海：复旦大学出版社，2008：308.
[28] 余嘉锡. 目录学发微［M］. 成都：巴蜀书社，1991：6.
[29] 余嘉锡. 四库提要辨证［M］. 北京：中华书局，1980：49.
[30] 张金吾. 爱日精庐藏书志：上［M］. 柳向春，整理. 上海：上海古籍出版社，2014：118.
[31] 叶昌炽. 藏书纪事诗：附补正［M］. 王欣夫，补正. 上海：上海古籍出版社，1989：272-273.
[32] 祁承㸁，等. 藏书记［M］. 图文本. 扬州：广陵书社，2010：97-98.
[33] 李希泌，张椒华. 中国古代藏书与近代图书馆史料：春秋至五四前后［M］. 北京：中华书局，1982：45.
[34] 徐雁，王燕均. 中国历史藏书论著读本［M］. 成都：四川大学出版社，1990：620.
[35] 程千帆，徐有富. 校雠广义：典藏编［M］. 济南：齐鲁书社，1998：459.
[36] 陆世仪. 陆桴亭思辨录辑要：一［M］. 丛书集成初编本. 上海：商务印书馆，1936：62.
[37] 陈骙，佚名. 南宋馆阁录　续录［M］. 张富祥，点校. 北京：中华书局，1998：175.
[38] 裴汝诚，等. 贞观政要译注［M］. 上海：上海古籍出版社，2006：343.
[39] 刘肃. 大唐新语［M］. 许德楠，李鼎霞，点校. 北京：中华书局，

1984：11.

［40］范晔．后汉书［M］．简体字本．北京：中华书局，1999：548.

［41］杜佑．通典［M］．北京：中华书局，1988：735－736.

［42］何清谷．三辅黄图校释［M］．北京：中华书局，2005：339－340.

［43］李焘．续资治通鉴长编［M］．北京：中华书局，2004：3434－3435.

［44］洪迈．容斋随笔［M］．孔凡礼，点校．北京：中华书局，2015：162.

［45］范仲淹．范仲淹全集：上［M］．范正兴，校点．南京：凤凰出版社，2004：565－566.

［46］欧阳修．欧阳修文集［M］．沈阳：辽海出版社，2010：730.

［47］王子舟．杜定友和中国图书馆学［M］．北京：北京图书馆出版社，2002：28.

［48］谢拉．图书馆学引论［M］．张沙丽，译．兰州：兰州大学出版社，1986：前言.

中国古代图书馆学的特征

【导读】中国古代无“图书馆”和“图书馆学”之名，但有图书馆和图书馆学之实。中国古代的图书馆和图书馆学，是在“中国古代”这样一个特定的地域、特定的时域中独立生发出来的，几乎未受异域文化的影响，因而具有显著的历史特色、文化特色和民族特色。本文把中国古代图书馆学的特征概括为三大方面：发展历史上的悠久性和自发性；思维方式上的本体性和价值性；论理方式上的非论证性和非学理性。正是因为中国古代图书馆学具有这三大方面的特征，所以，“中国的图书馆学”在世界图书馆学林中具有独特的风景、独特的价值和独特的地位。

梁启超曾说：“中国从前虽没有‘图书馆学’这个名辞，但这种学问却是渊源发达得很早。”[1]45的确，中国古代虽无“图书馆”和“图书馆学”之名，但却有图书馆和图书馆学之实。中国古代图书馆是以“馆阁”“藏书楼”形态存在的收集、整理文献以供利用的文化设施，中国古代图书馆大体可分为官府图书馆、私家图书馆、寺观图书馆和书院图书馆四大类。① 中国古代图书馆学，是古代中国人对图书馆的实践方法进行经验总结而形成的方法论体系和思想观念体系。

1925 年，梁启超在中华图书馆协会成立大会上倡议建设“中国的图书馆学”，并在解释这一倡议时，指出：“中国书籍的历史甚长，书籍的性质极复杂，和近世欧美书籍有许多不相同之点。我们应用现代图书馆学的原则去整理他，……研究的结果，一定能在图书馆学里头成为一独立学科无疑。所以我们可以叫他做‘中国的图书馆学’。”[1]44-45从“我们应用现代图书馆学的原则去整理他”一语来看，梁启超所说的“中国的图书馆学”是指中国古代图书馆学。众所周知，科学本身无国界，但科学家却有自己的祖国和民族归属；一种科学事业的发展，在不同的国家有

① 傅璇琮、谢灼华主编的《中国藏书通史》（宁波出版社 2001 年版），任继愈主编的《中国藏书楼》（辽宁人民出版社 2001 年版），韩永进主编的《中国图书馆史 · 古代藏书卷》（国家图书馆出版社 2017 年版），均把中国古代藏书之所划分为官府藏书、私家藏书、寺观藏书和书院藏书四大类型，这说明中国古代图书馆的“四大类型说”已得到了学界的普遍认同。

着不同的历程表现。因此，任何一种社会事业在不同的国家开展，其发展历程都会留下不同国家的烙印，并由此形成各自国家的特色。这就是事物的普遍性寓于特殊性之中、共性寓于个性之中原理的正确性所在。正因如此，中国古代图书馆和图书馆学，必然具有不同于现代中国图书馆和图书馆学的特征，当然也具有不同于国外图书馆和图书馆学的特征。本文旨在探讨中国古代图书馆学的特征。需要指出的是，本文所概括的中国古代图书馆学的特征，是以中西学术思想的迥然差异为背景，在中国图书馆学与西方图书馆学、古代图书馆学与现代图书馆学的双重比较视域下所概括的宏观特征。

1. 历史特征：悠久性与自发性

毋庸置疑，中国古代图书馆发展历史之悠久，世所罕见。如果以殷商甲骨窖藏为起源的话，中国古代图书馆已有三千多年的发展历史。悠久的史官史、藏书史和馆阁史，是中国古代图书馆历史悠久性的基本表现。

众所周知，置史官记录帝王言行和国家大事，是中国古代社会绵延不断的悠久传统。章太炎在谈及史官制度时指出："凡记国事者，皆以史名。"[2]先秦时期所设的大史、小史、内史、外史、御史（合称"五史"）职官，就是史官制度的早期形态。《周礼》所记的五史职掌和《汉书·艺文志》所言的"左史记言，右史记事"，都阐明了中国史官制度的类型及其分工机制。史官是与文字和书籍紧密相关的职业，所以夏曾佑就言："周制，学术、艺文、朝章、国故，凡寄于语言文字之物，无不掌之于史。"[3]柳诒徵亦言："古之五史，职业孔多，蔽以一语，则曰：'掌官书以赞治。'"[4]也就是说，史官之业乃文字记录之业，文字记录之业的长久发达，必然致使档案、书籍的积累，这就为馆阁藏书和馆职（图书馆职业或图书馆职任）的出现奠定了社会需要基础和制度基础。仅从有文字可考的史实而言，《史记》就言老子为周"守藏室之史"（柱下史），证明在周代已有专守国家藏书之职。

从职业分工的角度而言，中国古代的图书馆职业可称为"校雠之业"，有关校雠的学问就是"校雠学"。校雠学发展至民国时期，演变为文献学，所以张舜徽说校雠学是文献学的别名。[5]关于校雠和校雠学的范围，胡朴安、胡道静叔侄二人说："校雠学者，治书之学也。……自其广义言之，则搜集图书，辨别真伪，考订误谬，厘次部类，暨于装潢保存，举凡一切治书事业，均在校雠学范围之内。掌此职者，在古为柱下史，在后世为秘书监。其一时特设者，如汉之天禄、东观，宋之崇文、中兴，清之四库馆，特延校雠家治群书也。"[6]可见，"治群书"的图书馆职业从汉代到清代绵延不断，图书馆职业人员从上古的柱下史到后世的秘书监亦常设不断。虽然明初朱元璋撤销了秘书省，秘书监之职被取消，但兼职的馆阁学士制度和专职的典籍官制度仍存续至清末。也就是说，中国的图书馆职业制度在整个古代时期一直绵延不断，即从史官队伍分化出来的图书馆职业具有悠久的发展历史。

大体而言，中国古代图书馆事业是从官府图书馆，尤其是皇家图书馆（或称朝廷图书馆）发轫的。古代中国人把皇家图书馆的基本功能概括为“藏秘书，处贤才”[7]，即皇家图书馆是收藏图书、招纳贤才、培养人才，并以此实行“文治”的综合性文化设施。据《新唐书·百官志》载，唐代弘文馆的职责即为：“详正图籍，教授生徒，朝廷制度沿革、礼仪轻重，皆参议焉。”自从汉初萧何令建石渠阁、天禄阁、麒麟阁以来，这种馆阁设施就被称为“藏秘书，处贤才”之所。此后东汉的兰台、东观，隋代的嘉则殿、观文殿，唐代及五代时期的“三馆”，宋代的“三馆秘阁”，元代的翰林国史院，明代的文渊阁，直至清代的《四库全书》七阁等，皇家的藏书与馆阁事业历经两千多年而不衰，这就表明中国古代历朝历代的帝王和政府大多是重视发展图书馆事业的。

自春秋战国官失其学、学术下移以来，孔子、墨子等诸子百家，纷纷开创私学，著书立说，开启了私人著述和私家藏书之先河，并愈发兴盛和持久，私家藏书楼遍布大半国土，历时两千多年，直到清末为止。私家藏书传统之悠久，是中国古代藏书史、图书馆史悠久的重要表现。

汉代时，佛教传入，佛籍大量涌现，寺院藏书渐成规模；道教亦兴盛，道观藏书渐成规模。唐代时，书院兴起，书院藏书亦成规模。至清末，大部分书院被改造为新兴的学校，其藏书亦大多归学校所有，而寺观藏书则一直延续、保留了下来。也就是说，在我国，寺观图书馆和书院图书馆亦有相当悠久的发展历史。

由上可见，中国古代的皇家图书馆、私家图书馆、寺观图书馆和书院图书馆，都具有上千年的发展历史，且总体上都保持了越发壮大和兴盛的发展趋势。当然，在这一历程中，有过无数次聚散轮回、兴衰交替的艰难跋涉。这种多类型图书馆同时保持长期总体兴盛的趋势，表明了中华民族是热爱藏书的民族、热爱图书馆的民族。

自西汉刘向校书形成“刘向故事”以来，中国古代的文献整理方法就形成了悠久的传统，如：刘向校书以来形成的“有藏必有目”的传统；《隋书·经籍志》以来形成的“经史子集”四分法传统；《七略》以来形成的“以经为首”的分类原则传统及大小类序传统；“以经为首”中的“以易为原”的传统（只有王俭的《七志》以《孝经》为首）；《别录》所开创的同时著录校勘和版本情况的提要传统；《汉书·艺文志》所开创的同类书依时代排列和类目注释的传统；以《郡斋读书志》《直斋书录解题》《四库全书总目》为代表的作者、版本、内容简介和书评合一的文献揭示传统；等等。这些文献整理方法传统都具有悠久的传承历史。

中国古代的图书馆和图书馆学思想，有其发生、发展过程的悠久性和连续性，且这种悠久性和连续性是在完全自发的状态下形成的。这里所说的“自发状态”，指的是“未受异域文化影响”。我们知道，在中国古代的大部分时间里，图书馆的产生和发展几乎是在“未受异域文化影响”的环境中自发生成和自主发展的。[①] 这种自发生成和自主发展的历史表明，中国古代图书馆是土生土长的本土图书馆，中国古代图书馆学是土生土长的本土图书馆学。由此而言，所谓“自发性”亦可称为“本土性”。这种本土性特征，必然造就了中国古代图书馆、图书馆学思想迥异于其他民族或国家的图书馆、图书馆学思想的独特面貌。

与西方的图书馆和图书馆学相比，中国古代图书馆和图书馆学的本土性特征表现在诸多方面，如：虽然中国古代的官府图书馆、私家图书馆、寺观图书馆和书院图书馆都较为发达，但却始终未能生发出完全意义上的公共图书馆制度。由于中国古代社会自隋代以来在人才培养和选拔使用制度上实行的是科举制，并未形成西方国家那样的大学教育制度，所以，中国古代只有书院图书馆而没有生发出完全意义上的大学图书馆制度和学校图书馆制度。在藏书及其利用观念上，中国古代图书馆秉持的是“以藏为传”“以藏为用”的理念，而没有形成西方图书馆那样的“为流通而藏”的观念，亦即没有形成向社会公众全面开放以及主动宣传和服务的馆藏利用局面（曾出现过开放观念，如著名的“建儒藏以共读之”的观念等，但未能全面付诸实施）。在皇家馆阁人员的任用上，逐步形成了由权臣领衔（如唐宋时期的史馆由宰相兼领等）、学者型文官为主体的任用模式，而没有形成西方国家那样的以大学专业教育为基础的人才培养及选聘制度。在文献分类上，中国古代图书馆所形成的是“经史子集”四分为主流的非学科分类传统，而没有形成西方图书馆那样的学科分类传统。在类目名称上，中国古代所使用的是能够直接表示事物属性的字词名称，而没有使用西方国家那样的抽象符号代码。在目录类型上，中国古代的目录几乎是清一色的分类目录，而没有大量出现书名目录、著者目录等其他形式的目录；即使是分类目录，亦非西方图书分类那样的严格遵循形式逻辑、概念逻辑的学科知识分类目录，而是非形式化、非概念化的分类目录。在书目提要类型上，中国古代自发地形成了叙录体、传录体、辑录体提要体例，而没有出现西方国家那样的指示性摘要和报道性摘要的分别情况；而且在提要内容上，中国古代的书目提要形成的是“以人论书”等主观色彩很浓的文献揭示传统，而没有形成西方书目提要那样的纯客观描述的文献揭示传统；在编目的指导思想上，中国古代形成的是以“申明大

---

① 如果说有异域文化影响的话，最显著者莫过于汉唐时期因佛教的传入而产生的寺院图书馆，但寺院图书馆的社会影响力非常有限，因此并未对图书馆的原有格局产生大的冲击。即使是鸦片战争后国门洞开，西方列强对中国的经济、资源进行大肆掠夺，同时亦有文化渗透，但仍未对图书馆的原有格局及其发展路径造成根本性改变。所以，称中国古代图书馆的发展基本“未受异域文化影响”而始终保持自发生成、自主发展的状态，是符合历史事实的。

道”或“辨章学术，考镜源流”为理想目标的学术史梳理传统，而没有形成西方人编目那样的以方便检索为目标的形式化编目传统。可见，无论是图书馆的管理方式，还是图书馆文献整理和利用的方式方法，中国古代图书馆都与西方图书馆迥然异趣。总之，“中西图书馆走的是两条完全不同的发展途径”[8]，因此中国古代图书馆和图书馆学思想必然具有本土性特征，这是历史事实，毋庸置疑，而这也是梁启超当年倡议建立“中国的图书馆学”的历史依据所在。

2. 思维特征：本体性与价值性

从精神反作用于物质的角度而言，思想决定行动，思维方式决定生存方式；从物质决定精神的角度而言，一个民族独特的自然生存环境和物质生产方式，必然造就该民族独特的思维方式和行事方式，从而导致了不同民族文化与文明之间的差异性。中国古代图书馆文化作为中华文化的重要组成部分，必然具有与西方图书馆文化迥异的特征。① 这里仅从思维特征的角度出发，把古代中国人的图书馆学思维特征概括为本体性思维（或称本体论思维）与价值性思维两个方面。

为了更好地理解中国古代图书馆学的本体性思维与价值性思维特征，有必要先了解一下中国古人与西方人在思维方式上的根本区别。总体而言，中国古人与西方人在思维方式上的根本区别为：前者擅长整体性思维（或称综合性思维），后者擅长分析性思维。现代中国学术泰斗之一的季羡林先生，曾以表格的形式概括了整体性思维与分析性思维的区别表现（见表1）。[9]

表1　整体性思维与分析性思维特征对照

思维方式	思维特征			
整体性思维	综合	悟性	想象力	解构思维
分析性思维	分析	知性（理性）	分析力	结构主义

季先生认同把分析性思维归于结构主义，而把整体性思维归于解构主义，这是受郑敏先生的启发而做出的判断。郑敏先生曾指出，“20世纪后半期，西方结构主义与解构思维都以语言为突破口，对人类文化的各方面进行阐释，最后落实到两类思维模式，结构主义带着浓厚的崇尚科学的客观性的倾向，企图将文字、语言及文化的各个方面纳入脱离人性及主观想象力的活动而独立存在的结构符号系统的世界。解构思维则对这种崇尚逻辑分析并以此为中心的智性活动的垄断进行反抗。”[10]西方的结构主义思想是在近代欧洲工业革命以后兴盛起来的以人类为中心的科学主义思

① 当然，中西古代图书馆文化之间亦必然有某些共性或相通性，因本文专谈中国古代图书馆学的特征，故暂不涉及中西古代图书馆文化的共性或相通性问题。

想方法，其思维特征是主体与客体、现象与本质二分的分析性思维；西方的解构主义思想在胡塞尔的现象学和海德格尔的存在主义哲学思想中已见端倪，并在二战后得到了突飞猛进的发展，其思维特征是突破主体与客体、现象与本质二元论的整体性思维。分析性思维造就了西方的认识论哲学传统，整体性思维造就了西方的意义哲学或哲学诠释学传统。值得一提的是，20 世纪 90 年代以来，中国的一些学者发现了西方的意义哲学，尤其是海德格尔的“存在的非现成性”思维理路与中国古代的天道观有着相似之处。北京大学的张祥龙教授对海德格尔的思想颇有研究，他认为海德格尔的“思想中似乎包含着别的西方哲学学说里没有的，能与中国古代思想冥合暗通的东西”[11]。著名哲学家张世英先生也指出，以海德格尔、伽达默尔、德里达等为主要代表的西方现当代哲学，与老庄、孔孟、禅宗等为代表的中国传统哲学有“相似”“相通”之处。[12]

我们说中国古代图书馆学思想具有本体性思维特征，这种本体性思维特征其实就是上文介绍的整体性思维特征，因为中国古人习惯于以整体直观的方式把握事物的本原或本质。本体性思维是哲学思维必有的属性。著名哲学家熊十力先生认为，“哲学只有本体论为其本分内事”[13]，“哲学若不足语于建本立极，……不足当哲学也”[13]29。哲学思维固然不仅限于本体论思维，但熊先生认为哲学思维必须具有“建本立极”特征的观点是极为确当的。所谓本体性思维，就是在终极意义上或整体意义上把握事物的本原及本质属性的思维方式，其特征是不分主客的整体直觉或直观把握，以此区别于主客二分的分析性思维。在中国古代，主客二分的认识论本不发达，其原因就在于中国古人“还没有明确区分主观与客观之间的界限，认识的主体和认识的客体还是浑然一体的”[14]。

中国古代图书馆学思想的本体性思维特征最集中地体现在：从“文以载道”的信念出发来把握文献与馆阁的存在意义。也就是说，中国古人是以天地万物的终极根源——“道”——为本体根据来把握文献与馆阁的存在意义的。不过，我们要知道，中国古人是在“道器合一”“道不离器”的思维框架中认识“道”的。在中国古人的思想意识中，文献之存在是馆阁存在的前提条件，而文献的意义在于“载道”。由此而言，“道”是本体性存在，而文献和馆阁都是载道、传道之“器”。可见，从“文以载道”的信念出发来把握文献与馆阁的存在意义，也就是从“道器合一”“道由器显”的思维理路出发来把握文献与馆阁的存在意义，这就是中国古代图书馆学注重本体性思维方式的根本表现。

就“文以载道”的“文”而言，中国古人极力赞美“进于道”之文，而鄙视“止乎技”之文。《庄子·养生主》所讲的“庖丁解牛”的故事，便借庖丁之语道出了对“进于道”之举的赞美——当文惠君赞美庖丁解牛技术之高超时，庖丁曰：“臣之所好者道也，进乎技也。”接着进一步解释道：“臣以神遇，而不以目视，官知止而神欲行。”可见，庖丁已从技术上的游刃有余进入到了《礼记·中庸》所言的“不思而得，从容中道”的境界。受庖丁解牛故事的启发，冯友兰先生曾把诗分为“止于技底诗”和“进于道底诗”[15]两类。冯先生在此以诗而言，其实把这里的“诗”改为“文”或“学”亦完全说得通。也就是说，“文”亦可分为“止乎技之文”和“进于道之文”两类，“学”亦可分为“止乎技之学”和“进于道之学”两类。从这种“止乎技”与“进于道”的区分中，我们可以看出中国古人“崇道抑技”的本体性思维方式。文献因载道而贵，馆阁因藏道、传道而贵，由此而论的图书馆之学就是“进于道之学”，“进于道之学”就是本体论之学，这就是中国古代图书馆学具有本体性思维特征的学理表现。

中国古人对于文献和馆阁意义的把握，既是本体性把握，也是价值性把握，因为中国古人思想意识中的本原性、终极性本体并非某种物质实体，而是价值实体。需要指出的是，这里的“价值”并非指“客体之于主体的有用性”，而是指事物本身呈现给人的“当然”或“应然”之理。《礼记·中庸》说“天命之谓性，率性之谓道”，即是说事物本身之“性”真实地呈现给人的过程，就是价值呈现的过程，而按照这种价值之理言行的过程就是孔子所言的“志于道，据于德，依于仁，游于艺”（《论语·述而》）的过程。可见，价值是事物本身呈现出来的，而不是认识主体设定出来的，更不是主体“发明”或“创造”出来的。① 文献和馆阁的价值就在于其本身所具有的载道、传道之本体属性。换言之，文献因具有载道属性而有价值，馆阁因具有藏道、传道属性而有价值。当然，在中国古人“天人合一”的整体性思维框架下，包括文献和馆阁在内的天地万物的价值最终必须落实于人的生存意义之中，即落实于“志于道”“不思而得，从容中道”的生存境界之中。读书为了明道，明道为了行道，明道、行道即为人生的最高境界，也就是人生的本体价值所在。这就是中国古人的人生本体论，亦可称为人生价值论。文献、馆阁乃保障人的读书人生、明道人生、行道人生之器，由器而道，“下学而上达”（《论语·宪问》）就是人生的本体价值所在。这些都表明中国古人是从人生价值论角度把握文献、馆阁之存在意义的。文献、馆阁是价值性存在，而不只是客体性、对象性存在，因此中国古代早有“文献”“馆阁”之词及其一番“术业”，但却无“文献学”“馆阁学”之谓。

---

① 当然，中国古人在对“天理”“人性”“情欲”等范畴的认识上，并不是完全按照“事物本身呈现出来”的原理去认识的，而是有主观的“设定”、“发明”或“创造”成分在内的，其典型者莫如把“三纲”视为“天理”。这是中国古人过度执着于人伦秩序而产生的一种“误识”，对此今人不能不察。

3. 论理特征：非论证性与非学理性

中国古代图书馆学思想的成果极其丰富。综观这些思想成果，我们至少可以发现两个明显的特点：一是从研究结论的得出方式来看，许多是“直接定论出来的”，而不是“论证出来的”，此即非论证性特征；二是从论述的逻辑方式来看，大多为就事论事、具体而微的经验总结性描述，而不进行“假设—论证—结论”或“大前提—小前提—结论”或“公设—证明—公理”等形式的学理性论证，此即非学理性特征。中国古代图书馆学思想之所以表现出非论证性和非学理性特征，原因就在于中国古人的整体性思维、会通性思维、体悟性思维习惯。

需要指出的是，中国古人既然有本体性思维与价值性思维传统（如前文所述），就理应熟悉和擅长形而上学之论理方式，包括学理性或论证性论理方式。然而，事实上中国古人并不追求“抽象的形而上学”论理方式，而追求的是“具体的形而上学”论理方式。抽象的形而上学擅长离器而言道的论理方式，具体的形而上学则擅长由器而道或道器合一的论理方式。也就是说，中国古人擅长的是就事论事的论理方式，这种论理方式所得出的“理”是针对生活事实的“事理”，而不是抽象的“形上之理”。例如，章学诚说“古人未尝离事而言理”[16]，颜元说“见理于事”[17]，王阳明则干脆说“事即道，道即事”[18]，这都说明中国古人普遍遵循的是以事论理或因事论道的论理方式，而不崇尚、不擅长学理性或论证性论理方式。

哲学家张岱年先生曾指出，中国古人有“重了悟而不重论证”的思想方法特征，其曰：“中国哲学不注重形式上的细密论证，亦无形式上的条理系统。中国思想家认为经验上的贯通与实践上的契合，就是真的证明。……中国思想家的习惯，即直截将此所悟所得写出，而不更仔细证明之。……中国思想家并不认为细密论证是必要的；反之，乃以为是赘疣。”[19]“细密论证”“形式上的条理系统”，需要进行逻辑思维或逻辑论证，而“逻辑，在中国亦不发达”[20]。翻阅浩如烟海的中国典籍，无论是儒家著作、道家著作，还是其他著作，我们很容易发现，其思想观点几乎都为直接定论性的，即未经严密论证的。较为典型者如《老子》，其全篇内容都是用格言形式写成的，几乎句句都是定论，且几无一句是论证。其他诸子的著作亦大多如此，只不过组织素材以及具体叙述的方式方法各有不同而已。

中国古人的“非论证性”结论方法在校雠目录学著作中亦多有体现。比如，《汉书·艺文志》“六艺略”序云：“六艺之文：《乐》以和神，仁之表也；《诗》以正言，义之用也；《礼》以明体，明者著见，故无训也；《书》以广听，知之术也；《春秋》以断事，信之符也。五者，盖五常之道，相须而备，而《易》为之原。故曰‘《易》不可见，则乾坤或几乎息矣’，言与天地为终始也。”在这段序文中，

"《乐》以和神……信之符也"一段，共有五句，都是在下结论，而无一句为说明或论证，诸如《乐》为何能够"和神"，为何称之为"仁之表"；《诗》为何能够"正言"，为何称之为"义之用"等，都未做论证。关于"《易》为之原"的原因，文中引用"《易》不可见，则乾坤或几乎息矣"来说明，似乎是在论证，其实不然。因为所谓的"《易》不可见，则乾坤或几乎息矣"本身也是一种结论，也是需要论证但却未做论证的。可见，中国古人所说的很多定论性的话，都是把"有待论证"当作"不证自明"来对待的，也就是直接信以为真的。信则无须论证，如同宗教信仰无须论证一样。

再如，《隋书·经籍志》总序最后一段云："夫仁义礼智，所以治国也；方技数术，所以治身也；诸子为经籍之鼓吹，文章乃政化之黼黻，皆为治之具也。"这段话概括了经史子集四类经籍的功用价值，在价值取向上充分体现了儒家思想观念，但句句都是结论，而未做内在机理证明，如诸子之书为何表现为"经籍之鼓吹"，集部之书（文章）为何具有"政化之黼黻"的功效等问题，均未交代所以然之根据。不做论证，就容易产生"信者以为真理，不信者以为谬论"的争讼，或者说容易产生"把一家之言当作普遍真理"的武断之嫌。

又如，《四库全书总目》"子部"序云（节录）："儒家尚矣。有文事者有武备，故次之以兵家。兵刑类也，唐、虞无皋陶，则寇贼奸宄无所禁，必不能风动时雍，故次以法家。民，国之本也，谷，民之天也，故次以农家。本草、经方，技术之事也，而生死系焉，神农、黄帝以圣人为天子，尚亲治之，故次以医家……"

这段话是在交代把诸子排列成"儒家→兵家→法家→农家→医家……"之序的理由，其实这种交代仍不免有下结论之意，因为仍存在需要论证而未做论证的地方，如：儒家为何仅以"尚矣"为由列于诸子之首而不做说明？既然务农的民是国之本，为何却将如此重要者列于兵家、法家之后？既然本草、经方关乎生死，为何还将如此重要者列于兵家、法家之后？既然说神农、黄帝重视本草、经方（"亲治之"），何以证明其真？《四库全书总目》"子部"序言对十四类子书的排列次序都做了这样的"定位"，其实都是在下结论，因为这种"定位"本身就是有待于论证而未做论证的。

我们知道，书目序言和提要本来就是不适合充分展开论证的文体类型，那么，既然不适合展开论证，就应该"录而不论"，以示"客观"对待。然而，中国古人却不这么认为，反而认为书目须以"申明大道"为宗旨，做到"辨章学术，考镜源流"。而要想"申明大道"或"辨章学术，考镜源流"，就须在文献揭示过程中做到立场鲜明、褒贬不隐，即使不能做充分论证，也要以直接下结论的方式卫道、护道，以宣明"阐圣学，明王道"（《四库全书总目·凡例》）的政治及学术立场。如果书目的文献揭示未能做到"申明大道"或"辨章学术，考镜源流"，而只是"部次甲乙”，则往往会被讥为“文义浅近”“浅薄不经”（《隋书·经籍志》总序），“一掌故令史足矣”（章学诚《校雠通义·互著》）。

以现代诠释学原理而言，中国古代的书目序言和提要其实都属于文献诠释范畴。我们知道，中国古人的文献诠释活动长期遵循“以意逆志”“知人论世”的基本原则，而“以意逆志”“知人论世”的诠释方法是一种“主观诠释学”方法，不是“客观诠释学”方法。客观诠释学与主观诠释学的主要区别在于：前者以求真为旨趣，对诠释对象尽量不做价值评价，后者则以求善为旨趣，对诠释对象做价值评价；前者要求诠释者超脱于价值判断的羁绊，后者则要求诠释者积极介入于价值判断之中。中国古代图书馆学思想的非论证性特征，就是在“主观诠释学”方法下所形成的一种论理方式。现代哲学家金岳霖先生所说的一段话，也许对于我们理解中国古代图书馆学思想的非论证性特征有所裨益：“现代人的求知不仅有分工，还有一种训练有素的超脱法或外化法。现代研究工作的基本信条之一，就是要研究者超脱他的研究对象。要做到这一点，只有培养他对于客观真理的感情，使这种感情盖过他可能发生的其他有关研究的感情。人显然不能摆脱自己的感情，连科学家也很难办到，但是他如果经过训练，学会让自己对于客观真理的感情盖过研究中的其他感情，那就已经获得科学研究所需要的那种超脱法了。这样做，哲学家就或多或少超脱了自己的哲学。他推理、论证，但是并不传道。”[21]诚如金先生所言，现代科学研究重推理、论证，但不传道，而包括中国古代图书馆学在内的中国传统学术则不重推理、论证，但却重传道。重传道，就得“申明大道”，而儒家之“大道”的核心内容就是纲常伦理，这种纲常伦理是不能质疑的“铁律”。不能质疑，也就不必论证。文献和馆阁作为传道之具，其价值就在于为申明纲常伦理服务，所以凡符合这种价值取向的文献之道和馆阁之道就为“是”，不符合者即为“非”。是非已然分明，不必论证。

需要指出的是，中国古代图书馆学思想并非都表现为绝对的“非论证性”特征。比如，唐代魏征主笔的《隋书·经籍志》总序，南宋郑樵的《通志·校雠略》，元人马端临的《文献通考·经籍考》序，明人丘濬的《图籍之储》《访求遗书疏》，明人胡应麟的《经籍会通》，清人章学诚的《校雠通义》，以及其他明清之人所撰的诸多有关藏书、校勘、版本之作，大多有较多的论证性质。但不可否认的是，由于中国古人普遍信奉“天人合一”“理一而分殊”“文以载道”等本体论之理，因此，诸如上述图书馆学思想成果或叙述沿革，或辑录已有论说，或讲论文献收集和整理的方法，或评述前人做法等，只是在局部内容上有论证性质，而在整体论说方式上仍以“非论证性”方法为主要特征。这种不经详细论证而直接得出结论或“论证寓于叙事之中”的言说方式，与西方现象学和存在主义哲学所讲的“本质直观”“本质不在现象之外”“存在先于本质”等命题，有一定的相通之处。

与中国古代图书馆学思想的“非论证性”特征紧密相关的还有“非学理性”特征。这里所说的“非学理性”特征，是指不以得出公认的“科学原理或法则”为目标的思想方法特征。我们知道，学理性论证是西方学术或科学研究普遍采用的逻辑化、形式化思想方法。这种思想方法一般从假设或公设出发，经过论证得出公理性结论，西方科学中的许多定律和定理就是这么产生的，如欧几里得几何学所设的五条公设、所证的五条公理，就是学理性论证的典型范例。然而，中国古人不擅长这种学理性论证，更擅长的是事理性（或称“义理性”）论说。所谓事理性论说，用中国民间的话来说就是“讲道理”。朱熹曰：“道即理也，以人所共由而言则谓之道，以其各有条理而言则谓之理。其目则不出乎君臣、父子、兄弟、夫妇、朋友之间，而其实无二物也。”[22]朱熹这里所言的“道即理也，以人所共由而言则谓之道，以其各有条理而言则谓之理”，明显具有学理性，但由此得出“其目则不出乎君臣、父子、兄弟、夫妇、朋友之间，而其实无二物也”的结论，却显得过于自负和武断——道或理为何“不出乎君臣、父子、兄弟、夫妇、朋友之间”？这说明朱熹所言的道或理，是儒家伦理之道，同时不加论证地、武断地排除了其他道或理。而王阳明所说的“事即道，道即事”[18]，更是直截了当地做出了定论，并将其视为现成的“定理”而不做论证。按照朱熹、王阳明的思想观点，道理就是事理，其内核不外乎儒家纲常伦理。随着时间的推移，这一纲常伦理就被积淀、固化为中国古人谈事论理的前提性标准，并无形地成为一种“公理”，从而锁定了中国古人思考问题的基本路向。这就是中国古人重事理或义理而轻学理性客观论证的思想传统表现。王国维先生在谈及西方学术与中国学术的区别时，称中国学术为“实际的而非理论的”[23]。中国传统学术之所以表现为“非理论的”特征，就是因为中国古人不擅长学理性论证，不追求理论体系建构的思想方法。余英时先生曾在总结“中国思想”的特征时，说：“中国思想有非常浓厚的重实际的倾向，而不取形式化、系统化的途径。”又说：“中国人的逻辑——知识论的意识向不发达确是事实。”[24]余英时的这两句话，实际上所指的就是中国古人不擅长学理性论证的思想方法传统。

大体而言，中国古代图书馆学主要由“文献之道”和“馆阁之道”构成。“文献之道”，即关于文献的价值以及文献整理方法的学说；“馆阁之道”，即关于图书馆的价值及其管理的学说。中国古人所论的“文献之道”“馆阁之道”，就是以儒家纲常伦理作为公理性标准来判断文献与馆阁的价值意义的，即符合此标准者为“真理”，违背此标准者为“谬论”。由此而言，中国古人的图书馆学思想成果，大多属于主观的义理判断之论，而非客观的学理判断之论。综观中国古人所著的图书馆学论著，不难发现这些论著几乎都是通过义理判断而非学理判断手法所著成的，其内容大多属于就事论事的历史沿革、经验总结或对前人做法的评论性论说。下面以若干代表性论著为例做简要说明。

北宋程俱所撰的《麟台故事》，现存“辑本”和“残本”合起来共有九篇，分别为：《沿革》《省舍》《储藏》《修纂》《职掌》《选任》《官联》《恩荣》《禄廪》。从这些篇目可以看出，《麟台故事》实际上是一部记述北宋馆阁制度之沿革与发展历程的史料性书籍，属于断代图书馆管理史书，几无学理论证内容。此后问世的《中兴馆阁录》及其《续录》两部著作，因是《麟台故事》的续写，故其性质亦与《麟台故事》相差无几。

元人王士点、商企翁所撰的《秘书监志》，亦为“断代图书馆史”著作，记载了元世祖至元至元顺帝至正年间秘书监的建置沿革及典章制度等情况，分为十九门类：《职制》《禄秩》《印章》《廨宇》《公移》《分监》《什物》《纸札》《食本》《公使》《守兵》《工匠》《杂录》《纂修》《秘书库》《司天监》《兴文署》《进贺》《题名》。从这些门类的名称可以看出，《秘书监志》是一部与《麟台故事》、《中兴馆阁录》及其《续录》相似的著作。它所采用的材料主要为有关秘书监的公牍，包括圣旨、令旨以及省台文件等，且题名为“志”，显然是记事之政书，远非学理性著作。

南宋郑樵所撰的《通志・校雠略》共有二十一论，涉及了三个方面的内容：一是关于书籍散佚以及后世复出现象的论述；二是关于书籍分类与编次之法的论述；三是关于求书之道的论述。除此之外，还谈及了关于校书组织工作方面的一个问题，即“校书久任”论。可见，《通志・校雠略》是讲论书籍的收集之法和编目之法、分专题而论的著作，属于郑樵的“一家之言”，有一定的理论成分，但其论证方式仍是非学理性的。其所论重心为对前人做法的纠偏与改进方法，且其核心观点——“类例既分，学术自明”——仍属于方法论范畴，而不属于学理性的本体论范畴。

明人丘濬所著的《图籍之储》《访求遗书疏》二文，可以说是论证性与学理性较强的著述。尤其是在《图籍之储》中，作者以“臣按”的形式表达了自己对文献之道和馆阁之道的认识，具有较多的理论色彩，但这种理论色彩仍限于对前人经验的总结性阐发，经验总结色彩浓于理论推理色彩。

明人胡应麟所著的《经籍会通》，原计划写四十卷，但现传世版本仅为四卷，分别为：述源流第一、述类例第二、述遗佚第三、述见闻第四。其中，述源流篇在牛弘所概括的天下书籍“五厄”论的基础上，续加了“书自六朝之后，复有五厄”，进而概括出“古今书籍，盛聚之时，大厄之会，各有八焉”的史实。[①] 述类例篇叙

① 古今书籍“盛聚”之八包括：“春秋也，西汉也，萧梁也，隋文也，开元也，太和也，庆历也，淳熙也”；“大厄”之八包括：“祖龙也，新莽也，萧绎也，隋炀也，安史也，黄巢也，女真也，蒙古也”。

述了十二部书目类例结构的沿革过程，并对每部书目做出了简评。① 述遗佚篇考述了历代佚书及伪书情况，并对前人所认定的佚书或伪书有所辩驳。述见闻篇的内容包括多个主题，既有对印刷术起源及沿革的考证，又有对明代刻书中心的分布及其刻书质量的评价，还有关于明代书市分布情况的介绍，以及自我总结的鉴别版本之法。由上述内容可知，《经籍会通》是一部以史实考证为主，间有总结性议论的笔记体论著，且四卷所述亦非同一主题，故远非层层连贯论证的学理性著述。相较而言，胡应麟的另一部论著《四部正讹》②，就比《经籍会通》主题更加集中，内容更加连贯，论证性更强，尤其是关于伪书价值的认识有其独到见解，因此有一定的学理性。然而，它仍属于考据性论著（辨伪），而不能被视为完全的学理性著述。

清人章学诚所著《校雠通义》的内容，实际上由两大部分构成：一是关于文献著录方法问题（卷一，九篇）的研究；二是关于《汉书·艺文志》的评论性研究（卷二、卷三，九篇）。显然，《校雠通义》虽名为“通义”，但并未“通论”，且各篇之间也不连贯，显然亦非系统性、学理性论著。不过，需要指出的是，《校雠通义》的首篇《原道》（初稿题为《著录先明大道论》），可谓是形上性、原理性论述，有一定的学理性色彩，然而作为全书的绪论，全篇仅为619字，未能展开论述；再者，全篇内容的立意在于阐明“著录先明大道”之义理，未能涵盖图书馆实践与理论的全部学理基础。

清人孙从添所撰的《藏书纪要》，其内容依次分为八则：《购求》《鉴别》《钞录》《校雠》《装订》《编目》《收藏》《曝书》。从这些篇名可以看出，此书所述乃孙从添自己的藏书心得及经验之论，远非学理性论著。其后，叶德辉的《藏书十约》乃是受孙从添《藏书纪要》之启发而作，并在篇目上略去了《编目》《曝书》二篇，增加了《传录》《陈列》《题跋》《印记》四篇，共成“十约”。《藏书十约》在论说旨趣和性质上与《藏书纪要》无异。至于叶德辉的《书林清话》《书林余话》二书，则是记述书籍版刻源流和书林掌故的笔记体“书话”著作，这种文体性质本身就决定了此二书不需要进行学理性论证。胡适曾评价叶德辉的整个学术研究为“没有条理系统”[25]，这种评价没有贬低之意，只是指出了叶德辉学术研究的非学理性特征而已。

---

① 这十二部书目包括：《七略》《汉书·艺文志》《晋中经簿》《七志》《七录》《群书四部录》《邯郸图书志》《通志·艺文略》《郑氏书目》《遂初堂书目》《文献通考·经籍考》《陆文裕藏书目》。

② 《四部正讹》是一部辨伪专著，在中国历史上第一次对伪书现象做了系统的归纳总结。其共辨识伪书104种，卷首所概括举例的伪书现象、类型就多达21种。而且，全书最后还专门总结出了考辨伪书的8种方法，从而第一次把古籍辨伪工作上升到了方法论的高度。当然，这种方法论仍为经验性方法论，不是学理性方法论。

需要指出的是，上述非论证性和非学理性特征，是从中国古代图书馆学思想的事实表现中客观地概括出来的特征，而非从中国古代图书馆学思想的“缺点”角度概括出来的“不好”的特征。就思想方法而言，非论证性和非学理性论理方式是一种直觉把握事物性质及其规律的简约性论理方式。应该说，中国古人对文献之道和馆阁之道的直觉把握及直接定论性表达，其中充满了“简约而不简单”的智慧和达观之妙。在论理方式上，论证性与非论证性之间、学理性与非学理性之间并不存在孰优孰劣的天然界限，其优或劣要依实际论理效果而定，而不应先入为主地对论理方式本身做出孰优孰劣的判定。相较而言，现代图书馆学具有较强的论证性与学理性特征，所以有“理论图书馆学”和“应用图书馆学”的分野，其中的“理论图书馆学”显然具有较强的论证性和学理性特征。然而，中国古代图书馆学不可能有“理论图书馆学”和“应用图书馆学”之截然分野，而只能有“理论”与“应用”融会贯通的、“关于收集、整理文献以供利用的学问”。此外，我们不能认为图书馆学理论只能有论证性、学理性论理方式，而不能有非论证性、非学理性论理方式；不能认为现代理论图书馆学的论证性、学理性论理方式只有优点而无缺点；更不能认为现代图书馆学的论理方式全面优于古代图书馆学的论理方式。

4. 结语

梳理和归纳中国古代图书馆学的特征，是中国古代图书馆学研究的重要任务和重要内容，更是建设“中国的图书馆学”的重要任务。本文概述了中国古代图书馆学的三方面特征：历史上的悠久性与自发性；思维上的本体性与价值性；论理上的非论证性与非学理性。这三个方面的特征都是从宏观视角概括出来的，而未涉及细节性特征。这三个方面的宏观特征，已经足以显明“中国的图书馆学”与西方图书馆学、现代图书馆学的迥然异趣。由此我们就可以较为清晰、全面地了解和把握中国古人所创造的图书馆实践智慧与思想智慧的基本内容及其特征。这种实践智慧与思想智慧，就是中国古人的图书馆精神，就是中国古人对世界图书馆文化所做出的独特、杰出的贡献。

回望过去，是为了不忘初心，继续前进；传承和发扬中国古人的图书馆精神，是当今中国图书馆人的历史使命；建设“中国的图书馆学”，就是为了传承和发扬中国古人优秀的图书馆精神；建设“中国的图书馆学”，需要我们做的事情还有很多，其任务远未完成。为建设“中国的图书馆学”略尽绵薄之力，添砖加瓦，即为本文的立意所在。（原载《图书馆论坛》2020 年第 2 期）

参考文献

[1] 梁启超．中华图书馆协会成立会演说辞［M］//中国图书馆学会．百年文萃——空谷余音．北京：中国城市出版社，2005：45.

[2] 章太炎．章太炎全集：四［M］．上海：上海人民出版社，1985：95.

[3] 夏曾佑．中国古代史［M］．石家庄：河北教育出版社，2000：78.

[4] 柳诒徵．国史要义［M］．北京：中华书局，1948：33.

[5] 张舜徽．中国文献学［M］．武汉：华中师范大学出版社，2004：3.

[6] 胡朴安，胡道静．校雠学［M］．长沙：岳麓书社，2013：1－2.

[7] 何清谷．三辅黄图校释［M］．北京：中华书局，2005：339－340.

[8] 吴晞．论中国图书馆的产生［J］．图书馆工作与研究，1992（2）：22－24.

[9] 季羡林．季羡林谈东西方文化［M］．杭州：浙江人民出版社，2016：78.

[10] 郑敏．诗歌与科学：世纪末重读雪莱《诗辩》的震动与困惑［J］．外国文学评论，1993：（1）：45－51.

[11] 张祥龙．海德格尔思想与中国天道：终极视域的开启与交融［M］．北京：生活·读书·新知三联书店，1996：455.

[12] 张世英．天人之际——中西哲学的困惑与选择［M］．北京：人民出版社，1994：175－177.

[13] 熊十力．熊十力学术文化随笔［M］．北京：中国青年出版社，1999：173.

[14] 冯友兰．中国哲学简史［M］．赵复三，译．北京：生活·读书·新知三联书店，2013：34.

[15] 冯友兰．贞元六书：下册［M］．上海：华东师范大学出版社，1996：958.

[16] 仓修良．文史通义新编新注［M］．杭州：浙江古籍出版社，2005：1.

[17] 颜元．颜元集：上册［M］．王星贤，张芥尘，郭征，点校．北京：中华书局，1987：71.

[18] 王守仁．王阳明全集［M］．吴光等，编校．上海：上海古籍出版社，1992：10.

[19] 张岱年．中国哲学大纲——中国哲学问题史［M］．北京：商务印书馆，2017：29.

[20] 冯友兰．中国哲学史：上［M］．上海：华东师范大学出版社，2010：7.

[21] 金岳霖学术基金会学术委员会．金岳霖学术论文选［M］．北京：中国社会科学出版社，1990：360.

[22] 朱熹. 朱熹集 [M]. 郭齐，尹波，点校. 成都：四川教育出版社，1996：2369.
[23] 王国维. 静庵文集 [M]. 王风，导读. 贵阳：贵州教育出版社，2014：102.
[24] 余英时. 中国思想传统的现代诠释 [M]. 南京：江苏人民出版社，1995：6，18.
[25] 庄练. 近世学者与文人群像 [M]. 台北：台湾商务印书馆，1994：172.

图书馆学也是一种人学

【导读】自步入图书馆职业伊始（20世纪80年代初），我就发现图书馆职业具有很强的技术性，所以也曾迷恋和推崇过当时很盛行的“自动化”理想。然而，旋即我又发现“自动化”乃手段范畴，而非目的和本体范畴，由此认为图书馆职业的价值目标应该定位于“为读者服务”这一本体性目标上，这种目标定位用哲学语言来说就是“以人为本”。所谓“以人为本”，就是以“人是目的”（康德语）作为图书馆职业的“绝对律令”。由此我便树立了“技术图书馆学”和“人文图书馆学”并重的思想立场。在这一思想立场指导下，本文认为：图书馆学的研究对象是文献信息与人的相互作用；过度推崇信息技术的结局是泯灭了图书馆学的人文性质，偏离了“以人为本”的方向；为了恢复图书馆学的人文性质，应探索和建构人文图书馆学。在本文中，我第一次正式推出了“人文图书馆学”这一概念。本文为我的早期作品，有一些不够成熟的观点和表述，请看官予以“同情式理解”。

下面的几段话，我不知默诵了多少次，沉思了多少遍。长久的思绪终于凝结成了这样几个标题：

——人类社会最合适的研究莫过于对人的研究。[1]

——因为情报学的出现，图书馆在其漫长的历史中第一次不得不对自己的社会作用作系统的阐述，自我反省，不得不批判地检验它的知识基础，不得不对作为为人（作为独立的个体及社会成员）服务的复杂系统自身作全面的考察。[1]

——确立人在信息活动中的主体地位已成为继续前进的关键，情报科学不能忘记人。[2]

——在图书情报学的研究对象中，人文因素绝对不能忽略。[3]

1. 图书馆学的研究对象是文献信息与人的相互作用

图书馆学的研究对象是什么？对这一问题的回答历来众说纷纭，莫衷一是。总结起来，有以下诸种说法：

——研究图书馆的各个组成要素，此为“要素说”。

——研究图书馆的特殊矛盾，此为“矛盾说”。

——研究图书馆事业的发展规律，此为“规律说”。

——研究“图书馆”这一实体，此为“实体说”。

——研究文献与情报的传递交流，此为“交流说”。

——研究图书馆的组织原理与方法技术，此为“方法技术说”。

——研究图书馆事业及其组成要素，此为“事业说”。

——研究图书馆的内在规定性、活动机制和方法技术这三个层次及其联系，此为“层次说”。

如此众多的说法，说明了人们欲揭示图书馆现象中的本质联系的愿望，它们从各自不同的观点、不同的视角，揭示了图书馆现象中的种种内在规定性。

然而，通向真理的道路是曲折的、艰难的。人们不可能一次性地求得事物的终极真理。因此，对每一种理论命题进行“试错法”探索是极为必要的。本着这种想法，笔者曾对上述诸种说法做了一次比较全面的试错性比较。结果发现，上述诸种说法共同存在着一个严重的缺陷，即都忽视了人的因素。尽管在“要素说”中提及了人的因素，但人并没有被赋予主体性的地位，而只是作为一种要素被动地存在着。长期以来，图书馆学的研究对象是物，原有意义上的人文因素几乎消失殆尽。这种只见物而不见人的科学，不是本来意义上的真正的图书馆学，因为在图书馆的一切现象和活动中，绝对不允许见不到主体意义上的人——用户——的倩影。我们要时刻铭记“用户（人）是上帝”这样一句图书馆学必须永远加以恪守的金科玉律！

图书馆，顾名思义，有了“图书”（广义地说，即为文献信息）才成其为“馆”。文献信息是图书馆得以存在的首要的物质基础。因此，笔者曾提出：文献信息是图书馆学的逻辑始点。[4] 由此我们也可以断定，文献信息是图书馆学理所当然的研究对象，但这仅仅是问题的一个方面。至于问题的另一个方面，我们还应该进一步考虑：文献信息为什么能够成为图书馆学的研究对象？文献信息能够成为图书馆学研究对象的意义是什么？笔者认为，这两个问题的答案只能有一个，这就是：因为文献信息能够满足人（用户）的需要。这是构成图书馆实体运动过程的根本原因。如果没有人（用户）对文献信息的需求及实践活动，图书馆便不会成为一种实体性存在。这样人（用户）与文献信息便构成了图书馆得以存在和发展的两大基本板块，两者间的关联关系（即主客体关系）构成了图书馆实际运动过程的基本表现形式。基于这一认识，笔者提出：图书馆学的研究对象是人与文献信息的相互作用。这种说法同其他说法的根本区别在于：它突出了人的因素，即突显了人的主体地位与作用。因此，这种说法可称为“人之说”。

“人之说”的独特意义在于：①在理论上，澄清了长期以来图书馆学界说不清的图书馆现象中最基本的主客体关系。作为主体因素的人（用户）和作为客体因素的文献信息，以及两者之间的相互作用，是图书馆学理论的永恒不变的主题。②在观念上，为真正确立“用户（人）是上帝”“用户（人）第一”“一切为了用户（人）”这些必须坚持的观念意识，提供了可靠的科学依据。③在实践上，为实现当代图书馆工作重心的转移，即以藏书建设为主转变为以用户服务工作为主，提供了新的理论基础。其实，藏书建设与用户服务工作是一种基础与效果、内功与外施的关系，两者不可偏废。但是，两者之间不应该是静态的平衡关系，而应该是以用户服务工作引导和带动藏书建设工作的动态平衡关系。④在研究方法上，开辟了从人的视角考察图书馆现象的新的研究路径。这将是一条充满生机与希望的光明之路。

2. 两种冲击波

当历史的车轮驶入20世纪80年代以后，中国图书馆学界受到了来自两方面的冲击波的强烈冲击：

第一个冲击波来自波普尔的“世界3”理论。凡是经历过20世纪80年代初中期在中国图书馆（学）界发生的那场“世界3”风波的人们都知道，当时很多人都非常自信地认为“世界3”理论必将是图书馆学最科学的理论基础。“世界3”理论犹如一阵旋风，在中国图书馆（学）界引起了强烈的震动。可以说，这场“世界3”风波是继20世纪30年代杜威的十进分类法所产生的实用主义热潮之后的又一次大的冲击波。不过，这两次冲击波所产生的影响或后果是不同的。如果说杜威的十进分类法所产生的影响主要涉及文献分类法的实践操作领域的话，波氏的“世界3”理论则触动了整个图书馆学理论“大厦”的根基或立脚点，所以其更带有根本性。

“世界3”理论的确令我们为之振奋，因为波普尔在人类历史上第一次把客观知识世界提高到了与物质世界和精神世界同样高的地位。尤其是他那把图书馆的作用喻为能够使社会历史死而复活的“两个实验假说”，更能使我们兴奋不已！然而，一阵狂热之后，我们不得不冷静下来进行反思，因为波氏的理论并没有给我们带来当初所企盼的理想曙光。理论上的争论依然不能泾渭分明，实践上也依然感觉不到有什么特殊的指导力量。于是，人们开始对“世界3”理论提出疑问。那么，“世界3”理论为什么不能作为图书馆学的理论基础？它的错误在哪里？从根本上来说，“世界3”理论的错误在于：波普尔把客观知识世界也当作了世界本体的思想。这一思想来自他那著名的命题：没有认识主体的认识。实际上，这是一个极其荒谬的命题，因为“没有认识主体的认识”是根本不可能的。对于客观知识来说，其认识主体有两重含义：一是客观知识的生产者，二是客观知识的吸收利用者。波普尔根据客观知识可以脱离生产者主体而相对独立存在这一事实，就认定客观知识具有本体意义，是一个似是而非的错误判断。一方面，所谓客观知识，只不过是主观知识的社会位移，或者说是主观知识的客观表现形式，即客观知识中的“客观”是一种主观意义上的客观；另一方面，波普尔没有看到第二重意义上的认识主体的存在，即客观知识的吸收利用者，而脱离吸收利用者的客观知识是毫无意义的。由此可见，客观知识并不具有本体意义，以本体意义上的客观知识为核心内容的“世界3”理论，自然成了一种本末倒置的错误理论，因此不能成为图书馆学的理论基础。①

第二个冲击波来自以计算机技术和通信技术为核心的信息技术。如果说人们对于“世界3”理论的狂热推崇是对当时图书馆学理论贫乏状况的理性反思的话，另一些人对于信息技术的惊叹与热衷，则可以说是对图书馆工作实践落后状况的彻底反思。

随着现代信息技术向社会各个领域的广泛渗透，其真实可感的效能使得原来神话般的理想憧憬在现实生活中一一呈现出来。计算机编目、缩微贮存、联机检索、自动化管理与服务等，已在图书馆实践领域大显威力。于是乎人们便为之惊叹不已，开始转换认识坐标，并提出了“技术万能”“技术立业”的口号。在这些人看来，现代信息技术必然会给图书馆带来一次彻底革命，似乎只要用计算机武装起来，图书馆的一切问题就都会迎刃而解。

信息技术的采用，确实给图书馆带来了前所未有的变化，尤其是在提高工作效率方面，其效果是显而易见的。然而，当我们把视野扩展到全社会的宏观尺度上考虑问题时，不难发现信息技术的采用，并没有从根本上解决“用户利用文献信息的机制与效果”“如何充分实现文献信息的各种潜在价值”等根本问题，更没有解决图书馆发展、运行过程中的诸多社会问题。因此，非常推崇信息技术的美国著名情报学家兰开斯特也不得不承认：“计算机只是在处理纸印刷式的文献目录的记录方面提高了效率。文献资料本身的处理实际上没有改变，图书馆并没有发生根本的本质上的变革，所以其效果只是表面上的。”[5]

信息技术为图书馆解决的是“存”（存贮）、“理”（整序）、“找”（检索）、“传”（传递）的问题，但并没有解决“用”（利用）这一最根本的问题。[6]这是因

---

① 补按：我在此文中否定了把波普尔“世界3”（其核心内容是客观知识）理论认定为图书馆学理论基础的观点，主要根据是“世界3”本身不属于本体论范畴，因为“世界3”是“世界1”和“世界2”相互作用的产物。现在看来，这种否定及其根据似乎有些简单且武断。如果我们把波普尔的“世界3”理论视为认识论和方法论意义上的范畴，而不是本体论意义上的范畴，那么把它视为图书馆学的理论基础之一就具有了极强的说服力。此故，我在后期研究中基本肯定了以“世界3”理论作为图书馆学理论基础之一的观点。（参见本书收录的《客观知识与图书馆——从客观知识角度理解的图书馆学》《客观知识·图书馆·人——兼论图书馆学的研究对象》等文。）

为对信息技术的崇拜，实质上也就是对物的崇拜，而如果忽视了信息活动中的主体——人——的地位，那么信息本身也将是毫无意义的。所以，今天人们不得不把注意力集中到人—机接口问题，对专家系统理论与实践的高度重视就证明了这一点。这一转变的深刻意义不在于技术本身，而在于思维方法上的“哥白尼式转换”——向人靠拢！关于这一点，著名情报学家莫尔斯早在1950年提出的“莫尔斯定律”中就告诫过人们：“在情报检索中，接受者而非发送者才是活跃的一方。”

“世界3”理论的引进和借鉴是必要的，但把整个图书馆学理论建构在“世界3”理论之上的设想是不能成功的；信息技术固然极为重要，但信息技术不可能解决图书馆事业发展中的所有技术问题和社会问题。它们存在着一个共同的错误，那就是：对图书馆学人性的泯灭！

3. 图书馆学在呼唤人文关怀

图书馆学原初是很富有人性的，确实有过重视人文精神的优秀传统，如以巴特勒和谢拉为代表的芝加哥学派所提出的“社会认识论”、印度图书馆学家阮冈纳赞所提出的“图书馆学五定律”等，就很注重人的因素。但是，这种优良传统并没有被当代图书馆学家们很好地继承下来。长期以来，图书馆学的研究对象集中于物的层面，而对图书馆的上帝——人（用户）——的研究却始终未能占据主流。正因如此，当代图书馆学始终未能彻底摆脱出以物为主体的“馆内科学”“实用图书馆学”的巢臼。

进入20世纪80年代以来，在中国图书馆学界占据主导地位的理论应属各种“交流学派”（情报交流、知识交流、文献交流等），其思想根源来自苏联著名情报学家米哈依洛夫的“科学交流”学说。米氏学说的研究主体是科学文献系统，所突出的仍然是物的因素，同样忽视了科学交流的主体——人。这样国内的各种“交流学派”，自然难免“获得性遗传”的影响，以致都不同程度地表现出了对人的漠视或忽略。也就是说，“交流学派”所强调的是以物为主的交流，即物流，而不是以人为中心的人与物之间的交流。其实，这种没有交流主体（人）的交流，如同“没有认识主体的认识”一样，是不可能的。这就是包括米氏“科学交流”学说在内的各种“交流学派”的致命弱点之所在。

人们都知道，图书馆的主要社会职能是实现馆藏文献信息的知识情报价值，而要想实现文献信息的价值，就须让人（用户）去利用文献信息。离开了人（用户）的利用，整个社会的文献信息系统便将毫无存在价值。这就必然要求图书馆学重视研究人（用户）利用文献信息的心理机制和社会机制问题，而且这一点应该成为图书馆学研究的出发点及重心所在。为此，现在亟须建构一种新的理论，这种理论的特点在于：它以人（用户）为出发点，以探索一种崭新的人（用户）利用文献信息的心理机制和社会机制为核心内容。笔者把这种理论称为“人本主义图书馆学”或“人文图书馆学”（Humanities Library Science）。

以往我们常常把图书馆、文献信息和人（用户）三者之间所构成的关系链表述为：“图书馆→文献信息→人（用户）”。其基本含义是：图书馆根据自己的意愿收藏文献信息，然后让人（用户）来利用它。显然，这里把人（用户）置于客体的、被动的地位，没有把人（用户）当作主体性存在凸显出来。而在人本主义图书馆学中，这一基本关系链应写成：“人↔图书馆↔文献信息”。这是一种双向因果反馈关系链，其基本含义是：图书馆根据人（用户）的需求来选择、加工并提供文献信息。图书馆在这一过程中，既实现了所藏文献信息的价值，又满足了人（用户）的文献信息需求。在这里，人（用户）被作为决定这一基本关系链性质的主体性存在而凸显了出来，这就是人本主义图书馆学所要弘扬的人本主义精神。

总之，人本主义图书馆学所极力倡导的是人的主体性，即弘扬人文精神。它要在现实的图书馆学土壤中全面实现人性的复归。我们需要人本主义图书馆学，人本主义图书馆学需要我们去探索、建构！（原载《黑龙江图书馆》1991年第6期，原文有副标题“图书馆哲学思考之三”）

参考文献

[1] 谢拉．图书馆哲学［J］．卿家康，詹新文，译．大学图书馆通讯，1987（4）：49－53.

[2] 卢泰宏．情报科学的人文性质——关于情报科学学科性质的反思［J］．图书情报工作，1989（6）：1－7.

[3] 王崇德．图书情报学方法论［M］．北京：科学技术文献出版社，1988：5.

[4] 蒋永福．图书馆学的三个研究范畴——图书馆哲学思考之二［J］．黑龙江图书馆，1990（6）：20－23.

[5] 兰开斯特．电子时代的图书馆和图书馆员［M］．郑登理，陈珍成，译．北京：科学技术文献出版社，1985：105.

[6] 卢太宏．迈向第二个五十年的情报科学［J］．情报业务研究，1990（5）：2－8.

在技术传统
与人文传统之间保持必要的张力

——对图书馆学理论传统的批判评价

【导读】图书馆学的理论传统主要表现为两种，即技术传统和人文传统。两种传统都有其形成的历史合理性与必然性。技术传统是实践论意义上的传统，人文传统是价值论意义上的传统。两种传统之间本不存在孰是孰非的取舍问题，因此两种传统之间应结束对立与排斥，走向互补、包容与整合。人文图书馆学并不排斥图书馆实践与理论中的技术传统，而是主张将技术传统纳入人文视野之中，以人文理念引领技术手段，使技术手段能够发挥建设性“先进生产力”的作用，以免受“技术决定论”的束缚而走上技术“异化”之路。

每一门学科都有自己的理论传统。所谓理论传统，是指能够明晰地勾画出学科发展历史轨迹的思想主线，是“由科学历史沿传而来的具有一定特点的某种思想、作风、信仰、习惯或制度的总和”[1]。这种理论传统在学科的发展历程中一直起着支配的作用，它犹如一根“红线”把学科发展的整个历程穿接了起来，所以被人称为学科发展的“历史缩影”。从历史的角度来看，现在是过去的延续，未来是现在的延伸，所以了解一门学科的理论传统，就能大体上把握该学科发展的历史、现状及未来。

那么，图书馆学的理论传统是什么呢？自1807年德国图书馆学家施莱廷格首次提出“图书馆学”这一学科名称以来，图书馆学已经走过了近二百年的发展历程。纵观这漫长的历史过程，我们依稀可以看出有两条思想主线贯穿其中：一是技术传统，二是人文传统。

1. 经验积累与实用操作：图书馆学的技术传统

所谓图书馆学的技术传统，是指把图书馆学理论看作以实用操作为目的的经验与技术总和的思想模式。这种思想模式有以下几方面特点：

（1）视野上的封闭性。这就意味着基本上是以“图书馆”这一实体为考察范围，很少把社会以及图书馆与社会的相互关系作为思想背景，而主要把图书馆的内部活动作为基本对象，因此被一些人称为“馆内科学”。

（2）重经验技术，轻理论思维。技术传统下的图书馆学基本上属于“图书馆管理”或“文献组织与管理”的范畴，以阐述文献的收藏与加工，以及业务与制度方面的技术和管理方法为主要任务，而忽视对于图书馆活动机制的探索和规律的把握，“工匠意识”浓厚，缺乏深层次的理性思维，因此被一些人称为“实用主义图书馆学”。著名图书馆学家沈宝环先生则称这种图书馆学为“以读物为中心的图书馆学”[2]。

（3）研究方法上的直观性与描述性。技术传统下的图书馆学以对实践经验与技术的直观描述为基本的研究风范，而很少采用抽象的演绎与归纳的方法，也很少对图书馆现象进行社会的和心理的多视角探索。

（4）用户意识薄弱。技术传统的上述几个特点，必然导致它对用户及服务环节的忽视。在技术传统下，图书馆学的主要任务是对馆藏文献的保存与管理，而用户及服务问题对它来说几乎是一个“盲区”。古今中外图书馆界的一个通病——“重藏轻用”① ——的观点或做法，就是一个典型的证明。

从时间上来看，20 世纪 30 年代以前的图书馆学理论，基本上是技术传统占统治地位的时期，而在中国，技术传统的统治时期则一直延续到了 80 年代。80 年代初期，中国图书馆学界的“理论研究热”以及大量国外理论的引入，从根本上动摇了技术传统赖以统治的根基，而 1985 年张晓林的《应该转变图书馆研究的方向》[3]一文，则是对技术传统所发起的第一次有针对性的正式批判。②

然而，图书馆学的技术传统作为一种传统，依然根深蒂固，在图书馆理论与实践中仍具有强大的生命力和广阔的市场。古今中外的图书馆学家们为技术传统的发扬光大倾注了极大的热情，提供了众多的理论根据。这一点可从许多图书馆学家的观点阐述以及这一时期理论成果的统计分析中得到证明[4]：

——施莱廷格在 1808 年出版的《图书馆学综合性试用教科书》一书中，把图书馆学定义为：符合图书馆目的的整理方面所必要的一切命题的总和，其内容是图

① 补按：这里批评了图书馆的“重藏轻用”现象，并认为“重藏轻用”是古今中外图书馆的通病。现在看来，这种定位失之轻率。对于图书馆来说，“重藏”是优点而不是缺点。至于是否“轻用”，则要历史地分析，如古代的中外图书馆都不具有向所有的民众平等开放的观念、技术和社会需求条件，故不应以“以今论古”的思想方法指责其为“轻用”。

② 补按：其实，张晓林《应该转变图书馆研究的方向》一文的主旨并不在否定图书馆的技术传统，反而对技术传统有所肯定。所以，这里对其文主旨的定位存在“误识”。

书的配备和图书目录的编制。显然，他把图书馆的目的规定为图书的整理与加工。

——德国著名图书馆学家、被称为“图书馆管理之父”的艾伯特，在 1820 年出版的《图书馆员的教育》一书中指出，图书馆学是“图书馆员执行图书馆工作任务所需要的一切知识和技巧的总和”。艾伯特认为，图书馆学是由图书整理与图书馆管理两部分内容构成的整体。显然，艾伯特把图书馆馆内的实践操作过程认作了图书馆学的主要研究范围。

——英国图书馆学家爱德华兹被誉为“公共图书馆运动之父”，其《图书馆纪要》一书被赞誉为“对图书馆人不可缺少的著作”。他在此书的主要部分“图书馆管理”中，分三编阐述了自己的图书馆学思想：第一编为藏书理论，第二编为图书馆建筑，第三编为分类与目录。可见，爱德华兹的图书馆学思想也是以文献的收藏与整理为主要研究范畴的。

——格雷塞尔是德国著名的图书馆学家。他在 1890 年出版的《图书馆学纲要》一书中认为，图书馆学的研究内容主要包括四个方面：图书整理学、图书馆管理学、图书分类学、图书馆史学。可见，格雷塞尔的图书馆学思想几乎是艾伯特等人所创立的图书馆管理学思想的延续或重复性论证。

——美国学者杜威是实用主义图书馆学思想的泰斗，他声称自己并不追求理论上的完整体系，只是从实用的观点出发解决一些实际问题，并且认为“无论在任何问题上，哲学上理论的正确性都让位给实际的应用”。在这种实用主义哲学思想的指导下，杜威对于图书馆学的主要贡献被局限在了图书分类体系的确立上，他所创立的“杜威十进分类法”（UDC）就是明证。

——杨昭悊是我国近代著名的图书馆学家，其代表作《图书馆学》（商务印书馆 1923 年版）一书的主要内容包括：图书馆和教育、图书馆经营法、图书馆组织法、图书馆管理法。显然，杨先生的图书馆学思想基本上也属于图书馆管理学范畴。

——我国图书馆学界的一代名师刘国钧先生的图书馆学思想，在一定程度上体现出了理性主义的色彩（如他在图书馆学的四要素、五要素理论中，注意到了“读者”这一人的因素的存在，且其理论著述中也不乏独到的哲学思维）。但由于历史的局限性，刘先生始终未能彻底摆脱实用主义观念的羁绊。他曾说过图书馆“是以搜罗人类一切思想与活动之记载为目的，用最科学最经济的方法保存它们、整理它们，以便社会上一切人使用的机关”。可见，刘先生的图书馆学思想并没有超出“图书馆管理学”的高度。

——据李钟履先生所编的《图书馆学论文索引》统计，清末至 1943 年 9 月，我国共发表图书馆学论文 5 358 篇，其中关于文献的收集、加工、整理以及图书馆管理方面的论文占 54.18%；1949 年 10 月至 1983 年所发表的 13 048 篇论文中，关于技术与管理方面的论文竟占 75.21%。

由以上可以看出，图书馆学的技术传统自图书馆诞生之日起就已深深地扎根于图书馆学的有机体中，融进了图书馆学的血脉里，现已逐步演化成了图书馆学不可或缺的学术基因。可以说，技术传统已经是图书馆学现有理论体系中不可缺少的一种理论传统，不管人们承认还是不承认、喜欢还是不喜欢，它都会作为一种业已形成的传统而长久地存在下去，并将继续对以后的理论与实践产生或积极或消极，或自觉或不自觉的影响和作用。

2. 不能忘记人的因素：图书馆学的人文传统

正像任何一种理论传统都不可能永久独占或支配某一学科领域的学术风尚一样，图书馆学的技术传统自形成之日起就一直受到了主要来自人文传统方面的强有力的冲击和批判。

所谓图书馆学的人文传统，是指在图书馆理论与实践中突出人的因素，强调人的主体性地位与作用，并以人为轴心来展开学科理论体系的学术风尚或理论模式。图书馆学的人文传统具有如下几方面的特点：

（1）突出人的因素，强调图书馆学的人文性质。例如，人的知识信息需要、表现及其满足机制等问题，在图书馆学的人文传统中占据着极为重要的地位。关于文献的整理与加工方面的技术性问题，人文传统主张应交由文献学或图书学理论去研究；关于社会文献现象中的一些规律性问题（主要指文献载体的规律）人文传统主张应交由情报学分支——文献计量学去研究。这就说明，图书馆学的人文传统已经超出了“文献”这一实体范畴，而把注意力转移到了“人”的问题上，因此被一些人称为“人本主义图书馆学”[5]。

（2）注重进行用户对于文献信息利用环节的研究，主张真正的“藏以致用”和用户利益至上的原则。比如，用户利用和吸收文献信息的心理与行为规律问题、用户友好系统的建立等问题，是人文传统所关注的焦点之一。[6]因此，个别人称人文传统为“以用户为核心的图书馆学”。

（3）在研究方法上，大胆提倡抽象的思辨风格，甚至主张图书馆学也应该有自己的哲学基础，认为只有超验的理性思维才能把握图书馆学的真正本质和根据。因此，人文传统往往被称为“理念图书馆学”。

（4）主张把图书馆活动置于社会大系统中去考察，并用社会的、历史的、文化的、心理的等多元视角去探索图书馆活动的功能机制。谢拉的“社会认识论”就是这一主张的典型反映。

20 世纪 30 年代，美国芝加哥大学理念图书馆学派的兴起标志着图书馆学人文传统的正式确立。从此，人文传统以其特有的人文风格博得了广泛的响应和重视[7-8]：

——芝加哥大学理念图书馆学派的代表人物之一谢拉，可以说是一个彻底的人文主义图书馆学家。他在其代表作《图书馆学引论》中指出："尽管图书馆学在逐渐地利用各门科学的研究成果，同社会科学有密切关系，但其实质仍然是人文主义的。"又指出，图书馆事业"主要还是人文主义性质的事业。……图书馆学在其技术和服务方面日益向社会科学和自然科学靠得更近了，但是我们最好还是提醒自己记住，图书馆学始于人文主义"。谢拉在晚年更加明确地指出："我是一个人文主义者，在我有生之年是不会改变的。……在应用数学方程式时不要忘记这个大方程式，这才是最重要的。"

——当代英国情报学大师布鲁克斯曾指出："在西方，我觉得由于我们依赖于我们所掌握的文献计算机系统这一巨大的遗产，着迷于计算机技术，所以创造性思维往往被阻止。"这里表现出了布鲁克斯对技术传统的担忧及迂回指责。

——印度著名图书馆学家阮冈纳赞虽然没有为其理论学说贴上人文主义的标签，但其图书馆学思想在一定程度上却表现出了人文主义倾向。他所创立的"图书馆学五定律"中的前四条——"书是为了用的""人有其书""书有其人""节省读者的时间"，集中体现了阮冈纳赞注重用户、注重文献的利用之观点。后来，印度另一位图书馆学家查卡巴蒂比斯瓦斯在一篇纪念阮冈纳赞的文章中指出：阮冈纳赞"之所以没有被轻率地卷入到自动化的浪潮里去"，是因为他意识到"自己对社会全面发展的义务，社会的全面发展同时还有人的价值"。所以，当情报科学家们企图使每一个人都相信科学和技术是社会的唯一救星时，阮冈纳赞感到"特别的不安"。

——杜定友先生可以说是我国最早注意到人文因素之重要性的著名图书馆学家。当年他在提出"书、法、人"为图书馆学的三要素时，指出图书馆学的理论重心曾经历了三次大的转变，即第一个时期以"书"为重心，第二个时期以"法"为重心，第三个时期以"人"为重心。同时指出："若以人为目标办图书馆，则事业能生动而切合实际，且有继续进行深潜研究之余地也。"可见，杜先生早在20世纪30年代（与芝加哥学派同一时期）就已注意到了图书馆学中的人文因素。

——我国当代图书情报学专家卢泰宏先生于1990年在其力作《信息文化导论——IT会带来什么》一书中指出，图书情报学"并不是一门单纯研究'物'（文献）的学科，也不是一门单纯研究信息技术的学科，而是一门以人为主体对象的学科。仅仅有文献规律和传递、检索技术的完善，并不能最终解释和解决人类面临的信息问题，还必须着重研究人的信息吸收、人的情报心理、人的情报行动、知识利用机制等一系列问题，或者简言之，要研究'人—信息'相互作用的各方面问题"。

——图书情报学的发展大体上经历了三个大的阶段，即从侧重信息源的研究（包括分类、编目、加工整理等）转向侧重信息传递的研究（包括信息的检索、传播等)，再转向注重信息利用的研究(即用户研究)。美国情报学家贝克在20世纪70年代就曾指出，仅仅“发展有效的情报系统和情报网络让人们利用情报是不够的”，还应该“力图发现他们如何吸收情报，如何使用情报”。1985年举行的国际文献联合会(FID)第42届大会强调，“必须集中注意力于信息循环的最后一环(即信息的利用环节——笔者注)”，“有责任更多地注意信息的需要，而不是信息的供给”。关于用户之于图书情报学的重要性，“信息检索”概念的创始人莫尔斯早在1950年就告诫过人们:“在信息检索中，接受者而非发送者才是活跃的一方。”这些都表明了人的研究、用户及其文献利用的研究，在图书情报学中的重要意义。

由以上可以看出，在图书馆理论与实践中，突出人的因素而形成的人文传统，其潮流的强劲程度足与技术传统并驾齐驱。图书馆学的技术传统和人文传统已构成了图书馆学理论的两大流派，而且这两大流派之间的论战与评价问题，也已成了当前图书馆学理论研究中最敏感的一个问题。

3. 批判与重建：非此即彼还是亦此亦彼

3.1　双刃宝刀：技术传统的背后

图书馆学技术传统的成因在于人们对科学技术的至上至尊信念。自近代科学“大厦”在17世纪建立以来，从中世纪的宗教桎梏中解放出来的人们推翻了对上帝的信仰，转而建立了对科学理性的崇拜。人们对科学技术的威力感到惊叹不已，认为科学技术是新世纪的唯一救星，是社会发展的唯一动力，于是产生了有别于神学宗教的另一种“宗教”——“唯科学主义”(scientism)，或称“技术决定主义”(technical determinism)。“技术决定主义”的最大特点，同时也是它的致命弱点即为：对人文因素的排斥。

从理论渊源上来看，图书馆学的技术传统是“技术决定主义”在图书馆理论与实践中的反映。尤其是现代计算机技术和通信技术在图书馆领域中的广泛应用，使得技术传统更加令人着迷。诸如计算机自动编目、缩微存贮、联机检索、自动化管理等已在图书馆领域中大显威力，于是人们对技术的崇尚更加热衷了，甚至有人竟想把图书馆学建立在“键盘操作”之上。在这些人看来，现代技术的应用必然会给图书馆事业带来一次彻底的革命，似乎图书馆只要用计算机武装起来，一切问题就都会迎刃而解。殊不知，“机器永远落后于人”，技术的应用只是手段的改进，绝不是目的的直接实现。正如科学大师爱因斯坦所指出的那样，科学技术是一把既能行善也能行恶的双刃宝刀，科学不能提供目标，而只能提供达到目标的手段和方法。因此，即便是非常崇信信息技术的著名图书馆学家、情报学家兰开斯特，也不得不承认："计算机只是在处理纸印刷式的文献目录的记录方面提高了效率。文献资料本身的处理实际上没有改变，图书馆并没有发生根本的本质上的变革，所以其效果只是表面上的。"[9]

3.2 图书馆学永远是面向人的科学

图书馆的性质与任务决定了图书馆学注定要面向如下两个方面：一是面向文献信息，二是面向用户。用户乃是利用图书馆来满足自身文献信息需要的社会人群。因此，图书馆学必然研究用户对文献信息的需求动机、需求机制及其满足过程，即用户的心理与行为规律问题，而用户的心理与行为规律则是机器所不能完全模拟的。满足用户的文献信息需要是图书馆活动的根本目的，为达此目的所实施的一切技术操作活动皆表现为手段。著名需要理论的创始人马斯洛曾经指出："科学是人类的创造，而不是自主的、非人类的……科学产生于人类的动机，它的目标是人类的目标。科学是由人类创造、更新以及发展的。它的规律、结构以及表达，不仅取决于它所发现的现实的性质，而且取决于完成这些发现的人类本性的性质。"[10]就这个意义上来说，科学也是一种人学。图书馆学是关于满足人的文献信息需要的科学，而文献信息需要的主体是社会意义上的人（用户），因此图书馆学研究的终极对象及目标都是人。由此，我们可以得出这样一个结论：图书馆学也是一种人学。[5]

3.3 目的与手段之间：互补与整合

上文已经说过，满足人的文献信息需要是图书馆活动的根本目的，而为达此目的所实施的一切技术操作活动皆属于手段。由此而论，所谓图书馆学的技术传统，其实质乃是关于手段的理论与方法，而所谓图书馆学的人文传统，其实质乃是关于目的的理论与方法。脱离目的导向的手段是盲目的、无组织的，甚至是徒劳的，而缺乏手段支持的目的又是空洞的、不现实的，甚至是有害的。就事物发展的历史进程来说，手段的完善需要目的的导向与鉴别，而目的的实现必须建立在经验与手段的支持之上。手段服务于目的，目的驱动手段，这是事物发展的基本形式。

就图书馆活动来说，技术手段的现代化从来都是事业发展的强大推动力量。因此，我们无须也无心鄙视技术传统，问题在于如果只片面强调技术手段的重要性而忽视人文因素的作用，只见物不见人，只注重硬件建设而忽视软件建设，且技术手段的建设缺乏统一的标准和相互间的协调，则将造成人财物的浪费及低效率的运转。我们要知道，发展图书馆事业是一项巨大的社会系统工程，许多关键的问题并不是仅靠技术手段的完善就能解决的。例如，发展图书馆事业的社会政策与法律问题、用户心理与行为规律问题、用户情报意识的培养问题、图书馆职业道德与图书馆精神的建设问题[10]等，都不是单靠技术手段就能解决的。正是因为诸如此类的问题涉及了许多难以定量、难以进行程序性操作的人文因素，所以才必须依靠人文化的方法加以解决。

目的与手段之间本应是相互制约、相互协调的关系，因此为了防止目的与手段相脱离，正确的做法是：在关于目的的理论与方法中包容手段的理论与方法。知识工程方法和专家系统方法就在这方面做了有益的探索，且业已取得了许多可喜的成果。由此看来，图书馆学的技术传统与人文传统之间到了应该互补、整合的时候了。所以，我们现在有必要建构一种技术传统与人文传统互补、整合的新的图书馆学理论体系。这种新的理论体系将在技术传统与人文传统之间保持必要的张力，并把两者作为互补与整合的关系包容于统一的理论体系之中。按照“目的包容手段”的原则，笔者把这种新的理论体系暂且称为“人文图书馆学”。

写到这里，笔者不禁想起了著名科学哲学家萨顿在20世纪30年代所说过的一句话，现把它录出来作为结束语：“我们必须准备一种新的文化，第一个审慎地建立在科学——在人性化的科学——之上的文化，即新人文主义。……它将赞美科学所含有的人性意义，并使它重新和人联系在一起。”[11]（原载《图书馆建设》1993年第4期）

参考文献

［1］宋子良. 理论科技史［M］. 武汉：湖北科学技术出版社，1989：435.

［2］沈宝环. 图书馆学的趋势［J］. 图书馆学情报学研究（台港及海外中文报刊资料专辑），1987（6）：1－36.

［3］张晓林. 应该转变图书馆研究的方向［J］. 图书馆学通讯，1985（3）：57－64.

［4］金恩晖. 图书馆学引论［M］. 北京：学苑出版社，1989：192－263.

［5］蒋永福. 图书馆学也是一种人学——图书馆哲学思考之三［J］. 黑龙江图书馆，1991（6）：7－10，41.

［6］蒋永福. 用户行为：意义及其规律——可近性选择理论的提出［M］//周清荣. 当代图书情报管理的理论与实践. 北京：兵器工业出版社，1993：325－333.

［7］卢泰宏. 图书馆的人文传统与情报科学的技术传统［J］. 中国图书馆学报，1992（3）：4－10.

［8］卢太宏. 信息文化导论［M］. 长春：吉林教育出版社，1990：276－277.

［9］兰开斯特. 电子时代的图书馆和图书馆员［M］. 郑登理，陈珍成，译. 北京：

科学技术文献出版社，1985：105.
[10] 姚庆海，杨学功. 论科学理性与人文精神的统一 [J]. 中国人民大学学报，1992（4）：31－37.
[11] 程焕文. 图书馆人与图书馆精神 [J]. 中国图书馆学报，1992（2）：35－42.

人文图书馆学论纲

【导读】生活在现代社会的人们，总是难免科学理性与人文理性“二律背反”的困扰。毋庸置疑，图书馆领域中也存在这种困扰。倡导人文图书馆学理念，就是面对这种困扰时而发出的一种提醒与呼吁——勿忘人文精神！人文图书馆学是一种理念，而不是一种学科理论。人文图书馆学是从人文视角观察图书馆现象的一种理念，它以弘扬图书馆实践和理论中的人文精神为己任，以实现图书馆实践和理论中的科学精神与人文精神的互补、整合为目标。从倡导“图书馆学也是一种人学”的观念到倡导人文图书馆学理念，这是我研究图书馆学一以贯之的基本信念及思想方法。

从宏观角度来看，图书馆学理论有“科学图书馆学”和“人文图书馆学”两大分野。“科学图书馆学”给图书馆以理性的冷静和先进的技术手段，赋予图书馆以科学精神，而“人文图书馆学”则给图书馆以人性的关怀与和谐的氛围，赋予图书馆以人文精神。显然，图书馆的发展既需要科学精神，也需要人文精神。科学精神与人文精神的结合和融合，才是完整的“图书馆精神”[1]。然而，纵观图书馆学理论的发展史，不难发现“科学图书馆学”理论探索一直处于图书馆学理论研究中的“领衔主演”地位，而“人文图书馆学”理论探索虽一直保持延续状态，但始终未能受到与“科学图书馆学”一样的关注和重视，以致图书馆学理论长期以来缺少人文关怀。像这样见物而不见人的科学，绝不是本来意义上的真正的图书馆学。[2]笔者近年来一直在呼吁提倡图书馆的人文精神，试图探讨和建立人文图书馆学的理论体系，这也是写作本文的初衷。

1. 关于“人文”之概念

汉语中的“人文”一词，源于《易传》的一则彖辞。[3]诠释《周易·贲》卦辞的这则彖辞，将“人文”与“天文”对举：“小利有攸往，天文也；文明以止，人文也。观乎天文，以察时变；观乎人文，以化成天下。”这里的“人文”，就是与“自然状态”相对的“文明开化”或“文教景观”的意思。[4]“人文”一词沿用到现在，且在现代汉语中往往被当作“人化”“文化”的同义词，以及“天文”“天道”“自然”的反义词来使用。[5]自从科学哲学以及科学社会学、科学伦理学诞生以后，在这些学科中，“人文”又与“科学”一词反向对应，由此形成了“科学与人文”（含“技术与人文”）这一矛盾体。在中国现代及当代的哲学和文学理论界，还经常使用“人文精神”一词，这是与“科学精神”相对应的一个词，意指对人类的命运、人的价值的关怀[6]，表现出了对于人与自然不和谐状况的忧虑和反思情怀。

在西方语言中，“人文”一词则有以下一些内涵[7]：

首先是来源于拉丁语词汇“humanitas”（人性、教养）的英文词汇“humanity”（人性、人道），其意思包含四个方面：①人类；②人性；③人道或仁慈的性质或状态；④人文学科或人文科学，包括语言、文学、艺术、哲学、宗教、历史等学科。

其次是由“humanity”衍生的“humanism”，指的是人文主义，特指欧洲16—17世纪在思想文化领域中所发生的对于古典文学、个人主义精神和批判精神的复兴，后来逐渐演变为一种思想态度，即主张人和人的价值具有首要的意义，以人作为衡量一切事物的标准。由于人文主义反对以神为本（神本主义）的旧观念，宣传人是宇宙的主宰、万物之本，所以人文主义有时也被称作“人本主义”。此外，“humanism”还具有“人道主义”的含义。

通过以上分析可知，现代意义上的“人文”一词主要有以下两种指称：

第一，学科分野意义上的“人文科学”（humanities）指称，它与自然科学、社会科学一起共同构成了人类的三大知识体系。之所以用“人文”一词，是因为要与“自然科学”中的“自然”一词相对应。

第二，思想态度意义上的“人文主义”（humanism）指称，它主要体现的是以人为本的思想。之所以用“人文”一词，主要是因为要与“科学主义”（scientism）中的“科学”一词相对应。我们平时所称的“人文精神”，实际上就是指“人文主义精神”。本文所称的“人文图书馆学”，就是指“人文主义图书馆学”（humanistic library science）。也就是说，本文是在第二种意义上使用“人文”一词的。

在科学技术迅猛发展的当今世界，科学与人文之间的矛盾越来越突出，进而引起了越来越多人的关注。当今社会普遍存在的科学与真理、科学与价值、科学与伦理、科学与战争、科学与生态平衡等矛盾，就是科学与人文之间矛盾的具体表现。如何促进科学与人文之间的协调发展，已成为世界性的课题。为了更好地理解“人文”概念的内涵，下面列出科学与人文两种视野的区别①：

① 补按：原文列为6条，这里减为5条，并对个别字词做了调整。

科学视角以物为尺度，人文视角以人为中心；

科学精神追求真实与精确，人文精神追求善、美与和谐；

科学理性是一种工具理性，人文理性是一种价值理性；

科学判断是一种事实判断，人文理念是一种价值判断；

科学注重智力的作用，人文彰显智慧的光芒。

2. “人文图书馆学”的由来及其含义

“人文图书馆学”，又可称为“人文主义图书馆学”“人本主义图书馆学”“人道主义图书馆学”，它们均可译成英文“humanistic library science”。因为在英文中，“人文主义”“人本主义”“人道主义”均可用“humanism”表示。[8]从目前所能查到的文献资料来看，“人文图书馆学”这一中文名称是笔者最先（1991年）提出的。当时笔者还未对“人文图书馆学”进行深入细致的思考，只是在一种灵感的触发下初步认为：“现在急需建构一种新的理论，这种理论的特点就在于：它以人——用户为出发点，以探索一种崭新的人——用户利用文献信息的心理机制与社会机制为核心内容，我把这种理论称之为‘人本主义图书馆学’或称‘人文图书馆学’。”[2]1992年，程焕文先生又进一步明确地提出和阐述了“人文图书馆学”这一概念，他指出：“一种以人为研究中心的图书馆学流派已呈现出形成的潜势，这里姑且把它称为‘人文图书馆学’。”[1]他认为，“人文图书馆学在研究方法上与现代图书馆学是绝然不同的。现代图书馆学是以信息与知识，或藏书与读者，或图书与图书馆事业，或知识交流等为中心或出发点去研究、阐发其理论的；而人文图书馆学是以‘人’作为中心去研究图书馆学术和图书馆事业，阐发其各种理论的”。因而，“与那种只见事物（藏书、图书馆）和理论的发展变化过程的图书馆学相比，显得更加生动、形象、深刻”。人文图书馆学研究“既真实客观地反映了人们的图书馆实践活动，又能从中概括抽象出新理论，对于图书馆实践的发展以及辩证地认识图书馆事业与学术发展变化的规律均有着重要的意义”。① 此后，从1993年起，笔者又连续撰文多篇，呼吁建构人文图书馆学理论体系，并初步提出了人文图书馆学的内容框架。[9-11]说到这里，笔者不能不提及一个人，这就是卢泰宏先生。卢先生是我国第一个较为全面地论述图书馆学和情报学中的人文属性问题的学者。他指出，图书馆学诞生之初是很重视人文意识的[12]，只是在后来由于受到情报科学的影响和

① 补按：关于“人文图书馆学”概念的最早提出者问题，说来也巧，因为笔者与程焕文先生几乎是在同一时间不约而同地提出了“人文图书馆学”这一概念，只不过笔者发文的时间稍早一点而已。因此可以说，在我国图书馆学界，笔者和程焕文先生共同率先提出了“人文图书馆学”这一概念。

冲击，人文意识才逐渐被淡化了。他在1989年就曾撰文指出："迅速兴起的情报科学对图书馆学产生的直接影响，似乎被吸引在情报处理的现代技术上，……这不过是另一形式的对物的崇拜，即对技术的崇拜，而不是图书馆学原有的人文因素的弘扬。……情报科学的发展对图书馆学造成了这样一种影响：情报技术所占的主角地位使得图书馆学的人文传统相对淡化了。"[13]

笔者认为，"人文图书馆学"这一称谓是针对"科学图书馆学"而言的。"人文图书馆学"也好，"科学图书馆学"也好，都不是学科名称，而只是一种思想主张或流派。也就是说，我们不能认为"人文图书馆学"和"科学图书馆学"是图书馆学的分支学科。所谓"科学图书馆学"，是指侧重于从科学（本文所称"科学"均包含"技术"）视角观察图书馆现象的一种图书馆学思想主张或流派；所谓"人文图书馆学"，是指侧重于从人文视角观察图书馆现象的一种图书馆学思想主张或流派。"科学图书馆学"注重的是图书馆学中的科学精神，而"人文图书馆学"强调的是图书馆学中的人文精神。对于图书馆来说，科学精神就是崇尚科学的真理性和技术的效用性，主张利用先进的技术手段来提高图书馆的工作效率；人文精神则在图书馆理论与实践中，体现出以人为本的思想，以满足人的需求、实现人的价值、追求人的发展、体现人文关怀，以及创造美与和谐为图书馆的宗旨。[14]

自第二次世界大战结束以来，图书情报界对科学技术的应用表现出了极大的热情，尤其是随着现代信息技术在图书馆实践中的广泛应用，人们对科学图书馆学的真理性和效用性深信不疑，图书馆理论与实践中的科学精神得到了长足的进步和极度的膨胀。相比之下，人们对人文图书馆学思想的重要性，却一直未予足够重视，图书馆理论与实践中的人文精神长期被忽视，甚至在一些人的头脑中近乎到了忘却的地步。但20世纪90年代以来，随着人类对于"科学与人文"矛盾的前所未有的关注，人们开始重新审视科学技术的"双刃刀"本性，这种"科学忧虑"的结果，就是对人文意义的重新关注和重视。于是，在图书馆（学）界，人们也开始自觉不自觉地重新审视人文精神的重要性。在这种情况下，重新讨论图书馆现象中的人文精神问题，亦即讨论人文图书馆学的建立问题，似乎已成为历史的和时代的必然。

毋庸置疑，建立人文图书馆学理论及其体系，首先应该解决的问题是正确认识和界定"人文图书馆学"的内涵。笔者认为，对于"人文图书馆学"的内涵，大体可做如下表述：

从概念上来看，"人文图书馆学"与"科学图书馆学"、"技术图书馆学"相对应。

从观察和研究视角来看，人文图书馆学是以人文视角观察图书馆现象的一种图书馆学理论形态或流派。这里的"人文视角"，是指从社会的、历史的、心理的、文化的、价值的、人性的角度观察事物的思想态度或思维倾向。

从观点或观念上来看，人文图书馆学主张以人为本，以人为图书馆学的核心对象，而不是以藏书、图书馆等“物”为核心对象；认为满足人的需要，体现人文关怀是图书馆的立命之本；主张科学或技术只有在满足人的需要且不破坏、不丧失人性和人文关怀时，才是图书馆所需要的。因此，人文图书馆学的思想观点与图书馆学中的“唯科学主义”（scientism）或“技术决定主义”（technical determinism）思想观点是相对立的。

从目的上来看，人文图书馆学以在图书馆理论与实践中树立和弘扬人文精神，并最终达到科学精神与人文精神的融合与和谐为目的。

从理论特征上来看，人文图书馆学特别重视和强调用户的主体性存在及其价值实现；认为图书馆是“用户的图书馆”，图书馆的一切活动都要以用户需要为驱动，以满足用户需要作为自己的出发点和宗旨；主张建立以用户为中心的理论体系和服务体系。[15]因此可以说，人文图书馆学是以用户为核心对象的图书馆学理论形态或流派。

从实践理念上来看，人文图书馆学主张在图书馆管理活动中实施人性化管理，认为图书馆是充分体现人类的自由与平等理想的圣地，因此必须贯彻“图书馆面前人人平等”的服务原则，必须充分保障用户的阅读自由（或称“知识自由”）。

3. 人文图书馆学的根据

3.1 本体论根据：图书馆是人类人文进化需要的产物

“人文进化”，也叫“文化进化”[16]，指的是人类文明世界的发展演化过程。社会生物学和人文进化学的研究结果表明，人类的进化并不单纯地表现为生物进化过程，而是表现为生物进化和人文进化的双向进化过程，准确地说，是表现为“生物进化基础上的体外非生物进化”过程[16]247。这里的“体外非生物进化”，就是指人文进化。能够进行和完成人文进化，是人成其为人的根本标志。任何进化过程的实现都须具有传递进化信息的物质载体。传递生物进化信息的物质载体是人体内的DNA，而传递人文进化信息的物质载体则是我们所称的“文化传统”。但是，文化传统本身是一种观念性的东西，并不是能够脱离人体的物质性东西，只能进行体内传递而不能进行体外传递。所以，人类为了实现人文进化过程，需要创造一种能够传递文化传统的体外物质载体，这种体外物质载体就是我们所称的广义的文献。可见，文献是人类人文进化需要的产物。[17]我们知道，文献的产生及其积累是图书馆产生的直接原因，图书馆正是为了满足人类对于文献的有序化存贮、管理和利用的需要而产生的。这说明图书馆现象的产生，归根溯源也是为了满足人类人文进化的需要。[18]由此可以证明，图书馆“天生”就具有人文属性。因此，研究图书馆现象的图书馆学，自然不能不研究图书馆的人文属性，这正是人文图书馆学成立的本体论证明。

3.2 认识论根据：图书馆学是以人为核心对象的科学

图书馆的性质与任务决定了图书馆学注定要面向两个方面：一是面向客观知识（其外部表现为“文献信息”），二是面向人（用户）。[19]满足人对客观知识的需要，是图书馆活动的根本出发点及目的。因此可以说，图书馆学是关于满足人的客观知识需要的科学。人与客观知识是图书馆学的两大对象板块，其中人始终居于主动的、核心的地位，因为离开了人的需要，客观知识便毫无意义。就这个意义上来说，图书馆学也是一种关于人的科学。[2]关于这一点，徐引篪和霍国庆两位先生也曾指出：“图书馆学是众多的以人为研究对象的学科之一。……图书馆学是一门研究人的学问。”[20]

3.3 方法论根据：图书馆学是助人的科学

毋庸置疑，同其他学科相比，图书馆学具有明显的方法性、应用性特征。自图书馆学诞生以来，其理论研究一直围绕着文献整序、文献揭示等知识组织方法而进行，其目的就是为人们方便地利用知识信息提供方法论基础。从图书馆实践的发展历程来看，图书馆的内部实践活动主要表现为知识组织活动[21]，而知识组织活动则属于方法论范畴。卢泰宏先生认为，图书情报学的理论与实践主要围绕着解决知识信息的“存”“理”“找”“传”“用”这五大问题而展开[22]，其中的“存”“理”“找”“传”四个环节，都是为了达到“用”的目的而进行的方法性措施。王子舟先生著文认为：“图书馆学能为人们提供一种特殊的知识，即寻找知识的知识。”“图书馆学作为一门科学，不但具有认识方面的理论意义，同时它具有实用方面的工具与方法意义。……对于求知治学的人来看，传统图书馆活动孕育出来的校雠、目录、版本之学，以及近代图书馆活动催生出来的新的分类、索引、主题、文摘、咨询、导读等方法，它们都是一种可以普遍应用的科学方法，在知识获取过程中有着很强的工具与方法意义。”[23]因此，在方法论的意义上，我们完全可以说图书馆学是关于如何帮助人、方便人获取和利用知识信息的方法性学问。而要想帮助人、方便人，不仅需要讲究科学方法，还需要讲究人文意境与人文方法。或者说，帮助人、方便人本身就是一种人文行为。可见，人文精神与人文方法是图书馆理论与实践必须体现的方法论原则。

4. 人文图书馆学的意义

4.1 有利于弘扬人文精神，认清并克服技术传统的局限性

在图书馆理论与实践中，讲究科学精神和科学方法，以保证图书馆活动的先进性和有效性，本是无可厚非的事情。但是，我们决不能顾此失彼或走向极端——只注重技术的应用，而忽视人文精神的培养和人文方法的使用。自 1945 年美国科学研究和发展办公室主任布什发表《诚若所思》一文以来，图书情报（学）界掀起了持续的技术应用热潮，从 20 世纪 40—50 年代的机械化热到 60—70 年代的自动化热，再到 80 年代的信息技术化热，直到如今的网络化热，技术应用热潮一浪高过一浪。图书馆学界的“技术学派”甚至认为，信息技术的高度发展将使图书馆走向消亡。但一阵狂热之后，人们在现实面前不得不承认：技术的应用并不是图书馆发展的唯一决定性因素，图书馆的发展还需解决技术问题之外，诸如体制的、观念的、法律的、经济的等人文问题。对此，巴特勒早就指出：“图书馆作为一个‘专业’，和其它任何一个专业一样，有技术、科学、人文学这三个层面。以往的图书馆学过分强调了技术的层面，而忽视了科学和人文学的层面。今后应强调科学和人文学层面。”后来，巴特勒发现人们还是只重视科学层面而忽视人文学层面，于是断然疾呼：“科学得真是过了头了。”[24] 兰开斯特可以说是“技术学派”的典型代表，且曾是“图书馆消亡论”的始作俑者。但到了 20 世纪 90 年代中期以后，他“一改大胆放言的作风而变得谨慎起来”，并认为当前技术所造成的最严重的后果是非人性化趋向。[25] 数字图书馆可以说是高科技化的产物，但即使是数字图书馆，也不是单靠数字技术就能建立和运转起来的。斯隆曾指出，如果数字图书馆真正有益的话，数字图书馆倡导者必须考虑人的作用，因为技术和信息资源本身不能构成有效的数字图书馆。[25] 美国著名数字图书馆专家、D－Lib 杂志的创办者阿姆斯于 2000 年出版了一部专著《数字图书馆》，该书的副标题就是“技术、组织、经济和法律问题探讨”[26]。其中的“组织”、“经济”和“法律”问题，都属于人文问题。这说明无论是传统图书馆还是数字图书馆，都不能离开人文精神建设，都需讲究人文精神。因此，我们应该记住：没有科学精神的图书馆精神，是一种没有生机的、落后的图书馆精神；缺乏人文精神的图书馆精神，则是一种少了人情味的、冰冷的图书馆精神。以弘扬人文精神为旨归的人文图书馆学，将引导人们走出技术传统的误区，走向科学精神与人文精神的融合，进而为世人奉献出“温馨的图书馆”环境。

4.2 有利于建立以用户为中心的服务体系，体现以人为本的管理思想

现代信息环境对图书馆所提出的要求是：以用户为中心，即“以用户而不是技术为龙头，以服务而不是资源为导向”，实施个性化服务。这与以往以文献、图书馆为中心的传统图书馆服务模式具有显著的区别。现代的信息环境基本上是一种“买方市场”，因此身处现代信息环境中的图书馆，只有按照用户的需要和行为方式提供个性化服务，才能赢得用户的认可和信任。现在迅速发展和推广的信息推送服务、检索帮助服务、智能代理服务、呼叫中心服务、专题门户服务等，就是个性化服务的具体表现。[27]不言而喻，实施个性化服务，既需要采取科学方法，又需要营造良好的人文环境。其实，著名的莫尔斯定律——“如果一个信息系统，使用它比不使用它更麻烦、更费力的话，这个系统便不会被使用”，就充分说明了在图书馆服务中营造良好人文环境的重要意义。人文图书馆学所主张的“图书馆是用户的图书馆”“建立以用户为核心的图书馆服务体系”“在图书馆面前人人平等”“图书馆是体现人类自由与平等理想的圣地”“图书馆学是关于如何帮助人、方便人的学问”等思想，完全可以为图书馆实施以人为本的管理与服务实践提供充分的理论依据和指导。总而言之，现代信息环境对图书馆服务所提出的要求，正是人文图书馆学所提倡和追求的，这就是在现代信息环境下呼唤人文图书馆学理念的根本原因。

4.3 有利于构筑科学内涵与人文内涵平衡的图书馆学理论体系，丰富和完善图书馆学理论体系

从辩证的角度来看，图书馆学中的科学内涵与人文内涵是同等重要的，两者之间应该是和平共处、相互整合的关系。因此，完整的图书馆学理论体系应该平衡把握科学内涵和人文内涵这两个“砝码”，偏废哪一方都会破坏图书馆学理论体系的完整性。然而，从现在业已形成的图书馆学理论体系来看，科学内涵与人文内涵并没有得到平衡发展。现在的事实是：科学内涵持续加强，而人文内涵却长期式微。科学内涵加强并非坏事，而人文内涵式微则只能说是一大憾事。那么，这种失去内部平衡性的图书馆学理论体系，何以实现相对平衡呢？只能是在继续加强科学内涵的同时，急速加强人文图书馆学理论与实践的研究。在此笔者期望：最好是在图书馆学理论研究中形成“科学学派”（或称“技术学派”）与“人文学派”之间的良性竞争局面，使得图书馆学中技术传统与人文传统之间保持必要的张力，并最终走向互补与整合。当务之急是迅速加强人文图书馆学研究，使其早日形成体系。

人文图书馆学——一片古老而又年轻的学术垦区，正等待我们去开发、收获！

（原载《中国图书馆学报》2002 年第 4 期）

参考文献

[1] 程焕文. 图书馆人与图书馆精神 [J]. 中国图书馆学报，1992 (2)：35－42.

[2] 蒋永福. 图书馆学也是一种人学——图书馆哲学思考之三 [J]. 黑龙江图书馆，1991 (6)：7－10，41.

[3]《十三经注疏》整理委员会. 十三经注疏·周易正义 [M]. 北京：北京大学出版社，1999：104－105.

[4] 吴国盛. 科学与人文 [J]. 中国社会科学，2001 (4)：4－15.

[5] 何中华. 人文与自然：从冲突到和谐 [J]. 山东科技大学学报（社会科学版），2000 (4)：1－3，22.

[6] 高瑞泉，等. 人文精神寻踪 [M] //王晓明. 人文精神寻思录. 上海：文汇出版社，1996：22－31.

[7] 肖峰. 科学精神与人文精神 [M]. 北京：中国人民大学出版社，1994：97－98.

[8] 时光. "人文主义"、"人本主义"及"人道主义"辨正——兼谈中国传统文化的基本精神 [J]. 求索，1986 (6)：62－65.

[9] 蒋永福. 在技术传统与人文传统之间保持必要的张力——对图书馆学理论传统的批判评价 [J]. 图书馆建设，1993 (4)：12－15，24.

[10] 蒋永福. 文献·图书馆·人——人文图书馆学研究札记 [J]. 图书馆，1994 (5)：11－14.

[11] 蒋永福. 图书馆学理论重心的演变及其走向 [J]. 中国图书馆学报，1993 (3)：49－53，93.

[12] 卢泰宏. 图书馆的人文传统与情报科学的技术传统 [J]. 中国图书馆学报，1992 (3)：4－10.

[13] 卢泰宏. 情报科学的人文性质——关于情报科学学科性质的反思 [J]. 图书情报工作，1989 (6)：1－7.

[14] 肖希明. 图书馆呼唤科学精神与人文精神的融合 [J]. 图书馆，2000 (1)：11，10.

[15] 张晓林. 建立以用户为中心的图书情报服务体系 [J]. 四川图书馆学报，1994 (6)：17－24.

[16] 牛龙菲. 人文进化学——一个元文化学的研究札记 [M]. 兰州：甘肃科学技术出版社，1989：3.

[17] 蒋永福，翟秀云. 关于图书馆学的人文进化学思考 [J]. 四川图书馆学报，2000 (1)：1 -5.

[18] 蒋永福. 图书馆哲学散思 [J]. 图书情报工作，1998，42 (9)：13 -17.

[19] 蒋永福. 图书馆哲学是什么 [J]. 图书情报工作，2001 (10)：5 -10.

[20] 徐引篪，霍国庆. 现代图书馆学理论 [M]. 北京：北京图书馆出版社，1999：275.

[21] 刘洪波. 知识组织论——关于图书馆内部活动的一种说明 [J]. 图书馆，1991 (2)：13 -18，48.

[22] 卢泰宏. 信息文化导论 [M]. 长春：吉林教育出版社，1990：276 -277.

[23] 王子舟. 图书馆学的宗旨是什么 [J]. 图书馆，2001 (1)：10 -14.

[24] 刘君，易长芸. 图书馆学中的人文主义思想 [J]. 大学图书馆学报，2000 (4)：20 -26.

[25] 初景利. 复合图书馆的概念及发展构想 [J]. 中国图书馆学报，2001 (3)：3 -6.

[26] 范并思. 理论图书馆学视野中的数字图书馆研究 [J]. 中国图书馆学报，2002 (1)：24 -27.

[27] 史田华. 因特网个性化信息服务 [J]. 情报资料工作，2002 (1)：31 -32，38.

论图书馆人文精神的内涵

【导读】人文图书馆学理念的核心宗旨就是人文精神的弘扬。图书馆人文精神的内涵丰富，表现多样，没有统一的形式或模式。不过，有一个原则是必须要坚守的，那就是：让读者满意。图书馆的理念让读者感到满意，图书馆的行为让读者感到满意，图书馆的环境与氛围让读者感到满意，图书馆的人文精神便在这种读者的满意感受中得到了充分的显现和弘扬。“图书馆人文精神”是一个比较抽象的概念和理念，如何把这种抽象的概念和理念具体化、可操作化，本文做了初步的探索。

呼唤人文精神，重视人文意境的建设已成为图书馆界的共识。但到目前为止，虽然谈论图书馆人文精神的文章已有不少，却尚未见到专门或全面论述图书馆人文精神内涵的文章。本文根据 CS 理论——客户满意理论（该理论把客户满意分为理念满意、行为满意和视觉满意三个层面）[1]，把图书馆人文精神的内涵也分为理念层、行为层和视觉层三个层面。其中，理念层居于最深层，行为层和视觉层是理念层的逐层向外表现，即理念层的内涵决定行为层和视觉层的内涵。下面分别论述三个层面的内涵。

1. 图书馆人文精神的理念层内涵

图书馆人文精神的理念层，应主要体现图书馆的人文性质、人文功能及人文目标。

1.1 公益性：性质理念

众所周知，图书馆是戴着公益性“护身符”降临于世的，尽管在图书馆诞生之初这种公益性的范围尚未涉及平民百姓。在民主政治越来越健全的现代社会，图书馆的公益性特征体现得越来越明显，所波及的范围也越来越广泛。图书馆的公益性已成为世界图书馆界的共识。[2] 可以设想，如果图书馆失去了公益性特征的话，这样的图书馆便肯定不能称为“图书馆”了。从社会建制上来说，图书馆是公益性文化事业单位，古今中外皆如此，这是图书馆公益性的社会学或政治学基础。从经济学意义上来看，图书馆的所有权属于社会全体公众（准确地说是全体纳税人），是全体公众的“公共物品”[3]，因而图书馆必须向所有“主人”提供公共服务，这是图书馆公益性的经济学基础。从图书馆赖以形成的文献收藏的属性来看，文献作为知识产品，其性质也是人类的“公共物品”，其功用在于为全人类所共享，所以图书馆理应向全人类提供文献收藏（知识）的共享服务，这是图书馆公益性的物质基础。图书馆公益性的基本含义是：社会（政府）出资办馆，图书馆向社会所有公众提供公共性服务。

1.2　服务性：功能理念

谢拉曾说：“服务，这是图书馆的基本宗旨。”可见，服务是图书馆的天职。如果给图书馆做一张“名片”，那么它的“别名”应该叫“服务馆”，它的“经营范围”应该叫“知识服务”，它的口号（馆训）应该叫“服务至上”。图书馆是干什么的？对于这个问题，最准确、最简捷的回答就是两个字：服务。对于图书馆工作者最准确、最亲切、最光荣的称呼，应该是“知识服务员”。图书馆人应当时刻铭记的最好的格言是：“为您服务”。总之，“服务是贯穿图书馆发展的主线，是图书馆的核心价值观”[4]。

图书馆服务，从方式上来看，有借阅服务、咨询服务、代译代查服务、复制服务、定题服务、预约服务、发送服务、展览服务、讲座服务等；从服务内容上来看，有知识本体服务（包括知识整序、知识重组、知识挖掘、知识检索、知识传送等服务）、决策服务、信息代理服务、信息中介服务、信息加工服务、书目情报服务等。此外，从宏观角度来看，服务于人类的文化进化，服务于人类的客观知识主观化，服务于人类的知识发展，服务于知识经济的发展是图书馆服务的目标。总之，服务是图书馆的核心功能，如果离开了服务，图书馆的一切功能便等于零。

1.3　读者满意：目标理念

上文说过，“服务于人类的文化进化”“服务于人类的客观知识主观化”“服务于人类的知识发展”等，是图书馆服务的目标。但是，这些目标都只是宏观远景目标，不能直接显现，也不能直接量化，更不能直接反映在读者的亲身感受之中。我们知道，读者是图书馆服务优劣的最终评判者，即读者满意与否是评价图书馆服务优劣的根本标准。[5]因此，让读者满意是图书馆服务的直接目标，而且是最终实现上述宏观远景目标的根本途径。所以，我们在组织图书馆服务时，应始终铭记和体现“让读者满意”这一目标理念。在“让读者满意”这一理念中，包含了“读者第一”“服务至上”等服务思想和原则。所谓“读者第一”“服务至上”的原则，如果把它具体化就是：读者满意的事情坚决去做，读者不满意的事情坚决不做。

2. 图书馆人文精神的行为层内涵

图书馆人文精神的行为层，是由理念层所支持的外部行为的反映。图书馆外部行为（即服务行为）中的人文精神，主要表现为服务过程中的开放原则、自由与平等原则和助人原则。

2.1 开放原则

图书馆的开放服务，意味着资源开放、人员开放、时间开放和馆务公开。

资源开放，即要求图书馆树立“藏以致用”观念，图书馆的一切馆藏和设施都要向读者开放。为此，应做到：馆藏无不公开利用；设施无禁地；最大限度地实施开架服务；各种类型的图书馆之间相互开通馆藏，实现资源共享；图书馆内部各服务窗口之间避免“各自为政”，要相互开通（如实施一证通用制）；等等。

人员开放，即要保证社会上的一切人都可自由出入，而不加任何限制。即使是不阅读的人、无阅读能力的人，只要本人愿意入馆，也应持欢迎态度。

时间开放，即最大限度地延长开馆时间。为此，要做到：节假日不闭馆；馆内开展任何活动都不应影响正常开馆；保证开馆时间的连续性（有些馆午休时间闭馆实在是不应该）。

馆务公开，即图书馆的一切决策过程都要保证民主性和透明性，凡是与读者利益有关的决策（如有关规定、制度、做法等），都应向读者公开，接受读者监督。为了做好馆务公开工作，应该做到以下几点：一是制定决策公开制度，除了极特殊的不宜公开的事情之外，其他决策过程及其结果都应向职工或读者公开。二是建立健全职工或读者的民主参与管理制度，重大事情必须提交全馆职工大会（或职工代表大会）表决，而与读者利益有关的事情应征求读者的意见，甚至可以让读者（代表）直接参与决策过程。为此，设立“读者监督委员会”之类的非常设性机构是很有必要的。三是公开图书馆评估指标，在图书馆评估指标体系中应设有“读者评价”指标，且这一指标应占有足够比重。四是公开图书馆的所有组织机构、岗位职责以及人员。为此，各岗位的工作职责要上墙，人员要挂牌上岗。五是公开民意反映渠道，如公开读者监督电话（首先应公开馆长电话）、公开设立“意见箱”等。

2.2 自由与平等原则

自由与平等原则是国际图书馆界共同遵循的重要原则，它实际上是图书馆开放性原则的延伸。[6]图书馆的自由与平等原则，要求图书馆在服务过程中实施无等级差别服务、无身份界限服务、无强制服务和无歧视服务（即四无服务）。至于为了提高服务的针对性而实行的区别服务、个别服务，同自由与平等原则并不矛盾，因为自由与平等在现实生活中不可能是绝对的，而应该是具体的，也就是说，自由与平等同样是普遍性与特殊性的统一。所以，为个别读者提供有区别的个别服务，属于满足个别读者的自由与平等需求的表现。而且，这种服务更能体现图书馆服务的个性化、人性化之人文精神。

图书馆在本质上是人类自由获取知识的公共设施，平等地获得图书馆的知识服务是民主社会中每个人的基本权利。[7]可以说，图书馆是体现人类自由与平等理想的圣地。如何保证读者在图书馆得到自由与平等的待遇和服务，是图书馆在管理理念和服务实践中必须明确的一个问题。在现实生活中，自由与平等地位的获得必须以一定的权利做保证。读者的自由与平等权利至少包括以下几个方面：平等获得读者资格的权利；平等获取资源的权利；平等阅读的权利；平等参与管理的权利；平等享有个人隐私不受侵犯的权利；平等享有提出合理化建议的权利；平等享有提出咨询问题的权利；平等享有对图书馆工作进行评价和监督的权利；等等。

2.3 助人原则

美国学者戴维斯指出："不管使用的设备和信息系统多么复杂，其目的都是相同的，那就是——助人。"[8]助人是一切服务工作的共同理念和特征。要想助人，首先要有助人的理念，其次要有助人的方法，最后要有助人的能力。

图书馆的助人理念，主要体现在图书馆工作人员对待读者的意识和态度上。这种意识和态度具体可表述为以下一些思想和行为：读者第一，服务至上；读者是主人，我们是公仆；读者的需求是最高的命令；满足读者的需求是我们最高的使命；一切读者都需要帮助；个别读者（如残疾人）需要个别帮助；练就高超的助人本领，我们责无旁贷；"为您服务"是我们的座右铭；我们的职业是助人的职业；助人永不言烦，服务永无止境；等等。

图书馆的助人方法，主要体现在知识组织和知识服务的方式方法上。长期以来，图书馆形成了比较完整的知识组织和知识服务方法体系。[9]这些方法从根本上来说都是为了帮助用户识别和获取知识信息而采取的措施。比如，在服务方式上所采取的送书上门服务、预约服务、跟踪服务、复制服务、代查代译服务等，也都是助人服务方式的具体体现。国外的一些公共图书馆按照"读者需要什么服务就设有什么服务项目"的原则，甚至还设立了非知识服务项目，如婚介信息服务、职业招聘信息服务、幼儿代托服务等，更是体现了全心全意助人的服务理念。我们知道，读者利用图书馆的心理与行为主要遵循"省力法则"，因此图书馆的知识组织和知识服务方法必须体现简便原则。可以说，简便是图书馆助人服务的核心。[4]那些不够简便的图书馆知识组织和知识服务方法，即使再科学、再严密、再全面，也不会得到读者的欢迎，因而也不会起到助人的作用。

图书馆的助人能力，主要体现在资源能力和人员能力上。资源的可获取性是资源能力的衡量标准，因此图书馆应竭尽全力丰富自身实体馆藏的拥有量，并提高虚拟馆藏的连接能力。工作人员的素质及能力是图书馆服务能力的最重要影响因素。良好的服务意识和服务态度是图书馆工作人员素质及能力的基础。具体来说，图书馆工作人员的服务能力主要表现在：广博的科学文化知识；熟悉馆藏（包括虚拟馆藏）及其检索技能；语言文字能力（包括外语能力）；交流与沟通的能力；迅捷的反应、领会及行动的能力；判断和解决问题的能力；等等。

3. 图书馆人文精神的视觉层内涵

图书馆人文精神的视觉层，是图书馆的所有构成因素在人的视觉感官上所留下的印象及其意义的反映。图书馆视觉识别系统的建设，其目的是：给人们营造一种充满人文意蕴的典雅、宁静、舒适的工作与阅读环境。其内涵主要体现在以下几个方面：

3.1 建筑：便利与意蕴

图书馆建筑的便利，指的是图书馆的馆址应位于对大多数读者来说较为便利的地理位置上，且建筑内部的设计要便于人的行走。馆址便利是图书馆选址的一个重要原则。有些城市的公共图书馆，在选址时更多地考虑远离闹市区或风景的优美而选择了偏远的地段，这有悖于图书馆选址的便利性原则。其错误就在于选址时只考虑“物”的因素，而没有考虑“人”的因素。建筑内部的便利性，主要体现在结构设计上的畅通性（同网柱、同层高、大开间）以及特殊通道的设置（如残疾人通道的设置）等方面。

图书馆建筑作为一种文化设施，在建筑造型和外观上还要体现出独具特色的人文意蕴。这种人文意蕴，能给人以一种启迪、一种感悟，甚至一种警醒。比如，日本大阪府立中央图书馆为体现其研究性以及中心图书馆的特色，外部采用灰色的花岗岩，从而突出了它带给人的平易近人的印象；整体造型以尺寸体系将横式、宏大的建筑物分化成凸凹、多层的结构，从而既减少了威严感，又使其看起来像一本本堆砌起来的图书。这样不仅给人以稳重坚实的气魄和宏伟的感觉，而且蕴藏着深厚的文化内涵。[10]

3.2 设施：秩序与整洁

图书馆历来与秩序为友，与混乱为敌。所以，图书馆的一切设施，包括文献、桌椅、书架、工作台以及一切工作用品都要摆放整齐，给人以秩序美、对称美。同时，图书馆历来也与洁净为友，与脏乱为敌。所以，图书馆的室内外环境一定要始终保持整洁，而窗明几净、墙白地亮、草青花红，永远都是图书馆的本“色”。秩序与整洁，意味着图书馆人的勤奋与纯洁，也意味着图书馆的文明与圣洁。

3.3 色彩：典雅与柔和

色彩对人的视觉感受影响极大。图书馆作为文化设施、知识殿堂，其色彩配置必须讲究艺术性和人文性。图书馆的色彩不可能也不应该统一，但每一个图书馆起码都要有符合本馆特征的“主色”，并以这种主色为基础形成独特的色彩系统。这种色彩系统，不管以什么色彩做基调，不管采用了多少种颜色，都应该体现出符合图书馆性质的色彩意境——典雅与柔和。图书馆的色彩配置反对浓艳、华丽、冷调和凌乱。从目前国内外图书馆的色彩配置趋势来看，有一些大体一致的基本色调，如外墙以单一庄重色彩为基调，内墙以白色为基调，家具以木纹本色为基调，地面以洁净色为基调，等等。此外，有些图书馆在主色的选择上，还会追求深刻的寓意。

3.4 人气：微笑与礼节

如果说图书馆的建筑、设施、色彩是以“物”为依托来影响人的视觉的话，人气则是以“人”为依托来影响人的视觉的。人气，主要是由人的气质、气色及言行所表现出来的精神状态。图书馆的人气，就是由馆员的气质、气色和言行所表现出来的馆员的精神风貌。对于读者来说，馆员的精神风貌主要体现在他（她）的服务态度上；对于馆员的服务态度来说，笑容和礼节是绝对不可少的。迎人以笑、待人以礼，应该是馆员对待读者的基本态度。迎人以笑、待人以礼的服务态度体现了良好的人气氛围，是图书馆给读者留下良好视觉印象的极为重要的影响因素。

4. 结束语

图书馆人文精神的内涵是极其丰富的，有些人文因素及其内涵还具有“只可意会，不可言传”的属性，很难用语言表达清楚，因此本文所论述的图书馆人文精神的内涵，充其量也不过是图书馆人文精神这座“大山”之一隅。应该说，在图书馆管理与服务活动中，人文精神无处不在，无处不可显现。而且可以说，只有充分体现了人文精神的图书馆管理与服务，才是人们真正需要和称道的图书馆管理与服务。

基于此，我们呼吁：在继续重视研究图书馆科学管理与服务问题的同时，当前更应大力加强图书馆人文管理与服务问题的研究。本文在此权当抛砖引玉了。（原载《图书馆杂志》2003 年第 1 期）

参考文献

[1] 史田华，张彤萱. 网络信息服务业与客户满意管理［J］. 情报理论与实践，2000，23（6）：456－459.

[2] 张洁. 谈参考咨询的核心精神［J］. 图书馆杂志，2002（5）：7－10，42.

[3] 王玮. 从公共物品的角度看图书馆的发展［J］. 图书馆理论与实践，2002（3）：55－57.

[4] 程亚男. 再论图书馆服务［J］. 中国图书馆学报，2002（4）：18－21.

[5] 初景利. 西方图书馆评价理论评介［J］. 中国图书馆学报，1999（3）：53－60.

[6] 吴星溪. 20 世纪中国图书馆思想论纲［J］. 图书馆，2002（2）：1－7.

[7] 阮冈纳赞. 图书馆学五定律［M］. 夏云，等译. 北京：书目文献出版社，1988：120.

[8] 卢泰宏. 图书馆的人文传统与情报科学的技术传统［J］. 中国图书馆学报，1992（3）：4－10，7.

[9] 王子舟. 图书馆学专门方法论纲［J］. 图书与情报，2001（4）：10－16.

[10] 王海泉. 以人为本：现代图书馆发展的新理念［J］. 中国图书馆学报，2002（4）：45－48.

图书馆人本管理：含义与原则

【导读】人文图书馆学理念，不只是认识论和价值论意义上的“应然”观念，还具有实践论意义上的“实然”举措。践行人文图书馆学理念，要求在图书馆管理活动中实施人本管理。这里所说的“人本”，应包括“以读者为本”和“以馆员为本”两个方面。培植人文精神，体现人文关怀，调动人的积极性和创造性，是图书馆人本管理的宗旨。图书馆人本管理应遵循人本原则、情感原则、激励原则和“无为”原则。写此文时，我已在图书馆管理岗位上工作了十多年。在工作过程中，我深感人本管理的重要性和必要性，可以说我本人就是人本管理的践行者和体会者。所以，此文可视为我本人实践图书馆人本管理的经验体会之文。

图书馆人本管理的理论与实践，是人文图书馆学研究的重要内容，也是图书馆管理学研究的重要内容。图书馆事业是一种人文事业，对人文事业理应实施人本管理。但是，从以往的图书馆管理理论与实践来看，人们对图书馆的科学管理给予了极大的重视，而对图书馆的人本管理却始终未予足够的重视，以致在图书馆管理理论与实践中见物而不见人的现象较为严重，加之工具理性膨胀而价值理性匮乏，从而整体上严重影响了图书馆管理效益的提高。近年来，随着图书馆人文理念的增强和知识管理思想的引入，尤其是隐性知识管理和人力资本观念的提升，图书馆的人本管理逐渐被人们重视起来，目前已成为理论界研究的热点之一。

1. 图书馆人本管理的含义

所谓人本管理，就是以人为中心的管理。美国管理学家孔茨认为，管理就是设计和保持一种良好的环境，使人在群体里高效率地完成既定目标。法国实业家法约尔也认为，管理就是协调人际关系，激发人的积极性，以实现共同目标的一种活动。孔茨和法约尔关于管理的定义，可以说是对人本管理的最好注释。人本管理的关键是营造一种以人为本的环境。以人为本，就要把人当作管理的核心对象，就要尊重人、理解人、信任人、善用人，进而形成整体和谐且人人争上游的人气环境。

对于图书馆来说，人本管理就是在诸多图书馆管理客体要素中，以人为中心来配置管理资源，培植人文精神，实施人文关怀，以充分调动和开发人力资源，形成“图书馆发展为人人，人人为图书馆发展”的良好人气环境，从而保证整体管理目标的实现。可以说，在图书馆实施人本管理体现了无论是法治还是德治，均以人为本的管理理念。这就与以往以物为本（即以文献、图书馆等物的因素为本）的管理理念形成了鲜明对比。

图书馆人本管理中的“人”，包括读者和图书馆员。因此，图书馆人本管理既注重“以读者为本”的服务宗旨，又强调“以馆员为本”的主体意识。以读者为本，就是要树立“读者第一，服务至上”观念，把方便读者、满足读者需要作为图书馆工作的出发点和归宿；以馆员为本，就是要树立“馆员第一，创新为上”的观念，尊重馆员、爱护馆员、理解馆员、激励馆员，充分调动和发挥馆员的积极性、创造性和主人翁精神，不断推进管理与服务的创新和效益的提升。当然，“读者第一”与“馆员第一”并不是矛盾的对立面，而是矛盾的统一体。首先，“读者第一”属于目的范畴，“馆员第一”属于手段范畴，两者统一于“只有一流的图书馆员才能提供一流的读者服务”这一理念之中；其次，提出“馆员第一”不是为了取代“读者第一”，而是为了更好地体现和实现“读者第一”的目的。也就是说，“以读者为本”是图书馆人本管理的目的之“本”，而“以馆员为本”则是图书馆人本管理的手段之“本”。

图书馆人本管理的实质，是把图书馆管理的核心或重心放在对人的管理上，其目的在于通过培植人文精神、营造人文环境来充分调动和开发人的积极性、创造性，最终实现创新管理和创新服务。实施图书馆人本管理的意义在于：有利于调动和激发图书馆人的工作积极性和创造性；有利于培养图书馆人的职业信念和理想；有利于确立人在“物”面前的主体性地位，避免或克服物本管理的缺陷；有利于创新管理与服务；有利于拉近图书馆与读者之间的心理和情感距离，树立图书馆在人们心目中的良好形象。

2. 图书馆人本管理的原则

2.1 人本原则

首先，在管理思想上，要高举人本主义旗帜，弘扬人文精神，明确图书馆管理的核心是对人的管理。一方面，要始终不渝地坚持“读者第一”“读者为本”的指导思想，把满足读者需求作为管理的最高目标；另一方面，要树立“馆员第一”

“馆员为本”的意识，把培养和打造一流的馆员队伍作为管理的中心任务，从而体现“一流的队伍是一流服务的基础”的管理理念。

其次，在管理实践上，要重点抓好人才培养与用人机制建设。在人才培养方面，要基于“人才是图书馆最重要的资本”的思想，采取多种途径、多种形式培养人才，并优化群体的知识结构，以不遗余力地提升馆员的思想素质和专业素质。在用人机制建设方面，要实施“能本管理”（capability management）策略，即建立“能者上，平者让，庸者下”的用人机制。为此，图书馆管理者必须坚持任人唯贤、知人善任的用人原则，并具有“爱才之心，识才之智，育才之明，护才之方，容才之量，举才之德”。

2.2 情感原则

以情感人，是人本管理的重要方式与方法。在图书馆管理中实施情感原则，就是对读者、馆员施以人文关怀，让读者和馆员感受到情满人间的温馨与惬意。在对待读者方面，要树立“图书馆是读者的图书馆”的理念，树立全心全意为读者服务的职业理想，关心读者、爱护读者、尊敬读者、理解读者、方便读者、帮助读者、服务读者。尤其是对于弱势群体读者（如残疾人、失业者、失足者、失助者、失落者等），要给予特别的关爱和帮助，即使是对有劣迹的读者，也要以教育为主、以感化为主，使其不再犯错。在接待读者的过程中，要做到百问不厌、百见不烦；在服务读者的过程中，要注意微笑服务和礼貌服务；等等。总之，要让读者感受到“天堂应该是图书馆的模样”（阿根廷著名作家博尔赫斯语）。在对待馆员方面，要关心馆员、爱护馆员、帮助馆员；要多沟通少回避、多引导少惩戒、多鼓励少批评、多和气少严厉、多关爱少指责；要以情感人，以情服人，以情留人，“以柔克刚”，让馆员情有所牵，情有所动，情有所乐。图书馆管理的情感原则，要求图书馆管理者不仅具有高智商，还应具有高情商。

2.3 激励原则

图书馆管理中的激励原则，体现在激发馆员的工作积极性和创造性上。在图书馆管理中实施激励原则，关键是尽力满足馆员的需要。馆员作为社会人，其需要包括：生理的需要、安全的需要、交往的需要、尊重的需要和自我实现的需要（马斯洛的观点）。这五种需要概括起来就是物质需要和精神需要。马克思曾说：“人们奋斗所争取的一切，都同他们的利益有关。”（《马克思恩格斯全集·第一卷》，人民出版社1956年版，第82页）凡是人都有趋向利益、实现利益的需要，就这个意义上来说，利益就是需要。正当的利益目标是使人奋发进取的最大动力。所以，需要的满足和利益目标的驱动是激励原则的核心。激励的方式有多种，如目标激励、奖励激励、关怀激励、尊重激励、榜样激励、承认激励等，总的来说有物质激励和精神激励两种。

2.4 “无为”原则

人本管理原理认为，管理的最高境界是“无为而治”。所谓“无为”管理，就是指管理者用最少的行为达到最好的管理效果。“无为”管理彻底摒弃了“事必躬亲”和“集权统治”式的管理模式。“无为”管理的核心是“无为而无不为”，基本原理是以“无为”之手段换取“有为”之效果。实施“无为”管理，应遵循以下几个原则：

2.4.1 “先为”原则

“无为而治”中的“无为”，绝非无所为，而是“有所为，有所不为”。这里的“有所为”应该是“先为”，即管理者要做到“未雨绸缪”“兵马未动，粮草先行”，事先做好管理活动所需的各项准备工作。例如，事先制定好相关的计划、目标、要求，并备好相应的人财物条件，之后的工作就不必更多地过问或干预了，而是让下属和职工充分发挥主观能动性自行完成。

2.4.2 宽松原则

所谓宽松原则，就是营造一种宽松、和谐的工作环境和人际关系环境，使职工在轻松、和睦、愉快的环境中充分发挥各自的才能。为此，管理者应宽以待人、举止和蔼，力戒盛气凌人、吹毛求疵、动辄批评等容易造成紧张气氛的行为；职工之间应团结友爱、和谐相处、明礼诚信、互帮互助，力戒各种不利于团结、不利于鼓劲、不利于工作的不良行为。宽松的环境利己利人，宽松促团结，宽松生愉快，宽松出效益。

2.4.3 威望原则

作为社会文明标志之一的知识文化机构，讲文明、讲正气、讲人性应该是图书馆工作必须遵循的管理作风。而讲文明、讲正气、讲人性应从图书馆的管理者做起。这就要求图书馆的管理者，尤其是馆长必须是德才兼备、德高望重的人，这样的人就是有威望的人。只有有威望的管理者，才能对下属和职工产生不令亦行、无为亦为的“无为而治”的管理效应。(原载《图书馆建设》2003 年第 4 期)

参考文献

[1] 张怡. 人本思想与21 世纪图书馆人才资源管理 [J]. 图书情报工作，2001 (1)：70 -72.

[2] 于采惠. 人本管理思想在图书馆管理中的实践探讨 [J]. 四川图书馆学报，2000 (4)：6 -10.

[3] 罗恒卿. 人本管理——图书馆管理启示录 [J]. 图书馆，1999 (2)：39 -40，46.

[4] 沙民华. 初谈图书馆人力资源管理的新理念 [J]. 图书情报工作，2002 (3)：116 -117，90.

论图书馆服务文化的三大要素

【导读】就一般意义上来说，社会上的任何一种行业或职业，都有其独特的精神追求，它形塑着全体从业者的精神风貌和行为规范。这种精神风貌和行为规范，在社会文化分类上称为“行业文化”或“组织文化”。图书馆行业作为一种社会行业或职业，自然也形成有独特的精神风貌和行为规范——图书馆文化。探讨在图书馆服务中如何贯穿和体现图书馆职业所特有的精神风貌和行为规范，就是图书馆服务文化应该如何建设的问题。读者满意是图书馆服务文化的目标要素，人文关怀是图书馆服务文化的特征要素，馆员素养是图书馆服务文化的载体要素。我本人曾在图书馆流通岗位工作6年，在工作过程中经常思考“图书馆服务应该什么样”的问题，此文就是我本人长期思考这一问题的产物。

图书馆服务文化，是图书馆文化在服务层面上的反映。图书馆服务文化是一种精神文化，其内涵主要表现为观念形式，它是图书馆事业发展不可或缺的内在推动力量。著名社会学家马克斯·韦伯曾经指出：“透过任何一项事业的表象，可以在其背后发现一种无形的、支撑这一事业的时代精神力量，……在一定条件下，这种精神力量决定着这项事业的成败。”[1]韦伯这里所说的“精神力量”，就是本文所言的“服务文化”①。笔者认为，图书馆服务文化应该以读者满意为目标，以人文关怀为特征，以馆员素养为载体，由此形成图书馆服务文化的三大要素：目标要素——读者满意；特征要素——人文关怀；载体要素——馆员素养。

① 补按：“韦伯这里所说的‘精神力量’，就是本文所言的‘服务文化’”，原文无此句，现补上。另外，本文把图书馆服务文化认定为“精神文化”，而忽略了图书馆服务文化还包括物质文化、制度文化等因素，这说明笔者在构思此文时未能注意到“图书馆服务文化是精神文化、物质文化、制度文化的综合体”这一点。不过，在全文实际的论述内容中融入了物质文化和制度文化的内容。

1. 读者满意：图书馆服务文化的目标

毋庸置疑，图书馆服务是以满足读者需求为目的的服务，因此读者的满意程度是衡量图书馆服务质量的根本标准。一切为了读者满意，应该是图书馆服务的出发点和归宿。图书馆服务必须面向读者的普遍需求及个别需求，提供普遍服务与个别服务，这是图书馆服务永恒不变的基本形式。千方百计地满足读者需求，提高读者的满意度，是图书馆服务永恒追求的根本宗旨和目标。这种始终面向读者需求，始终以读者满意为目标的服务精神，就是图书馆服务文化首先应具有的内涵。读者满意，可从理念满意、行为满意和视觉满意三个方面来衡量。[2]

理念满意（mind satisfaction），是指图书馆的服务理念带给读者的心理满意状态，包括读者对图书馆所确立的服务宗旨、服务战略、服务精神、服务信条、服务风格等的满意状态。

行为满意（behavior satisfaction），是指图书馆的服务行为带给读者的心理满意状态，包括读者对图书馆的行为规则满意、行为效率满意、行为方式满意、行为语言满意等。

视觉满意（visual satisfaction），是指在图书馆服务中可视性的外在形象带给读者的心理满意状态，包括读者对服务名称、导引系统、环境美化、文字规范、设施格局、建筑标志、物品陈列、装饰色彩、人员服饰等的满意状态。

读者满意的程度，可用以下几个指标来衡量[3]：

满足度，即图书馆所提供的服务满足读者需求的程度，可通过文献保障率、文献借阅率等指标来表示。满足度主要反映的是图书馆服务中资源的存取及其链接的能力。

便利度，即图书馆为读者利用馆藏资源提供方便的程度，包括馆址距离是否适中，交通是否方便，服务布局是否合理，标示系统是否完备，检索系统是否高效，参考咨询与导读系统是否健全，残疾人服务系统是否完善，等等。

关心度，即图书馆对读者给予的关心、关切和照顾程度，具体表现为图书馆工作人员在提供服务过程中情感的投入程度，如对待读者的热情、诚恳、耐心、周到服务程度，以及对弱势读者（如残疾人、老人、儿童等）的关切与关怀程度。

满意度，即图书馆为读者提供的服务使读者在总体上满意的程度。满意度是对图书馆服务工作的全面评价，是满足度、便利度、关心度等评价指标的综合体现。

读者对图书馆服务是否满意，不是由图书馆来判定的问题，而是由读者的感知与期望所决定的问题。在国外所流行的图书馆服务评价标准中，贝瑞等人提出的SERVQUAL方法非常著名，其核心思想就是以读者的感知和期望作为图书馆服务质量的评价标准。[4]这就说明，读者不仅是图书馆服务的客体对象，而且是图书馆服务的评价主体。

以读者满意作为图书馆服务文化的目标，要求我们在观念上有如下三个转变：把“读者是图书馆的读者”转变为“图书馆是读者的图书馆”；把“读者应该适应图书馆的要求”转变为“图书馆应该适应读者的要求”；把“图书馆提供什么服务，读者就接受什么服务”转变为“读者需要什么服务，图书馆就提供什么服务”。只有这样，才能真正体现“读者第一，服务至上”的原则。

2. 人文关怀：图书馆服务文化的特征

图书馆服务中的人文关怀，是图书馆人文精神的具体表现。图书馆人文关怀的对象是读者，对读者施以人文关怀，是图书馆服务必须体现的一个基本内涵。在图书馆服务中体现人文关怀，就是要营造具有图书馆特色的人文意境，即营造充满人性味的学习与阅读环境，为读者提供人性化服务。图书馆服务所体现的这种人文关怀，具有知识性、人文性和服务性相结合的特点，因此有别于其他服务行业中的人文关怀，并体现出了图书馆服务文化的特色。图书馆服务中的人文关怀，主要表现在对待读者的观念和态度上。所以，图书馆服务中的人文关怀，主要体现在以下几个方面：

2.1 平等对待读者

图书馆是体现人类自由与平等理想的圣地。[5]“图书馆面前人人平等”，应该是图书馆界的“人权宣言”。平等意味着无贵贱之分，无高低（身份）之别，无特权之规定。孔子的“有教无类”思想应该成为图书馆服务中平等对待读者原则的最好注脚。国际图联和联合国教科文组织制定的《公共图书馆宣言》中指出：“每个人都有享受公共图书馆服务的权利，而不受年龄、种族、性别、宗教信仰、国籍、语言和社会地位的限制。”美国图书馆协会（ALA）1995年发表的《美国图书馆事业发展12条宣言》中也指出，“图书馆是改变社会不公平现象的基地。……图书馆应不论贫富等级，向社会所有的人平等地提供资料。”追求平等是人性的普遍欲求，没有平等就没有人文关怀可言。

在实际的图书馆服务过程中，平等对待读者主要体现在尊重读者平等利用图书馆的权利。根据宪法赋予公民的基本权利以及相关法律规定，我们可以把读者平等利用图书馆的权利细分为如下10个方面[6]：

（1）平等获得读者资格的权利。

（2）平等获取馆藏资源的权利。

（3）平等享受阅读的权利。

（4）平等享有个人隐私不受侵犯的权利。

（5）平等参与图书馆管理的权利。

（6）平等享有提出合理化建议与批评的权利。

（7）平等享有提出咨询问题的权利。

（8）平等享有对图书馆服务进行评价的权利。

（9）平等享有对侵犯自身或他人合法权益的图书馆服务行为进行举报和提出申诉的权利。

（10）平等享有拒绝某种服务的权利。

2.2 宽容对待读者

所谓宽容，是指容许别人有判断和行动的自由，对不同于自己或传统的见解，具有耐心公正的容忍。大科学家爱因斯坦曾这样表达他对“宽容”的理解：“宽容就是对于那些习惯、信仰、趣味与自己相异的人的品质、观点和行动给予恰如其分的评价。这种宽容不意味着对他人的行动和情感漠不关心。这种宽容还应包括谅解和移情。……宽容意味着尊重别人的无论哪种可能有的信念。”[7]其实，对“宽容”一词最简捷的理解就是“宽以待人”。在人际关系中，宽容是和谐与友谊的基础。在图书馆服务中，宽容对待读者，并不是图书馆给予读者的一种施舍，而是图书馆对待读者必须如此的要求所决定的。作为“上帝”的读者，理应得到宽容的待遇，尤其是对那些无意过失、潜意识犯错误和初犯错误的读者，图书馆工作人员不应随意训斥或惩罚，而应以宽和的态度对其进行教育和劝导。然而，在我国图书馆服务中，不宽待读者的现象还是时有发生的，程焕文先生对此批评道：“对待读者禁忌多于诱导，惩罚多于教育。……出入有电子检测，借阅有电视监控，馆员以蓄意捉拿‘偷书贼’为荣，而不以善意劝导为乐，等等。”[8]黄俊贵先生也批评道：“图书馆工作者在文献与信息的采编上，以个人主观爱好、意愿操作，在服务态度上颐指气使，随意训斥。……把规章制度作为对付读者的武器，而不在于规范自己的服务行为。”[9]凡此种种，都有悖于图书馆服务的宽容原则，应予摈弃。

2.3 关爱读者

图书馆工作者应该是爱的使者，图书馆应该是充满爱的人间“天堂”，正如阿根廷当代著名作家博尔赫斯所赞美的那样，“天堂应该是图书馆的模样”。只有关心和爱护读者，才能取悦和取信于读者，也只有关心和爱护读者，才能体现图书馆服务的人文关怀精神。在图书馆服务中，不仅要去关爱所有的读者大众，而且更应该关心、体贴、帮助和爱护那些弱势读者——残疾者、失业者、失学者、年老者、年幼者、体弱者（包括孕妇和患病者）、贫困者、失落者等。这些弱势读者是图书馆服务中需要去关注和关爱的重点对象。给弱势读者以爱的关怀和帮助，是图书馆服务必须体现的一种原则和精神，也是图书馆工作者必须具有的一种职业信条和道德信念。关爱弱势读者，应设法做到：在服务态度上，必须热情、细心、耐心和周到；在服务思想上，必须牢固树立“把麻烦留给自己，把方便送给读者”的思想；在建筑设计上，要设有残疾人通道和相关设施，以便于残疾人行走；在服务设施上，应设有残疾人服务处和残疾人阅览室，以便于为他们提供特殊服务；在资源建设上，应收藏有专门供残疾人阅读的资源（如盲文书籍）等；在服务政策上，应为特定的弱势读者提供优惠服务（如为失业、贫困读者提供免费的视听服务和上网服务等）；在服务方式上，为特定的弱势读者提供诸如针对视障读者的文字放大服务、面对面朗读服务，针对肢残读者的代取、代写服务，针对边远地区的读者或老年读者的预约或送书上门服务，等等。

3. 馆员素养：图书馆服务文化的载体

图书馆服务文化必须依附于某种载体之上，才能发挥实际的效用。应该说，构成图书馆活动的各种要素，都可承载和传递图书馆服务文化的信息，但最能集中体现图书馆服务文化的载体应该是馆员素养。也就是说，图书馆服务文化主要是通过馆员的言行实践体现出来的，而馆员的一言一行无不体现其素养的高低。馆员素养的综合表现实际上就是传递或显现图书馆服务文化信息的直接或间接媒介。优秀的图书馆服务文化必须（必然）建立在优秀的馆员素养基础之上。

馆员素养一般表现在思想素养和能力素养两大方面。

馆员的思想素养，又分为政治思想素养和专业（职业）思想素养两个方面。馆员的政治思想素养，主要表现为馆员的政治理想是否正确，政治立场是否坚定，政治理论修养高低与否，执法意识强弱与否等方面。馆员的专业（职业）思想素养，一般表现在职业精神和职业道德两个方面。馆员应具备的职业精神主要包括五个方面：强烈的民族自尊、自信和自强精神；强烈的自爱、自豪和牺牲精神；大胆吸收、探索、改革和创新的精神；读者至上精神；嗜书如命精神。[10]这五个方面可概括为爱国、爱馆、爱人、爱书精神四个方面。[11]职业道德是从事职业活动中的行为规范，它规定了人们在履行职责过程中应该怎样、不应该怎样的问题。图书馆员应具有的职业道德规范的内涵，简单地说包括五个方面：对工作，忠于职守，精益求精；对文献，爱护备至，积极利用；对读者，满腔热情，服务为上；对同事，友爱为先，团结为重；对外部，精诚合作，共同发展。[12]应该说，图书馆员的职业道德规范，最能集中体现图书馆服务文化的基本内涵。

馆员的能力素养，主要是指馆员所掌握的专业知识与技能水平、管理与组织能力、语言与社交能力等。掌握扎实的专业知识与技能，是馆员能够提供优质服务的基本前提；具备较高的组织管理能力，是馆员能够组织、提供优质服务的必要基础；具有娴熟的语言和自如的社交能力，是馆员在服务工作中增强亲和力和感染力的必要手段。

在现代图书馆服务中，信息能力是馆员必备的重要能力。信息能力包括对信息的识别能力、收集能力、组织能力、分析能力、评价能力等。检验馆员信息能力的重要途径就是检验其信息识别能力。美国学者巴达尔认为，信息识知能力是在解决问题和做决定时有效地找到和评价信息的能力，包括在现代信息环境中求生存、求发展的能力，迅速适应外部变化的能力，解决问题时能把合适的信息找出来的能力，以及熟练使用计算机的能力等。[13]可见，如果馆员具备较高的信息识知能力，就能在服务工作中根据读者需求对有关信息做出迅速、准确的识别判断、评价选择、收集组织和存取提供，从而保证优质服务的实现。国外的许多读者所经常说的“最大的幸福莫过于遇到优秀的图书馆员”，道出了馆员的能力素养对于图书馆服务文化建设的重要意义。（原载《图书与情报》2003 年第 5 期）

参考文献

[1] 张萃萍. 敬业精神：社会发展的内在精神动力 [J]. 社会科学，2002（6）：58－61，34.

[2] 林曦，周磊. 在图书情报服务中导入 CS 战略研究 [J]. 中国图书馆学报，2003（1）：89－91.

[3] 初景利. 图书馆服务质量评价新理论 [J]. 图书情报工作，1999，43（11）：3－5.

[4] 金更达. 图书馆服务质量评价实现探讨 [J]. 大学图书馆学报，2002（3）：49－54.

[5] 蒋永福，张红艳. 图书馆是什么——图书馆哲学四定律 [J]. 图书馆建设，2002（5）：20－23，26.

[6] 蒋永福，陈丽君. 人文图书馆学五定律 [J]. 图书情报工作，2002，46（11）：27－32.

[7] 黄炳线. 科学中的宽容精神 [J]. 科学技术哲学，2002（11）：32－34.

[8] 程焕文. 趋势种种——图书馆数字化网络化研究札记 [J]. 图书馆论坛，2001（2）：17－18，40.

[9] 黄俊贵. 图书馆人文关怀随想 [J]. 图书馆，2002 (4)：1－3.

[10] 程焕文. 论“图书馆精神”[J]. 黑龙江图书馆，1988 (4)：9－11.

[11] 程焕文. 图书馆人与图书馆精神 [J]. 中国图书馆学报，1992 (2)：35－42.

[12] 谭祥金. 图书馆职业道德论 [J]. 中国图书馆学报，1997 (2)：5－9.

[13] 倪波，王玲. 论图书馆服务的革新与重构 [J]. 图书馆杂志，2001，20 (1)：11－13.

论图书馆员伦理

——基于责任伦理和为他责任的思考

【导读】图书馆员伦理，就是图书馆员在履行自己的职责过程中应该承担的伦理责任，即图书馆员的职业价值取向与行为规范的总和。马克斯·韦伯和勒维纳斯分别提出有“责任伦理”和“为他责任”理论。为自己所从事的职业“尽己之责”，即为自己的职业角色负责，就是践履责任伦理的表现；优先考虑他人的正当需要而“尽己之责”，就是负起为他责任的表现。图书馆员伦理是一种责任伦理，图书馆员所履行的责任是一种为他责任。图书馆员伦理的实质，是作为独一无二的“我”对职业、对读者、对同事应负的责任。“我负责，故我在”一语，可以说是对图书馆员伦理取向的最好概括。责任伦理理论和为他责任理论，应该成为新时期考察图书馆员伦理问题的新视角。

在我国图书馆界，“图书馆员伦理”有多种称谓，如“图书馆伦理”“图书馆职业伦理”“图书馆员职业道德”“图书馆专业伦理”等，其中使用最为广泛的是“图书馆伦理”一词。不过，从字面意义上理解，“图书馆伦理”应该包括“图书馆集体伦理”（图书馆集团或行业所承担的社会责任与行为准则，属于组织伦理范畴）和“图书馆员个体伦理”（图书馆员个人职责和行为准则，即图书馆员伦理）两个方面。因此，在单指图书馆员个体伦理时，应以使用“图书馆员伦理”一词为宜。本文所称的“图书馆员伦理”，就是在“图书馆员个体伦理”意义上而使用的。需要指出的是，国外图书馆界一般把图书馆集团或行业所承担的社会责任与行为准则称为“图书馆权利”（如美国图书馆协会的《图书馆权利宣言》、日本图书馆协会的《图书馆自由宣言》等）[1]，而不称为集体意义上的“图书馆伦理”。这样在图书馆界，“图书馆权利”和“图书馆员伦理”是分别指称“图书馆集体伦理”和“图书馆员个体伦理”的对应范畴。

1. 图书馆员伦理的含义

所谓图书馆员伦理，就是图书馆员在履行自己的职责过程中应该遵循的价值取向及行为规范的总和。图书馆员伦理属于职业伦理或专业伦理（professional ethic）范畴。图书馆员应该遵循的价值取向及行为规范的内容，主要由所属社会的政治意识形态、公民传统道德观念以及图书馆的社会使命共同决定。换言之，图书馆员伦理是图书馆员对图书馆职业价值的道德判断及内化，是图书馆员职业行为的道德向导，它“在很大程度上决定着图书馆员对知识、文献及用户的态度，如向用户提供的文献是否应该经过审查，用户的借阅记录是否可以公开，图书馆员是否应该对用户的文献选择进行任何形式的干预（包括在阅读指导名义下进行的干预），如何对待主流文化产品和非主流文化产品等”[2]。

图书馆员伦理与图书馆权利，应该是“一体二维”的关系，即两者都是图书馆对社会的一种“誓约”，只不过图书馆员伦理是图书馆员对个人职责和行为准则的宣明，图书馆权利则是图书馆集团对自身社会责任的宣明而已。这说明图书馆权利和图书馆员伦理都属于“责任”范畴，前者表现为集体责任，后者表现为个体责任。另外，无论是图书馆权利还是图书馆员伦理，都必须体现图书馆的核心价值——最为重要的图书馆社会价值。因此，图书馆员伦理规范与图书馆核心价值范畴在表述上往往相互交叉、相互印证，如在欧、美、日、澳等国家或地区图书馆界所发布的图书馆核心价值和图书馆员伦理规范文本中，大多同时强调了维护知识自由、平等对待读者、保守读者秘密等原则性规范。

纵观20世纪70年代以来国外图书馆界所发布的图书馆员伦理规范，较为趋同的价值取向是突出强调维护公众平等地获取知识信息的自由权利。具体来说，图书馆员应该遵循的伦理规范主要包括：平等对待所有读者，不断提高专业素养，维护知识自由，保守读者秘密，抵制检查制度，尊重知识产权，团结同事，维护专业荣誉，等等。

2. 图书馆员伦理的伦理学定位

图书馆员伦理作为一种职业伦理，其核心是对职业责任（职责）的确认与践履。可以说，图书馆员伦理是一种责任伦理，图书馆员所履行的责任是一种为他责任。因此，我们可以从责任伦理和为他责任两个方面来把握图书馆员伦理的实质内涵。

2.1 责任伦理意义上的图书馆员伦理

“责任伦理”（ethics of responsibility）一词，首先是由德国社会学家马克斯·韦伯提出的。韦伯于1919年在《以政治为业》的演讲中做出了信念伦理和责任伦理的区分。信念伦理强调伦理价值的根据在于行动者的意图、动机和信念，只要意图、动机和信念是崇高的，行动者就有理由拒绝对行动的后果负责。与此不同，责任伦理则强调伦理价值的根据在于个人行动的后果，它要求行动者为自己的行动后果义无反顾地承担起责任。前者注重的是行动者主观的“善良意志”，后者注重的则是行动后果的价值和意义。

所谓责任伦理，实际上是一种以“尽己之责”作为基本道德准则的伦理，其判定道德主体之道德善恶的根本标准，在于道德主体在一定的道德情境中是否尽了自己应尽的责任——是则善，否则恶。而判断道德主体“是否尽了自己应尽的责任”的最重要依据，则在于道德主体行为的后果是否是其肩负的责任所要求的应然后果——是，就是尽了应尽之责；否，就是未尽应尽之责。[3]这里所说的“尽己之责”，显然是指自我责任，其逻辑起点是自我负责——对自己应承担的角色责任尽力完成，并对其后果负责（接受问责）。对自我角色责任的担当，是责任伦理的核心精神，因此责任伦理也可称为“角色伦理”。

按照韦伯的责任伦理界定，图书馆员伦理的核心内涵为：图书馆员对自己的职业角色“尽己之责”的伦理精神。图书馆员“尽己之责”的判断标准，从其具体承担的岗位职责来说，就是完成职责任务量与质的状况，并接受问责；从其承担的社会职业角色来说，就是对职业精神或职业价值的践履状况，并接受问责。韦伯说过，从事政治职业的人必须“意识到了对自己行为后果的责任，真正发自内心地感受着这一责任。然后他遵照责任伦理采取行动，在做到一定的时候，他说：‘这就是我的立场，我只能如此。’这才是真正符合人性的、令人感动的表现。……才构成一个真正的人——一个能够担当‘政治使命’的人”[4]。韦伯的这句话虽然是针对从事政治职业的人而说的，但其含义逻辑对图书馆员也完全适用，尤其是所引用的“这就是我的立场，我只能如此”一句，对图书馆员的警示意义不可小视。其中的“我只能如此”，改换为“我必须如此”也未尝不可。如果图书馆员能够时常反思自己是否按照“必须如此”的伦理要求履行了自己的职业责任，且当发现自己离“必须如此”尚有距离而感到羞愧或自我谴责时，我们就说他或她具有了责任伦理意识。这里的“必须如此”，显然是指图书馆职业使命或职业精神所昭示的伦理责任。

2.2 为他责任意义上的图书馆员伦理

为他责任（responsibility to others）理论，是由法国当代著名哲学家勒维纳斯首先提出来的伦理学说。为他责任说首先假设了他者之“在”，然后假设了“我”与“他”的责任关系。在此关系中，他者高于“我”、超越于“我”，“我”与“他”之间处于不平等的关系之中。这个关系的特别之处在于揭示了一种为他的责任关系。

为他责任有两种表现形式：一是由“我”主动发起的责任。“我”主动担当起为他的责任，想竭力帮助“他”，不管是出于善良、美德，还是出于功利的算计，作为责任者的“我”是主动的。二是由他者启动的责任命令。“我”被动地承受这个命令，进而承担起为他的责任。简言之，是他者命令“我”担负起为他的责任。可见，“我”的道德性品格不是由自我意志或普遍意志构筑的，而是由他者的伦理命令建构起来的。这是勒维纳斯为他责任的基本意思。

勒维纳斯的为他责任理论，至少给人们以五个方面的启示：

第一，在“我”与他者的关系中，他者具有优先性。也就是说，在“我”之外还有他人存在，而且他人优先于“我”。“他者以他的超越性主宰我，他者是陌生人、寡妇和孤儿，我对他负有义务”[5]；“我”有能力和义务首先为他人担负责任，他人的需求是第一位的，“我”是第二位的。

第二，“我”与他者是一种共在关系。人是在与他者的交往中成长的。交往关系首先是责任关系。他者命令“我”为“他”负责，“我”践履责任的过程就是一个伦理主体性的建构过程。“我”调动“我”所有的资源，发挥“我”所有的能力，为他者担责。在极端的意义上，“我”的这种担责完全是为他的，而且是无限的，似乎是被他者困住了，就好像“我”成了“他”的“人质”（hostage）一般。[6]“我”的善性、伦理性是在这样的过程中被锤炼出来的。因此，勒维纳斯说：“人类在他们的终极本质上不仅是‘为己者’，而且是‘为他者’，并且这种‘为他者’必须敏锐地进行反思。”[7]

第三，必须保持对他者的敬畏和对他人的尊重。勒维纳斯曾经说出一句颇具警示意义的口号：“上帝是他者！”[5]在伦理的意义上，对他人的尊重如同对上帝的尊重一样。对他者的责任在某种意义上折射出了对上帝的责任、对上帝的敬畏。正是通过这种超越的敬畏与无限的责任，人才能时刻保持自己的谦逊，保持自己的良知和自知之明，也才能学会对他者的尊重，进而学会对自我的尊重和对生命的敬畏。犹如法国思想家阿尔贝特·施韦泽所说：“敬畏生命绝不允许个人放弃对世界的关怀。敬畏生命始终促使个人同其周围的所有生命交往，并感受到对他们负有责任。”[8]他者是另一个独特的生命，为他者负责就是为生命负责，为自己负责。

第四，“我”是唯一的责任主体。对于责任主体来说，要圆满地履行责任，首先要有责任意识——“我”是独一无二的、不可替代的责任主体。也就是说，在责任面前要做到“舍我其谁”，“我”应该从自己做起，主动地、心甘情愿地为他者负责任，而不能被动地等待别人负责任（搭便车），更不能把责任推卸给别人。对此，勒维纳斯说过一段精彩的话："做人意味着过似乎与存在之中的存在不一样的生活。……是我维持着他者，是我应当为他者负责。……我的责任是不可转移的，没有人能够代替我。事实上，就是说我作为人的身份开始于我的责任。……责任是我单独负有的，是我在人类的范围内所不能拒绝的。这种责任是唯一的最高的尊严。在唯一的标准上，我是我，这个标准就是：我是负责任的，不可替换的我，我能够用我自己代替任何人，但是没有人能够用他自己代替我。"[9]

第五，为他责任不具有互惠性。为他责任是一种单向的道德倾向——只是为他者负责而不图他者的回报，尽管客观上为他可能给自己带来自我实现的快感。就这个意义上来说，责任不具有互惠性。"责任是一种非交互的关系，即非对等的关系；责任并非奠定在对等、相互的关系之上，所谓担负责任是指：为某人或某事负责而并不要求有所回报。"[10]

对生活在群体中的每一个个体人来说，责任首先属于伦理范畴，但是，为了警诫或惩罚严重故意失责的个体人，这种伦理责任就有必要上升为法律责任。图书馆员就是生活于特定的组织关系和社会关系中的个体人，这种"关系"环境，决定了图书馆员必须对处于同一关系网中的其他个体人负有伦理责任。图书馆员伦理应该属于为他责任伦理。这里的他者包括读者、同事以及其他相关的人，其中最重要的是读者。图书馆员伦理的"为他性"主要体现在以下几个方面：

第一，在图书馆员与读者的关系中，读者具有优先性。图书馆员与读者之间是一种责任关系——图书馆员有责任为读者提供服务。而且，两者之间处于不平等关系（当然，在人格意义上是平等关系），读者有权"命令"图书馆员，即读者有资格要求图书馆员提供相关服务。尤其是当图书馆、图书馆员的利益与读者的利益发生冲突时，应优先维护读者利益。正如《美国图书馆协会的伦理守则》所言："不能牺牲图书馆的读者、同事或任职机构的权益，而为自己谋取私人的利益。"[11]《英国图书馆协会专业行为准则》也指出："本会会员必须尽其最大能力履行对雇主的契约。但是当大众的利益或专业的声誉与雇主狭窄的利益发生冲突时，假若两者间的差异无法获得协调，则大众的利益与维护专业的标准必须优先考虑。"[12]这就表明，图书馆员在认知和践履自己的职业责任时，应当对自己的私人利益和行为有所约束与控制，因为对于"职责，我们把它看作是人们之间的约束，首先是我们对我们自己的约束"（柏格森语）[13]。"为了负起道德上的责任，一个人必须在某种意义上控制他的行为。"[14]

第二，图书馆员与读者之间是共在的关系。读者的"在"，是图书馆员"此在"的价值前提，即因为读者的需要存在，所以，图书馆员才有存在的必要。相反，如果读者不在的话，图书馆员也就没有存在的必要。一句话，图书馆员在，是因为读者在。正是因为图书馆员的在取决于读者的在，所以，图书馆员必须尊重读者，全身心地为满足读者的需要而“尽己之责”。如果图书馆员因未能“尽己之责”而未得到读者的认可，那么图书馆员的存在在责任伦理意义上就等于“无”或“不在场”。可见，图书馆员的价值完全是由其“尽己之责”的责任伦理所赋予和评价的。

第三，图书馆员与读者之间是主体间的关系。在为他责任中，他者不是集体；他者是单数，不是复数。“我”与他者之间的责任关系是主体间的关系，是个别对个别的关系，不是成员与集体的关系。所以，为他责任不同于自我责任或集体责任。读者对于图书馆员来说是一种主体性存在，而不是客体性存在，即读者是以权利主体、意志主体（自由主体）、价值主体（选择主体、评价主体）等个体性主体身份出现在图书馆员面前的。所以，图书馆员为读者负责，首先是对一个个读者个体负责，而不是为图书馆集体负责（当然，为读者负责客观上带来了为图书馆负责的效果，从而达到了为读者负责与为图书馆负责的统一）。把读者视为主体而为其负责，其实质是把读者视为目的而不是手段。“你的行动，要把你自己人身中的人性，和其他人身中的人性，在任何时候都同样看作是目的，永远不能只看作是手段。”[15]

第四，每一个图书馆员都是不可替代的责任主体。因为图书馆员的在取决于读者的在，所以在个体意义上，每一个图书馆员在满足读者需要、维护读者权利方面是“舍我其谁”的、独一无二的责任主体。要做到真正的责任主体，首先要意识到“我”不是“我们”，“我”是一个独立的责任主体。“一个人，当他撇开那些‘我们、我们’的豪言壮语，直观地看待自己作为一个孤独的人（我）的行为时，他就会开始萌生一种真正的、由自己个人负责的责任心。”“真正的责任心蕴藏在孤独意识本身之中，那些尚未把自己与别人、与群体区别开来的人，那些还在群体襁褓中昏睡不醒的人，也不可能建立起真正的责任心。”[16]一方面，每一个图书馆员应尽的职责无人能够替代，自己的角色自己“主演”，必须自己履行自己的职业责任；另一方面，每一个图书馆员都有责任从“我”做起，主动担当和践履自己的职业责任，而不受其他同事是否履行责任的影响，即不等靠“搭便车”、不搞机会主义。一句话，自己的责任自己负。

第五，图书馆员的为他责任不具有互惠性。图书馆员在“尽己之责”时，不能指望读者或同事给予任何回报。图书馆员的为他责任是超功利性的，因为超功利性和不图回报，是为他责任的基本要义。这种超功利性和不图回报，说明图书馆员的为他责任是以职业信念或道德良心为驱动力的主动律己，而不是受某种功利目的驱使的被动服从。对为他责任非互惠性的明确认知，是图书馆员把外在的职业责任规范内化为行为自觉的必要前提。

第六，图书馆员的为他责任具有一定的强制性。图书馆员的为他责任尽管以自觉性、自律性为基本要求，但并非不具有强制性。自律是主体认识到社会规范的合理性之后的自我约束，是主体的一种自我立法。为他责任具有道德律令性质，图书馆员的为他责任其实是图书馆员自己为自己“立法”的表现。既然是一种“立法”，就必然具有他律性，就要求相关成员必须遵守，否则应受到相应的惩罚。责任的要义之一是“应尽的义务或者分内应做之事”，要义之二是“未做成或未做好分内应做之事所应承担的谴责和制裁”。在图书馆员伦理规范一旦成为图书馆员共同体一致承诺的“道德命令”时，这种“道德命令”就有可能也有必要转化为“行政命令”（道德制度化），即：如果图书馆员“未做成或未做好分内应做之事”，自然难免遭到“谴责和制裁”。这种“谴责和制裁”，既可以是读者或同事的道德谴责或鄙视，也可以是上司的批评教育、责令检讨、行政处罚，严重者甚至可以是调离原岗位、调离单位乃至开除。可见，图书馆员的为他责任是一种自律性与他律性兼具的伦理责任。（原载《大学图书馆学报》2009 年第 3 期）

参考文献

[1] 李国新. 图书馆权利的定位、实现与维护 [J]. 图书馆建设，2005（1）：1－4.

[2] 于良芝. 图书馆学导论 [M]. 科学出版社，2003：167.

[3] 高湘泽. 责任伦理：现代社会伦理精神的必然诉求 [J]. 长沙理工大学学报（社会科学版），2007（1）：19－22.

[4] 马克斯·韦伯. 学术与政治：韦伯的两篇演说 [M]. 冯克利，译. 北京：生活·读书·新知三联书店，1998：116.

[5] EMMANUEL LEVINAS. Totality and infinity [M]. Translated by alphonso lingis. pittsburgh：Duquesne university press，1969：215.

[6] 顾红亮. 为他责任：走出自我责任与集体责任的困境 [J]. 南京社会科学，2006（10）：26－29.

[7] 勒维纳斯. 塔木德四讲 [M]. 关宝艳，译. 北京：商务印书馆，2002：121.

[8] 阿尔贝特·施韦泽. 敬畏生命：五十年来的基本论述 [M]. 2 版. 陈泽环，译. 上海：上海社会科学院出版社，2002：32.

[9] 齐格蒙特·鲍曼. 后现代伦理学 [M]. 张成岗，译. 南京：江苏人民出版社，2003：90.

[10] 甘绍平. 应用伦理学前沿问题研究 [M]. 南昌：江西人民出版社，2002：116.

[11] 美国图书馆协会. 美国图书馆协会的伦理守则 [M] //中国图书馆学会. 中国图书馆员职业道德准则（试行）. 北京：北京图书馆出版社，2003：39.

[12] 英国图书馆协会. 英国图书馆协会专业行为守则 [M] //中国图书馆学会. 中国图书馆员职业道德准则（试行）. 北京：北京图书馆出版社，2003：41.
[13] 周辅成. 西方著名伦理学家评传 [M]. 上海：上海人民出版社，1987：706.
[14] 费舍，拉维扎. 责任与控制——一种道德责任理论 [M]. 杨韶刚，译. 北京：华夏出版社，2002：9.
[15] 康德. 道德形而上学原理 [M]. 苗力田，译. 上海：上海人民出版社，2002：47.
[16] 邓晓芒. 灵之舞——中西人格的表演性 [M]. 北京：东方出版社，1995：115，112.

社会记忆：档案馆与图书馆的共同历史基础

【导读】档案与图书本为同根生，具有共同的历史渊源基础。现代社会的档案事业与图书馆事业的分别以及档案学与图书馆学的分野，是历史上档案（馆）与图书（馆）“同源分途”现象导致的结果。档案与图书均为广义上的人类文字记录积累的产物；档案与图书共同承担保存和传递人类历史记忆的任务。档案馆与图书馆具有家族相似性，即它们具有共同但有区别的社会记忆功能。从历史的眼光来看，档案馆和图书馆都属于社会记忆装置，这就是它们的共同历史基础。

20 世纪 80 年代，“图书情报档案一体化”问题一度成为图书馆学、情报学、档案学领域共同研讨的重要话题。1986 年，著名图书馆学家周文骏先生在《文献交流引论》一书中指出，出版工作系统、图书馆工作系统、档案工作系统和情报工作系统都属于文献交流机构。周先生认为：“档案馆是一种与图书馆具有同样悠久历史的文献交流机构。”[1]这说明，档案馆与图书馆之间存在着内在的共性基础。这种共性基础，从历史渊源角度而言就是社会记忆，即档案馆与图书馆都是社会记忆的装置。

1. 档案与图书：同源分途

档案与图书以及档案馆与图书馆分别为档案学和图书馆学的客体对象。然而，从历史的角度来看，档案和图书本为“同根生”，两者并非一开始就处于分别状态，而是曾处于“图书即档案，档案即图书”的合一状态。此故，殷墟窖藏甲骨既可称为我国迄今出土的最早的档案文献，亦可称为最早的图书文献；《尚书》既可称为传世最早的公文汇编，亦可称为传世最早的图书文献之一。

众所周知，文字的发明对人类文明的发展具有里程碑式的意义。然而，文字的最初应用并非用于著书立说，而是首用于记事记言。正如著名图书馆学家刘国钧先生所说的那样，在文字刚刚产生时，“人们开始用它来记录日常生活中各种事情，各种成功和失败的经验，以便日后行事时稽考。这就是我们现在所说的‘记录’或‘档案’。”[2]也就是说，文字首先被用于文书档案的形成上，而用于图书的形成则是后来的事情。在中国古代早期，承担文书起草和档案保管职责的人员隶属于“史官”阶层，后来把史书编纂人员也纳入其范围，称为“史职”。可以说，史官为中国历史上最早的“知识分子”阶层。在文字产生之前及文字产生之初，利用非文字符号（如结绳、图腾符号等）和文字符号从事“记录”活动的人员就是最初的史官。正如清人龚自珍在《古史钩沈论》中所说：“周之世官，大者史。史之外，无有语言焉；史之外，无有文字焉。”[3]而史官利用所掌握的语言文字进行记录活动的产物，首先是文书档案而不是图书。对此，周谷城先生指出：“史的重要任务，第一为代部族首长决定大计。凡祭祀，凡征伐，以及其他种种计划，先由史官贞卜吉凶，迨吉凶决定了，然后实行。……其次为保管图籍，贞卜所得结果，史官保存起来，故史官对于往事最为熟悉。凡部族的重要凭据，而为部族首长所必须参考的，都归史官保管。……史官既以保管记录或图法等职，对于过去事情既熟悉；则部族首长遇到大事，必询问史官。”[4]所谓“先由史官贞卜吉凶，……贞卜所得结果，史官保存起来”，实际上就是文书档案的形成与保管过程。这也是档案文献产生在前、图书文献产生在后的有力证据之一。

若从来源和先后关系而言，图书来源于档案，档案产生在前，图书产生在后。图书是以传播知识为目的，用文字或其他信息符号记录于一定形式的载体之上的著作物。中国古代早期，在官师合一的情况下，首先重视的是典章法度等行政文书档案的形成与保管事务；而在官守其学、学在官府、以吏为师的情况下，以传播知识为旨趣的著述言理（其产物即为图书）之事不可能成为常人常为的事情。清人章学诚所言的“古人不著书；古人未尝离事而言理”[5]，就是指这种历史实情。即使是所谓圣人所作的“六经”之书，原本也只是“周官之旧典”，亦非著述言理之“书”。所以，章学诚又说：“古之所谓经，乃三代盛时，典章法度见于政教行事之实，而非圣人有意作为文字以传后世也。”[5]77这里所说的“典章法度”，其载体形态就是文书档案。这也说明在中国古代社会的早期，曾有过只有档案文献而无图书文献的时期。对此，史学家金毓黻先生指出，“古人于档案外无史”[6]；钱存训先生认为，“战国以前的著述，大部分都是官方文件”[7]。李零先生考察大量出土的简帛文献后认为，大致在战国之前，中国“只有档案馆，没有图书馆，典籍、档案和地图是收于一处。后世所说的‘书’本来是包括在档案之中”[8]。

诚如上引章学诚所说，“六经”就是在档案史料的基础上整理、编辑而成的图书。因此，元人刘因有“《诗》、《书》、《春秋》皆史也”的论断，明人王阳明有“五经亦史”的论断，清人章学诚有“六经皆史”的论断，等等。受这些“皆史”

论的启发，我国档案学界曾有人提出了“六经皆档案”[9-10]之说。“六经皆史”抑或“六经皆档案”之说，其实都想说明一种史实：六经皆为三代档案史料的整理、编辑之产物；六经既具有史料（档案）性质，又具有“言理”（图书）性质。这里所说的“言理”，就是指整理、编辑者以“传播知识”为目的所渗入的自己的主观思想，如孔子对“诗三千余篇”进行“去其重，取其可施于礼义”的过程，就是渗入主观思想的过程。于是，渗入整理、编辑者的主观思想的档案史料就变成了“图书”。由此而论，如同说“六经皆史”一样，说“六经皆图书”亦当无人质疑。

春秋战国之际，周室既衰，学在官府、官师合一的局面逐渐被打破。《左传·昭公十七年》所云的“天子失官，学在四夷”，即指此史实。从此学术下移，从史官群体中分化出来的“士”阶层纷纷著书立说，诸子之说遂蜂起，“百家争鸣”的局面渐趋形成。也就是说，从社会分工的角度而言，档案与图书的分途源于文档官吏与士人的分离。诚如章学诚所指出的，“以文字为著述，起于官师之分职，治教之分途也”[5]103。“官师之分”和“治教之分”的重要表现之一，就是史官群体分流为“士”与“吏”两部分。关于“士”与“吏”的区分，《荀子·荣辱》云：“志行修，临官治，上则能顺上，下则能保其职，是士大夫之所以取田邑也。循法则、度量、刑辟、图籍，不知其义，谨守其数，慎不敢损益也；父子相传，以持王公，是故三代虽亡，治法犹存，是官人百吏之所以取禄秩也。”从这段话中可以看出，掌“图籍”的文档人员属于“官人百吏”的范畴。

从历史沿革上来看，档案与图书的分途，是通过“文档官吏的专职化”和“修书与藏书活动的独立化”两种过程实现的。文档官吏的专职化，主要经历了三个阶段：一是战国后，文档官吏逐步脱离政务管理而专掌记注、撰史和典守之职；二是隋唐时期，掌记言和记事的记注史官被划入中书省、门下省，文档官吏的职责主要为撰史和典守；三是自东汉修《东观汉纪》和《汉书》以来，逐步形成了专职撰史制度，尤其是在唐太宗时期史馆成为独立建制以后，撰史人员与文档官吏又分途，绝大部分文档官吏只掌文书的抄录和典守。修书与藏书活动的独立化，起步于汉代兰台令史与东观职所的设置，如《通典》卷二十六指出：“汉之兰台及后汉东观，皆藏书之室，亦著述之所。多当时文学之士，使雠校于其中，故有校书之称。后于兰台置令史十八人，又选他官入东观，皆令典校秘书，或撰述传记，盖有校书之任，而未为官也。故以郎居其任，则谓之校书郎；以郎中居其任，则谓之校书郎中。”这里的“校书”、“著述”或“撰述”，即表明图书雠校和撰述之职已开始走向独立化，加上民间私人著述的开禁和兴盛，使得档案与图书的分途局面渐趋形成。

至于档案保管与图书收藏（藏书）的制度性分途，一般认为以汉桓帝延熹二年（159 年）设置秘书监为其分界。秘书监既是官职名称，又是专门管理图书的机构名称（南梁时改秘书监为秘书省，秘书省最高长官为秘书监，从此秘书监为专一官职名称），因此谢灼华认为：“汉桓帝时，正式设立秘书监，这是我国有藏书管理机构的正式记载。”[11]在图书和档案的收藏上，中国古代朝廷大都实行图书、档案合藏的做法，但至东汉，出现了专门的藏书之所——东观。南梁沈约《宋书·百官志下》曰：“汉西京图籍所藏，有天府、石渠、兰台、石室、延阁、广内之府是也。东京图书在东观。”《四库全书总目》卷五十《东观汉纪》条曰：“盖东汉初，著述在兰台。至章、和以后，图籍盛于东观。”这种专门藏书之所的出现，进一步加快了档案与图书分途的历史进程。

2. 档案馆与图书馆：“家族相似”的社会记忆设施

“家族相似”是奥地利哲学家维特根斯坦，在论证他的“语言游戏”观点时使用的一个概念，它指家族成员之间所存在的“共同但有区别”的属性。档案馆与图书馆之间就存在这种“共同但有区别”的“家族相似”性。下面重点讨论这一相似性之中的“共同”属性部分。

保存和利用档案文献，是档案馆的主要社会使命；保存和利用图书文献，是图书馆的主要社会使命。而无论是档案文献的保存和利用，还是图书文献的保存和利用，都属于人类进行社会记忆的手段。也就是说，档案馆和图书馆实际上都是人类用来进行社会记忆的社会设施（或称社会装置）。

就记忆的主体分野而言，人类的记忆大体上可分为个体记忆、集体记忆和社会记忆三类。个体记忆是指个体人对于自身过去生存经历信息保存和提取的过程；或者说，它是“指那些把个人生活史作为对象的记忆行为，只涉及个人的过去”[12]。集体记忆是指一定范围内的群体（如一个家族、村落、企业、社团、行业、城市乃至一个民族等）对本群体的历史信息共同保存和提取的过程。社会记忆“是指人们将在生产实践和社会生活中所创造的一切物质财富和精神成果以信息的方式加以编码、储存和重新提取的过程的总称”[13]；或者说，它是指“所有在一个社会中藉各种媒介保存、流传的‘记忆’”[14]。在通常情况下，社会记忆可以包含集体记忆，但社会记忆和集体记忆都具有“共同记忆”的属性，所以学者们在著述行文过程中，有时会根据不同的语境把社会记忆和集体记忆当作可以互指或互换的概念来使用。在记忆类型的划分上，扬·阿斯曼还提出了“文化记忆”的概念。他把文化记忆视为人类社会的知识总和，文化记忆有两种存在形式：一种是潜在的形式，即以档案、图书等为载体而存在的知识，它是存放在特定场所的浩瀚的知识体系；另一种是现实形式，即人们根据当下的社会情境、需要和观念，把所记忆的知识应用于现实沟通与行动之中的过程。[15]显然，在阿斯曼的理解中，档案、图书是人类文化记忆的载体或媒介。可以说，以档案为载体的社会记忆（档案记忆）可称为“历史记忆”，而以图书为载体的社会记忆（图书记忆）可称为“知识记忆”，而无论是历史记忆还是知识记忆，都可称为“文化记忆”。相较而言，档案记忆借助的是对历史事实的“记录”，突出的是原始性和真实性；图书记忆借助的是对人类认识成果（知识）的“著述”，突出的是理论性、思想性和规律性。为了保证档案记忆与图书记忆的安全性、可持续性及其社会价值的最大化，档案馆和图书馆便应运而生。

2.1 档案馆与社会记忆

档案本身是“记录”的产物，档案馆则是对这种记录物进行保存和公共利用的社会设施，而正是这种保存和公共利用活动客观上起到了社会记忆的作用。档案馆是档案记忆得以实现的社会保障设施。人类社会的历史事实（历史记忆），尤其是政治活动的历史事实（政治记忆）大都要靠档案馆的保存功能才能得以“回忆”。

1950 年，法国国家档案局局长夏尔·布莱邦在第一届国际档案大会上当选为国际档案理事会（ICA）主席，他在大会上指出：“档案是一个国家、省、行政机关的记忆，档案馆保存的是一个国家最宝贵的东西，即一个国家的历史证据和作为国家灵魂的材料。”[16]这一经典表述已成为全世界档案工作者所共同遵奉的一个基本信念。2000 年，西班牙国王胡安·卡洛斯在第十四届国际档案大会开幕式致辞中指出，档案馆是保存人类记忆（包括社会记忆、个人记忆以及其他各种表现形式）最具有权威性的场所，档案馆是保存记忆、传播记忆的场所。[17]个体人所收藏的档案只能成为个人生活史回忆（提取）的凭据，而汇集到档案馆系统的档案集合则可以成为全社会的共同记忆，并可以代代相传。在历时性上，保存和传递历史记忆，在共时性上，使历史记忆成为共同的社会记忆，这就是档案馆的历史使命。因此，“档案在文化记忆、个人记忆和基因记忆的遗忘、构建、重构和恢复中具有重要的社会功能，是寻找遗忘记忆和发现过去记忆事实真相的重要载体，……是保护过去、记录现在和联系未来的桥梁。把档案馆看成文件库的传统认识正在被记忆库和知识库的认识所取代”[18]。档案馆“可以唤醒和培养国家的记忆；同时档案馆作为知识的宝库和文件的保管地，可以用来回忆一个国家和民族的历史”[19]。

档案馆保存社会记忆，其价值功用不仅在于查考历史事实的“证据”的作用，更为重要的是，还在于它能为人们形成身份认同（或称自我认同）提供记忆根基。身份认同是国家认同、民族认同和文化认同的基础。查尔斯·泰勒指出，身份认同“经常同时被人们用这样的句子表达：我是谁？……如何回答这个问题，意味着一种对我们来说是最为重要的东西的理解。知道我是谁，就是了解我立于何处”[20]。宏观意义上的身份认同，是指社会共同体成员对情感、经验、信仰、价值观的共同享有，它是将一个共同体中不同的个人团结起来的内在凝聚力。在心理层面上，身份认同表现为一种亲近感和归属感，而这种亲近感和归属感的形成和确认，需要以所属集体共同认可的历史记忆为基础，即“身份认同几乎总是建立在一种对‘集体记忆’的呼唤之上”[21]。也就是说，共同的历史记忆是身份认同感的心理基础，而档案馆所保存的档案记忆（历史记忆）就能为人们形成和确认自我认同感提供历史依据和现实确证。诚如国际档案理事会于2010年发布的《档案共同宣言》所指出的，“档案守护并服务于个人和团体的记忆”，档案对于“建立个人与集体记忆，了解过去、记录现在并指导未来非常重要”。[21]

进入21世纪以来，关于档案与身份认同的内在关联关系已在档案学界引起了较为广泛的关注，如施瓦茨和库克认为，“档案，在更广泛的意义上应称之为‘文件’，在建构社会历史、集体记忆和国家认同方面具有很大作用”[22]；库克还把档案学范式的演变概括为“证据、记忆、认同和社会/社区”四个框架，并认为目前处于“认同”阶段，“档案从支撑学术精英的文化遗产转变为服务于认同和正义的社会资源”，档案工作者“作为自觉的中介人帮助社会通过档案记忆资源形成多元认同”[23]。2012年召开的第十七届国际档案大会设有三个议题，其中之一就是“身份认同与档案”。我国档案学家冯惠玲教授在2015年发表的《当代身份认同中的档案价值》一文中，深入分析了集体记忆作为身份认同的心理学基础以及档案在塑造集体记忆中所具有的重要作用。[24]

2.2 图书馆与社会记忆

图书馆是集中保存和传播图书（广义上可称为“文献”）的社会设施，而图书是知识的载体，所以图书馆实际上是集中保存和传播知识的社会设施。

知识作为一种观念性的东西，必须记录于特定的物质载体之上才能被存储和传播。根据载体的形式，知识的存在形态可以划分为两种：一是以人的大脑为载体的主观知识（又称个体知识），二是以各类文献为载体的客观知识（又称公共知识、社会知识）。相应地，人类对于知识的记忆也可分为个体知识记忆和公共知识记忆两种形式。知识的个体记忆，是指记忆个体利用自身大脑的记忆功能把知识存贮到大脑记忆库中的记忆形式；知识的公共记忆，是指把个体记忆中的知识外化到脑外载体（主要是文献）予以存取的记忆形式。[25]知识的脑内记忆形成主观知识，知识的脑外记忆形成客观知识。知识的脑内记忆能力是人类知识记忆的根源性基础，有其毋庸置疑的生物学和遗传学根基意义。然而对于人类来说，知识的脑外记忆能力因其“获得性遗传”（恩格斯语）特征而更能显示出人类的本质力量。正如托夫勒所言：“所有的记忆，都可分成纯为个人的记忆和社会共有的记忆。个人记忆随着个人的死亡而消失。而社会记忆却永久存在。我们能够储存和回收共有记忆的能力是惊人的，这正是人类进化结晶的奥妙。”[26]

可以说，人类对知识记忆的迷恋是图书馆产生的主要原因。对此，美国著名图书馆学家谢拉说道："图书馆正是社会的这样一种新生事物：当人类积累的知识大量增加以至于超过了人类大脑记忆的限度时，当口头流传无法将这些知识保留下来时，图书馆便应运而生了。"[27]我国图书馆学家杜定友先生也曾说过："图书馆的功能，就是社会上的一切人的记忆，实际上就是社会上一切人的公共脑子。"由此，我们又自然联想到著名图书馆学家巴特勒的一句名言："图书馆是将人类的记忆移植到现在人们意识中的一种社会装置。"无论是杜定友先生所说的"公共脑子"，还是巴特勒所说的"社会装置"，其实都是在说明"图书馆是人类客观知识的社会记忆设施"这样一个道理。德国图书馆学家卡尔施泰特认为"图书是客观精神的容器"[28]，而图书馆又是图书的"容器"，所以把图书馆比作社会记忆系统之一是恰当的。

如同档案的积累和档案馆的产生依赖于人类文字记录的积累一样，图书馆的产生也依赖于文字记录的积累。正如麦克格雷所说："文字记录的积累引出了专门保存和整理它们以资利用的社会职业，出现了自尼尼微（Nineveh）图书馆到现代的计算机化图书馆的'图书馆金带'。"[29]这表明，文字记录的积累是档案馆和图书馆产生的共同历史基础。

图书馆对人类客观知识的社会记忆和传播功能，对人类文明的延续具有极其重要的意义。对此，波普尔用两个思想实验做了精辟说明，其中"实验1"是这样说的："我们的所有机器和工具，连同我们所有的主观知识，包括我们关于机器和工具以及怎样使用它们的主观知识都被毁坏了；然而，图书馆和我们从中学习的能力依然存在。显然，在遭受重大损失之后，我们的世界会再次运转。"[30]波普尔的意思是说，假设人类的物质文明成果和精神文明成果都被毁坏了，但只要作为客观知识的社会记忆设施的图书馆还存在，人类的文明就会重新复活（"再次运转"）。波普尔的思想实验尽管有夸张之嫌，但其对图书馆社会记忆功能的高度评价是值得肯定的。

由以上分析可知，档案馆和图书馆都是人类通过长期的实践而选择的用来集中保存和传递文字记录（文档与知识）的社会记忆设施。关于这一点，托夫勒在《第三次浪潮》一书中做了精彩的论述："在原始社会，人类被迫把他们储存的共有的记忆和个人记忆放在同一个地方，这就是储存在个人的大脑中。部落的长老，圣人以及其他人，以历史，神话，口头传说，传奇等形式，把记忆保存下来，并且用语言，歌咏，颂歌等形式传给他们的子孙：……""第二次浪潮文明冲破记忆的障碍。……建造了上千个图书馆和博物馆，发明了档案柜。一句话，它把社会记忆扩展到人们大脑之外，找到了新的储存方法，这样就冲破了原来的局限。"[26]253-254在这里，托夫勒明确地指出了图书馆、博物馆、档案馆作为社会记忆设施的性质及其冲破个人记忆局限性的"新的储存方法"的价值。

3. 结论

档案馆与图书馆之间存在着联通的内在机制。关于这一点，人们早有基本共识，但以往人们对这种联通机制的历史演变过程及其内在根据却少有全面的学理性分析。本文对这种联通机制的历史演变过程及其内在根据进行了初步的梳理和分析，以期为档案馆与图书馆之间的联通实践提供理论根据。通过梳理和分析，本文所得出的基本结论是：第一，档案与图书本为同根生，但在先后次序上，档案产生在前、图书产生在后，档案馆产生在前、图书馆产生在后；第二，随着档案与图书数量的骤增，在官职设置上逐渐形成了专掌文档之官吏与司职图书撰述之士人的分野，由此档案与图书、档案馆与图书馆开始走上了分途发展的道路；第三，档案是对人类的活动进行“记录在案”需要的产物，图书是对人类的思想成果进行“记录在册”需要的产物，所以文字记录的积累是档案馆与图书馆产生的共同的历史基础；第四，档案馆与图书馆共同但有区别地承担了保存和传递人类文字记录的使命，因而档案馆与图书馆是家族相似的社会记忆设施；第五，作为社会记忆设施的档案馆与图书馆，承担了保存和传递人类的文化成果和历史记忆的共同使命，因而对文化认同、民族认同和国家认同的形成具有无可替代的重要作用；第六，档案与图书的同根生“基因”基础，以及档案馆与图书馆承担的共同但有区别的社会记忆使命（家族相似），是档案馆与图书馆之间进行联通、联合、联盟发展的历史基础和理论根据所在。（原载《情报资料工作》2018 年第 1 期）

参考文献

[1] 周文骏. 文献交流引论［M］. 北京：书目文献出版社，1986：50.
[2] 刘国钧. 中国书史简编［M］. 郑如斯，订补. 北京：书目文献出版社，1982：14.
[3] 龚自珍. 龚自珍全集［M］. 新 1 版. 上海：上海人民出版社，1975：21.
[4] 周谷城. 中国政治史［M］. 北京：中华书局，1982：57－58.
[5] 仓修良. 文史通义新编新注［M］. 杭州：浙江古籍出版社，2005：1.
[6] 金毓黻. 中国史学史［M］. 石家庄：河北教育出版社，2000：11.
[7] 钱存训. 印刷发明前的中国书和文字记录［M］. 北京：印刷工业出版社，1988：8.
[8] 李零. 简帛古书与学术源流［M］. 北京：生活·读书·新知三联书店，

2004：46.
[9] 赵彦昌. 论“六经皆档案”（上）[J]. 档案学通讯，2008（4）：87-90.
[10] 赵彦昌. 论“六经皆档案”（下）[J]. 档案学通讯，2008（5）：88-91.
[11] 谢灼华. 中国图书和图书馆史 [M]. 3 版. 武汉：武汉大学出版社，2011：51.
[12] 康纳顿. 社会如何记忆 [M]. 纳日碧力戈，译. 上海：上海人民出版社，2000：19.
[13] 孙德忠. 社会记忆论 [M]. 武汉：湖北人民出版社，2006：24.
[14] 王明珂. 历史事实、历史记忆与历史心性 [J]. 历史研究，2001（5）：136-147.
[15] 哈拉尔德·韦尔策. 社会记忆：历史、回忆、传承 [M]. 季斌，王立君，白锡堃，译. 北京：北京大学出版社，2007：序言.
[16] 黄坤坊. 第一届国际档案大会（连载一）[J]. 档案，1995（1）：24-25.
[17] 国家档案局. 第十四届国际档案大会文集 [M]. 北京：中国档案出版社，2002：7-8.
[18] 中国城建档案代表团. 第十五届国际档案大会及其学术动向 [J]. 城建档案，2004（5）：9-12.
[19] 大滨彻也. 档案能再现我们社会的记忆吗？[OL]. 赵丛，译. [2012-01-05]. https://www.saac.gov.cn/daj/gjjldt/201201/2d285262f9cd40e6991-e2fbf306b74fa.shtml.
[20] 阿尔弗雷德·格罗塞. 身份认同的困境 [M]. 王鲲，译. 北京：社会科学文献出版社，2010：3.
[21] 国际档案理事会. 档案共同宣言 [N]. 中国档案报，2010-11-18（3）.
[22] SCHWARTZ J M, T COOK. Archives, records, and power: the making of modern memory [J]. Archival science, 2002（2）：1-19.
[23] 特里·库克. 四个范式：欧洲档案学的观念和战略的变化——1840 年以来西方档案观念与战略的变化 [J]. 李音，译. 档案学研究，2011（3）：81-87.
[24] 冯惠玲. 当代身份认同中的档案价值 [J]. 中国人民大学学报，2015，29（1）：96-103.
[25] 蒋永福. 图书馆与人类的记忆——从知识记忆角度理解的图书馆学 [J]. 中国图书馆学报，2000（2）：10-13，37.
[26] 阿尔温·托夫勒. 第三次浪潮 [M]. 朱志焱，潘琪，张焱，译. 北京：生活·读书·新知三联书店，1984：253.
[27] 谢拉. 图书馆学引论 [M]. 张沙丽，译. 兰州：兰州大学出版社，1986：1.

［28］李广建. 卡尔施泰特和他的图书馆学思想［J］. 湖北高校图书馆，1987（1）：66－69.

［29］麦克格雷. 信息环境的演变［M］. 丰成君，邵元溥，译. 北京：书目文献出版社，1988：41.

［30］波普尔. 客观知识——一个进化论的研究［M］. 舒炜光，等译. 上海：上海译文出版社，1987：116.

图书馆与人类的记忆

——从知识记忆角度理解的图书馆学

【导读】为什么人类社会的古今中外都有图书馆这一事物？其根本原因在于：无论是个体的知识积累还是社会的知识积累，都需要有一种突破个体记忆局限性的公共记忆装置，以实现跨时空的知识积累、传播与创新，而图书馆正是这样一种公共记忆装置。正因如此，图书馆的知识记忆结构（知识组织方式）与人的知识记忆结构具有高度的相似性。由此而言，为用户的知识记忆服务是图书馆的宗旨。此文是我从记忆角度理解图书馆现象的初步尝试之文，由于当时我还未见到“社会记忆”“历史记忆”“文化记忆”等术语，所以，文中有些论点及其表述尚有不够精练、精准之处。

凡是图书馆工作者，尤其是图书馆理论工作者都不会忘记下面两句名言及其重要意义：

——图书馆的功能，就是社会上的一切人的记忆，实际上就是社会上一切人的公共脑子。(杜定友语)

——图书馆是将人类的记忆移植到现在人们意识中的一种社会装置。（巴特勒语）

人们都不会否认，图书馆与人类的记忆之间确实存在着特定的渊源联系，揭示这种渊源联系，应该是图书馆学理论研究的一项重要任务。本文试图对这个问题做专门探讨。

1. 关于记忆

1.1 记忆的定义

《现代汉语词典》（商务印书馆 1978 年版）对“记忆”的释义是：“保持在脑子里的过去事物的印象。”对于人类记忆的研究，一直是哲学、心理学等学科研究的重要任务，其中现代认知心理学对记忆的研究颇有建树。认知心理学认为，人的记忆的实质是信息加工过程，即通过认知结构的“同化”与“顺应”机制，对外界信息进行加工并建构新的认知结构的过程。具体地说，记忆过程包括信息的存贮、编码和提取三个环节。

1.2 记忆的结构

在记忆结构的研究中，心理学家阿特金森和希夫林所提出的“记忆的三级储存系统”理论最为著名。[1]这一理论认为，人的记忆系统按记忆持续时间的长短可分为三级系统：感觉记忆系统、短时记忆系统和长时记忆系统。感觉记忆又叫瞬时记忆，是指对事物的感觉停止后，所产生的印迹仍然持续一瞬间就急速消失的记忆；短时记忆是指外界刺激信息在头脑中的短暂存贮，其存贮容量不多，为 7 ±2 个记忆单位，保持时间也不长，约为 1 分钟；长时记忆是指关于外界知识的长久存贮，其存贮容量近乎无限大，保持时间从几分钟、几小时、几天、几年到一个人的终生。

1.3 记忆的意义

记忆之于人与社会的重要意义是人所共知的，英国哲学家洛克曾说过：“我们如果没有记忆的帮助，则我们在思想中、推论中和知识中，便完全不能超过眼前的对象。”[2]

第一，如果没有记忆系统的帮助，人的大部分感官功能就无从发挥。以感知为例，一个人如果没有记忆，那么他（她）每次看见一种事物都会对其感知为陌生，每次都要重新认识。再以学习为例，所谓学习的过程，实质上是借助于大脑的记忆功能，不断认识和丰富知识或经验的过程；学习的内容如果不能进入长时记忆系统，那么学习者就等于什么也没有学习到；离开了人的记忆系统就无人的知识可言，因为知识就是存贮在人的记忆系统中的信息。

第二，有了记忆，人才能有间接知识。人的伟大之处就在于具有获取间接知识的能力。当代的文明人和一万年前的野蛮人，其感觉、知觉能力差别很小，就严格的意义上来说，他们所拥有的直接知识的能力并无根本的不同，他们之间的根本差别在于间接知识能力的不同。而人之所以具有超越自身经验范围的间接知识的能力，正是因为得益于发达的记忆功能的支持。

总之，如果没有记忆，人便无法认识和思维。一个人如果失去了记忆，就会在很大程度上丧失自我；一个社会如果失去了“社会的记忆”，也就无法获得进步和发展。[3]

1.4 知识的两种存在形态与两种记忆形式

知识是人的主观世界对于客观世界的反映与认识的结晶。知识作为一种观念性存在，根据其载体可分为两种存在形态[4]：一是以人的大脑细胞为载体的主观知识（又称个体知识），二是以各类文献为载体的客观知识（又称公共知识、社会知识）。相应地，人类对于知识的记忆也可分为个体知识记忆和公共知识记忆两种形式。知识的个体记忆，是指记忆个体利用自身大脑的记忆功能把知识信息存贮到大脑记忆库中的记忆形式；知识的公共记忆，是指把个体记忆中的知识信息外化到脑外载体予以存取的记忆形式。

知识的公共记忆是个体记忆外化（或称社会化）的产物。知识的个体记忆与公共记忆之间的关系，可以比作“根”与“枝叶”的关系：个体记忆为公共记忆提供“养料”，公共记忆承担“光合作用”，即个体记忆的不断外化使公共记忆不断得到扩充、丰富，公共记忆的“光合作用”——知识的交流与利用——又使个体记忆得以“根深蒂固”。

知识的个体记忆，由于受到大脑生理的局限——知识与大脑生命“同生共死”，所以只能进行共时交流，不能进行跨越时空的历时交流。而知识的公共记忆则克服了个体记忆的这种局限性，这样不仅使知识记忆获得了“客观”的形式，而且使知识的历时交流成为可能，从而保证和促进了知识的广泛积累、传播及世代相继。

知识的公共记忆，其目的是扩充个体记忆的容量，延伸个体记忆的时限，拓展个体记忆的时空范围。可见，知识的公共记忆最终是为个体记忆服务的，因此其结构状态只有符合个体记忆的要求，才能被个体记忆所识别和认同。这是知识的公共记忆能够发挥其应有效能的基本前提。

2. 图书馆与知识的公共记忆

2.1 图书馆是人类知识的公共记忆需要的产物

任何一种社会现象的产生和发展，都与人类的某种特定需要有关。图书馆现象的产生和发展也必然如此。

在人类的社会实践活动中，人们只有把各自记忆中的知识交流出来，才能协调彼此之间的交往活动，才能维持集体生活（即类生活）的正常秩序，因而有了知识记忆客观化的需求。知识记忆的客观化必须经过两个环节，即表达与凝结。[5]知识记忆的表达需要语言形式，知识记忆的凝结需要物质载体形式。从古代的甲骨、简帛到现代的纸张、磁盘、光盘等，都是知识记忆客观化的物质载体形式。我们把这些记录有人类知识的脑外载体，统称为文献。可见，文献是人类知识客观化需要的产物，其实质是人类知识的体外记忆载体。

文献的产生证明了这样一个道理："如果我们要将记忆扩展到人脑之外，就必须使用物质环境中的某些物质来代替我们的思想。"[6]

对于文献这种体外记忆系统，人们采用了各种不同的名称，有些学者称之为"社会遗传"（social heritage），也有学者称之为"社会记录"（social transcript），而有的人类学家则称之为"外化记忆"（exosomatic memory）[6]37。

人类社会实践活动的不间断性和知识客观化活动的不间断性，造成了文献系统的不断积累及其无序性，从而严重影响了知识的有效交流与利用，并导致了专事文献的存贮、管理和传播利用的社会组织——图书馆——的产生。正如有的学者所指出的那样："文字记录的积累引出了专门保存和整理它们以资利用的社会职业，出现了自尼尼微（Nineveh）图书馆到现代的计算机化图书馆的'图书馆金带'。"[6]41

知识客观化的需要导致了文献的产生，文献的产生使得知识的公共记忆成为可能，而图书馆的产生则保证了文献系统的有序化，即知识公共记忆的有序化。知识与秩序为友，与混乱为敌。图书馆对于知识公共记忆的有序化职能，是整个知识系统有序化发展的基础保障。因此我们可以说，图书馆是知识公共记忆有序化需要的产物，其实质是知识公共记忆有序化存贮、传播和利用的社会组织。

2.2 图书馆知识记忆的机理分析

图书馆作为知识公共记忆的社会组织，其任务是为知识的个体记忆服务。因此，图书馆的知识公共记忆的方式方法，只有与个体（对图书馆来说就是用户或读者）的知识记忆结构相匹配才能有效。或者说，图书馆的公共记忆结构与用户的个体记忆结构之间只有具有高度的相似性，才能保证图书馆公共记忆的有效性。事实上，图书馆自诞生之日起，它的内部组织结构就是按照模拟用户的个体知识记忆结构这一原则组织起来的：

——图书馆对文献的甄选过程，实质上就是模拟个体记忆的"模式识别"过程。在认知心理学中，人对外部世界客体的识别被称为模式识别。当被甄选文献的状况信息被图书馆所识别并满足甄选标准（文献采访原则）时，该文献就被视为"选中"。被"选中"的文献经过特定的加工程序之后，就进入了图书馆的长时记忆系统——馆藏文献资源体系。

——图书馆的知识记忆系统和个体的长时记忆系统的容量都是无限的。认知心理学的研究结果表明，人的长时记忆容量是无限的。从理论上来说，整个社会图书馆系统的文献收藏容量也是无限的。图书馆对于文献不断收集与存贮的过程，实际上就是图书馆长时记忆容量的不断增容过程。

——个体记忆的基本单位是“组块”（chunk）。人对信息或知识的记忆是以“组块化”的方式进行的。所谓“组块化”，是指把信息或知识编码成组的过程。虽然人的短时记忆容量仅为 7±2 个组块，但人组织信息或知识成“块”的能力，却使短时记忆能够处理大量的信息。图书馆对文献的组织就采用了类似这种“组块化”的方法：每一个别的知识标记（分类号、主题词或一个检索语句）都代表一组相同或相近的知识内容的文献，每一个知识标记所代表的一组文献便构成了一个组块。[7]

——在个体的知识记忆中，一个知识单元，只要需要就会被随时存入记忆库中，并能被随时提取使用，这个过程体现了知识记忆的随机性特征。这种随机性特征在图书馆的知识记忆过程中也得到了充分的体现。首先，在图书馆的知识组织过程中，要能够随时存贮任一文献或知识单元；其次，图书馆在为用户服务的过程中，要能够随时提取任一文献或知识单元。

——认知心理学的研究结果表明，个体长时记忆系统的知识存贮的位置是根据知识的内容而确定的，即不同内容的知识具有不同的记忆位置。阿特金森和希夫林称这一现象为“自标地址记忆”（self-addressing memory）。在图书馆的文献组织或知识组织过程中，每一个文献单元或知识单元，根据其内容在馆藏资源体系中也都有其固定的位置。所以，阿特金森和希夫林当年曾说过：“自标地址记忆可与以书籍内容为基础的图书馆上架系统进行比较。”[8]

——人的个体记忆具有“一次存贮，多次提取”的特征，图书馆的公共记忆也具有同样的特征。例如，图书馆在文献存贮中所采取的“复本”策略，就是为“一次存贮，多人多次提取”而采取的预备性策略。再如，在图书馆的文献流通服务中所采取的借还制度，也具有“一次存贮，多次多人流通（提取）”的特征。

——人的个体记忆具有联想功能，即给定一个刺激词，就可联想起其他相关的词，且这种联想功能还具有指向性。比如，上一级联想为：“动物”→“生物”；下级联想为：“动物”→“狗”；中级水平的联想为：“动物”→“植物”。图书馆在文献组织或知识组织过程中，很好地模拟了这种联想功能，如分类法体系中的等级展示及类目参照、主题法系统中的参照系统等就利用了记忆的联想功能，从而很好地满足了用户的“族性检索”和“网络检索”的需求。

总之，图书馆的文献组织或知识组织，其方法结构与人类个体的知识记忆结构具有高度的相似性。或者可以说，图书馆的文献组织或知识组织方法，就是模拟人类的个体知识记忆结构的产物。

3. 记忆理论对图书馆学的启示

3.1 启示之一：为用户的知识记忆服务——图书馆的宗旨

人类的记忆形式，迄今为止经历了三个发展阶段：人脑→纸脑（文献）→电脑。[9]纸脑和电脑实质上是人脑的外化形式，或者说是人脑的体外记忆工具。纸脑和电脑从其原理上看都是模拟人脑记忆结构的产物，都具有类似于人脑的存贮（输入）、编码（信息加工）、提取（输出）的功能，只不过纸脑采取的是线性的平面结构，电脑采取的是自动化的程序结构。因此可以说，无论是纸脑的知识记忆还是电脑的知识记忆，都是为人脑的知识记忆服务的。

图书馆是人类的知识公共记忆有序化需要的产物，是知识公共记忆的社会组织。图书馆的这一“先天”性质，决定了图书馆的宗旨和目的就是为用户的知识记忆服务。

目前，随着计算机技术的发展及广泛应用，图书馆正发展成为纸脑和电脑的综合体。所谓计算机在图书馆的应用，实质上就是把纸脑的知识记忆结构转换成电脑的知识记忆结构及其自动化处理系统，从而使图书馆为用户记忆服务的手段日趋现代化，但图书馆为用户知识记忆服务的宗旨和目的始终没有改变。据此，我们可以得出如下几个结论：

第一，为用户的知识记忆服务，是图书馆的基本宗旨；

第二，建立方便、有效的知识记忆存检系统，是图书馆的基本任务；

第三，是否符合用户的知识记忆结构特征及其要求，是衡量图书馆一切知识组织手段是否科学、合理、有效的基本标准；

第四，知识记忆理论应成为图书馆学研究的重要领域。

3.2 启示之二：走向认知观——图书馆学的新范式

图书馆是人类知识的公共记忆装置，图书馆的宗旨是为用户的知识记忆服务，而知识记忆的最终主体是人，所以图书馆学不仅要研究客观知识及其公共记忆的原理，而且应把研究的焦点落在客观知识的主体回归环节上。[10]这就表明，图书馆学必须研究客观知识与主观知识的相互作用，正如布鲁克斯所指出：“图书馆学家和情报学家的实际工作可归结为收集和组织‘世界3’（即客观知识）的记录，而其理论工作可归结为研究‘世界2’（即人类主观精神状态的知识）和‘世界3’的相互作用。”[11]从宏观上来看，图书馆正处于“世界3”和“世界2”相互作用的中介环节上。在“世界3”作用于“世界2”的过程中，包括图书馆在内的一些中介组织的作用是不可低估的。图书馆等中介组织是如何促进和保证“世界3”作用于“世界2”的？关于这方面的知识，我们称之为中介知识。这样，图书馆学所要研究的知识对象可分为三个方面：客观知识、主观知识和中介知识。

从理论范式（paradigm）的更替角度来看，以往的图书馆学研究曾出现过多种理论范式：“客体观”——把理论重心放在文献载体或图书馆实体的研究上；“系统观”——把理论重心放在建构客体系统和中介系统的管理模式上；“中介观”——把理论重心放在图书馆的中介作用的研究上；“技术观”——把理论重心放在系统操作技术的改进研究上。从这些范式的各自特征来看，它们都属于关于客体或中介的理论范畴，没有回归到主体的范式。由此我们可以粗略认定，以往的图书馆学是关于客体或中介的科学，而不是关于主体的科学；是关于“物”的科学，而不是关于人的科学。[12]这种只见客体或中介而不见主体，只见“物”而不见“人”的科学，显然不是具有浓厚的人文、社会科学性质的图书馆学的完整形象。究其原因，主要在于忽略了图书馆的宗旨是为主体——人——的知识记忆服务的这一前提性规定。

如果从知识记忆的角度考察图书馆现象，就不能忽视对主体——人——的研究，就不能忽视对客观知识的主体回归，即客观知识主观化过程的研究。客观知识的主观化过程，实际上就是个体的知识记忆过程。这种以研究为人类的知识记忆服务作为重心的图书馆学理论范式，可称为图书馆学的“认知观”。从概念上来看，图书馆学的认知观建立在把人的记忆结构等同于认知结构的基础之上。图书馆学的认知观，重视对于图书馆的知识公共记忆结构（客体结构）与用户的认知结构（主体结构）的相互匹配和相互作用的研究，主张图书馆的知识组织过程要与用户的认知结构相匹配，并以改善用户的认知结构为目的。

图书馆学认知观的基本观点，可概括为以下几个方面：

第一，图书馆学不仅要研究客体的状况——文献、客观知识的状况，还应重视研究主体的状况——作为知识记忆主体的用户的认知结构状况；

第二，知识的记忆过程从根本上来说是一种认知活动，而不是一种物理的或机械的运动[13]；

第三，图书馆学研究的重要任务之一，就是揭示图书馆的知识公共记忆结构与用户的认知结构相匹配的内在关联及其方法。

由于图书馆学的认知观突出了主体——人——的因素，所以，我们又可称之为图书馆学的“主体观”。“主体观”范式是以往的图书馆学研究中未曾重点挖掘的新领域，对于这一新领域的深入研究，可促进图书馆学的“客体—中介—主体”综合

范式的形成。这种综合范式的形成之日，就是图书馆学的成熟之时。（原载《中国图书馆学报》2000 年第 2 期）

参考文献

[1] 周谦．学习心理学 [M]．北京：科学出版社，1992：275.
[2] 洛克．人类理解论 [M]．关文运，译．北京：商务印书馆，1981：119.
[3] 李伯聪．论记忆 [J]．自然辩证法通讯，1991 (1)：1-9，36.
[4] 王知津，王乐．文献演化及其级别划分——从知识组织的角度进行探讨 [J]．图书情报工作，1998 (1)：5-8.
[5] 陈新汉．论知识的客观化和客观知识的主观化 [J]．人文杂志，1989 (4)：18-21.
[6] 麦克格雷．信息环境的演变 [M]．丰成君，邵元溥，译．北京：书目文献出版社，1988：40.
[7] 刘洪波．知识组织与知识社会化过程 [J]．中国图书馆学报，1991 (1)：24-29.
[8] 罗伯特·索尔索．认知心理学 [M]．黄希庭，李文权，张庆林，译．北京：教育科学出版社，1990：171.
[9] 邵巍．试论目录学、图书馆学、情报学的共同本质——兼谈文献信息理论的建立 [J]．大学图书馆通讯，1985 (1)：10-13.
[10] 蒋永福．图书馆与知识组织——从知识组织的角度理解图书馆学 [J]．中国图书馆学报，1999 (5)：19-23.
[11] 王崇德．评布鲁克斯的《情报学的基础》[J]．情报科学，1985 (4)：1-9.
[12] 蒋永福．图书馆学理论重心的演变及其走向 [J]．中国图书馆学报，1993 (3)：49-53.
[13] 邹永利．关于情报科学认知观点的思考 [J]．图书馆，1999 (1)：4-7.

图书馆与知识组织

——从知识组织的角度理解图书馆学

【导读】知识组织，是图书馆的核心价值与核心能力之一。知识有两种存在形态：主观知识和客观知识。图书馆是组织客观知识的社会装置。图书馆知识组织的方法可分为存贮、整序、开发三种。图书馆知识组织的实质是为客观知识主观化提供社会保障。知识组织理论可以成为图书馆学的理论基础之一。我在新旧世纪交替之际，曾发表关于“知识组织论”方面的系列论文，此文即为其中的一篇。

1. 关于知识与知识组织

1.1 知识

知识是人类社会实践经验的总结，是人的主观世界对于客观世界的反映与认识的结晶。知识是人的意识与思维活动的产物。能够用意识与思维机能获取关于客观世界的知识，是人与动物的根本区别所在。人类在长期的社会实践活动中积累了极为丰富的知识成果（或称文化遗产），这是人类赖以生存和发展的最宝贵的财富基础。人类从未间断对于知识的生产、交流及组织利用活动。

1.2 知识的两种存在形态及其相互转化

知识虽然是人的意识与思维活动的产物，但它的存在离不开一定的物质载体。根据载体，知识的存在可划分为两种形态[1]：一是寓于个人意识之中的主观存在，即存在于人的大脑之中的主观知识（或称个体知识），其载体是人的大脑；二是依附和记录于各种文献载体（即脑外载体，如纸张、胶片、磁盘、光盘等）的客观存在，这种形态的知识就是客观知识，又称“公共知识”“社会知识”。人类社会的知识运动始终伴随着两种过程，即主观知识的客观化和客观知识的主观化。

在人类的社会实践活动中，人们只有把各自的认识交流出来，才能协调彼此之间的活动，才能维持集体活动（即类生活）的正常秩序，因而有了主观知识客观化的需求，这种内在需求是主观知识客观化的原发性动力。主观知识客观化必须经过两个环节，即表达与凝结。[2]知识的表达需要语言形式，知识的凝结需要物质载体形式。语言与物质载体相结合，就形成了具有物质形态的符号体系，这就是主观知识客观化的统一形式。主观知识客观化的重大意义，在于使人类的主观知识得以脱离人脑而获得可以无限延续、积累和发展的生命，从而保证了人类精神活动的世代传承和持续发展。

主观知识客观化，使知识获得了无限积累、延续和发展的潜能。但是，这种潜能仅仅是一种潜能，还不能直接表现出知识的现实价值和力量，因为客观知识只有再次转化为个体的主观知识，才能被实际地理解和掌握，并形成进一步认识和实践的现实推动力量。这种把客观知识作为认识对象，使客观知识以观念的形式被认识主体理解和把握的过程，就是客观知识主观化的过程。客观知识主观化的意义，在于使人类通过对客观知识的理解和把握而能够观念性地把握客观世界，摆脱“事必躬亲”式的实践方式，极大地拓宽认识视野，从而使人类获得体能之外的认识世界和改造世界的强大思想武器。

1.3 知识组织

“知识组织”（knowledge organization）这一概念并不是最近才提出来的，早在1929年，英国著名分类法专家布利斯就曾使用过这个概念。[3]仅就图书馆学、情报学领域而言，关于知识组织的研究从未间断过，但到目前为止，尚未见到有人给知识组织下过规范性定义。为了叙述的方便，本文给“知识组织”下如下定义：为促进或实现主观知识客观化和客观知识主观化，而对知识客体所进行的诸如整理、加工、引导、揭示、控制等一系列组织化过程及其方法。从这个定义可以看出，知识组织可分为主观知识客观化过程中的知识组织和客观知识主观化过程中的知识组织两种类型。

主观知识客观化过程中的知识组织，是指在知识生产者头脑中进行的、表现为知识的个体化组织。例如一部专著，其知识内容已经过著者的结构性组织，具有内在的有序性，但从已客观化的知识总体上来看，仍表现为大量的零散、混乱状态。为了使这些客观知识能有效地被人们所接受，必须对客观知识进行再次组织，这就是客观知识主观化过程中的知识组织，即知识的社会化组织。本文所讨论的知识组织就是指知识的社会化组织，即以客观知识为对象的知识组织。

要想组织客观知识，首先需要了解和掌握客观知识的结构特征。知识，呈现为一种网状结构，它由众多结点（知识因子）和结点联系（知识关联）这两个要素构成。[1]知识因子是组成知识的基本单位，一个概念、一种事物都可成为知识因子。知识关联是若干个知识因子间建立起来的特定联系。从知识的这种结构特征来看，所谓知识组织，就是用一定的方法把知识因子和知识关联揭示出来，以便于接受者理解和接受。

知识组织的任务是寻求抑制知识存取无序化的方法，目标是使知识资源处于有序化状态，并提供有序知识，以保证客观知识主观化过程的顺利进行。

2. 图书馆与知识组织

自布利斯首次使用“知识组织”这一概念以来，知识组织研究一直受到图书馆学界的关注。在美国，分类、编目、主题标引等课题被名之为“知识组织”；著名图书馆学家谢拉分别于1965年和1966年出版了《图书馆与知识组织》《文献与知识组织》两部著作；1989年，在德国法兰克福成立了国际性学术机构“国际知识组织学会”（ISKO），其秘书处于1996年移至位于哥本哈根的丹麦皇家图书馆学院；从1993年1月1日起，历史悠久、影响广泛的国际性学术期刊《国际分类法》（IC）更名为《知识组织》（KO），由ISKO主办。[4]这一切都表明图书馆与知识组织密切相关。

2.1 图书馆是组织客观知识的社会装置①

毋庸置疑，图书馆与知识之间存在着内在的历史渊源联系。图书馆的产生无疑源于文献的产生与积累，而文献就其本质上来说是知识的载体。所以，知识的存在以及人类对知识的社会需求，是图书馆产生和发展的内在依据及根本动力。[5]

如上所述，知识的运动表现为两大环节，即主观知识的客观化和客观知识的主观化。图书馆的社会功能主要体现在第二个环节上，即为客观知识的主观化提供社会化保障。由此可见，图书馆的社会功能主要表现为对客观知识的组织功能。图书馆对客观知识的组织功能，主要表现在存贮性组织、整序性组织和开发性组织三个方面。

2.1.1 存贮性组织

图书馆对客观知识的组织，是以对客观知识的主要载体——文献——的存贮为基础的。就单个图书馆来说，它不可能存贮社会上的全部文献资源，但社会上的所

---

① 补按：原文为“图书馆是组织知识的社会组织”，这一表述不够确当，故改。

有图书馆联合体就能存贮社会上绝大部分文献资源。图书馆的文献存贮功能，实质上就是人类知识记忆功能的延伸，因此起到了知识的社会记忆系统的作用。

记忆对于人的重要意义是不言而喻的。哲学家洛克说得好："我们如果缺少了它，则我们其余的官能便大部分失去了效用。因此，我们如果没有记忆的帮助，则我们在思想中、推论中和知识中，便完全不能超过眼前的对象。"[6]个人的知识记忆对于个体的发展具有重要意义。同理，社会的知识记忆系统对于社会的发展也具有重要意义，而图书馆正是这样一种"社会装置"。对此，杜定友（1898—1967）先生有句名言："图书馆的功能，就是社会上的一切人的记忆，实际上就是社会上一切人的公共脑子。"英国著名哲学家波普尔曾在他的思想实验中说过："我们的所有机器和工具，连同我们所有的主观知识，包括我们关于机器和工具以及怎样使用它们的主观知识都被毁坏了；然而，图书馆和我们从中学习的能力依然存在。显然，在遭受重大损失之后，我们的世界会再次运转。"[7]可见，波普尔的这一思想实验也是以图书馆的社会记忆功能为依据的。

从全社会角度来看，图书馆作为知识的社会记忆系统，全面、系统地存贮了社会上绝大部分知识，使知识得到了有序化存贮与积累，从而避免了知识存在的散乱状态，这本身就是知识组织的基本方式。

2.1.2 整序性组织

图书馆对文献资源的存贮不是杂乱无章的堆积，而是采用一系列特定的方法，使馆藏文献资源形成有序的文献集合体。一部图书、一种期刊或一篇论文，只有当它是文献集合体的一部分时，才能充分发挥其潜在的能量，无序状态的文献，只能使人茫然不知所措。[8]图书馆在长期的发展过程中，形成了文献的登记、分类、编目、排序等一系列行之有效的整序方法。社会文献流经过图书馆的整序性组织，成为有序的文献集合体。而图书馆对文献流的整序，实质上就是对知识流的整序。对文献流—知识流进行整序性组织是图书馆的基本职能，如果失去这种职能，图书馆的性质也就无从体现，图书馆也就失去了存在的价值。谢拉曾说过："排序是必要的，因为只有通过顺序、联系，人们才能从内心理解印刷品的理性及其它方面，顺序在图书馆的组织中尤为重要。"[9]

2.1.3 开发性组织①

图书馆对文献流的组织并不满足于整体存贮与整体排序，而是还要对每一个文

① 补按：这一部分所论的"载体序化开发""主题揭示开发""知识综合开发"，其内容与上面的"整序性组织"无根本性区别，说明当时笔者的考虑不够周全。

献单元进行程度不同的开发性组织。例如[10]：

（1）载体序化开发。这种开发是依据文献的知识内容，用一定的区分标准揭示每一文献的形式与内容特征：把知识内容相同或相近的文献集中在一起，把知识内容不同的文献区别开来，并给每一文献标示不同的查寻线索。其具体方法是用类目表示知识因子，用类目间的等级体系表示知识因子间的关联关系。载体序化开发所形成的典型产品就是各种目录。

（2）主题揭示开发①。这种开发直接深入文献所含的知识内容，以“主题单元”为基本记录单位，能提供更多、更深的检索途径。其基本方法是用主题词表示知识因子，用参照系统表示知识因子间的关联关系。这种开发所形成的典型产品就是各种主题索引。

（3）知识综合开发。这种开发一般以一批相关文献群为对象，采用分析鉴别、综合归纳和评介等手段，对文献中的相关事实、概念、数据、原理、过程、方法、结论等知识进行重组，从而形成更加系统的知识综合产品。这种开发所形成的典型产品有综述、研究报告等。

图书馆通过上述文献组织形式和方法，履行和体现着知识组织的功能，而这种知识组织功能是个人或社会其他部门所不能比拟的。图书馆的存在价值也就在于此。因此，我们可以说，图书馆是知识组织的社会化（或称专门化）组织。

2.2 图书馆知识组织的实质

图书馆知识组织的对象是客观知识。客观知识是脱离人脑而存在的知识，客观知识的潜在价值必须经过向主体的回归，即客观知识的主观化才能实现。客观知识主观化是一切知识主体（人）所追求的目标。但是，由于客观知识是脱离人脑而存在的客观性（或称外在性）存在，摆脱了主体的控制，所以随着量的积累，无序性自然增大，从而给客观知识的主观化过程带来了极大的困难。这就需要用一种社会化手段对无序的客观知识加以组织和控制，为客观知识主观化的顺利实现提供社会化保障，而图书馆正是对客观知识进行专门组织和控制的社会组织。由此可见，图书馆对社会文献流进行组织，其目的是组织客观知识，其实质是满足客观知识主观化的需要。

3. 知识组织理论对图书馆学理论的贡献

以什么样的理论来解释或揭示图书馆现象的本质，或者说图书馆学应以什么样

① 补按：原文为“主题指示开发”，其中的“指示”一词不够恰当，现改成“揭示”。

的理论作为自己的理论基础，是自图书馆诞生以来就一直被人们所关注的重要理论问题。为此，人们已经提出了多种关于图书馆学理论基础的学说，如社会认识论、知识基础论、知识交流论、文献信息论、文献传播论、情报交流论等。但是，这些学说至今都未能成为人们普遍接受的理论范式。究其原因，主要在于要么有的学说简单地把图书馆现象置于社会大背景中考察，理论过于宽泛，不能对应于图书馆内部的微观活动，从而给人以“高不成，低不就”的感觉，如社会认识论、信息交流论、社会文化论等；要么有的学说直接把某一学科理论或某一学科理论的一部分观点、结论拿过来当作图书馆学的理论基础，没有与图书馆实际深入融合，从而给人以“半生不熟”的感觉，如知识学、知识基础论、知识交流论等；要么有的学说不能透过现象揭示本质，或者其视角有所偏差，不能与图书馆实际相吻合，从而给人以不够深刻或“以偏概全”的感觉，如文献信息论、文献传播论、情报交流论等。同这些学说相比，知识组织理论无论是在微观上还是在宏观上，都能较好地说明图书馆现象的实际及其本质。

在微观上，知识组织理论揭示了图书馆文献组织的实质是知识组织这样一个原理，并给图书馆内部活动以知识组织作为目标做了恰当说明。例如[11]：

(1) 文献搜集以文献所含的知识内容作为甄选标准，为图书馆的知识组织准备了材料。

(2) 文献分类是将文献的知识内容与知识体系的分类表进行对照，并给知识内容以规范化的标识，使知识内容有一个分门别类的序列。

(3) 文献主题标引是直接标引文献中的知识因子及其关联——概念及参照系统，使知识按主题序列得到揭示和排列。

(4) 文献著录是文献形式特征与内容特征的简要揭示，并使知识在目录组织系统内得到序列化的反映。

(5) 文献载体的排列普遍以知识分类标识为依据，使知识按体系结构得到分门别类的排列。

(6) 图书馆文献组织的两大方法——分类法和主题法，其基本原理是对人类公共知识体系结构和个体知识记忆结构的模拟[12]，目的是使知识在这一原理下得到规范化的组织。

在宏观上，知识组织理论对图书馆的产生、组织原理、基本职能、社会定位，以及图书馆学的研究范围、基本原理、学科定位等问题，也都能做出合乎实际、合乎逻辑的说明。例如：

(1) 文献的产生是图书馆产生的直接前提，图书馆以文献的存贮、整序及开发利用为己任。文献是客观知识的载体，而客观知识的特点决定了对客观知识的组织必须采取社会化组织方式（不能完全靠个体来组织），图书馆正是这种社会组织所需要的产物，即组织客观知识所需要的产物。

（2）图书馆处于知识运动中的客观知识主观化这一环节，图书馆的使命就是为客观知识主观化提供社会化保障。图书馆活动所采取的一切技术和方法，其科学性最终都体现在促进客观知识主观化的有效程度上。

（3）促进或实现客观知识主观化，必须同时考虑两方面因素：既要考虑客观知识本身的状况及其特点，还要考虑主观化的主体——人——的知识接受心理和行为规律。可见，对于客观知识及其组织原理和用户（读者）的研究，构成了图书馆学理论研究的两大板块。

（4）图书馆学研究客观知识，不是泛泛地研究客观知识的所有方面，而是根据客观知识的特点，以文献组织为基本形式，侧重研究客观知识的组织原理。这就划清了同哲学、知识学、知识社会学、知识工程学等学科的界限；图书馆学从知识组织角度研究文献，把对文献的研究限定在知识组织的范畴之内，这就划清了同文献学的界限；图书馆学从知识组织角度研究用户（读者）的知识接受心理和行为规律，而不是泛泛地研究人的所有方面，这就划清了同人学、人类学等学科的界限。由此可见，从知识组织角度理解和研究图书馆学，能够避免以往图书馆学研究中经常出现的同其他有关学科互相“挤占”研究领域而不能保持独立研究领域的嫌疑。或者说，从知识组织角度理解和研究图书馆学，有助于弄清图书馆学理论的“交叉性”与“独立性”的关系。

（5）知识组织理论认为，图书馆事业是知识组织的事业，是知识产业、知识经济领域的重要组成部分，因此必然能够在知识产业、知识经济领域中发挥重要作用。[①] 这种认识使图书馆事业在社会产业划分中找到了正确的定位及立足点，有助于图书馆事业和图书馆学科的正确定位与方向选择，并在此基础上获得发展的生机。

（6）知识组织理论融合了信息学、知识学、情报学、文献学、传播学、接受学，乃至哲学、心理学（如认知心理学）以及有关工程技术学科（如计算机科学、知识工程学）等与图书馆学相关的学科的原理及方法，具有广泛的兼容性、伸缩性以及理论的解释力和生长力，因而足以支持图书馆学理论。

总之，知识组织理论能够比较圆满地解释和揭示图书馆的微观现象与宏观现象。因此我们认为，知识组织理论是迄今为止所能够寻找到的比较理想的图书馆学的理

① 补按：这种把图书馆事业置于“知识产业、知识经济领域”之中的认识，不能说毫无道理，但有些偏颇。笔者当时写此文时，国内尚未流行“公共文化”“公共文化服务”等词汇。现在看来，把图书馆事业置于“公共文化或公共文化服务行业”更为恰当。

论基础。① 现在我们需要做的事情是，继续深入地研究它，使其具有更加完善的理论框架与体系，最终使图书馆学牢牢地站立在它的基础之上。（原载《中国图书馆学报》1999 年第 5 期）

参考文献

[1] 王知津，王乐. 文献演化及其级别划分——从知识组织的角度进行探讨 [J]. 图书情报工作，1998 (1)：5 - 8.

[2] 陈新汉. 论知识的客观化和客观知识的主观化 [J]. 人文杂志，1989 (4)：18 - 21.

[3] 贾同兴. 知识组织的进步 [J]. 国外情报科学，1996 (2)：36 - 38，42.

[4] 王知津. 从情报组织到知识组织 [J]. 情报学报，1998，17 (3)：230 - 234.

[5] 彭修义. 图书馆学理论研究的知识方向 [J]. 图书馆，1992 (4)：37 - 40，33.

[6] 洛克. 人类理解论 [M]. 关文运，译. 北京：商务印书馆，1981：119.

[7] 波普尔. 客观知识——一个进化论的研究 [M]. 舒炜光，等译. 上海：上海译文出版社，1987：116.

[8] 吴慰慈，邵巍. 图书馆学概论 [M]. 北京：书目文献出版社，1985：69.

[9] 谢拉. 图书馆哲学 [J]. 卿家康，詹新文，译. 大学图书馆学报，1987 (4)：49 - 53.

[10] 何佳讯. 论现代文献情报资源的开发：原则、内容与结构（兼谈我国的现实道路与可取模式）[J]. 情报业务研究，1992，9 (2)：70 - 77.

[11] 刘洪波. 知识组织论——关于图书馆内部活动的一种说明 [J]. 图书馆，1991 (2)：13 - 18，48.

[12] 刘洪波. 知识组织与知识社会化过程 [J]. 中国图书馆学报，1991 (1)：24 - 29.

① 补按：这里认为知识组织理论是“理想的图书馆学的理论基础”，现在看来这种认识的科学性有待进一步讨论。知识组织理论只能说是图书馆学的理论基础“之一”，而决不能被认为是唯一的或最好的理论基础。笔者本人对于图书馆学的理论基础问题做过多次修订，说明对此问题始终未能形成前后一贯的、科学的结论。这只能归因于笔者本人学力不济，希望有识之士能够继续探索这一问题。

客观知识与图书馆

——从客观知识角度理解的图书馆学

【导读】如何解释图书馆学的科学性和学理性，对此我进行了较长时间的思考。其中，如何确立图书馆学的逻辑起点问题是不容回避的一个关键问题。为此，我在“文献”“信息”“知识”三个范畴中最终选择了“知识”这一范畴。然而，因为“知识”又属于哲学认识论的研究范畴，所以，图书馆学不能以一般的、普泛意义上的“知识”为逻辑起点，而应选择其中的“客观知识”范畴为逻辑起点。由此，本文提出了如下观点：客观知识是图书馆学的本体论对象，客观知识的主观化是图书馆学的认识论对象，客观知识的组织是图书馆学的方法论对象；客观知识应成为图书馆学的逻辑起点；服务于人类的客观知识主观化是图书馆学的最高原则。

1. 序言：三种图书馆学理论体系

纵观新中国成立后我国图书馆学理论的发展历程，不难发现图书馆学的理论范式发生了两次大的转移：第一次，是从重视文献（20世纪80年代以前）到崇拜信息（20世纪80年代初）；第二次，是从崇拜信息到崇尚知识（20世纪90年代初）。由此，产生了三大图书馆学理论体系：以文献为基础的图书馆学理论体系、以信息为基础的图书馆学理论体系和以知识为基础的图书馆学理论体系。科学发展史表明，一门学科理论范式的转移，有些是采取否定前一范式的突变方式，而大多数都是采取扬弃式的渐进方式。图书馆学本身的性质和特点，决定了图书馆学理论范式的转移一般采取后一种方式。因此，以文献为基础的图书馆学理论体系目前仍处于继续完善和发展之中，以信息为基础的图书馆学理论体系目前正处于兴旺发展时期，而以知识为基础的图书馆学理论体系目前则处于形成和发展之中。当然，以知识为视角的图书馆学理论观点并不是现在才出现的，而是早已有之，如卡尔斯泰特、谢拉、布鲁克斯以及我国的宓浩、彭修义等人的图书馆学观点中，就不乏“知识基础论”

的色彩。但是，由于时代的局限，这些人的观点并没有形成一种持续的理论思潮，更没有形成一种完整的理论体系。作为一种受到人们普遍关注的理论思潮，“知识基础论”（这里不是指布鲁克斯的“知识基础论”，而是指以知识为基础的图书馆学理论倾向）是在20世纪90年代随着社会的“信息热”逐步向“知识热”转移的过程中而形成的。进入20世纪90年代以后，在图书馆学领域中以知识经济为背景的知识组织研究、知识管理研究的骤然升温，象征着“知识基础论”思潮的闪亮登场。本文就是以客观知识为视角探讨和阐述图书馆学的一些基本理论问题，试图为以知识为基础的图书馆学理论体系的早日成熟，献一家之言的。

2. 客观知识：图书馆学的本体论对象

所谓本体论，一般情况下是指哲学的一个重要分支领域。哲学意义上的本体论，是关于世界本原的学说。本体论学说主要回答这样一个问题：世界的本原是什么？

对图书馆学进行本体论思考，属于图书馆哲学的研究范畴。图书馆哲学的本体论研究，主要回答这样一个问题：图书馆的本原是什么，或者说在人类社会中图书馆产生的根源是什么？笔者认为，对客观知识的观照是回答这一问题的最佳视角。

知识是人类社会实践经验的总结，是人的主观世界对客观世界的反映与认识的结晶。根据载体的不同，知识可分为两种形态：一是寓于人脑中的主观知识（或称个体知识）；二是记录于各种文献载体（即脑外载体）上的客观知识（或称社会知识、公共知识）。把主观知识外化于脑外载体，形成客观知识，是人类所特有的能力。客观知识具有时间上的积累和空间上的扩散特征。人类正是借助于客观知识的这一特征，才使知识的创造活动绵延不断，从而保证了自身精神生产活动的世代传承和持续发展。

对于客观知识的系统研究与阐述，首先归功于英国科学哲学家波普尔。波普尔认为，纷繁的现象世界可区分为3个世界[1]：第1世界是包括物理实体和物理状态的物理世界，简称“世界1”；第2世界是精神的或心理的世界，包括意识形态、心理素质、主观经验等，简称“世界2”；第3世界是思想内容的世界、客观知识世界，简称“世界3”。同时，波普尔还对客观知识的实在性、客观性、证伪性等做了系统阐述。尽管我们不能完全同意波普尔的客观知识世界“基本上是自主的”观点和多元论世界观，但毕竟是他在人类历史上第一次把客观知识世界提高到了与物质世界和精神世界并肩的地位，这无疑是人类认识史上的一大创举。尤其是他关于图书馆能够使人类社会死而复活的“两个思想实验”，更让图书馆人兴奋不已。[2]

客观知识作为脱离人脑的客观性存在，摆脱了个体的直接控制。而且，客观知识对于人类发展所具有的重要意义，使得客观知识的产生数量急剧增长，从而必然导致客观知识系统内部熵的增长，由此产生了人类对客观知识系统加以组织、整序的需要。图书馆正是人类对客观知识系统加以组织、整序需要的产物。正如有的学者所指出的那样："文字记录的积累引出了专门保存和整理它们以资利用的社会职业，出现了自尼尼微（Nineveh）图书馆到现代的计算机化图书馆的'图书馆金带'。"[3]

客观知识，就其内容上来说是主观性存在，是人类主观知识外化的产物，而就其存在形态上来说，则是脱离于人脑意识的客观性存在。客观知识的这种二重性特征，使得人们不愿赋予客观知识以本体（或称本原）的意义。的确，客观知识本身确实不具有本体的性质，因为它作为主观知识外化的产物，主观知识是它的本原，而主观知识又是人类社会实践活动的产物，所以，人类社会实践活动既是主观知识的本原，也是客观知识的最终本原。但是，人类对客观事物的认识和研究，并不都是以人类社会实践活动为直接的本体对象，而是以人类社会实践活动的某一环节或某一方面为直接本体对象的。比如，社会学是以人与人之间的社会关系和社会问题为直接的本体对象，政治学是以社会的政治制度、政治结构、政治矛盾为直接的本体对象，等等。可以说，所有的社会、人文学科都是以人类社会实践活动的某一环节或某一方面为直接的本体对象的，由此出现了门类繁多的社会、人文科学体系。就这个意义上来说，我们把客观知识（尽管它本身并不是本体性存在）规定为图书馆学的直接本体对象，在事实上和逻辑上都是成立的。如果没有客观知识，就不可能产生图书馆。对于图书馆学来说，客观知识就是它的本体对象，因此客观知识也能成为图书馆学的逻辑起点。所谓以知识为基础的图书馆学，就是指以客观知识为逻辑起点的图书馆学。

至此，笔者自然想起了布鲁克斯所说的两句话："图书馆学者和情报学者的实际工作可以归结为收集和组织'世界3'（即客观知识）的记录，以资利用。""波普尔的'世界3'不能不引起图书馆学家、情报学家的注意，这是因为它是第一次从纯粹实用观点以外的角度，为图书馆学和情报学的专业活动提供了理论依据。"[4]以往有一些学者从"纯粹实用观点"出发，提出了关于图书馆对象的各种说法，如"要素说""事业说""图书馆说""矛盾说""文献交流说"等。比起这些"说"，"客观知识说"更具本原性和本质性，因为它触及了其他"说"所不能触及的图书馆现象产生的直接本体的"源头"。而且，"客观知识说"还因摆脱了"纯粹实用观点"的束缚，而更具理论上的生长力。

从科学美学的角度来看，"客观知识说"不仅具有简单性、简洁性特征，还因在考察客观知识时始终以客观知识与主观知识的相互转化关系为背景，而具有对称性与和谐性特征。简单性、简洁性、对称性、和谐性是每一门学科都应具有的内在美标准。[5]笔者认为，以客观知识为对象的图书馆学就具备了这种美的结构特征。

科学哲学家库恩曾指出，当新的科学范式代替旧的时，“新理论被说成是比旧理论‘更美’、‘更适合’或者‘更简单’，美的考虑的重要性有时可以是决定性的”[6]。

3. 客观知识的主观化：图书馆学的认识论对象

认识论也是哲学的一个重要组成部分。认识论研究的是人的认识活动的本质及其规律。纵观认识论的发展史，我们会发现，传统认识论的知识研究基本局限在主观知识的范围，很少涉及客观知识。因此，传统认识论对于以客观知识为对象的图书馆学来说，并不具有直接的指导意义。这也许就是“无比深广博大的哲学来到图书馆学领域后却显得如此贫困”[7]的原因所在。所以，我们在建构图书馆学理论大厦时，不得不努力寻找新的认识论基础。其实，谢拉的“社会认识论”就是这样一种努力的产物，只不过由于时代的局限谢拉没有能够完全、系统地展开他的理论。但我们必须承认，谢拉的“社会认识论”对于今天研究图书馆学的认识论问题具有极其重要的指导意义。

图书馆学的认识论需要回答这样一个问题：图书馆学为什么把客观知识作为本体对象？如果把这一问题转换成价值论问题，就是：客观知识能够成为图书馆学本体对象的意义是什么？

我们知道，客观知识只有通过主观化途径转化为主观知识，才能实现其潜在的价值。使知识从客观的形态再次转化为主观形态的过程，就是客观知识的主观化过程。客观知识的主观化对于人们认识的发展具有极其重要的意义。[8]

首先，客观知识主观化可以使主体相对地离开具体的物质客体，并在较短的时间内获得前人经过长期探索才能获得的知识，进而使主体从束缚其活动范围的具体物质客体中解放出来。这种解放对于认识的发展所具有的意义，可与人直立行走使手解放出来对于实践的发展所具有的意义相媲美。

其次，通过客观知识的主观化，能够极大地拓宽主体的认识视野，提高主体的认识能力与水平。主体赖以认识客体的知识信息，从“源”上分析，归根结底来自实践，但从“流”上分析，则大量来自客观知识的主观化。通过客观知识的主观化来大量获取客体信息，从而迅速提高主体的认识水平，是人类越来越重视也越来越离不开的认识发展之路。从个体人的角度来看，客观知识的主观化过程表现为学习的过程，学习的重要意义就在于实现客观知识的主观化。

客观知识主观化对人的认识能力的发展具有如此重要的意义，以至于人们不得不为了实现客观知识的主观化而耗费大量的精力和时间。从记忆的角度来看，客观知识的主观化实际上是个体人的知识记忆过程[9]，所以客观知识的主观化往往表现为个体的行为。但是，个体人的知识记忆活动也只有具备一定的社会宏观环境条件，才能充分地、顺利地进行和实现。图书馆不仅对客观知识进行社会化的公共存贮与组织，而且为了适应个体人知识记忆的需要，其内部活动也是按照个体人的知识记忆结构模式组织起来的。[10]图书馆的这种职能与组织特点，就是为实现人们客观知识主观化提供社会保障。其实，图书馆正是为了满足人们实现客观知识主观化的需要而产生的专门化的社会组织。图书馆组织客观知识的目的，就是满足人们客观知识主观化的需要。这就是图书馆学把客观知识作为本体对象的意义之所在，同时也是图书馆学把客观知识的主观化作为认识论对象的原因之所在。

由以上论述可知，图书馆是为人类的客观知识主观化服务的社会组织。服务于人类的客观知识主观化，是图书馆学的最高准则。因此，图书馆学不能不把注意力集中于客观知识以及客观知识主观化机理的研究上。这一研究的主要内容应该包括：

（1）知识的性质、类型与意义。

（2）客观知识和主观知识的特点及相互转化关系。

（3）客观知识和主观知识对于人类认识发展的意义。

（4）客观知识主观化的表现形式及其意义。

（5）客观知识主观化的微观条件和宏观条件。

（6）客观知识主观化与人的记忆过程的相似性特征。

（7）图书馆在组织客观知识以及客观知识主观化中的作用及意义等。

在以往的图书馆学理论研究中，对于客观知识以及客观知识主观化的研究一直没有得到足够的重视，除了谢拉的“社会认识论”和卡尔斯泰特的“客观精神论”之外，几乎没有现成的理论成果可做基础。究其原因，可能在于一些人认为这方面的研究属于“知识认识论”的研究范畴，而不属于图书馆学的研究范畴。殊不知，传统的“知识认识论”并不关注客观知识以及客观知识主观化的研究。值得欣慰的是，在一些人和一些新兴学科的理论研究中，对于客观知识以及客观知识的主观化给予了一定的重视，并取得了一定的研究成果。这些研究成果可作为我们研究的理论指导或参考，如波普尔的“3 个世界”理论、布鲁克斯的“知识方程式”理论，以及认知心理学理论、解释学理论、接受学理论等。

4. 客观知识的组织：图书馆学的方法论基础

方法论同本体论、认识论一起，构成了哲学的三大分支领域。哲学上的方法论，研究的是认识世界的方法问题。图书馆学的方法论，则应回答这样一个问题：如何组织客观知识，以服务于客观知识主观化的目的。

在客观知识的主观化过程中，每一个体不仅要受到主体自身的主观心理与认知能力的影响和制约，而且要受到物理环境、经济条件、技术方法等客观因素的影响和制约。尤其是客观知识系统的内部熵增长（如“文献爆炸”“知识爆炸”）所导致的客观知识系统的无序化，使个体在获取客观知识、实现客观知识主观化方面，遇到了种种困难或阻碍。这些困难或阻碍不可能完全依靠个体的努力克服，只有借助于社会的、公共的力量才能克服。而且，历史性的、大规模的客观知识的收集、整理和传播活动，更是需要依靠社会的、公共的力量才能实现。这就需要设立社会公共组织来组织客观知识，并使其有序化，以保证客观知识主观化的顺利实现。以组织客观知识为己任的图书馆，正是这种需要的产物。图书馆的这一发生学机制，决定了图书馆的性质：以客观知识为对象，以组织客观知识为手段，以服务于客观知识的主观化为目的的社会组织。由此可见，组织客观知识是图书馆实现其目的的基本途径或手段。图书馆日常的内部活动基本表现为组织客观知识的操作及其管理。

从宏观角度来看，图书馆对于客观知识的组织，表现在地理空间上的合理布局和流通上；从微观角度来看，图书馆对于客观知识的组织，表现在存贮、整序、开发利用这三个方面的活动上。[11]

如何组织客观知识，已成为目前许多学科共同关注的重要课题，如知识学、知识工程学（人工智能）、文献学、图书馆学、情报学、教育学、术语学等学科，都对知识组织给予了高度重视。[12]在图书馆学领域，1989 年在德国法兰克福成立了国际性学术机构“国际知识组织学会”（ISKO）；1993 年 1 月，历史悠久、影响广泛的国际性学术期刊《国际分类法》（IC）更名为《知识组织》。[13]这些变化表明，图书馆（学）界的关注焦点正从文献组织向知识组织转移。

图书馆在长期的发展过程中，积累了一套知识组织方法体系，如目前仍在普遍采用的分类法和主题法，在文献组织层次上发挥着重要作用。然而，无论是分类法还是主题法，在直接的知识组织方面都显得捉襟见肘，甚至在有些方面根本无能为力。[14]这说明传统的图书馆知识组织方法有待于向直接的知识组织层次改进，同时也说明直接的知识组织方法的研究，应成为未来图书馆学研究的重点领域。

时至今日，受客观知识本身的复杂性所制约，人们尚未找到直接组织客观知识的有效方法，但已提出了一些相关的设想或思路。这些设想或思路必将为图书馆知识组织方法的创新提供有益的启示。这些设想或思路主要包括：

（1）认知地图思想。这一思想首先是由行为主义心理学家托尔曼提出来的。托尔曼根据动物试验的结果认为，动物具有在迷津中“走出困境的计划”，这种行动计划如同一张地图为动物指明了目标，这张地图就称为“认知地图”。而且，托尔曼认为这种认知地图在人类身上同样存在。[15]实际上，认知地图就是知识在认知状态中的内在结构，这种结构形成了人的知识框架和思维格局。基于此，布鲁克斯第一个提出了以认知地图原理组织知识的设想。同认知地图思想类似的理论，还有语言哲学家维特根斯坦的“逻辑图像”理论[16]、格式塔心理学中的“完形理论”[17]、皮亚杰关于知识的“拓扑结构”理论[18]，以及我国学者王知津的“知识空间”理论[19]等。认知心理学家索尔索指出，认知地图思想“预见到知识在认知结构中如何表征是当代所关注的课题”[20]。如果真的像布鲁克斯等人所设想的那样，能够找出知识结构和认知结构的连接点，并把它们像地图一样标示出来，那将是知识组织的最理想目标。

（2）思想基因与知识基因理论。英国遗传学家道金斯指出，人类的文化传播机制如同人类身体的遗传进化一样，都是由特定基因所决定的。[21]道金斯把支配文化传播的基因命名为“meme”（觅母），这个觅母实际上就是思想基因。知识表述中的概念、语句等，都可以视作思想基因的构成因子。受思想基因理论的启发，我国学者刘植惠于1986年提出了“知识基因”概念[22]。此后，刘植惠又于1990年在另一篇文章中详细论述了知识基因理论的基本内容[23]：概念是知识“遗传”和“变异”的基本单位（知识基因），知识基因构成了知识DNA，知识DNA组成了知识细胞（科学理论的基本单元），知识细胞凝聚成了理论体系。无论是思想基因理论还是知识基因理论，都体现了企图把思想或知识结构划分到最基本单元的努力。这两种理论目前仍处于理论假说的阶段，离实际应用相距甚远，关键的问题是需要寻找出判断或“检测”思想基因或知识基因的具体操作方法。有朝一日如果我们真的找出了这种操作方法的话，必将对知识组织带来革命性的突破。

（3）超文本技术。超文本（hyper test）是由计算机所支持的加工、存储、检索、咨询、评阅、编辑文本信息的非线性高级文本系统。[24]超文本是针对传统文本而言的。传统文本对于知识的组织采取的是线性结构，已经不能满足人们阅读文本时的选择性和跳跃性要求，更不能满足立体性网状思维的习惯要求。而超文本系统在组织知识时采取的是能够用链路（link）链接和追踪知识结点（node）的非线性结构，因而能够满足人们阅读文本时的立体思维习惯。目前，超文本技术融合了超媒体（hypermedia）技术，使用户能够得到更加直观、生动的全景视图。可见，超文本技术能够按人的阅读思维习惯灵活地组织文本知识结构，这无疑是最受用户青睐的知识组织方式。

（4）符号学理论。符号活动是人类的一种普遍行为，因为“凡物都有一个名称……这个原理包含了人类思想的全部领域”[25]。人类的知识活动不能离开符号的操作，因为“人类知识按其本性来说就是符号化知识”[26]。就这个意义上来说，图书馆的知识组织活动也可以说成是一种“符号系统的组织与转换”，或者说符号理论也可以成为图书馆知识组织活动的方法论基础。[27]用符号学理论指导图书馆的知识组织活动，必须首先解决两个问题：一是揭示知识符号的内容、形式与载体之间的相互关系，并给这种相互关系以简明的指号或记号结构；二是用简洁的方法表示知识形态与符号形态的对应关系，形成“知识—符号”对应系统。符号操作的优点在于它的简洁性，以及易于计算机操作。当前知识工程学中的知识库、专家系统就是模拟知识结构与人脑记忆结构的关联关系，所采用的方法实际上就是符号操作方法。其实，上面提到的认识地图思想、思想基因理论、知识基因理论、超文本技术等，基本原理都是模拟人脑的知识记忆结构，而符号操作是几乎所有的模拟方法所采用的基本手段。因此可以说，无论知识组织采取哪一种方法，符号学理论都可成为其方法论基础。

比起上述几种（不限于上述几种）知识组织的思路或技术，现行的图书馆知识组织方法无疑显得呆板、笨拙，这也许就是人们抱怨图书馆为“无法利用的图书馆”的主要原因。所以，图书馆（学）界热切盼望类似上述几种知识组织设想早日成为现实，使图书馆早日走出知识组织方法落后的窘境。也许到了那时，图书馆才能从“无法利用的图书馆”转变为“便于利用的图书馆”。

5. 结论

（1）随着理论范式的转移，图书馆（学）界出现了三大图书馆学理论体系：以文献为基础的图书馆学理论体系、以信息为基础的图书馆学理论体系和以知识为基础的图书馆学理论体系。

（2）图书馆学的对象呈现为一种结构：客观知识是图书馆学的本体论对象，客观知识的主观化是图书馆学的认识论对象，客观知识的组织是图书馆学的方法论对象。这三个方面的整合，构成了图书馆学对象的完整结构。

（3）从发生学角度来看，客观知识可以成为图书馆学的本体对象，因而客观知识自然可成为以知识为基础的图书馆学理论体系的逻辑起点。

（4）客观知识的主观化对人类认识水平的提高具有极其重要的意义。为人类的客观知识主观化服务是图书馆的宗旨和目的。因此，服务于人类的客观知识主观化，是图书馆学的最高原则。

（5）图书馆是组织客观知识的社会组织。现行的图书馆知识组织方法，必须要有一个大的改进。认知地图思想、思想基因理论、知识基因理论、超文本技术、符号学理论等，对于图书馆知识组织方法的改进具有极其重要的借鉴意义。（原载《中国图书馆学报》2000 年第 5 期）

参考文献

[1] 波普尔. 客观知识——一个进化论的研究 [M]. 舒炜光，等译. 上海：上海

译文出版社 1987：114.

［2］蒋永福. 图书馆学也是一种人学——图书馆哲学思考之三［J］. 黑龙江图书馆，1991（6）：7－10，41.

［3］麦克格雷. 信息环境的演变［M］. 丰成君，邵元溥，译. 北京：书目文献出版社，1988：41.

［4］王崇德. 评布鲁克斯的《情报学的基础》［J］. 情报科学，1985（4）：1－9.

［5］夏禹龙，等. 科学学基础［M］. 北京：科学出版社，1983：276－294.

［6］李醒民. 科学发展和科学革命的内在动力［J］. 求索，1986（1）：54－59.

［7］刘迅，范并思. 世纪之交的思考（一）［J］. 图书馆，1992（3）：36－39.

［8］陈新汉. 论知识的客观化和客观知识的主观化［J］. 人文杂志，1989（4）：18－21.

［9］蒋永福. 图书馆与人类的记忆——从知识记忆角度理解的图书馆学［J］. 中国图书馆学报，2000（2）：10－13，37.

［10］刘洪波. 知识组织论——关于图书馆内部活动的一种说明［J］. 图书馆，1991（2）：13－18，48.

［11］蒋永福. 图书馆与知识组织——从知识组织的角度理解图书馆学［J］. 中国图书馆学报，1999（5）：19－23.

［12］王知津. 知识组织的研究范围及发展策略［J］. 中国图书馆学报，1998（4）：3－8.

［13］王知津. 从情报组织到知识组织［J］. 情报学报，1998，17（3）：230－234.

［14］刘洪波. 探究知识组织的底层［J］. 图书馆，1992（5）：5－9，35.

［15］林秉贤. 社会心理学［M］. 北京：群众出版社，1985：98.

［16］洪谦. 西方现代资产阶级哲学论著选辑［M］. 北京：商务印书馆，1964：252－261.

［17］周谦. 学习心理学［M］. 北京：科学出版社，1992：144－153.

［18］皮亚杰. 发生认识论［M］. 范祖珠，译. 北京：商务印书馆，1990：18.

［19］王知津. 知识空间：知识组织的概念基础［J］. 中国图书馆学报，1999（5）：13－18.

［20］索尔索. 认知心理学［M］. 黄希庭，李文权，张庆林，译. 北京：教育科学出版社，1990：13.

［21］道金斯. 自私的基因［M］. 卢允中，张岱云，译. 北京：科学出版社，1981：281.

［22］刘植惠. 情报学基础理论研究动向［J］. 情报学报，1986（3）：284－293.

［23］刘植惠. 知识基因理论初探［J］. 知识工程，1990（4）：1－6.

［24］王崇德，李美. 论超文本信息系统［J］. 中国图书馆学报，1996（4）：30－35.

［25］卡西尔. 人论［M］. 甘阳，译. 北京：西苑出版社，2003：61.

［26］李幼蒸. 理论符号学导论［M］. 北京：中国社会科学出版社，1993：23.

［27］吕斌，李国秋. 关于"图书馆哲学"的思考［J］. 图书与情报，1997（1）：6－16.

客观知识·图书馆·人

——兼论图书馆学的研究对象

【导读】人是文化的动物，只有人才能区分出主观知识与客观知识的分野，也只有人才能有意识地利用客观知识营造自己的知识生活方式。所以，我们可以认为，人是客观知识的动物。客观知识是图书馆学的逻辑起点。图书馆是管理客观知识的社会机构，是人类追求知识生活方式的社会保障制度。图书馆学的研究对象是客观知识、图书馆和人之间构成的关系空间。对图书馆学研究对象的这一定位，是在“关系主义方法论”思路下得出的结论。但是，当时我写此文时国内学术界并未流行“关系主义方法论”“个体主义方法论”“整体主义方法论”等术语或概念，更未流行布尔迪厄的“场域”概念（布尔迪厄本人就是用关系主义方法论解释“场域”概念的），所以当时未能用这些概念进行思考和解释，故不免有相应的局限性。

图书馆学不能不研究客观知识，因为客观知识是图书馆学的逻辑起点；图书馆学当然要研究图书馆（包括实体意义上的图书馆和逻辑意义上的图书馆），因为图书馆是图书馆学的实践来源与现象基础；图书馆学更不能不研究人，因为人是图书馆学的目的对象。图书馆学的研究对象，实际上就是客观知识、图书馆、人之间构成的关系空间。图书馆学的任务和目的就是揭示与解释客观知识、图书馆、人之间的相互关系和相互作用机理。

1. 客观知识与人：人是客观知识的动物

人是自然的一环，人是动物序列的一种。然而，我们又时时刻刻都能意识到人与其他动物之间有着截然不同的区别。亚里士多德认为“人是理性的动物”，康德认为“人是道德的主体”，马克思认为“人是社会关系的总和”，卡西尔认为“人是符号的动物”，文化人类学家认为“人是文化的存在”，后现代主义（postmodernism）认为“人是不确定性的动物”，等等。这些界定都试图说明人与动物的根本区别。

从生物哲学人类学的角度来看，人类其实是一种未特定化（unspecialization）的、匮乏的、软弱的物种。人天生存在着本能的缺陷，是“易受损害的，易遭危险的”物种。[1]然而，人类发展的现实结果表明，人却是最富生命力和创造力的物种。这种生命力和创造力来自人所特有的“补偿机制”，即人除具有同其他生物一样的生物进化机制外，还具有文化进化（cultural evolution）机制。文化能补偿人的自然缺陷和生物匮乏，而且能给人以无穷的发展能力及空间。所以说，人是文化的存在。“人是文化的存在”这一论断包含两个方面的意义：一是指人是文化的创造者，二是指文化又塑造了人。据此，德国文化人类学家兰德曼指出：“没有人去实现文化，文化则不存在；没有文化，人也将是无。”[1]228

广义的文化，是指人类所创造的物质文明与精神文明的总和；狭义的文化，是指人类的精神文化，其核心是人的思维活动的产物——知识成果。知识成果是人类所独有的客观精神世界，即波普尔所称的客观知识世界，人类借此成为有别于其他动物的“知识人”。

中国古人说：“人有知学，则有力矣。”（《论衡·效力》）人类认识世界和改造世界的独特力量正是来自“知学”。因此，培根才说：“知识就是力量。”

如果说动物也具有其物种范畴内的主观知识的话，客观知识则为人类所独有。人的独特与伟大之处，就在于拥有客观知识世界并能够利用客观知识进行创造性活动。据此，我们可以把人定义为：客观知识的动物。

2. 客观知识与图书馆：图书馆是管理客观知识的社会机构

客观知识之所以具有客观形态，是因为它是被脱离人脑的非生命物质载体所记录的。我们把记录有客观知识的各种物质载体统称为文献。客观知识之于人类的认识发展和实践活动所具有的重要意义，使得客观知识的生产呈现出与日俱增的势态，由此造成了文献生产数量的膨胀式积聚。如果对文献数量的积聚不加以人为的控制，则必然会使整个社会文献系统处于混乱无序的状态，亦即造成“文献熵”的急速增长。[2]“文献熵”的增长，必然导致这样一种矛盾：社会文献系统的无序性与人们利用文献的有序性要求之间的矛盾。这一矛盾的解决，只有依靠社会的力量而不是个体的力量才能完成。为此，需要设立一种专事文献管理的社会职业及其组织机构。正如有的学者所指出的那样：“文字记录的积累引出了专门保存和整理它们以资利用的社会职业，出现了自尼尼微（Nineveh）图书馆到现代的计算机化图书馆的‘图书馆金带'。"[3]由于文献的实质是客观知识的载体，文献管理的实质和目的是对客观知识的管理，所以，图书馆的文献管理活动实质上就是客观知识的管理活动，而图书馆的性质则是管理客观知识的社会机构。正如克劳福德和戈曼所指出的那样，"图书馆是保存、传播、利用记录在各种媒体上的知识的场所，是为人们获取广而深的知识服务的"[4]。

图书馆对客观知识的管理活动，主要包括两大方面[5]：一是对客观知识的整序组织活动，这一活动过程可简称为"知识组织"（knowledge organization）；二是有组织地向社会公众提供客观知识的传递利用服务活动，这一过程可简称为"知识服务"（knowledge services）。知识组织活动表现为图书馆的内部管理活动，知识服务活动表现为图书馆的对外服务活动，知识组织活动与知识服务活动的交叉循环构成了图书馆活动的基本模式。就这个意义上来说，所谓图书馆学，就是研究客观知识的公共组织和公共服务的方式方法及其规律的学问。这里的"公共"二字，意味着图书馆活动的社会化、开放性、服务性、平等性及福利性（非营利性）特征，以区别于档案馆、书店等其他知识管理机构。

图书馆在长期的客观知识管理实践活动中，形成了比较完整的、独特的知识组织和知识服务方式方法，如知识组织活动中的采访法、标引法（主要是分类标引和主题标引）、著录法、文摘法、题录法、索引法、排序法等，知识服务活动中的公共借阅法、导读法、参考咨询法、情报加工与分析法、受众（读者或用户）服务评价法等。这些方式方法的知识，是其他学科所不具备或不完全具备的，因而体现和保证了图书馆学知识的独立性。

图书馆对客观知识的管理活动，保证了客观知识资源从离散无序到集中有序的转化，为人们利用客观知识资源进行知识创新活动提供了社会化保障，由此也保证了人类文化进化的顺利进行。英国科学哲学家卡尔·波普尔独具慧眼地意识到了图书馆的这一巨大功能意义，于是提出了两个著名的"思想实验"："实验一：我们的所有机器和工具，连同我们所有的主观知识，包括我们关于机器和工具以及怎样使用它们的主观知识都被毁坏了；然而，图书馆和我们从中学习的能力依然存在。显然，在遭受重大损失之后，我们的世界会再次运转。实验二：像上面一样，机器和工具被毁坏了，并且我们的主观知识，包括我们关于机器和工具以及如何使用它们的主观知识也被毁坏了；但这一次是所有的图书馆也都被毁坏了，以至于我们从书籍中学习的能力也没有了，那么我们的世界将重复原来的过程。"[6]如果说"知识就是力量"的话，图书馆就是保证这一"力量"能够发挥持续、广泛作用的社会化保障之一。由此，我们可以充分意识到图书馆对于客观知识管理的重大意义之所在。

3. 图书馆与人：图书馆是人类追求知识生活方式的社会保障制度

如前所述，人在生物学意义上是一种未特定化的、匮乏的物种。因此，人为了增强自身的主体力量，必须利用“补偿机制”使自己成为文化的存在，而“使自己成为文化的存在”的主要途径就是不断地获取客观知识，即在知识生活方式中使自己成为“知识人”。获得一种其他动物所不具备的补偿力量，即知识的力量，人便成为“最高级的动物”。知识生活方式，已成为人类无须选择的、既定的生存模式，即每一个人一生下来就都会被“抛入”知识生活的既定环境之中，知识生活方式已成为他（她）的一种“前结构”（pore - structure）。所以，他（她）只有不断地获取和内化所置身的客观知识，才能被同化并接纳于知识生活方式之中，进而维持“人的”生活样式。也就是说，追求知识生活方式，已成为人类共同的、先验的本质性规定。对此，亚里士多德曾说过：“求知是人的本性。”[7]

人类获取客观知识主要采取两种方式，即主动获取方式和被动获取方式。[8]主动获取知识，是指人们在知识传授者“缺席”的情况下完全自主地寻找和吸收知识的行为过程；被动获取知识，主要是指人们接受学校教育的过程。图书馆作为客观知识的管理机构，为人们主动获取知识提供了社会化保障。可以说，图书馆就是为满足人们主动获取知识的需要而设立的社会公共设施。[9]

必须指出的是，图书馆不仅是管理客观知识的社会机构，而且是保障知识自由的一种社会制度。[10]图书馆的存在使人们获得了主动、自由地获取知识的权利及平等的求知机会，从而促成了人们求知的社会民主制度。“图书馆学新五律”的提出者戈曼，在其第四定律“确保知识的自由存取”中阐述道：“图书馆是自由（社会的、政治的及思想的自由）的集中体现。一个标榜是真正自由的社会，如果没有所有人都可以自由平等使用的图书馆，则是一种可笑的矛盾修饰法。……我们要努力保持开放，且使所有公民都有机会使用，不仅是为那些有钱或有权的人服务。”[11]这说明，图书馆制度是社会民主制度的重要组成部分。有了图书馆制度，人类追求知识生活方式就有了社会化的保障措施之一。这一道理如果从事物发展的原本顺序来说，就是：人类追求知识生活方式的内在需求，促成了图书馆这一社会制度的产生并稳固了其生存发展能力。许多国家以法律（图书馆立法）的形式确认和推进了图书馆的制度化建设，而且目前世界上几乎所有的国家都有图书馆这样一种社会制度，这更说明了图书馆作为人类追求知识生活方式的社会保障制度的必要性及其重要意义。

作为一种社会机构的图书馆，既不是权力性机构，也不是经营性、营利性机构，而是从事知识组织和知识服务活动的公共性、服务性机构，这一点是图书馆与其他社会机构之间的主要区别之所在。而作为一种社会制度的图书馆，它的存在体现了社会对客观知识资源分配的公正性、民主性和平等性，并为人们的求知活动提供了公共的、平等的机会与途径（这一点对当今网络化社会消弭“数字鸿沟”具有极其重要的意义），从而为人类追求知识生活方式提供了社会化保障条件之一。这是图书馆在人类社会中能够产生，能够遍及世界各地，能够永久不失去其存在价值的核心能力（core competence）之所在。

4. 客观知识、图书馆、人之间的相互关系和相互作用：图书馆学的研究对象

通过上述分析我们知道，人是客观知识的动物，即人是靠客观知识的武装来“占有”和体现自己的高级动物本性的；图书馆是管理客观知识的社会机构，即图书馆在功能特征上是从事知识组织和知识服务活动的社会机构；图书馆不仅是一种社会机构，还是一种社会制度，即图书馆是人类追求知识生活方式的社会保障制度之一。由此可知，在客观知识（K）、图书馆（L）与人（P）① 之间，历史地也是必然地构成了一种特定的关系结构。图书馆自诞生之日起，就一直在这一关系结构范围中运行和发展。客观知识、图书馆、人是构成图书馆现象空间的三大基本要素。也就是说，客观知识、图书馆、人之间的相互关系和相互作用，为图书馆现象的产生和发展提供了特定的结构模式与功能动力。那么，客观知识、图书馆、人之间的相互关系和相互作用的内在机理又是什么样的呢？这就是人们需要用思维活动去把握的一个特定的问题空间（covering space）。笔者认为，图书馆学就是为了探索和研究这一问题空间而产生的一门学科。每一门学科都有它特定的、专门的问题空间，而这种问题空间的内涵和外延是由该学科所面对的研究对象决定的。据此，笔者认为，图书馆学的研究对象是客观知识、图书馆、人之间的相互关系和相互作用（简称“KLP 说”）。

“KLP 说”的具体内涵可做如下表述：

（1）“KLP 说”显然是以一种“关系范畴”（relationship category）而不是某种“实体范畴”（substance category）或“行为范畴”（behavior category）来界定图书馆学研究对象的。这是“KLP 说”同以往的“图书馆说”（实体范畴）、“文献交流说”、“知识交流说”（行为范畴）等界说的区别所在。

（2）“KLP 说”中的客观知识、图书馆、人之间是完整的三元结构体，具有不可分解性。也就是说，只有把客观知识、图书馆、人这三者同时放在相互作用的

① 补按：原文为“客观知识（K）、图书馆（L）与人（M）”。其中的“人（M）”应该写成“人（P）”，因为这里的“人”是指普通民众意义上的人们（people），而不是人类（mankind）或男人（man）意义上的人。原文为一时疏忽的笔误，故改。

“场”（field）之内，才能构成完整的图书馆学对象，其中的任何一个“元”都不能单独构成图书馆学的对象。[12]

（3）“KLP说”中的客观知识、图书馆、人之间的逻辑关系是：“客观知识”是逻辑起点，“图书馆”是逻辑中介，“人”是逻辑终点。这种逻辑关系表明，图书馆现象产生于客观知识的存在以及人们对其利用的有序化需要；图书馆是客观知识与人发生作用（即人利用客观知识的活动）的社会性、公共性中介场；人是图书馆活动的终极目标所指，即满足人的客观知识需要是图书馆活动的终极目标。

（4）客观知识、图书馆、人之间的相互关系，实质上是一种价值互动关系，即客体（客观知识和图书馆）满足主体（人）的客观知识需要的关系。[13]其中，客观知识是一种对象性客体，即人所要获取的对象；图书馆是一种中介性客体，即客观知识与人之间的中介组织，它的作用就是为客观知识与人之间的相互作用提供社会化保障；人是一种主体性存在，即利用图书馆来满足自身客观知识需要的主体性存在。

（5）以客观知识、图书馆、人之间的相互关系和相互作用为研究对象的图书馆学，其研究范围和内容主要涉及三大方面（即三大关系范畴）：一是“客观知识与人”范畴，二是“客观知识与图书馆”范畴，三是“图书馆与人”范畴。其中，“客观知识与人”范畴的主要内容，就是揭示“人是客观知识的动物”这一人之属性，具体包括：客观知识的性质、特点、来源，客观知识与主观知识之间相互生成的互动关系，客观知识对人的认识发展和实践能力的提高所具有的功能及意义，等等。“客观知识与图书馆”范畴的主要内容，其认识论内容就是揭示“图书馆是管理客观知识的社会机构”这一属性，亦即研究和阐述图书馆在客观知识从离散无序到集中有序过程中所发挥的功能及其意义；其方法论内容就是图书馆组织客观知识的方式方法问题。[14-15]“图书馆与人”范畴的主要内容，其认识论内容就是揭示“图书馆是人类追求知识生活方式的社会保障制度”这一属性，亦即研究和阐述图书馆在人类追求知识生活方式过程中所具有的社会制度保障功能及其意义，其方法论内容就是图书馆为人们提供客观知识服务的方式方法问题。

（6）客观知识、图书馆、人之间的相互关系和相互作用，只能在图书馆现象领域存在。也就是说，客观知识、图书馆、人之间的相互关系和相互作用是为图书馆活动领域所独有的现象。可见，“KLP说”在研究对象的界定上就已经把图书馆学与其他学科做了明确区分。

（7）“KLP说”把客观知识当作考察图书馆现象的逻辑起点，这显然是接受了卡尔·波普尔的“世界3”理论，并将其作为图书馆学的理论基础。可以说，客观知识是图书馆学思维的“起步点”（或称“切入点”），即从客观知识角度开始考察图书馆现象；图书馆是图书馆学思维的“立足点”，即把图书馆学思维建立在图书馆实践活动的坚实基础之上；人是图书馆学思维的“落脚点”，即把满足人的客观知识需要作为图书馆活动的宗旨。

“KLP说”的意义可概括为以下几个方面：

（1）能够很好地揭示和解释图书馆现象的本质属性。“KLP说”认为，客观知识的存在和人们利用客观知识的集中有序化要求是图书馆现象产生的根源——这是图书馆的本源属性（或称发生学属性）；图书馆不仅是管理客观知识的社会机构——这是图书馆的机构属性（或称实体属性），还是人类追求知识生活方式的社会保障制度——这是图书馆的制度属性（或称获得性属性）。对于图书馆现象的这种“三相属性”界定，符合图书馆的历史事实和现实呈现。笔者认为，迄今为止，在对于图书馆本质属性的界定上，“KLP说”是最具说服力的，因为它能够很有说服力地解答图书馆的“我是谁”“我从哪里来”“我往哪里去”的根本问题。

（2）有利于正确定位图书馆的使命和宗旨，从而正确指导图书馆的实践活动。在当前的图书馆实践活动中，仍存在着一些背离图书馆使命和宗旨的言论及做法，如被信息崇拜所牵引而忽视知识的价值、被经济利益所驱动而侵犯读者的求知权益、被工具理性所推动而漠视价值理性的指导等。究其原因，主要在于对图书馆使命和宗旨的非理性认识与错误定位。“KLP说”认为，为满足人类的客观知识需要而组织知识和提供知识服务，为人类追求知识生活方式提供社会化保障，是图书馆永恒的使命和宗旨。只有按照这种正确的认识去定位图书馆的使命和宗旨，才能保证图书馆实践活动的正确性和正规性。

（3）有利于整合图书馆理论与实践中的技术理念和人文理念。“KLP说”的一个重要特征是：始终以“人”为核心概念之一来展开图书馆学思维，即始终以满足人的客观知识需要为核心价值（core values）来衡量图书馆理论与实践中的一切观念及做法。这就使“KLP说”具有了浓厚的人文价值观。在“KLP说”中，技术理念和人文理念处于平等、和谐的地位，即以技术理念作为图书馆事业发展的强大推动力量，以人文理念作为图书馆事业发展的价值方向。“KLP说”的人文价值取向，对于克服当前图书馆领域过分倚重技术理念所带来的价值缺失现象，具有重要的目标校正（goal - corrected）作用，从而能够为技术理念与人文理念的整合提供价值观导向。

（4）能够为图书馆学理论思维提供广阔的视野和发展生机。客观知识、图书馆、人之间构成的问题空间，是一个范围相当广阔的空间，而且这一空间还具有开放性和扩展性。这使得以它为对象的图书馆学完全跳出了以往“馆内科学”的藩篱，突破了以往“内倾性研究”为主的思维模式，具有了相容性和综合性，吸纳了众多的相关社会科学和人文科学思想，从而相兼并蓄、取长补短，促进了图书馆学理论的不断创新和发展。所谓“图书馆学”，不应该只是关于图书馆的学问，而应该是关于图书馆相关问题的学问。这里所说的“相关问题”，其范围决不仅限于图书馆实体，而应该拓展到与图书馆活动相关的客观知识领域以及人的求知实践领域。只有这样，才有可能全面、系统地把握、理解和解释图书馆现象中的全部本质问题。而把客观知识、图书馆、人之间构成的问题空间设定为图书馆学的研究对象，则有望为全面、系统地把握、理解和解释图书馆现象中的全部本质问题，提供足够深广的观察视野和思维空间。(原载《中国图书馆学报》2003 年第 5 期)

参考文献

[1] 欧阳光伟. 现代哲学人类学 [M]. 沈阳：辽宁人民出版社，1986：124.
[2] 蒋永福. 文献熵及其控制浅论 [J]. 图书馆理论与实践，1990 (1)：16－19.
[3] 麦克格雷. 信息环境的演变 [M]. 丰成君，邵元溥，译. 北京：书目文献出版社，1988：41.
[4] 李炳穆. 迎接新千年到来的图书馆 [J]. 图书情报工作，2001，45 (1)：12－17.
[5] 蒋永福. 图书馆哲学是什么 [J]. 图书情报工作，2001，45 (10)：5－11.
[6] 波普尔. 客观知识——一个进化论的研究 [M]. 舒炜光，等译. 上海：上海译文出版社，1987：116.
[7] 亚里士多德. 形而上学 [M]. 吴寿彭，译. 北京：商务印书馆，1959：1.
[8] 王子舟. 图书馆学的宗旨是什么 [J]. 图书馆，2001 (1)：10－14.
[9] 蒋永福. 客观知识与图书馆——从客观知识角度理解的图书馆学 [J]. 中国图书馆学报，2000 (5)：46－51.
[10] 范并思. 维护公共图书馆的基础体制与核心能力——纪念曼彻斯特公共图书馆创建 150 周年 [J]. 图书馆杂志，2002 (11)：3－8.
[11] 景海燕. 图书馆学新五律 [J]. 图书馆理论与实践，1998 (3)：57－58.
[12] 蒋永福，翟秀云. 关于图书馆学的人文进化学思考 [J]. 四川图书馆学报，2000 (1)：1－5.
[13] 蒋永福. 图书馆学理论重心的演变及其走向 [J]. 中国图书馆学报，1993 (3)：49－53，93.
[14] 蒋永福. 图书馆与知识组织——从知识组织的角度理解图书馆学 [J]. 中国图书馆学报，1999 (5)：19－23.
[15] 蒋永福，李景正. 论知识组织方法 [J]. 中国图书馆学报，2001 (1)：3－7.

维护知识自由：图书馆职业的核心价值

【导读】知识自由不是“知识的自由”，而是“人的自由”，即人们从事正当的知识活动的自由权利。知识自由实际上是人的思想自由在图书馆领域中的表现，或者说是图书馆领域中的思想自由的特称。就一般意义上来说，图书馆是维护知识自由的社会制度安排，图书馆职业的核心价值是维护公民的知识自由权利。为此，图书馆职业必须坚持公益原则、服务原则和自由存取原则。维护公民的知识自由权利，是图书馆的核心责任，因而是图书馆职业的核心价值所在。

毋庸置疑，图书馆职业已成为一种独立的、普遍的社会职业类型。那么，社会上为什么普遍需要设立图书馆职业呢？这就是图书馆职业的价值问题。笔者认为，社会上之所以需要普遍设立图书馆职业，是因为图书馆职业能够适应人们知识自由的普遍需要，或者说是因为图书馆职业是人们知识自由权利的社会保障制度之一。换言之，维护公民的知识自由权利，是图书馆职业的核心价值所在。

1. 关于知识自由

所谓知识自由（intellectual freedom），亦可称智力自由、知识平等，与其相近的词汇有求知平等、求知自由等。它是指人们对知识的自由生产、自由接受、自由交流、自由利用的状态，概言之，就是指人们自由从事或进行知识活动的权利。

知识自由是人权自由的重要组成部分，同人的身体自由、经济自由、精神自由一起，共同构成了人权自由体系。[1]

知识自由一般可区分为如下几种表现形式：

（1）知识生产的自由，即不受限制地进行知识生产活动的自由，主要表现为知识成果发表或出版的自由。

（2）知识接受的自由，即不受限制地接受知识的自由，主要表现为接受教育和自主学习的自由。公民利用图书馆进行自主学习的自由，就属于知识接受自由的范畴。

（3）知识交流的自由，即知识在传者与受者之间不受限制地进行传递的自由，可分为正式知识交流的自由和非正式知识交流的自由两种形式。

（4）知识利用的自由，即不受限制地利用公共知识及其设施的自由。公民利用图书馆的自由，就属于知识利用自由的范畴。

知识自由与知识限制、知识垄断、知识霸权以及知识分配不公等现象相对立。任何开明的国家和民族，无不承认知识活动的高尚性。因此，从理论上来说，任何民主社会都应保障公民从事知识活动的自由。然而，任何自由都不是绝对的，知识自由也如此。所以，人们在从事知识活动时，总难免会遇到这样或那样的障碍。知识自由的障碍，主要表现为如下几种：

（1）物理障碍，即因空间距离阻隔、社会所提供的知识资源及其设施数量不足（如社会教育资源、图书馆资源及其数量不足）、活动主体得不到必需的客观条件（如残疾人得不到特定设施及其服务）等而造成的障碍。

（2）经济障碍，即因经济支付能力不能满足知识自由所需的条件而造成的障碍。比如，社会上部分人群因经济贫困而不能得到接受教育的机会，因支付能力所限而不能享用有关知识设施，等等。

（3）技术障碍，即因活动主体不具备相应的技术设备或操作技能而造成的障碍。例如，在当今社会，一些人不拥有计算机设备或不懂得计算机操作技能，就会失去利用互联网实现知识自由的机会，其典型反映就是当今社会普遍存在的“数字鸿沟”现象。技术障碍一般由经济障碍所致，所以技术障碍和经济障碍可以合称为“经济技术障碍”。

（4）政治障碍，即因社会统治阶级或统治势力为维护其统治地位和利益人为设置有碍于知识自由的政策或做法而造成的障碍，如我国古代出现的“焚书坑儒”“罢黜百家，独尊儒术”“文字狱”等事件，都严重破坏了知识自由的社会秩序。

（5）文化障碍，即因活动主体的文化层次偏低或所持观念的阻碍而造成的障碍。如果主体的文化层次偏低的话，必然会影响其知识接受的广度和深度，而主体所持的观念（如科学观念、宗教信仰、宗法观念等）必然也会对其知识活动产生选择性障碍。

2. 知识自由与图书馆

知识自由是人类对于自由权利追求中的一种普遍诉求，但知识自由的障碍也是普遍存在的。因此，随着人们对于知识价值的越来越重视，各国都普遍采取了消除知识自由障碍、扩大知识自由范围的政策和法律措施。从图书馆建设的角度来看，世界各国之所以普遍设立图书馆建制，尤其是公共图书馆建制为的就是保障公民的知识自由权利。图书馆能够保障公民知识自由权利的范围主要限于保障知识接受自由的权利，因为公民利用图书馆的目的主要是满足知识接受的需要。公民的知识接受自由权利的实现途径不限于利用图书馆（如接受学校教育就是一个重要途径），但毫无疑问，利用图书馆是一个重要途径。[2]

虽然图书馆诞生的原因并非在于满足公民知识接受自由的需要，但图书馆发展至现代，保障公民知识接受自由的权利已成为社会赋予图书馆的主要使命。而且，世界上绝大多数国家都已把公民利用图书馆实现知识接受自由的权利，纳入到了国家宪法所赋予的公民权利范畴之内，其主要表现是各国宪法中一般都列有国家保障公民的生存权、学习权（受教育权）、思想自由权、休息权等内容的条款，这些公民权利中就蕴含着知识接受自由的权利。所以，从法律的角度来说，公民具有知识接受自由的权利，也就是说，具有自由利用图书馆的权利。而国家法律之所以规定公民具有自由利用图书馆的权利，为的就是保障公民知识接受自由的权利。

以上分析表明，图书馆事业发展至今，在大多数国家其建制已受到了法律的保护（具体表现就是许多国家制定了图书馆法以及相关的发展图书馆事业的政策），公民利用图书馆的权利也受到了法律的保护。这说明图书馆不仅仅是一种机构，还是一种制度——一种社会用以调节知识分配，保障公民知识自由权利的制度。就像现代学校的出现代表了现代教育制度的形成一样，公共图书馆的出现代表了一种社会知识自由保障制度的形成。[3]

从维护知识自由的角度理解图书馆现象是极为必要和重要的，因为从这一角度理解图书馆现象，能够促使人们形成这样的共识：设立图书馆建制是维护公民知识自由权利的需要，发展图书馆事业是充分实现公民知识自由权利的社会保障措施之一，也是完善社会民主政治、发展人权事业的重要体现。这就是发展图书馆事业的社会政治意义之所在。说到这里，我们还是有必要重温戈曼的那句名言："图书馆是自由（社会的、政治的及思想的自由）的集中体现。一个标榜是真正自由的社会，如果没有所有人都可以自由平等使用的图书馆，则是一种可笑的矛盾修饰法。"[4]

从社会机构、制度角度，尤其是制度角度理解图书馆事业也是极为必要和重要的，因为从这一角度理解图书馆事业，有利于促使人们形成这样的共识：图书馆事业的存在与发展，不是为了满足图书馆机构本身生存和扩张的需要，而是为保障公民的知识自由权利提供制度安排措施；重视发展图书馆事业，不仅仅是"应该"，而且是一种"必须"。这才是图书馆事业应该得到重视的制度或法律基础。应该说，从制度角度理解图书馆事业，是图书馆学理论的一种新视野、新高度。

3. 维护知识自由：图书馆职业的核心价值

图书馆职业作为一种独立的社会职业，其价值乃至核心价值是什么？这是从事图书馆职业的人们必须首先弄清楚的一个重要问题。所谓图书馆职业的核心价值，是指在众多的图书馆职业价值中，最能代表职业特征并对整个职业的发展起决定作用的那些或那种价值。关于图书馆职业的核心价值，戈曼在2001年曾指出，图书馆工作的8个核心理念是：职责明确、服务至上、学术自由、方法合理、求知求学、求知平等、保护隐私、倡导民主。[5]美国图书馆协会（ALA）于1999年成立了一个特别工作组（核心价值特别工作组），专门进行图书馆核心价值的研究，并于2000年提出了10个有关图书馆核心价值内容的关键词，意在向人们提供一个思考和研究的概念范围，它们是：使用、协作、多样性、教育、智力自由、保存、隐私权、专业技能、公共利益、服务。[6]无论是戈曼的8个核心理念，还是ALA的10个关键词，都对图书馆职业的核心价值做出了比较全面而又准确的概括和表述。笔者认为，在这18个词汇（两者加起来，其中有些是重合的）中，“知识自由”（戈曼表述为“求知平等”，在“学术自由”和“倡导民主”中也应蕴含此义；ALA则表述为“智力自由”）居于最高层，最具统摄意义。因为在笔者看来，维护公民的知识自由权利是现代图书馆制度的最高使命，而其他核心价值均可看作实现这一最高使命所需的手段或要求。笔者之所以把图书馆职业（制度）的最高核心价值定位在维护公民的知识自由权利，原因主要在于以下几个方面：

第一，如上所述，在对图书馆职业核心价值的概念表述上，“知识自由”最具综合性和统摄性，以“知识自由”为逻辑起点基本可以演绎出其他各核心价值的意义。比如，“使用”“协作”“保存”“多样性”“方法合理”“专业技能”“职责明确”等，都可看作实现知识自由的必要方法或手段；“隐私权”（保护隐私），是宪法赋予公民的一项基本权利，图书馆在履行维护知识自由职能时自然也要无条件予以遵守；“求知自由”“教育”“学术自由”“公共利益”等，更是“知识自由”的交叉近义词。

第二，从公共图书馆的性质和职能来看，将其核心价值定位在维护公民的知识自由权利，能够阐明公共图书馆的形成、发展及其价值意义。

第三，从维护公民知识自由权利的视角来审视图书馆现象，有利于引导人们从社会制度和法律的高度定位图书馆的存在价值，有利于图书馆事业能够以无可置疑的理由得到社会和法律的支持，同时稳固其运行的社会和法律基础，进而有利于维护图书馆事业的公益性质及其本位。

第四，用维护公民的知识自由权利来定位图书馆职业的核心价值，符合国际图书馆界及其专业组织对于图书馆职业核心价值的定位要求，有利于同国际图书馆界保持一致。比如，国际图书馆协会联合会（IFLA）于1999年就在《关于图书馆和知识自由权的声明》中指出："IFLA支持、捍卫和促进联合国世界人权宣言中论及的知识自由权的定义"，"IFLA声明人类拥有表达知识、创造思想和智力活动以及公开阐明观点的基本权利"，"IFLA表明履行知识自由使用的义务是图书馆和信息业的主要职责"，IFLA"号召图书馆界及工作人员恪守知识自由使用、无条件获取信息、言论自由和尊重读者隐私权的原则"。

图书馆职业为了真正充分体现维护公民知识自由权利的核心价值，在实践中必须坚持贯彻三个原则：

（1）公益原则，图书馆职业的社会基础。公益性是社会对图书馆性质的基本界定。图书馆作为维护公民知识自由权利的社会机构与制度，是国家民主和人权事业的重要支撑力量，因而其运行成本是由社会支付的，实际上是由社会的全体成员支付的，这就是图书馆公益性的社会经济基础。坚持图书馆的公益性，要体现两个基本点：一是免费，二是平等。[7]关于这两个基本点，IFLA和UNESCO（联合国教科文组织）所制定的《公共图书馆宣言》中已做了明确阐述："公共图书馆必须敞开大门，不分民族、肤色、国籍、年龄、性别、宗教、语言、地位、学历，面向所有成员免费、公开开放。"实行免费与平等原则，是图书馆职业的社会特征，这一特征为公民消除知识自由权利实现过程中的政治、经济和技术障碍，提供了社会保障。

可以说，图书馆是"戴"着公益性这一"护身符"降临于世的，而且这一"护身符"自古至今一直是图书馆所以为图书馆的象征和标志。然而，自20世纪70年代后期以来，一些人对图书馆的公益性提出了质疑，美国图书馆学家迈克尔·哈里斯就是其中的代表人物之一。哈里斯等人认为，人类社会进入信息社会之后，图书馆的外部环境发生了根本性变化，如果图书馆死抱着过去的原则而不做相应的变革，幻想着在信息市场化的浪潮中保留那块远离商业化的"净土"的话，必将会被时代所抛弃。他们主张图书馆放弃公益性原则，走向市场化发展之路。[8]笔者认为，就理论上来说，向公众提供知识信息服务，既可以采取市场化模式，也可以采取公益化模式。但是，就每一个国家都应履行的保障公民知识自由权利的责任和义务来说，以图书馆制度这样一种公益化模式来提供非市场化的知识信息服务，是每一个国家都必须采取的一种公共政策。就市场经济的基本原理来说，市场调节并不是万能的，诸如公共政策调节、伦理道德调节等就是市场调节所不能替代的。[9]据此，笔者认为，图书馆的公益化管理模式是国家公共政策调节的对象，而不属于市场调节的对象。同时，笔者还认为，放弃图书馆的公益性之日，就是图书馆的终结之日。

（2）服务原则，图书馆职业的理念基础。谢拉曾说："服务，这是图书馆的基本宗旨。"我国图书馆学家程亚男也曾指出，"服务是贯穿图书馆发展的主线，是图书馆的核心价值观。”[10]如果给图书馆做一张“名片”的话，它的“又名”应该叫“服务馆”，它的“经营范围”应该为“知识服务”，它的口号（馆训）应该是“服务至上”。而图书馆职业工作者应该时刻铭记的、最好的格言就是“为您服务”。[11]

图书馆服务的直接目标是读者满意。读者满意表现在理念满意、行为满意和视觉满意三个方面。理念满意，是指图书馆在服务理念、服务目标、服务精神、服务哲学等方面带给读者的心理满意状态；行为满意，是指图书馆的全部运行状况带给读者的心理满意状态，包括行为机制满意、行为规则满意、行为态度满意等；视觉满意，是指图书馆的各种可视性外在形象带给读者的心理满意状态，包括对馆容馆貌、馆徽馆旗、物品陈列、衣着举止、环境色彩等视觉对象的满意。[12]

在图书馆的服务理念和服务目标中，始终贯穿着一种核心精神，即以人为本的人文关怀精神。正是这种人文关怀精神，支撑着图书馆人的、为维护读者的知识自由权利而浇注心血的崇高使命与高尚境界。

（3）自由存取原则，图书馆职业的能力基础。图书馆毕竟是以文献信息资源（包括网络信息资源）为基础来履行维护公民知识自由权利的职能的，因此图书馆对文献信息资源的组织能力，直接关系着图书馆能否维护好公民知识自由权利这一根本问题。图书馆对文献信息资源进行组织的目标，是建立文献信息资源的自由存取系统。建立这种自由存取系统，是公民利用图书馆实现知识自由权利的需要而对图书馆提出的根本要求。

图书馆建立文献信息资源的自由存取系统，要具备三个方面的保障能力，即文献保障能力、读者保障能力和技术保障能力。文献保障能力，是指图书馆所提供的文献信息的可获得性及其程度；读者保障能力，是指图书馆满足读者的文献信息需求的能力；技术保障能力，是指图书馆在技术手段上为读者提供支持的能力。这三个方面的保障能力越强，就说明自由存取系统的“自由度”越大，亦即说明图书馆在物质能力上维护读者知识自由权利的能力越大。（原载《图书馆》2003 年第 6 期）

参考文献

[1] 阮明淑．知识自由——浅谈图书馆的几种相关自由及其相互关系［J］．台湾世新大学图书馆馆讯，1991（5）．

[2] 李国新．对“图书馆自由”的理论思考［J］．图书馆，2002（1）．

[3] 范并思．维护公共图书馆的基础体制与核心能力——纪念曼彻斯特公共图书馆创建 150 周年［J］．图书馆杂志，2002（11）．

[4] 景海燕. 图书馆学新五律 [J]. 图书馆理论与实践, 1998 (3).
[5] 初景利. 国外图书馆学情报学2000年研究进展（一）[J]. 大学图书馆学报, 2001 (1).
[6] 宋显彪. 试论图书馆员职业的核心价值 [J]. 图书馆杂志, 2002 (9).
[7] 李国新. 图书馆服务与利用者权益保护 [J]. 国家图书馆学刊, 2002 (4).
[8] 黄纯元. 政治经济学视角中的未来图书馆论——读哈里斯和翰奈的《走向未来：后工业化时代的图书馆情报服务的基础》[M] //黄纯元. 黄纯元图书馆学情报学论文集. 上海：上海科学技术文献出版社, 2001.
[9] 厉以宁. 超越市场与超越政府——论道德力量在经济中的作用 [M]. 北京：经济科学出版社, 1999: 69.
[10] 程亚男. 再论图书馆服务 [J]. 中国图书馆学报, 2002 (4).
[11] 蒋永福. 论图书馆人文精神的内涵 [J]. 图书馆杂志, 2003 (1).
[12] 林曦, 周磊. 在图书情报服务中导入CS战略研究 [J]. 中国图书馆学报, 2003 (1).

图书馆核心价值及其中国语境表述

【导读】图书馆核心价值的确认，必须经过一个充分的讨论和协商过程。国外的研究经验及其成果对于我国来说有借鉴意义。由于国情的不同和行业发展水平的差距，我国的图书馆核心价值表述必然与国外有所不同。本文试探性地提出了适合于中国语境的图书馆核心价值“1+4模型”，即以“文化权利”为核心范畴，加上以“保存与共享”“促进阅读”“平等服务”“包容与民主”为子范畴的核心价值体系。

《图书与情报》2007年第3期，发表了范并思等人关于“图书馆核心价值”的一组专题文章，对图书馆核心价值的概念、意义、目的以及国外图书馆界确立核心价值的状况，做了初步的探讨和介绍。下一步，我们所要考虑的首要问题是：如何确立和表述中国图书馆行业的核心价值，即如何表述中国语境下的图书馆核心价值问题。

“确立图书馆核心价值，必须是图书馆界对于图书馆基本理念的学术讨论、民主协商和集思广益的过程。”的确，图书馆核心价值的确立，必须要有一个充分讨论、协商和达成共识的艰难过程。本文就是出于参与这种讨论、协商的目的而做的一种尝试性努力。

1. 国外图书馆界的核心价值表述

应该承认，发达国家图书馆界对于图书馆核心价值的集团性重视、研究和确认比我国早，且在这一问题上已经积累了较多的研究经验，这显然对我们来说具有借鉴意义。因此，在我国讨论、确立图书馆核心价值之际，考察国外的研究成果、经验和做法是有必要的。

1.1 美国图书馆协会（ALA）的核心价值表述

美国图书馆协会是最早注意到图书馆核心价值重要性的行业组织，也是最早专门研究并公布图书馆核心价值的行业组织。它于1999年成立第一届图书馆核心价值特别委员会，2000年便提出了第一份核心价值范畴（8个，见表1）[1]，并定名为“图书馆职业与信息服务：核心价值表”（Librarianship and Information Service：A Statement on Core Values）；2002年成立第二届图书馆核心价值特别委员会，提出了第二份核心价值范畴（10个，见表2），并以“核心价值讨论资料”为题发表，后又经过艰难的调查、研究和讨论，终于在2004年6月提出了最新的11个核心价值范畴（见表3）。[2]可以说，美国所研究和提出的图书馆核心价值范畴对其他国家具有示范和榜样意义。

表1　ALA的核心价值范畴（2000）

1. 人与思想的连接
2. 书面记录、信息、作品的自由开放和获取
3. 对阅读学习的支持
4. 尊重所有人的个性及多样性
5. 所有人对自身信念的形成、保持和表现的自由
6. 人类文化的保存
7. 向社会提供卓越的专门职业服务
8. 实现这些价值的同盟关系的形成

表2　ALA的核心价值范畴（2002）

1. 可获取性	6. 保存
2. 协作	7. 隐私权
3. 多样性	8. 专业能力
4. 教育	9. 公共利益
5. 知识自由	10. 服务

表3　ALA的核心价值范畴（2004）

1. 平等获取	7. 公共利益
2. 尊重读者隐私	8. 专业性
3. 民主	9. 保存
4. 多样性	10. 服务
5. 教育及终身学习	11. 社会责任
6. 知识自由	—

1.2　国际图联（IFLA）的核心价值表述

IFLA作为国际图书馆行业的代表性组织，一直不折不扣地致力于表达图书馆价值和维护图书馆行业利益的工作。尤其是在信息技术、信息产业的发展对图书馆行业利益产生极大冲击和挑战时，IFLA 更是急切地感受到了明确表达图书馆核心价值的重要性和紧迫性。于是，IFLA 于 2003 年公布了其所制定的核心价值（见表4）。[3]

表 4 IFLA 的图书馆核心价值表述中英文对照表

英文	中文
1. The endorsement of the principles of freedom of access to information, ideas and works of imagination and freedom of expression embodied in Article 19 of the Universal Declaration of Human Rights.	1. 认可《世界人权宣言》第 19 条声明的自由获取信息、思想、作品的原则，以及表达自由的原则
2. The belief that people, communities and organizations need universal and equitable access to information, ideas and works of imagination for their social, educational, cultural, democratic and economic well – being.	2. 人们、社团、组织出于社会、教育、文化、民主、经济等方面的目的和需求，需要广泛和公平地获取信息、思想和作品的信仰
3. The conviction that delivery of high quality library and information services helps guarantee that access.	3. 我们确信，提供高质量的图书馆和信息服务有助于信息的有效获取
4. The commitment to enable all members of the Federation to engage in, and benefit from, its activities without regard to citizenship, disability, ethnic origin, gender, geographical location, language, political philosophy, race or religion.	4. 承诺确保所有的成员参加 IFLA 的活动并从中受益，而无须考虑其职责、权力、残疾、种族、性别、地理、语言、政治立场、民族或宗教信仰

1.3 迈克尔·戈曼的核心价值观

曾当选美国图书馆协会 2005—2006 年度会长的迈克尔·戈曼是图书馆核心价值的最有力倡导者，也是最热心研究图书馆核心价值的著名学者之一。他在 2000 年发表的《我们的永恒价值：21 世纪的图书馆员职业》（《Our Enduring Values ：Librarianship in the 21st Century》）一文中，阐明了图书馆员职业的核心价值，他以阮冈纳赞的图书馆学五定律、谢拉的社会认识论、罗德斯特因的特质论、费因克斯的价值分类论等为理论基础，总结出了图书馆职业 8 个方面的核心价值（见表 5）[4]。

表5　迈克尔·戈曼的核心价值范畴

1. 知识保存与传递
2. 对个人、团体、社会的服务
3. 维护知识自由
4. 理性地处理图书馆业务
5. 尊重知识，支持学习
6. 保障知识和信息的公平获取
7. 尊重利用者的隐私权
8. 支持民主社会

1.4　万达·都乐等人的核心价值范畴排序

毋庸置疑，对于图书馆核心价值的认定，是一个价值判断和价值选择的过程。只要是价值判断和价值选择，就会不可避免地产生因人、因时、因地而异的差异性。对于这种差异性的调查、比较和分析，是图书馆核心价值研究与确立过程中极其重要的一环。为此，一些学者早在20世纪70年代末就开始了这方面的调查研究。这种调查研究的特点和意义，在于能够了解和把握人们对于图书馆核心价值认识上的差异性及其认同程度的排序。2001年，在这些调查研究成果的基础上，大学图书馆员万达·都乐等人做了进一步的调研。他们调查了两个大学图书馆、一个图书馆专业班级、一次国际会议中的图书馆员或未来的图书馆员，主要目的是澄清两个问题：一是图书馆员与图书馆专业的学生是否分享了同样的价值观，二是美国与其他国家或地区的图书馆核心价值是否相同。根据对调查结果的分析，图书馆员和图书馆专业的学生都将服务价值与保存记录的价值排在了前列，其他的则稍有不同；不同国家或地区的图书馆核心价值明显存在差异，如美国的图书馆员认为服务价值和知识自由价值更为重要，而原独联体国家的图书馆员则将信息素养和专业中立放在了首位（见表6）。[5]

表6 万达·都乐等人的核心价值范畴排序占比

图书馆价值	第一/%	第二/%	第三/%
服务价值	36	21	10
知识自由	14	16	16
观点多样	0	4	11
信息素养	5	16	8
保存	25	7	10
文化	7	7	6
文化多元	3	3	8
平等获取	3	15	18
版权	0	0	0
隐私/保密	3	2	8
职业中立	3	8	4
其他	1	1	1

通过考察和分析（不仅仅是上述几个典型）国外图书馆界确立图书馆核心价值的状况，我们似乎可以得出如下一些启示：

第一，每个地域（国家、地区、城市、系统以及独立图书馆）图书馆界所确立的核心价值，必然都是该地域社会的政治价值观、经济价值观、文化价值观、意识形态价值观、伦理价值观，乃至个人价值观在图书馆领域映射的产物。这也证明了谢拉的“图书馆是社会的图书馆”的论断。

第二，正因为图书馆核心价值是所属各地域社会价值观的反映，所以，图书馆核心价值及其表述各有差异（甚至是冲突）。这种差异性表明，确立图书馆核心价值必须坚持“求同存异”的原则。

第三，尽管各地域图书馆界的核心价值之间存在着客观的差异性，但其中也存在着比较一致性的核心价值范畴，如“平等获取”“服务”“知识自由”“保存”“教育”“支持民主”等。这说明图书馆核心价值同时又是一种“异中有同”的价值领域。我国图书馆界在确立自己的核心价值体系时，对于这些比较一致性的核心价值应该有所借鉴，而不应该熟视无睹。不过，我们还是要注意借鉴过程中的本土化改造问题，而不应该是不做任何鉴别和选择的完全照搬。

2. 中国语境下的图书馆核心价值表述

2.1 应遵循的原则

这里的“中国语境”，自然包含“中国国情的特殊性”“中国文化传统”“中国图书馆事业发展的现实状况”等内容。笔者认为，在充分考虑这些中国语境的前提下，提出中国图书馆界的核心价值应该遵循下列几个原则：

第一，在借鉴国外成果的问题上，应遵循“借鉴而不照搬”的原则，即在借鉴的同时做好本土化改造工作。这一原则也可称为“思想全球化，行动本土化”原则。

第二，在内容表述上，应遵循“简约而不简单”的原则，即所提出的核心价值范畴应体现图书馆职业活动必须遵循的最基本的使命，且其语言表达应符合中国人的日常理解习惯，内容也应具有高度的统摄性，做到求精而不求全，为未来的修订和扩充留有余地，而不现在就一锤定音。

第三，在立意上，应遵循“突出主线而不散点”的原则，即应抓住并贯穿一条主线，而不应像国外那样一味地罗列各种可能的核心价值范畴，没有一以贯之的主线，甚至一些范畴之间会发生内涵及要求上的冲突（如“知识自由”与“教育”“社会责任”范畴之间就存在内在冲突）。

2.2　中国语境下的图书馆核心价值范畴体系

根据上述原则，笔者现提出以“文化权利”为主范畴的图书馆核心价值范畴体系（见图1）。

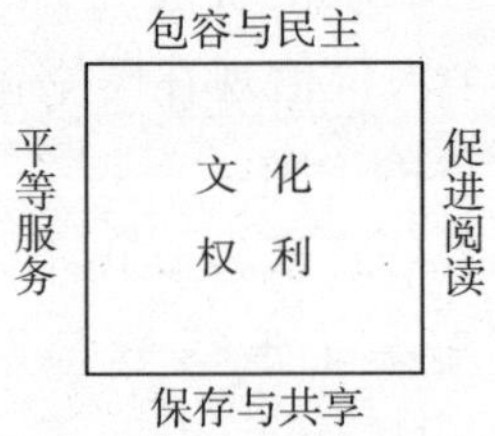

图1　中国语境下的图书馆核心价值范畴体系

笔者把图1所示的图书馆核心价值模型称为“1+4模型”，即“文化权利+（平等服务+保存与共享+促进阅读+包容与民主）”。同时，把“文化权利”视为主范畴，其他四个范畴视为辅范畴，且这四个辅范畴之间不存在固定的先后顺序，也不存在重要程度上的区别。笔者现在选择的是四个辅范畴，所以图1的形状为四边形，但这四边形并不是不可变的固定形状——若选择三个辅范畴，则其形状为三角形；若选择五个辅范畴，则其形状为五边形；若选择六个辅范畴，则其形状就为六边形……需要说明的是：①主、辅范畴之间既没有隶属关系，也没有重要性程度上的区别；②之所以把“文化权利”视为主范畴，是因为“文化权利”概念的外延较广，可以涵盖较多的其他核心价值，而且在中国语境下，人们也比较容易接受“图书馆主要是保障公民文化权利之制度安排”的观点。

下面就上述“1+4模型”中的五个核心价值范畴（一个主范畴加上四个辅范

畴）的含义及其根据逐一做出说明。

2.2.1 主范畴：文化权利

这里所说的“文化权利”，其全称含义为：图书馆是以保障公众文化权利为主要使命的文化设施之一。文化权利作为图书馆核心价值的主范畴，其根据可通过以下一些命题得到说明。

2.2.1.1 图书馆属于文化现象

古今中外，人们一直认为图书馆是一种文化机构、文化设施，保存和管理文化遗产为其基本职能，等等。这种观念和定位在我国也有悠久的历史，故把图书馆定位在“文化”视域很容易被中国人乃至世人所接受，这比把图书馆定位在“信息”视域更具本质意义。

2.2.1.2 现代图书馆存在的意义主要在于满足公众的文化权利

我们都知道，现代图书馆的基本使命之一就是满足人们获取知识信息的需要，而这种需要一旦被国家和政府确认为公民应该享有的一种普遍诉求时，便被法律确认为公民的一种权利——文化权利。也就是说，图书馆所维护的公民平等获取知识信息的权利，属于文化权利范畴。其实，从法律和法治的角度来看，政府或社会设立图书馆的目的就是保障公民的文化权利。所以，图书馆存在的意义主要在于，它是保障公众的文化权利的社会设施之一。

2.2.1.3 文化权利是普遍性权利

文化权利已被世界上绝大多数国家所承认。1966 年公布的联合国《经济、社会及文化权利国际公约》，截至 2006 年 12 月底已有 155 个国家批准或加入，我国也已于 1997 年正式签署此公约。这说明文化权利是普遍性权利，并已取得国际性话语地位。而且，所有对于文化权利概念外延的确认中，都包含接受教育、共享文化发展成果、参与文化生活、表达自由、获取知识信息等图书馆所要维护的权利内容。其实，国外图书馆界普遍确认的知识自由、文化多元、差异性、版权、隐私等图书馆核心价值，都属于文化权利范畴。

2.2.1.4 公民文化权利的保障问题已得到我国党和政府的高度重视

1997 年，我国正式签署联合国《经济、社会及文化权利国际公约》，表明我国政府承认公民的文化权利。2004 年，“人权入宪”则为保障公民的文化权利提供了宪法基础。近几年，中共中央和国务院做出的一系列部署，如《中共中央关于构建社会主义和谐社会若干重大问题的决定》(2006)、《中共中央、国务院关于深化文化体制改革的若干意见》(2005)、《中共中央、国务院关于推进社会主义新农村建设的若干意见》(2005)、《国家“十一五”时期文化发展规划纲要》(2006)等。2007年6月16日,中共中央政治局召开会议,研究加强公共文化服务体系建设。这些文件和会议明确提出了保障公民文化权利、加快建设公共文化服务体系等一系列政策和措施。这表明在今后一个时期,保障公民文化权利问题将得到前所未有的重视。[6]在这种情况下,我国图书馆界提出以“文化权利”为主范畴的核心价值体系,适于国情,符合政策要求,有利于得到政府及政策层面的认可和支持。

2.2.1.5 权利话语彰显法治诉求

我们知道,制度和法治建设的某些不足仍是我国图书馆事业发展亟须解决的问题。在这种背景下所提出的图书馆核心价值,必须表达出对制度和法治的诉求[7],而“文化权利”便是一种彻底的法治诉求话语。因此,提出以“文化权利”为主范畴的图书馆核心价值体系,有利于把图书馆事业建设引向法治轨道。

2.2.2 辅范畴Ⅰ:保存与共享

这里所说的“保存与共享”,其全称含义为:收集、保存和组织文献资源并共享这些资源,应始终成为图书馆核心能力之所在。

保存与共享作为图书馆核心价值的辅范畴之一,其根据可通过以下一些命题得到说明。

2.2.2.1 保存功能是图书馆存在与发展的立足之本

收集、保存和组织人类文化进步的记录物——文献资源,是图书馆得以产生并壮大的历史性决定因素。图书馆的专业性也大都体现在这种收集、保存和组织文献资源的知识和技能上,图书馆学也因此而有别于其他学科。图书馆这种独特的、强大的文献资源保存及纵向交流功能,是其他社会机构乃至现代网络交流所不可比拟的。保存,是图书馆的立足之本、发展之源,离开保存功能,图书馆便不复存在。

2.2.2.2 资源共享是图书馆的优秀传统

共享其实是保存的扩大和延伸。共享是突破单个图书馆保存能力和服务能力之局限的有效措施。如今的网络技术为图书馆的资源共享提供了强大而便利的支撑。资源共享其实也是图书馆职业长期追求的一大传统与理想目标。我们注意到,在国外的图书馆核心价值表述中,很少有“共享”范畴。这不能不说是对图书馆一大传统与能力的忽视。如果丢弃了“共享”这一核心价值的话,图书馆合作(包括集中编目、联机编目、馆际互借等)、图书馆联盟、《图书馆合作与信息资源共享武汉宣言》、"文化信息资源共享工程"等这些图书馆优秀传统或成果,都将失去价值依据。资源共享能够为图书馆带来互助和合作的力量,因此我们必须对它加以弘扬和宣传。

2.2.3 辅范畴Ⅱ:促进阅读

这里所说的"促进阅读",其全称含义为:图书馆的作用和价值主要通过利用者的阅读活动来体现。或者说,现代图书馆就是供人们阅读的专门性社会设施。

2.2.3.1 图书馆是供利用者自主阅读的公共设施

提高社会成员的自我素养(包括科学技术素养、人文素养、道德素养等),是社会文明与发展的普遍诉求,而社会成员自我素养的提高,除接受学校教育外,坚持自主阅读也是不可或缺的重要途径。图书馆正是供人们自主阅读的专门性社会设施,而图书馆存在的价值也正在于此。国外的人们普遍认为图书馆是"自我教育机关",其含义也在于此。

2.2.3.2 为建设阅读社会、学习型社会服务,是图书馆的基本职责之一

图书馆是建设阅读社会、学习型社会的社会力量之一,而且是专门性社会力量之一。在网络化时代,建设广泛的、人人都能参与和利用的数字阅读社会、数字学习型社会,是缩小数字鸿沟、保证社会信息公平的根本措施之一。这也是图书馆在数字网络时代能够存在且必须存在的理由之一。总之,图书馆为阅读而存在。

2.2.4 辅范畴Ⅲ:平等服务

这里所说的"平等服务",其全称含义为:图书馆提供无身份歧视的平等服务。

其实,图书馆平等服务的思想和要求,在联合国教科文组织《公共图书馆宣言》中早已有所论述:"每一个人都有平等享受公共图书馆服务的权利,而不受年龄、种族、性别、宗教信仰、国籍、语言或社会地位的限制。"对于中国图书馆界来说,平等服务的理念也已开始逐渐得到彰显。现在的问题是,图书馆普及程度较低、图书馆服务半径较小以及缺乏针对弱势人群的特殊服务方式和手段等原因,导致很多社会成员如城市贫困人群、农村人口、残疾人等,无法得到便利的平等服务。所以,对于我国来说,不仅要继续强化图书馆平等服务理念,更为重要的是,还要迅速普及公共图书馆服务网络,最大限度地消除城市贫困人群、远离城市中心区域人群、农村人口、残疾人等平等利用图书馆服务的各种障碍(包括物理距离的、心理的、技术的、经济的障碍)。可见,"平等利用"和"平等服务"并非同一个概

念，“平等利用”是“平等服务”的基础，若没有平等利用，则平等服务也只能是对部分人（有条件到馆的人）的平等服务，而不是全面意义上的平等服务。也就是说，对于我国来说，要想实现全面意义上的图书馆平等服务，必须解决全体社会公众平等利用图书馆的问题。显然，这是一个相当长期而又艰巨的任务。但无论如何，平等服务始终都应该成为图书馆服务的基本原则，即在图书馆核心价值的界定中，不能没有平等服务的内容。

2.2.5 辅范畴Ⅳ：包容与民主

这里所说的“包容与民主”，其全称含义为：图书馆以信息开放政策保障公民的知情权，以阅读服务提高公民的民主素养，以平等服务和包容政策促进民主社会的形成。其实，联合国教科文组织《公共图书馆宣言》所声明的“公共图书馆是民主政治的产物”，早已点明了图书馆支持社会的包容与民主的使命。

2.2.5.1 现代图书馆的使命之一，就是为保障公民应享有的知情权、实现公民的民主权利提供信息服务

广义的知情权，是指公民、法人或其他组织要求义务人公开一定的信息的权利，以及在法律所允许的范围内获取各类信息的自由。狭义的知情权即知政权，是指公民、法人或其他组织对于国家机关所掌握的信息享有知道的权利。[8]狭义的知情权的核心问题，就是公民能否获取政府信息。知情权是人民行使一切民主权利的重要前提。众所周知，选举权、参政权、监督权等是公民依法享有的重要民主权利，而公民正确行使选举权、参政权和监督权的重要前提就是事先知悉相关的信息，因此如果不给公民以获取政府信息的权利，就等于剥夺了公民的选举权、参政权、监督权等民主权利。那么，公民如何获取政府信息呢？应该说，公民获取政府信息的渠道有很多，但通过图书馆来获取政府信息显然是其中极为方便的途径。所以，《中华人民共和国政府信息公开条例》（2007 年 4 月 5 日公布）第十六条规定：“各级人民政府应当在国家档案馆、公共图书馆设置政府信息查阅场所，并配备相应的设施、设备，为公民、法人或者其他组织获取政府信息提供便利。”

2.2.5.2 图书馆是对公民实施民主教育、提高公民民主素养的“民众的大学”

美国学者科恩曾指出，民主的实现需要政治主体具有一定的智力条件，这种智力条件可分为三类：①提供信息；②教育公民；③发展协商的艺术。[9]美国哲学家杜威也曾指出，教育是改造人性的“社会工程”，这项工程若失败，“民主就将死亡”。[10]这种“教育公民”论，尽管难免鄙视民众之嫌，但公民文化素养的提高对于有序参与民主的重要意义是毋庸置疑的。图书馆正是供民众阅读学习、提高自我修养的社会设施，是民众的自我教育机关。民众通过图书馆接受民主所需的教育，成为“有修养”的公民，这对民主政治和社会建设显然具有积极而深远的意义。

2.2.5.3 图书馆是体现社会包容、社会和谐精神的重要载体

民主社会是一个包容的社会，是一个和谐的社会。或者说，包容与和谐精神是民主社会所必备的基本要素。图书馆以其平等服务政策，尤其是以其关爱弱势群体的包容精神为普罗大众提供平等交流的平台，成为促进社会包容、和谐、文明、稳定的重要载体。美国学者伯德萨尔认为，图书馆是满足个人知识信息需要的场所，同时也是培养公共意识和社会凝聚力的社会机制。[11]英国文化、媒体和体育部所出版的《所有人的图书馆——社会包容政策指南》曾经这样评价图书馆与社会包容的关系："如果（社区的）信息流量降低到某个关键水平以下，则本地的信息生态就会变脆弱，'信息停滞'就会产生。（人口中）相互觉得面熟的比例就会降低，信息交换和共享就会停止，……邻里环境就会萎缩。在这种背景下，重要的是帮助社区建立起健康的非正式交流条件，让信息交换繁荣起来。这时，让社区居民有一个（像公共图书馆这样）方便的、临近的、亲切的去处就变得十分重要。"[12]（原载《国家图书馆学刊》2008 年第 2 期）

参考文献

[1] 李炳穆，蒋永福．何以成为真正的图书馆员［J］．中国图书馆学报，2006（6）．

[2] 俞传正，阳国华．核心价值：我们共同的基石［J］．图书馆建设，2007（3）．

[3] IFLA Core Values. ［EB/OL］．［2007-09-17］．http：//www. ifla. org/III/intro00. htm.

[4] GORMAN M. Our enduring values：librarianship in the 21st century［R］．Chicago：American Library Association，2000.

[5] 俞传正．图书馆核心价值的历史解读［J］．图书与情报，2007（3）．

[6] 王京生．构建公共文化服务体系，实现公民基本文化权利［J］．特区实践与理论，2006（3）．

[7] 蒋永福．文化权利、公共文化服务体系与公共图书馆事业［J］．国家图书馆学刊，2007（4）．

[8] 苏成雪．传媒与公民知情权［M］．北京：新华出版社，2005：78.

[9] 科恩．论民主［M］．聂崇信，朱秀贤，译．北京：商务印书馆，1988：158.

[10] 陈闻桐．近现代西方政治哲学引论［M］．2 版．合肥：安徽大学出版社，2004：260.

[11] 黄纯元. 黄纯元图书馆学情报学论文集 [M]. 上海：上海科学技术文献出版社，2001：164－170.
[12] 于良芝. 图书馆学导论 [M]. 北京：科学出版社，2003：194－195.

图书馆哲学散思

【导读】此文题目名曰“散思”，意为用“散漫式”的语言风格表达自己的一些观点，故此文不属于严格意义上的“论文”。对图书馆现象进行哲学意义上的思考，即图书馆哲学。所谓“哲学意义上的思考”，不一定是严肃的、抽象的、玄之又玄的论说，完全可以是轻松但不失雅趣的白话式述说。本文就对“图书馆是什么”“什么是图书馆学”“什么是图书馆哲学”等问题，做了“白话哲学”风格的自我表白。我谈论图书馆哲学问题，都是以这种“白话哲学”风格谈论的。哲学固然要谈形而上问题，但我所谈的图书馆哲学是“具体的形上学”，而不是“抽象的形上学”。在我看来，谈论“抽象的形上学”问题是哲学家的事情，而不是图书馆学人的事情。

1. 图书馆是什么

“图书馆是什么”，对于图书馆学来说这是一个常提常新的问题。笔者认为，要正确回答这个问题，决不能仅停留在给“图书馆”下一个逻辑意义上的定义，而必须对图书馆这一社会现象做深刻的哲学思考。

1.1 图书馆是人类文化进化需要的产物

任何一种社会组织的产生和发展，无不取决于人类社会实践的需要。图书馆是人类社会所独有的现象，它的产生和发展也必须取决于人类社会实践的需要。在人类的社会实践中，有一个俨然区别于动物实践的显著特点，这就是：人类不仅需要保持生物进化的自然本性，还需要进行文化进化（cultural evolution）。[1]动物只靠生物进化保持其自然繁衍，而人则靠文化进化保持其“非生物进化”的社会属性，这种“非生物进化”的社会属性，正是人成其为人的根本标志。

人的生物进化是“先天获得性”的表现，而文化进化则是“后天获得性”的表现。“后天获得性”与“先天获得性”相比，前者更为重要。1936 年，著名人类学家柴尔德在《远古文化史》一书中指出，“在我们这个种族中，人类为自身所作成之设备的改良——即文化的改良——已经代替了身体上的改变”，“文化上的进步，确已代替了人类家族中进一步的生物进化”。美国遗传学家杜布赞斯基于 1963 年在其《进化中的人类》一书中也指出：“在人类进化中，人类的基因已经放弃了它们的首席地位而让位于一种全新的或曰超机体的力量，这就是文化。”[2]

人的文化进化，实际上是文化信息的创造、积累和传承的历史过程。任何一种进化或遗传，都需有特定的物质载体。人类生物进化所需的载体是人体内的遗传基因（DNA），而文化进化所需的载体则有脑载体和脑外载体两种。脑载体既是一种信息存贮装置，又是信息的加工装置，具有容量大、响应快、自我加工等其他载体无法比拟的优点。但是，脑载体作为一种生命物质，与人的生命躯体同生共死，其信息传递也因受到时空条件的限制只能进行共时性传递，而不能进行历时性传递。这就使得人类面临一个矛盾：文化信息的不间断积累与传承的需要同脑载体生命有限性之间的矛盾。[1]正是为了解决这一矛盾，人类不得不把脑载体所存贮的文化信息外化到某种能够突破脑载体生命有限性的其他物质载体上，由此便产生了文献载体。

随着人类文字的发明以及纸张、印刷术的发明，文献逐渐成了人类文化信息的主要体外载体，从而有效地满足了人类文化进化的需要。

然而，伴随着人类文化信息的指数式增长和积累，文献在量上的骤增以及在生产、传递中的无序性，又成了人类所面临的一大灾难。而图书馆作为以收集、保存、传播和利用文献为使命的专门组织便应运而生，并有效地承担了文献的有序化保存、传递和利用的历史任务，从而为人类文化进化的正常进行做出了历史性贡献。所以说，图书馆是人类文化进化需要的产物。

在“文化进化→文献→图书馆”这一历史序列中，包含着极其丰富的历史文化积淀和深刻的内在序列关系，这正是需要图书馆哲学揭示的重要课题。

1.2　图书馆是文献信息的社会化存贮、管理和传播的组织

文献化的文化信息称为文献信息。文献信息在生产和传递利用过程中所固有的无序性特征，必然导致整个社会文献信息系统的内部熵增长。这样一来，社会文献信息系统的无序性状态与人们利用文献信息的有序性要求之间便产生了矛盾。[3]要想解决这一矛盾，必须对文献信息系统进行社会化的有序化组织和管理，以使离散无序的文献流转变为组织有序的文献流，而图书馆正是人们为了对文献信息进行有序化组织和管理而选择的历史性产物。所谓对文献信息的有序化组织和管理，就是对文献信息进行有序化存贮、管理和传播的过程。因此，图书馆可定义为：文献信

息的社会化存贮、管理和传播的社会组织。

图书馆对文献信息的社会化组织和管理，开辟了文献信息的正式交流渠道，保证和促进了人类文化信息的体外积累与传承。因此，图书馆的实质是人类文化信息社会化存贮与传承的非生物媒介组织。

1.3 图书馆是人类记忆的公共装置

笔者非常赞赏有人将图书馆与人脑记忆相类比的方法。而且，笔者认为在这个类比中，还有更多、更新的“图书馆学原理”待挖掘。

“有一种理论认为，人对于记忆的迷恋是图书馆产生的主要原因。”[4]对此，杜定友先生曾有过精辟的论述：“图书馆的功能，就是社会上的一切人的记忆，实际上就是社会上一切人的公共脑子。”由此，笔者又自然联想到了著名图书馆学家巴特勒的一句名言：“图书馆是将人类的记忆移植到现在人们意识中的一种社会装置。”

有了记忆，有了把前人的记忆直接“拿过来”融入自己的记忆之中的本领，人类才能“站在前人的肩膀上”，实现持续的、阶梯式的发展，而不至于总是重蹈覆辙、原地踏步。哲学家洛克说得好：“我们如果没有记忆底帮助，则我们在思想中、推论中和知识中，便完全不能超过眼前的对象。”[5]

所谓记忆，指的是信息或知识的存贮过程。一个人有个体的记忆系统，一个社会也有社会的记忆系统。波普尔所说的“世界3”就是“客观知识”，即社会的记忆系统。

文献是人的主观知识外化为客观精神的主要载体。按照卡尔施泰特的说法，“图书是客观精神的容器”[6]，而图书馆又是文献的“容器”和文献信息的集散地。所以，把图书馆比作“一切人的公共脑子”“社会记忆系统”之一是恰当的。

其实，图书馆的一些内部业务工作也是按照模拟人脑记忆的原理展开的，如文献分类就是通过模拟人类的知识体系结构，来近似地模拟人的大脑的知识记忆结构方法实现的。[7]

在“图书馆是人类公共记忆的社会装置”这一命题中，包含着“人与记忆”“记忆与知识”“个人记忆与社会记忆”“文献与个人记忆的外化”“主观知识与客观知识的相互转化”“图书馆在客观知识主观化过程中的作用”“人的知识记忆结构与图书馆工作原理的匹配”等许多深刻的科学内涵。这些都是需要图书馆哲学去涉及并阐释的“富矿”。

1.4 图书馆是社会信息交流系统中的一环，而不是一种“仓库”或“机构”

在一般人看来，图书馆不外是收藏文献的“仓库”和管理图书的“机构”。然而，这些都不是图书馆的本质性规定。

从信息资源论或信息环境论的角度来看，图书馆这一存在的实质是社会信息交流系统中的一个环节。

谢拉认为，以文字记录为媒介的书面间接交流是社会交流系统的主体：从微观上来看，图书馆是知识与读者的中介；从宏观上来看，图书馆是社会文化的重要组成部分，是社会书面交流机制的执行机构。[8]笔者认为，谢拉在这里所说的“机构”一词，并不是中国人习惯上所理解的“单位”意义上的机构，而是指一种环节，即信息交流系统中的一个环节。

就历史的眼光来看，图书馆是文化信息的跨时代传承手段或组织，或者说是人类客观知识的历时交流组织。卡尔施泰特曾说过：客观精神是历时发展的，这种精神的发展过程反映在图书馆中表现为图书的积累，个人只有通过图书馆才能投身于作为连续体的客观精神之中；一旦图书被收集到图书馆中，就不再是一个个单纯的个体了，而成为表现“客观精神连续体”的集合。[6]波普尔在其“两个思想实验”中，之所以把图书馆的存在与否说成关系到人类社会毁灭之后能否“再次运行”[9]，就是因为他看到了图书馆能够把人类客观知识“连续”起来的历时交流功能。因此，笔者非常赞赏美国学者拜拉德对图书馆所下的定义：“图书馆是一种以印刷资料为手段的延续交流知识与思想的制度。”[6]由此，笔者也曾对图书馆的功能做过如下界定：对文化信息的社会化存贮（体外存贮）和传承利用（包括历时的传承利用和共时的传承利用），是图书馆最本质的社会功能。[1]

从用户或读者的角度来看，图书馆从来都被视作满足自身信息需要的一种途径，至于图书馆是不是一种机构，并不具有什么意义。对于用户来说，每个图书馆只不过是自己参与社会信息交流的一种途径或介质。用户真正需要的并不是一种机构，而是一种服务，或者说是一种能够有效地将自己与所需信息连接起来的交流网络。[10]

如何突破或透过具体的“文献”“图书馆”这样一些实体形式表现去把握图书馆的本质性规定，这就涉及信息系统论、信息交流论、信息网络理论、传播学等方面原理的应用、交合与升华。这些也都是需要图书馆哲学论证、把握的领域。

2. 什么是图书馆学

“图书馆学”一词，最先是由德国的施莱廷格于1807年提出的。作为一门学科，图书馆学源于1887年，因为这一年德国哥廷根大学创办了图书馆课程讲座，同年美国哥伦比亚大学的杜威也在该校创办了世界上第一个图书馆学院。

作为一门学科，图书馆学已有一个多世纪的发展史了。不过，就是这样一门可称得上是“古老学科”的图书馆学，至今还未形成公认的学科规范和体系。这种怪现象在别的学科那里是很难找到同例的。难怪今天仍有不少人在质问：“Is library science a science?”（图书馆学是一门科学吗?）

2.1 “图书馆学”是一不规范的学科名称

“图书馆学”一词，自诞生之日起就带有“先天的”不规范性：何以用一种机构来命名一门学科呢？这不能不说是世界科学学科史上的一个怪现象，以致人们尤其是本学科圈外的人们，不熟悉、不理解甚至不接受这一学科名称及其科学性。尽管我们反复强调“图书馆”不是一种机构，但这只是观念意义上的“解释”，而不是客观实在意义上的“现实”。所以，人们还是难免对“图书馆学”一词在理解上产生疑惑和偏差。

还有一个令人疑惑的事实是：早期的图书馆学内容，实际上属于“图书馆管理学”的范畴，而且其中还掺杂着许多目录学、文献学的内容。早期的图书馆学家们，如施莱廷格、艾伯特、爱德华兹、格雷赛尔、杜威等人的图书馆学思想，无一不是以图书馆管理为对象的。而且，其内容体系基本上都是按照图书馆内部工作环节来展开的，其概念逻辑也基本上都属于“术”的范畴，而很难说是“学”的范畴。这种以“术”代“学”的学科传统，一直延续至今。现在各种名目的“图书馆学”论著及教科书，其中的大部分篇幅还是在论述图书馆管理学的内容。这就使得图书馆学与图书馆管理学的学科界限，长期以来被混淆在一起。可见，图书馆学虽名为“图书馆学”，但其实难副。[11]

正是由于图书馆学是以机构命名的，所以，人们在认识和理解方式上容易囿于“机构管理”的先设，而把思维与视野局限在“图书馆”实体范围之内，从而难以摆脱“实用技术”的藩篱，难以形成抽象的理论思维。需要指出的是，没有抽象就没有科学。就这一点来看，我们似乎应该“埋怨”施莱廷格：虽然他在世界上首创了图书馆学，但同时又给图书馆学起了一个不规范的“名字”，以致图书馆学难以“立正”于学科群类之列，并饱受被视为“怪胎”之辱。

但话又说回来，我们其实不必“埋怨”施莱廷格，需要“埋怨”的是我们自己：太容易囿于传统与先设，未能给世人以科学的解释!

学科名称其实只是学科的代名词而已，一门学科的对象、内容及范围，不必也不应受学科名称的限制。何况“图书馆学”一词，人们已经使用了近两个世纪，已经成为一种国际国内通用的名称，因此我们完全可以在约定俗成的意义上去理解它、接受它，而不必改变它。正如孟广均研究员所指出的那样，“用机构——‘图书馆’作为学科名称就属不妥，但在众说纷纭而未达成共识的情况下，还是继续采用国际上多年通用的、事实上国内也通用的‘图书馆与情报学’为宜”[12]。学科名称可以不改，但需要改变的是我们的观念：不要把“图书馆”仅仅当作机构来对待，不要把视野局限在“图书馆”这一实体范围之内。

2.2 图书馆学是一门亟待整合的科学

笔者不大赞同有人把图书馆学划入所谓的“前科学”之列的说法。其实，图书馆学并不是没有自己的理论规范，更不是没有自己独特的研究对象和领域。我们现在需要做的事情是：如何科学地整合这些理论规范，使之成为图书馆学大厦的完整基石，而不像现在这样只是一些零散的理论片段或孤立的“一家之言”。

笔者倒是赞同这样一种说法：“无比深广博大的哲学来到图书馆学领域后却显得如此贫困。”[13]当然，这里所说的“贫困”，并不是指哲学本身的“贫困”，而是指哲学在支持图书馆学理论时显得软弱无力。一方面，研究者们在试图用哲学理论解释图书馆现象时，显得说服力不强；另一方面，以实用技术为传统的图书馆（学）界又对哲学的“干预”表现出极强的抵抗力。究其原因，笔者认为，主要在于我们还未找到哲学支持图书馆学理论的正确“支点”。有“说服力”，才能抵消“抵抗力”。所以，目前图书馆哲学研究的首要任务应该是寻找能够支持图书馆学理论的正确的哲学“支点”。

由于图书馆学是一门应用性、实践性都很强的学科，且有专门的工作机构（各类图书馆），所以，在图书馆员队伍中较为普遍地存在着“理论研究没必要”的简单认识，诚如巴特勒所言：“有的馆员不喜欢也不相信理论，他们简单地认为世界需要有效的图书馆工作，而非理论观点。”[14]

图书馆学理论作为科学理论，对于它的研究也是由基础理论研究、应用研究和发展（战略）研究三个部分构成的。其中，基础理论研究不可能也不应该把视野局限在“实际工作”的需要上，其主要任务是揭示图书馆现象的本质，为人们认识和把握图书馆现象的本质提供一种理论规范和视野。正如有的人所指出的那样，基础理论研究是“旨在增加科学、技术知识和发现新的探索领域的任何创造性活动，而不考虑任何特定的实际目的”[15]。

一方面，基础理论研究缺乏组织性、科学性和说服力，难以形成具有一定向心力的“科学共同体”；另一方面，应用研究也因缺乏基础理论研究的指导与整合，而难以摆脱“工匠意识”的局限。

图书馆学的基础理论研究、应用研究和发展（战略）研究之间不能相协调、相整合，造成了整个图书馆学理论体系和研究结构的零乱不整；图书馆学内部的各流派之间、概念范畴之间，也缺乏兼容性与和谐性，以致研究者们只能各自“独奏”而不能“协奏”。这样何以成体系？所以，目前的图书馆学理论研究必须加强组织性，亟须整合、整合再整合。

2.3 寻找图书馆学的哲学“支点”

科学是由概念构建的。要想整合目前图书馆学理论研究中的零乱体系，就要寻找一种具有高度兼容性和涵盖性的、具有哲学式统摄意义的核心概念及其体系。也就是说，整合图书馆学理论，必须在哲学理论的指导下寻找和选择一种“元理论”。本着这一原则，笔者曾提出过如下图书馆学定义：图书馆学是关于文献信息与人的相互作用的科学。[16]

文献是人类文化信息的体外载体。人类对于文化信息的保存、传递和利用，其主要途径之一就是利用文献来实现的。图书馆作为社会化的文献存贮、管理和传播组织，其任务就是为人们获得和利用文献信息提供社会化保障。因此，图书馆实际上是文献信息与人之间的中介性存在，是“文化信息→文献信息→人”序列中的一种“介质”，是文献信息与人得以相互作用的“张力场”。它的功能也就体现在促进文献信息与人的相互作用上。

文献信息与人的相互关系，实质上就是一种价值互动关系，即客体（文献信息）满足主体（人）的文化信息需要的关系。这一价值关系包含了“图书馆”这一社会存在的最本质的内在关系及属性。图书馆的各种组成要素、各种矛盾与过程、各种组织原理与功能，都包含在“文献信息与人”的相互关系和相互作用之中。

需要说明的是，文献信息与人的相互作用，并不仅仅发生在“图书馆”这一种社会介质中，社会上的文献出版发行部门、档案部门、情报部门等，也都是文献信息与人发生关系和作用的环节或节点。因此，有人主张把图书馆学与出版发行学、档案学、情报学等学科综合为一个“大”的学科，是不无道理的。但是，作为文献信息与人相互作用序列中的不同环节或节点，图书馆以及出版发行、档案、情报等部门，又各自有不同的组织原理及功能表现，即各自有不同的“运动形式”。而这些不同的运动形式，又正好构成了图书馆学、出版发行学、档案学、情报学等学科各自不同的研究对象。就这一点来看，这些学科各自独立存在也是合情合理的。正因如此，我们不能因其他社会组织中也存在文献信息与人的相互关系，而否定把文献信息与人的相互作用作为图书馆学的对象。

作为图书馆学的对象，文献信息与人的相互作用中包含着许多特定的关系范畴：①文化与人的进化；②文化信息与文献信息的转换关系；③文献与人的记忆的外化；④主观知识与客观知识的相互转化关系；⑤图书馆与客观知识的存贮和利用；⑥图书馆与文献信息的存贮、管理及利用；⑦图书馆与社会的信息交流系统；⑧图书馆、文献信息、人之间的价值互动关系；⑨图书馆的组织原理与人的记忆结构；⑩图书馆与社会的公共记忆；等等。这些关系范畴（未按逻辑顺序排列）将成为图书馆学（准确地说，是理论图书馆学）的主要研究内容。

从以上诸关系范畴中可以看出，以文献信息与人的相互作用为对象的图书馆学，实质上是一种“以人为本”的科学。这与以往的以“物”为主要对象的图书馆学有着明显的区别。为了体现这种区别，笔者曾把这种“以人为本”的图书馆学命名为“人文图书馆学”（Humanism Library Science）。[17]

3. 什么是图书馆哲学

周文骏先生认为：“图书馆哲学是关于图书馆本质规律和方法论的学科。它一方面是图书馆实践和图书馆学理论研究的总结、概括和升华；另一方面也是一般哲学原理在图书馆领域的应用。”[18]

笔者认为，对于“什么是图书馆哲学”这个问题，不宜做出正面的、本质主义的回答，因为笔者不认为图书馆哲学是一门单独的学科，更不认为图书馆哲学是哲学的一个分支或图书馆学的一个分支。在这一点上，笔者赞同周庆山教授的观点：“我们不必急于创建一门图书馆哲学，……图书馆哲学是一种科学精神、职业理想和学术境界，是我们不懈追求的目标。”[18]

对于图书馆现象做哲学思考，当然不能不涉及对于哲学的理解。那么，什么是哲学？国内的不少哲学教科书上对于哲学有一个流行的定义：哲学是关于世界观的学问。说实话，笔者并不欣赏这种过于直观、过于理性的哲学定义，倒是很欣赏德国古典哲学家康德的一句名言：“有两种东西，我们愈时常、愈反复加以思索，它们就会给人心灌注一种时时在翻新、有增无已的赞叹和敬畏：头上的星空和内心的道德法则。”[19]在笔者看来，哲学就是人们仰望星空或俯首沉思时，对天、对地、对人的一种感受和了悟。

提起“哲学”一词，很多人容易联想到“理性”二字。其实，哲学并不完全是理性的东西，理性的东西也不全是哲学。笔者不喜欢那种纯理性而毫无感性与感情的哲学，喜欢严谨但不拘谨的思维、充满哲理但不晦涩的语言、逻辑分明且又生动自由的表述、理性抽象但又不乏感性流露的哲学。图书馆哲学也应如此。

什么是图书馆哲学？依笔者看来，图书馆哲学就是图书馆人——图书馆工作者和研究者——在工作之余、茶余饭后，静静深思图书馆现象时所获得的一种思维深处的感悟和理解。

图书馆哲学绝不是哲学与图书馆学的简单结合，更不是哲学原理在图书馆学中的简单移植与应用。图书馆哲学是在哲学理念下对图书馆现象做深层思索后所获得的一种本质性的认识和理解。因此，它是图书馆学研究的基石，是图书馆学的“元科学”，它的任务就是给图书馆现象以科学的揭示、解释和说明，以原则性地指导图书馆理论与实践。图书馆学要想成为一门具有科学逻辑及真正说服力的科学，必须以图书馆哲学研究为突破口。当然，这是一个极其艰难和漫长的过程。这就需要发现、培养和造就一批具有一定哲学理念和较高哲学素养的图书馆哲学研究专家。目前的图书馆学教育，尤其是研究生教育应该在这一方面多加注意。（原载《图书情报工作》1998 年第 9 期）

参考文献

[1] 蒋永福. 文献·图书馆·人——人文图书馆学研究札记［J］. 图书馆，1994（5）：11－14.

[2] 牛龙菲. 人文进化学——一个元文化学的研究札记［M］. 兰州：甘肃科学技术出版社，1989：3.

[3] 蒋永福. 社会文献信息系统的结构、机制与控制——兼谈文献控制论［J］. 情报资料工作，1990（3）：15－17.

[4] 麦克格雷. 信息环境的演变［M］. 丰成君，邵元溥，译. 北京：书目文献出版社，1988：23.

[5] 洛克. 人类理解论［M］. 关文运，译. 北京：商务印书馆，1981：119.

[6] 李广建. 卡尔施泰特和他的图书馆学思想［J］. 湖北高校图书馆，1987（1）：66－69.

[7] 刘洪波. 知识组织论——关于图书馆内部活动的一种说明［J］. 图书馆，1991（2）：13－18，48.

[8] 罗志勇. 论谢拉的思想体系及其价值［J］. 中国图书馆学报，1994（3）：12－17，29.

[9] 卡尔·波普尔. 客观知识——一个进化论的研究［M］. 舒炜光，等译. 上海：上海译文出版社，1987：116.

[10] 张晓林. 现代图书馆情报机构发展模式［J］. 中国图书馆学报，1995（3）：57－62，68.

[11] 王崇德. 图书情报学领域学术鉴别与厘正［J］. 图书情报工作，1991（5）：1－6，12.

[12] 孟广均. 关于学科建设和名称设置之我见［J］. 图书情报工作，1996，40（3）：3－8.

[13] 刘迅，范并思. 世纪之交的思考（一）［J］. 图书馆，1992（3）：39－42.

[14] 谢拉. 图书馆哲学［J］. 卿家康，詹新文，译. 大学图书馆学报，1987（4）：49－53.

[15] 孙显元. 科学和生产力 [M]. 上海：上海人民出版社，1982：71.
[16] 蒋永福. 图书馆学也是一种人学——图书馆哲学思考之三 [J]. 黑龙江图书馆，1991 (6)：7-10，41.
[17] 蒋永福. 图书馆学理论重心的演变及其走向 [J]. 中国图书馆学报，1993 (3)：49-53.
[18] 周庆山. 关于图书馆哲学的思考 [J]. 图书情报工作，1997，41 (11)：6-8，63.
[19] 康德. 纯粹理性批判 [M]. 蓝公武，译. 北京：商务印书馆，1960.

后现代图书馆学的理论特征

【导读】所谓“后现代图书馆学”，是指处于后现代时期的图书馆学所具有的“精神气质”。我们不必界定出世界统一的后现代图书馆学的时间起源。后现代图书馆学具有价值多元主义、权利话语取向、工具理性盛行等特点。价值多元主义主要表现为反客观主义、反基础主义、反本质主义等理论风格；权利话语取向主要表现为对“教化—控制”话语的解构；工具理性的盛行主要表现为对形上思维的拒斥以及对实用原则、功效原则的追求。在全球化背景下，中国的图书馆事业步入现代化进程的时间还不长便被“裹挟”进了后现代浪潮之中，因而中国的后现代图书馆学面临着跨越时差的“时间性压力”。

1. 关于“后现代”和“后现代图书馆学”的概念

福柯把现代性理解为一种“态度”，而不是一个“历史时期”。这里所说的“态度”，指的是“与当代现实相联系的模式；一种由特定人民所做的志愿的选择；最后，一种思想和感觉的方式，也是一种行为和举止的方式，……无疑，它有点像希腊人所称的社会的精神气质”[1]。福柯的这段话谈论的是现代性（modernity），而非后现代性（post - modernity）。但是，由于福柯的巨大魅力和影响，后来的人们大都沿袭福柯的思路，把后现代（postmodern）也理解为一种“态度”，而不是一个“历史时期”。但即便如此，“后现代”仍然摆脱不掉时间性规定，因为它毕竟是针对“现代”而言的。按照西方学者的理解，“现代”指的是从文艺复兴开始经启蒙运动到20世纪50年代这一历史时期，实际上就是指西方资本主义走向现代化（modernization）的过程。现代性就是现代化过程所遵循和体现的时代主流精神，主要是指理性和启蒙的精神。现代性相信社会历史的进步和发展，人性和道德的不断改良与完善，人类将从压迫走向解放。

后现代中的“后”（post）具有双关性：一方面，后现代是指“非现代”（not -

modern），它要与现代性所尊奉的文化和意识形态——理性、启蒙计划、确定性、决定论等——决裂，即对现代性的解构（deconstruction）；另一方面，后现代又指“高度现代”（hyper - modern），它依赖于现代，是对现代的继续和强化，是现代的高级发展阶段。[2]可见，现代与后现代的关系，实际上是断裂中有继承、继承中有断裂的交织混融关系。但随着时间的推移，其中的后现代成分越来越浓厚，甚至在个别社会现象中呈现出压倒现代的趋势。

“后现代图书馆学”这一称谓的含义，显然是指处于后现代时期的图书馆学所具有的“精神气质”。这一精神气质也表现在两个方面：一方面，后现代图书馆学具有对现代图书馆学的转向、批判、否定和解构的性质；另一方面，后现代图书馆学又具有对现代图书馆学进行引申和“扬弃”的继承性。

在时间意义上，后现代图书馆学起始于哪一年代，是一个很难明确界定的问题。就图书馆史意义上来说，欧美学界一般把“二战”结束的1945年作为近代图书馆与现代图书馆的分界年份，如美国学者约翰逊在其杰作《西洋图书馆史》（1965年初版，1974年修订版）一书中，就将“二战”结束作为近代和现代图书馆的分界年份。[3]需要指出的是，英文“modern”同时具有近代和现代的意义，因此欧美国家所说的“现代图书馆学”有时指的是1945年之前几百年间的图书馆学发展历程。那么，1945年能否成为现代图书馆学与后现代图书馆学的分界年份呢？笔者认为，我们应该把后现代图书馆学主要理解为具有后现代性“精神气质”的图书馆学，即只要某种观念或话语对于传统的图书馆学理论或理念具有批判、解构、超越的“精神气质”，就可以把它纳入后现代图书馆学的范畴，而不论这种观念或话语是哪一年份出现的。一般情况下，总是“新近”的观念或话语在批判、解构、超越“以往”的观念或话语，所以在时间上，后现代图书馆学的“精神气质”主要体现的是“新近”的观念或话语。显然，这一“新近”所指的时间，在不同的国家或地区可能表现为不同的时期。所以，我们不可能界定出世界统一的后现代图书馆学的时间起源，而且这一时间起源问题，对于人们正确理解“后现代图书馆学”的内涵并不产生不可逾越的障碍。

那么，后现代图书馆学具有哪些理论特征呢？本文仅从价值多元主义、权利话语取向、工具理性的盛行这三个方面做一初步分析。

2. 价值多元主义

从哲学上来说，“后现代思想的典型特征是小心避开绝对价值、坚实的认识论基础、总体政治眼光、关于历史的宏大理论的‘封闭的’概念体系。它是怀疑论的，开放的，相对主义的和多元论的，它赞美分裂而不是协调，破碎而不是整体，异质而不是单一”[4]。可见，后现代极为重要的特征之一就是价值观的多元化。据此，我们可以将后现代图书馆学的价值多元化特征初步概括为以下几个方面：

——反客观主义（anti - objectivism）。现代图书馆学认为，图书馆学理论是图书馆事业或职业实践的客观反映，所以诸如图书馆概念、图书馆学研究对象、图书馆学理论基础、图书馆学理论体系等理论学说，都具有客观基础，都是从感性实践上升到理性认识的真理性思维结晶。

后现代图书馆学则坚决否认这种“客观基础”之说，认为诸如图书馆概念、图书馆学研究对象、图书馆学理论基础、图书馆学理论体系等理论学说，其实都是研究者个体依据自己的价值观主观建构的产物，因而都是个人性的、主观性的言说，不具有客观性的、同一性的基础。就拿对图书馆学研究对象的认识来说，人们已提出了各种各样的“研究对象说”，但没有一种“说”能够得到普遍的公认。这说明图书馆学理论中的各种言说其实并不具有客观基础，那种对图书馆学理论抱有客观主义幻想的人，其实是把“理论的逻辑”和“事实的逻辑”混为一谈了。

——反基础主义（anti - foundationalism）。所谓基础主义，就是认为任何事物都有一种“起源”（origin）和“基础”（foundation），这种起源和基础决定了该事物具有一种永恒不变的性质。基础主义坚信在事物运动变化的背后有一种永恒不变的东西——逻各斯（道），它是古希腊哲学遗留给人类的重要遗产，“追求一种永恒的东西乃是引人研究哲学的最根深蒂固的本能之一”[5]。这种基础主义思维方式，在现代图书馆学中也是长盛不衰的。例如，很多人总是习惯于寻找图书馆现象背后的某种永恒的“基础”，这种“基础”一般被冠以“图书馆学理论基础”或“图书馆学的逻辑基础”或“图书馆学的逻辑起点”等称谓。于是，在图书馆学理论中出现了诸如“文献”“文献信息”“图书馆”“知识”“客观知识”等各种名目的“逻辑基础说”，以及“马克思主义哲学”“信息论”“波普尔世界3理论”“知识交流论”“知识组织论”“文献可获得性论”等名目繁多的“理论基础说”。

然而，在后现代图书馆学看来，这种“基础说”其实也是人们主观建构的产物，并不具有客观真理性。所以，对于图书馆学理论发展来说，只有不断被建构的“基础”，而不存在一经提出就不可改变的永恒的“基础”；即使有“基础”，也应该是多元基础，而不存在永恒不变的一元基础；那些试图制造一个一元基础的努力实际上是“话语霸权”的表现，而这种话语霸权正是被后现代的人们所嗤之以鼻的狂人呓语。

——反本质主义（anti - essentialism）。所谓本质，一般解释为能够决定某一事物发展规律的该事物最内在的属性。本质主义认为，某一事物之所以如此这般表现和发展，肯定是由其内在的本质所决定的，所以只要发现这种本质，就可以完全把握和驾驭该事物的发展规律。在语言表现上，人们对于本质的界定，一般用“是什么”的方式来表达。在现代图书馆学理论中，“图书馆的本质是××”的论断就是典型的本质主义话语表现，而“图书馆的本质是××”的论断，最集中地反映在图书馆学研究对象的界定中。人们普遍认为，图书馆学研究对象的界定必须揭示出图书馆的本质。长期以来，“界定图书馆学的研究对象=揭示图书馆的本质”这一逻辑，顽固地支配着无数学者的思维路向。于是，在我们的教科书和论文中，关于图书馆学研究对象的“××说”不计其数。每一种“说”的提出者，几乎都言之凿凿地论证和认定自己“说”的科学性、正确性、本质性……然而，迄今为止，没有一种“说”能够得到学界大多数人的认同或赞许。

造成这种局面的原因是什么？是因为图书馆学本没有研究对象，还是因为我们如此众多的学者都只是“众里寻她千百度”而未达到“蓦然回首，那人却在灯火阑珊处”的境界？显然都不是。问题出在思想方法上，即对现代性的本质主义思想方法的盲目崇信。按照本质主义的思想方法，图书馆现象如同自然现象——图书馆现象中必然存在某种不以人们的意志为转移的客观性本质。然而，这种“本质”是什么？谁能准确无误地发现并界定这种“本质”？显然，谁也无法做到这一点，因为图书馆现象并非自然现象，它的所谓“本质”，其实是人主观建构的产物，并非它本身所固有的东西。既然是一种主观建构，就不可能产生统一或同一的界定，而只能是“观察视野”情境下的各种“一家之说”，甚至是不厌其烦的自言自说。

从后现代图书馆学的视野来看，对于图书馆“本质”的追问，实际上是人们总想做“图书馆学的牛顿”的心态之表现，即欲求“一锤定音”“一言九鼎”“以一驭万”“唯我独尊”的幼稚心态的表现。用利奥塔的观点来说，人们以界定图书馆学的研究对象的方式来追问图书馆的本质的努力，其实并不是在“发现”本质，而是在“制造”本质，即制造乌托邦式的“元叙事”（meta - narratives）。事实表明，图书馆的本质是一个无法用“元叙事”方式确定的东西，这种永远不可确定的东西，与其说客观存在，不如说“没有”！

综上所述，后现代图书馆学所提倡的价值多元化，其宗旨在于反对和解构理性主义一元论。理性主义一元论是启蒙运动的产物，而“启蒙辩证法”（霍克海默和阿多诺意义上的）表明：启蒙的理性主义在把人类从蒙昧的统治下解放出来的同时，又以“理性的自负”把人类推向了极权主义的深渊。理性主义一元论认为，“宇宙有个单一目的，缘此目的，一切现象底下有个根本的统一。……一旦发现，就能为人生如何过的问题提供最终的解决方案”[6]。而正是这种寻求“最终解决方案”的理性狂妄使人类背上了“致命的自负”（哈耶克语）枷锁，由此造成了无数人间悲剧。众所周知，人类社会中任何未来发展问题的解决，都不可能有唯一的、万能的最终解决方案，图书馆的发展问题同样如此。制造图书馆学“元叙事”的人们，总想拿出“最科学”“最有效”地解决图书馆理论与实践问题的方案，总想揭示出图书馆现象背后的那个虚幻的“终极原因”，殊不知，“终极原因”不可能显现，因为它根本就不存在。理性主义一元论的图书馆学“元叙事”，其实质就是价值一元主义，而价值一元主义实际上是一种思想专制——唯我独尊，排斥异己。我们要知道，价值是被创造出来的而不是被发现的，因而多元价值取向是不可避免的。主张价值多元化，并不一定陷入价值相对主义。我们应该采取的策略是：在“价值多元，规则统一”的原则下，允许和提倡多元价值观之间的和平共处、民主对话、博弈选择。

3. 权利话语取向

在从现代到后现代的转型过程中，人们对于图书馆价值的认识发生了一次较为明显的话语转向：从“二战”之前的“教化—控制”话语到“二战”之后的“权利保障”话语的转向。

在“二战”之前，人们普遍认为，图书馆的价值主要在于能够帮助普通民众通过阅读优秀读物而改变无知状态，成为有教养的人，这将有利于促进社会的文明进步。自公共图书馆诞生以来，人们一直认为图书馆是社会教育机构，尤其是杜威把图书馆誉为“人民的大学”，实质就是把图书馆的价值定位在上流社会对民众实施道德教化的工具。与此同时，统治阶级出于控制民众思想的需要，认为公共图书馆“可以作为道德提升的机构，使人民更趋完美，化解社会的冲突，以防制犯罪，为民主制度培养与发展具有能力与智能的公民。……认为知识分子可以围剿、控制，但广大无组织的民众该如何控制？在家庭与教会之外，建立新的社会机构乃是他们认为可行的办法”[7]。这就是“二战”之前人们把图书馆的价值定位在“教化—控制”范畴的话语表现。

“教化—控制”话语其实是一种权力话语，这种权力话语实际上是统治者担心社会失序心态的产物。“想知道什么是必须要做的，什么是好的，跟我来吧。在世事的混乱纷扰中，有我来为你指路”[8]，这就是典型的“教化—控制”话语逻辑。这种话语逻辑是统治者以道德立法者的身份发出道德命令的基本方式。激进的后现代主义者们认为，这种道德命令实际上是为了通过思想专制来生产驯服的身体，为再生产统治合法性“生产再生产者”[9]。

“二战”之后，在图书馆界，随着读者权利意识的增强以及小说等通俗读物流通量的迅速提高，人们开始质疑图书馆价值的“教化—控制”定位，而“读者有权自主选择读物”的权利话语开始逐渐取得主流地位。这一权利话语的倡导者和推动者就是美国图书馆协会（ALA）于1939年发布的《图书馆权利宣言》。这一宣言的基本立场、观点，在“二战”之后迅速被大多数国家的图书馆界所拥护，加上20

世纪90年代起国际图联（IFLA）对知识自由（intellectual freedom）理念的极力宣扬（其标志有1999年发表的《关于图书馆与知识自由的声明》以及2002年发表的《格拉斯哥宣言》《因特网宣言》等），图书馆界基本完成了从“教化—控制”价值定位向“权利保障”价值定位的话语转向。权利话语取向的基本旨趣是：任何人都有平等获得图书馆服务的权利；图书馆的价值主要在于满足多样化的（而非齐一化的）读者需求；读者有权自主选择读物，图书馆员不应加以任何干涉；图书馆具有维护读者合法权益而不受干涉的职业权利（即图书馆权利）；公民有权参与图书馆管理，同时具有对图书馆服务进行批评、建议、监督的权利。

权利话语的兴起，意味着“教化—控制”话语的被祛魅（disenchanted），似乎也意味着现代图书馆学向后现代图书馆学的转型。然而，这一论断好像不符合话语兴衰的时间顺序：权利话语是现代启蒙运动的核心诉求之一，而非后现代的产物。这种现代与后现代的时间错位，是由现代与后现代进程在社会不同领域中的非共时性所造成的。我们知道，尽管权利话语在现代启蒙时期就已成为社会的主流话语之一，但在现代图书馆领域，占主流地位的话语却是“教化—控制”话语，即权力话语而非权利话语。从共时性的角度来说，权利话语本应成为现代图书馆学的核心话语之一，然而由于图书馆领域的发育迟缓，一直拖延到后现代时期才逐渐取得了主流话语地位。因此，对于图书馆领域来说，权利话语是一种迟到的后现代话语。

虽然是迟到的后现代话语，但权利话语在图书馆领域仍显得无比重要。如果“新近”的图书馆学理论缺乏权利话语内涵的话，将很难被认可为“有价值的”话语取向。总之，权利话语与权力话语之间的张力和纷争，或者说用权利话语来引领图书馆理论与实践，仍然是后现代图书馆学需要重点关注和解决的“未竟的事业”（哈贝马斯语）。

4. 工具理性的傲慢

凡是了解图书馆历史的人都会承认，图书馆领域从来不缺乏工具理性。自从施莱廷格把图书馆学定义为“符合图书馆目的的整理方面所必要的一切命题的总和”，“所谓图书馆学，是在正确原则之下，系统地确立符合图书馆目的的整理所必要的原理”，以及艾伯特把图书馆学定义为“图书馆员执行图书馆工作任务所需要的一切知识和技巧的总和”起，“图书馆术”——图书馆工作方法——就一直成为图书馆学研究的主要内容。这种状况一直到20世纪30年代在受到了芝加哥学派及其后继者们的较强阻滞后才有所改变。不过，以工具理性为旨趣的技术情结，似乎已成为图书馆学“理论细胞”中“自私的基因”（道金斯语），并一直傲慢地嘲笑着理论建树者们的种种努力——称他们的努力为“理论脱离实际”“理想主义”“乌托邦幻想”……

大名鼎鼎的杜威就曾指出，“在图书馆学研究领域内，无论在任何问题上，哲学上的理论正确性，都要让位于实际的效用。……不追求什么理论上的完整体系，而只是从实用角度出发，来设法解决实际问题”。杜威的这句话可以说是工具理性取向的最好注脚。

我们知道，图书馆职业实践是一种技术性、操作性较强的职业实践，因此主要反映图书馆职业实践的图书馆学理论，体现和追求一定的实用理性、技术理性——工具理性，本来是无可厚非的。但现在的问题是，对于工具理性的强调和重视呈现出了僭越并淹没价值理性的趋向，以至于在图书馆学理论研究中价值理性经常处于被挤压、被悬置、被漠视的危机之中。在我国图书馆界，“理论脱离实际”的非议一直存在，表明了工具理性对价值理性的傲慢。对此，人们不禁要问：在我国现实的图书馆职业理论与实践的关系中，是“理论脱离了实际”，还是“实际脱离了理论”？在这两种“脱离”——如果确实存在的话——中，何者危害更大？对于这一问题，谁能给出人人都能接受或认可的答案？显然，面对这两种“脱离”问题，我们陷入了犹如“鸡生蛋还是蛋生鸡”的魔圈之中。

从韦伯的社会理论来看，工具理性的傲慢所带来的严重后果是：在拥抱技术效率的同时又被技术所规训（discipline），即带来了价值的失落和自由的失落。因为后现代意义上的工具理性，不考量人的“解放”问题，只考量技术效率所带来的物质丰富，这就不可避免地把人置于技术系统的一个“环节”，人在技术规训下忙碌地劳作，并在技术“铁笼”（iron cage）——生产技术铁笼和官僚统治技术铁笼——中丧失自由却浑然不知。后现代是一个去价值（devalue）的时代，是在技术铁笼中“享受”规训——丧失自由的时代。

在后现代语境中，工具理性主要关心实用原则、功效原则，而不关心、不追问人的价值追求及自由权利这类政治和道德问题。所以，如何保证图书馆人职业价值的实现、如何保证读者知识自由权利的实现等问题，都被当作形上问题而弃如敝屣。在后现代图书馆学时代，图书馆学研究中的形而上学思维遭到了全面的阻击，而技术解决方案、实证研究方法却大行其道。图书馆学研究中的工具理性所倡导的技术解决方案、实证研究方法，其基本旨趣是把人们的思维路向引向对于“越来越小的事情知道得越来越多”（施特劳斯语），而那些自由、权利、平等、公平、民主等形上问题则要“知道得越来越少”。至此，人们不禁要问：形上思维真的那么可恶吗？在图书馆学研究中，形上思维真的没有必要了吗？没有了形上思维，图书馆学理论中的批判精神何以彰显？没有批判精神的图书馆学研究者难道不就是马尔库塞所说的“单向度的人”吗？“单向度的人”进行的“单向度的研究”，能给图书馆学理论发展带来什么福音呢？当我们经常面对“图书馆学还是一门科学吗”的质问时，难道不感到形上思维的必要吗?

有历史常识的人们都会承认，技术进步固然重要，技术理性或工具理性也不是可无的，但技术霸权、技术决定论却是不可要的。技术就像一张地图，可以告诉我们某一个地方怎么走，但并不能告诉我们应该去什么地方；去什么地方是价值观的任务，只有价值观给出了目标和方向之后，技术才能指出如何或怎样达到这个目的地。在这一点上，米尔斯的下面一段话也许能够给人们以警醒[10]：

在我们的时代，难道我们必须不去面对这种可能性：作为社会事实，人类心智的品质和文化品位也许正在衰退，而许多人由于沉溺于新巧技术的堆积中，竟没有注意到这个现象？难道这不意味着没有理性的合理性？不意味着人的异化？不意味着理性在人类事务中并没有自由发挥作用？新巧技术堆积的背后意义是：使用这些仪器的人并不了解它们，而发明这些仪器的人对其他东西所知甚少。因而，大致而言我们不能将技术的昌盛作为人类品质和文化进步的标志。

5. 我们生活在谁的时间里——中国的后现代图书馆学

行文至此，我们必须提出并回答这样一个问题：中国的图书馆学是否已进入后现代图书馆学时期？这恐怕是一个人人都想知道但却无人能够提供圆满答案的难题。在全球化时代，面对后现代图书馆学的来临，中国的图书馆人恐怕难免有些慌张，因为我们尚未走完“现代”，所以也未做好迎接“后现代”的准备。

像中国这样的发展中国家正在前现代基础上迈向现代之时，却又被全球化浪潮“裹挟”进了后现代的“世界历史时间表”中。显然，相较于西方发达国家，这种“世界历史时间表”对于非发达国家来说是一种断裂的、非连续的时间跳跃。这种“世界历史时间表”把发达国家与非发达国家硬性地“捆绑”在同一个时间表中，很容易使得非发达国家的人们产生这样的感受：“所谓世界历史的时间对有的人来说是自己的时间，对有的人来说是别人的时间。一旦有人意识到这个问题，生活世界就发生了问题，因为我是在按别人的钟表活着，我是在按别人的价值观生活。这种体验的冲突可以是很激烈、很痛苦的。”[11]对于中国的图书馆人来说，这种感受同样不能避免——我们正在编写现代性方案，但却在理论领域遭遇到了后现代图书馆学的逼近。显然，中国的图书馆学面临着哈贝马斯所说的“时间性压力”。面对这种“时间性压力”，中国的后现代图书馆学应以什么样的姿态去化解？应有什么样的“本土化”举措？应该选择的是“现代性中的后现代性”之路，还是“后现代性中的现代性”之路？此外，更为根本的一个问题是：在全球化背景下，我们是否应该继续进行“我们—他们”式的二元对立思考？对此，我们现在可说的不多，可做的很多。那么，我们做些什么呢？如何做呢？奥地利作家卡夫卡的《我的目的地》

中的一段对话，也许能给我们以某种启发[12]：

问他往何处去？言者回答说："我不知道……我只是由此出发。由此出发，我才能抵达我的目的地。"

"这么说你是知道你的目的地在何方？"

言者回答说："我难道没告诉你吗？由此出发，就是我的目的地。"（原载《国家图书馆学刊》2009 年第 4 期，发表时的题目为：后现代图书馆学的理论品格）

参考文献

[1] 福柯. 什么是启蒙［M］//汪晖，陈燕谷. 文化与公共性. 北京：生活·读书·新知三联书店，1998：430.

[2] 冯俊，等. 后现代主义哲学讲演录［M］. 陈喜贵，等译. 北京：商务印书馆，2003：3.

[3] 约翰逊. 西洋图书馆史［M］. 尹定国，译. 台北：台湾学生书局，1983：129－214.

[4] 特里·伊格尔顿. 后现代主义的幻象［M］. 华明，译. 北京：商务印书馆，2000.

[5] 罗素. 西方哲学史：上卷［M］. 何兆武，李约瑟，译. 北京：商务印书馆，1963：74.

[6] 伯林. 俄国思想家［M］. 彭淮栋，译. 南京：译林出版社，2001：3.

[7] 赖鼎铭. 美国公共图书馆为何兴起？不同的典范及其不同的解释［EB/OL］.［2006－02－11］. http：//oldhuai. bokee. com/4430697. html.

[8] 包亚明. 权力的眼睛——福柯访谈录［M］. 严锋，译. 上海：上海人民出版社，1997：48.

[9] 布尔迪约，帕斯隆. 再生产——一种教育系统理论的要点［M］. 邢克超，译. 北京：商务印书馆，2002：18－19.

[10] 赖特·米尔斯. 社会学的想像力［M］. 陈强，张永强，译. 北京：生活·读书·新知三联书店，2001：190.

[11] 张旭东. 全球化时代的文化认同：西方普遍主义话语的历史批判［M］. 北京：北京大学出版社，2005：44.

[12] 金生鈜. 规训与教化［M］. 北京：教育科学出版社，2004：1.

不再追问本质：图书馆学理论的后现代走向

【导读】图书馆学研究对象、图书馆学理论体系等学说，其实都是人们主观建构的产物，并不具有客观性。追问图书馆本质的努力，其实是制造图书馆学的“元叙事”。放弃对“元叙事”的制造，不再追问无法确定的图书馆“本质”，摆脱对逻辑实证主义方法论的盲信，摈弃理性主义一元论的束缚，尊重价值观之间的客观差异性，从而走向多元价值观之间的民主对话和博弈选择，这是图书馆学理论应然的后现代走向。在中国的图书馆学语境中，提出“不再追问本质”的主张，必然会招致人们的质疑和反驳，因为人们已经长期习惯于追问本质了！在社会现象中（而非自然现象中），事物的本质是一成不变的吗？事物的本质是在社会实践中显现出来的，还是在思维中创造出来的？萨特曾说“存在先于本质”，其实这句话应该说成“存在与本质同体无间”，即现象与本质同体无间。这就是实践哲学应有的基本观点。

1. 图书馆学“没有”研究对象——不再追问本质

图书馆学有研究对象吗？这一质问似乎很荒谬，也很幼稚，因为在现代性视野中不可能存在没有研究对象的学科，某一学科之所以成立和存在，就是因为它具有区别于其他学科的独特的研究对象。在现代性视野中，图书馆学理论的合理性与合法性就在于它能够揭示和确认图书馆的本质，而这一本质就在于研究对象的准确认定上。长期以来，“界定图书馆学的研究对象 = 揭示图书馆的本质”的逻辑，顽固地支配着无数学者的思维路向。于是，在我们的教科书和论文中，关于图书馆学研究对象的“××说”不计其数。每一种“说”的提出者，几乎都言之凿凿地论证和认定自己“说”的科学性、正确性、本质性……然而，迄今为止，没有一种“说”能够得到学界大多数人的认同或赞许。

造成这种局面的原因是什么？是因为图书馆学本没有研究对象，还是因为如此众多的学者都只是“众里寻她千百度”而未达到“蓦然回首，那人却在灯火阑珊处”的境界？显然都不是。问题出在思想方法上，即对现代性的基础主义、本质主义思想方法的盲目崇信。按照基础主义、本质主义的思想方法，图书馆现象如同自然现象——图书馆现象的产生必然基于某种“始基”、图书馆现象中必然存在某种不以人的意志为转移的客观性本质。然而，这种“始基”和“本质”是什么？谁能准确无误地发现并界定这种“始基”和“本质”？显然，谁也无法做到这一点，因为图书馆现象并非自然现象，同时所谓的“始基”或“本质”其实是人主观建构的产物，而并非它本身所固有的东西。既然是一种主观建构，就不可能产生统一或同一的界定，而只能是“观察视野”情境下的各种“一家之说”，甚至是不厌其烦的自言自说。

从后现代视野来看，对于图书馆现象的“始基”或“本质”的追问，实际上是人们总想做“图书馆学的牛顿”的心态之表现，即欲求“一锤定音”“一言九鼎”“以一驭万”“唯我独尊”的幼稚心态的表现。用利奥塔的观点来说，人们以界定图书馆学研究对象的方式来追问图书馆本质的努力，其实并不是在“发现”本质，而是在“制造”本质，即在制造乌托邦式的“元叙事”（meta - narratives）。

事实表明，图书馆的本质是一个无法用“元叙事”方式确定的东西，这种永远不可确定的东西，与其说客观存在，不如说“没有”！

2. 图书馆学“没有”理论体系——理论体系是“精神监狱”

图书馆学有理论体系吗？这又是一个看似荒谬和幼稚的质问，因为长期以来人们都坚信：图书馆学既然是一门“学”或一种“理论”，就必然有其独特的理论体系，而且正是这种理论体系的存在，才使图书馆学得以成立。于是，自施莱廷格起，学者们纷纷提出了“图书馆学的理论体系”，如在图书馆学教科书中几乎都会介绍各种不同的“理论体系说”。[2]但是，这些所谓的理论体系之间没有两种“说”是一致或相同的，有的“说”与其他“说”之间的差异性甚至还很大。这说明了什么？说明还是思想方法的问题——每个理论体系的提出者总想异想天开地提出一个比别人更“科学的”、更“优越的”理论体系。殊不知，所谓理论体系，仍然是提出者主观建构的产物，只不过是提出者以自己的“学科价值观”为指导的“一家之说”而已。当然，对于不同的“说”可以进行比较、评价，但要知道，这种评价仍然无法摆脱时代的或价值观取向的“前结构”的影响，因此不可能是绝对客观的、科学的评价。也就是说，各种理论体系之间不存在孰优孰劣的问题，且永远处于不可公度的分立状态。因此，只有不同理论体系的提出者，没有“放之四海而皆准”的理论体系。

德国浪漫主义思想家哈曼说过这样一句话：“理论体系不过是一所精神监狱。”[3]所谓学科理论体系，实际上就是学科内容的框架结构，这种框架结构不仅框定学科内容本身的结构，而且框定认识者——尤其是初学者——的认识结构。这种认识结构一旦被认识者所内化，就会变成长期支配认识者认知活动的一种思维定式。这种思维定式必然会对认识者产生先验性的、作茧自缚式的思想禁锢作用，这种思想禁锢无疑是一种“精神监狱”。尤其是当某种“理论体系”被写入教科书或出自某一“名家”的论著的时候，其精神禁锢作用更是强大无比。

所以，无论热衷于营建理论体系的营建者的主观动机如何，总是难免出现这样两种客观后果：一是所提出的理论体系与其他已有理论体系无法相融，只不过“又增加了一种理论体系说”而已，这实际上为原本不确定的理论体系又增添了不确定性；二是理论体系本身所具有的框架性结构特征，极易导致所提出的理论体系对他人或后人产生禁锢思想的“精神监狱”效应。

可见，初学者或后学者如果想避免陷入“精神监狱”牢笼的话，其策略就是对已有理论体系进行“解构”（deconstruction）。其实，在后现代语境下，任何一种理论体系都难免被解构的命运——任何一种理论体系的言说，都终将会落得“扶不起来的阿斗”的命运。面对这种命运，与其像西西弗斯那样徒劳无功地去营建什么理论体系，不如像哈曼那样视理论体系为“精神监狱”，把它当作“没有”为宜！

3. 放弃“元叙事”，尊重差异性——走向多元化

在上文中，笔者以图书馆学人矻矻追问图书馆本质和营建理论体系的“西西弗斯情结”为例证，批判了长期以来图书馆学人热衷于制造“元叙事”的努力。在笔者看来，这种制造“元叙事”的努力该到终结的时候了。以往“元叙事”的泛滥，源于思想方法上的价值一元论，所以“元叙事”的终结，意味着转向价值多元论。这种趋势的应然性在于：

——制造图书馆学“元叙事”，实际上是在制造图书馆学的“真理”，而制造出来的“真理”不一定是真理。“真理”不真，乃最大的不真，也是最大的危害之源。社会意义上的“真理”，其实都是人的主观意志制造和建构的产物，并不具有纯粹的客观性、必然性。或者说所谓“真理”，其实都是由权力（包括学术权力）所生产出来的。图书馆学中的“本质说”“理论体系说”不断地被生产和泛滥，实际上就是图书馆学领域中真理话语权的不断争夺过程。所以，对于图书馆学“元叙事”所追求的“真理”来说，重要的不在于这种“真理”的具体内容是什么，而在于“谁在说”“谁在建构”。谁是真理的拥有者，谁有权力界定什么是真理？对于这一问题能做出肯定的回答吗？显然不能。“我们渴望真理，但在我们身上找到的却只

有不确定。”[4]人类社会的历史实践证明，轻易声称自己拥有或掌握真理是危险的，在这一点上，最具讽刺意味的就是希特勒当年发出的狂言：“我宣布，我本人及我的继承者在领导国家社会主义德国工人党方面拥有政治上不会犯错误的权利。”[5]图书馆学中的“真理”，可以轻易地被生产，但决不会轻易地被认可；与其生产“真理”，不如质疑“真理”。真理难寻，更难确定和垄断（除了权力的干预）。在这种情况下，真理话语必须保持多样化和多元化（这句话不表明笔者是真理多元主义者），任何人都不应该以真理的拥有者或发现者自居，而应该把是不是真理的判断权交给他人、交给历史——哪怕他人或历史也永远做不出“是不是”的判断。

——制造图书馆学“元叙事”的努力，诱导着逻辑实证主义方法论的兴盛，抑制着方法论的多元化。图书馆学中的逻辑实证主义者们认为，可以用某种逻辑方法准确无误地概括和描述图书馆发展规律，这种逻辑方法可以简而化之地准确解释纷繁复杂的所有图书馆现象。逻辑实证主义者们还认为，实证方法是最有效的同时也是最应受推崇的图书馆学研究方法，其他方法要么是虚幻的，要么“不能解决实际问题”，因而应遭唾弃。于是，一些人开始沉迷于建构“逻辑图书馆学”“抽象图书馆学”“实证图书馆学”。逻辑实证主义方法论把图书馆的发展视为奔向某一事先确定好的目标的过程，而这一过程可以用逻辑的或数学的模型或公式加以精确描述，只要按照这种逻辑方法去思考、去实践，图书馆发展中的所有问题就都可以得到普遍的解决。显然，逻辑实证主义方法论支撑的是“历史决定论”或“历史目的论”。然而，在后现代语境中，这种总体性、普遍性、精确性解决方案（即现代性解决方案），越来越受到人们的质疑和解构。“自然并无计划，历史亦无剧本；原则上，并无任何单一锁钥、任何公式能解决个人或社会问题；普遍的解决并非解决，普遍目的亦绝非真实目的。”[6]还是哈曼说得好：“哲学家的任务，就是揭示生活中的全部矛盾、全部特殊性，而不是把它大而化之，或是用虚拟的抽象观念、理想化的本体取而代之；……上帝是诗人，不是数学家。”[7]图书馆的发展绝不可能按照某种抽象逻辑去发展，它的复杂性和不确定性不会事先显露出来成为“已知条件”，可供逻辑推理或数学计算。因而，“逻辑图书馆学”“抽象图书馆学”“实证图书馆学”等理论不可能给人们提供普遍有效的解决问题的方案，其有效性无论是在理论上还是在实践上，都是极为有限的。图书馆理论或实践的发展问题的解决方案，非但肯定不是单一的、确定的，反而肯定是多样的、多元的。因此，多样化研究方法和多元化解决方案及其博弈选择，是不可避免的。

——制造图书馆学“元叙事”的努力，源于启蒙运动所确立的理性主义一元论，而“启蒙辩证法”（霍克海默和阿多诺意义上的）表明：启蒙的理性主义在把人类从蒙昧的统治下解放出来的同时，又以“理性的自负”把人类推向了极权主义的深渊。理性主义一元论认为，“宇宙有个单一目的，缘此目的，一切现象底下有个根本的统一。……一旦发现，就能为人生如何过的问题提供最终的解决方案”[6]3。正是这种寻求“最终的解决方案”的理性狂妄使人类背上了“致命的自负”（哈耶克语）的枷锁，由此造成了无数人间悲剧。众所周知，人类社会中任何未来发展问题的解决，都不可能有唯一的、万能的最终解决方案，图书馆的发展问题同样如此。制造图书馆学“元叙事”的人们，总想拿出“最科学”“最有效”地解决图书馆理论与实践问题的方案，总想揭示出图书馆现象背后的那个虚幻的“终极原因”，殊不知，“终极原因”不可能显现，因为它根本就不存在。理性主义一元论的图书馆学“元叙事”，其实质是价值一元主义，而价值一元主义实际上就是一种思想专制——唯我独尊，排斥异己。我们要知道，价值是被创造出来的而不是被发现的，因此多元价值取向是不可避免的。主张价值多元化，并不一定陷入价值相对主义。我们应该采取的策略是：允许和提倡多元价值观之间的和平共处、民主对话、博弈选择。

放弃对“元叙事”的制造，不再追问无法确定的图书馆“本质”，摆脱对逻辑实证主义方法论的盲信，摈弃理性主义一元论的束缚，尊重价值观之间的客观差异性，从而走向多元价值观之间的民主对话和博弈选择，这就是图书馆学理论应然的后现代走向。（原载《图书情报工作》2010 年第 1 期）

参考文献

[1] 黄纯元. 追问图书馆的本质——对知识交流论的再思考［M］//黄纯元. 黄纯元图书馆学情报学论文集. 上海：上海科学技术文献出版社，2001：171－187.

[2] 王子舟. 图书馆学基础教程［M］. 武汉：武汉大学出版社，2003：97－109.

[3] 伯林. 反潮流：观念史论文集［M］. 冯克利，译. 南京：译林出版社，2002：200.

[4] 刘烨. 帕斯卡尔思想录赏析［M］. 北京：中国电影出版社，2005：192.

[5] 单继刚，孙晶，容敏德. 政治与伦理——应用政治哲学的视角［M］. 北京：人民出版社，2006：74.

[6] 伯林. 俄国思想家［M］. 彭淮栋，译. 南京：译林出版社，2001：104.

[7] 伯林. 反潮流：观念史论文集［M］. 冯克利，译. 南京：译林出版社，2002：199.

社会包容：现代公共图书馆的使命

【导读】社会包容越来越被更多的人认可为现代公共图书馆的使命之一。社会包容与社会排斥相对立，社会包容的核心精神是宽容和公正。公共图书馆是社会包容的重要载体，社会包容对于公共图书馆提供平等服务、缩小数字鸿沟、促进社会和谐具有重要意义。社会包容使命要求公共图书馆必须避免政治排斥、人格排斥、设施排斥和制度排斥。公共图书馆作为公益性社会组织，必须承担一定的社会责任，包括承担维护社会的“公序良德”的责任，而承担这种社会责任的要求与履行社会包容的使命之间有时会发生冲突。如何在社会包容与社会责任之间做出合理合法的选择，是公共图书馆在践行社会包容理念时必须审慎考虑的一个重要问题。这说明，公共图书馆的社会包容使命是非公理性的，不是绝对的，其施行范围及方式方法是有限度的。

目前，图书馆理论界比较认可将“保存知识记录”“社会教育”“传递情报”“促进阅读”视为公共图书馆的使命，而将“社会包容”（social inclusion）也列为公共图书馆的使命则尚未得到广泛的阐释和传播（至少国内如此），且其共识程度如何也需要理论和实践的进一步检验。从国内情况来看，于良芝教授于2003年出版的《图书馆学导论》一书，首次将社会包容纳入图书馆使命与核心价值范畴体系。[1]本文在该著作的基础上进一步论述社会包容作为公共图书馆使命的认识过程及相关问题。

1. 概念：社会包容与社会排斥

“社会包容”的含义，可以从“社会排斥”（social exclusion）的含义中得到反向意义上的说明，因为这两个概念之间是“这一个正好是那一个的负数”（维纳语）的关系。也就是说，社会包容与社会排斥正好是相互对立的概念。

1974年，法国学者勒内·勒努瓦首次提出了“社会排斥”这一概念。勒内·勒努瓦认为，以下群体是“受排斥的”——这些人约占法国总人口的1/10：精神或身体有残障者、自杀者、老年病患、受虐儿童、药物滥用者、过失者、单亲父母、多问题家庭、边缘群体、叛逆者及其他一些不适应社会环境的人。[2]

斯尔维在对西欧国家以及美国有关社会排斥的文献进行分析和总结之后，概括出了关于社会排斥的三个著名范式：团结范式（solidarity paradigm）、专业化范式（specialization paradigm）和垄断范式（monopoly paradigm）。团结范式，强调社会排斥是一种个人与社会之间的社会纽带的中断；专业化范式，强调社会排斥是社会分化、劳动分工及领域分割等的结果；垄断范式，则强调社会排斥是垄断群体形成的结果。

欧盟（European Union）非常重视社会排斥问题，并对此进行了一系列的研究。1998年，在杜苇的带领下，在欧盟十三个成员国范围内进行了关于人类尊严和社会排斥项目的调查研究——《机会和危机的研究：欧洲社会排斥的趋势》。此项研究讨论了国家、市场（特别是劳动力市场）和市民社会（特别是家庭、个人网络、非政府组织）三个方面存在的社会排斥，以及制度安排对解决社会排斥的作用。在制度安排上，欧盟制定了旨在阻止社会排斥的融入（include）标准：教育、能熟练地掌握基本技能、培训、工作、住房、社区服务、医疗照顾等。[3]

关于社会排斥，人们普遍认同英国“社会排斥部”（Social Exclusion Unit）给出的定义：社会排斥指的是某些人或地区在受到诸如失业、技能缺乏、收入低下、住房困难、罪案高发的环境、丧失健康及家庭破裂等交织在一起的综合性问题时所发生的现象。[3]不过，这一定义主要强调的是经济原因造成的社会排斥，并没有包含因社会权利、政治权利和文化权利被剥夺（deprivation）而造成的社会排斥现象。鉴于此，我国学者石彤认为：社会排斥是指某些个人、家庭或社群因缺乏机会参与一些社会普遍认同的社会活动，而被边缘化或隔离的系统性过程。[4]可见，社会排斥的产生原因，既包括个体自我原因（如家庭贫困、身体残疾、疾病等），也包括社会制度原因（主要表现为正当权利的被剥夺）。而人们对于社会排斥现象的关注，主要集中在社会制度原因造成的社会排斥。

根据以上对社会排斥概念的认识，对于社会包容可以做出如下解释：社会包容是指社会的制度体系对于具有不同社会特征的社会成员及其所表现出的各种社会行为，不加排斥地予以宽容对待、平等相处，并扶持弱者共同发展的状态。这里所说的“社会特征”，既可以是出身、地位，也可以是民族和性别等特征；“社会行为”，既可以是言论、习惯、习俗、行为方式，也可以包括信仰、主张、观点等。减少社会排斥，宽容异己，给人以平等发展的机会，尊重弱者的尊严，消除身份歧视，促进“每个人的全面自由发展”以保证社会和谐，是社会包容的出发点和归宿。

从上面的解释可以看出，社会包容的核心精神是宽容（tolerance）和公正（justice)。"宽容是指一个人虽然具有必要的权力和知识，但是对自己不赞成的行为也不进行阻止、妨碍或干涉的审慎选择。宽容是个人、机构和社会的共同属性。所谓不赞成既可以是道义上的，也可以是与道义无关的（即不喜欢）。"[5]科恩在《什么是宽容》一文中也指出，宽容行为是指在多样性情境中，行动者认为有力量去干涉而不去干涉敌对的他者及其行为的一种有意识、有原则的克制。[6]宽容既是一种态度，也是一种力量，它能产生团结、和谐、和平的力量，而维护宽容局面正是社会包容的宗旨所在。社会公正的主要内容是制度公正，即一个社会制度体系的设计与安排符合其所处历史条件下的公正原则（如罗尔斯提出的两个正义原则）。制度公正要求一个社会的制度设计和安排必须最大限度地保障公民的自由、平等以及全面发展的权利。而为了实现制度公正，制度设计和安排必须体现平等对待弱势群体、消除身份歧视的社会包容精神。由以上可知，宽容是社会包容的消极状态，公正则是社会包容的积极状态。

2. 公共图书馆是社会包容的重要载体——一种理论梳理

自19世纪中叶真正意义上的公共图书馆诞生以来，人们对公共图书馆的社会包容价值给予了高度重视，理论界也进行了长期而广泛的研究。其中，最著名的莫过于1998年英国利兹城市大学（Leeds Metropolitan University）信息管理学院戴夫·穆迪曼等人的"向所有人开放吗！公共图书馆与社会排斥"（Open to All! The public library and social exclusion）研究项目。该项目的研究报告概述了社会排斥的内容，以及公共图书馆和其他公共机构所面临的社会排斥问题的本质，对公共图书馆在解决社会排斥问题方面进行了评价，并重点分析了公众获取信息资源时的"自愿"被排斥现象。研究结果表明，尽管公共图书馆的服务已经步入现代化，但这种现代化却没有从根本上解决公共图书馆服务中的社会排斥问题。该研究项目就是为了解决社会排斥问题，不仅要在浅层次上使公共图书馆向所有人开放，还要把公共图书馆改革成为一个更主动、更具有教育意义、更具有社会包容性的公共机构，并成为社会公正的核心。

早在19世纪中叶，英国的爱德华兹就指出，"公共图书馆必须拥有大量对没有受过教育的人或教育程度较低的人有吸引力的图书，以及对牧师、商人、政客、学者的研究和学习有帮助的图书"，他坚信图书馆对社会成员具有开启智慧、愉悦心灵的作用。[1]170显然，爱德华兹表达了公共图书馆应该广泛吸引和容纳各类人的思想，这对当时欧洲社会等级森严、教育严重不平等的制度体系是一个极大的挑战。

包容意味着宽容，包括对异国、异族或异种文化传统和信仰，乃至持异见者的尊重和宽容。因此，著名的《麦克考文报告》强调，"服务是图书馆存在的理由，而服务就意味着不加质疑、不带偏见、不予限制地给予。图书馆是这样一种工具：促进读者的所有或任何活动，因此，它必须是宽容和无所不包的”[7]。这里的“不加质疑、不带偏见、不予限制”，充分体现了公共图书馆服务对于持异质思想的人的包容性特征。

图书馆学家谢拉认为，图书馆事业是一种人文事业，图书馆的目标是通过帮助个人理解自我、理解世界来改善社会，图书馆具有很强的包容和聚合功能，因此成为社会分化和分裂的抵抗力量。他指出：“在社会走向分化、分裂的时代，图书馆与它所处的整个社会交流系统一样，可以成为一个巨大的、对社会发展至关重要的聚合力量。……到图书馆来的人们，都是为了他们个人的目的，以他们特有的方式来寻求真理的。在图书馆里，用户不会被告知他们需要思考什么，什么时候思考，而是独立地发现他人的思想和观点，自主地理解这些思想和观点。因此，图书馆必须在社会的对立、分化、冲突中发挥促进理解、促进凝聚的作用，而不是成为一种同化力量。”[1]175 当代学者伯德萨尔也指出，“作为场所的图书馆”应当是连接个人主义与共同体主义之间的桥梁和媒介，是培养个人的共同意识和社会凝聚力进而获得社会全体生活意义的一种社会的“凝聚结构”的场所。[8]

英国的公共图书馆事业主管部门文化、媒体和体育部于2003 年出版了《未来框架：新十年的公共图书馆、学习和信息》报告。该报告指出，未来十年，英国公共图书馆的主要使命是“促进阅读和学习、帮助获取数字技能和服务、促进社会和谐和公民权利”。其中，“促进社会和谐和公民权利”的主要内容是：为社区提供安全、温馨、面向所有人的空间；充当社区的公共港湾；主动为非用户提供服务；为弱势群体提供信息保障；帮助建立社区身份意识，减少社会排斥。[9]①公共图书馆的这种平等和包容精神，一直是西方发达国家支持和重视公共图书馆事业的基本价值依据。例如，英国工党就把社会包容确定为核心执政目标，而且把公共图书馆视为重要的“社会稳定器”，以及政府实现和谐社会的重要伙伴。1999 年，当时的文化大臣史密斯曾这样评价公共图书馆促进社会和谐的作用：“本届政府的最高目标之一就是解决社会排斥。文化领域的很多机构都可以为这个目标做出贡献，但很少有机构可以和公共图书馆的位置相比。”[9] 而英国的文化、媒体和体育部出版的《所有人的图书馆——社会包容政策指南》，曾经这样评价图书馆与社会包容的关系：“如果（社区的）信息流量降低到某个关键水平以下，则本地的信息生态就会变脆弱，‘信息停滞’就会产生。（人口中）相互觉得面熟的比例就会降低，信息交换和共享就会停止，……邻里环境就会萎缩。在这种背景下，重要的是帮助社区建立起健康的非正式交流条件，让信息交换繁荣起来。这时，让社区居民有一个（像公共图书

① 其中的“非用户”是指没有办理正式借阅证的居民及非本辖区居民。

馆这样）方便的、临近的、亲切的去处就变得十分重要。”[1]194-195

在国外，公共图书馆非常注重通过强化自身的社会包容性（或消除自身的任何排斥性）来促进社会和谐，这包括消除利用图书馆的费用障碍、增加文献语种的多样性、提高服务内容对弱势人群的针对性、消除空间布局与标识设计等造成的视觉或心理排斥感等。此外，还比较注重通过“引导服务（referral services）”作用于社会和谐。所谓“引导服务”，是指将用户引导到能解决其问题的其他公共部门（如相应的地方政府部门、各种援助机构），引导方式既包括宣传展示也包括直接引介。[10]可以说，体现包容、尽量避免拒绝（即避免读者的要求得不到肯定性的应答），正在成为图书馆优质服务的题中应有之义。

很多调研报告显示，在数字化时代，公共图书馆正在通过其互联网服务克服信息技术带来的新的社会排斥。例如，盖茨基金会的调研报告显示，在使用公共图书馆互联网服务的用户中，有30%的人认为图书馆是他们能够获得互联网服务的唯一场所；在贫困用户中，这一比例上升到了37%。在另一份调研报告中，盖茨基金会发现，“通过惠及所有社区成员，公共图书馆已经成为弥合数字鸿沟的有效途径”。这些都显示出公共图书馆的存在能够有力地促进社会和谐，且无论在政治舞台上还是普通公众中，都已经得到了广泛认可。毋庸置疑，现代图书馆制度已成为维护社会包容、促进社会和谐的重要制度安排之一。

20世纪80年代以后兴起的社会资本理论（social capital theory）为图书馆的社会包容使命及其价值论证提供了理论支持。法国学者布尔迪厄、美国学者科尔曼和帕特南等人是早期的社会资本研究学者。帕特南认为，“社会资本是指社会组织的特征，诸如信任、规范以及网络，它们能够通过促进合作行为来提高社会的效率”[11]。其实，所谓社会资本，是指在一个共同体或区域内，以信任为纽带、以互利合作为目的而形成的互惠关系网络。由于这种社会关系网络如同润滑剂一样能够有效降低人际或组织之间的合作成本，具有类似资本（如货币资本）达成市场交换的作用，所以叫作社会资本。在一个共同体中，社会资本存量越大，或者互惠关系网络越密，人们就越有可能进行互利合作。其原因为：①互惠关系网络增加了人际交往中背信弃义的成本，有利于克服机会主义；②互惠关系网络促使互利互惠规范自我扩张和积累，进而促使其更加牢固；③互惠关系网络有利于个人信息的沟通，消除信息不对称，从而形成相互信任关系；④互惠关系网络在体现过去合作成功的同时，也为将来的合作树立了榜样，从而激励人们走向合作。在帕特南看来，“对于政治稳定、政府效率甚至是经济进步来说，社会资本或许比物质和人力资本更为重要”[11]215。

那么，互惠关系网络是通过什么渠道或载体形成的呢？帕特南指出，邻里或街区组织、合唱队、合作社、体育俱乐部、大众性政党等，都属于能够形成互惠关系网络的载体形式。一些图书馆学者从帕特南的这一论断中得到启发，认为图书馆也可以成为互惠关系网络形成的重要载体之一。比如，西兰博兰·坎特于2005年指出，图书馆所发挥的作用能够提高社会的相互作用和信任，而且能够培养其所在社区成员的公平感和公正感，进而促进社会资本的增加。在某种程度上，只要图书馆为所有的人提供平等进入的机会以及包容和免费服务，就可以对所在社区的社会资本增加做出贡献。简·波尔认为，公共图书馆的以下作用有利于增加社会资本：培养见多识广的公民；对社区建设做出贡献；养育宽容；图书馆使用者能够活跃他们所在社区人们的参与热情；当社会资本促进图书馆发展的时候，图书馆也推动了社会资本的发展。蒙特·巴克尔在2004年提出了衡量公共图书馆促进社会资本增加的五个指标[8]：①关系和信任的建立；②合作和网络；③社会包容；④社区资源能力建设；⑤社会使用空间。总之，根据社会资本理论，图书馆以其社会包容的使命和作用正在成为人们投资社会资本、构建和谐社会的重要场所或载体。

3. 公共图书馆社会包容的要求

3.1 避免政治排斥

一方面，馆藏文献资源的收集或剔除以“兼收并包”为原则，而不以作者的政治、宗教等立场为依据。对此，美国图书馆协会（ALA）的立场是：“不能因为创作者的种族、背景或观点而排除某些资料”；“图书馆应提供展现当今和历史事件的所有观点的资料，不能因为党派或教义不同，而排斥或剔除某些资料”[12]。另一方面，避免对图书馆利用者的身份排斥，采取“图书馆面前人人平等”的政策。对此，ALA的立场是“不能因为种族、年龄、背景或观点，拒绝或限制某人利用图书馆的权利”[12]，IFLA的立场是“图书馆应保证按照专业的考虑，不按照政治、道德、宗教的观点，管理图书馆资料与服务的选择和利用。……图书馆应为所有的用户平等地提供资料、设备和服务。不应该有任何种族、宗教信仰、性别、年龄或其他因素的歧视”[13]。

3.2 避免人格排斥

尊重人格是人格排斥的对立面。每个人都有自己的人格尊严，每个人都有维护自己人格尊严的权利，这种权利即为人格权。人格权既包括名誉权、隐私权等内容，也包括尊重人的价值、尊重人的差异（包括民族或种族差异、性别差异、年龄差异、个性差异和观念差异等），还包括尊重人的个性、兴趣、爱好、习惯的权利。[14]尊重人格权是避免人格排斥的基本表现。在图书馆服务中，尊重人格权主要表现在两个方面：一是尊重利用者的内心自由，主要指尊重利用者的隐私权。对此，日本图书馆协会（JLA）的立场是“图书馆为利用者保守秘密”[15]，IFLA 的立场是“图书馆用户应该享有个人的隐私权和匿名权。图书馆员及其从业人员不得向第三方泄露图书馆用户的身份或者图书馆用户使用资料的情况”[13]。二是尊重利用者的民族或种族与性别差别和个性差异，不得以利用者的民族、种族、性别、年龄差别以及身体、语言、兴趣、爱好、习惯、着装、相貌等差异作为某种服务提供与否的标准。尤其要尊重老年人、妇女、儿童、残障人士等弱势人群的人格尊严。

3.3 避免设施排斥

设施排斥是指图书馆在设施设计、布局、配置上对利用者的阅读、行动产生障碍的现象。比如，在馆舍选址上，距离大多数利用者比较遥远，交通不方便。在建筑设计上，没有设计轮椅通道，卫生间、电梯等处没有配备专供残障人士使用的设备及其标识。在资源或设备配置上，没有收藏盲文资料，没有备置眼镜、放大镜等阅读辅助工具；儿童阅览室没有配备与儿童身高相宜的书架、桌椅；服务设施区域布局不科学，标识不全、不清楚；必要的抄写、复印、上网等工具或设备不具备或不全；室内采光不足，通风不良，温度不适宜；人身安全及突发事件应急设备不健全；等等。以上这些均有可能产生设施排斥。设施排斥虽然不属于图书馆主动或有意为之，但图书馆作为社会公共设施，如果其利用者利用图书馆设施普遍感到不方便、不舒适、不愉快的话，必然会产生自己的需求和权利没有得到充分尊重的心理感受，这种感受实际上就是一种被排斥的感受。

3.4 避免制度排斥

所谓制度排斥，广义上是指图书馆所实施的有关政策、法规及内部规章限制利用者使用行为的现象。其中，政策、法规限制属于政治排斥范畴，而这里所言的制度排斥，是指狭义上的制度排斥，即图书馆内部规章对利用者行为的限制。例如：不具有政策或法律依据的限制阅读规定及罚款规定；过于严厉的违规惩罚规定；过于刚性而缺乏人性化的规章内容及其语言；不与时俱进或过于频繁变更的规定；内涵不明确或监督不力导致“潜规则”泛滥的制度；等等。这些均可能产生制度排斥的结果。

4. 社会包容与社会责任：一种艰难的选择

从历史的眼光来看，社会包容越来越呈现出成为公共图书馆使命的趋向。在多元主义价值观盛行的今天，越来越多的人认同把社会包容确立为公共图书馆使命的价值取向。然而，把社会包容确立为公共图书馆使命的价值主张并不具有“先天的”公理性质。社会包容的这种非公理性质，可能引发一种悖谬性质疑：社会包容完全有可能与同样重要的另一种价值范畴——“社会责任” （social responsibility）——之间产生冲突。那么，究竟应该选择哪一个价值范畴呢？

社会责任往往被理解为一个组织对社会应负的责任，通常指组织所承担的高于组织自己目标的社会义务，并以一种有利于社会的方式进行经营和管理。以企业为例，如果一个企业不仅承担了法律上和经济上的义务，还承担了“追求对社会有利的长期目标”的义务的话，我们就说该企业是有社会责任的，它能够最大限度地增进股东利益之外的其他社会利益。这种社会利益应该包括雇员利益、消费者利益、债权人利益、中小竞争者利益、社区利益、环境利益、社会弱者利益以及整个社会利益等。[16]这就是企业社会责任的基本定义。

那么，公共图书馆是否应该承担“高于组织自己目标的社会义务”呢？对此问题，恐怕大多数人都会给予肯定的答案。由此，公共图书馆秉持社会包容理念将不可避免地引起以下来自社会责任方面的质疑。

（1）按照社会包容理念，公共图书馆应该不加区别地收集和提供各类文献。那么，这种不加区别的收集和提供行为是否有违于图书馆“提供最好的图书”的道德要求而失去了社会责任呢？

（2）按照社会包容理念，公共图书馆可以不承担先入为主地判断读物内容价值“好坏”的责任，包括对未成年人提供的读物不做是否“低级趣味”、是否“有害身心健康”的主观判断，而把判断的责任交给未成年人自己或未成年人的监护人（包括父母）。也就是说，把选择读物的权利完全交给读者自己，以体现不加限制的自由与包容理念。“可是，说是简单现实并不简单。在此，在地域集团中图书馆发挥怎样的作用，图书馆的社会责任是什么等问题被提出。责任全部转化成父母的话，公立图书馆就是放弃了社会责任。”[17]这里的问题是：公共图书馆对读者选择读物不加任何引导或“干涉”，是否意味着图书馆放弃了教化读者的社会责任？是否应该承担因提供“有害读物”而违反社会道德乃至法律的责任？

（3）按照社会包容理念，公共图书馆“将在提供设施和服务方面对读者一视同仁，不得在种族、信仰、性别和年龄方面存在任何歧视行为”，而且还要反对公共权力部门对读者阅读记录的检查。那么，这种平等与包容理念是否因给破坏公共安全的“危险分子”提供了“方便”而漠视了维护公共安全的社会责任？“对于国家安全保障的关心和对个人隐私，两者之间更多地倾向于前者的社会现状，威胁着保障自由读书的图书馆的前提。”[17]那么，公共安全与读者隐私到底哪一个应该优先得到保护呢？

以上质疑不能不说是切中要害的，而且也仅是围绕“知识自由”政策执行过程中可能出现的问题而言的，如果再考虑诸如保障公众平等的社会参与的责任、保障公共资金使用效率的责任等问题，则情况将更加复杂、不确定性将更大。可见，在社会包容与社会责任之间，公共图书馆必须做出审慎的选择。毫无疑问，这将考验人们的智慧。总之，“社会包容是公共图书馆的使命之一”这一价值判断是非公理性的，是有其限度的。(原载《中国图书馆学报》2009 年第 6 期)

参考文献

[1] 于良芝. 图书馆学导论 [M]. 北京：科学出版社，2003：194－199.

[2] 阿马蒂亚·森. 论社会排斥 [J]. 王燕燕，译. 经济社会体制比较，2005 (3)：1－7.

[3] 王立业. 社会排斥理论研究综述 [J]. 重庆工商大学学报（社会科学版），2008 (3)：79－83.

[4] 石彤. 性别排挤研究的理论意义 [J]. 妇女研究论丛，2002 (4)：17－25.

[5] 戴维·米勒，韦农·波格丹诺. 布莱克维尔政治学百科全书 [M]. 修订本. 邓正来，译. 中国政法大学出版社，2002：820.

[6] 刘曙辉. 宽容：历史、理论与实践 [J]. 哲学动态，2007 (7)：41－46.

[7] 李晓新，李婷，朱艳华. 公共图书馆社会和谐使命的再认识——以社会资本理论作为研究视角 [J]. 图书与情报，2008 (5)：28－33.

[8] 黄纯元. 关于《电子图书馆的神话》[M] //黄纯元. 黄纯元图书馆学情报学论文集. 上海：上海科学技术文献出版社，2001：164－170.

[9] 于良芝. 公共图书馆存在的理由：来自图书馆使命的注解 [J]. 图书与情报，2007 (1)：1－9.

[10] 于良芝，李晓新，朱艳华，等. 公共图书馆的使命与服务：基于内容分析法的国内外比较研究 [J]. 图书馆论坛，2007 (6)：21－28.

[11] 帕特南. 使民主运转起来：现代意大利的公民传统 [M]. 王列，赖海榕，译. 南昌：江西人民出版社，2001：195.

[12] 罗曼. 美国图书馆政策体系及其带来的思考 [J]. 中国图书馆学报，2005 (1)：78－81.

[13] IFLA 图书馆与知识自由声明 [M] //程焕文，潘燕桃. 信息资源共享. 北京：高等教育出版社，2004：381－382.

[14] 彭定光. 政治伦理的现代建构 [M]. 济南：山东人民出版社，2007：116.

[15] 李国新. 日本的“图书馆自由”述论 [J]. 图书馆，2000 (4)：12－16，20.

[16] 张文贤. 企业社会责任的指标体系设计 [J]. 新资本，2006 (5)：20－23.
[17] 川崎良孝. 美国公立图书馆的存在目的、历史、现状与问题 [J]. 图书馆杂志，2008 (3)：57－61.

信息能力平等、信息公平与公共图书馆制度

【导读】长期以来，人们一直认为人与人之间的能力是不可能平等的，从而进一步认为人与人之间或阶层之间的生活状态差别是不可避免的和无可厚非的。这就在一定意义上默认了"人生而不平等"的现实的合理性。然而，诺贝尔经济学奖获得者阿马蒂亚·森却指出事情没有这么简单，他认为默认这种现实的不平等，就等于默认了"富者恒富，贫者恒贫"的逻辑，这对弱势群体来说是极不公平的。阿马蒂亚·森指出，贫者致贫的根源在于他们缺乏"实质自由"——公平利用社会资源的机会权利被剥夺——所致的人际间的基本能力不平等。因此，公平的社会和负责任的政府，应该竭力追求能够使主体之间的基本能力平等的制度安排，从而给那些处于弱势地位的人们以实现基本能力平等的发展机会。在信息社会，主体的信息能力平等是实现信息公平的基本条件。公共图书馆制度为人们实现基本的信息能力平等提供了制度性途径。公共图书馆应该把更多的资源和注意力投入到为弱势群体服务上；图书馆学理论应该以实现信息公平和信息能力平等的"有良知的信息社会"为导向和目标。因此，图书馆学首先应该是"穷人的图书馆学"，这样的图书馆学才是"有良知的图书馆学"。

众所周知，平等是社会公平的基本尺度，没有平等就没有公平。人们都认为，机会平等是平等的基本要义，但社会现实却告诉我们，机会平等也难以实现结果平等，即机会平等并不是消除不平等的"灵丹妙药"。其原因在于：机会平等对于那些没有能力利用机会的人来说等于"无机会"。于是，这就有了一个能力平等的问题。能力平等是实现实质平等（而不是应然平等）的基本保障。在信息社会，信息平等是信息公平的应有之义。对于信息主体来说，主体的信息能力平等是实现信息平等的基本条件，因此也是实现信息公平的基本条件。我们知道，为建设信息公平的社会提供制度保障，是公共图书馆的基本精神[1]，所以在信息能力平等、信息公平与公共图书馆制度之间，存在着一种特定的因果联系。这种因果联系的内在机理

与外在表现是什么，就是本文所要探讨的问题。

1. 平等与能力平等

1.1 关于平等

平等是一个关系范畴，指的是主体之间在人格尊严、社会地位、财富分配、竞争机会等方面不存在人为区别或歧视的状态。或者说，平等是指主体之间在利益关系上处于一种大体的平衡状态。古希腊改革家梭伦写过一段关于平等的诗："我所给予人民的适可而止/他们的荣誉不减损，也不加多/即使是那些有势有财之人也一样/我不使他们遭受不当的损失/我拿着一只大盾，保护两方/不让任何一方不公正地占居优势。"[2]反之，如果主体之间的利益关系处于偏斜状态，且其偏斜程度（斜率）造成"一方不公正地占居优势"，就被认为不平等。正如美国学者彼特·布劳所指出的那样，"所谓不平等，指的就是人们在地位维度上的分布，即他们在权力或财富、教育或收入上的差异程度"[3]。

人们对平等的理解往往不尽一致，因此"平等乃是一个具有多种不同含义的多形概念。它所指的对象可以是政治参与的权利、收入分配的制度，也可以是不得势的群体的社会地位和法律地位。它的范围涉及法律待遇的平等、机会的平等和人类基本需要的平等"[4]。

从平等所涉及的范围来看，平等可分为经济平等、社会平等、法律平等等不同形态；从平等的形成过程或状态来看，平等又可分为机会平等（或称起点平等、资格平等）、规则平等（过程平等）和结果平等；从"人人生而平等"的启蒙理想来看，所有的人都应该得到平等的发展机会，但平等的发展机会也不一定会带来结果的平等，如果采取强制手段达到结果平等的话，必然会造成抑制自由（效率）的平均主义。按照社会发展的一般需要，我们应该追求的是机会平等，但不应该指望由此实现结果平等。参与社会（竞争）活动的主体之间存在的个人潜质（遗传）和获得性财富（继承）的量的不同，必然会造成发展的起点和结果的不平等。"尽管所有的人有着相同的共属（一般的特征）以及人类特有的性质和能力，但有的人拥有它们的程度比别的人高或低。"[5]哈耶克曾指出："不论环境如何重要，我们都不应当忽视这样一个事实，即个人生来就极为不同，或者说，人人生而不同。"[6]这就意味着"在作出选择之前，……在开始努力以前，人们首先是带着天赋进入比赛的"[7]。因此，萨托利认为"平等对待并不排除差别，即并不产生平等结果（无论在机会的利用还是在其他方面），……无论平等的法律多么重要，它只给我们留下法律面前的平等，而特权阶层和享受基本权利较少的阶层、天才和无才者却依然如故”[8]。显然，这些论述似有过度强调“差别”的嫌疑，甚至有“以差别否定平等”的倾向，对此我们不能不察。

1.2 能力平等：阿马蒂亚·森的观点

阿马蒂亚·森，印度裔英国著名经济学家，1998年获得诺贝尔经济学奖。阿马蒂亚·森由于长期关注和研究人类的贫困和饥荒问题，在自己的经济学研究中始终贯穿伦理学关怀，所以被人们誉为“经济学的良心”。他在学术上的最大贡献之一就是提出了“能力平等观”。

要想了解阿马蒂亚·森的能力平等观，首先要了解他的自由观。

与另一位诺贝尔经济学奖获得者哈耶克十分关注自由一样，阿马蒂亚·森也始终关注人类的自由问题，并在《以自由看待发展》一书中重点阐述了他独特的自由观——自由是发展的首要目的，自由也是促进发展不可或缺的重要手段。

阿马蒂亚·森认为，“自由”应该在“实质的”（substantive）意义上定义，所以“自由”应该被定义为“一个人选择有理由珍视的生活的实质自由——即可行能力”[9]。简言之，一个人的自由依赖于一个人的可行能力（capability）。阿马蒂亚·森所说的“可行能力”，指的是“此人有可能实现的、各种可能的功能性活动组合。可行能力因此是一种自由，是实现各种可能的功能性活动组合的实质自由（或者用日常语言说，就是实现各种不同的社会方式的自由）”[9]。更为具体地说，“实质自由包括免受困苦——诸如饥饿、营养不良、可避免的疾病、过早死亡之类——基本的可行能力，以及能够识字算数、享受政治参与等的自由”[9]30。他所说的“功能性活动”（functionings），指的是一个人为了实现自由而获得各种基本的物质需要和社会需要的活动，这些活动包括吃、穿、住、行、读书、看电视、社会参与（投票选举、在公共媒体发表言论观点、上教堂做礼拜）等。如果把这些活动列成一个清单，那么一个人的可行能力就是对于此人是可行的且列入清单的所有活动的各种组合。就这个意义来说，能力就是自由——能过有价值的生活的实质自由。按此推理，对于一个人可行能力的剥夺，即为“不自由”。例如，广泛存在的饥饿、可以避免的疾病、失业、性歧视、过早死亡、极端贫困、人身束缚，以及类似的现象都是明显的不自由和非正义。1981年，阿马蒂亚·森从权利与权利被剥夺的关系视角出版了《贫困与饥荒》一书，该书在分析饥荒的形成机制时，批驳了那种第三世界国家发生饥荒的主要原因是食物短缺或发生干旱、洪水等的传统论调。他认为，事实上在大多数饥荒年度，发生饥荒的国家不但有充足的食品供应，而且粮食生产较前一年度通常有较大增长并对外出口；人们面临饿死的威胁，主要是因为他们遭受了一项重要权利的剥夺——没有购买足够食品的能力和实质自由。他举例说，1943年印度孟加拉邦发生饥荒时，当年的粮食生产却很正常，甚至好于往年。往往粮食丰收反而会造成饥荒，这种饥荒完全是人为的。在世界上，饥荒并非普遍地不受欢迎，而是相反。因为饥荒每每能够给富人带来好处，每每能够为富人带来更多的金钱，所以受到了鼓励和欢迎。[10]

我们知道，阿马蒂亚·森的实质自由观是对功利主义自由观和罗尔斯自由观的一种修正。功利主义自由观认为，只要人们的福利总和比前一时期有所增加（即效用增加），就可认为是自由和进步。但是，功利主义自由观无法回答个人效用之间的比较问题，即无法回答每个人的效用增加了多少，以及同他人相比是增加了还是减少了的问题。于是，罗尔斯提出了“基本物品”的概念以克服功利主义自由观的缺陷。罗尔斯的“基本物品”包括基本的政治权利和基本的物质产品。罗尔斯认为，只要人们能够享受到“基本物品”福利，就可获得自由。他的“基本物品”概念避开了个人间效用比较的问题，但同时也放弃了对人们利用这些权利和物品的能力差异的关注。阿马蒂亚·森试图弥补这一点。他的“可行能力”概念不仅包括一个人所拥有的权利和物品，还包括这个人使用这些权利和物品的能力。比如，一个双腿残疾的人无论多么有钱都无法自如地在没有轮椅专用道的街上移动：他虽然拥有了物品，但却没有拥有使用这些物品的能力，所以他仍然不能平等地享有和他人一样的自由。[11]

阿马蒂亚·森不仅创造性地提出了“可行能力”这一概念，还基于可行能力思考了人类的平等问题。他指出，以往的平等理论局限于回答“为什么要平等”（What equality）的问题，而没有注意“什么样的平等”（Equality of what）的问题。同时，他还认为能不能实现真正意义上的“实然平等”，关键在于能不能保障人们的“基本能力平等”（basic capabilities equali）。[12]阿马蒂亚·森在自己的研究生涯中一直强调，人的自由和福利取决于基本能力平等，而能力平等不能靠个人谋取，实现能力平等主要依赖于社会的制度安排。

阿马蒂亚·森的能力平等观与西方传统的自由主义观点是相龃龉的，尤其与哈耶克的自由主义观念相冲突。哈耶克指出，如果认为“自由”就是“做我们想做的事情的实际能力”的话，实际上是混淆了自由与能力这两个不同的概念；如果把自由笼统地理解为“外部障碍之不存在”，“做我们想做的任何事情的有效力量”的话[6]11，结果会把人类推向苦难的深渊。因此，哈耶克认为，“这种视自由为能力或力量的观点，一经认可，就会变得荒诞至极，使某些人大肆利用‘自由’这一术语的号召力，去支持那些摧毁个人自由的措施；有些人甚至可以借自由之名而规劝人民放弃其自由”[6]10。从哈耶克的主张中我们可以看出，他的自由观依然保留着霍布斯所言的“利维坦”的惊恐，依然保留着“冷战”思维的痕迹。哈耶克漠视能力的自由观，是一种消极的、形式的自由观，而阿马蒂亚·森的实质自由观和能力平等观，则是一种积极的、可行的自由与平等观。不以可行能力为基础的自由和平等如同“免费的午餐”一样，是可遇而不可求的。阿马蒂亚·森的能力平等观，为我们认识和实践信息公平乃至整个社会的公平提供了独特的思维路径和行动指南。

2. 关于信息能力

信息能力包括个人信息能力和社会信息能力两大方面。本文所称的信息能力，均指个人信息能力。

“信息能力”一词的英文对应词是“information literacy”，国内也有人译成“信息素质”。这一术语最早是在1974年举行的美国图书馆学与情报学全国委员会（NCLIS）上提出来的。美国信息产业协会（AIIL）主席保罗·泽考斯基在为此次会议所提交的一份建议书中首次使用了“信息能力”这一概念，他认为“所有经过训练的在工作中善于运用信息资源的人称为具有信息能力的人，他们知道利用多种信息工具及主要信息资源使问题得到解答的技术和技能。”1976年，在得克萨斯农业和机械大学图书馆关于未来知识组织的专题研讨会上，李·伯奇纳尔对“信息能力”所做的解释是：“成为具有信息能力的人，需要一整套新的技能，包括在解决问题及做出决策时如何有效地确定并利用信息。”伯奇纳尔把信息能力同以下几点相联系：确定及利用信息的技巧；信息用于解决问题和做出决策；有效地确定并利用信息。[13]

1979年，图书馆学信息学专家罗伯特·泰勒的一篇论文也涉及了信息能力的概念，并把图书馆专业与信息能力联系在了一起。他认为一个具备信息能力的人，应首先知道许多问题可以使用信息来解决，而了解信息源是必需的，同时具备获得信息的策略和方法。[14]

关于信息能力的内涵，1992年，道尔在一份关于美国国家信息能力的年终报告中指出：“信息能力应包括了解自己的信息需求；承认完整和准确的信息是制定明智决策的基础；能在信息需求的基础上系统地提出问题；具有识别潜在信息源的能力；能制定成功的检索策略；能检索各种类型的信息源；具有评价信息和信息源的能力；能采用批判性思维利用信息并解决问题。”1989年，美国图书馆协会（ALA）的年终报告中对信息能力的解释是：“……具有信息能力的人，从根本意义上来说是那些知道如何学习的人。他们知道如何学习，是因为他们知道知识是如何组织的，如何去寻找信息，并如何去利用信息。他们能为终身学习做好准备，因为他们总能寻找到为做出决策所需的信息。”

国内的一些学者也对这个问题提出了自己的看法，如张倩苇认为，信息能力是指人们有效利用信息设备和信息资源获取信息、加工处理信息以及创造新信息的能力。信息能力包括：①信息工具的使用能力。它包括会使用文字处理工具、浏览器和搜索引擎工具、网页制作工具、电子邮件等。②获取识别信息的能力。它是个体根据自己特定的目的和要求，运用科学的方法，采用多种方式，从外界信息载体中提取自己所需要的有用信息的能力。在信息时代，人们生活在信息的汪洋大海中，面临着无数的信息的选择，因此需要有批判性的思维能力，能够根据自己的需要选择有价值的信息。③加工处理信息的能力。个体应具有从特定的目的和新的需求的角度，对所获得的信息进行整理、鉴别、筛选、重组，以提高信息的使用价值的能力。④创造、传递新信息的能力。获取信息是手段，而不是目的。个体应有在对于所掌握的信息从新角度、深层次加工处理的基础上，进行信息创新，从而产生新的信息的能力。同时，有了新创造的信息，还应通过各种渠道将其传递给他人，与他人交流、共享，从而促进更多新知识、新思想的产生。[15]周俊等人认为，信息能力的概念主要包含了以下几个方面的内容[16]：

（1）能充分利用新的信息技术来帮助处理所需的信息。

（2）有敏锐的信息意识，如能知道某种信息的需求，乐意去查找和使用信息，正确地评估信息的价值以及准确地应用信息等。

（3）仅会查找信息是不够的，还应具有了解和评估信息等方面更有条理的、具有批判性思考的技能。

（4）把图书馆当作信息的主要来源，但不是唯一的信息源。

（5）完整的信息能力只具有图书馆技能或只具有计算机技能都是不够的。

（6）图书馆用户教育计划应改变其范例以容纳信息能力所需的全方位的技能。

（7）在信息社会里，信息能力应被看作综合能力的一种延伸。

（8）信息能力是一位积极向上、具有责任感的用户所具备的必要条件。

（9）信息能力的目标就是让用户掌握成为一个独立学习者的终身技能。

（10）信息能力的教学应由图书馆界和教育界共同来进行。

（11）信息能力需要的各种信息技能有：知道何时有信息需求，能鉴别所需的信息来解决问题，能查找所需的信息，能评估已找到的信息，能组织信息，能有效地利用信息来解决问题等。

在欧美国家，对于信息能力问题的重视和研究，首先是从美国图书馆学界开始的。1987 年，美国图书馆协会主席玛格丽特 · 奇什霍姆任命了一个由教育界的领导和图书馆界的领导联合组成的“美国图书馆协会‘信息能力’主席会议”，专门负责研究信息能力的定义及其对学生能力、终身学习等的重要性，并设计一些在正式或非正式学习环境中培养信息能力的模型。这个“主席会议”在积极工作两年后，于 1989 年提出了一份由著名信息能力研究专家帕特里夏 · 布雷维克博士起草的报告。该报告将信息能力定义为：“认识到何时需要信息及准确定位、评价并有效利用所需信息的能力”。这个定义很快就被社会各界所广泛接受。该报告还从教育、经济、公民权利、民主保障和美国社会发展等方面对信息能力的重要性做了论述，并对美国今后如何提高个人和社会的信息能力提出了6条建议。[17]这份报告的推出，有力地推动了美国社会对信息能力的关注和研究，于是1989年当年“全美信息能力论坛”便成立了。这个论坛在不到10年的时间内，就由当时不到10个会员的小组织发展成为包括来自商业界、教育界和政府的65个会员单位在内的全国性大组织。1991年，在图书馆与信息服务第二次白宫会议期间，该论坛就信息能力与民主、经济和教育相关的3个方面问题提交了3份报告。1992年，信息能力开始被纳入美国国家教育目标，且信息能力的培养被纳入了课程计划。一些学术组织和教学管理组织纷纷成立专门部门来研究信息能力问题，并开始定期召开学术会议或年度报告会。各门学科以及各个社会生产部门的研究人员也均开始研究各自学科或部门的信息能力问题，于是在20世纪90年代形成了一个“信息能力”研究热潮。[18]例如，美国大学与研究图书馆协会（ACRL）所制定的“高等教育信息能力标准”就为信息能力教育提供了评价的框架。该标准包含5项内容，为教师、管理人员、图书馆员提供了实施信息能力教育的指南：

（1）具备明确信息需求的内容及范围的能力。

（2）能高效地获取信息。

（3）能客观、审慎地评估信息与信息源，并将其纳入信息库与评价系统。

（4）个人或作为群体的一员，能有效地利用信息完成特定的任务。

（5）能理解有关信息使用的经济、法律及社会因素，知晓获取与使用信息要符合道德与法律规范。

3. 信息能力平等、信息公平与公共图书馆制度

信息公平是人们的公平思想在信息活动领域的反映，指的是信息主体之间在信息利益关系上处于平等的状态。如果这种利益关系处于不平等状态，就被称为信息不公平。这里所说的“信息主体”，既可以是国家、地区、团体、群体，也可以是个人；“信息利益”，是指信息主体通过信息活动所能得到的利益，或者说是信息主体在现实的信息社会关系中所能得到的“好处”。由此可见，信息公平所追求的是人们之间信息利益的平等状态。人们之间信息利益的平等及其程度，体现了信息社会制度的公正及其程度。罗尔斯曾说，公正是社会制度的首要价值[19]，由此我们可以说，信息公平是信息社会制度的首要价值。

就法理学意义上来说，实现信息公平的前提是必须给信息主体以平等的信息权利。广义的信息权利又叫信息自由权（right of information freedom），包括信息生产权（包含信息表达权和信息传播权）、信息获取权、信息认知权（又称思想自由

权)、信息保密权（包含国家通信保密权、通信秘密不受侵犯权、商业秘密不受侵犯权、科研信息保密权、个人隐私权等)、信息专有权（即知识产权）等。所谓信息公平，实质上就是信息权利的平等；信息不公平，实质上就是信息权利的不平等；信息贫困，实质上就是信息权利的被剥夺。

那么，信息权利的平等就能带来信息公平的结果吗？答案是否定的。因为信息权利的平等只是实现信息公平的形式要件，而不是实质要件。要想真正实现信息公平，必须在信息权利平等的基础上实现信息能力的平等。信息能力的平等才是实现信息公平真正的实质要件。所谓信息能力的平等，其基本含义是：信息主体之间在信息能力上不存在悬殊差别。如果信息主体之间在信息能力上存在悬殊差别的话，必然导致主体之间的“信息鸿沟”，而一旦存在信息鸿沟就谈不上信息公平。

我们知道，主体之间的能力差别是一种客观存在，也是不可能完全消除的。所以，主体之间的信息能力也不可能处于完全平等的状态。但是，如果社会的制度安排放任这种不平等状态发展和扩大，则必然导致越来越严重的信息鸿沟，以至于形成越来越严重的贫富差距和权力倾斜，进而威胁社会的安定。对此，托夫勒早就发出过警告：“各个高技术国家的政府所面临的一种潜在可怕威胁来自于国民分裂成信息富有者和信息贫困者两部分，下层阶级和主流社会之间的鸿沟实际是随着新的传播系统的普及而扩大了，这种大峡谷一样深的信息鸿沟最终会威胁民主。”[20] 所以，尽力消除信息鸿沟，实现信息公平，是社会制度安排必须追求的重要目标。为此，所有国家的政府都必须在如下三个方面做出有利于实现信息公平的制度安排：

（1）在法律制度安排上，给公民以充分的信息权利。信息权利虽然不是实现信息公平的充分要件，但却是实现信息公平的必要途径和先决条件。如果没有相应的信息权利，主体便不可能自由地进行必要的信息活动。给公民以充分的信息权利，关键是给公民以平等的信息获取机会，并消除身份歧视，保证信息面前人人平等。

（2）在经济/技术政策方面，采取有效的资源配置政策，发展和普及信息技术，降低人们利用信息技术的经济与技术“门槛”，让更多的人享受到信息技术发展成果，尽力消除人们利用信息技术发展成果的经济与技术障碍。

（3）在公共事业安排上，制定和执行相关的信息福利制度，设立并发展公共性信息服务事业，给人们以更多信息获取的公共渠道。尤其要重视给信息弱势群体以平等的信息获取机会，为提高他们的信息能力提供公共的、社会的支持。

我们知道，政府设立和发展公共图书馆事业，就是为实现社会的信息公平而做出的一种制度性安排。公共图书馆是政府利用公共资金和公共服务消除信息鸿沟的一种制度性安排。美国图书馆协会在《美国图书馆事业发展的 12 条宣言》（1995）中指出，“图书馆应消除社会的障碍”，“图书馆是改变社会不公平现象的基地”[21]。《IFLA 因特网宣言》（2002）指出：图书馆和信息服务机构提供了上因特网的主要途径。……它们提供了一种机制，以克服因资源、技术和培训的差异而带来的障碍。公共图书馆平等对待所有的利用者，保证人们平等获取信息的自由权利，以免费服务原则和方便服务原则消除人们利用信息的经济障碍和技术障碍。在公共图书馆服务中，信息能力强者和信息能力弱者都能得到平等的对待，没有身份区别与歧视，这为人们实现信息能力平等提供了制度保障，由此体现了社会的信息公平。可见，公共图书馆制度是政府为了实现人们的信息能力平等进而实现社会的信息公平而必须提供的制度产品（即公共物品），因此政府没有理由不重视发展公共图书馆事业。

（原载《图书馆学研究》2006 年第 1 期）

参考文献

[1] 范并思. 建设一个信息公平与信息保障的制度——纪念中国近代图书馆百年 [J]. 图书馆，2004（2）：1-3，15.

[2] 亚里士多德. 雅典政制 [M]. 日知，力野，译. 北京：商务印书馆，1959：14.

[3] 彼特·布劳. 不平等和异质性 [M]. 王春光，谢圣赞，译. 北京：中国社会科学出版社，1991：69.

[4] 博登海默. 法理学：法律哲学与法律方法 [M]. 邓正来，译. 北京：中国政法大学出版社，1998：285.

[5] 阿德勒. 六大观念：真善美、自由、平等、正义 [M]. 陈珠泉，杨建国，译. 北京：团结出版社，1989：172.

[6] 哈耶克. 自由秩序原理：上 [M]. 邓正来，译. 北京：生活·读书·新知三联书店，1997：104.

[7] 詹姆斯·布坎南. 自由、市场和国家：20 世纪 80 年代的政治经济学 [M]. 吴良健，桑伍，曾获，译. 北京：北京经济学院出版社，1988：131.

[8] 乔·萨托利. 民主新论 [M]. 冯克利，阎克文，译. 北京：东方出版社，1998：396.

[9] 阿马蒂亚·森. 以自由看待发展 [M]. 任赜，于真，译. 北京：中国人民大学出版社，2002：62.

[10] 阿马蒂亚·森. 贫困与饥荒——论权利与剥夺 [M]. 王宇，王文玉，译. 北京：商务印书馆，2001：57.

[11] 姚洋. 自由、公正与制度变迁 [M]. 郑州：河南人民出版社，2002：18.

[12] 阿马蒂亚·森. 什么样的平等？ [J]. 闲云，译. 世界哲学，2002（2）：

54 – 65.

[13] ZURKOWSKI P G. The Information service environment relationship and prioites [R]. National Commissionon Libraries and Information Science, 1974 (6): 16 – 30.

[14] BEHRENS, SHIRLEY J A. Conceptual analysis and historical overview of information literacy [R]. College & Research Librariess, 1994 (4): 23 – 35.

[15] 张倩苇. 信息素养与信息素养教育 [J]. 电化教育研究. 2001 (2): 9 – 14.

[16] 周俊，庞志雄. 谈信息时代用户信息能力及其培养 [J]. 图书馆论坛，1997 (2): 10 – 13.

[17] 黄郴，等. 美国图书馆协会信息素质研究进展报告简介 [J]. 中国图书馆学报，2002 (3): 64 – 66, 86.

[18] 徐仕敏. 社会信息能力的作用机制研究 [J]. 中国图书馆学报，2003 (2): 22 – 26.

[19] 约翰·罗尔斯. 正义论 [M]. 何怀宏，何包钢，廖申白，译. 北京：中国社会科学出版社，1988: 1.

[20] 阿尔温·托夫勒. 权力的转移 [M]. 刘江，等译. 北京：中共中央党校出版社，1991.

[21] 吴慰慈，董焱. 图书馆学概论 [M]. 修订本. 北京：北京图书馆出版社，2002: 114.

论图书馆制度

——制度图书馆学若干概念辨析

【导读】制度图书馆学是从制度视角研究图书馆现象的一种思维方式或研究范式。其实，将“制度图书馆学”称为“图书馆制度学”亦未尝不可。我之所以将其称为“制度图书馆学”，一是为了表明“制度图书馆学”称谓是模仿“制度经济学”称谓而来的；二是因为若称“图书馆制度学”，则有可能被人们误解为又创立了一门图书馆学分支学科，而这正是我所想避免的。图书馆制度是国家及其政府为了保障公民平等获取知识的权利而选择的一种制度性安排。图书馆制度属于国家的文化制度范畴。图书馆制度可分为宏观、中观和微观三个层次。国家及其政府是图书馆宏观制度的供给主体，供给的主要内容之一就是制度供给。第十二届全国人民代表大会常务委员会第三十次会议于2017年11月4日通过的、自2018年1月1日起施行的《中华人民共和国公共图书馆法》，就是最重要的、位阶最高的法律制度供给。

在我国图书馆学界，“制度图书馆学”一词是首先由笔者提出的。[1]所谓“制度图书馆学”，顾名思义，就是从制度视角观察图书馆现象的一种思维方式或研究范式。这种研究范式是对原有机构范式的进一步深化、提升和超越，是面向宏观现实问题的宏观理论思维。制度图书馆学的提出，立即引起了业界的关注和议论。但是，从一些反应来看，人们对制度图书馆学所涉及的一些基本概念，如“制度”“制度目标”“制度安排”“制度供给”“制度与机构”等概念的理解普遍存在程度不同的偏差，从而造成了人们认识上的一些不必要的歧解或障碍。本文将针对这种情况，做一些概念上的厘清与辨析，同时试图对制度图书馆学的有关问题做进一步的阐释。

1. 关于制度与“制度图书馆学”

1.1 何谓制度

迄今为止，对制度问题进行最全面、最深入研究的学科应该是制度经济学。科斯、诺斯、舒尔茨、斯蒂格勒等诺贝尔经济学奖得主，都可以被称为制度经济学家，尽管舒尔茨和斯蒂格勒并非以制度经济学贡献而获奖，但他们二人对制度研究的贡献是众人皆知的。

在制度经济学家中，凡勃伦是最早给制度下过定义的。凡勃伦认为：“制度实质上就是个人或社会对有关的某些关系或某些作用的一般思想习惯。”他还说：“人们是生活在制度——也就是说，思想习惯——的指导下的。”[2] 凡勃伦这里所说的“一般思想习惯”，指的是约束人们行为的道德观念、风俗习惯、意识形态等非正式规则（又称非正式制度）。

另一位制度经济学家康芒斯，则把制度说成是一系列正式规则。所谓正式规则，又称正式制度，是指各类组织（包括国家）制定的用以激励或约束人的行为的规则，国家或政府制定的政策和法律是最典型的正式制度。康芒斯指出：“我们可以把制度解释为‘集体行动控制个体行动’。”[3] 那么，集体行动是如何控制个体行动的？康芒斯认为就是靠集体所制定的行为规则。这些行为规则“指出个人能或不能做、必须这样或必须不这样做、可以或不可以做的事”[3]89。

舒尔茨于1968年给制度所下的定义是：“我将一种制度定义为一种行为规则，这些规则涉及社会、政治及经济行为。例如，它们包括管束结婚与离婚的规则，支配政治权力的配置与使用的宪法中所内含的规则。”[4]

诺斯是给制度下定义最多的经济学家，他认为：“制度是一系列被制定出来的规则、守法程序和行为的道德伦理规范，它旨在约束追求主体福利或效用最大化利益的个人行为。”[5] 又认为：“制度是一个社会的游戏规则，更规范地说，它们是为决定人们的相互关系而人为设定的一些制约。”[6] 显然，在诺斯的制度定义中，包含了正式制度与非正式制度的内涵。

人类社会为什么离不开制度？人们为什么必须生活在制度之中？这就是制度的功能问题。舒尔茨在分析经济制度的功能时，认为：“制度是某些服务的供给者，它们可以提供便利，便利是货币的特性之一。它们可以提供一种使交易费用降低的合约，如租赁，抵押贷款和期货；它们可以提供信息，正如市场与经济计划所从事的那样；它们可以共担风险，这是保险，公司，合作社及公共社会安全安排的特性之一；它们还可以提供公共品（服务），如学校，高速公路，卫生设施及试验站。”[4]256我国学者卢现祥认为，制度的功能可概括为六个方面：降低交易成本、为经济提供服务、为合作创造条件、提供激励机制、外部利益内部化和抑制人的机会主义行为。[7]我国另一位学者袁庆明则把制度的核心功能概括为激励功能和约束功能两大方面，并认为这两大功能是通过以下四条途径实现的[8]：一是通过抑制人的机会主义行为或提供有效信息来减少不确定性，可以起到降低交易费用、提供激励与约束的作用。例如，市场经济中禁止坑、蒙、拐、骗的法律规则就能起到抑制一部分人的机会主义行为的作用，并可使市场主体以合理的预期减少不确定性，从而降低交易费用。二是通过减少不确定性降低交易费用，可以起到提供激励与约束的作用。例如，政府对企业技术创新产品的采购制度，就可以直接起到减少企业技术创新活动的不确定性、降低交易费用、提供激励与约束的作用。三是通过直接降低交易费用可以起到提供激励与约束的作用。例如，企业纵向一体化可以减少交易的频率，从而降低交易费用。四是通过外部性内部化可以起到激励与约束的作用。例如，通过专利制度、奖励制度和财政补贴等使技术创新者的一部分外部性内部化，能够起到激励发明创新的作用。

以上关于制度功能的论述，尽管都是从经济制度的角度论述的，但我们从中完全可以领悟出制度的一般功能及其重要性。就一般意义上来看，制度的功能可以概括为四个方面：一是能够明确发展方向和目标。给人们以行为预期（即给人们的行为以合理的定性和定位），包括提倡什么、反对什么，应该做什么、不应该做什么，可以减少不确定性。二是能够规范决策行为。公开和提供决策信息，可以减少不确定性，规避盲目性。三是能够约束或规避决策及执行过程中的机会主义行为，从而保证决策目标的实现，降低决策的执行成本。四是能够提供评价标准，即给人们指出行为的合理性、合法性依据，并制止或制裁那些不合理、不合法的行为。

1.2 何谓“制度图书馆学”

下面根据上文所介绍的制度定义，谈一下“制度图书馆学”的称谓问题和制度图书馆学研究范围的界定问题。

“制度图书馆学”这一称谓，显然是模仿“制度经济学”称谓而来的。众所周知，制度经济学是经济学家族中较为成型且发展和影响面越来越广的一门学科。“制度经济学研究经济生活与制度之间的双向关系”[9]，“制度经济学的目标是研究制度演进背景下人们如何在现实世界中作出决定和这些决定又如何改变世界”[5]“中译本序”。

简而言之，制度经济学是从经济学角度出发研究社会的制度及其变迁规律的学科，它遵循的是“经济学→制度”的思维逻辑，由此成为经济学的一个重要分支学科。制度图书馆学则是从制度及其变迁的角度研究图书馆现象的一种思维方式，它遵循的是“制度→图书馆学”的思维逻辑，由此成为图书馆学研究的一种思维方式或研究范式，即专门从制度视角研究图书馆现象的范式。① 这是制度经济学与制度图书馆学在称谓逻辑上的重要区别。

可以说，“制度图书馆学”是从制度视角研究图书馆现象的一种特称。这一特称只是为了表明研究视角的独特性，其目的并不是创立什么新的图书馆学分支学科。以往的图书馆学研究，大多是从机构视角分析图书馆的工作原理及管理问题，而从制度视角研究图书馆现象的专门论述的确不多见。因此可以说，“制度图书馆学”的提出，为图书馆学研究开创了新的研究视角、新的研究范式——制度范式。

制度图书馆学的研究内容，重点在于从宏观和中观层面研究社会的制度安排对图书馆事业发展的影响问题，即主要研究什么样的制度安排有利于或不利于图书馆事业发展的问题。换个角度来说，制度图书馆学主要研究图书馆事业发展需要什么样的制度安排及其实施机制的问题。所以，制度图书馆学研究属于“宏观现实问题研究”范畴（20世纪80年代末至90年代初，吴慰慈先生曾大力提倡过宏观现实问题研究），属于理论图书馆学（或称普通图书馆学）研究范畴。

制度图书馆学的研究范围，似乎只涉及“制度与图书馆”这样一个单一的关系范畴，研究内容较为单一，其实不然。“制度与图书馆”固然是制度图书馆学研究的核心范畴，但围绕这一核心范畴，制度图书馆学还将派生出相关的更为丰富的研究内容。制度图书馆学研究内容的丰富性，取决于现代意义上的制度含义的广泛性。现代意义上的制度，包括正式制度、非正式制度和实施机制三大方面。按照诺斯的理解，正式制度主要包括政治制度、经济制度和契约，非正式制度则主要包括价值理念、伦理规范、道德观念、风俗习惯、意识形态等。[8]240可见，现代意义上的制度内涵相当丰富。而制度的这些内容，无论是正式制度还是非正式制度，都与图书馆发展具有紧密的关联。例如，国家及其政府制定的图书馆政策、图书馆法律法规、利用者的权利与义务等正式制度，以及图书馆精神、图书馆理念、图书馆员职业道德、图书馆职业价值、图书馆管理与服务中的传统观念等非正式制度，均可成为制度图书馆学的研究内容。所以我们认为，制度图书馆学的研究内容具有综合性和横断性。

---

① 补按：原文在“遵循的是‘制度→图书馆学’的思维逻辑”后面，写的是：“因而制度图书馆学不一定成为图书馆学的分支学科”。因这前后两句话之间缺乏内在的逻辑联系，故现在把后面一句话改成：“由此成为图书馆学研究的思维方式或研究范式，即专门从制度视角研究图书馆现象的范式”。

2. 图书馆制度：内涵界定

毋庸置疑，图书馆制度是制度图书馆学研究的主要对象。那么，何谓图书馆制度？为了更好地理解图书馆制度这一概念，我们有必要首先了解一下“制度安排”和“制度结构”这两个概念。

制度经济学中经常使用“制度安排”（institutional arrangement）这一概念。所谓“制度安排”，按照著名经济学家林毅夫先生的解释，就是规范特定行动和关系的一套行为规则。[10]例如，专利制度就是一种保护发明创新、打击侵犯知识产权行为的一套行为规则和制度安排。实际上，制度安排就是制度的具体表现形式。可见，制度与制度安排的含义非常接近。一般情况下，“制度”是指制度的一般表现形态而言的，而“制度安排”则是指某种具体的制度形式而言的。

所谓制度结构，指的是某一制度系统中正式和非正式的制度安排的总和[8]259。实际上，制度结构是由一系列相关制度安排所构成的制度体系，这一体系由制度结构类型和制度结构层次两个维度（前者是横向结构，后者是纵向结构）构成。如果把社会看作由政治、经济、文化三大系统所构成的一个整体，那么这个社会就存在政治制度、经济制度和文化制度三大制度类型；如果把社会看作由国家、行业（系统）、机构三个层次所构成的整体，那么这个社会就存在国家制度（根本制度）、行业制度和机构制度三个制度层次。这三个制度层次可分别用宏观制度、中观制度和微观制度来指称。在理解这三个制度层次时，有必要对“制度”与“机构”这两个概念的区别做一下澄清，因为我们发现在图书馆学界，人们对于“图书馆制度”与“图书馆机构”这两个概念的语义区别总是模糊不清。就中英文对照情况来看，制度图书馆学中的“制度”一般对应于“institution”（如制度经济学就被译为“institutional economics”），而“institution”又可译为“机构”。这可能就是人们在汉语语境中不易区分“制度”与“机构”的原因之一。我们认为，汉语中的“制度”与“机构”是完全不同的两个概念，其主要区别在于：机构是制度的载体，是制度安排的产物，有什么样的制度安排，就有什么样的机构模式；机构是履行或执行特定制度目标的分工机制，是为了实现制度目标而设立的特定职能部门，即某种制度目标是通过特定的机构安排来实现的。由此也可以看出，图书馆学研究中机构范式与制度范式的区别。

图书馆制度，如果从社会制度的横向结构来看的话，应属于文化制度范畴。所谓文化制度，指的是国家及其政府为了满足公民应该享有的科学、文化、教育、休息等权利而制定的有关政策、法律、法规等正式制度，其内容一般在国家的宪法中都有明确规定。例如，我国现行宪法第四十三条规定，“中华人民共和国劳动者有休息的权利”；第四十六条规定，“中华人民共和国公民有受教育的权利和义务”；第四十七条规定，“中华人民共和国公民有进行科学研究、文学艺术创作和其他文化活动的自由”；等等。显然，图书馆是国家及其政府为了满足公民的科学、文化、教育等权利而做出的一种制度安排。在图书馆活动范围内，我们把公民应享有的科学、文化、教育、休息等权利概称为“知识权利”——平等获取知识的权利①，并将其定义为：公民根据宪法赋予的权利，通过图书馆来自由获取知识和信息的权利。由此，我们可将图书馆定位为：国家及其政府为了保障公民的知识权利而选择的一种制度安排。[1]可见，图书馆制度属于制度安排的范畴，即国家及其政府保障公民文化权利的一种特定的制度安排。这种制度安排的最高法律体现就是国家颁布的《图书馆法》。

若从制度的层次结构来看，则图书馆制度在国家、行业和机构三个层面上均有涉及。国家层面上的图书馆制度（宏观制度），其表现就是上文所提到的国家及其政府的图书馆制度安排；行业层面上的图书馆制度（中观制度），其表现就是图书馆行业所制定的有关规则，如一些国家或地区图书馆协会/学会所制定的《图书馆员伦理准则》等非正式制度；机构层面上的图书馆制度（微观制度），其表现就是各实体图书馆自己所制定的管理与服务规则，包括正式规则和非正式规则，即我们平时所称的“规章制度”。

通过上述分析，我们可以对图书馆制度的内涵做如下界定：图书馆制度是国家及其政府为了保障公民的知识权利而选择的一种制度安排；图书馆制度属于国家的文化制度范畴；图书馆制度分为宏观（国家及其政府层面）、中观（行业层面）和微观（机构层面）三个层次。

从图书馆学研究业已形成的格局来看，微观制度研究一直是以往图书馆学研究的主流，如文献采访制度、文献分编制度、文献保护制度、读者服务组织制度、图书馆用人制度等，且已形成有较为充分的研究成果。相较之下，图书馆宏观制度和中观制度研究却远没有微观制度研究那样的历史积淀及丰富成果，如在我国图书馆（学）界，有关图书馆政策、图书馆法规、图书馆行业自律规范等方面的历史积淀和研究成果，就显得较为薄弱和缺乏。可以说，在我国图书馆（学）界，关于宏观制度和中观制度研究的重要意义，尚未引起广泛的、足够的重视。笔者认为，对于图书馆事业的整体发展来说，微观制度建设固然重要，但如果没有正确的宏观制度

① 补按：这段话原文为“在图书馆活动范围内，我们把公民应享有的科学、文化、教育、休息等权利概称为“知识权利”（或称‘信息权利’）”。其中的“知识权利”一词，以往他人未曾使用，显得有些突兀，故现在在“知识权利”后面加一注解语“平等获取知识的权利”，并删除括号中的“信息权利”一词。本文中的所有“知识权利”一词，都应理解为“平等获取知识的权利”。

和中观制度的指导、引领和规范作用的话，微观制度所能起的作用是极为有限的。此外，制度系统应该是一个完整的结构性、协同性系统，即只有宏观、中观、微观三个层次协调一致，才能发挥预期的制度功能；结构上残缺的制度系统，必然会造成制度真空、制度缺位等弊端，从而影响和制约事业的发展。就我国图书馆事业的发展现状来看，宏观制度和中观制度不足的问题，已经成为制约我国图书馆事业发展的瓶颈。在这种情况下，“制度图书馆学”范式的提出，无疑具有完善研究结构、推进研究深度和指导事业发展的重要意义。

3. 图书馆制度的目标、需求与供给

与任何其他制度类型一样，图书馆制度也是一种公共产品。任何一种公共产品的生产和消费，都有一个目标、需求与供给的问题。那么，图书馆制度的目标、需求与供给应如何界定呢？

图书馆制度的目标，回答的是国家及其政府为什么要做出图书馆制度安排的问题。所谓图书馆制度的目标，简单地说，就是满足公民的知识权利需要。“社会和个人的自由、繁荣与发展是人类的基本价值。人类基本价值的实现取决于信息灵通的公民在社会中行使民主权利和发挥积极作用的能力。人们的建设性参与和民主社会的发展有赖于令人满意的教育和自由与无限制地利用知识、思想、文化和信息”(UNESCO & IFLA《公共图书馆宣言》)。满足公民知识权利的需要是国家及其政府的责任，而满足公民知识权利需要的方式方法有很多，其中设立图书馆来满足公民的知识权利需要是世界各国的普遍选择和做法。所以，图书馆制度已成为世界各国为了满足公民的知识权利而选择的一种“必置制”。[11] 世界各国为什么都要设立公共图书馆制度？答案就在于：世界各国都承担着必须满足本国人民知识权利需要这一同样的责任。

某种制度的产生，其前提必然是社会中存在着对于该制度的需求。也就是说，制度产生对应于制度需求。图书馆制度的产生就源于人们对这种制度的需求。对于知识和信息的需求，是人类普遍且永恒的需求。正是人类这种普遍且永恒的知识、信息需求，才促成了图书馆这样一种制度安排的产生。正如李国新先生所言：“现代国家政体的有效运行离不开知识和信息的普及，因此，现代社会不能没有图书馆。”“由于知识和信息需要普及，于是形成了现代社会广泛实行的公共图书馆制度。”[11]14 世界各国为什么都要设立图书馆制度？答案就在于：世界各国的人们无一例外地都具有对知识和信息的同样需求，进而都有着对图书馆制度的同样需求。

有制度需求，就要有制度供给。制度需求与制度供给之间所形成的动态平衡空间称为制度市场。制度市场同商品市场一样，其发育和发展也存在着需求主体与供

给主体之间的相互适应过程。制度市场的需求主体由制度的消费者（需求者）群体构成，正式制度市场的主要供给主体则是国家及其政府。

按照诺斯的观点，制度是由正式制度、非正式制度和实施机制构成的。其中，实施机制就是满足正式制度需求和非正式制度需求的具体制度安排。无论是正式制度还是非正式制度，如果没有实施机制做保障，其功能的发挥将受到极大的限制，甚至根本无法落实。正式制度的供给主体是国家及其政府，供给方式具有强制性（即强制性制度安排）；非正式制度的供给主体由政府和非政府组织所共同构成，供给方式一般不具有强制性（即非强制性制度安排，如行业伦理规范等就不具有强制性）。

对于图书馆制度来说，宏观制度的供给主体是国家及其政府，中观制度的供给主体一般是图书馆行业组织（如图书馆协会/学会），而微观制度的供给主体则是各类图书馆自身。就一般情形而言，图书馆中观制度和微观制度的供给，均要依据宏观制度的要求和安排。也就是说，图书馆中观制度和微观制度安排要受国家和政府层面宏观制度安排的约束。国家层面的宏观图书馆制度，其最高的原则性规定是宪法中所明确的公民应享有的知识权利方面的规定，其最高的专门法律安排是《图书馆法》的制定。

制度需求与制度供给一般只能保持动态平衡关系。在现实中，制度供给往往滞后于制度需求。制度供给的滞后，往往表现为制度真空、制度缺位等现象，而且即使是已经供给的制度，也有“良制”与“劣制”的区别。就我国图书馆制度的状况来看，宏观和中观制度的真空或缺位是不容忽视的。在宏观制度供给上，我国至今尚未制定《图书馆法》①，各省（自治区、直辖市）政府也大多未制定发展图书馆事业的相关政策或法规，这是我国宏观图书馆制度真空最为突出的表现；在中观制度供给上，除中国图书馆学会的《中国图书馆员职业道德准则》（属于非正式制度）等极少的制度供给外，尚未制定和供给诸如《图书馆权利宣言》等行业自律规范②，这是我国中观图书馆制度缺位的突出表现。目前，我国图书馆事业在运行中时常会出现利用者投诉案件，造成这一现象的很重要的一个原因就是图书馆制度的供给不足、供给不到位。而这一现实也证明了在我国进行制度图书馆学研究的必要性和紧迫性。（原载《中国图书馆学报》2005 年第 6 期）

---

① 补按：笔者写此文时，《中华人民共和国公共图书馆法》尚未公布。该法由中华人民共和国第十二届全国人民代表大会常务委员会第三十次会议于 2017 年 11 月 4 日通过，自 2018 年 1 月 1 日起施行。

② 补按：笔者写此文时，《中国图书馆学会 · 图书馆服务宣言》尚未出台。该宣言于 2006 年 12 月由中国图书馆学会七届四次理事会通过。

参考文献

[1] 蒋永福. 知识权利与图书馆制度——制度图书馆学研究 [J]. 中国图书馆学报，2005 (1)：10－14.

[2] 凡勃伦. 有闲阶级论——关于制度的经济研究 [M]. 蔡受百，译. 北京：商务印书馆，1964：139－140.

[3] 康芒斯. 制度经济学：上册 [M]. 于树生，译. 北京：商务印书馆，1962：87.

[4] 舒尔茨. 制度与人的经济价值的不断提高 [M] //科斯，阿尔钦，诺斯，等. 财产权利与制度变迁——产权学派与新制度学派译文集. 刘守英，等译. 上海：生活·读书·新知三联书店上海分店，1994：253.

[5] 道格拉斯·诺思. 经济史中的结构与变迁 [M]. 陈郁，罗华平，等译. 上海：生活·读书·新知三联书店上海分店，1994：225－226.

[6] 道格拉斯·诺斯. 制度、制度变迁与经济绩效 [M]. 刘守英，译. 上海：生活·读书·新知三联书店上海分店，1994：3.

[7] 卢现祥. 西方新制度经济学 [M]. 北京：中国发展出版社，1996：61.

[8] 袁庆明. 新制度经济学 [M]. 北京：中国发展出版社，2005.

[9] 柯武刚，史漫飞. 制度经济学：社会秩序与公共政策 [M]. 韩朝华，译. 北京：商务印书馆，2000：34.

[10] 林毅夫. 关于制度变迁的经济学理论：诱致性变迁与强制性变迁 [M] //科斯，阿尔钦，诺斯，等. 财产权利与制度变迁——产权学派与新制度学派译文集. 刘守英，等译. 上海：生活·读书·新知三联书店上海分店，1994：373.

[11] 李国新.《中国图书馆员职业道德准则》解说 [M] //中国图书馆学会. 中国图书馆员职业道德准则（试行）. 北京：北京图书馆出版社，2003：23.

政府与公共图书馆

——关于图书馆制度的一种规范分析

【导读】理论图书馆学，应该为图书馆的一些现实问题做出规范性的理论解释，这是理论图书馆学“理论性”的根本体现。但是，综观迄今为止的理论图书馆学研究成果，其规范性理论分析严重不足。一门学科的理论研究若缺失规范性理论分析，则该学科往往会招致是否具有“科学性”的质疑。2009年，王子舟先生曾在国家图书馆做了题为“图书馆学是不是一门科学”的学术报告。王先生的报告固然精彩，但我要提的问题是：图书馆学为什么至今仍会招致“是不是一门科学”的质疑？从“反求诸己”的角度而言，这种质疑的存在与我们自己的理论研究缺乏规范性分析有关。此文就是对公共图书馆的一些现实问题进行规范性理论分析的一种尝试。公共图书馆是一种典型的公共产品。公共图书馆的高度正外部性特征，决定了市场供给的非效率性。所以，普遍的公共图书馆服务只能由政府提供，政府必须履行公共图书馆的投资主体责任。为了解决公共图书馆的拥挤性和地域性问题，政府必须承担普及公共图书馆的责任，并为之提供投资保障。

在人们的经验认识中，政府是公共图书馆制度的提供者，公共图书馆事业的发展离不开政府的支持。那么，政府为什么必须提供公共图书馆制度？政府提供公共图书馆制度的正义性、合法性是什么？政府对公共图书馆事业的发展应负什么样的责任？公共图书馆服务为什么必须是免费的？对公共图书馆事业实施民营化管理是否可行？对于诸如此类的“非实用”① 问题，以往人们似乎认为不证自明或无须证明。然而，公共图书馆事业的发展史表明，恰恰是人们对这些问题的偏颇认识导致了公共图书馆事业发展过程中的制度缺位、行为失范、运行受阻，以及公众对图书

① 补按：原文为“形而上”。其实，这里所列诸问题并不属于抽象的“形而上”问题，只不过是一些“非实用”问题，故改成“非实用”。下同。

馆服务的“误解性”不满等问题。在我们的图书馆学理论研究中，也很少有人对这些“非实用”问题给予分析、阐释和澄清，致使我们的理论在遇到诸如立法不到位、经费保障不力、职业权益受到侵害、职业行为失范、公众的非理性指责等问题时，不能给予有理、有力的规范解释与辩护，从而造成了理论与实践之间亲和力的缺失。这也是理论界受到实践界责难的主要原因之一。为此，本文试图对上述“非实用”问题做一规范分析。

1. 图书馆的公共产品属性：政府提供公共图书馆制度的正义性与合法性

政府是什么？诺贝尔经济学奖获得者诺斯给出的定义是：“可以把政府简单看成是一种提供保护和公正而收取税金作为回报的组织。”[1]诺斯的意思是说，所谓政府，就是保护个人财产、维持社会公正的公共组织。在这里，诺斯把政府的职能概括为保护个人财产和维持社会公正两大方面。关于政府的职能，另一位诺贝尔经济学奖获得者斯蒂格利茨概括为六个方面：①促进教育；②促进技术改善；③支持金融部门；④投资基础设施建设；⑤防止环境恶化；⑥建立和维护社会保障体系。世界银行于1997年在《变革世界中的政府》这一报告中将政府应履行的职能概括为三个方面：①提供一种宏观经济和微观经济环境；②提供能够促进长期投资的基础条件，包括财产权、和平、法律与秩序；③确保提供基础设施、医疗保健等，并保护自然环境。[2]

如果说以上关于政府职能的界定偏重于政府的经济职能的话，亚当·斯密对政府职能的界定则完全是从公共产品（public goods）角度出发的。亚当·斯密认为，君主或政府应履行三大职责：首先，“保护本国社会的安全，使之不受其他独立社会的暴行与侵略”；其次，“为保护人民不使社会中任何人受其他人的侮辱或压迫，换言之，就是设立一个严正的司法行政机构”；最后，“建立并维持某些公共机关和公共工程”。[3]亚当·斯密在这里所说的安全、司法、公共机关和公共工程，均属于公共产品范畴。所以，在亚当·斯密眼中，政府的职能就是提供公共产品。

其实，在市场经济条件下，政府的职能可概括为两大方面：一是规范市场经济行为，克服市场失灵；二是保证社会公平。无论是为了克服市场失灵，还是为了保证社会公平，政府都要承担和履行提供公共产品的职能。因此，无论对政府职能做何种界定，提供公共产品永远都是政府的主要职能。提供公共产品（无论采取什么方式），被认为是政府存在的“铁定”理由。

所谓公共产品（又称公共物品），按照萨缪尔森（1970年诺贝尔经济学奖获得者）的定义，是指“每个人对这种产品的消费，都不会导致其他人对该产品消费减少的产品”。澳大利亚的两位经济学家休·史卓顿和莱昂内尔·奥查德对公共产品所下的定义是："我们将把所有那些其供给不是由个人的市场需求而是由集体的政治选择决定的物品，即把任何由政府决定免费或以低费用供给其使用者的物品和服务，看作公共物品。"[4] 公共产品具有消费的非排他性、非竞争性和不可分割性特点。显然，公共图书馆具有这样的特点，因而公共图书馆作为一种公共产品应由政府负责提供。

公共产品的性质和特点决定了人们对任何公共产品的消费需求，都会被国家及其政府确认为一种基本的、正当的权利。公共图书馆就是政府为了保障公民平等获取知识的权利（这种权利在西方国家称为"知识自由"）所提供的公共产品。① 当代社会的任何一个国家，都无一例外地通过宪法和法律把公民平等获取知识的权利确认为公民的基本权利（尽管未使用"平等获取知识的权利"这样的字样，但所确认的受教育权、思想自由权、参与科学研究与文化活动权等项权利中，已经蕴含了这种权能）。可见，公民平等获取知识的权利是一种合法权利，政府保障公民平等获取知识的权利是一种履行职责的合法行为。[5]

简单地说，平等获取知识的权利就是求知和用知的权利，人的求知和用知的权利本身就是无须证明的正义权利。作为以保证社会公平为己任的政府，必须保障公民的这种正义权利，以证明自身存在的正义性。政府通过提供公共图书馆这种公共产品，保障公民平等获取知识的权利，是政府必须履行的基本职能之一，体现了政府自身存在的正义性与合法性。这种正义性与合法性表明了一个道理：公共图书馆是政府必须提供的一种公共产品。

2. 公共图书馆的高度正外部性：政府作为公共图书馆投资主体的正当性

上文已经交代过，公共产品具有消费上的非排他性、非竞争性和不可分割性特点。正是这些特点导致了公共产品在供给和消费上会产生外部性（externalities）。至于何谓外部性（又叫外在性），经济学家曼昆认为，"外部性是一个人的行为对旁观者福利的影响"[6]。斯蒂格利茨认为，"只要一个人或一家厂商实施某种直接影响其他人的行为，而且对此既不用赔偿，也不用得到赔偿的时候，就出现了外在性"[7]。也就是说，如果一个人的行为影响了他人的福利而相应的成本或收益却没有反映到市场价格中，就出现了外部性。如果这种外部性对他人造成的影响是不利的，那么这种外部性就叫"负外部性"（negative externality）；如果是有利的，就叫"正外部

① 补按：这句话原文为"公共图书馆就是政府为了保障公民追求知识生活方式的权利——知识权利——而被提供的公共产品"，在此句后面又多次用了"知识权利"一词。如同前一篇文章一样，原文中的"知识权利"一词，均在"平等获取知识的权利"意义上使用。为了阅读的方便，现在把原文中的"知识权利"一词径改为"平等获取知识的权利"。

性”（positive externality）。如果某种产品是由私人供给的话，无论是负外部性还是正外部性，只要存在外部性就会出现效率的损失，即私人边际收益与社会边际收益、私人边际成本与社会边际成本之间是不对等的。这种不对等将造成两种情况：一是具有负外部性的产品往往会造成过度生产和消费，二是具有正外部性的产品往往会造成供给不足。

2.1 正外部性公共产品私人提供的非效率性

从上文所说的负外部性与正外部性内涵的界定中，我们可以很容易地看出，公共图书馆是一种具有正外部性特征的公共产品。就原则上来说，所有社会成员都享有无限期、平等地获得公共图书馆服务的权利，并可通过图书馆服务增进个人的知识福利，且无须支付税外费用。这就是典型的正外部性表现。那么，这种正外部性公共产品，能否通过市场方式由私人提供呢？或者说，公共图书馆这种公共产品能否采取民营化方式提供呢？这一问题可以通过图 1 来说明。

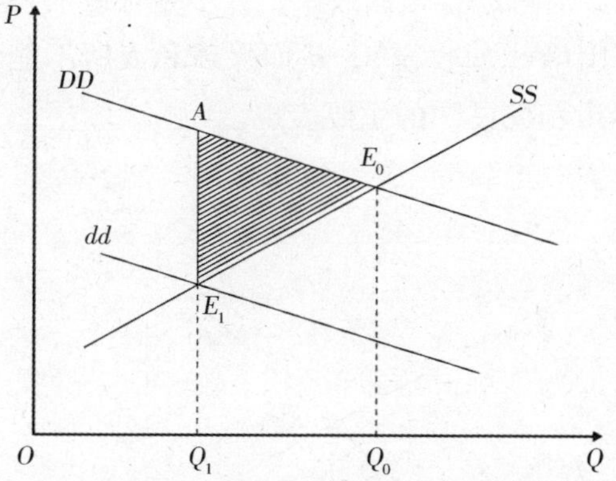

图 1 正外部性产品的市场供给

图 1 显示的就是正外部性公共产品市场（私人）供给条件下的效率损失情况。其中，*dd* 为该公共产品消费者的边际效用曲线（需求曲线），*DD* 为社会边际收益曲线（即该产品的供给对社会所产生的效用或福利），它们之间的垂直距离表示该产品的边际外部收益（即正外部性程度）；*SS* 是该产品的供给曲线（边际成本线）。我们可以看出，该产品满足效率准则的产出水平应该是 *DD* 线与 *SS* 线的交会点 E_0 所决定的 Q_0。但是，在市场供给条件下，消费者只想按照本人所获得的实际利益来支付其价格，这就使得该产品的产出水平（实际供应量）只能达到 *dd* 线与 *SS* 线的交会点 E_1 所决定的 Q_1。因为 $Q_1 < Q_0$，所以导致了供给不足的效率损失，其损失量为 $\triangle A\ E_0\ E_1$ 的面积。当 $\triangle A\ E_0\ E_1$ 的面积非常大，以至于任何人不支付费用都可以享用该产品时，就出现了集体搭便车（free rider）现象。这时需求曲线 *dd* 为一条与横轴重合的水平线，意味着该产品成为高度正外部性产品，但由于不存在市场均衡

点，因此任何私人都无法提供该产品。

成为高度正外部性公共产品的条件有如下几个。

条件1：该类产品的消费群体数量大且分布不均匀，即消费需求是大量的、不确定的和持续的。

条件2：若对该类产品实行排他性收费，则将极大地降低社会边际收益，从而招致“收费即不正义”的结局。

条件3：若提高该类产品的需求量或消费量，则将不可避免地出现“搭便车”现象，以致社会边际收益大于私人边际成本，不符合市场效率原则。

条件4：受“条件2”和“条件3”的决定性影响，市场（私人）无动机提供此类产品。

以上四个条件表明，高度正外部性公共产品是一种低效率、高公平的产品。此类公共产品如果由私人提供，便属于非效率行为。也就是说，私人无动机提供此类公共产品。那么，此类公共产品就只能由政府提供，因为政府可以容忍低效率，但不能不保障公平。所谓政府可以容忍低效率，并不是指政府可以无视低效率，而是政府有能力化解低效率困境（如收税），从而保障私人所不能保障的社会公平。这就是政府克服或纠正“市场失灵”的主要表现。

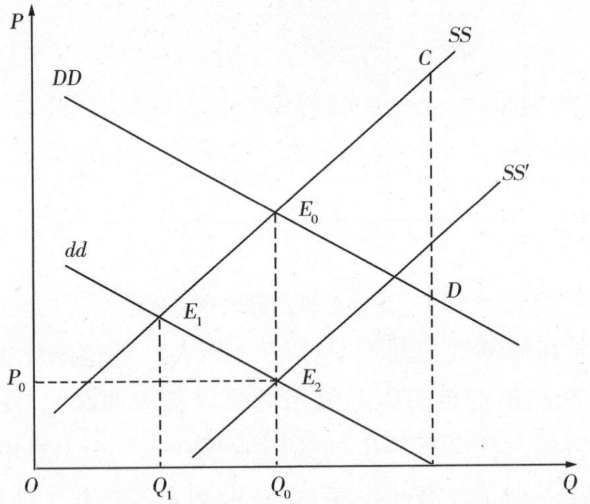

图2　正外部性产品的政府供给

图2显示的就是由政府提供高度正外部性公共产品时的供给量增加和效率损失情况。其中，*dd*、*DD*、*SS* 的意义与图1相同，*SS′*为政府供给线。由于必须保证 $Q_0 > Q_1$，即保证社会边际收益的最大化，所以 *SS′* 线在 *SS* 线的下方。此时的供给均衡点为 E_2，其成本价格为 P_0。这一成本支出由政府承担（一般以税收方式承担，而在私人提供的情况下则是以收费方式补偿），此时的效率损失为 $\triangle E_0CD$ 的面积。但是，这种效率损失不能通过收费的方式得到补偿，因为政府所提供的公共产品是以

公民统一纳税作为补偿的，如果再收费的话，无疑等于重复收税。

以上论证了公共图书馆这样一种高度正外部性公共产品不能由私人广泛提供而只能由政府提供的基本原理。那么，像公共图书馆这样的公共产品，政府为什么甘愿承担效率损失的代价而必须提供呢？为了进一步回答这一问题，我们有必要引入下面的“德优产品”这样一个概念。

2.2 公共图书馆的德优产品性质

就理论上来说，政府提供公共图书馆这样一种公共产品，也可以通过排他手段，即“谁付费谁使用”手段来实现，从而避免效率损失。而且，单纯从效率意义上来说排他手段的成本是极低的，因而是完全可以行得通的。这时政府可以委托私人部门来“经营”公共图书馆。当然，考虑到私人部门经营公共图书馆所需的前期成本和沉没成本极大①，政府应该允许私人部门以产业互补方式（即一种产业带动另一种产业）经营公共图书馆，如以书刊经销产业支持图书馆“产业”，并允许经营者按照市场价格对图书馆使用者收费，同时还可以考虑给予经营者以税收优惠。在这种情况下，私人部门是愿意（有动机、有激励）提供类似公共图书馆这样的公共产品的。这就说明并不是所有的公共产品都必须由政府来直接提供，有些公共产品完全可以通过市场方式由私人提供，如高等教育、高速公路、民用煤气、有线电视、娱乐性演出、城市消费性公园等公共产品，就都可以由私人部门提供。而且，根据政府管理的精简、效能原则，政府应该把那些具备排他性技术手段的公共产品尽量交给市场提供。这也是当代西方新公共管理学派（new public management）的基本主张。

然而，市场不是万能的。尽管市场能够提供某些公共产品，但有些公共产品却必须由政府提供。这里所说的“必须”，至少应具备如下两个必备条件之一。

条件1：属于刚性非排他性公共产品。例如，国防、外交、司法、社会治安、天气预报等公共产品，由于不具有排他性消费或分割消费的可能，因而不可能由市场提供。这种公共产品可称为“纯公共产品”。

条件2：社会公平价值远大于市场效率价值。这是针对某些公共产品在客观上同时具有政府提供和市场提供的可能性时，在选择博弈上应该如何确定其价值标准的情况而言的。也就是说，某些公共产品由政府提供所带来的社会福利价值远大于

---

① 沉没成本（deposited cost）的含义是：“当成本已经发生且无法收回时，这种成本就是沉没成本”。公共图书馆投资中的沉没成本之大是显而易见的：一是公共图书馆的投资不允许采取“谁使用谁付费”的方式收回；二是不同读者使用图书馆所获得的真实效用无法测得，因而无法准确“定价”；三是公共图书馆的社会效用不能以“经济效用”来衡量，因此经济投入长期处于“沉没”状态。

由市场提供。符合这种价值标准的公共产品就叫作德优产品（merit goods）。德优产品是“准公共产品”（quasi public goods）中的特类。

所谓德优产品，实际上是指那些对于社会发展和个人福利极具价值，从而被人们认为是高尚的、“好的”产品。初等教育应该说是最典型的德优产品之一，因为对于现代人来说，接受初等教育是每个人寻求发展最基本的前提条件，而社会的发展也由此得到最重要的动力资源——人力资源。然而，由于认识能力和行动能力的局限，市场往往缺乏对德优产品的供给动机，个人也往往会因意识不到德优产品对自己的真切价值而缺乏消费激励。即使有些人意识到了德优产品对个人发展的真切价值，但有时又会因苦于缺乏行动能力（如无力支付费用）而不得不放弃消费。古典经济学家约翰·穆勒就曾指出：“……还有另外一些东西，这些东西的价值是决不能用市场上的需求来检验的；这些东西的效用并不在于满足人们的嗜好，也不在于满足日常生活的需要，最需要这些东西的人反而最不想得到它们。那些主要用来提高人类素质的东西，就是这样。未开化的人是不能很好地鉴别教化的价值的。那些最需要提高知识水平和道德水平的人，却往往最不想提高知识和道德水平，而即使想，靠他们自己也做不到这一点。……在这种情况下，任何善意的、较为文明的政府都可以认为自己具有或应该具有比其所统治的普通人高的教化水平，因而同大多数人的自发需要相比，应该能够向人民提供更好的教育。所以，从原则上说，就应该由政府向人民提供教育。”[8]在约翰·穆勒的这段话中，虽然含有统治者鄙视人民大众的意味，但他所指出的社会基层民众往往忽视接受教育以及教育产品（尤其是初等教育）应该由政府提供的原则性主张是不无道理的。

那么，公共图书馆是不是德优产品呢？笔者认为，公共图书馆也是一种典型的德优产品。就本质上来说，政府提供公共图书馆的目的在于整体性地提高国民的素质，即提高人力资源的素质，所以公共图书馆的功能与教育的功能是一脉相承的。可以说，公共图书馆制度是学校教育制度的社会化、公共化延伸或补充。关于这一点，美国的图书馆学者们也得出了同样的结论：“图书馆的使用代表有教养与有知识。换句话说，图书馆与教育机构是可以互相取代的。但学校是基础，是强迫的；图书馆则是补充，是自愿的。学校是为了小孩及年轻人，图书馆则是为了成年人。也因此，从公共图书馆成立以来，它即被定位为自我教育的机构。”[9]其实，现代的公共图书馆不仅为成年人服务，而且小孩或年轻人也是其服务的主要对象之一。不管怎么说，公共图书馆是自我教育机构、公共教育机构这一点是不难理解的。或者说，公共图书馆只追求公共利益目标而无任何对个人和社会的负效应，因此公共图书馆的德优产品性质是显而易见的。

同学校教育相比，人们对于作为公共教育制度的公共图书馆的价值往往不能给予应有的重视，甚至还有一些人不无偏见地贬低公共图书馆的价值，尤其是个别自我标榜为有知识水平和道德水平的人，也往往看不到公共图书馆对自身发展所具有的重要意义。正如美国学者查尔斯·罗宾逊在《我们的公共图书馆有救吗?》一文中所说："世界上大部分地区没有图书馆的日子过得很好，在我们的国家里（指美国——笔者注），图书馆在生活素质上的重要性排名仅在交响乐团和艺术博物馆之前，而和戏院、保龄球馆比较，名次远远地掉在后面。"另一位学者莱斯科在《在我们的信息社会里为什么公共图书馆不是社区最重要的建筑物?》一文中，则不无讽刺地说："假使信息是重要的，为什么图书馆要如此辛苦地争取经费?"[10] 当然，正如前文所说的，"那些最需要提高知识水平和道德水平的人，却往往最不想提高知识和道德水平"，这就意味着社会基层民众往往都看不到公共图书馆对他们福利提高所具有的无形价值。这也是公共图书馆资源有时不能得到充分利用的主要原因之一。可见，德优产品往往会招致对其价值认识不足和需求不足两个方面的尴尬。

的确，一些德优产品的政府供给经常会招致某些人的怀疑甚至指责，对于公共图书馆制度的政府提供也不是所有人都一致"赞同"的。尤其在当今这个网络时代，图书馆价值或功能终结的声音一直不绝于耳。然而，这些都不应该成为政府忽视或不提供公共图书馆制度的正当理由。就像面对一道海峡，即使有了飞机、豪华轮船这些现代化跨海交通工具，也不能免去政府在经济和技术条件具备的情况下提供跨海桥梁或海底隧道这种公共产品的责任一样。

以上，我们分析了公共图书馆的高度正外部性和德优产品性质。正是因为公共图书馆具有高度正外部性和德优产品性质，才决定了公共图书馆普遍市场供给的非效率性、非公平性和不可能性，决定了公共图书馆的投资主体只能是政府，而不可能是市场。这就是政府作为公共图书馆投资主体的正当性所在。因此，作为公共图书馆投资主体的政府，不能随意减轻或免除满足公共图书馆投资需要（建设经费）的责任。

3. 正外部性公共产品的拥挤性与地域性：政府普及公共图书馆的责任

在上文中，我们已经分析了政府必须提供公共图书馆制度且必须承担公共图书馆投资主体的责任问题。那么，政府应该如何承担和履行这种责任呢？下面我们仅就政府普及公共图书馆的责任问题做一分析。

我们首先需要界定"普及公共图书馆"的含义。所谓普及公共图书馆，包括两层含义：一是为了让更多的人享受到公共图书馆的服务而尽力扩大每个图书馆的资源以及读者的容量；二是为了让更多的人享受到公共图书馆的服务而尽力扩大图书馆服务的覆盖面。普及公共图书馆的理想目标为：人人都能无障碍地享受到公共图书馆服务。

3.1 公共图书馆的拥挤性与政府责任

正如前文所指出的那样，高度正外部性公共产品往往不能避免“搭便车”现象的出现，以至于出现过度利用的拥挤现象。在消费上出现拥挤现象的公共产品，叫作拥挤性公共产品。拥挤性公共产品在消费或利用的过程中，自然会产生拥挤成本。当这种拥挤成本达到一定程度时，就会出现消费效用的降低（效率损失），甚至出现无法继续消费的结果。所以，对于拥挤性公共产品来说，有一个最佳消费规模的问题。图 3 是某种单一的拥挤性公共产品的拥挤成本、效用降低和最佳规模示意图。

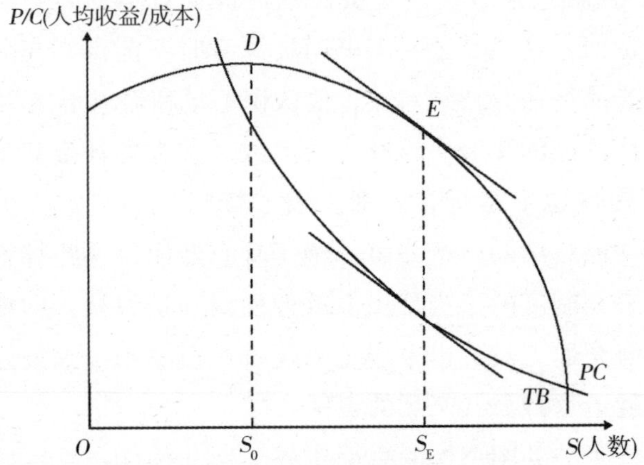

图 3　拥挤性产品的最佳规模

其中，*TB* 曲线表示对于给定数量的某一拥挤性公共产品，当使用者数量（*S*）增加时对其中的某一个消费者消费效用的影响；其斜率则反映了每增加一个消费者所产生的边际效用。*PC* 曲线表示每一个消费者承担的平均成本，其斜率表示每增加一个消费者所引起的边际拥挤成本的变化程度。当消费者数量超过 S_D时，即 *TB* 超过 *D* 点时，开始出现拥挤成本，消费者效用开始降低；当消费者数量达到 S_E时，即为消费者最佳规模（最大规模），因为此时 *TB* 与 *PC* 切线的切点之间距离最大。在私人提供该公共产品时，只要消费者数量超过 *D* 点，即可增加收费，以减轻拥挤成本的压力，并提高利润。

单个的公共图书馆由于服务规模有限，可被看作拥挤性公共产品，因此也存在图 3 所示的拥挤成本、效用降低和最佳规模问题。公共图书馆服务中的拥挤成本，主要表现为因读者人数增加而造成的管理成本的增加；效用降低主要表现为因拥挤而造成的每个读者借阅环境质量的降低；最佳规模主要表现为馆内各服务窗口在单位时间内所能容纳或接待的最大读者人数。当图书馆接待人数经常超过 *D* 点，甚至经常超过 *E* 点时，因图书馆不能采取增加收费的方式解决这种拥挤成本的压力，故只能采取如下方法中的一种或几种。

方法 1：扩建馆舍或新建更大规模的馆舍，增加服务面积。

方法 2：在不采取“方法 1”的前提下，在可覆盖的地域内提供分馆或流动点服务，以分流读者群。

方法 3：在一定地域范围内，由政府出资增建区域性公共图书馆，如在一个城市区域内，增建区级图书馆及社区图书馆。

在上述方法中，无论采取何种方法，都涉及增加投资的问题，而这种投资必须由政府承担，这是政府为解决正外部性公共产品的拥挤性问题所应承担的责任。所以，对于当前我国部分城市的公共图书馆长期面临的人满为患的困境，政府不应坐视不管。

3.2　公共图书馆的地域性与政府责任

所谓公共图书馆的地域性，是指每一座公共图书馆作为公共产品，公众在使用时受到的图书馆服务所能辐射的地域半径，即距离远近的影响。其实，很多（不是全部）公共产品的消费者都不是均匀分布的，一般情况下，距离某一公共产品提供点越近的人群越有条件、越有动机去消费该公共产品。对于那些不属于生存或生活必需品的公共产品（如公共图书馆），人们在消费该公共产品时往往会考虑路途劳顿的成本，如果觉得这种成本（机会成本）过大的话，可能会被迫放弃消费该公共产品。对于现代的公共图书馆来说，虽然数字图书馆环境的形成使得空间距离对读者利用图书馆的限制程度有所减轻，但对于那些不具备上网条件的读者以及想亲身体验图书馆现场感的大量读者来说，距离始终是一个限制因素。所以，对于每一个读者来说，利用图书馆的频率与其距离图书馆的远近始终呈现为负相关（如图 4 所示）。

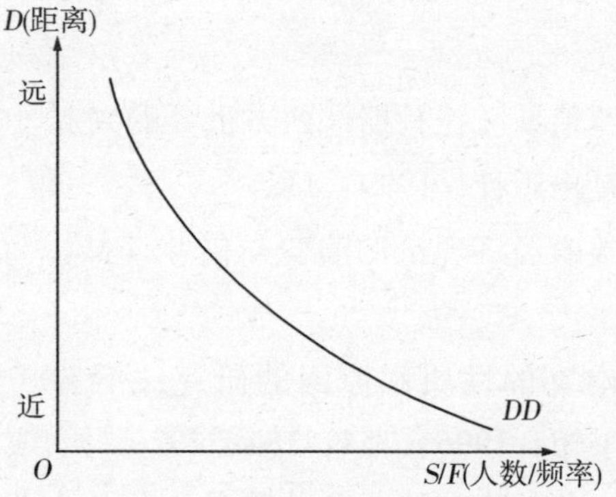

图 4　距离对人数/频率的影响

我们知道，图书馆的社会效用与其共享人数呈现为正相关，即利用图书馆的人越多，其社会效用就越大。可见，上述的地域性始终是公共图书馆增加共享人数的一个限制性因素。减轻或消除地域性因素对公共图书馆效用发挥限制性影响的方法，大体有如下几种。

方法1：在城市中，中心公共图书馆的馆址应选在辐射面最广的中心区域。

方法2：在全社会普及公共图书馆服务网点，以“把图书馆建在公众的身边”为指导思想，把公共图书馆服务网点延伸至社会的各个角落。这就要求重视和普及农村图书馆（包括县、乡、村级公共图书馆）和社区图书馆网点建设。

方法3：在技术上，大力推进数字图书馆建设，把图书馆网络化服务接口延伸至社会的各个部门以及社区、家庭，通过技术手段消除距离障碍。

上述方法的实施，离不开政府的规划、引导和投资。可见，消除人们利用公共图书馆的地域性限制，政府负有不可推卸的责任。由此观之，目前我国基层图书馆和社区图书馆，尤其是农村图书馆服务网点较为短缺的局面，以及把投资主要用在大型豪华城市公共图书馆建设上的做法，造成了城市与农村、城市中心区与边缘区、发达地区与贫困地区之间图书馆资源的不平衡状态，以至于广大基层和边远地区的民众因距离障碍而不易得到公共图书馆服务。这些问题的解决，需要政府更加合理的规划、引导和投资。

总之，在公共图书馆的发展过程中，之所以会出现拥挤性和地域性问题，主要原因就在于公共图书馆普及程度的不足。而上面的分析结果表明，在解决拥挤性和地域性对公共图书馆发展的制约问题上，即解决公共图书馆的普及性问题上，政府负有主体责任。换言之，如果没有政府的规划、投资和推进，公共图书馆的拥挤性和地域性问题不可能得到很好的解决。（原载《中国图书馆学报》2006年第4期）

参考文献

[1] 道格拉斯·诺思，罗伯斯·托马斯. 西方世界的兴起［M］. 2版. 厉以平，蔡磊，译. 北京：华夏出版社，1999：11.

[2] 王红玲. 当代西方政府经济理论的演变与借鉴［M］. 北京：中央编译出版社，2003：127.

[3] 亚当·斯密. 国民财富的性质和原因的研究：下卷［M］. 郭大力，王亚南，译. 北京：商务印书馆，1996：254，284，292.

[4] 休·史卓顿，莱昂内尔·奥查德. 公共物品、公共企业和公共选择——对政府功能的批评与反批评的理论纷争［M］. 费朝晖，徐济旺，易定红，译. 北京：经济科学出版社，2000：68.

[5] 蒋永福. 知识权利与图书馆制度——制度图书馆学研究［J］. 中国图书馆学

报，2005（1）：10－14.

［6］曼昆．经济学原理：上册［M］．梁小民，译．北京：生活·读书·新知三联书店，1999：208.

［7］斯蒂格利茨．经济学：上册［M］．姚开建，刘凤良，吴汉洪，等译．北京：中国人民大学出版社，1997：146.

［8］约翰·穆勒．政治经济学原理及其在社会哲学上的若干应用：下卷［M］．胡企林，朱泱，译．北京：商务印书馆，1991：543.

［9］赖鼎铭．美国公共图书馆为何兴起？不同的典范及其不同的解释［EB/OL］．［2006－02－11］．http：//oldhuai．bokee．com/4430697．html.

［10］沈宝环．21世纪资讯社会即将来临，图书馆事业何去何从？［J］．资讯传播与图书馆学，1998（6）：3－11.

发展公共图书馆事业的政府责任

【导读】在发展公共图书馆事业的过程中，政府负有两个方面的责任：一是对公共图书馆事业的价值定位的责任，二是为公共图书馆事业的发展提供制度保障的责任。在价值定位上，政府应该认识到：发展公共图书馆事业是民主政治建设的需要，是保障公民文化权利的基本方式，是建立公共文化服务体系的基本内容，是建设和谐社会的必然要求。在制度保障上，政府应负有制度供给和制度实施的责任。制度供给的核心内容是制定《图书馆法》；制度实施的责任，主要包括经费保障的责任和普及公共图书馆服务的责任。

公共图书馆是政府为了保障公民平等获取知识信息的权利而设置的公共文化设施。毋庸置疑，政府对公共图书馆事业的发展负有不可推卸的责任，亦即政府是发展公共图书馆事业的责任主体。那么，政府对公共图书馆事业的发展具体负有什么样的责任？笔者认为，主要负有两个方面的责任：一是对公共图书馆事业的价值定位的责任，二是为公共图书馆事业的发展提供制度保障的责任。

1. 价值定位的责任

对公共图书馆事业的价值定位，属于政府对公共图书馆事业的存在及其意义的认识问题。这种认识为政府支持公共图书馆事业提供了合法性根据。① 政府对公共图书馆事业的价值定位，决定了公共图书馆事业发展的基本路向，也决定了政府支持公共图书馆事业发展的方式方法及力度。因此，对于公共图书馆事业的发展来说，政府对公共图书馆事业价值的定位具有至关重要的意义。以往我们经常谈论的政府对公共图书馆事业重视不重视的问题，实际上就是政府对公共图书馆事业的价值定位问题。政府能够重视公共图书馆事业的前提，就在于对公共图书馆事业有一个正

① 补按：原文为“合法性资源”。若将其改为“合法性根据”，则更易理解，故改。

确的价值定位。没有这种正确的价值定位，政府是“无心”（即无思想动机）去重视公共图书馆事业的。所以，对于发展公共图书馆事业来说，政府的首要责任就是对公共图书馆事业做出正确的价值定位。

现代的国家及其政府，对公共图书馆事业的意义与价值应该做出如下定位。

1.1 发展公共图书馆事业，是民主政治建设的需要

要想达致民主政治，就需要公民广泛而理智的参与。民主理论研究专家科恩指出：“民主是一种社会管理体制，在该体制中社会成员大体上能直接或间接地参与或可以参与影响全体成员的决策。”[1]公民能够理智地参与民主政治，需要两个基本条件：一是能够获得充分的相关信息；二是要具有一定的文化素养，即公民需要接受教育。科恩认为：“教育也是取得成功的一项条件；公民必须在智能上有所准备，以便担负参与管理时所必须完成的任务。”[1]166在科恩看来，为公民提供信息和基本教育，是民主政治的必备条件。在这一点上，联合国教科文组织（UNESCO）《公共图书馆宣言》中也指出：“社会和个人的自由、繁荣与发展是人类的基本价值。人类基本价值的实现取决于信息灵通的公民在社会中行使民主权利和发挥积极作用的能力。人们的建设性参与和民主社会的发展有赖于令人满意的教育和自由与无限制地利用知识、思想、文化和信息。”公共图书馆的主要职能就是为公众获取信息和接受社会教育提供服务。因此可以说，公共图书馆是为民主政治服务的一种社会设施。这应该成为政府从民主政治建设需要的高度定位公共图书馆事业价值的基本视角。

1.2 发展公共图书馆事业，是保障公民文化权利的基本方式

从宪法的角度来说，政府的基本职责之一就是保障公民的基本权利。从大的方面来说，公民的基本权利包括政治权利、经济权利和文化权利。关于文化权利，联合国《世界人权宣言》第27条指出：“人人有权自由参加社会的文化生活，享受艺术，并分享科学进步及其产生的福利。”之后，联合国《经济、社会及文化权利国际公约》又对文化权利的内涵做了更加全面的阐述。由于人们对“文化”概念的理解分歧较多，所以对文化权利的范围界定也有所不同。但是，目前人们对文化权利的范围界定还是具有大体一致认识的，即文化权利主要包括：受教育权、文化认同权、信息权、参与文化生活的权利、创造权、享受科学进步的权利、保护作者物质和精神利益的权利和国际文化合作的权利等。[2]从文化权利的内涵与范围中可知，公众利用公共图书馆获取知识和信息，显然就是实现自身文化权利的一种途径。因此我们可以说，保障公民利用公共图书馆的权利，就是保障公民文化权利的一种方式；政府提供公共图书馆这样一种文化设施，就是保障公民文化权利实现的一种制度性安排；政府重视发展公共图书馆事业，就是重视保障公民文化权利的一种负责

任的表现。

1.3　发展公共图书馆事业，是建立公共文化服务体系的基本内容

为了保障公民的文化权利，政府必须做出相应的制度安排，建立起一整套公共文化服务体系。① 社会性的公共图书馆事业、科学与科普事业、教育事业、文化遗产保护事业、文学艺术事业、新闻媒体事业、体育事业和休闲娱乐事业等，构成了社会的公共文化服务体系。建设公共文化服务体系，是政府保障公民文化权利的制度性措施，离开这种制度性措施，公民的文化权利便无法得到保障和充分实现。因此，建立公共文化服务体系，是政府必须履行的基本责任。显然，公共图书馆事业是公共文化服务体系的重要组成部分。因此，为了健全公共文化服务体系，政府有责任重视和发展公共图书馆事业。

1.4　发展公共图书馆事业，是建设和谐社会的必然要求

建设和谐社会是社会主义的基本要求。和谐社会建设是一个系统工程，需要方方面面社会力量的聚合与协同。其中，对社会成员实施广泛的人文教育和社会包容教育，使社会保持人际和谐状态理应是和谐社会建设的重要一环。图书馆自诞生之日起，由于本身的性质和功能所致，一直保持着非意识形态的人文教育和社会包容职能。早在19世纪中叶，英国图书馆学家爱德华兹就曾指出，“公共图书馆必须拥有大量对没有受过教育的人或教育程度较低的人有吸引力的图书，以及对牧师、商人、政客、学者的研究和学习有帮助的图书”，他坚信图书馆对社会成员具有开启智慧、愉悦心灵的作用。[3]

“钢铁大王”卡内基因大量捐建公共图书馆而被誉为“图书馆的恩主”，他在《论财富》一文中设问道：“当文明的基础法则把财富置于少数人之手后，这些人应当如何合理地处置他们的财富呢？”卡内基认为，造福社会的最佳方式就是向社会提供一个促进人们上进的切实阶梯——修建公园和娱乐设施，以有利于民众的身心健康；安排艺术活动，让人们赏心悦目并提高审美能力；发展各式各样的公共设施（包括公共图书馆），以改善人类的普遍环境。[4]可见，卡内基对图书馆价值的认识，也是基于人文教育职能的。

著名图书馆学家谢拉认为，图书馆事业是一种人文事业；图书馆的目标是通过帮助个人理解自我、理解世界来改善社会；图书馆具有很强的包容和聚合功能，因

① 补按：此文发表10年后，2016年12月25日，《中华人民共和国公共文化服务保障法》正式公布，自2017年3月1日起施行。该法明确认定了公共图书馆为公共文化服务设施。可见，本文所主张的“发展公共图书馆事业是建立公共文化服务体系的基本内容”的观点，得到了国家法律的确认。

此成为社会分化和分裂的抵抗力量。他指出："在社会走向分化、分裂的时代，图书馆与它所处的整个社会交流系统一样，可以成为一个巨大的、对社会发展至关重要的聚合力量。……到图书馆来的人们，都是为了他们个人的目的，以他们特有的方式来寻求真理的。在图书馆里，用户不会被告知他们需要思考什么，什么时候思考，而是独立地发现他人的思想和观点，自主地理解这些思想和观点。因此，图书馆必须在社会的对立、分化、冲突中发挥促进理解、促进凝聚的作用，而不是成为一种同化力量。"[3]175无独有偶，当代学者伯德萨尔也指出，"作为场所的图书馆"应当是连接个人主义和共同体主义之间的桥梁与媒介，是培养个人的共同意识和社会凝聚力进而获得社会全体生活意义的一种社会的"凝聚结构"的场所。[5]毋庸置疑，公共图书馆服务所体现出的自由、平等精神以及关爱弱势群体的人文和包容精神，无疑是促进社会和谐的重要力量。

如上所述，发展公共图书馆事业是民主政治建设的需要，是保障公民文化权利的基本方式，是建立公共文化服务体系的重要内容，是建设和谐社会的必然要求。因此，政府没有理由不重视发展公共图书馆事业。正是因为公共图书馆事业承载着如此重要的社会价值，所以，发展公共图书馆事业历史性地成为任何政府都必须履行的基本职责之一。就施政的意义上来说，重视发展公共图书馆事业及其程度，应该成为每一级政府的政绩考核指标之一。

2. 制度保障的责任

上文所论述的政府对公共图书馆事业正确的价值定位，为政府重视发展公共图书馆事业解决了理念或思想认识问题。思想认识问题解决之后，接下来的问题就是思想认识的兑现问题，即政府发展公共图书馆事业的责任落实问题。在落实层面上，政府的主要责任就是提供制度保障。这种制度保障主要涉及制度的供给和制度的实施两个方面。

2.1 制度供给的责任

这里所说的制度供给，指的是政府为了发展公共图书馆事业所制定的一系列相关的政策、法律、法规或行政规章。公共图书馆事业作为政府创办的社会公共文化事业，政府必须为其运行和发展做出一系列制度安排，这些制度安排的具体表现就是制定出相关的政策、法律、法规或行政规章。这些制度安排的意义在于，保证公共图书馆事业能够向着既定的方向运行而不逾矩，能够正常发挥既定的功能而不无为。需要说明的是，政府不是立法机构，不能直接承担法律制度的供给，但政府并不是法律制度的旁观者，而是法律制度的积极建议者、参与者和执行者。就这个意义上来说，政府也应负有法律、法规的供给责任，其具体履责方式为向立法机构提出相关立法议案并争取通过。

对于发展公共图书馆事业来说，政府最为重要的制度供给责任是促成全国统一的《图书馆法》的颁布。因为全国统一的《图书馆法》是全国公共图书馆事业建设的基本制度规范，其颁布及完善与否直接关涉全国公共图书馆事业能否健康有序发展的制度保障前提。这一点对于我国公共图书馆事业来说，显得尤为紧迫和重要，因为我国尚未制定出全国统一的《图书馆法》。[①] 我国公共图书馆事业所面临的这种立法缺位、无法可依的局面，对整个事业的发展带来了诸多负面影响。

然而，我们又欣喜地看到，北京市、上海市、河南省、内蒙古自治区、湖北省以及深圳市等地方政府，已促成了当地图书馆事业法规或行政规章的出台，这似乎预示着我国的图书馆法立法之路走的是“先地方后中央”的路子。可以说，《图书馆法》的制定和颁布，是我国中央政府重视发展图书馆事业的根本表现，也是其当前应该履行的主要的制度供给责任[②]，而各地方政府在全国统一的《图书馆法》颁布之前，积极推进当地图书馆事业的立法进程，也是其当前应该履行的主要的制度供给责任。

2.2　制度实施的责任

制度供给解决的是“有法可依”的问题，而制度实施解决的则是“有法必依”“违法必究”等问题。目前我国虽然还没有全国统一的《图书馆法》，但一些地方政府已制定出了图书馆事业法规或行政规章，这就表明我们所面临的不仅是制度供给的问题，而且已经开始面临着制度实施的问题。不言而喻，制度实施是达到制度供给目的的基本环节，没有有力的制度实施，制度供给便会成为“无果之花”。

在我国现行体制下，政府在发展公共图书馆事业的制度实施方面，应主要负有两个方面的责任：一是保障公共图书馆事业经费的责任，二是规划和推进普及公共图书馆服务的责任。

2.2.1　保障公共图书馆事业经费的责任

由于公共图书馆事业本身的性质和功能所致，公共图书馆事业不可能“走向市场”，也不应该走所谓的“自负盈亏”“自谋生存”的经营型发展轨道。公共文化事

① 补按：《中华人民共和国公共图书馆法》已由中华人民共和国第十二届全国人民代表大会常务委员会第三十次会议于2017年11月4日通过，自2018年1月1日起施行。所以，本文以及本书其他部分所言的“尚无《图书馆法》”问题已得到解决。

② 补按：2017年11月4日，《中华人民共和国公共图书馆法》正式颁布，这意味着我国中央政府已完成供给《图书馆法》的初步任务。

业按可行的运营模式，可分为经营型和公益型两大类。所谓公益型文化事业，指的是同时具有“面向公众服务”和“服务免费”两个特征的文化事业。既然是“服务免费”，就决定了公益型文化事业的运营经费只能以“公共付费”，即公共税收的形式补偿。这种公共税收补偿，也就是政府公共财政支出。公共图书馆事业就属于公益型文化事业，所以政府必须承担保障公共图书馆事业运行经费的责任。

那么，为什么公共图书馆事业必须纳入公益型文化事业而不应该纳入经营型文化事业呢？这是由公共图书馆事业以下的一些特性所决定的。

（1）公共图书馆服务对象的不可排他性。公共图书馆不能以“谁付费谁使用”的标准来排除那些不付费或无力付费的社会成员，因为这种排他性做法违背了公共图书馆“面向所有人平等开放”的基本服务原则。

（2）公共图书馆利用者收益的潜移默化性（或称“模糊性”）。公共图书馆利用者的收益是不可能当下精确计量的，这就决定了公共图书馆服务按价格定量收费的失灵。在社会产品的供给模式上，无法精确定义价格的产品，其提供费用只能以公共收费（税收）的形式加以补偿，因此公共图书馆服务只能进入公益服务系列。

（3）公共图书馆服务的社会效益优先性。理论和实践均证明，公共图书馆服务若实行利用者付费模式（即市场化运作模式），则理应进入私人提供范围（这里的“私人提供”应排除慈善性私人提供，而只指经营性私人提供）。如果是私人提供，就必须采取“谁付费谁利用”的排他措施，而这种排他性服务必然造成社会边际收益小于私人边际收益的“效益损失”。[6]所以，以社会效益为优先原则的公共图书馆服务，只能进入由公共财政支持的公益事业范围。

可见，由政府提供公共图书馆事业的运行经费，并不能视为公共图书馆单方面“索要”的结果，也不能视为政府对公共图书馆事业“恩赐”的结果，而是政府基于公共图书馆事业的性质和功能所必须承担的责任。

政府履行保障公共图书馆事业经费的责任，对我国当前的公共图书馆事业来说具有特别重要的意义。需要说明的是，公共图书馆事业经费的投入或筹集，可以是多元或多途径的，如引进社会资金（包括引进民间资本、慈善资金等）是保障经费投入多元化的有效途径。但是，社会资金引入得再多，也不应该免除或减弱政府作为投资主体的责任。

2.2.2 普及公共图书馆服务的责任

所谓普及公共图书馆服务，是指拓展或扩大公共图书馆的服务网点建设。其标志是把公共图书馆服务延伸至可覆盖的所有空间范围，目的是消除图书馆利用者的距离障碍，从而最大限度地扩大图书馆服务的覆盖面或影响面，以保证图书馆功能的全面实现。无须论证，普及公共图书馆服务是公共图书馆事业发展的基本标志，也是保证公共图书馆的存在能够为公众所真真切切感受到的基本途径。就现在的技术条件来看，普及公共图书馆服务，在手段上可采取实地服务点的增加、流动服务点的增加和网络接入点的增加三种形式并举的措施。在服务体制上，发达国家普遍采用的“总馆—分馆制”是可供选择的上佳模式。比如，1970—1980 年的日本东京都政府，在“市民图书馆运动”的推动下，以“创办市民身边的图书馆”为口号，自 1971 年提出大约步行 1 千米就有一座图书馆起，经过几年的努力，到了 1977 年，东京都公共图书馆的数量由 1971 年的 84 座增加到了 176 座，至 1983 年又进一步增加到了 253 座，从而使东京都公共图书馆的综合发展指标迎头赶上了欧美发达国家大都市的水平。[7]

普及公共图书馆服务，对于我国来说具有至关重要的意义。由于我国的城市社区众多，农村居民分布范围广阔，所以，公共图书馆服务只有采取普及化策略，才能达到惠及全民的目的。显而易见，这种普及化策略的实施既需要政府的宏观政策规划，也需要政府的巨额投入。在我国，无论实现普及公共图书馆服务的战略目标多么遥远、多么艰难，都是别无选择的必由之路。只有这样，才能体现公共图书馆事业发展惠及弱势群体，进而惠及全民的正义理想。当前，普及公共图书馆服务是我国全社会公共文化服务体系建设目标中的重要一环，也是社会主义新农村建设目标中的重要一环，如此宏伟目标的实现过程，必须由政府来规划和推动。也就是说，普及公共图书馆服务目标的实现，离不开政府的政策规划、指挥推动和资金投入。

（原载《图书馆论坛》2006 年第 6 期）

参考文献

[1] 科恩. 论民主 [M]. 聂崇信，朱秀贤，译. 商务印书馆，1988. 10.

[2] 雅努兹·西摩尼迪斯. 文化权利：一种被忽视的人权 [J]. 黄觉，译. 国际社会科学杂志（中文版），1999（4）：95－108.

[3] 于良芝. 图书馆学导论 [M]. 北京：科学出版社，2003：170.

[4] 程亚男. 钢铁大王卡内基的图书馆情结 [N]. 深圳特区报，2005－2－27.

[5] 黄纯元. 关于《电子图书馆的神话》 [M] //黄纯元图书馆学情报学论文集. 上海：上海科学技术文献出版社，2001：164－170.

[6] 蒋永福. 政府与公共图书馆——关于图书馆制度的一种规范分析 [J]. 中国图书馆学报，2006（4）：17－21，33.

[7] 李国新. 日本图书馆法律体系研究 [M]. 北京：北京图书馆出版社，2000：103.

在我国实行公共图书馆理事会制度的理论思考

【导读】《中华人民共和国公共图书馆法》规定：“国家推动公共图书馆建立健全法人治理结构，吸收有关方面代表、专业人士和社会公众参与管理。”中宣部、文化部等7部门联合印发的《关于深入推进公共文化机构法人治理结构改革的实施方案》规定，公共图书馆等公共文化机构要“建立以理事会为主要形式的法人治理结构。理事会是公共文化机构的决策机构，……公共文化机构管理层负责执行理事会决策，管理层由公共文化机构行政负责人及其他主要管理人员组成”。图书馆理事会制度，是指由理事会来行使决策权的图书馆微观管理体制。国外的图书馆理事会制度，起源于1848年美国马萨诸塞州议会通过的在波士顿市建立公共图书馆的法案。国外的公共图书馆大多实行理事会制度。目前来看，在我国实行图书馆理事会制度也有一定的合理性，因为引入理事会制度是建立和完善我国公共图书馆法人治理结构的需要，也是图书馆适应政府职能转变和事业单位改革方向的需要。在引入理事会制度的过程中，应该首先制定相应的政策和法律，在此基础上要认清政府与理事会之间的关系以及理事会与执行者之间的关系，同时还要重视理事会的自身建设。引入理事会制度，应该成为我国公共图书馆管理体制改革的有益选择。本文构思和写作的时间为2010年，彼时《中华人民共和国公共图书馆法》及相关政策尚未出台，所以未能全面引用有关政策法规的原文，但本文的基本观点、结论，却与多年后出台的法律及有关政策规定“不谋而合”。

1. 图书馆理事会制度：概念、起源及在国外的实施

图书馆理事会（library board），也称为“图书馆委员会”“图书馆董事会”等。图书馆理事会就是图书馆事务的集体管理主体，它的管理权限一般处于政府行政主管部门之下、馆长之上。图书馆理事会制度，是指由理事会来行使决策权力的图书

馆管理体制。图书馆理事会制度是人们在面对“图书馆事务的管理权力应该交给谁”的问题时，有意识地设计和选择的产物。正如一位专家所指出的那样，“对于许多重要问题的决定权，应该托付给谁？比较起来，与其托付给个人不如托付给集体较佳。集体比任何个人都能善于评价、判断舆论和储备公共资源。……这项政策比起行政局（课）首长个人思考的政策要稳定且较少动摇。它也难接受形形色色的邪恶的政治活动的影响”[1]。图书馆理事会制度的产生，意味着图书馆所有者和管理者的分离，意味着图书馆管理的专业化以及一定程度上的“去行政化”。图书馆理事会制度是一种开放、民主的图书馆管理方式，是图书馆组织与管理体制的一部分，相较于由政府或机构主管来领导，或者由馆长直接管理图书馆的制度安排，图书馆理事会制度能够更加有效地吸纳多个利益主体参与管理并协调彼此的利益冲突。而且，它还是图书馆自主治理以及公众实践其在图书馆公共事务上的公民权利的重要形式。[2]

国外的图书馆理事会制度肇始于1848年。是年，美国马萨诸塞州议会通过了一项法案，决定“在本市（波士顿——笔者注）建立一所免费的公共图书馆”，同时决定将图书馆事务交由专门成立的理事会管理。当时图书馆理事会规则规定：理事会由市议会上院、下院议员各1名以及市民代表5名组成；理事由两院全体议员选举产生；市议会只保留任命馆长和决定馆长薪金的权力（后来这一权力也交给了理事会），其余权限全部归属理事会，包括监督图书馆预算、制定图书馆规章制度、选聘核心馆员等。[3]波士顿公共图书馆所创立的图书馆理事会制度，已被世界上的许多国家所效仿，仅美国本土就有95%的图书馆实行了理事会制度。美国著名政治学家威廉·门罗曾经指出：“在所有的地方自治体领域里，图书馆部门最适合委员会管理体制。”[1]

世界上图书馆事业较为发达的国家大多实行理事会制度。比如在美国，从联邦政府层面到州、县、自治城市层面，都建立有相应级别的图书馆理事会。1970年，时任美国总统尼克松签署法案，建立“国家图书馆和信息科学委员会”（National Commission on Libraries and Information Science，NCLIS）。NCLIS可以说是国家层级的图书馆理事会，但其不是行政机构，而是联邦政府的一个独立机构。其职责包括：①为美国人民发现图书馆和信息服务的需求；②将这些需求转变成国家的政策建议，以满足美国人民对于图书馆和信息服务的需求；③向总统、国会、州政府和地方政府提供有关国家政策实施的咨询。[4]如果说NCLIS是政策咨询机构的话，那么根据1996年美国国会通过的《图书馆服务和技术法案》（《Library Services and Technology Act》，LSTA）成立的博物馆图书馆服务管理署（Institute of Museum and Library Services，IMLS），则是专门负责管理LSTA拨款的联邦独立机构，受国家艺术和人文科学基金会（National Foundation on the Arts and the Humanities，NFAH）管辖。2008年初，NCLIS 的职能归并于 IMLS ，但仍保留独立机构地位。NCLIS 由 16 人组成，其中国会图书馆馆长和 IMLS 负责人是法定成员，但没有投票权，另外 14 人由参议院推荐和批准，并由总统任命。委员中有 5 人是专业图书馆员或信息专家，其余委员必须特别了解美国人民对图书馆和信息服务的需求。现有的委员中有律师、退休的图书馆馆长、房地产经纪人、杂志编辑、演员、历史学家等。至于美国州一级的图书馆理事会，以华盛顿州图书馆理事会为例进行说明。华盛顿州普通法规定，州图书馆理事会的职权包括：①聘用图书馆馆长，规定其职责、报酬，并可依正当理由予以免职；②制定和批准用来指导理事会工作和监管图书馆的各种管理制度、规章和纪律；③讨论、通过和定期审议政策，主动与公众就图书馆方面的政策议题展开交流和讨论；④与馆长合作，制定和通过图书馆的使命宣言、长远规划、战略报告和年度报告；⑤控制图书馆的财务，依据相关法律规划和确保图书馆拥有充足的资金；⑥在预算规模内，为员工制定合适的薪酬、奖金以及提供继续教育的机会。[5]另外，美国的大部分州都通过制定相关的法律或运营标准来引导图书馆实行理事会制度，如伊利诺伊州的《服务公众：伊利诺伊州公共图书馆标准》就规定："图书馆由一个理事会管理；理事会任命一名取得资格认证的人做图书馆管理者；理事会拥有控制图书馆所有财产以及对图书馆募集来的或是受捐赠获取的资金合理支出的专权；图书馆管理者每个月都要向理事会呈交一份关于图书馆运行的书面报告。"[6]

再如英国，1892 年修订的《公共图书馆法》规定，"图书馆主管单位（library authority）应授权于各市图书馆委员会"；1919 年修订的《公共图书馆法》规定，"现行图书馆主管单位应将权力转移至郡，……一区域若归并入较大之郡，仍可于该区域设立图书馆委员会，并指派图书馆馆长"；1964 年修订的现行《公共图书馆与博物馆法》规定，"英格兰和威尔士应分别设立图书馆顾问委员会"。[7]

又如韩国，2006 年新修订的《韩国图书馆法》第十二条规定，"为了制定、审议、调整图书馆政策的重要内容，在总统属下设置图书馆信息政策委员会"，这实际上是设立国家级图书馆理事会的法律规定；第二十四条规定，"为了审议均衡发展辖区范围内图书馆及消除知识信息差距的主要内容，市、道设立地方图书馆信息服务委员会"，这实际上是设立地方图书馆理事会的法律规定；第三十条规定，"为了有效地运营图书馆，加强与其他文化设施之间的紧密协作，公立公共图书馆必须设立图书馆运营委员会"，这实际上是设立个别图书馆理事会的法律规定。[8]

2. 在我国实行公共图书馆理事会制度的可行性分析

2.1 建立和完善我国公共图书馆法人治理结构的需要

所谓公共图书馆法人治理结构，是指为了实现图书馆法人自主管理而设计的、以形成主要利益相关主体之间的权力分享与制衡机制为核心旨归的管理体制。公共图书馆法人治理结构由外部治理结构和内部治理结构两个方面整合而成。其中，外部治理结构是由政府行政主管部门、图书馆行业协会组织、社会监督部门与图书馆之间相互协调与相互制衡的关系所构成的宏观及中观管理体制，而内部治理结构则是在特定的图书馆管理事务中由决策层、执行层和监督层三个方面相互协调与相互制衡的关系所构成的微观管理体制。一般情况下，人们所称的“图书馆法人治理结构”，指的是内部治理结构（如图 1 所示）。

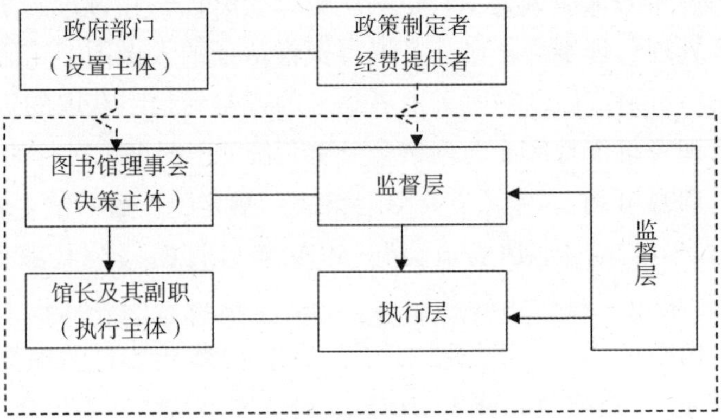

图 1　公立公共图书馆法人治理结构

图书馆理事会被视为公共图书馆法人治理结构的核心，其理由有二：一是组建理事会是图书馆实施法人治理结构的根本标志（如果不是由理事会来行使图书馆事务的决策权而是由政府来直接控制图书馆事务，就根本谈不上法人治理结构）；二是图书馆法人治理结构的实际运行要靠理事会来决策和推动，或者说图书馆法人治理结构能否实现“良好治理”目标，主要取决于理事会的决策质量。就这个意义上来说，所谓公共图书馆法人治理结构，其核心旨在实施理事会决策制度的图书馆管理模式。可见，若想建立健全图书馆法人治理结构，则首先要建立并实施图书馆理事会制度。

2.2 适应政府职能转变的需要

随着市场经济体制的逐步健全，政府的角色必然从“大包大揽”的全能型政府向公共服务型政府转变。在此过程中，政府必然集中注意力于宏观调控职能，而原来由政府所包揽的大部分中观、微观事务必将逐渐转移给各行业、各实体机构自主管理，而自主管理的前提在于政府在权力配置上要做到分权与放权。分权的目的是平衡各利益相关者的合法权益，形成权力行使的制衡机制；放权的目的是充分调动管理主体的积极性，使其享有适度的自由裁量权，以充分履行职责并承担相应的责任。其实，关于政府职能转变的方向，新公共管理理论早就有所概括：掌舵而不划桨（steering not rowing）。对于公共图书馆事务来说，政府“掌舵”意味着政府主要承担政策制定者（立法者）和经费提供者的角色责任，而政府“不划桨”则意味着政府不再直接管控公共图书馆的具体事务。需要指出的是，“政府不再直接管控具体事务”并不意味着政府对公共图书馆事务“撒手不管”，而是政府“只当裁判员但不同时又当运动员”——把公共图书馆事务交由图书馆自己来管理。那么，由谁来充当公共图书馆事务的决策主体呢？“那些有权力且有责任进行决策的人应该拥有丰富的知识才能进行决策，这些知识是：有关的技术知识信息、公众舆论动态、利益集团态度立场、法律的解释、过去的实践经验、有利害关系的民选官员的观点、其他政府管理机构的观点和消息最为灵通的下属的意见。”[9] 显然，具有这种决策知识的“人”，应该是具有广泛民意基础、由各利益相关者代表组成的集体。这种集体决策机构就是图书馆理事会。对于我国来说，随着政府职能转变而空缺出来的公共图书馆决策主体位置，可以由图书馆理事会来跟进补位。

2.3 适应事业单位改革方向的需要

进入21世纪以来，我国事业单位管理体制改革一直在紧锣密鼓地进行。在我国，公共图书馆一直都是事业单位。因此，事业单位管理体制改革必然波及或涵盖公共图书馆管理体制改革。我国事业单位管理体制改革的一个基本方向是：政事分开、管办分离。所谓“政事分开”，就是根据“政策”与“执行”相分离的原则，通过对“行政”与“事业”两大部门职责界限的明确划分，将公共服务的提供（安排）主体和实施主体相分离，并将两者之间的关系由传统的隶属关系转变为契约关系的一种制度安排。所谓“管办分离”，即举办者（政府）和管理者相分离。也就是说，政府作为举办者或出资者，只依据法律抓宏观协调和监督事务而不行使直接管理事业单位的权力。可见，作为事业单位的公共图书馆，在“政事分开、管办分离”后仍然面临着决策主体的补位问题，而这一决策主体应该为图书馆理事会。作为我国事业单位改革试点城市的深圳市，已在事业单位改革中引入了理事会制度。2007年，《中共深圳市委办公厅、深圳市人民政府办公厅关于印发事业单位体制机制改革创新七项专项改革方案的通知》中的《建立和完善事业单位法人治理结构实施意见》规定，“理事会是事业单位的决策权力机构，负责确定事业单位的发展战略和发展规划，行使事业单位重大事项决策权”；理事会的基本职能是，“审议决定本单位和下属单位（如有）的章程和基本管理制度，年度工作计划、工作任务、工作目标、绩效指标和服务标准，以及用人计划、激励考核机制、财务预算方案、薪酬分配方案、资产处置方案和年度报告等”。深圳图书馆、深圳大学城图书馆、深圳少年儿童图书馆已被列入实行理事会制度的事业单位名单中。[10]

3. 在我国实行公共图书馆理事会制度的几个要点

3.1 政策与立法先行

在我国实施公共图书馆理事会制度，显然是一个制度变迁过程。制度变迁有诱致性制度变迁和强制性制度变迁之分。诱致性制度变迁，是指现行制度安排的变更表现为组织自发倡导和实行的过程；强制性制度变迁，是指由政府命令或法律引入而实现的变迁，其实施主体为国家及其政府。[11]显然，由于历史和国情，在我国实行公共图书馆理事会制度必然是一个强制性制度变迁过程。既然是强制性制度变迁，就需要政策与立法先行。因此，我国的文化发展政策、事业单位改革政策以及其他相关政策，应当对实行公共图书馆理事会制度做出明确的规定，尤其是正在制定中的《中华人民共和国公共图书馆法》，更有必要做出相关的法律规定。

3.2 认清政府与理事会之间的关系

在英国实施的新公共管理体制中，图书馆理事会被称为“非部门公共实体”（non - departmental public bodies），它是“不属于政府部门但在一定程度上受到政府管理，并承担一定职能的机构”，是处于政府部门与图书馆之间的一种准自治机构。[12]也就是说，政府与图书馆理事会之间不是纯粹的领导与被领导关系，而是一种以政策和法律为纽带的契约关系。政府对理事会的影响主要表现为政策引导、经费约束和行为监督，而不直接干预理事会的决策行为；理事会具有较为独立的自主决策权，但须按照一定的程序向政府报告工作并接受政府的监督。

3.3 认清理事会与执行层之间的关系

公共图书馆法人治理结构中的执行层（也叫管理层）由馆长及其副职组成，是理事会决策的执行主体。理事会与执行层的关系是：理事会通过理事会章程和理事会会议行使决策权，支持执行层工作，但不直接参与图书馆的微观管理事务；执行层执行理事会决议，接受理事会监督，向理事会报告工作。关于理事会与馆长的关系，美国伊利诺伊州立大学芝加哥分校图书馆的赵力沙女士曾有过评论：“图书馆人员和社区服务人员组成理事会，对图书馆馆长进行挑选，必须符合社区公民的要求和标准。因为有各种制度的保证，如果图书馆馆长做得不好，理事会将不会同意此人继续留任，上级部门会将其辞退，从而也用不着法律的措施。”[13]

3.4 搞好理事会自身建设

3.4.1 选好理事会组成人员

遴选理事会组成人员，一要保证代表民意的广泛性；二要注重选任那些有责任心的社会贤达人士；三要按照事先规定的标准和程序选任，避免任人唯亲。以美国加利福尼亚州为例，该州法律规定，全州的图书馆事务均由州图书馆理事会负责。法律对该理事会成员的任命/任期、组成人数以及职责，都做出了详细的规定：理事会由 13 人组成；有 9 人由州长任命，其中的 3 人代表残疾人、英文不好的人和经济贫困户，另外 6 人来自学校图书馆、机构图书馆、公共图书馆、学术图书馆、特殊图书馆；其他 4 人代表上述之外的方面，其中有 2 人由州议会规章委员会任命，另外 2 人则由议长会议任命。[14]澳大利亚新南威尔士州图书馆理事会是由州艺术、体育和娱乐部部长提名，并由州长任命的 9 名成员组成的，理事成员中至少有一名拥有教育方面的知识或经历，同时至少有一名拥有地方政府的知识或经历。

3.4.2 科学确定理事会的职责

科学确定理事会的职责，是建立健全理事会制度的关键。一般情况下，图书馆理事会应负有如下职责：制定图书馆总体发展战略、规划和政策；审批图书馆年度工作计划和财务预算方案；审议图书馆年度报告和财政收支状况报告；监督图书馆公共资金使用情况；审议图书馆绩效考核指标和服务标准；聘任符合已制定的人事最低标准的图书馆馆长，根据标准评价馆长的工作表现与效率；审议和采纳图书馆人事政策、人员选聘指南；提供合适的图书馆全体职员薪酬分配方案。[15]

3.4.3 合理设置理事会组织机构

合理设置理事会组织机构，是理事会顺利开展工作并取得相应业绩的基本组织保障。理事会可设立执行委员会、咨询委员会以及政策、立法、服务、人力、财务、审计等各类专业委员会，并聘请社会专业人士担任委员，为理事会决策提供专业咨询和管理咨询服务。各委员会成员的具体职责、选聘办法和权限，应经理事会会议审议批准，并予以公示。各委员会成员在受聘期间，向理事会负责并承担相应的诚信和勤勉义务。以美国波士顿公共图书馆理事会为例，它设有 4 个委员会和 2 个特别小组：资金项目委员会、馆藏委员会、财政和审计委员会、社区服务委员会，以及市场营销和筹资特别小组、技术特别小组。[16]

3.4.4 规范理事会议事规则

理事会本身作为民主议事和决策机构，必须遵循民主决策和科学决策原则，尤其是在会议制度上，必须遵循平等协商、自由发言和程序民主原则。澳大利亚图书馆法规定，理事长在任何理由、任何情形下认为有必要时可以召集理事会会议，或者在接到不少于4名理事的书面请求时召集会议；部长也可能在任何时候召集理事会会议；会议的主持人是理事长，若理事长缺席，则由副理事长主持，若正、副理事长均缺席，则由出席会议的全体理事推举其中的一名理事主持该次会议。澳大利亚国家图书馆和大英图书馆理事会会议的法定人数均为5人；一般要求会议召开的法定人数占所有理事的半数以上；理事会每年度召集会议为4—6次。此外，大英图书馆理事会还规定：其中的一次会议应重点讨论图书馆战略发展议题；为使理事会成员有效履行职责，会前将向理事提供合适而又动态更新的信息，并于会议召开前一周把会议议程的相关材料发送给理事，以让其做好召开会议的准备；会议决议的形成实行多数表决原则，理事会若对重大事项进行表决，则须经出席会议的过半数理事同意方可生效，若相左意见的表决票数相同，则理事长或会议召集人有权投决定票；理事会秘书对所议事项的决定做好真实、完整的记录，理事会会议形成的决议文件须在出席会议的全体理事见证下，由理事长或会议召集人（主持人）签名、盖章，并署上日期后方为有效。[15]

3.4.5 建立健全理事会自身的规章制度

图书馆理事会是一民主决策机构，它的一切活动都要体现出民主、公开、效能、责任等特点，因此必须制定健全的制度规范。理事会各项制度的名称及其主要内容，通常在理事会章程中做出原则性规定。一般而言，理事会制度的内容，除了前面论述的理事会议事规则，以及理事会章程中规定的理事会组成、理事的职责等之外，至少还应包括年度报告制度、绩效评估制度、信息公开制度和审计制度：①年度报告制度。公共图书馆要对一个计划年度的运行情况进行全面、系统的总结，即编制年度报告。年度报告的具体内容，包括年度发生的重要决策、重要活动、预算执行情况、计划与目标的完成情况、主要财务状况、运作中出现的问题等。年度报告由馆长负责编制，并提呈理事会审议，审议后的年度报告应及时公之于众。②绩效评估制度。行业主管部门应会同有关部门制定图书馆行业绩效评估标准体系，具体评估工作应委托第三方评估机构负责。在理事会的绩效评估制度中，除了对所管辖图书馆的绩效评估之外，还应包括对理事会自身的业绩评估，以及对所聘任管理层（馆长及其副职）的业绩评估。为此，制定“馆长（副馆长）聘任条件、程序及岗位责任”制度也是有必要的。③信息公开制度。理事会的年度报告要提交给举办主体及相关部门，并在每年相对固定的时段向公众公开，接受政府及社会的评议。在日常运行中，也应随时通过媒体、网站、宣传册等多种形式，向社会公开图书馆的服务内容、服务标准、财务审计制度、政策依据、运作状况、发展规划等内容及其变化调整情况。理事会在运行过程中涉及公众利益的重大举措，应通过听证会等形式接受公众监督。④审计制度。审计机关依法对图书馆财务状况实施审计监督，其中对任期届满或离任的法定代表人要进行经济责任审计，未经审计的不得解除其经济责任关系。[17]（原载《山东图书馆学刊》2010 年第 6 期）

参考文献

［1］雷登逊. 美国公共图书馆的管理和经营［J］. 杨华，译. 河北科技图苑，1992（4）：49－59.

［2］黄颖. 图书馆治理的比较制度分析［D］. 北京：中国科学院研究生院（文献情报中心），2004：56.

［3］蒋永福. 图书馆学通论［M］. 哈尔滨：黑龙江大学出版社，2009：38－39.

［4］顾犇. 美国图书馆事业概况［J］. 北京图书馆馆刊，1999（3）：125－130.

［5］Public Library Trustee Summary Manual（Washington State Library）［EB/OL］.［2010－03－17］. http//www. statelib. wa. gov/libraries/libDev/downloads/trustee/summary. pdf.

［6］Illinois Library Association，Public Library Management Forum，Standards Review Committee. Serving our public：Standards for Illinois Public Libraries［EB/OL］.［2010－02－10］. http：//www. ila. org/trustees/serving. pdf.

［7］陈敏珍. 美国图书馆学会与英国图书馆学会对图书馆事业发展之比较研究［M］. 台北：汉美图书有限公司，1990：144－148.

［8］李炳穆，太贤淑. 韩国图书馆法［J］. 段明莲，译. 图书情报工作，2008（6）：6－21.

［9］库珀. 行政伦理学：实现行政责任的途径［M］. 4 版. 张秀琴，译. 北京：中国人民大学出版社，2001：70.

［10］中共深圳市委办公厅，深圳市人民政府办公厅. 中共深圳市委办公厅、深圳市人民政府办公厅关于印发事业单位体制机制改革创新七项专项改革方案的通知［EB/OL］.［2007－11－07］. http：//www. sz. gov. cn/zfgb/2007/gb570/content/mpost_ 4948124. html.

[11] 林毅夫. 关于制度变迁的经济学理论：诱致性变迁与强制性变迁［M］//科斯，阿尔钦，诺斯，等. 财产权利与制度变迁——产权学派与新制度学派译文集. 刘守英，等译. 上海：生活·读书·新知三联书店上海分店，1994：374－396.

[12] 经济合作与发展组织. 分散化的公共治理——代理机构、权力主体和其他政府实体［M］. 国家发展和改革委员会事业单位改革研究课题组，译. 北京：中信出版社，2004：265.

[13] 赵力沙. 法律为图书馆注入活力——美国图书馆立法成就与图书馆价值［J］. 图书馆建设，2006（5）：19－21.

[14] California Education Code［EB/OL］.［2010－05－20］. http：//www. leginfo. ca. gov/.

[15] 梁奋东. 西方图书馆理事会［J］. 深图通讯，2008（2）：14－17.

[16] 冯佳. 国外公共图书馆理事会制度及启示——以美国波士顿公共图书馆理事会制度为例［J］. 图书馆建设，2010（6）：93－97.

[17] 肖容梅. 公共图书馆法人治理结构初探［J］. 深图通讯，2008（2）：9－14.

附录Ⅰ

蓄极则通：蒋永福先生谈读书（访谈录）
采访笔录：陈丽丽

1．问：读过您的论著的人或者听过您讲课的人都有一个共同的感受，就是您的知识面很广，肯定读了很多的书。能说出到底读了多少书吗？

答：我不知道。我只是读，从来没有查过数量。我年轻时就立下“我要读很多的书”这样的志向，我就是在这一志向的鼓励下展开读书历程的。

2．问：中国古代先贤们常说“读书须先立志”，您早年立下“我要读很多的书”这样的志向，就是您读书不辍的动力吧？

答：是，我相信“读书须先立志”的正确性。其实，“读书须先立志”的道理几乎人人皆知，是一个老生常谈的问题，而我所要强调的是立什么样的志的问题。读书应该立什么志？“为中华之崛起而读书”，这句话可以说是政治学意义上的集体性读书志向。在现代社会，和平环境中成长起来的人们往往会从个人因素（如个人幸福、个人喜好、个人专业发展所需等）出发考虑读书志向问题，我把这种从个人因素出发而立的读书志向称为个人主义读书志向。个人主义读书志向本身无可厚非，但它有一个明显的缺陷：容易形成过度自我、过度实用主义的狭隘视域，而不容易形成超脱性的、开放性的读书志向。我提倡的读书志向，就是这种具有超脱性、开放性视域和特征的读书志向。只有超脱性、开放性的读书志向，才有助于形成博学广览的视野，才有助于产生持续不竭的阅读欲望及动力。

我非常看重一个人克服过度自我、过度实用主义的狭隘视域的重要性。无论是读书还是做其他事情，都要克服过度自我、过度实用主义的狭隘视域。那么，如何克服这种狭隘视域呢？对此，孔子早已为我们做出了答案，即“毋意、毋必、毋固、毋我”。这“四毋”，不仅可视为做人的一般原则，还可视为树立正确的读书志向所应遵循的“负面清单”。也就是说，在树立读书志向时，一定要以“四毋”为准则去克服过度自我、过度实用主义的狭隘视域，从而树立起超脱性、开放性的读书志向。

3. 问：能再解释一下超脱性、开放性的读书志向的含义与意义吗？

答：顾名思义，超脱性、开放性的读书志向，其特点就在于“志存高远”，在于视野的广阔与胸襟的开阔。立下这种读书志向的人不计较一时的得失，不囿于某一学科专业范围，不制定具体的读书规划和方法，而是把读书视为生命的展开过程，活在其中，乐在其中。这就是“我读故我在”的读书人生的妙趣所在。

如果从心性哲学的角度而言，所谓超脱性、开放性的读书志向，可以称为“存心养性”的读书志向。存心养性的读书志向，能够使人的读书生活不急不躁，潜心存养，久久为功；不以物累，不因境迁，优哉乐哉。这就是“我读故我乐”的读书乐趣所在。不立这样的读书志向，想读很多的书那是不可能的。

存心养性的读书志向，它的对立面就是物欲性读书志向。这种志向把读书的旨趣定位在物质享乐之上，即为了将来的物质享乐而读书。物欲性读书志向，把读书的真谛物化了、异化了。然而，在物欲横流的当今世界，有几人的读书目的中不浸透着物欲的成分？是的，在当今社会，我们不应该也没有必要宣传和鼓励苦行僧式的读书生活，但我们也决不应该鼓励物质享乐中“乐不思蜀”的“物欲人生”。

4. 问：您把自己的读书志向表述为“我要读很多的书”。这样的读书志向未免过于“朴实无华”，似乎并未指出具体的读书目的。

答：我认为，读书不应该有具体的目的。为了达到某种具体目的而读书的人，难免会出现这样两种结果：达到目的之时便是放弃读书之日，无法铸就终身学习的人生；执着于某种特定的目的而读书的人，始终无法摆脱功利性思维的束缚，也无法摆脱患得患失的焦虑，更无法驱除杂念的干扰，以至于严重影响读书的效率与质量（如影响理解的切合性、理解的宽度与深度、想象力的发挥等）。即使所要达至的具体目的是善良的、正义的，有时也会因过于具体而感到“好心收不到好的效果”。这样的事与愿违感，持续的时间长了，就会使人逐渐失去对目的的坚守。

如果说读书一定要有目的的话，我只能说我读书是为了充实自己、丰富自己，或者说是为了铸就我自己的文化人生。充实自己、丰富自己的过程，实际上就是“修身”的过程，而修身是齐家、治国、平天下的基础。朱熹说：“为学之道，莫先于穷理；穷理之要，必在于读书。”我也常常告诫自己：“书中自有天下理”（非全称意义上的）。通过读书多知天下理，这就是充实自己、丰富自己的过程，难道这不是读书的最大收获吗？难道还有什么其他目的可求吗？

我们说读书要有正确的宗旨，但这里所言的“宗旨”，是在“志向”意义上立意的，而不是要求人们为读书定下什么具体的目标。为了充实自己、丰富自己而读书，就是树立正确的读书宗旨的表现。所谓正确的读书宗旨，从心理学意义上来说，就是要求读书人须有正确的心态，其主要表现为立志、诚意、正心的心理活动。《礼记·大学》言“意诚而后心正，心正而后身修”，这句话点明了意诚（如立志）、心正、读书（身修）之间的关系。这句话若从反向角度来说，就是：意不诚，则心不正；心不正，则身不修；身不修，则读书不成。“意不诚，则心不正”，亦可说成“志不立，则心不正”。现代的许多年轻人总觉得读书枯燥无味，很难坚持常年读书，其实这正是志不立、心不正所带来的必然结果。

5. 问：读书，有一个读什么书的问题，也就是如何确定自己的阅读内容范围的问题。您是有什么就读什么，还是有所选择地读？

答：长期读书的人，肯定都是有所选择地读的。所以，你这个问题实际上包含着如何选择读物的问题。我选择读物的首要标准是：兴趣爱好。从内容范围上来说，我的兴趣爱好主要在文、史、哲、经、政、法、教（教育学）、管（管理学）等领域。也就是说，我是在文、史、哲、经、政、法、教、管等领域中，按照自己的兴趣爱好选择读物的。如果从中国古代图书分类“四分法”角度而言，对于经、史、子、集都会有所选择地读。还有一点，就是在文、史、哲、经、政、法、教、管等领域中，无论对于哪一类，其古今中外之书都要有所选择地读，这样才能做到“博学”。

人各有志，每个人都有自己的兴趣爱好。我说我的兴趣爱好范围主要在文、史、哲、经、政、法、教、管等领域，这只是我个人的兴趣爱好范围，我决不要求别人（包括我指导的学生以及我的子女）具有与我同样的兴趣爱好。读书不能强迫，兴趣爱好更不能强迫。每个人一定要按照自己的兴趣爱好选择读物，这样才能保证好之、乐之，才能保证阅读的有效性、有趣性和持久性。在我看来，兴趣爱好是阅读的第一推动力。不过，需要指出的是，个人兴趣爱好的确立，不应该是毫无限度或毫无顾忌的、我愿意爱好什么就爱好什么的，因为这样所确立的爱好容易掉入纯粹个人主义的狭隘境地之中。我们在确立个人的兴趣爱好时，应该首先考虑国家和社会的需要、学科专业发展的需要、职业道德的需要等集体主义因素。总之，我们应该确立的个人兴趣爱好，应该是充满“正能量”且有助于个人身心健康的。

6. 问：您说您的兴趣爱好在文、史、哲、经、政、法、教、管等领域，可谓兴趣广泛，但其中是否有所侧重？对了，您没有提及专业书如何选择。

答：一般而言，兴趣广泛有利于一个人的身心健康，也有助于一个人学习知识、增长智慧。翻阅科学家、思想家们的传记，我们就会发现，大部分科学家、思想家兴趣爱好都比较广泛，而非“两耳不闻窗外事”的书痴、“斋翁”。在我的兴趣爱好领域中，如果按照侧重程度排序的话，应该是哲→文→史→政→法→其他（这里的“文”，包含文献学和图书馆学）。这种侧重次序，并不是我刻意设计的，而是基于我个人的兴趣爱好在长期的阅读过程中逐渐自然形成的。

你问专业书如何选择，这个问题我还真没有考虑过。我的专业当然是图书馆、情报与文献学，如果按照二级学科归类的话，我当然属于图书馆学专业人员。说老实话，在国内所能见到的图书馆学专业之书真的不多，说“屈指可数”可能言之有过，但也确实说不上多到难以计数的程度（文、史、哲、经、法等学科之书，则完全可以说是多到难以计数）。正是因为图书馆学专业之书确实不多，所以，我是见什么就读什么，没有做什么特别的选择。

7. 问：读书，有一个如何安排时间的问题，很多人都把不读书或不能多读书的原因归结于“没时间”。您是如何安排读书时间的？有固定的读书时间吗？

答：我没有绝对固定的读书时间安排，但有相对集中的读书时间，那就是“八小时以外”。说得具体一点，双休日和假期是我读书的“黄金时间”，尤其是在假期读书，可以说是我一生中最幸福的时刻。对于我来说，“双休日 = 读书”“假期 = 读书”。或者说，对于我而言，不读书的双休日、不读书的假期，是毫无意义的。在读书时间上，我有一个常年保持的习惯，就是每年大年三十、初一的白天，我都会在办公室静静地读书。你是不是觉得我这个人是不食人间烟火的“神仙”？我的另一个习惯是常买书，书架上始终要有待读之书，以防双休日或假期无新书可读。

至于你说的很多人都把不读书或不能多读书的原因归结于“没时间”，我是完全不能认同的。鲁迅曾说过，“时间就像海绵里的水，只要愿意挤，总还是有的”。爱因斯坦的相对论早已证明，时间具有弯曲性，弯曲度越大，其相对长度就越长。时间哲学原理也告诉我们，时间不只具有客观性，对人而言还具有主观性——每个人都有自己独特的时间世界。时间具有客观性，即对于任何人来说它都只是一种“存在”（being），但当每个人都向时间注入具体内容时，它却变为“此在”（dasein），即变成主观意义上的“我的时间”。“我的时间”我做主，即我给它注入什么，它就是什么——给它注入吃喝玩乐的内容，它就是吃喝玩乐的时间；给它注入读书学习的内容，它就是读书学习的时间。

其实，一个人有没有时间读书，主要取决于这个人的志向与意志力。如果一个人根本没有树立读书的志向，那么这个人的时间再充足也不会用于读书。一个意志力不够坚强的人，或者懒散而不勤奋的人，即使他（她）的时间再充足也不会用于读书。这个世界上只有四种组合的两类人：一类是有志于读书的人，一类是无志于读书的人；一类是勤奋读书的人，一类是懒于读书的人；一类是有志且有条件读书的人，一类是无志亦无条件读书的人；一类是有志于读书却无条件读书的人，一类是有条件读书却无志于读书的人。

8. 问：历史上有很多名人都谈过自己的读书方法，也有很多以“读书方法”为名的书籍，而且很多人都认为读书方法很重要。能谈谈您的读书方法吗？

答：说实话，我没有什么读书方法。我所指导的学生无一例外地都问过我这个问题，我的回答都是“读书无法”。让大家失望了，但我只能这么回答。因为我自己确实没有总结出什么可称之为“法”的读书技巧或规律，而且我也不认为读书有什么普遍适用的、“放之四海而皆准”的科学方法。

我也读过不少关于读书方法的文章或书籍，但每次读完之后的感受却是：书中所述言之有理，但几无获益。之所以“几无获益”，是因为没有一种“法”适合我并为我所用。有的书中竟然介绍了几十种甚至上百种读书方法，如泛读法、精读法、复读法、略读法、跳读法、PQ4R阅读法、SQ3R阅读法等，不一而足。有的书中还集中介绍了上百位文化名人的读书方法，给人的感觉就是：只要是文化名人，就有自己的读书法，而且几乎是“一人一法”。为何有如此众多的读书法呢？我认为，读书法如此众多，只能说明这样一个道理：只有切合于自己的读书法，而无普适通用的读书法。所以，每个读书人都应该寻求并形成适合自身实际的读书方法，而千万不可盲目照搬或仿效他人（哪怕是名人）的读书方法。

迄今为止，人们总结出来的读书法可谓多之又多，我也曾经对这些读书法做过比较和筛选，以期选出“最好的”读书法，然而我却未能找出这样的读书法。最终我发现，在读书方法这个问题上，说得最全面、最直观、最具普适意义者非朱熹的“读书六法”莫属，即循序渐进、熟读精思、虚心涵泳、切己体察、着紧用力、居敬持志。在我看来，朱熹的“读书六法”与其说是读书方法，不如说是读书态度、读书精神、读书功夫。这说明所谓读书方法，应该从“思想方法”意义上去理解其内涵，而不应该仅从“经验技巧”意义上去理解其含义。

在读书方法这个问题上，一些人形成了严重的误区。例如，有的人总想问询或移植他人（尤其是名人）的现成的读书方法，而不注重通过自己的摸索形成适合自身实际的读书方法。再如，有的人竟然把陶渊明的超脱性生活态度——“不求甚解”——当作读书方法，并定名曰“不求甚解法”。呜呼，“不求甚解”还可以成为读书方法吗？简直是贻笑大方——对读书的最大亵渎！在读书方法这个问题上，还有一种误区必须得到纠正，即有的人总想找到一种所谓科学的读书方法，以一劳永逸地解决读书效率低、动力不足、记不住等问题。对于这些人，我的告诫是：这样所谓的科学方法并不存在！也就是说，读书无捷径，也无万能之法可用。对此，生活在唐代的韩愈早有定论：“书山有路勤为径，学海无涯苦作舟。”

我没有什么科学的读书方法，但我有读书的习惯。我的读书习惯主要包括如下几个方面：

（1）常买书。我经常买书，但不是为了成为藏书家，而是为了人书一体——书不离我，我不离书；随读随记，随用随取。

（2）做读书笔记。我习惯用的读书笔记是“随书笔记”，而不是记于卡片或专门的笔记本上的。我用的所谓“随书笔记”，是记于书前空白页的题录性笔记。若书前的空白页不够，就用白纸（A5纸或A4纸，往往是多张）按书页尺寸剪裁，然后用胶水将其一边粘贴于书前（封面后）。所谓“题录性笔记”，就是把书中重要的、需要记忆的内容用一短语概括而成的条目，如“以理杀人67”，表示有关“以理杀人”的原话或论述在书的第67页。做随书笔记的书一定是自己买来的书，同时一定是学术性的书，非学术性的书一般不必做笔记。至此，你可能觉得我的这种随书笔记相当于“书末索引”，只不过是移到书前成为“书前索引”而已。其实不然。如果你仔细分辨，就会发现两者有着显著区别：书末索引大多是字词索引或人名索引，而我用的题录性笔记则是赋词（自己概括的短语）索引；书末索引一般由作者编制，而我用的题录性笔记则由我（读者）编制。

（3）常读笔记当作复读。有了上述随书笔记，就为复读提供了方便——每次复读只需浏览书前的笔记即可（一般不超过20分钟），而不必每次都重读全书。有了随书笔记，也为复查或回忆原文提供了方便——当需要查阅原文时，只需翻阅随书笔记就能把你引向书中的具体页面，而不必逐页查找。可见，这种随书笔记既等于是原书的缩影，又等于是我的“脑外记忆库”；它既有记忆功能，又有检索功能。常读这样的笔记，能给你带来“学而时习之，不亦说乎”的感受。

（4）看书必动笔。朱熹当年告诫弟子看书要“三到”，即眼到、口到、心到。后来有人（如胡适）又加了一“到”——手到，主要指动笔。做读书笔记当然需要动笔，但我看书时的动笔，还有其他动笔，如书内的画线、画点、画圈，有疑问或未解其意处画上“?”，重要段落旁画上“※”，读到精彩处写上“好!”，等等。也就是说，我看书时总是不停地动笔。我读书必备两种颜色的笔——黑色笔和红色笔，黑色笔用于书前笔记，红色笔用于书内动笔。这样一来，我读过的书往往“遍体鳞伤”——到处都是动笔的痕迹。有的人把一本书读完之后仍“完好如初”视为“爱书”的表现，我不这么认为。在我看来，如果一本书读完之后仍“完好如初”，那么这个读者所“爱”的是书之载体（纸张），而不是书之内容。所以，这种“爱”只能说是“表皮之爱”，而不是“内心之爱”。

书是有情感的“她”，读书时的动笔，实际上是你在对“她”倾诉爱慕之情，越是动笔，越能表达你的绵绵情意。所以，真正爱书之人所读的书一定是笔迹多多的。

总而言之，我的一个结论是：养成良好的读书习惯，比所谓科学的读书方法更重要。

9. 问：作为教师，指导学生阅读必然也是您的职责，您如何认识阅读对于学生的意义？请谈谈您如何指导学生阅读。

答：你这个问题其实涉及了“大学教育应该什么样”“我们应该培养什么样的人才”“为师之道是什么”等大的问题。在现代社会，越来越多的人加入到了大学生（包括本科生和研究生）的行列，但并不是所有的人都清楚“大学之道”是什么；从事教师职业的人有很多，但并不是所有的教师都很清楚“为师之道”是什么。我对我国大学的“三多三少”现象深感忧虑，这“三多三少”是：学生上课多，课余活动少；学生作业多，自由时间少；毕业生人数多，真正合格的毕业生人数少。其中，“课余活动少”和“自由时间少”，必然带来的后果之一就是自由阅读和思考的时间少，而“自由阅读和思考的时间少”则是造成“真正合格的毕业生人数少”的重要原因之一。再者，我对我国大学现行的课程体系中普遍缺少“阅读与写作课程”深感不解。西方国家的大学课程设置中普遍设有“阅读与写作课程”（这是“人文教育”课程体系的核心课程），而且是全校所有学科专业（包括理工类学科专业）的必修课。我们培养出来的学生之所以普遍缺乏国学教育、经典阅读教育、写作能力培训等，原因主要在于我们所设的课程体系中缺少“阅读与写作课程”。

如果把学生所受的教育划分为“小学生→中学生→本科生→研究生（硕士生和博士生）”这样一个逐级递升的序列，那么按理说越是高级阶段的教育就越应该突出自由阅读与思考的重要性。然而，我国目前的学校教育并非处在这样的状态之中，其实际状态是学生把大部分时间都用于上课、写作业等填鸭式、灌输式教学活动之中，几无自由阅读与思考的时间。

我深知自由阅读与思考对一个人的人文素养的提升具有何等重要的意义和作用。一个人的人文素养主要由道德素养和思想素养（包含知识素养、审美素养等）构成。自由阅读与思考，对于道德素养和思想素养的提升都具有无可替代的重要作用。这就是阅读的重要意义与价值所在。我就是从这种角度和高度指导学生阅读的，即要求学生为提升自己的道德素养和思想素养而勤奋读书。

你问我如何指导学生阅读，我的指导方法主要包括两个方面：一是书目指导，二是读书心得交流。所谓书目指导，就是给所有我指导的学生开具推荐阅读书目，分为专业书目和非专业书目两部分。与此同时，我还把自己的读书目录发给他们，供他们参考，我称之为“参考书目”。所谓读书心得交流，就是要求学生每隔一段时间（如半个月或一个月，当然也可以“随时”）与我交流自己的读书心得，不设规则、不拘形式、不论深浅，坦诚相待、无所不谈。为此，我经常用陈寅恪先生的“独立之精神，自由之思想”一语，来鼓励他们开放胸怀、敢于提问、善于思考。这就是我践行“教学相长”的基本做法。

前面我说过，大部分双休日我都是在办公室读书度过的，之所以选择在办公室读书而不是在家里，主要是为了方便学生找我谈读书心得，其实我个人真正读书的时候比较少，只有无学生找我谈话时才会读书。“随时恭候学生找我”“有求必应”“有问必答”，就是我践行“导师第一责任制”的具体表现。作为导师，首先自己要多读书，然后鼓励学生多读书，同时多与学生交流读书心得，师生之间平等交流，共读共进。这就是我指导学生读书的基本做法。

10. 问：您长期坚持读书的最大感受或最大收获是什么？是否总结出了许多读书经验？

答：我常年读书的最大感受是书越读越厚，又越读越薄。所谓“越读越薄”，指的是随着读书量的增多、知识面的扩大，阅读每一本书的平均速度在加快，这就相当于书在变薄。假如以往读一本书平均需要10天的话，现在只需5天，这就是随着阅读速度的加快而给人以书在变薄的感觉。理解能力、阅读能力的提高，使我在特定时间内所获得的信息量增多，也就是说获得同等信息量所消耗的时间在缩短，这就是相对阅读速度加快的过程，而相对阅读速度加快，就会产生读“厚书”如同读“薄书”一样的感觉和效果。这就是“越读越薄”的机理所在。当然，“越读越薄”不可能是无限的，毕竟每一本书的识读、理解、吸收都必须实实在在地消耗一定的时间。需要指出的是，“越读越薄”虽然与速度有关，但不是“速读”。我非但从不速读，反而从来都是熟读精思或细细品读。速读难免“挂一漏万”，也就难免“欲速则不达”的后果。

所谓“越读越厚”，指的是书读得越多，就越是感到自己不懂的东西还有那么多，越是知道自己未读的书还有那么多。书何其多，书又何时能读完？书永远读不完！这种永远读不完的书，如同读一部不断加页、不断加厚的书一样，也就是如同读一部“越读越厚”的书一样。只有多读书且达到一定量时，才会感到自己不懂的事理、义理、学理还有那么多；只有在多读书的过程中，才能发现自己未读的书还有那么多。在如此浩瀚的学海面前，我必须低下头来沉思；在如此高耸入云的书山面前，我时刻感到自己的渺小。所以，当你赞扬我读书多、知识面广时，我的内心很是不安，因为我所懂的理不过是“沧海之一粟”，我所读过的书不过是“冰山之一角”而已，何足赞扬！书“越读越厚”的感受，让我必须谦虚谨慎，让我懂得只有勤读不辍才能徜徉于无涯之学海，让我懂得只有仰望书山顶峰之无限风光才能攀登不息。这就是我读书不断的动力源泉所在。

你问我读书的最大收获是什么，我读书最大的收获就是充实了自己、丰富了自己。真正读书人的收获，不是某种具体目标的实现所带来的喜悦，更不是某种物质利益的获得所带来的满足，而是在充实自己、丰富自己的过程中所悟出来的人生意义的升华或生命价值的提升。人与其他动物的最大区别在于，人是文化的存在。铸就读书人生是铸就文化人生的重要内容。如果用笛卡尔“我思故我在”的逻辑来说的话，读书的人生可称为“我读故我在”——因为我读书，所以我存在；读书的人生又可称为“我在故我读”——因为我要证明我的存在价值，所以必须把生命的价值展现于读书历程之中。通过铸就读书人生，把肉体性存在升华为价值性存在，就是我读书的存在哲学意义上的最大收获。

你问我是否总结出了许多读书经验，说实话，我没有总结出什么读书经验，只有一些读书感受和习惯性做法。下面随便罗列若干，权当我的读书心得：

——“读书须先立志”，这是读书的真谛所在。

——读书不能有过于具体的目标，要有“由此出发，便是目的”的旷达心态。

——敬畏知识，敬畏先贤，这是朱熹所言的“居敬持志”的要义所在。

——要养成常买书、勤读书的习惯，这样才能做到日积月累。

——朱熹说“蓄极则通”“读多便晓”，不读、少读则不通、不晓。

——读书一定要做读书笔记，不然会“读多少，忘多少”！

——不能盲目相信泛读、速读以及不求甚解之类的“似是而非”之法；只有精读、细读、品读，才能全面读出书中之道，这叫“熟读精思”。

——要想多读书，无捷径可走，更无万能之法，只有一条“勤读”之路。

——不能“死读书，读死书”，要“切己体察”，要学会“六经注我”。

——理解书中之义，不能过度自我，不能“认死理”，要做到“毋意、毋必、毋固、毋我”；有难解或疑义者要“多闻阙疑”。

——善读者以读为乐；读书无乐趣者，请勿强读，毕竟人生还有其他事可做。

附录Ⅱ

蒋永福先生读书目录（选录）

辑录：王明慧

按：本目据先生家中所藏和办公室所藏之书而录。本目只录先生所藏学术性纸质图书，其他类型读物，如期刊、学位论文下载装订本、电子书及工具书等未录。据先生讲，因空间限制以及住房和办公室多次搬迁，早年所藏所读之书，已散佚大半，其数量有500种以上。另外，先生有着22年的图书馆工作经历，其间借读图书馆之书的数量亦不在少数。因此，本目只能称为“选录”，而先生迄今所读之书的全目实已无法辑录。本目所录之书分为如下几类：文化、文学（64种），历史与史学（53种），哲学（202种），经济学、法学、政治学（132种），社会学、教育学（98种），符号学、传播学、科学学（39种），文献学与图书馆学（202种），文集（62种），其他（67种）。本目所录之书共计919种。

文化、文学

[1] 柳诒徵．中国文化史．中国文史出版社，2015.
[2] 梁漱溟．东西文化及其哲学．商务印书馆，2010.
[3] 梁漱溟．中国文化要义．上海人民出版社，2018.
[4] 钱穆．中国文化史导论．商务印书馆，1994.
[5] 季羡林．季羡林谈东西方文化．浙江人民出版社，2016.
[6] 林语堂．吾国与吾民．江苏人民出版社，2014.
[7] 辜鸿铭．中国人的精神．广西师范大学出版社，2001.
[8] 余英时．士与中国文化．上海人民出版社，1987.
[9] 王文亮．中国圣人论．中国社会科学出版社，1993.
[10] 卡西尔．人论：人类文化哲学导引．甘阳，译．上海译文出版社，2013.
[11] 刘友红．卡西尔人学思想研究．江西人民出版社，2007.

[12] 牛龙菲. 人文进化学——一个元文化学的研究札记. 甘肃科学技术出版社，1989.

[13] 威尔逊. 新的综合——社会生物学. 李昆峰，编译. 四川人民出版社，1985.

[14] 希尔斯. 论传统. 傅铿，吕乐，译. 上海人民出版社，1991.

[15] 胡传胜. 观念的力量：与伯林对话. 四川人民出版社，2002.

[16] 罗卫东，陈正国. 启蒙及其限制. 浙江大学出版社，2012.

[17] 衣俊卿. 大学使命与文化启蒙. 黑龙江大学出版社，2007.

[18] 马凌诺斯基. 文化论. 费孝通，译. 华夏出版社，2001.

[19] 克利福德·格尔兹. 文化的解释. 纳日碧力戈，等译. 上海人民出版社，1999.

[20] 阿雷恩·鲍尔德温，等. 文化研究导论（修订版）. 陶东风，等译. 高等教育出版社，2004.

[21] 沃特森. 多元文化主义. 叶兴艺，译. 吉林人民出版社，2005.

[22] 韦森. 文化与制序. 上海人民出版社，2003.

[23] 于文秀. “文化研究”思潮导论. 人民出版社，2002.

[24] 丹尼尔·贝尔. 资本主义文化矛盾. 赵一凡，蒲隆，任晓晋，译. 生活·读书·新知三联书店，1989.

[25] 孙晶. 文化霸权理论研究. 社会科学文献出版社，2004.

[26] 张旭东. 全球化时代的文化认同：西方普遍主义话语的历史批判. 北京大学出版社，2005.

[27] 科斯洛夫斯基. 后现代文化：技术发展的社会文化后果. 毛怡红，译. 中央编译出版社，1999.

[28] 陶东风. 大众文化教程. 广西师范大学出版社，2008.

[29] 卢太宏. 信息文化导论——IT 会带来什么. 吉林教育出版社，1990.

[30] 周宁. 2000 年西方看中国. 团结出版社，1999.

[31] 夏瑞春. 德国思想家论中国. 江苏人民出版社，1995.

[32] 罗素. 中国问题. 秦悦，译. 学林出版社，1996.

[33] 阿斯曼. 文化记忆：早期高级文化中的文字、回忆和政治身份. 金寿福，黄晓晨，译. 北京大学出版社，2015.

[34] 冯亚琳，埃尔. 文化记忆理论读本. 北京大学出版社，2012.

[35] 赵静蓉. 文化记忆与身份认同. 生活·读书·新知三联书店，2015.

[36] 陈新，彭刚. 文化记忆与历史主义. 浙江大学出版社，2014.

[37] 王运熙，周锋. 文心雕龙译注. 上海古籍出版社，2012.

[38] 马瑞辰. 毛诗传笺通释. 陈金生，点校. 中华书局，1989.

[39] 王先谦. 诗三家义集疏. 吴格，点校. 中华书局，1987.
[40] 汤漳平. 楚辞评注. 上海三联书店，2014.
[41] 陈宏天，赵福海，陈复兴. 昭明文选译注. 吉林文史出版社，1988.
[42] 詹锳. 李白全集校注汇释集评. 百花文艺出版社，1996.
[43] 仇兆鳌. 杜诗详注. 中华书局，2015.
[44] 张万起，刘尚慈. 世说新语译注. 中华书局，1998.
[45] 刘肃. 大唐新语. 许德楠，李鼎霞，点校. 中华书局，1984.
[46] 李贽. 初潭集. 中华书局，1974.
[47] 陈曦钟，侯忠义，鲁玉川. 水浒传（会评本）. 2 版. 北京大学出版社，1987.
[48] 钱锺书. 谈艺录. 商务印书馆，2011.
[49] 何文焕. 历代诗话. 中华书局，1981.
[50] 丁福保. 历代诗话续编. 中华书局，1983.
[51] 杨明，羊列荣. 中国历代文论选新编：先秦至唐五代卷. 上海教育出版社，2007.
[52] 羊列荣，刘明今. 中国历代文论选新编：宋金元卷. 上海教育出版社，2007.
[53] 邬国平. 中国历代文论选新编：明清卷. 上海教育出版社，2007.
[54] 林衡勋. 道·圣·文论——中国古典文论要义. 中国社会科学出版社，2001.
[55] 亚理斯多德，贺拉斯. 诗学·诗艺. 罗念生，杨周翰，译. 人民文学出版社，1962.
[56] 杨乃乔. 悖立与整合：中西比较诗学. 福建教育出版社，2018.
[57] 邓新华. 中国古代接受诗学史. 上海人民出版社，2012.
[58] 陈文忠. 中国古典诗歌接受史研究. 安徽大学出版社，1998.
[59] 尚学锋，过常宝，郭英德. 中国古典文学接受史. 山东教育出版社，2000.
[60] 李德辉. 唐代文馆制度及其与政治和文学之关系. 上海古籍出版社，2006.
[61] 吴夏平. 唐代中央文馆制度与文学研究. 齐鲁书社，2007.
[62] 陈元锋. 北宋馆阁翰苑与诗坛研究. 中华书局，2005.
[63] 刘丽文. 轴心时代史官文化与中国古典悲剧. 中国传媒大学出版社，2014.
[64] 王利器. 元明清三代禁毁小说戏曲史料（增订本）. 上海古籍出版社，1981.

历史与史学

[1] 司马迁，等. 二十四史（简体字本）. 中华书局，1999-2000.
[2] 刘知几. 史通. 白云，译注. 中华书局，2014.

[3] 刘知己. 史通通释. 浦起龙，通释. 上海古籍出版社，2009.
[4] 杜佑. 通典. 中华书局，1988.
[5] 王溥. 唐会要. 上海古籍出版社，2006.
[6] 李林甫，等. 唐六典. 陈仲夫，点校. 中华书局，1992.
[7] 徐松. 宋会要辑稿. 刘琳，等校点. 上海古籍出版社，2014.
[8] 章学诚. 文史通义校注. 叶瑛，校注. 中华书局，1985.
[9] 章学诚. 文史通义新编新注. 仓修良，编注. 浙江古籍出版社，2005.
[10] 梁启超. 中国历史研究法. 人民出版社，2008.
[11] 雷敢. 中国历史要籍序论文选注. 岳麓书社，1982.
[12] 王国维. 观堂集林（外二种）. 河北教育出版社，2001.
[13] 金毓黻. 中国史学史. 商务印书馆，1999.
[14] 吴晗. 吴晗史学论著选集. 人民出版社，1984.
[15] 乔治忠. 清朝官方史学研究. 文津出版社，1994.
[16] 许倬云. 许倬云说历史：现代文明的成坏. 上海文化出版社，2012.
[17] 许倬云. 许倬云说历史：大国霸业的兴废. 上海文化出版社，2011.
[18] 余英时. 历史与思想. 联经出版事业公司，1976.
[19] 余英时. 朱熹的历史世界：宋代士大夫政治文化的研究. 生活·读书·新知三联书店，2011.
[20] 饶宗颐. 中国史学上之正统论. 上海远东出版社，1996.
[21] 康德. 历史理性批判文集. 何兆武，译. 商务印书馆，1990.
[22] 何兆武. 历史理论与史学理论——近现代西方史学著作选. 商务印书馆，1999.
[23] 卡尔·波普. 历史决定论的贫困. 杜汝楫，邱仁宗，译. 华夏出版社，1987.
[24] 沃尔什. 历史哲学导论. 何兆武，张文杰，译. 北京大学出版社，2008.
[25] 汤因比. 历史研究. 曹未风，等译. 上海人民出版社，1959.
[26] 周祥森. 反映与建构——历史认识论问题研究. 河南大学出版社，2010.
[27] 邬国义，胡果文，李晓路. 国语译注. 上海古籍出版社，1994.
[28] 赵翼. 廿二史札记. 董文武，译注. 中华书局，2008.
[29] 王鸣盛. 十七史商榷. 黄曙辉，点校. 上海书店出版社，2005.
[30] 钱穆. 国史大纲. 商务印书馆，1996.
[31] 范文澜. 中国通史简编. 华东师范大学出版社，2014.
[32] 中国秦汉史研究会. 秦汉史论丛（第七辑）. 中国社会科学出版社，1998.
[33] 邢义田. 秦汉史论稿. 东大图书公司，1987.
[34] 李心传. 建炎以来系年要录. 中华书局，2013.

[35] 黄仁宇. 万历十五年. 2 版. 生活·读书·新知三联书店，2006.
[36] 杨一凡. 明大诰研究. 江苏人民出版社，1988.
[37] 吕思勉. 中国制度史. 中国和平出版社，2014.
[38] 许兆昌. 先秦史官的制度与文化. 黑龙江人民出版社，2006.
[39] 牛润珍. 汉至唐初史官制度的演变. 河北教育出版社，1999.
[40] 宋立民. 宋代史官制度研究. 吉林人民出版社，1999.
[41] 蔡崇榜. 宋代修史制度研究. 文津出版社，1991.
[42] 杨果. 中国翰林制度研究. 武汉大学出版社，1996.
[43] 邸永君. 清代翰林院制度. 社会科学文献出版社，2007.
[44] 王毅. 中国皇权制度研究. 北京大学出版社，2007.
[45] 陈茂同. 中国历代选官制度. 华东师范大学出版社，1994.
[46] 刘后滨. 唐代中书门下体制研究——公文形态·政务运行与制度变迁. 齐鲁书社，2004.
[47] 葛承雍. 中国古代等级社会. 陕西人民出版社，1992.
[48] 何清谷. 三辅黄图校释. 中华书局，2005.
[49] 司马光. 资治通鉴. 中华书局，2011.
[50] 李焘. 续资治通鉴长编. 中华书局，2004.
[51] 王夫之. 读通鉴论. 岳麓书社，2011.
[52] 陈鼎. 东林列传. 广陵书社，2007.
[53] 阿尔森·古留加. 黑格尔小传. 卞伊始，桑植，译. 商务印书馆，1978.

哲学（含经学、伦理学、心理学、现象学、诠释学、学术史、思想史）

[1]《十三经注疏》整理委员会. 十三经注疏（标点本）. 北京大学出版社，1999.
[2] 蒋伯潜. 十三经概论. 上海古籍出版社，2010.
[3] 朱自清. 经典常谈. 2 版. 生活·读书·新知三联书店，1998.
[4] 周振甫. 周易译注. 中华书局，2013.
[5] 扬雄. 法言. 韩敬，译注. 中华书局，2012.
[6] 葛洪. 抱朴子外篇. 张松辉，张景，译注. 中华书局，2013.
[7] 楼宇烈. 王弼集校释. 中华书局，1980.
[8] 朱熹，吕祖谦. 朱子近思录. 严佐之，导读. 上海古籍出版社，2000.
[9] 黎靖德. 朱子语类. 中华书局，1986.
[10] 朱熹. 四书或问. 黄珅，校点. 上海古籍出版社，2001.
[11] 朱熹. 四书章句集注. 中华书局，1983.

［12］杨家骆. 小学集解·四书集注. 世界书局，1977.
［13］胡广，杨荣，金动孜，等. 四书大全校注. 周群，王玉琴，校注. 武汉大学出版社，2015.
［14］陈淳. 北溪字义. 熊国祯，高流水，点校. 中华书局，1983.
［15］邱浚. 大学衍义补. 林冠群，周济夫，校点. 京华出版社，1999.
［16］陆世仪. 陆桴亭思辨录辑要. 商务印书馆，1936.
［17］王先谦. 荀子集解. 沈啸寰，王星贤，点校. 中华书局，1988.
［18］王弼. 老子道德经注校释. 楼宇烈，校释. 中华书局，2008.
［19］许富宏. 慎子集校集注. 中华书局，2013.
［20］苏舆. 春秋繁露义证. 钟哲，点校. 中华书局，1992.
［21］王利器. 新语校注. 中华书局，1986.
［22］王利器. 文子疏义. 中华书局，2000.
［23］应劭. 风俗通义校注. 2 版. 王利器，校注. 中华书局，2010.
［24］陈立. 白虎通疏证. 吴则虞，点校. 中华书局，1994.
［25］郭庆藩. 庄子集释. 王孝鱼，点校. 中华书局，2013.
［26］刘宝楠. 论语正义. 高流水，点校. 中华书局，1990.
［27］程树德. 论语集释. 程俊英，蒋见元，点校. 中华书局，1990.
［28］钱穆. 论语新解. 生活·读书·新知三联书店，2002.
［29］赵纪彬. 论语新探. 人民出版社，1959.
［30］李泽厚. 论语今读. 生活·读书·新知三联书店，2004.
［31］焦循. 孟子正义. 沈文倬，点校. 中华书局，1987.
［32］戴震. 孟子字义疏证. 何文光，整理. 中华书局，1982.
［33］陈澔. 礼记集说. 万久富，整理. 凤凰出版社，2010.
［34］孙希旦. 礼记集解. 沈啸寰，王星贤，点校. 中华书局，1989.
［35］王聘珍. 大戴礼记解诂. 王文锦，点校. 中华书局，1983.
［36］高明. 大戴礼记今注今译. 台湾商务印书馆，1975.
［37］孙诒让. 墨子闲诂. 孙启治，点校. 中华书局，2001.
［38］汪受宽. 孝经译注. 上海古籍出版社，2007.
［39］张涛，傅根清. 申鉴中论选译. 凤凰出版社，2011.
［40］张载. 张子正蒙. 王夫之，注. 汤勤福，导读. 上海古籍出版社，2000.
［41］喻博文. 正蒙注译. 兰州大学出版社，1990.
［42］皮锡瑞. 经学历史. 新 1 版. 周予同，注释. 中华书局，2004.
［43］皮锡瑞. 经学通论. 中华书局，1954.
［44］康有为. 新学伪经考. 2 版. 中华书局，2012.

[45] 谭嗣同. 仁学——谭嗣同集. 加润国，选注. 辽宁人民出版社，1994.
[46] 朱维铮. 周予同经学史论著选集. 上海人民出版社，1983.
[47] 汤志钧，等. 西汉经学与政治. 上海古籍出版社，1994.
[48] 边家珍. 经学传统与中国古代学术文化形态. 人民出版社，2010.
[49] 张宗友.《经义考》研究. 中华书局，2009.
[50] 钱锺书. 管锥编（全4册）. 2版. 生活·读书·新知三联书店，2007.
[51] 汤一介. 和而不同. 辽宁人民出版社，2001.
[52] 郭齐勇. 现代新儒学的根基：熊十力新儒学论著辑要. 中国广播电视出版社，1996.
[53] 李维武. 中国人文精神之阐扬：徐复观新儒学论著辑要. 中国广播电视出版社，1996.
[54] 岳华. 儒家传统的现代转化：杜维明新儒学论著辑要. 中国广播电视出版社，1992.
[55] 陈鼓应. 道家文化研究（第三辑）：马王堆帛书专号. 上海古籍出版社，1993.
[56] 李景林. 教化的哲学. 黑龙江人民出版社，2005.
[57] 余英时. 中国思想传统的现代诠释. 江苏人民出版社，1995.
[58] 李天纲. 中国礼仪之争：历史·文献和意义. 上海古籍出版社，1998.
[59] 杨国荣. 心学之思：王阳明哲学的阐释. 中国人民大学出版社，2009.
[60] 陈多旭. 教化与工夫——工夫论视域中的阳明心学系统. 巴蜀书社，2010.
[61] 陈来. 诠释与重建：王船山的哲学精神. 北京大学出版社，2004.
[62] 陈赟. 回归真实的存在：王船山哲学的阐释. 广西师范大学出版社，2015.
[63] 周兵. 王夫之四书学思想研究. 科学出版社，2017.
[64] 朱汉民. 经典诠释与义理体认：中国哲学建构历程片论. 新星出版社，2015.
[65] 赵林. 协调与超越：中国思维方式探讨. 2版. 武汉大学出版社，2005.
[66] 王中江. 近代中国思维方式演变的趋势. 四川人民出版社，2008.
[67] 高瑞泉，杨扬，等. 转折时期的精神转折：“新时期”以来中国社会思潮及其走向. 上海古籍出版社，2008.
[68] 高瑞泉. 天命的没落：中国近代唯意志论思潮研究（修订本）. 上海人民出版社，2007.
[69] 李双璧. 从经世到启蒙——近代变革思想演进的历史考察. 中国展望出版社，1992.
[70] 约瑟夫·阿·勒文森. 梁启超与中国近代思想. 刘伟，刘丽，姜铁军，译. 四川人民出版社，1986.

[71] 杜维明. 道·学·政：论儒家知识分子. 钱文忠，盛勤，译. 上海人民出版社，2000.
[72] 萧功秦. 儒家文化的困境——中国近代士大夫与西方挑战. 四川人民出版社，1986.
[73] 干春松. 制度化儒家及其解体. 中国人民大学出版社，2003.
[74] 王国良. 明清时期儒学核心价值的转换. 安徽大学出版社，2002.
[75] 任强. 知识、信仰与超越：儒家礼法思想解读. 北京大学出版社，2009.
[76] 黄进兴. 优入圣域：权力、信仰与正当性（修订版）. 中华书局，2010.
[77] 彭国翔. 儒家传统的诠释与思辨——从先秦儒学、宋明理学到现代新儒学. 武汉大学出版社，2012.
[78] 庞朴. 儒家辩证法研究. 中华书局，2009.
[79] 刘小枫. 儒家革命精神源流考. 上海三联书店，2000.
[80] 马克斯·韦伯. 儒教与道教. 洪天富，译. 江苏人民出版社，2003.
[81] 彭林. 《周礼》主体思想与成书年代研究（增订版）. 中国人民大学出版社，2009.
[82] 张寿安. 十八世纪礼学考证的思想活力. 北京大学出版社，2005.
[83] 张寿安. 以礼代理——凌廷堪与清中叶儒学思想之转变. 河北教育出版社，2001.
[84] 郑开. 德礼之间：前诸子时期的思想史. 生活·读书·新知三联书店，2009.
[85] 梁家荣. 仁礼之辨：孔子之道的再释与重估. 北京大学出版社，2010.
[86] 宋大琦. 程朱礼法学研究. 山东人民出版社，2009.
[87] 杨志刚. 中国礼仪制度研究. 华东师范大学出版社，2001.
[88] 罗立军. 从诗教看《韩诗外传》. 暨南大学出版社，2008.
[89] 冯友兰. 中国哲学史. 华东师范大学出版社，2000.
[90] 冯友兰. 中国哲学简史. 赵复三，译. 生活·读书·新知三联书店，2013.
[91] 张岱年. 中国哲学大纲. 商务印书馆，2017.
[92] 金岳霖. 论道. 商务印书馆，2015.
[93] 杨国荣. 道论. 华东师范大学出版社，2009.
[94] 金观涛. 整体的哲学. 四川人民出版社，1987.
[95] 金观涛. 人的哲学. 四川人民出版社，1988.
[96] 罗素. 西方哲学史. 马元德，译. 商务印书馆，1976.
[97] 北京大学哲学系外国哲学史教研室. 十六——十八世纪西欧各国哲学. 商务印书馆，1975.
[98] 康德. 道德形上学探本. 唐钺重，译. 商务印书馆，1957.

［99］李梅．权利与正义：康德政治哲学研究．社会科学文献出版社，2000.
［100］戴兆国．明理与敬义：康德道德哲学研究．中国社会科学出版社，2012.
［101］李泽厚．批判哲学的批判——康德述评．人民出版社，1979.
［102］黑格尔．小逻辑．贺麟，译．商务印书馆，1980.
［103］杨祖陶．康德黑格尔哲学研究．武汉大学出版社，2001.
［104］吴琼，刘学义．黑格尔哲学思想诠释．人民出版社，2006.
［105］丕之，汝信．黑格尔范畴论批判．上海人民出版社，1961.
［106］张世英．黑格尔《精神现象学》述评．上海人民出版社，1962.
［107］维特根斯坦．哲学研究．李步楼，译．商务印书馆，1996.
［108］陈闻桐．近现代西方政治哲学引论．安徽大学出版社，2004.
［109］黄克武．自由的所以然：严复对约翰弥尔自由思想的认识与批判．上海书店出版社，2000.
［110］马德普．普遍主义的贫困——自由主义政治哲学批判．人民出版社，2005.
［111］王巍．相对主义：从典范、语言和理性的观点看．清华大学出版社，2003.
［112］涂纪亮．杜威文选．涂纪亮，译．社会科学文献出版社，2006.
［113］王海明．公正 平等 人道——社会治理的道德原则体系．北京大学出版社，2000.
［114］米尔恩．人的权利与人的多样性——人权哲学．夏勇，张志铭，译．中国大百科全书出版社，1995.
［115］卡尔·波普尔．客观知识——一个进化论的研究．舒炜光，等译．上海译文出版社，1987.
［116］舒炜光．自然辩证法原理．吉林人民出版社，1984.
［117］爱因·兰德．新个体主义伦理观——爱因·兰德文选．秦裕，译．生活·读书·新知三联书店上海分店，1993.
［118］何怀宏．伦理学是什么．北京大学出版社，2002.
［119］休谟．人性论．关文运，译．商务印书馆，1980.
［120］亚当·斯密．道德情操论．余涌，译．中国社会科学出版社，2003.
［121］约翰·罗尔斯．正义论．何怀宏，何包钢，廖申白，译．中国社会科学出版社，1988.
［122］亚里士多德．尼各马可伦理学．廖申白，译注．商务印书馆，2003.
［123］马丁·布伯．我与你．陈维纲，译．生活·读书·新知三联书店，2002.
［124］马克斯·韦伯．新教伦理与资本主义精神．黄晓京，彭强，译．四川人民出版社，1986.
［125］孙庆斌．勒维纳斯：为他人的伦理诉求．黑龙江大学出版社，2009.

[126] 陈来. 古代宗教与伦理——儒家思想的根源. 生活·读书·新知三联书店，1996.
[127] 何怀宏. 底线伦理. 辽宁人民出版社，1998.
[128] 施惠玲. 制度伦理研究论纲. 北京师范大学出版社，2003.
[129] 彭定光. 政治伦理的现代建构. 山东人民出版社，2007.
[130] 陈永明，罗永东. 现代认知心理学——人的信息加工. 团结出版社，1989.
[131] 司马贺. 人类的认知：思维的信息加工理论. 荆其诚，张厚粲，译. 科学出版社，1986.
[132] 皮亚杰. 发生认识论. 范祖珠，译. 商务印书馆，1990.
[133] 古斯塔夫·勒庞. 乌合之众——大众心理研究. 冯克利，译. 中央编译出版社，2000.
[134] 周义澄. 科学创造与直觉. 人民出版社，1986.
[135] 周昌忠. 创造心理学. 中国青年出版社，1983.
[136] 周谦. 学习心理学. 科学出版社，1992.
[137] 克特·巴克. 社会心理学. 南开大学社会学系，译. 南开大学出版社，1984.
[138] 林秉贤. 社会心理学. 群众出版社，1985.
[139] 井上惠美子，平出彦仁. 现代社会心理学. 林秉贤，译. 群众出版社，1987.
[140] 欧阳康. 社会认识论导论. 中国社会科学出版社，2010.
[141] 陶远华. 社会认识论引论. 云南人民出版社，1990.
[142] 莫里斯·哈布瓦赫. 论集体记忆. 毕然，郭金华，译. 上海人民出版社，2002.
[143] 康纳顿. 社会如何记忆. 纳日碧力戈，译. 上海人民出版社，2000.
[144] 孙德忠. 社会记忆论. 湖北人民出版社，2006.
[145] 韦尔策. 社会记忆：历史、回忆、传承. 白锡堃，译. 北京大学出版社，2007.
[146] 李伯聪. 选择与建构——大脑和认知之谜的哲学反思. 科学出版社，2008.
[147] 欧阳光伟. 现代哲学人类学. 辽宁人民出版社，1986.
[148] 萨特. 存在与虚无. 陈宣良，等译. 生活·读书·新知三联书店，1987.
[149] 海德格尔. 海德格尔选集. 生活·读书·新知上海三联书店，1996.
[150] 海德格尔. 存在与时间. 陈嘉映，王庆节，合译. 生活·读书·新知三联书店，2014.
[151] 张祥龙. 海德格尔思想与中国天道：终极视域的开启与交融（修订新版）.

中国人民大学出版社，2010.
[152] 张祥龙. 孔子的现象学阐释九讲——礼乐人生与哲理. 华东师范大学出版社，2008.
[153] 洪汉鼎. 重新回到现象学的原点——现象学十四讲. 人民出版社，2008.
[154] 叶秀山. 思·史·诗——现象学和存在哲学研究. 人民出版社，1988.
[155] 耿宁. 心的现象——耿宁心性现象学研究文集. 倪梁康，张庆熊，王庆节，等译. 商务印书馆，2012.
[156] 倪梁康. 面对实事本身——现象学经典文选. 东方出版社，2000.
[157] 洪汉鼎. 理解与解释——诠释学经典文选. 东方出版社，2001.
[158] 伽达默尔. 诠释学Ⅰ、Ⅱ：真理与方法（修订译本）. 洪汉鼎，译. 商务印书馆，2010.
[159] 胡木贵，郑雪辉. 接受学导论. 辽宁教育出版社，1989.
[160] 刘小枫. 接受美学译文集. 生活·读书·新知三联书店，1989.
[161] 艾柯，等. 诠释与过度诠释. 王宇根，译. 牛津大学出版社，1995.
[162] 潘德荣. 文字·诠释·传统——中国诠释传统的现代转化. 上海译文出版社，2003.
[163] 保罗·利科. 记忆，历史，遗忘. 李彦岑，陈颖，译. 华东师范大学出版社，2017.
[164] 弗朗索瓦·于连. 迂回与进入. 杜小真，译. 生活·读书·新知三联书店，1998.
[165] 李清良. 中国阐释学. 湖南师范大学出版社，2001.
[166] 周光庆. 中国古典解释学导论. 中华书局，2002.
[167] 周裕锴. 中国古代阐释学研究. 上海人民出版社，2003.
[168] 李本友. 文本与理解——语文阅读教学的哲学诠释学研究. 西南师范大学出版社，2016.
[169] 刘小枫，陈少明. 经典与解释的张力. 上海三联书店，2003.
[170] 刘耘华. 诠释学与先秦儒家之意义生成——《论语》、《孟子》、《荀子》对古代传统的解释. 上海译文出版社，2002.
[171] 刘耘华. 诠释的圆环——明末清初传教士对儒家经典的解释及其本土回应. 北京大学出版社，2005.
[172] 王庆节. 解释学、海德格尔与儒道今释. 中国人民大学出版社，2004.
[173] 韩震，孟鸣岐. 历史·理解·意义——历史诠释学. 上海译文出版社，2002.
[174] 董洪利. 古籍的阐释. 辽宁教育出版社，1995.

［175］黄俊杰．中国经典诠释传统（一）：通论篇．华东师范大学出版社，2008.

［176］李明辉．中国经典诠释传统（二）：儒学篇．华东师范大学出版社，2007.

［177］杨儒宾．中国经典诠释传统（三）：文学与道家经典篇．华东师范大学出版社，2008.

［178］甘怀真．皇权、礼仪与经典诠释：中国古代政治史研究．华东师范大学出版社，2008.

［179］黄宗羲．宋元学案．缪天绶，选注．中华书局，1986.

［180］黄宗羲．明儒学案（修订本）．2 版．沈芝盈，点校．中华书局，2008.

［181］侯外庐，邱汉生，张岂之．宋明理学史．人民出版社，1984.

［182］蔡方鹿．宋明理学心性论．巴蜀书社，2009.

［183］陈来．宋明理学．2 版．华东师范大学出版社，2004.

［184］余英时．宋明理学与政治文化．吉林出版集团有限责任公司，2008.

［185］侯外庐，杜守素，纪玄冰．中国思想通史．人民出版社，1957.

［186］葛兆光．中国思想史．复旦大学出版社，2001.

［187］蔡尚思．中国礼教思想史．上海古籍出版社，2006.

［188］徐复观．两汉思想史．华东师范大学出版社，2001.

［189］张岱年，等．中国观念史．中州古籍出版社，2006.

［190］梁启超．清代学术概论．朱维铮，导读．上海古籍出版社，1998.

［191］梁启超．中国近三百年学术史（新校本）．商务印书馆，2011.

［192］钱穆．中国近三百年学术史．商务印书馆，1997.

［193］李泽厚．中国古代思想史论．生活·读书·新知三联书店，2008.

［194］李泽厚．中国近代思想史论．生活·读书·新知三联书店，2008.

［195］李泽厚．中国现代思想史论．生活·读书·新知三联书店，2008.

［196］李泽厚．己卯五说．中国电影出版社，1999.

［197］李泽厚．历史本体论．生活·读书·新知三联书店，2002.

［198］李泽厚．由巫到礼 释礼归仁．生活·读书·新知三联书店，2015.

［199］萧萐父，许苏民．明清启蒙学术流变．辽宁教育出版社，1995.

［200］余英时．论戴震与章学诚：清代中期学术思想史研究．生活·读书·新知三联书店，2005.

［201］左玉河．从四部之学到七科之学：学术分科与近代中国知识系统之创建．上海书店出版社，2004.

［202］左玉河．中国近代学术体制之创建．四川人民出版社，2008.

经济学、法学、政治学

[1] 亚当·斯密. 国民财富的性质和原因的研究. 郭大力，王亚南，译. 商务印书馆，1972.

[2] 袁庆明. 新制度经济学. 中国发展出版社，2005.

[3] 柯武刚，史漫飞. 制度经济学：社会秩序与公共政策. 韩朝华，译. 商务印书馆，2000.

[4] 道格拉斯·诺思. 经济史上的结构和变革. 厉以平，译. 商务印书馆，1992.

[5] 汪丁丁，韦森，姚洋. 制度经济学三人谈. 北京大学出版社，2005.

[6] 韦森. 经济学与哲学：制度分析的哲学基础. 上海人民出版社，2004.

[7] 姚洋. 制度与效率：与诺斯对话. 四川人民出版社，2002.

[8] 贺培育. 制度学：走向文明与理性的必然审视. 湖南人民出版社，2004.

[9] 秦海. 制度、演化与路径依赖——制度分析综合的理论尝试. 中国财政经济出版社，2004.

[10] 胡皓，楼慧心. 自组织理论与社会发展研究. 上海科技教育出版社，2002.

[11] 曼瑟尔·奥尔森. 集体行动的逻辑. 陈郁，郭宇峰，李崇新，译. 生活·读书·新知三联书店上海分店，1995.

[12] 许彬. 公共经济学导论——以公共产品为中心的一种研究. 黑龙江人民出版社，2003.

[13] 阿马蒂亚·森. 以自由看待发展. 任赜，于真，译. 中国人民大学出版社，2002.

[14] 哈耶克. 个人主义与经济秩序. 邓正来，译. 生活·读书·新知三联书店，2003.

[15] 王红玲. 当代西方政府经济理论的演变与借鉴. 中央编译出版社，2003.

[16] 陈泽亚. 经济人与经济制度正义——从政治伦理视角探析. 山东人民出版社，2007.

[17] 康德. 法的形而上学原理——权利的科学. 沈叔平，译. 商务印书馆，1991.

[18] 孟德斯鸠. 论法的精神. 张雁深，译. 商务印书馆，1961.

[19] 黑格尔. 法哲学原理. 范扬，张企泰，译. 商务印书馆，1961.

[20] 博登海默. 法理学——法哲学及其方法. 邓正来，姬敬武，译. 华夏出版社，1987.

[21] 梅因. 古代法. 沈景一，译. 商务印书馆，1984.

[22] 法学教材编辑部. 罗马法. 群众出版社，1985.

[23] 沈家本．历代刑法考．商务印书馆，2011.
[24] 窦仪，等．宋刑统．吴翊如，点校．中华书局，1984.
[25] 大明律（点校本）．怀效锋，点校．辽沈书社，1990.
[26] 大清律例．张荣铮，刘勇强，金懋初，点校．天津古籍出版社，1993.
[27] 王立民．唐律新探．4 版．北京大学出版社，2010.
[28] 钱大群．唐律疏义新注．南京师范大学出版社，2007.
[29] 吕志兴．宋代法律体系与中华法系．四川大学出版社，2009.
[30] 法学教材编辑部《西方法律思想史编写组》．西方法律思想史资料选编．北京大学出版社，1983.
[31] 杨鹤皋．中国法律思想通史．湘潭大学出版社，2011.
[32] 张国华．中国法律思想史新编．北京大学出版社，1998.
[33] 瞿同祖．中国法律与中国社会．中华书局，2003.
[34] 俞荣根．道统与法统．法律出版社，1998.
[35] 张中秋．中西法律文化比较研究．3 版．中国政法大学出版社，2006.
[36] 徐爱国．无害的偏见：西方学者论中国法律传统．北京大学出版社，2011.
[37] 徐爱国，李桂林，郭义贵．西方法律思想史．北京大学出版社，2005.
[38] 哈耶克．自由秩序原理．邓正来，译．生活·读书·新知三联书店，1997.
[39] 哈耶克．法律、立法与自由．邓正来，张守东，李静冰，译．中国大百科全书出版社，2000.
[40] 高全喜．法律秩序与自由正义——哈耶克的法律与宪政思想．北京大学出版社，2003.
[41] 夏勇．人权概念起源——权利的历史哲学（修订本）．中国政法大学出版社，2001.
[42] 陈舜．权利及其维护———种交易成本观点．中国政法大学出版社，1999.
[43] 亚里士多德．政治学．吴寿彭，译．商务印书馆，1965.
[44] 哈罗德·拉斯韦尔．政治学．杨昌裕，译．商务印书馆，1992.
[45] 乔治·萨拜因．政治学说史．4 版．邓正来，译．上海人民出版社，2008.
[46] 徐大同．西方政治思想史．天津教育出版社，2000.
[47] 萧公权．中国政治思想史．2 版．新星出版社，2010.
[48] 爱·麦·伯恩斯．当代世界政治理论．曾炳钧，译．商务印书馆，1983.
[49] 马基雅弗利．君主论．高煜，译．广西师范大学出版社，2002.
[50] 洛克．政府论．叶启芳，瞿菊农，译．商务印书馆，1964.
[51] 霍布斯．利维坦．黎思复，黎廷，译．商务印书馆，1985.
[52] 卢梭．社会契约论（修订本）．3 版．何兆武，译．商务印书馆，2003.

[53] 卢梭. 论人类不平等的起源和基础. 李常山，译. 商务印书馆，1962.

[54] 陈伟. 阿伦特与政治的复归. 法律出版社，2008.

[55] 佟德志. 在民主与法治之间——西方政治文明的二元结构及其内在矛盾. 人民出版社，2006.

[56] 朱德米. 自由与秩序——西方保守主义政治思想研究. 天津人民出版社，2004.

[57] 阿克顿. 自由与权力. 侯健，范亚峰，译. 译林出版社，2011.

[58] 邦雅曼·贡斯当. 古代人的自由与现代人的自由. 阎克文，刘满，译. 上海人民出版社，2005.

[59] 冯亚东. 平等、自由与中西文明. 法律出版社，2002.

[60] 约翰·密尔. 论自由. 程崇华，译. 商务印书馆，1959.

[61] 顾肃. 自由主义基本理念. 中央编译出版社，2003.

[62] 威廉·盖尔斯敦. 自由多元主义：政治理论与实践中的价值多元主义. 佟德志，庞金友，译. 江苏人民出版社，2005.

[63] 米尔顿·弗里德曼. 资本主义与自由. 张瑞玉，译. 商务印书馆，1986.

[64] 史蒂芬·霍尔姆斯，凯斯·桑斯坦. 权利的成本——为什么自由依赖于税. 毕竞悦，译. 北京大学出版社，2004.

[65] 托克维尔. 论美国的民主. 董果良，译. 商务印书馆，1988.

[66] 罗伯特·达尔. 民主理论的前言. 顾昕，朱丹，译. 生活·读书·新知三联书店，1999.

[67] 萨缪尔·亨廷顿. 第三波——二十世纪后期民主化浪潮. 上海三联书店，1998.

[68] 萨缪尔·亨廷顿. 文明的冲突与世界秩序的重建. 周琪，等译. 新华出版社，1998.

[69] 弗朗西斯·福山. 大分裂：人类本性与社会秩序的重建. 刘榜离，王胜利，译. 中国社会科学出版社，2002.

[70] 弗朗西斯·福山. 国家构建：21世纪的国家治理与世界秩序. 黄胜强，许铭原，译. 中国社会科学出版社，2007.

[71] 罗伯特·帕特南. 使民主运转起来——现代意大利的公民传统. 王列，赖海榕，译. 江西人民出版社，2001.

[72] 乔·萨托利. 民主新论. 冯克利，阎克文，译. 东方出版社，1998.

[73] 科恩. 论民主. 聂崇信，朱秀贤，译. 商务印书馆，1988.

[74] 约瑟夫·熊彼特. 资本主义、社会主义与民主. 吴良健，译. 商务印书馆，1999.

[75] 范进学. 权利政治论——一种宪政民主理论的阐释. 山东人民出版社, 2003.
[76] 徐宗勉, 张亦工. 近代中国对民主的追求. 安徽人民出版社, 1996.
[77] 王焱. 宪政主义与现代国家. 生活·读书·新知三联书店, 2003.
[78] 周永坤. 规范权力——权力的法理研究. 法律出版社, 2006.
[79] 周光辉. 论公共权力的合法性. 吉林出版集团有限责任公司, 2007.
[80] 郭道久. "以社会制约权力"——民主的一种解析视角. 天津人民出版社, 2005.
[81] 朱国华. 权力的文化逻辑. 上海三联书店, 2004.
[82] 汪晖, 陈燕谷. 文化与公共性. 2版. 生活·读书·新知三联书店, 2005.
[83] 艺衡等. 文化权利: 回溯与解读. 社会科学文献出版社, 2005.
[84] 薇斯瓦纳珊. 权力、政治与文化——萨义德访谈录. 单德兴, 译. 生活·读书·新知三联书店, 2006.
[85] 华勒斯坦, 等. 学科·知识·权力. 刘健芝, 等编译. 三联书店, 1999.
[86] 约瑟夫·劳斯. 知识与权力: 走向科学的政治哲学. 盛晓明, 邱慧, 孟强, 译. 北京大学出版社, 2004.
[87] 黄华. 权力, 身体与自我——福柯与女性主义文学批评. 北京大学出版社, 2005.
[88] 许和隆. 冲突与互动: 转型社会政治发展中的制度与文化. 中山大学出版社, 2007.
[89] 王汎森. 权力的毛细管作用: 清代的思想、学术与心态 (修订版). 北京大学出版社, 2015.
[90] 梁治平. 寻求自然秩序中的和谐——中国传统法律文化研究. 中国政法大学出版社, 1997.
[91] 张仁善. 礼·法·社会——清代法律转型与社会变迁. 天津古籍出版社, 2001.
[92] 马小红. 礼与法: 法的历史连接——构建与解析中国传统法. 北京大学出版社, 2004.
[93] 钱穆. 中国历代政治得失. 生活·读书·新知三联书店, 2001.
[94] 王亚南. 中国官僚政治研究. 中国社会科学出版社, 1981.
[95] 吴宗国. 中国古代官僚政治制度研究. 北京大学出版社, 2004.
[96] 渡边信一郎. 中国古代的王权与天下秩序: 从日中比较史的视角出发. 徐冲, 译. 中华书局, 2008.
[97] 刘泽华, 汪茂和, 王兰仲. 专制权力与中国社会. 天津古籍出版社, 2005.
[98] 刘泽华. 中国传统政治哲学与社会整合. 中国社会科学出版社, 2000.

[99] 杨阳. 王权的图腾化——政教合一与中国社会. 浙江人民出版社，2000.
[100] 杨阳. 文化秩序与政治秩序：儒教中国的政治文化解读. 中国政法大学出版社，2007.
[101] 葛荃. 权力宰制理性——士人、传统政治文化与中国社会. 南开大学出版社，2003.
[102] 张荣明. 权力的谎言——中国传统的政治宗教. 浙江人民出版社，2000.
[103] 刘丰. 先秦礼学思想与社会的整合. 中国人民大学出版社，2003.
[104] 林乾. 中国古代权力与法律. 中国政法大学出版社，2004.
[105] 费孝通，吴晗，等. 皇权与绅权. 岳麓书社，2011.
[106] 冯天瑜，谢贵安. 解构专制——明末清初“新民本”思想研究. 湖北人民出版社，2003.
[107] 陈永明. 清代前期的政治认同与历史书写. 上海古籍出版社，2011.
[108] 陈苏镇.《春秋》与“汉道”：两汉政治与政治文化研究. 中华书局，2011.
[109] 雷戈. 秦汉之际的政治思想与皇权主义. 上海古籍出版社，2006.
[110] 郭成伟. 社会控制：以礼为主导的综合治理. 中国政法大学出版社，2008.
[111] 王健文. 奉天承运：古代中国的“国家”概念及其正当性基础. 东大图书股份有限公司，1995.
[112] 杜正胜. 编户齐民：传统政治社会结构之形成. 联经出版事业股份有限公司，1990.
[113] 王海洲. 合法性的争夺：政治记忆的多重刻写. 江苏人民出版社，2008.
[114] 爱德华·罗斯. 社会控制. 秦志勇，毛永政，译. 华夏出版社，1989.
[115] 盖叶尔·佐文. 社会控制论. 黎鸣，等译. 华夏出版社，1989.
[116] 罗斯科·庞德. 沈宗灵，译. 通过法律的社会控制. 商务印书馆，2010.
[117] 周海燕. 记忆的政治. 中国发展出版社，2013.
[118] 徐大同，高建. 中西传统政治文化比较研究. 天津教育出版社，1997.
[119] 刘志伟. 论政治人理性：从“经济人理性”比较分析的角度. 中国社会科学出版社，2005.
[120] 康有为. 康有为政论集. 中华书局，1981.
[121] 蔡元培. 蔡元培政治论著. 河北人民出版社，1985.
[122] 李晓辉. 信息权利研究. 知识产权出版社，2006.
[123] 李明杰. 中国古代图书著作权研究. 社会科学文献出版社，2013.
[124] 周汉华. 中华人民共和国个人信息保护法（专家建议稿）及立法研究报告. 法律出版社，2006.
[125] 尼古拉斯·卡罗里德斯，等. 西方历史上的100部禁书：世界文学史上的书

报审查制度. 张秀琴，音正权，译. 中信出版社，2006.
[126] 余悦，等. 世界禁书大观. 百花洲文艺出版社，1994.
[127] 郭成康，林铁钧. 清朝文字狱. 群众出版社，1990.
[128] 胡奇光. 中国文祸史. 上海人民出版社，2006.
[129] 黄裳. 笔祸史谈丛. 2版. 北京出版社，2011.
[130] 林平. 宋代禁书研究. 四川大学出版社，2009.
[131] 李伟. 明夷待访录译注. 岳麓书社，2008.
[132] 唐甄. 潜书. 李忠实，译注. 新疆青少年出版社，1995.

社会学、教育学（社会学中含现代性与后现代性理论，教育学中含阅读学）

[1] 马克斯·韦伯. 经济与社会. 林荣远，译. 商务印书馆，1997.
[2] 马克斯·韦伯. 学术与政治：韦伯的两篇演说. 2版. 冯克利，译. 生活·读书·新知三联书店，2005.
[3] 涂尔干. 社会分工论. 渠东，译. 三联书店，2000.
[4] 涂尔干，莫斯. 原始分类. 汲喆，译. 商务印书馆，2012.
[5] 曼海姆. 重建时代的人与社会：现代社会结构的研究. 张旅平，译. 生活·读书·新知三联书店，2002.
[6] 渠敬东. 缺席与断裂——有关失范的社会学研究. 上海人民出版社，1999.
[7] 阿尔温·托夫勒. 第三次浪潮. 朱志焱，潘琪，张焱，译. 生活·读书·新知三联书店，1984.
[8] 远志明，薛德震. 社会与人. 山西人民出版社，1985.
[9] 谢军. 责任论. 上海人民出版社，2007.
[10] 袁祖社. 权力与自由——市民社会的人学考察. 中国社会科学出版社，2003.
[11] 奈杰尔·拉波特，乔安娜·奥弗林. 社会文化人类学的关键概念. 2版. 鲍雯妍，张亚辉，译. 华夏出版社，2013.
[12] 刘泽华，张荣明，等. 公私观念与中国社会. 中国人民大学出版社，2003.
[13] 郭于华. 仪式与社会变迁. 社会科学文献出版社，2000.
[14] 何怀宏. 选举社会及其终结：秦汉至晚清历史的一种社会学阐释. 生活·读书·新知三联书店，1998.
[15] 翟学伟. 人情、面子与权力的再生产. 北京大学出版社，2005.
[16] 顾红亮. 现代中国平民化人格话语. 华东师范大学出版社，2005.
[17] 顾红亮，刘晓虹. 想象个人：中国个人观的现代转型. 上海古籍出版社，2006.

[18] 王逢振，等．电视与权力．天津社会科学院出版社，2000.

[19] 陈嘉明．现代性与后现代性十五讲．北京大学出版社，2006.

[20] 刘小枫．现代性社会理论绪论——现代性与现代中国．上海三联书店，1998.

[21] 夏光．后结构主义思潮与后现代社会理论．社会科学文献出版社，2003.

[22] 米歇尔·福柯．规训与惩罚：监狱的诞生．2 版．刘北成，杨远婴，译．生活·读书·新知三联书店，2003.

[23] 米歇尔·福柯．必须保卫社会．钱瀚，译．上海人民出版社，1999.

[24] 米歇尔·福柯．知识考古学．2 版．谢强，马月，译．生活·读书·新知三联书店，2003.

[25] 福柯集．杜小真，编选．上海远东出版社，2003.

[26] 吴猛，和新风．文化权力的终结：与福柯对话．四川人民出版社，2003.

[27] 雅克·德里达．论文字学．汪堂家，译．上海译文出版社，2005.

[28] 陆扬．德里达的幽灵．武汉大学出版社，2008.

[29] 包亚明．文化资本与社会炼金术——布尔迪厄访谈录．上海人民出版社，1997.

[30] 张意．文化与符号权力——布尔迪厄的文化社会学导论．中国社会科学出版社，2005.

[31] 戴维·斯沃茨．文化与权力：布尔迪厄的社会学．陶东风，译．上海译文出版社，2006.

[32] 鲍曼．立法者与阐释者：论现代性、后现代性与知识分子．洪涛，译．上海人民出版社，2000.

[33] 鲍曼．流动的现代性．欧阳景根，译．上海三联书店，2002.

[34] 鲍曼．被围困的社会．郇建立，译．江苏人民出版社，2005.

[35] 鲍曼．个体化社会．范祥涛，译．上海三联书店，2002.

[36] 鲍曼．生活在碎片之中——论后现代道德．郁建兴，周俊，周莹，译．学林出版社，2002.

[37] 理查德·罗蒂．后哲学文化．黄勇，译．上海译文出版社，2009.

[38] 张国清．无根基时代的精神状况——罗蒂哲学思想研究．上海三联书店，1999.

[39] 鲍德里亚．消费社会．刘成富，全成钢，译．南京大学出版社，2008.

[40] 鲍德里亚．符号政治经济学批判．夏莹，译．南京大学出版社，2009.

[41] 高亚春．符号与象征——波德里亚消费社会批判理论研究．人民出版社，2007.

[42] 道格拉斯·凯尔纳．波德里亚：批判性的读本．陈维振，陈明达，王峰，译．

江苏人民出版社，2005.
[43] 罗钢，王中忱. 消费文化读本. 中国社会科学出版社，2003.
[44] 安东尼·吉登斯. 现代性的后果. 田禾，译. 译林出版社，2000.
[45] 田启波. 吉登斯现代社会变迁思想研究. 人民出版社，2007.
[46] 郑曦原，李方惠. 通向未来之路：与吉登斯对话. 四川人民出版社，2002.
[47] 哈贝马斯. 公共领域的结构转型. 曹卫东，等译. 学林出版社，1999.
[48] 哈贝马斯. 作为“意识形态”的技术与科学. 李黎，郭官义，译. 学林出版社，1999.
[49] 王晓升. 哈贝马斯的现代性社会理论. 社会科学文献出版社，2006.
[50] 汪行福. 通向话语民主之路：与哈贝马斯对话. 四川人民出版社，2002.
[51] 格里芬，等. 超越解构：建设性后现代哲学的奠基者. 鲍世斌，等译. 中央编译出版社，2001.
[52] 弗·杰姆逊. 后现代主义与文化理论——杰姆逊教授讲演录. 唐小兵，译. 陕西师范大学出版社，1986.
[53] 周与沉. 身体：思想与修行——以中国经典为中心的跨文化观照. 中国社会科学出版社，2005.
[54] 汪民安. 身体、空间与后现代性. 江苏人民出版社，2005.
[55] 赫伯特·马尔库塞. 单向度的人：发达工业社会意识形态研究. 刘继，译. 上海译文出版社，2006.
[56] 毛礼锐，沈灌群. 中国教育通史. 山东教育出版社，1985.
[57] 朱永新. 中国古代教育思想史. 中国人民大学出版社，2011.
[58] 施克灿. 中国教育思想史. 高等教育出版社，2008.
[59] 周洪宇. 教育经典导读（中国卷）. 华中科技大学出版社，2013.
[60] 杜学元. 中国历代教育名著选注. 人民出版社，2016.
[61] 金生鈜. 德性与教化——从苏格拉底到尼采：西方道德教育哲学思想研究. 湖南大学出版社，2003.
[62] 金生鈜. 规训与教化. 教育科学出版社，2004.
[63] 布尔迪约，帕斯隆. 再生产——一种教育系统理论的要点. 邢克超，译. 商务印书馆，2002.
[64] 约翰·杜威. 人的问题. 傅统先，邱椿，译. 上海人民出版社，2006.
[65] 联合国教科文组织国际教育发展委员会. 学会生存——教育世界的今天和明天. 华东师范大学比较教育研究所，译. 教育科学出版社，1996.
[66] 斯宾塞. 教育论：智育、德育和体育. 胡毅，译. 人民教育出版社，1962.
[67] 麦克·扬. 知识与控制——教育社会学新探. 谢维和，朱旭东，译. 华东师

范大学出版社，2002.
[68] 沃尔夫冈·布列钦卡. 教育科学的基本概念：分析、批判和建议. 胡劲松，译. 华东师范大学出版社，2001.
[69] 徐贲. 阅读经典：美国大学的人文教育. 北京大学出版社，2015.
[70] 张洪，齐熙. 朱子读书法. 李孝国，董立平，译注. 天津社会科学院出版社，2016.
[71] 张伯行. 学规类编. 中华书局，1985.
[72] 张之洞. 輶轩语详注. 司马朝军，点校. 华东师范大学出版社，2010.
[73] 唐彪. 读书作文谱. 白莉民，等点校. 岳麓书社，1989.
[74] 梁启超. 国学要籍研读法四种. 江西教育出版社，2018.
[75] 王余光，等. 读书四观. 崇文书局，2004.
[76] 王余光. 名著的阅读. 云南人民出版社，2001.
[77] 王余光，徐雁. 中国阅读大辞典. 南京大学出版社，2016.
[78] 王余光. 中国阅读通史. 安徽教育出版社，2017.
[79] 王余光，等. 中国阅读文化史论. 北京图书馆出版社，2007.
[80] 李安安. 我读故我在：胡适论读书. 天津人民出版社，2015.
[81] 邓九平. 中国文化名人谈治学. 大众文艺出版社，2000.
[82]《博览群书》杂志. 读书的艺术：如何阅读和阅读什么. 九州出版社，2004.
[83] 雷风行. 中国名家读书法. 中国铁道出版社，2000.
[84] 蒙田，等. 读书记. 新星出版社，2010.
[85] 王三山. 文人书趣. 武汉大学出版社，1994.
[86] 曾祥芹，刘苏义. 历代读书诗. 中国文联出版社，2001.
[87] 曾祥芹，韩雪屏. 阅读学原理. 大象出版社，2002.
[88] 曾祥芹，韩雪屏. 古代阅读论. 大象出版社，2002.
[89] 彭国梁. 书之趣. 珠海出版社，2003.
[90] 傅孙久. 古代学者论治学. 南京大学出版社，1987.
[91] 吴永贵，等. 把卷心醉. 云南人民出版社，1997.
[92] 张明仁. 古今名人读书法. 商务印书馆，2007.
[93] 谢德民，黄新根. 名人劝学录. 河南人民出版社，1985.
[94] 张之. 名人读书百法. 江苏科学技术出版社，1986.
[95] 朱关法. 中国古代劝学名篇选注. 复旦大学出版社，1998.
[96] 鲁毅. 学规类纂. 湖北教育出版社，1994.
[97] 顾晓鸣. 阅读的战略. 上海人民出版社，1986.
[98] 卿家康. 阅读与阅读艺术. 知识出版社，1991.

符号学、传播学、科学学

[1] 李幼蒸. 理论符号学导论. 3版. 中国人民大学出版社，2007.
[2] 孟华. 符号表达原理. 青岛海洋大学出版社，1999.
[3] 黄亚平，孟华. 汉字符号学. 上海古籍出版社，2001.
[4] 孟华. 汉字：汉语和华夏文明的内在形式. 中国社会科学出版社，2004.
[5] 黄亚平. 典籍符号与权力话语. 中国社会科学出版社，2004.
[6] 张宪荣，季华妹，张萱. 符号学Ⅰ：文化符号学. 北京理工大学出版社，2013.
[7] 徐烈炯. 语义学. 语文出版社，1990.
[8] 格雷马斯. 结构语义学：方法研究. 吴泓缈，译. 生活·读书·新知三联书店，1999.
[9] 特伦斯·霍克斯. 结构主义和符号学. 瞿铁鹏，译. 上海译文出版社，1987.
[10] 尤瑟夫·库尔泰. 叙述与话语符号学. 怀宇，译. 天津社会科学院出版社，2001.
[11] 罗兰·巴尔特. 符号帝国. 孙乃修，译. 商务印书馆，1994.
[12] 阿什德. 传播生态学：控制的文化范式. 邵志择，译. 华夏出版社，2003.
[13] 乔尔·鲁蒂诺，安东尼·格雷博什. 媒体与信息伦理学. 霍政欣，译. 北京大学出版社，2009.
[14] 张昆. 大众媒介的政治社会化功能. 武汉大学出版社，2003.
[15] 莫斯可. 传播：在政治和经济的张力下. 胡正荣，等译. 华夏出版社，2000.
[16] 斯图尔特·霍尔. 表征：文化表象与意指实践. 徐亮，陆兴华，译. 商务印书馆，2003.
[17] 胡春阳. 话语分析：传播研究的新路径. 上海人民出版社，2007.
[18] 约翰·基恩. 媒体与民主. 郤继红，刘士军，译. 社会科学文献出版社，2003.
[19] 马克·波斯特. 信息方式——后结构主义与社会语境. 范静哗，译. 商务印书馆，2000.
[20] 戈德史密斯，马凯. 科学的科学——技术时代的社会. 赵红州，蒋国华，译. 科学出版社，1985.
[21] 夏禹龙，等. 科学学基础. 科学出版社，1983.
[22] 戚进勤，王淼洋，陈奎德. 科学哲学手册. 上海科学技术出版社，1990.
[23] 中国社会科学院情报研究所. 科学学译文集. 科学出版社，1980.

[24] 拉卡托斯. 科学研究纲领方法论. 商务印书馆，1992.

[25] 波珀. 科学发现的逻辑. 查汝强，邱仁宗，译. 科学出版社，1986.

[26] 张成岗. 现代技术问题研究——技术、现代性与人类未来. 清华大学出版社，2005.

[27] 海森堡. 物理学与哲学. 范岱年，译. 科学出版社，1974.

[28] 贝弗里奇. 科学研究的艺术. 陈捷，译. 科学出版社，1979.

[29] 乍克曼. 诺贝尔奖获奖奥秘. 劳永光，译. 教育科学出版社，1987.

[30] 维纳. 控制论. 科学出版社，1963.

[31] 万百五，韩崇昭，蔡远利. 控制论——概念、方法与应用. 2版. 清华大学出版社，2014.

[32] 维纳. 人有人的用处——控制论和社会. 陈步，译. 北京大学出版社，2009.

[33] 湛垦华，沈小峰，等. 普利高津与耗散结构理论. 陕西科学技术出版社，1982.

[34] 爱特金. 从有序到混沌——介绍热力学第二定律. 李思一，译. 科学技术文献出版社，1990.

[35] 杰里米·里夫金，特德·霍华德. 熵：一种新的世界观. 吕明，袁舟，译. 上海译文出版社，1987.

[36] 王雨田. 控制论、信息论、系统科学与哲学. 中国人民大学出版社，1986.

[37] 钱学森，等. 论系统工程. 湖南科学技术出版社，1982.

[38] 中共中央党校自然辩证法研究班. 自然科学中的世界观与方法论. 求实出版社，1983.

[39] 托马斯·库恩. 科学革命的结构. 金吾伦，胡新和，译. 北京大学出版社，2003.

文献学与图书馆学

[1] 傅璇琮，谢灼华. 中国藏书通史. 宁波出版社，2001.

[2] 任继愈. 中国藏书楼. 辽宁人民出版社，2001.

[3] 胡应麟，等. 经籍会通（外四种）. 王岚，陈晓兰，点校. 北京燕山出版社，1999.

[4] 陈登原. 古今典籍聚散考. 华东师范大学出版社，2009.

[5] 祁承㸁. 澹生堂读书记·澹生堂藏书目. 郑诚，整理. 上海古籍出版社，2015.

[6] 祁承㸁，等. 藏书记（图文本）. 广陵书社，2010.

[7] 叶昌炽. 藏书记事诗（附补正）. 上海古籍出版社，1999.

［8］黄建国，高跃新．中国古代藏书楼研究．中华书局，1999.

［9］谭卓垣，等．清代藏书楼发展史·续补藏书纪事诗传．徐雁，谭华军，译补．辽宁人民出版社，1988.

［10］郭伟玲．中国秘书省藏书史．武汉大学出版社，2015.

［11］程千帆，徐有富．校雠广义·典藏编．齐鲁书社，1998.

［12］袁咏秋，曾季光．中国历代国家藏书机构及名家藏读叙传选．北京大学出版社，1997.

［13］范凤书．中国私家藏书史（修订版）．武汉大学出版社，2013.

［14］范凤书．中国著名藏书家与藏书楼．大象出版社，2013.

［15］郑伟章，李万健．中国著名藏书家传略．书目文献出版社，1985.

［16］王余光．藏书四记．湖北辞书出版社，1998.

［17］李希泌，张椒华．中国古代藏书与近代图书馆史料（春秋至五四前后）．中华书局，1982.

［18］徐雁，王燕均．中国历史藏书论著读本．四川大学出版社，1990.

［19］傅荣贤．出土简帛与中国早期藏书研究．知识产权出版社，2013.

［20］杜定友．校雠新义．上海书店，1991.

［21］张舜徽．广校雠略．上海古籍出版社，2013.

［22］章学诚．校雠通义通解．王重民，通解．上海古籍出版社，2009.

［23］胡朴安，胡道静．校雠学．岳麓书社，2013.

［24］刘咸炘．刘咸炘学术论集·校雠学编．黄曙辉，编校．广西师范大学出版社，2010.

［25］向宗鲁．校雠学．商务印书馆，2014.

［26］程千帆，徐有富．校雠广义·校勘编．齐鲁书社，1998.

［27］陈垣．校勘学释例．中华书局，2004.

［28］李更．宋代馆阁校勘研究．凤凰出版社，2006.

［29］赵振铎．训诂学史略．中州古籍出版社，1988.

［30］胡朴安．中国训诂学史．上海书店，1984.

［31］冯浩菲．中国训诂学．山东大学出版社，1995.

［32］王耀楠．注释学纲要．语文出版社，1991.

［33］江曦．清代版本学史．中国社会科学出版社，2013.

［34］曹之．中国古籍版本学．武汉大学出版社，2015.

［35］杨绪敏．中国辨伪学史：历史大视野（修订版）．天津人民出版社，2007.

［36］佟大群．清代文献辨伪学研究．人民出版社，2012.

［37］喻春龙．清代辑佚研究．上海古籍出版社，2010.

[38] 王余光. 中国文献史（第一卷）. 武汉大学出版社，1993.
[39] 孙钦善. 中国古文献学史简编. 高等教育出版社，2001.
[40] 王欣夫. 文献学讲义. 上海古籍出版社，2014.
[41] 张舜徽. 文献学论著辑要. 中国人民大学出版社，2011.
[42] 张舜徽. 中国文献学. 华中师范大学出版社，2004.
[43] 郑鹤声，郑鹤春. 中国文献学概要. 上海书店，1983.
[44] 周文骏. 文献交流引论. 书目文献出版社，1986.
[45] 倪波. 文献学概论. 江苏教育出版社，1990.
[46] 潘树广，黄镇伟，涂小马. 文献学纲要（增订本）. 广西师范大学出版社，2005.
[47] 黄爱平. 中国历史文献学. 中国人民大学出版社，2010.
[48] 杨燕起，高国抗. 中国历史文献学（修订本）. 北京图书馆出版社，2003.
[49] 杜泽逊. 文献学概要（修订本）. 中华书局，2008.
[50] 吴枫. 中国古典文献学. 中华书局，2015.
[51] 洪湛侯. 中国文献学新编. 杭州大学出版社，1994.
[52] 高尚榘. 文献学专题史略. 齐鲁书社，2007.
[53] 郭英德，于雪棠. 中国古典文献学的理论与方法. 北京师范大学出版社，2008.
[54] 张富祥. 宋代文献学研究. 上海古籍出版社，2006.
[55] 周庆山. 文献传播学. 书目文献出版社，1997.
[56] 朱建亮. 文献信息学引论. 书目文献出版社，1992.
[57] 罗式胜. 文献计量学引论. 书目文献出版社，1986.
[58] 刘国钧. 中国书史简编. 郑如斯，订补. 书目文献出版社，1981.
[59] 郑如斯，肖东发. 中国书史教学参考文选. 书目文献出版社，1987.
[60] 陈力. 中国古代图书史——以图书为中心的中国古代文化史. 社会科学文献出版社，2017.
[61] 曹之. 中国古籍编撰史. 武汉大学出版社，2006.
[62] 霍艳芳. 中国图书官修史. 武汉大学出版社，2014.
[63] 王国强，等. 中国古代文献的保护. 武汉大学出版社，2015.
[64] 李瑞良. 中国古代图书流通史. 上海人民出版社，2000.
[65] 朱天俊，李国新. 中文工具书. 书目文献出版社，1987.
[66] 李国新. 中国文献信息资源与检索利用. 北京大学出版社，2004.
[67] 刘叶秋. 类书简说. 上海古籍出版社，1980.
[68] 胡道静. 中国古代的类书. 中华书局，2005.

［69］夏南强．类书通论．湖北人民出版社，2001．
［70］张涤华．类书流别（修订本）．商务印书馆，1985．
［71］周生杰．《太平御览》研究．巴蜀书社，2008．
［72］凌朝栋．《文苑英华》研究．上海古籍出版社，2005．
［73］刘乃和．《册府元龟》新探．中州书画社，1983．
［74］张升．《永乐大典》流传与辑佚研究．北京师范大学出版社，2010．
［75］张升．《永乐大典》研究资料辑刊．北京图书馆出版社，2005．
［76］裴芹．《古今图书集成》研究．北京图书馆出版社，2001．
［77］刘向，刘歆．七略别录佚文七略佚文．邓骏捷，校补．上海古籍出版社，2008．
［78］晁公武．郡斋读书志校证．孙猛，校证．上海古籍出版社，2011．
［79］陈振孙．直斋书录解题．徐小蛮，顾美华，点校．上海古籍出版社，2015．
［80］刘纪泽．目录学概论．中华书局，1934．
［81］汪辟疆．目录学研究．商务印书馆，1934．
［82］胡楚生．中国目录学研究．华正书局，1980．
［83］余嘉锡．目录学发微（外一种：古书通例）．岳麓书社，2009．
［84］姚名达．中国目录学史．上海古籍出版社，2005．
［85］王重民．中国目录学史论丛．中华书局，1984．
［86］吕绍虞．中国目录学史稿．安徽教育出版社，1984．
［87］蒋伯潜．校雠目录学纂要．北京大学出版社，1990．
［88］来新夏．古典目录学浅说．中华书局，2003．
［89］王锦贵．中国历史文献目录学．北京大学出版社，1994．
［90］彭斐章．目录学教程．高等教育出版社，2004．
［91］彭斐章，乔好勤，陈传夫．目录学．武汉大学出版社，1986．
［92］彭斐章，谢灼华，乔好勤．目录学资料汇编．武汉大学出版社，1986．
［93］李万健，赖茂生．目录学论文选，书目文献出版社，1985．
［94］乔好勤．中国目录学史．武汉大学出版社，1992．
［95］余庆蓉，王晋卿．中国目录学思想史．湖南教育出版社，1998．
［96］王新才．中国目录学：理论、传统与发展．国家图书馆出版社，2008．
［97］周彦文．中国目录学理论．台湾学生书局，1995．
［98］王国强．明代目录学研究．中州古籍出版社，2000．
［99］唐明元．魏晋南北朝目录学研究．巴蜀书社，2009．
［100］白金．北宋目录学研究．人民出版社，2014．
［101］高路明．古籍目录与中国古代学术研究．江苏古籍出版社，1997．

[102] 王锦民．古典目录与国学源流．中华书局，2012.

[103] 傅荣贤．中国古代图书分类学研究．台湾学生书局，1999.

[104] 高儒，周弘祖．百川书志古今书刻．上海古籍出版社，2005.

[105] 钱曾．藏园批注读书敏求记校证．管庭芬，章钰，校证．中华书局，2012.

[106] 张金吾．爱日精庐藏书志．冯惠民，整理．中华书局，2012.

[107] 孙星衍．平津馆鉴藏记书籍　廉石居藏书记　孙氏祠堂书目．焦桂美，沙莎，标点．上海古籍出版社，2008.

[108] 陆心源．仪顾堂书目题跋汇编．冯惠民，整理．中华书局，2009.

[109] 缪荃孙．缪荃孙全集・目录．凤凰出版社，2013.

[110] 张之洞．增订书目答问补正．范希曾，补正．中华书局，2011.

[111] 四库全书研究所．钦定四库全书总目（整理本）．中华书局，1997.

[112] 任松如．四库全书答问．刘冬梅，校点．上海科学技术文献出版社，2016.

[113] 黄爱平．四库全书纂修研究．中国人民大学出版社，1989.

[114] 司马朝军．《四库全书总目》研究．社会科学文献出版社，2004.

[115] 周积明．文化视野下的《四库全书总目》．中国青年出版社，2001.

[116] 张传峰．《四库全书总目》学术思想研究．学林出版社，2007.

[117] 李致忠．三目类序释评．北京图书馆出版社，2002.

[118] 袁咏秋，曾季光．中国历代图书著录文选．北京大学出版社，1997.

[119] 严佐之．近三百年古籍目录举要．华东师范大学出版社，2008.

[120] 阮冈纳赞．图书馆学五定律．夏云，等合译．书目文献出版社，1988.

[121] 皮尔斯・巴特勒．图书馆学导论．谢欢，译．海洋出版社，2018.

[122] 杰西・谢拉．图书馆学引论．张沙丽，译．兰州大学出版社，1986.

[123] 范并思，等．20 世纪西方与中国的图书馆学——基于德尔斐法测评的理论史纲．2 版．国家图书馆出版社，2016.

[124] 赖鼎铭．图书馆学的哲学．文华图书馆管理资讯公司，1993.

[125] 高锦雪．图书馆哲学之研究．书棚出版社，1985.

[126] 杨昭悊．图书馆学．商务印书馆，1923.

[127] 刘国钧．图书馆学要旨．中华书局，1934.

[128] 杜定友．图书馆学概论．商务印书馆，1927.

[129] 金恩晖．图书馆学引论．学苑出版社，1989.

[130] 吴慰慈，董焱．图书馆学概论（修订二版）．国家图书馆出版社，2008.

[131] 宓浩．图书馆学原理．华东师范大学出版社，1988.

[132] 王子舟．图书馆学基础教程．武汉大学出版社，2003.

[133] 王子舟．图书馆学是什么．北京大学出版社，2008.

[134] 南开大学图书馆学系．理论图书馆学教程．南开大学出版社，1986.
[135] 徐引篪，霍国庆．现代图书馆学理论．北京图书馆出版社，1999.
[136] 于良芝．图书馆学导论．科学出版社，2003.
[137] 于良芝．图书馆情报学概论．国家图书馆出版社，2016.
[138] 叶继元．南京大学百年学术精品：图书馆学卷．南京大学出版社，2002.
[139] 中国图书馆学会．百年文萃——空谷余音．中国城市出版社，2005.
[140] 潘燕桃．近60年来中国公共图书馆思想研究（1949—2009）．中山大学出版社，2011.
[141] 郑永田．美国公共图书馆思想研究（1731—1951）．社会科学文献出版社，2015.
[142] 龚蛟腾．中国图书馆学的起源与转型——从校雠学说到近现代图书馆学的演变．国家图书馆出版社，2013.
[143] 程焕文．晚清图书馆学术思想史．北京图书馆出版社，2004.
[144] 王子舟．杜定友和中国图书馆学．北京图书馆出版社，2002.
[145] 丁道凡．中国图书馆界先驱沈祖荣先生文集（一九一九——一九四四年）．杭州大学出版社，1991年.
[146] 刘国钧．刘国钧图书馆学论文选集．书目文献出版社，1983.
[147] 黄纯元．黄纯元图书馆学情报学论文集．上海科学技术文献出版社，2001.
[148] 袁咏秋，李家乔．外国图书馆学名著选读．北京大学出版社，1988.
[149] 傅荣贤．中国古代图书馆学思想史．黄山书社，2016.
[150] 程俱．麟台故事校证．张富祥，校证．中华书局，2000.
[151] 陈骙，佚名．南宋馆阁录续录．张富祥，点校．中华书局，1998.
[152] 张荣芳．唐代的史馆与史官．私立东吴大学，1984.
[153] 王记录．清代史馆与清代政治．人民出版社，2009.
[154] 吴晞．从藏书楼到图书馆．书目文献出版社，1996.
[155] 韩永进．中国图书馆史．国家图书馆出版社，2017.
[156] 中国图书馆学会．百年大势——历久弥新．科学出版社，2004.
[157] 杨威理．西方图书馆史．商务印书馆，1988.
[158] 杨子竞．外国图书馆史简编．南开大学出版社，1990.
[159] Elmer D. Johnson．西洋图书馆史．尹定国，译．台湾学生书局，1983.
[160] 哈里斯．西方图书馆史．吴晞，靳萍，译．书目文献出版社，1989.
[161] 严文郁．中国图书馆发展史——自清末至抗战胜利．枫城出版社，1983.
[162] 谢灼华．中国图书和图书馆史．武汉大学出版社，1987.
[163] 陈源蒸，张树华，毕世栋．中国图书馆百年纪事（1840—2000）．北京图书

馆出版社，2004.
[164] 沈丽云. 日本图书馆概论. 上海科学技术文献出版社，2010.
[165] 李国新. 日本图书馆法律体系研究. 北京图书馆出版社，2000.
[166] 卢海燕. 国外图书馆法律选编. 知识产权出版社，2014.
[167] 程焕文，潘燕桃，张靖. 图书馆权利研究. 学习出版社，2011.
[168] 程焕文，张靖. 图书馆权利与道德. 广西师范大学出版社，2007.
[169] 由菲利普·吉尔（Philip Gill）主持的工作小组代表公共图书馆专业委员会. 公共图书馆服务发展指南（中文版）. 林祖藻，译. 上海科学技术文献出版社，2002.
[170] 范并思. 图书馆资源公平利用. 国家图书馆出版社，2011.
[171] 李国新，冯守仁，鹿勤. 公共图书馆规划与建设标准解析. 国家图书馆出版社，2009.
[172] 张广钦. 国外公共图书馆建设标准与规范概览. 国家图书馆出版社，2009.
[173] 吴建中. 21 世纪图书馆新论. 2 版. 上海科学技术文献出版社，2003.
[174] 于良芝，李晓新，王德恒. 拓展社会的公共信息空间——21 世纪中国公共图书馆可持续发展模式. 科学出版社，2004.
[175] 于良芝，等. 公共图书馆建设主体研究——全覆盖目标下的选择. 国家图书馆出版社，2011.
[176] 邱冠华，于良芝，许晓霞. 覆盖全社会的公共图书馆服务体系：模式、技术支撑与方案. 北京图书馆出版社，2008.
[177] 李国新，等. 国外公共图书馆法研究. 国家图书馆出版社，2013.
[178] 上海市图书馆学会，日本图书馆学研究会，上海图书馆. 图书馆立法与制度建设（第五届中日国际图书馆学研讨会论文集），2007.
[179] 徐建华. 现代图书馆管理. 南开大学出版社，2003.
[180] 兰开斯特. 电子时代的图书馆和图书馆员. 郑登理，陈珍成，译校. 科学技术文献出版社，1985.
[181] 塔季扬娜·埃斯克特兰德. 图书馆名言集. 李恺，译. 国家图书馆出版社，2013.
[182] 孙光成. 世界图书馆与情报服务百科全书. 四川民族出版社，1991.
[183] 中国大百科全书·图书馆学情报学档案学卷. 中国大百科全书出版社，1993.
[184] 米哈依洛夫，乔尔内，吉里列夫斯基. 科学交流与情报学. 徐新民，等译. 科学技术文献出版社，1980.
[185] 兰开斯特. 情报检索系统——特性、试验与评价（第二版）. 陈光祚，王知

津，王津生，译．书目文献出版社，1984.
[186] 严怡民．情报学概论．武汉大学出版社，1983.
[187] 赖茂生，徐克敏，等．科技文献检索．北京大学出版社，1985.
[188] 张琪玉．情报语言学基础．武汉大学出版社，1987.
[189] 康耀红．现代情报检索理论．科学技术文献出版社，1990.
[190] 丘峰．情报检索与主题词表．书目文献出版社，1988.
[191] 刘湘生．主题法的理论与标引．书目文献出版社，1985.
[192] 张琪玉，刘湘生．中国分类主题词表教程．华艺出版社，1994.
[193] 侯汉清，马张华．主题法导论．北京大学出版社，1991.
[194] 王崇德．图书情报学方法论．科学技术文献出版社，1988.
[195] 王崇德．情报学引论．天津大学出版社，1994.
[196] 津田良成．图书馆情报学概论．楚日辉，毕汉忠，译．科学技术文献出版社，1986.
[197] 方玲，王国荣．文摘学．上海社会科学院出版社，1989.
[198] 王崇德，刘春茂．科技期刊综论．情报科学杂志社，1989.
[199] 麦克格雷．信息环境的演变．丰成君，邵元溥，译．书目文献出版社，1988.
[200] 程焕文，潘燕桃．信息资源共享．高等教育出版社，2004.
[201] 肖希明．信息资源建设．武汉大学出版社，2008.
[202] 黄如花．信息检索．武汉大学出版社，2010.

文集

[1] 戴明扬．嵇康集校注．中华书局，2015.
[2] 柳宗元．柳河东集．上海古籍出版社，2008.
[3] 柳宗元．柳河东全集．朱玉麒，等今译．北京燕山出版社，1996.
[4] 谢思炜．白居易文集校注．中华书局，2011.
[5] 阎琦．韩昌黎文集注释．三秦出版社，2004.
[6] 石介．徂徕石先生文集．陈植锷，点校．中华书局，1984.
[7] 周敦颐．周敦颐集．陈克明，点校．中华书局，1990.
[8] 张载．张载集．章锡琛，点校．中华书局，1978.
[9] 程颢，程颐．二程集．王孝鱼，点校．中华书局，1981.
[10] 李之亮．欧阳修集编年笺注．巴蜀书社，2007.
[11] 欧阳修．欧阳修文集．辽海出版社，2010.

[12] 范仲淹. 范仲淹全集. 薛正兴，校点. 凤凰出版社，2004.
[13] 苏轼. 苏轼文集. 孔凡礼，点校. 中华书局，1986.
[14] 苏辙. 栾城集. 2 版. 曾枣庄，马德富，校点. 上海古籍出版社，2009.
[15] 曾巩. 曾巩集. 陈杏珍，晁继周，点校. 中华书局，1984.
[16] 郑樵. 郑樵文集（附郑樵年谱稿）. 吴怀祺，校补. 书目文献出版社，1992.
[17] 陆九渊. 陆九渊集. 钟哲，点校. 中华书局，1980.
[18] 陈亮. 陈亮集（增订本）. 邓广铭，点校. 中华书局，1987.
[19] 吕坤. 吕坤全集. 王国轩，王秀梅，整理. 中华书局，2008.
[20] 薛瑄. 薛瑄全集. 孙玄常，等点校. 山西人民出版社，1990.
[21] 王守仁. 王阳明全集. 吴光，等编校. 上海古籍出版社，1992.
[22] 胡居仁. 胡居仁文集. 冯会明，点校. 江西人民出版社，2013.
[23] 焦循. 焦循诗文集. 刘建臻，点校. 广陵书社，2009.
[24] 王廷相. 王廷相集. 王孝鱼，点校. 中华书局，1989.
[25] 刘九洲. 新译顾亭林文集. 三民书局，2000.
[26] 颜元. 颜元集. 王星贤，张芥尘，郭征，点校. 中华书局，1987.
[27] 李塨. 李塨文集. 邓子平，陈山榜，点校. 河北人民出版社，2011.
[28] 王夫之. 船山全书（第二册）. 船山全书编辑委员会，编校. 岳麓书社，1988.
[29] 王夫之. 船山全书（第十二册）. 船山全书编辑委员会，编校. 岳麓书社，1996.
[30] 张履祥. 杨园先生全集. 陈祖武，点校. 中华书局，2002.
[31] 李光地. 榕村语录榕村语录续集. 李玉昆，点校. 商务印书馆，2019.
[32] 朱彝尊. 曝书亭全集. 王利民，等校点. 吉林文史出版社，2009.
[33] 郑燮. 郑板桥文集. 刘光乾，郭振英，编注. 安徽人民出版社，2002.
[34] 袁枚. 小仓山房诗文集. 周本淳，标校. 上海古籍出版社，1988.
[35] 纪晓岚. 纪晓岚文集. 孙致中，等校点. 河北教育出版社，1995.
[36] 戴震. 戴震集. 上海古籍出版社，2009.
[37] 凌廷堪. 校礼堂文集. 王文锦，点校. 中华书局，1998.
[38] 卢文弨. 抱经堂文集. 新 1 版. 中华书局，1985.
[39] 魏源. 魏源集. 3 版. 中华书局，2009.
[40] 龚自珍. 龚自珍全集. 新 1 版. 上海人民出版社，1975.
[41] 段玉裁. 经韵楼集（附补编年谱）. 钟敬华，校点. 上海古籍出版社，2008.
[42] 阮元. 揅经室集. 邓经元，点校. 中华书局，1993.
[43] 钱大昕. 潜研堂文集. 商务印书馆，1935.

［44］叶德辉．叶德辉文集．印晓峰，点校．华东师范大学出版社，2010．
［45］曾国藩．曾国藩家书全编．中国华侨出版社，2000．
［46］李鸿章．李鸿章全集．西苑出版社，2011．
［47］王国维．静庵文集．王风，导读．贵州教育出版社，2014．
［48］王栻．严复集．中华书局，1986．
［49］刘师培．刘师培辛亥前文选．中西书局，2012．
［50］胡适．胡适学术代表作．2 版．安徽教育出版社，2006．
［51］刘梦溪．中国现代学术经典·傅斯年卷．雷颐，编校．河北教育出版社，1996．
［52］鲁迅．鲁迅全集．人民文学出版社，1981．
［53］唐太宗集．吴云，冀宇，编辑校注．陕西人民出版社，1986．
［54］宋敏求．唐大诏令集．中华书局，2008．
［55］宋大诏令集．司义祖，整理．中华书局，1962．
［56］弗·培根．培根论说文集．2 版．水天同，译．商务印书馆，1983．
［57］帕斯卡尔．帕斯卡尔思想录赏析．刘烨，编译．中国电影出版社，2005．
［58］汉密尔顿，杰伊，麦迪逊．联邦党人文集．程逢如，在汉，舒逊，译．商务印书馆，1980．
［59］爱因斯坦．爱因斯坦文集（第一卷）．许良英，等编译．商务印书馆，1983．
［60］冯·哈耶克．哈耶克论文集．邓正来，译．首都经济贸易大学出版社，2001．
［61］哈耶克．经济、科学与政治——哈耶克论文演讲集．冯克利，译．江苏人民出版社，2000．
［62］胡军，孙尚扬．诠释与建构：汤一介先生 75 周年华诞暨从教 50 周年纪念文集．北京大学出版社，2001．

其他

［1］马克思，恩格斯．马克思恩格斯选集（第 1—4 卷）．人民出版社，1972．
［2］韩格平，董莲池．二十二子详注全译（丛书）．黑龙江人民出版社，2003．
［3］钱超塵．战国策译注（文白对照）．北京燕山出版社，1993．
［4］黄帝内经．姚春鹏，译注．中华书局，2010．
［5］睡虎地秦墓竹简整理小组．睡虎地秦墓竹简．文物出版社，1978．
［6］荆门市博物馆．郭店楚墓竹简．文物出版社，1998．
［7］刘劭．人物志．梁满仓，关瑞至，译注．中信出版社，2014．
［8］张觉．潜夫论校注．岳麓书社，2008．

[9] 林琳．刘子译注．吉林人民出版社，2008．
[10] 王贞珉．盐铁论译注．吉林文史出版社，1995．
[11] 刘治立．《傅子》评注．天津古籍出版社，2010．
[12] 张霭堂．颜氏家训译注．齐鲁书社，2009．
[13] 贾思勰．齐民要术．江苏古籍出版社，2001．
[14] 裴汝诚，等．贞观政要译注．上海古籍出版社，2006．
[15] 欧阳询．艺文类聚．汪绍楹，校．上海古籍出版社，1999．
[16] 全唐文．孙映达，等点校．山西教育出版社，2002．
[17] 邵伯温．邵氏闻见录．李剑雄，刘德权，点校．中华书局，1983．
[18] 洪迈．容斋随笔．穆公，校点．上海古籍出版社，2015．
[19] 陆游．老学庵笔记．李剑雄，刘德权，点校．中华书局，1979．
[20] 郑樵．通志二十略．王树民，点校．中华书局，2009．
[21] 李心传．建炎以来朝野杂记．徐规，点校．中华书局，2000．
[22] 王明清．挥尘录．上海书店出版社，2009．
[23] 沈括．梦溪笔谈．张富祥，译注．中华书局，2016．
[24] 马端临．文献通考经籍考．华东师大古籍研究所，标校．华东师范大学出版社，1985．
[25] 王应麟．困学纪闻．栾保群，田松青，校点．上海古籍出版社，2015．
[26] 胡应麟．少室山房笔丛．中华书局，1958．
[27] 沈德符．万历野获编．中华书局，1959．
[28] 高濂．遵生八笺．王大淳，等整理．人民卫生出版社，2007．
[29] 谢肇淛．五杂组．上海书店出版社，2009．
[30] 李贽．焚书续焚书．张建业，译注．中华书局，2011．
[31] 张京华．日知录校释．岳麓书社，2011．
[32] 修晓波．《御制人臣儆心录》译注．中国方正出版社，1998．
[33] 章学诚．章学诚遗书（影印本）．文物出版社，1985．
[34] 陈澧．东塾读书记．钟旭元，魏达纯，校点．上海古籍出版社，2012．
[35] 冯班．钝吟杂录．李鹏，点校．中华书局，2013．
[36] 朱一新．无邪堂答问．中华书局，2002．
[37] 张伯行．困学录集粹．商务印书馆，1936．
[38] 赵翼．陔余丛考．曹光甫，校点．上海古籍出版社，2011．
[39] 陈宏谋．五种遗规．中国华侨出版社，2012．
[40] 钱大昕．十驾斋养新录．陈文和，孙显军，校点．江苏古籍出版社，2000．
[41] 蒋良骐．东华录．鲍思陶，西原，点校．齐鲁书社，2005．

[42] 张潮. 幽梦影. 韩中华，译评. 北京理工大学出版社，2017.
[43] 顾广圻. 思适斋书跋. 黄明，标点. 上海古籍出版社，2007.
[44] 顾广圻. 顾千里集. 王欣夫，辑. 中华书局，2007.
[45] 黄丕烈. 黄丕烈藏书题跋集. 余鸣鸿，占旭东，点校. 上海古籍出版社，2013.
[46] 叶德辉. 书林清话. 李庆西，标校. 复旦大学出版社，2008.
[47] 苏舆. 翼教丛编. 上海书店出版社，2002.
[48] 吴洋，高小慧. 童子礼家诫要言. 中华书局，2012.
[49] 周天游. 《史略》校笺. 书目文献出版社，1987.
[50] 余嘉锡. 余嘉锡论学杂著. 2 版. 中华书局，2007.
[51] 高立人. 白鹭洲书院志. 江西人民出版社，2008.
[52] 王涵. 中国历代书院学记. 首都师范大学出版社，2010.
[53] 邓洪波. 中国书院史（增订版）. 武汉大学出版社，2012.
[54] 陈谷嘉，邓洪波. 中国书院史资料. 浙江教育出版社，1998.
[55] 陈谷嘉，邓洪波. 中国书院制度研究. 浙江人民出版社，1997.
[56] 邓洪波. 中国书院学规集成. 中西书局，2011.
[57] 康有为. 长兴学记　桂学答问　万木草堂口说. 楼宇烈，整理. 中华书局，1988.
[58] 上海书店出版社. 清代文字狱档（增订本）. 上海书店出版社，2011.
[59] 中国第一历史档案馆. 纂修四库全书档案. 上海古籍出版社，1997.
[60] 朱明勋. 中国古代家训经典导读. 中国书籍出版社，2012.
[61] 徐少锦，陈延斌. 中国家训史. 人民出版社，2011.
[62] 赵鑫珊. 科学・艺术・哲学断想. 生活・读书・新知三联书店，1985.
[63] 曹之. 中国印刷术的起源. 2 版. 武汉大学出版社，2015.
[64] 周积寅. 中国画论辑要. 江苏美术出版社，2005.
[65] 王新华. 中国历代医论选. 江苏科学技术出版社，1983.
[66] 伍贻业，等. 影响中国历史进程的文献. 岳麓书社，1997.
[67] 利玛窦，金尼阁. 利玛窦中国札记. 何高济，王遵仲，李申，译. 中华书局，2010.

后　记

一直以来，在我的心目中，出版个人文集或文选应该是那些大师或名家的事情，与我无关。我对自己的学术生涯的定位是：只做探索者，不做总结者，更不做终结者。有一句话，说的是“只顾拉车，不看终点”，这也许就是针对我这样的人而言的。从时间上来说，我的学术生涯目前仍处在探索阶段，尚未到总结或终结的时候，而出版文集或文选，总觉得是在总结或终结自己的学术生涯，尽管早晚会有终结之时。所以，此前有些出版社约我出文集，我都未敢应诺。

不做总结，但重审是可以的。重审就不能由我自己来审了，而是应该由读者来审。本书就是从我所发表的170余篇论文中选出来30多篇供读者重审的。我写论文从来不追求“完满性”和“标准性”，而只是秉持“独立之精神，自由之思想”（陈寅恪语）的学术探索精神，脑子里怎么想的，就怎么写。正因如此，论文中确确实实存在不少毛病——稚嫩的话、偏颇的话、不尽圆满的话，甚至错误的话也是有一些的。所以，本书就算我向读者提出的“审问之”，以请求读者“明辨之”并提出宝贵意见，进而助我以后努力“博学之”和“慎思之”。

黑龙江大学出版社的张永生编辑为本书的出版付出了辛勤的劳动，他的精心审读和认真负责的精神，为本书增添了不少色彩。同时，戚增媚副总编为本书的出版也给予了热心的支持和帮助。在此，一并表示由衷的感谢！

蒋永福

2020年9月30日